ANNEKATRIN PUHLE
DAS LEXIKON DER GEISTER

ANNEKATRIN PUHLE

Das Lexikon der Geister

ÜBER 1000 STICHWÖRTER
AUS MYTHOLOGIE, VOLKSWEISHEIT, RELIGION
UND WISSENSCHAFT

atmosphären

Originalausgabe
© Atmosphären Verlag, München 2004
Der Atmosphären Verlag und der AT Verlag sind Unternehmen der AZ Medien Gruppe
Alle Rechte vorbehalten

Umschlaggestaltung: Greenstuff, München
Lektorat: Kristin Bamberg, München
Satz: Nikolaus Hodina, München
Druck und Bindearbeiten: Kösel, Krugzell
Printed in Germany

ISBN 3-86533-011-8

www.atmosphaeren-verlag.de
www.at-verlag.ch

INHALT

MEINEN GESCHWISTERN
MARIANNE, VOLKMAR UND CORNELIA

IN LIEBE

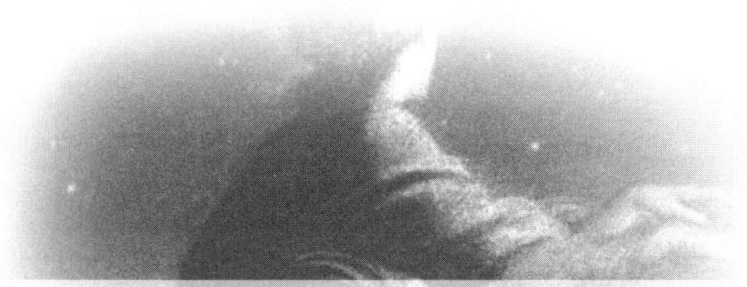

Humanus

Soll'n erst der Tod und seine Boten
Hindeuten
Auf die Endlichkeit
All des süßen, hastigen Strebens –
Ist nicht Gebot eines menschlichen Lebens
Vor'm Tod
Zu erkennen
Eigne Ewigkeit?

Pilger

Das ist eine Reise in ein Land,
meinen Gewohnheiten gänzlich unbekannt.

Jürgen Trott-Tschepe 2004, 12 f.

GELEITWORT

VON ADRIAN PARKER

Dieses Buch ist unter anderem deshalb von großer Bedeutung, weil es eine Lücke schließt. Während im englischen Sprachraum eine Reihe von Enzyklopädien zum Thema Geistererscheinungen und übersinnliche Erfahrungen vorliegt, gibt es im Deutschen kaum ernst zu nehmende Literatur neueren Datums, die über diese Materie einen guten Überblick bietet. Jedoch ist dieses Buch weit mehr als nur eine Art Themenkatalog. Es ist auch deshalb einzigartig, weil es Disziplinen und Denkwege in sich vereint, die bislang immer getrennt waren. Eine dieser Disziplinen ist die Volkskunde, die sich zwar mit den unterschiedlichen mythologischen Traditionen und Geist(er)wesen befasst, aber – von wenigen Ausnahmen abgesehen – nicht mit der Frage, ob derartige Erfahrungen glaubwürdig sind, da sie diese lediglich als ein Produkt kultureller Bedürfnisse und individueller Vorstellungen betrachtet. Dieses Buch hingegen widmet sich diesen Erfahrungen in ihrer Vielfalt und unterwirft sie, wann immer es möglich ist, einer wissenschaftlichen Betrachtungsweise. Die Wissenschaft sieht sich häufig als das Licht, das das Dunkel erhellt, unsere Ängste und Fantasien beleuchtet und unseren Intellekt vom Aberglauben befreit; nur selten aber richtet sie den Blick dorthin, wo sich mysteriöse Geschehnisse, wie es heißt, in Hülle und Fülle ereignen. Die wenigen Versuche, die Wissenschaft in diesen Raum vordringen zu lassen, zielten darauf ab, diese Phänomene zu erfassen und im Labor zu untersuchen. Dies ist auch heute noch die Hauptbeschäftigung der experimentellen Parapsychologie. Dementsprechend sind ihre Ergebnisse unzuverlässig und weitgehend entstellte Formen der Telepathie, von denen wir bislang nur wenig zur Bedeutung dieser Phänomene hinsichtlich des Verständnisses der Seele gelernt haben. Wenn wir mehr entdecken wollen, so müssen wir das sichere Terrain der Wissenschaft hinter uns lassen und uns dem breiteren Spektrum anomaler Erfahrungen zuwenden. Ein solches Vorgehen bringt natürlich ein gewisses Risiko mit sich, doch selbst wenn nur ein kleiner Teil der hier behandelten Phänomene schließlich auf die eine oder andere Art und Weise von der Wissenschaft anerkannt wird, werden sie unsere Sicht der Welt verändern. Nicht zuletzt sollten wir auch daran denken, dass die Wissenschaft nicht der einzige Weg ist, um Wissen zu erlangen: der Begriff »Philosophie« bedeutet eigentlich die Liebe zur oder die Suche nach Weisheit, und dieses Buch ist ein philosophisches Werk, das Psychologie, Mythologie und Volkskunde zusammenbringt.

Geistererscheinungen werden gewöhnlich als der konkreteste Beweis für das Fortleben der Seele nach dem Tod betrachtet. Im Verlauf der Geschichte und in den verschiedenen Kulturen haben sie jedoch zahllose Formen und Funktionen angenommen. In der älteren Literatur kommt es häufig vor, dass Geistererscheinungen etwa eine Botschaft übermittelten, zum Beispiel den Aufbewahrungsort eines Testaments. In einigen berühmten Fällen, die Sie hier finden werden, üben sie diese Funktion auch heute noch aus. Inzwischen ist allerdings klar, dass Geistererscheinungen zahlreichen Faktoren zuzuschreiben sind, die von Fall zu Fall variieren können. Neuere Ergebnisse der Gehirnforschung könnten auf ein »Gefühl von Präsenz« oder auf »fremde Wesensformen« hindeuten, während andere Forschungsergebnisse darauf hinweisen, dass manche Menschen auch aufgrund gewisser Persönlichkeitsfaktoren für diese Erfahrungen besser veranlagt oder für sie sensibler sind. Mit nur einer einzelnen Erklärung lassen sich diese Erfahrungen jedoch nicht begreiflich machen. Der essenzielle Beitrag und das Anliegen dieses Buches ist also, das Wesen der Erfahrung von Erscheinungen und die verschiedenen Arten von Geistererscheinungen zu beleuchten sowie die Fälle zu betrachten, die offensichtliche Beweise für eine Form von Fortbestand des Bewusstseins bieten. Sie finden hier neben den bekannten klassischen auch neue, bislang noch nicht beschriebene Fälle und sogar solche, die fotografisch dokumentiert sind. Natürlich greift das Thema »Erscheinungen« auch auf andere Gebiete über, etwa auf außerkörperliche und Nahtoderfahrungen und übersinnliche Erfahrungen ganz allgemein; alle diese Bereiche finden in diesem Werk ihren Platz.

Wie man es von einem Lexikon erwartet, sind die Phänomene hier definiert und anhand von Beispielen erläutert. Zudem werden sie in einen breiteren kulturellen und historischen Kontext eingebunden und dadurch lebendig und lebensnah präsentiert, und darüber hinaus werden auch Ergebnisse neuerer Studien vorgestellt. Deutschland war auf diesem Gebiet lange Jahre führend, weil es an der Universität Freiburg über einen der drei europäischen Lehrstühle für diese Disziplin verfügte. Sein Inhaber Hans Bender galt nicht nur aufgrund seines immensen Wissens als legendär, sondern auch wegen seines Stils und der Eloquenz, mit der er sein Fach einem breiten Publikum bekannt machte. Dr. Annekatrin Puhle arbeitete einige Jahre lang an Professor Benders ehemaligem Institut; ferner war sie in der einzigartigen Lage, die alten Bibliotheken und Klöster im deutschsprachigen Raum aufzusuchen und die dort vorhandenen Wissensbestände, die großenteils verloren zu gehen drohten, einzusehen. Mit ihrem ethnologischen und philosophischen Hintergrund stellte sie diese Berichte zusammen und macht sie nun der Öffentlichkeit zugänglich. Jedoch ist das hier präsentierte Wissen nicht nur traditioneller und historischer Art, denn Frau Dr. Puhle verfügt auch über intensive Kontakte zu den führenden einschlägigen Forschungsgesellschaften Nordeuropas. Das Resultat ist ein Buch, auf das Professor Bender stolz gewesen wäre – es ist wissenschaftlich fundiert und vereint doch in sich echten Enthusiasmus und aufrichtige menschliche Wärme.

Assoc. Prof. Dr. Adrian Parker
Universität Göteborg, Schweden

VORWORT

Leben sei in meiner Sprache,
Sinn in dem, was ich sage,
der Duft der Kirschen sei auf meinen Lippen
bis ich zurückkehre ...
Irischer Segenswunsch, Multhaupt 2003, 30. Juni

Geister sind lebendig, auch wenn viele von ihnen Verstorbene widerspiegeln. Sie erscheinen in tausendfachen Facetten und faszinieren uns heute nicht weniger als in früheren Zeiten. Eine Welt ohne Geister gibt es nicht: Geister gehen uns alle an, und sie geistern überall auf der Welt herum. Auch die Mehrheit der Amerikaner glaubt, dass es Geister gibt, wie eine Befragung von mehr als 2000 Erwachsenen gezeigt hat (Taylor 2003).

Trotz allem, Geister passen nicht ins Konzept, sie schlagen dem jahrtausendelangen Bemühen, die Welt zu ordnen, voraussagbar und berechenbar zu machen, ein Schnippchen und führen uns an der Nase herum. Wir nennen die Welt der Geister eine Anderswelt und funktionieren sie in ein Jenseits um.

Paranormale Phänomene wie Telepathie, das Vorauserkennen der Zukunft oder Erscheinungen gehören zu den wenig vertrauten Erfahrungen im Leben und sind die Stiefkinder der Wissenschaft. Und unter diesen Stiefkindern sind Geister die schwarzen Schafe. Einige Wissenschaftler schenken ihnen jedoch Aufmerksamkeit (Baker, Bauer, Cornell, Fontana, Gauld, Greyson, Haraldsson, Lucadou, Perry, Resch, Roll, Stevenson u. a.). Leben ist nun einmal lebendig, und Geister – auch wenn einige von Toten stammen sollen – sind es ebenso. Könnten wir den Fluss des Lebens anhalten, dann würde Dornröschens 100-jähriger Schlaf beginnen, die Zeit stände still und wir befänden uns nicht mehr in – unserer – Wirklichkeit. Ein großer Traum finge an – ist das der Schlüssel zur Geisterwelt? Sind Raum und Zeit die Grenzen, die wir überwinden müssen, um Geisterboden zu betreten? Ja, doch nicht allein, denn wir können in beiden Welten auch gleichzeitig sein. So wie wir in unseren Träumen aufwachen können, so können wir auch unser Bewusstsein während einer Geistererscheinung behalten.

In jüngster Zeit macht die String-Theorie von sich reden. Das Atom ist danach ein Mikrokosmos von Vibrationen von *strings,* von Fäden, Bändern oder Saiten, die verschiedene Melodien spielen. Protonen, Elektronen und Neutronen haben alle ihre eigenen Melodien, bilden ihre eigenen *strings,* doch nur bestimmte Melodien sind in der Lage, eine Harmonie aufrechtzuerhalten. Die Melodien legen fest, was für eine Art von Partikel der jeweilige Faden *(string)* wird: Elektron, Proton oder Neutron. Vor allem aber können die Strings dem Universum mindestens drei weitere Dimensionen hinzufügen. Und ein String kann auch Gravitation werden. Sah Einstein die Materie bereits als elektromagnetische Energie, so konnte er doch noch nicht das Phänomen der Gravitation erklären, während die String-Theorie auch darauf eine Antwort gibt. Ebendiese Erklärung der Gravitation bildet das Verbindungsglied zwischen Makrokosmos und Mikrokosmos: Was im Großen geschieht, passiert auch im Kleinen, im Atom.

Der Gedanke von lebensnotwendigen Fäden und Klängen in der Natur, einem Wohlklang, der alles zusammenhält, ist schon sehr alt. Johannes Kepler spricht von einer Sphärenharmonie, die durch die Ordnung und den Abstand der Gestirne voneinander eine himmlische Musik erzeugt. Und schauen wir ins Detail, ins Leben eines einzelnen Menschen, dann erzählen uns die Weisheiten der alten Mythen und Märchen von den Schicksalsfrauen, den fatalen Damen, *fatae,* die den unsichtbaren Faden unseres Lebens spinnen. Hier hängt das Schicksal an einem einzigen Faden, der gesponnen werden muss. Doch um ihn spinnen zu können, muss zuerst eine Ordnung hergestellt sein, muss die Wolle sozusagen gekämmt sein. So lehrt uns das Märchenmotiv des Kämmens (der Wolle bzw. der eigenen Haare) die Notwendigkeit des Ordnens, wenn unser Leben gelingen soll. Ähnlich spiegelt das Musizieren im Märchen den Versuch, angenehme Schwingungen zu erzeugen und mit diesen das Leben harmonisch zu gestalten. Doch Märchen zeigen noch viel mehr: Wir selbst können oder müssen das Spinnen erlernen, um unsere eigenen Schicksalsfrauen zu werden.

»Alle Wahrheit ist uralt. Der Reiz der Neuheit liegt nur in den Variationen des Ausdrucks.« (Novalis, Glauben und Liebe und politische Aphorismen, Vorrede, 3)

Mit der String-Theorie kommt frischer Wind in unser starres Bild von einer festen Welt, die voller fester Körper ist. Wenn Einstein die Doppelnatur des Lichtes erkannte, Materie und Energie, und wenn die String-Theorie das Atom als Formation von Schwingungen sieht, so lässt sich ahnen, wie wenig fest, stabil und *sicher* ein Körper, auch der menschliche Körper, wirklich ist. Das, woran wir uns gern klammern möchten, hat selbst überhaupt keinen Bestand. Vielleicht ermutigen uns diese jüngsten Gedanken und Erkenntnisse dazu, auch die Erscheinungen von Geistern nicht mehr nur an *harter* Materie zu messen und damit ins Reich des Unwirklichen zu verbannen. Wer weiß denn schon, welche Fäden einen Geist zu spinnen vermögen? Und welcher Grad an Wirklichkeit bleibt dem materiellen Körper? Ist nicht auch er am Ende ein Gespinst? Nur ein Gespenst?

Wir dürfen uns daher nicht wundern, wenn auch die Geisterfotografie nicht so handfest ist, wie wir es uns wünschen. Die moderne Technik bringt mit der Digitalfotografie auch deren Nachteil mit sich: Alles ist möglich, alles kann manipuliert sein. Mit älteren Fotografien, die mit klassischen Kameras aufgenommen wurden, vor Mitte der 90er Jahre, stellt sich ein anderes Problem: Je älter das Foto, desto schwieriger sind die Recherchen. Doch lassen wir dessen ungeachtet die Fotos selbst auf uns wirken!

Wer schon einmal einen ganz normalen Buchladen in England betreten hat, der weiß: Hier sind die Geister zu Hause und sie waren es schon lange, bevor Harry Potter erschien. Wo aber sind die deutschen Geister geblieben? Von dieser Frage geleitet, begann eine lange Reise in die Geisterbücherwelt, die ich »Mit Goethe durch die Welt der Geister« nannte und deren späte Früchte nun dem »Lexikon der Geister« zugute kommen. Das Lexikon ist auf dem neuesten Stand der Forschung erarbeitet worden, enthält aktuelles internationales Material, gibt nützliche Website-Adressen und Literaturhinweise. Es umfasst einen repräsentativen, wenn auch bescheidenen Ausschnitt aus der unermesslichen Geisterwelt, und es enthält die meistdiskutierten Geisterfotos sowie bisher unveröffentlichte Fotos, die für die künftige Beschäftigung mit Geistern wertvolle Impulse geben können.

Die meisten Deutschen denken bei dem Wort »Geist« unwillkürlich an den Geist, der seinen Sitz im Kopf hat, an den vernünftigen Geist, dann eventuell auch an den Heiligen Geist, den Weltgeist Hegels oder vielleicht auch den Geist der Goethezeit. Dass aber die Goethezeit und darüber hinaus schlichtweg alle Zeiten in deutschen Landen neben »großen Geistern« wie Goethe und Hegel auch Geister hatten, die nichts weiter tun als erscheinen, das ist in Vergessenheit geraten. Möge dieses Buch dazu beitragen, dass weder der Geist noch die Geister vom Strom der Geistlosigkeit mitgerissen werden.

Denn die Versuchung ist groß: So wie die Gedanken mit Gehirnfunktionen in Verbindung gebracht werden, sucht die Forschung nach dem Sitz von Geistern im menschlichen Hirn und meint, ihn dort zu finden – diesen spannenden Fragen können wir unter Stichwörtern wie »Geister-Theorien« nachgehen.

Ein Lexikon über Geister zu schreiben ist eine Aufgabe, die romantisch-unvollendet bleiben darf. Es ist sicher nicht übertrieben, von Milliarden von Geistern auszugehen, die den Menschen auf diesem Erdball schon einmal begegnet sind, in ihren Träumen, in ihrer Fantasie, in ihren Ängsten und nicht zuletzt auch in ihrem ganz normalen Alltag und bei vollem Bewusstsein. Allein schon Dagmar Linharts Werk über die »Hausgeister in Franken« (1995) lässt ahnen, welcher Geister-Vielfalt wir uns konfrontiert sehen – eine Blütenlese ist notwendig. Das Lexikon möge helfen, eine Kulturlücke zu schließen. Aktuelle und historische Fall-Dokumentationen, alte und vor allem neue Theorien und Beiträge aus Disziplinen wie Psychologie, Medizin, Physik, Theologie, Ethnologie, Volkskunde, Philosophie, Soziologie, Geschichte, Literaturwissenschaften u. v. a. ergeben einen reichen Wissensschatz. Aber die Quellen des Wissens sprudeln besonders in der Mythologie und – wenn wir nur genau hinschauen – in der Volksweisheit. Im unterdrückten Aberglauben, Gegenglauben, steckt nicht selten ein wahrer Kern, und wir sollten das Kind nicht mit dem Bade ausschütten. Wir wollen hier diesen Faden spinnen, Altes und Neues, Erlebtes und Erforschtes, Anekdoten und empirisch Belegtes zusammenbringen und Aspekte aufzeigen, unter denen Geister unter die Lupe genommen werden können. Es gibt wissenschaftliche Literatur über Außersinnliche Wahrnehmung und Psi (Parker und Brusewitz 2004, Sheldrake 2004), über Poltergeistphänomene, die seit Jahrhunderten nach den gleichen Mustern abrollen (Price 1945, Gauld und

Cornell 1979, Roll 1974, Lucadou 1989), über Sterbende, die mehr wissen und sehen können, als wir ahnen, die ihren räumlich entfernten Angehörigen erscheinen und selbst Erscheinungen haben (Finucane 1984, Osis und Haraldsson 1978), über Menschen, die sich an frühere Leben erinnern und mitunter Geburtsmale haben, die mit der Todesart der erinnerten Person korrelieren (Stevenson 1966, 1975 u.v.a.) und über viele andere geisterhafte Erscheinungen, bei denen Informationen vermittelt werden (Guggenheim 1995, Fontana 2004, Puhle 2004d und 2004f). Mir scheint es sinnvoll, die Grenzen unseres Wissens über Geister offen zu halten und nicht vorschnell zu schließen. In diesem Sinne gibt das vorliegende Lexikon dem, der an die Grenzen der vertrauten Welt gehen und den abenteuerlichen Versuch, über sie hinauszuspähen, unternehmen will, die Möglichkeit, den Spuren der Geister über Jahrtausende hinweg zu folgen. Inspirationen und Lichtblicke mögen die Verse von Jürgen Trott-Tschepe (Berlin), die Malereien von Edith Weiss (Wien) und die ästhetischen Fotos von Sir Simon Marsden (London) sein, während die »realistischen« Geisterfotos aus der Sammlung von Maurice Grosse Denkaufgaben stellen.

Die Grenze zwischen Mythos und Realität soll und kann nicht scharf gezogen werden, da sie nicht fest ist. Realität findet auf verschiedenen Ebenen statt, wird von der Wissenschaft kontinuierlich neu definiert – denken wir etwa an die jüngsten Ideen, mit denen uns die Physik konfrontiert (String-Theorie) und mit denen sie unseren bekannten drei Dimensionen mindestens noch drei weitere hinzufügt. Die Materie hat danach im wahrsten Sinn des Wortes keinen Bestand mehr, ist vielmehr ein mehr oder weniger dicht zusammenhängendes Gebilde, das permanent in Bewegung ist – der große Gedanke des dunklen Philosophen Heraklit, von Platon aufgegriffen, klingt an: Alles fließt. Ein beständiger Körper existiert nur zum Schein – auch hier wieder Platons Gedanke und die noch ältere Idee von der *maya* bei den Indern. Während jedoch manche immer noch einem eng umrissenen Weltbild den Vorzug geben, dessen Grenzen die Welt wie ein Korsett in enge, zu enge Formen hineinzwängen, so haben sich andere Denker längst dem ewigen Fluss des Wissens anvertraut und den unlösbaren Zusammenhang des Weltgefüges oder -gewebes, des das All umspannenden Netzes erkannt und die Schranken ihres Denkens geöffnet: Die Idee von einem bewussten Universum, *conscious universe* (Radin 1997) – eine schöne Ergänzung zu der alten Idee eines *cosmic consciousness* (Bucke 1901), eines kosmischen Bewusstseins – ist nur ein Beispiel davon. Aber wir haben guten Grund zur Hoffnung: Engstirnigkeit macht zwar blind, doch ist nicht der Blinde am Ende der Weise, der Seher?

Berlin und Göteborg, im Sommer 2004   Annekatrin Puhle

BENUTZUNGSHINWEISE

Nimm dir Zeit zu denken –
das ist die Quelle der Macht …
Nimm dir Zeit zu lesen –
das ist die Grundlage der Weisheit …
Nimm dir Zeit zu träumen –
sie bewegt dein Gefährt zu einem Stern …
Irischer Segenswunsch, Multhaupt 2003, 30. November

Das Lexikon umfasst

* Namen von Geistern, von Menschen, Tieren, Pflanzen, Wesen aus Volkskunde und Mythologie;
* Namen von Geisterorten, Spukhäusern, Spukschlössern, Bergen, Höhlen, Gegenden;
* Begriffe, die sich auf die Welt der Geister beziehen, wie beispielsweise »Astralreise«, »Außerkörperliche Erfahrung«, »Leben nach dem Tod«;
* Namen von Autoren und Forschern, Institutionen.

Ä, Ö und Ü werden wie Ae, Oe und Ue behandelt, Buchstaben aus anderen Sprachen werden nach dem im Deutschen bekannten Buchstaben, also etwa schwedisch Å nach A, eingeordnet.

Begriffliche Einheiten aus mehreren Wörtern wie »Geister vor Gericht« stehen vor Stichwörtern, die durch Adjektive ergänzt sind, etwa »Geister, ätherische«.

Personen sind unter dem Nachnamen angeführt; es sei denn, sie sind unter ihrem Vornamen mit einem charakterisierenden Zusatz bekannt geworden, wie Albertus Magnus; dann sind sie unter dem Vornamen zu finden. Personen, die geboren wurden, als es noch keine Familiennamen gab, sind unter ihrem Rufnamen eingeordnet, wie Martin von Tours. Die Schreibweise von Namen entspricht in der Regel der originalen, etwa »Carl August«. Ältere Wortformen wie »Ahndung« für »Ahnung« werden hinter der heute gebräuchlichen Schreibweise angegeben, ebenso weitere Namen.

Begriffe aus anderen Sprachen werden in der Originalsprache angeführt, gegebenenfalls mit Verweisen auf das deutsche Äquivalent.

Verweise (→) auf weitere Stichwörter werden gegeben, sofern sie inhaltlich relevant sind, entfallen aber bei häufig vorkommenden Wörtern wie »Geist« oder »Geister« und wenn der Begriff in anderem Sinn gebraucht wird.

Die Literaturangaben – angegeben in Kurzformen mit Autorenname und Erscheinungsjahr – nach den Artikeln, alphabetisch nach Autorennamen sortiert, nennen die zitierte, in Ausnahmefällen zusätzliche Literatur als repräsentative Auswahl; bei den Kurzformen bezeichnet die Zahl nach dem Erscheinungsjahr, falls nur eine Zahl angeführt ist, die betreffende Seite, und falls zwei Zahlen angeführt sind, bezeichnet die erste Zahl den betreffenden Band und die zweite Zahl die Seite. Die vollständigen bibliografischen Angaben sind im Literaturverzeichnis aufgelistet.

EINLEITUNG

Mögen Zeichen an der Straße deines Lebens sein,
die dir sagen, wohin du auf dem Wege bist.
Mögest du die Kraft haben, die Richtung zu ändern,
wenn du die alte Straße nicht mehr gehen kannst.
Irischer Segenswunsch, Multhaupt 2003, 7. Dezember

WAS SIND GEISTER?

Die Frage, was Geister sind, setzt voraus, dass es Geister gibt. Nur meinen manche, dass Geister etwas anderes sind als das, wofür sie gehalten werden. Sind Geister eigenständige Wesen? Sind sie objektiv vorhanden? Oder sind sie nur Spukgeister unserer Fantasie? Woher kommen sie? Wer hat sie geschaffen? Was ist ihr Ursprung? Verändern sie sich?

Wer fragt: Glauben Sie an Geister?, macht sich nicht klar, dass er als Antwort eine ganze Abhandlung zu hören bekommen kann. Hier versuchen wir, unseren »Geist« zu sensibilisieren für die zahlreichen Aspekte, unter denen wir Geister betrachten können. Aus vielen Perspektiven beleuchtet werden sie klarer, fällt das dunkle Ambiente, das sie umgibt, von ihnen ab: Geister bei Licht besehen sehen viel freundlicher aus.

Es gibt verschiedene Theorien, die Erklärungen für Geistererscheinungen anbieten, alte und neue (Jung-Stilling 1808, Ferriar 1813, Myers 1903, Tyrrell 1943, Hart 1956, Roy 2003 u. v. a.). Und wir leben in einer Zeit, in der die Forschung in Riesenschritten vorangeht – so scheint es wenigstens. In bestimmter Hinsicht geht sie aber zurück: Sie reduziert das Gewusste auf ein Minimum, wenn nicht auf ein Nichts. Bewusstsein ist demnach nicht mehr als eine physiologische Kettenreaktion im Gehirn und das von Eduard von Hartmann und Sigmund Freud entdeckte Unbewusste nichts weiter als ein Zellprozess. Man hat herausgefunden, dass die Gehirnzellen schon eine halbe bis eine Minute vorher wissen, wenn im Bewusstsein eine Entscheidung gefällt wird – ein aufregendes Ergebnis, was dazu verleitet, voreilige Schlüsse zu ziehen. Auf der anderen Seite hat uns die Forschung gezeigt, dass Menschen, die klinisch tot sind, sehr wohl bewusst sein können. Die Nahtodforschung kennt Fälle, in denen Patienten trotz flachen EKGs und EEGs, wenn auch das Stammhirn nicht mehr reagierte, später Erstaunliches zu berichten hatten. Weiter haben Laborversuche gezeigt, dass Menschen, deren rechte Gehirnhälfte an einer bestimmten Stelle des *Lobus temporalis* stimuliert wird, außerkörperliche Erlebnisse und Erscheinungen haben können (Persinger, Blanke u. a.). Andere Versuche haben ergeben, dass die gefühlte Anwesenheit von Geistern, *feeling of a presence,* mit krankhaften Zuständen des Gehirns einhergeht (Brugger u. a.). Die Frage ist: Sind die Krankheiten dann Ursachen oder Bedingungen für die Geistererlebnisse? Epilepsie wurde in der Kultur- und Religionsgeschichte als Besessenheit angesehen. Geister ergreifen Besitz von Menschen, die schwach sind, von Alkoholikern beispielsweise, das ist eine alte wie gängige Meinung. Es gibt Menschen, die Geistererscheinungen haben und dabei im vollen Besitz ihrer Sinne sind. Sie registrieren, was sie im Moment erleben und dass sie in diesem Augenblick »Bürger zweier Welten« sind. Besondere Bewusstseinszustände können mit anderen geteilt werden: Gruppenvisionen, Träume (*dream telepathy;* Krippner, Ullmann und Vaughn) und induzierte Zustände wie Hypnose (*mutual hypnosis;* Tart) können Menschen in veränderten Bewusstseinszuständen (*altered states of consciousness, ASC;* Parker) miteinander verbinden.

Zum Schluss bleibt die Frage: Was sind Geister nicht? Geister sind nicht hieb- und stichfest. Wir sehen sie als neblige, wolkenartige, schattenhafte, vage umrissene, transparente Wesen – und manchmal auch gar nicht, wenn sie unsichtbar sind. Dies verführt zu der Annahme, dass Geister nichts Reales, d.h. gar nicht sind. Materie scheint etwas zu sein, sie ist fassbar, sichtbar, messbar, auf sie kann man bauen, auf sie ist Verlass. Jedoch ist das nur Schein: Wir können uns nicht auf die Solidität unseres physischen Körpers verlassen – schauen wir in die Strukturen der kleinsten Bausteinchen hinein, finden wir keine Steinchen, keine Stoffe mehr –, dort innen in unseren Körpern ist es leer. Das Feste wird Energie, das Beständige besteht nicht wirklich, bewegt sich vielmehr, ist sich ständig ändernde Energie.

Licht will auf Erden
Empfangen werden.
Als ewiges Geschöpf
Will es Zeitloses schaffen,
auf dass Festes und Gelöstes
nimmermehr zerklaffen.   Jürgen Trott-Tschepe 2004b, 64

Es verwundert nicht, dass Geister keinen zuverlässigen Bestand haben. Ihr Wandel vollzieht sich viel schneller, als wir es von lebenden Menschen gewöhnt sind. Sie kommen aus dem Nichts und gehen ebenso überraschend wieder von uns. Ihre Erscheinungsformen sind sehr vielfältig und manche Geister sind Verwandlungskünstler, sie nehmen Tier- oder andere Gestalt an, und hier ist von der Fliege über das Glühkäferchen bis zum weißen Pferd oder Bullen alles drin. Die Frage ist eher: Was ist nicht drin? Wir kennen:

- Geister von Menschen
  - Geister von Lebenden
  - Geister von Sterbenden
  - Geister von Verstorbenen
  - Geister von Unbekannten
  - Geistergruppen
  - Schemenhafte Geister
  - Fragmentarische Geister
- Geister von Tieren
  - Geister von lebenden Tieren
  - Geister von sterbenden Tieren

- Geister von verstorbenen Tieren
- Geister von unbekannten Tieren
- Geistertiere
- Geister von Pflanzen (Baumgeister,
  Pflanzengeister wie Alraune)
- Geister der Steine
- Geister der Elemente
  - Geister des Feuers
  - Geister der Erde (unterirdische Geister, Berggeister)
  - Geister des Wassers (Fluss- und Quellgeister)
  - Geister der Luft
- Geister im menschlichen Lebens- und Wohnbereich
  (Geister des Hauses)
  - ortsgebundene Geister
  - personengebundene Geister
  - Familiengeister
- Gefallene Geister – Geister aus niederen Sphären
- Geister aus höheren Sphären
  - Lichtgeister
  - Engel
  - Dämonen

ANGST VOR GEISTERN
UND WIE MAN SIE ÜBERWINDEN KANN

Durchdringe mich mit Ruhe, o Gott,
so wie du den Sturm auf dem Meere stilltest.
Beruhige mich, o Gott,
bewahre mich vor dem Bösen.
Lass alle Unruhe in mir ersterben.
Umarme mich Herr, in deinem Frieden.
Irischer Segenswunsch, Multhaupt 2003, 18. Dezember

Geister lehren uns das Fürchten. Sie sind fürchterlich. Immer schon saß die Angst vor Geistern dem Menschen im Nacken, ja sogar richtig in den Knochen, eine tief sitzende Angst, eine Urangst, ein Erschauern vor dem Anderen, vor der Anderswelt. Und diese Angst hat bis auf den heutigen Tag überlebt und kriecht tatsächlich auch manche noch so aufgeklärten Menschen oder gar Geisterforscher persönlich an. Das zeigt, wir haben mit der Geisterwelt noch nicht aufgeräumt und geben dem Geisterhaften weiterhin viel Raum, seinen Raum, die endlose Sphäre des Unbekannten, die den Menschen grundsätzlich Angst einzujagen pflegt. Was sich außerhalb unserer Kontrolle abspielt und sich dem menschlichen Willen entzieht, das Unvorhersehbare, macht das Leben unberechenbar, unübersichtlich und kann sogar bedrohlich wirken. Die Geisterfurcht steckt uns noch tief in den Gliedern, und doch liegt darin etwas Gutes und Wertvolles verborgen: Wenn Geister uns nämlich eines Besseren belehren könnten, nicht nur Furcht und Schrecken verbreiteten, sondern eine Furcht, die das, was sie fürchtet, gleichzeitig achtet, ehrt und respektiert, dann würden wir wieder Ehrfurcht empfinden können, Ehrfurcht vor dem, was uns groß und gewaltig, geheimnisvoll erscheint.

Angst, wo ist eine Gasse aus dir?
Hunger, wo ist dein Frieden in mir?
Lebenspein, wo ist dein Ende allhier?

Rasend dreht ihr euch um mich her,
doch erreicht ihr mich nimmermehr.
Denn im Auge des Taifuns,
im Allerinnersten jeglichen Tuns,
findet man mich,
die Glückseligkeit alles durchdringenden Ruh'ns.

Dunkel, wo ist dein Raunen?

Inmitten aller Finsternis, zum Erstaunen,
ist's in mir hell,
dem Unwissenden gar grell,
so ist zu mir
nur eine schmale Furt,
mir,
dem Bereiter der Lichtgeburt.

Und leichter gerät ein Kamel
durch's Nadelöhr,
als hätte der Menschen Aug'
und Gehör
das feine Gespür
für jene
verborgene Tür
am Ende des Tunnels,
jenseits
ihres Lebensrummels.

Jürgen Trott-Tschepe, Poesie über das Java-Eisenkraut, *Lippia Javanica*

Die Angst vor Geistern ist ein *anthropinon,* ein menschliches Charakteristikum, um einen Terminus des Anthropologen Michael Landmann zu gebrauchen. Sie prägt das Wesen des Menschen und gehört zu den Grundängsten des Menschen schlechthin. Ja, sie ist so menschlich, dass ein Arzt wie Edward Bach sie als Grundwesenszug einem der 38 Persönlichkeitsbilder zuordnet, in denen er die verschiedenen Menschentypen zu fassen sucht. Es ist der Typ *Aspen,* deutsch Espe, der Mensch, der »wie Espenlaub zittert«, wenn es dunkel wird, der eine unerklärliche Angst vor der Dunkelheit und allem Geisterhaften hat und der diese Eigenschaft, diese extreme Feinfühligkeit allem gegenüber, was in der Luft liegt, mit dem Baum teilt, der am schönsten und ausgelassensten mit seinen Blättern im Wind spielen kann. Der Blütenextrakt aus der Zitterpappel ist das Heilmittel der Wahl für den Menschen mit Geisterangst.

Die Angst vor Geistern ist aber nicht nur ein *anthropinon.* Streng genommen ist sie auch ein *zootikon,* ein Kennzeichen aller Lebewesen oder doch zumindest der Tiere. Sehen wir uns im Tierreich um, dann treffen wir immer wieder auf ein absonderliches Verhalten von Tieren, etwa Hunden, Katzen, Pferden und Kühen, in Momenten, in denen Menschen Geister sehen, häufig aber auch, wenn Menschen noch nichts merken und erst durch ein verängstigtes Tier auf etwas Geisterhaftes aufmerksam gemacht werden.

Und wir können sogar das Pflanzenreich mit einbeziehen, gibt es doch Pflanzen, die auf die Gegenwart von Menschen mit einer Art »Angst« reagieren, wie Christopher Bird und Peter Tompkins (1973) fesselnd dargestellt haben. Es wäre sicher eine spannende Aufgabe, einmal zu untersuchen, wie sich Pflanzen verhalten, wenn es spukt, etwa in Poltergeistfällen, die sich über Monate hinziehen können.

Einen amüsanten Fall von Geisterangst, die häufig bei Geisterleugnern anzutreffen ist, beschreibt Thomas Payne in seinem Bericht (1722) über die Erscheinung der Mrs. Veal im Haus ihrer ahnungslosen Freundin, Mrs. Bargrave, in Canterbury, nachdem sie tags zuvor in Bristol verstorben war. Mrs. Veals Bruder leugnete die sofort publik gewordene Erscheinung seiner Schwester entschieden und behauptete, alles sei frei erfunden, die beiden hätten einander nicht einmal gekannt. Doch wie sich herausstellte, hatte Mr. Veal es ganz plötzlich mit der Angst zu tun bekommen und konnte nicht mehr ohne einen Hausangestellten im Zimmer schlafen. Und obendrein fasste der bislang eingeschworene Single Heiratspläne, die er binnen sechs Wochen in die Tat umsetzte. – Heiraten gegen Geisterangst?

Wir müssen uns von aller Überheblichkeit und Arroganz frei machen, wenn wir wirklich weiterkommen wollen mit der Erkenntnis der Welt, die uns umgibt. Unsere Vorfahren waren keine geringeren Menschen als wir, nicht dümmer, nicht unbedarft und schon gar nicht ahnungslos, und in einem Punkt waren sie uns ganz sicher meilenweit voraus: Sie wussten den mühsam erworbenen Erfahrungsschatz ihrer Vorfahren auch wirklich zu *schätzen*. Wir kommen einfach viel schneller voran, wenn wir sorgfältig zuhören, ganz genau hinschauen und zur Kenntnis nehmen, was sie uns als Traditions*gut* überlassen haben.

Das Verborgene, lateinisch *occultum,* hat die Menschheit schon immer das Fürchten gelehrt. Diese Unbekannte ans Licht zu holen hat etwas Faszinierendes und Furchterregendes zugleich. Man handhabte die Überlieferung des machtvollen Wissens, das man hier erwerben konnte, daher mit äußerster Diskretion: Eine Geheimlehre, *Esoterik,* war die Form der Wahl.

Madame de Staël antwortete einst auf die Frage, was sie von Geistern hielte, sie würde zwar nicht an sie glauben, hätte aber Angst vor ihnen; und mit Crosland, dem Autor eines alten englischen Geisterbuches, könnte man darauf antworten: Wäre ihr Wissen über Geister etwas besser gewesen, dann wäre ihre Angst entsprechend kleiner gewesen (Crosland 1873, 1). Das Wissen, das auf diesem Gebiet ans Tageslicht gelangen soll, hat nicht nur mit der Außenwelt zu tun, mit geheimnisvoll umgehenden Wesen, sondern es hat gleichzeitig mit uns selbst zu tun, mit unserem Innern, unserem Selbst. Angst ist ein Zeichen von Unsicherheit, Mangel an Wissen, von einem gestörten Gleichgewicht. Angst, wörtlich »Enge«, erzeugt ein unangenehmes, beklemmendes Gefühl und macht unruhig, weil man aus dem beengten Zustand so schnell wie möglich wieder herausfinden will. Ein Mensch, der Angst hat, hat die Fassung verloren, hat sich nicht im Griff, kämpft mit ihm unbekannten Kräften.

Offensichtlich haben wir noch nicht genug gelernt über Geister, und wir müssen wohl einsehen, dass wir nicht alle Dinge beliebig beeinflussen können. Ein Beispiel: Wenn wir wissen, dass eine bestimmte Art von Geistererscheinungen zur Todeszeit eines Menschen auftreten kann oder auch kurz davor, als Ankündigung des bevorstehenden Todes, so verschafft uns das Wissen keine Erleichterung, konfrontiert es uns doch mit einem noch gewichtigeren Phänomen als den Geistern selbst, dem Anblick des Todes. Geister und Tod sind ein untrennbares Paar. Geister führen uns an die Grenzen unseres Seins, an das Ende unseres Lebens. Oder ist es kein Ende?

Der Tod zieht seine eiserne Grenzlinie, an der kein Weg vorbeiführt. Seine Gewalt liegt in der Unausweichlichkeit, er ist die größte Herausforderung an den Menschen. Todesmutig sind nur wenige, und mit Geistern begegnen wir dem Tod, der uns erbarmungslos in unsere Schranken weist. Der Tod ist aber auch die Stunde der Wahrheit – im Tod gleichen wir nur noch uns selbst, wie Heiner Müller es in einem Interview einmal ausdrückte. Der Tod bedeutet nicht nur die Wahrheit des Lebens, des Gelebten, sondern er ist auch das Tor zu einer weiterfassenden Wahrheit, zu einer Welt, die höher, umfassender ist als er selbst, die ihn in sich einschließt, bis er endlich nichts weiter ist als eine Tür, ein Tor zu einer nächsten Sphäre, einem anderen Ausschnitt aus dem Ganzen, aus dem unbeschreiblichen Weltganzen.

Der Tod provoziert Fragen: Was sind wir? Woher kommen wir? Wohin gehen wir? – Fragen, die beantwortet wurden und doch immer wieder neu gestellt werden wollen, in jeder Zeit, an jedem Ort, von jedem Einzelnen. Der Tod stellt die Frage nach unserem Sein und gibt den Anstoß zur Philosophie.

Die Angst vor Gespenstern und Geistern verliert sich mit den Antworten auf Leben und Tod, Einigen ist eine innere Sicherheit in die Wiege gelegt, andere haben ein Leben lang Zeit, sie zu gewinnen.

Konkrete Wege aus der Angst bieten Pflanzenkunde, Psychologie, Philosophie, Medizin, Religion, östliche und westliche Lebens- und Weisheitsschulen sowie Yoga und Meditation.

Die Pflanzenkunde hält ihre Schätze bereit für den, der sich auf sanfte Weise von störenden Ängsten befreien will und die intellektuelle Arbeit am eigenen Charakter scheut. Sie bietet Hilfe durch Phytotherapie, Homöopathie (Hahnemann), Bach-Blütentherapie (Bach), Aromakunde (Trott-Tschepe) oder eine Art Baum-Therapie (nach Schrödter) an.

Die Psychologie hat Techniken, Angst zu behandeln: die *reciprocal inhibition-therapy* (Wolpes), *neuro-linguistic programming* (NLP), *mental training* (Unneståhl), autogenes Training, ganzheitlich eingesetzte Gestalttherapie (Jung), Märchentherapie (Kast), Traumarbeit.

Eine ganzheitlich orientierte Medizin kann Angst in den Griff bekommen, bezieht sie alle Aspekte der Gesundheit mit ein und sieht den Menschen als eine Einheit aus Körper, Geist und Seele (Bruker).

Auch die Philosophie, Lehrmeisterin aller Wissenschaft, kann zur Angstüberwindung beitragen: *philosophical therapy*, Training der Selbstdisziplin à la Stoa, wäre ein ausgezeichnetes Beispiel dafür.

Religion ist die Disziplin der Wahl, da sie das Urvertrauen herstellt, das alle Wunden heilen kann, und die Rück-Verbindung, *re-ligio*, mit dem Göttlichen schafft. Engel vermitteln das.

Lebens- und Weisheitsschulen lehren geistige Entwicklung und geben auf die heutige Zeit zugeschnittene, praktische, wirksame Anweisungen (Aïvanhov, Schmidt).

Yoga und Meditation bilden den Königsweg zum inneren Frieden. Ohne sie bleibt jede Religion unerfüllt. Dazu gehört die Atemtherapie als älteste Meisterin des Lebens: Sie reicht vom ältesten Kriya-Yoga (Yogananda) bis zur westlichen Atemlehre (Middendorf). Angst beengt, tief atmen befreit.

Es gibt sie, die Schlüssel, mit denen wir uns Freiraum erschließen und einengende Ängste hinter uns lassen können. Kenntnis ist die Gegenspielerin der Angst – schauen wir den »Dingen« beherzt ins Gesicht und stärken uns zuvor noch mit den heilenden Kräften der Pflanzendüfte und der Worte. Ätherische Öle, selbst Quintessenz, helfen uns, »das Leben angstfrei zu durchdringen« (Trott-Tschepe 1993, 94), und die Duft-Poesie von den Bitterorangenblüten gibt ein wunderschönes Beispiel davon:

Von weit her.
Vor der Zeit.
Eingehüllt
in einen Sternenblütenkelch.
In wundersamem
Licht geborgen.

In unendlicher Stille
legt ein höchster Wille
in des Kelches Kehle
ganz zart, ganz rein,
behutsam und fein,
deine Seele hinein.

Kelche funkeln,
Bilder munkeln,
Winde schunkeln,
Sternenfäden
vereinen
im Dunkeln.

Und immer wieder
auserkoren,
wird einer Seele
ein Leib geboren.

Und in Augenblicken
ist zu lesen,
wie sind schön
ihre Kelchblüten
gewesen.

Ihr Hauch,
und auch
dein Leib
wird genesen.

Jürgen Trott-Tschepe, Poesie über Neroli – Bitterorangenblüten, *Citrus auranthium var. amara*

GEISTER ALS LEBENSHILFE

Gott, führe mich aus der dunkelsten Nacht.
Gott, ziehe mich in das Reich des Lichtes empor.
Gott, nimm mich zu dir und mache mich gesund.
Gott, bewahre mich vor den Dingen, die ich fürchte.
Gott, schütze mich vor dem lebenden Tod.
Gott, hilf mir von dem Platz, an dem ich liege.
Gott, richte mich auf, dass ich niemals sterbe.
Irischer Segenswunsch, Multhaupt 2003, 13. September

Geister können uns nicht nur erscheinen, sie können auch scheinen, und zwar im einfachen Sinn des Wortes »leuchten«. Es gibt unzählige Berichte aus allen Ländern und Zeiten, die von lichten, hellen und weißen Geistern erzählen, von Lichtern in Form von Punkten oder Kugeln, die umherwandern, die sich vergrößern können und Gestalt annehmen, sich in Menschen verwandeln. Alle möglichen Lichterscheinungen werden wahrgenommen, am Himmel oder auf der Erde, im Umkreis von Menschen als Aura oder Gloriole, oder es erscheinen reine Lichtgeister, Wesen, die aus sich heraus scheinen, glänzen und leuchten wie Engel. Und die Engel selbst kommen bei besonderen Anlässen als geflügelte oder ungeflügelte Wesen in die menschlichen Sphären hinein – und beflügeln.

Immer werden die Begegnungen mit dem Licht oder seinen vielfältigen Verkörperungen mit etwas Positivem verbunden, selbst wenn sie Ehr*furcht* einflößen und uns einen Moment erschauern lassen. Doch die erfreuliche Botschaft geht niemals verloren. Hell leuchtende Geister verheißen Glück.

Von der Anwesenheit eines lichten Geistwesens bleiben Spuren, Lichtspuren. Dieser »Nachlass« geht niemals verloren, und die Begegnung mit solchen Wesen geht nicht spurlos an den Betroffenen vorüber.

Menschen, die dem Tod einmal sehr nahe waren, berichten davon, Menschen, die überlebt haben, und Menschen, die kurz darauf gegangen sind (→Nahtoderfahrung). Sie erleben eine Transformation.

Auch die Begegnungen mit ganz normalen Sterblichen, d.h. mit den Geistern von Sterbenden, die um die Zeit ihres Todes herum erscheinen, machen einen Eindruck auf uns, oder die Erscheinungen von Verstorbenen, die in kritischen Situationen plötzlich bildlich bei uns anwesend sind, hinterlassen ein Gefühl der Geborgenheit und Sicherheit, das uns über den Rest unseres Lebens hinweg tragen kann.

Die baltische Schriftstellerin Zenta Maurina ist überzeugt:

»Die uns geliebt haben, wirken für uns auch im Jenseits durch ihre Reinheit und Fürbitte. Wie wäre es sonst zu verstehen, dass uns plötzlich, nach langem, vergeblichem Bemühen, die Lösung einer schweren Frage gelingt, und wir, in ein Chaos verstrickt, den richtigen Weg wider alle Vernunft unerwartet finden? ...

Die Entrückten aus unserem Leben ausschließen bedeutet innere Verkümmerung und Isolation. Wer mit den Toten denkt und fühlt, ihre Aufträge weiter lebt, dessen zerrissenes Leben wird heil.« (Maurina 1987, 164 f.)

Geister sind eine echte Lebenshilfe. Es muss nicht unbedingt der Rand des Todes sein, an dem wir sie sehen – auch mitten im Leben können sie sein –, wenn wir in der Stille und im Innern nach ihnen suchen.

Abbott Handerson Thayer, »Engel«, 1889.
National Museum of American Art, Smithsonian Institute.

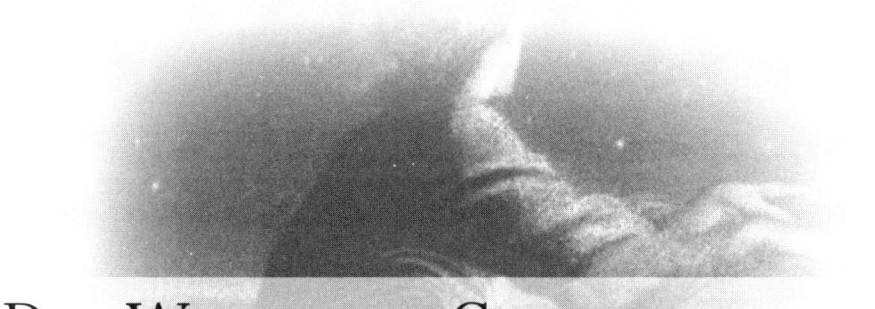

DIE WELT DER GEISTER

VON A BIS Z

Denn da die einfacheren Kräfte der Natur sich oft unseren Sinnen verbergen,
so müssen wir sie freylich durch die Kräfte unseres Geistes zu erreichen suchen.
Johann Wolfgang von Goethe, Weimarer Ausgabe, II, 5.2, 330

Abaris

Die griechische Antike berichtet von dem Seher und Apollon-Priester Abaris, der zur Zeit des Krösus (Kroisos) oder noch früher im sagenhaften Nordland der Hyperboreer gelebt haben soll. Mit seinem goldenen Pfeil, einem Geschenk des →Apollon, konnte er nach schamanischer Manier durch die Lüfte fliegen. Auf seinem Pfeil soll er laut Porphyrios und Jamblichos auch nach Griechenland geflogen sein, um dort das kostbare Flugobjekt an Pythagoras, den er als Wiederverkörperung Apollons ansah, weiterzugeben. Der in Gottesbesessenheit weissagende und Exorzismen durchführende Wundermann soll Seuchen und Unwetter abgehalten haben. Auch Dichter war er und gab eine Sammlung skythischer Orakel heraus. Siehe auch: →Astralreise, →Mantelfahrt, →Schamanenreise, →Seelenreise.

Literatur: DNP 1996 ff.

Abbilder

Einzigartig sind wir, keine billige Kopie. Wir können aber mitunter ein Abbild unserer selbst sein, wenn wir nämlich einem anderen Menschen erscheinen, bei dem wir jedoch gar nicht sind. Wobei sich hier gleich die Frage stellt, wer mit dem »Wir« gemeint ist. Sind wir in unserem Körper, dann wissen wir, wo »wir« sind. Sind wir in einem Traum unterwegs, dann glauben wir zwar auch zu wissen, wo wir sind, haben jedoch nach dem Erwachen nicht die leiseste Ahnung, wo wir eigentlich gewesen sind. Machen wir eine →Außerkörperliche Erfahrung, sind wir davon überzeugt, dass »wir« außerhalb unseres Körpers, in einem neuen, feineren Körper stecken. Sieht uns ein anderer, während wir eine solche Erfahrung durchleben, glauben wir ebenfalls, wir befänden uns in diesem feinstofflichen Körper (→Astralkörper), sieht uns aber jemand, während wir uns weit entfernt von ihm in unserem physischen Körper aufhalten und gerade keine →Astralreise unternehmen noch eine Vision oder einen Traum haben, dann ist die Frage, was der andere eigentlich von uns sieht, denn »wir« sind ja gar nicht in diesem Bild, das ihm erscheint. Es sieht aus wie ein Abbild, wie ein zweiter Körper von uns, was da erscheint. Dies kann fein und transparent aussehen, wie ein Hauch unserer selbst, aber es kann auch so echt aussehen, dass wir von einem →Doppelgänger sprechen. Das Wort »Abbild« weist auf ein ursprüngliches, zugrunde liegendes Bild – den irdischen Körper – hin, von dem es ein Widerschein ist. Es ist in diesem Sinn ein Synonym für einen erscheinenden Geist.

Friederike →Hauffe, die bedeutende Seherin aus dem 19. Jahrhundert, die in ihrem kurzen Leben so viele Geister sehen musste – nicht wollte –, konnte mitunter Geistwesen wahrnehmen, die einem lebenden Menschen folgten:

»Wie schon in einer ihrer früheren Perioden der Fall war, so geschah es auch hier zu W., daß sie oft hinter einem Menschen eine andere, aber geistige Gestalt sah. Oft schien es wie der Schutzgeist jenes Menschen zu seyn, oft aber wie ein Abbild, ein Widerschein, seines geistigen.« (Kerner 1892, 99)

Siehe auch: →Geister von Lebenden, →Geister-Theorien, →Schutzgeister.

LITERATUR: Kerner 1829/1892

Abdrücke von Geistern

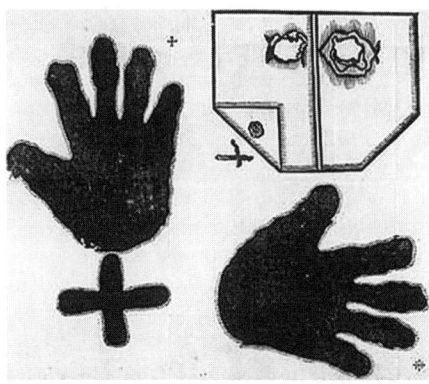

Händeabdruck eines Geistes.
Aus Haubers »Bibliotheca, acta et
scripta magica«, 1739–1745.

Nicht nur Menschen können Spuren hinterlassen, auch Götter und Heilige, Teufel und Hexen, →Riesen (Rochholz 1856, 1, 1; 2, 282; Alpenburg 1857, 10) und →Elfen (→Elfenringe) und viele andere Geister.

Während in Großbritannien die sog. Kornkreise als Zeichen von Elfen gelten, so hinterlassen andere Geister einfachere Spuren, etwa Händeabdruck (Hauber 1739–1745). Spuren im übertragenen Sinn, nämlich Gegenstände, sind etwa die bekannten Leihgaben der →Zwerge,

LITERATUR: Alpenburg 1857; Rochholz 1856.

Abend

Der Abend ist die farbenreiche Übergangszeit von Tag zu →Nacht, in der das →Licht noch einmal mit seinem ganzen Reichtum aufwartet, bevor es untergeht und sich in eine Grauzone vor dem Einbruch der Nacht wandelt. Der Abend zieht die Trennlinie zwischen Sichtbarem und Unsichtbarem. Es ist die Zeit, wo wir unsere Sinne schärfen müssen, weil sie allmählich zur Ruhe kommen wollen – so war es einst, doch wir erleben heute den Anbruch der Nacht nur noch in der freien Natur oder wenn wir uns bewusst auf ihn einlassen, vielleicht beim Kerzenschein. In dieser Zeit der potenziellen Stille können wir in uns gehen und uns feineren Erlebnissen öffnen, die uns im blendenden Licht oder im lauten Tageslärm verborgen bleiben. Am Abend kommen nach altem Glauben auch die →Geister zum Vorschein und alle möglichen Gestalten, die uns nicht ganz geheuer sind. Der Abend ist die Sternstunde der Fantasie, die uns ihre bezaubernden Bilder vor Augen hält und ihr launiges Spiel mit uns treibt. Die Stunden der →Dämmerung mit dem langsamen Abschalten der Sinne sind eine sehr gute Voraussetzung für →Außersinnliche Wahrnehmung, als gedämpfte Wahrnehmung gleichzeitig aber auch Nährboden für Erscheinungen, die anscheinend keinen Sinn machen, wie die hypnagogen Bilder, die uns vor dem Einschlafen durch den Kopf schwirren.

Die Volksüberlieferung erzählt viele Geschichten von den Geistern der Nacht, die schon am Abend auftauchen und um →Mitternacht ihre große Stunde haben. Unterirdische, →Bergmännchen, →Zwerge, →Hausgeister, gespenstische Frauen wie die Fanggen und die Holzweiblein, wilde Männer und Jäger, sie alle treiben abends ihren Spuk, und die Kinder fürchten sich besonders vor dem »Schwanewert« (im Emsland) oder der »blinden Naihre« (in Schwaben) (HdA 1987, I, 25 ff.). Der Abend bringt aber auch menschliche Geister ans Licht, die →Geister von Ver-

Sir Edward Burne-Jones, »Hesperus. The Evening Star«, 1870. Gouache, Privatsammlung.

storbenen: Es ist die Zeit der *hauntings,* des ortsgebundenen →Spuks, der vorzugsweise, aber nicht immer im Abendlicht oder in der Dunkelheit stattfindet. Auch →Poltergeister, die Geister des Tages sind, machen in Ausnahmefällen zu später Stunde auf sich aufmerksam. Siehe auch: →Geisterzeit.

LITERATUR: HdA 1987.

Abendländisches Totenbuch

»Das Abendländische Totenbuch«, ein Buch des Psychologen und Pädagogen Engelbert J. Winkler (1996), ist vergleichbar mit dem →Ägyptischen und dem →Tibetischen Totenbuch, da Winkler den heilsamen Effekt der aus abendländischen Kulturen berichteten →Nahtoderfahrungen therapeutisch einsetzt.

LITERATUR: Winkler 1996.

Aberglaube
(Superstition, *superstition*)

»Aber« ist ein altes Wort für »gegen«, »wider«. *Aber*glaube bedeutete ursprünglich also wohl *Gegen*glaube, meinte den alten, überlieferten Glauben, der den Glaubenssätzen der neuen, mächtig gewordenen Hoch-Religion widerspricht. Schon Cicero wetterte gegen den dummen Aberglauben, will ihn aber nicht gleichzeitig mit der ganzen alten Religion vernichten, in Gegenteil, der Philosoph müsse vielmehr die Einrichtungen der Ahnen bewahren und an heiligen Handlungen und Bräuchen festhalten. Nur solle er sich nicht mit all den tausend verwirrenden, abergläubischen Vorstellungen belasten:

»… ob du einen Seher hörst oder eine ›Vorbedeutung‹, ob du opferst oder eine Vogelschau anstellst, ob du einen Astrologen, einen Beschauer besuchst, ob es blitzt oder donnert, ob es irgendwo vom Himmel her einschlägt, ob irgend etwas Wunderähnliches auf die Welt kommt oder sich ereignet. Es ist ja unausweichlich, daß fast pausenlos derartiges geschieht, so daß man niemals die Möglichkeit hat, sich ruhigen Sinnes zu fassen.« (Cicero, »De divinatione«, II, 149)

Für →Goethe gehört der Aberglaube zum Wesen des Menschen, ist positives Kennzeichen hoch gesinnter Geister im Gegensatz zum bloßen Unglauben etwas beschränkter Gemüter (Goethe, »Farbenlehre«: Roger Bacon, 1810). Er ist für ihn die »Poesie des Lebens«, wie er in seinem Aufsatz über »den himmlischen Geist« Justus Möser (»Über Kunst und Altertum«, IV, 2, 1823), der einen Auszug aus dessen Aufsatz »Etwas zur Verteidigung des sogenannten Aberglauben unserer Vorfahren« enthält, verlauten lässt.

Goethe selbst hält es für gescheiter, über unvollendete Werke nicht zu sprechen (Tag- und Jahreshefte 1801 und 1803) und nach einem Achsenbruch die Reise nicht fortzusetzen (Tag- und Jahreshefte 1816).

Auch Georg Conrad →Horst, ein Zeitgenosse Goethes und Autor wichtiger Bücher über Geister, wie der sechsbändigen »Zauber-Bibliothek« (1821–1826) und der zweibändigen »Deuteroskopie« (1830), weiß:

»Aus dem Dunkel des Aberglaubens geht oft das Licht der Wahrheit hervor, und dessen Unterlage beruht häufiger, als wir glauben, auf dem untergegangenen früheren Rechtsglauben.« (Horst 1830, 1, 8)

Geister sind Aberglauben-resistent. Was auch immer in alten oder neuen Religionen über sie gelehrt wurde, sie erscheinen treu und brav zu allen Zeiten und allen Menschen, und das Schönste daran ist: auch manchen Zweiflern. Der Aufklärer Friedrich →Nicolai ist ein berühmtes Beispiel, dass die Gesinnung, ein kritischer Geist, nicht immun gegen →Geistererscheinungen macht.

LITERATUR: HdA 1987; Horst 1821–1826/1979; Horst 1830; Wilpert 1998; Cicero 1991.

Abgeschiedene →Geister von Verstorbenen

Abmelden

Der Tod eines Menschen wird oft von Klopfgeräuschen in der Nähe des Sterbebettes oder im Umfeld der nächsten Angehörigen und Freunde begleitet. Dies wird als Abmelden des →Sterbenden verstanden. Dagegen ist das geisterhafte →Klopfen, das bisweilen vor dem Eintreten eines unerwarteten Todesfalls zu hören ist, als das Werk von →weissagenden Geistern verstanden worden (→Ankünden).

Siehe auch: →Banshee, →Pulsatio mortuorum, →Sterbebettvisionen, →Weiße Frau.

LITERATUR: Bonin 1981.

Abwehr

Zur Abwehr böser Geister und Dämonen finden sich im Pflanzenreich wunderbare Mittel, etwa Disteln (HdA 1987, II, 301), der Dornstrauch (II, 357), Dost (II, 361), Dotterblumen (II, 363), die Eibe (II, 643), vor allem auch hoch aromatische Pflanzen wie Rosmarin, Thymian, Kümmel, Knoblauch, Tausendgüldenkraut, Weinraute (s. a. HdA I, 144), weitere Helfer sind Metalle wie Eisen und Stahl (II, 717 f.), das Feuer (II, 1390 f.) und natürlich das Glockengeläut, das die Geister mit der herrschenden Religion beeindruckt (V, 939 f.). Auch gegen Hexen, zum Enthexen, gibt es allerlei Abwehrmittel aus der Pflanzenwelt (III, 1909). Sehr wirkungsvoll ist jegliches Räucherwerk, etwa von Salbei, dem »Heiligen«, engl. *Sage,* dann das goldgelbe, Licht bringende Johanniskraut, aber auch viele Edelsteine, vornean der Bergkristall, und besonders ausgewählte Worte, klare und reine Gedanken sowie Gebete haben eine starke Kraft, die Unerwünschtes abweisen (s. a. Puhle 2005, 3, VII).

Ein bemerkenswertes Beispiel für die Abwehr von Spukgeistern bietet die altnordische Mythologie. Die Eyrbyggernes Saga erzählt die Geschichte von Thorgunne, einer reichen Frau, die eine Weile bei Thorod Bonde auf Frodaa gewohnt hatte. Als ihr Lebensende nahe schien, verteilte sie ihr Hab und Gut und bestimmte, dass ihr Bett und alles, was dazugehörte, verbrannt werden sollte. Man erfüllte ihren letzten Wunsch allerdings nicht, denn ihr Bett war sehr wertvoll. Dann begann es auf Frodaa zu spuken. Von den 30 Leuten, die auf dem Hof lebten, verlor einer nach dem anderen erst den Verstand und dann sein Leben, bis nur noch 18 Menschen auf Frodaa übrig waren. Der Spuk wurde mit jedem Todesfall schlimmer, da die Verstorbenen nun als Spukgeister umgingen.

Am Ende regierten die →Geister von Verstorbenen auf dem Hof und fanden sich allabendlich zum gemütlichen Beisammensein am Feuer im Wohnzimmer ein. Thorods Sohn Kjartan fragte seinen Onkel, den Opferpriester Snorre Gode, um Rat, und dieser hatte die Idee, Thorgunnes Bett endlich verbrennen zu lassen und so die →Wiedergänger zum Rückzug zu bewegen. Er ordnete ein Türgericht an, eine Gerichtsversammlung, die an der Tür stattfinden sollte, und schickte einen Priester mit, der in dem Spukhaus anschließend einen Gottesdienst halten sollte. Und so kamen dann Kjartan und der Priester in Begleitung weiterer Personen nach Frodaa, genau zu der Zeit, wo das Feuer angezündet wurde. Es heißt weiter in der Saga:

»Die Hausfrau Thuride war an derselben Krankheit erkrankt, an der die anderen gestorben waren. Kjartan ging gleich hinein und sah, dass Thorod mit den anderen Gespenstern am Feuer saß, wie sie es zu tun pflegten. Er nahm Thorgunnes Bett hinab, ging zum Feuer, nahm eine Kohle, ging mit derselben hinaus, und das ganze Bett, das Thorgunne gehört hatte, wurde verbrannt. Danach lud Kjartan den Thorer Vidleg (einen der Wiedergänger) vor Gericht, und Thord Kause den Thorod Bonde, weil sie ohne Erlaubnis sich im Hause aufhielten und den Leuten Gesundheit und Leben raubten. Alle, die am Feuer saßen, wurden vorgeladen. Dann wurde ein Türgericht eingesetzt und die Sache verhandelt ganz wie auf dem Thing: Zeugen wurden vorgeführt, und das Urteil wurde gesprochen. Als das Urteil über Thorer Vidleg gefällt war, stand er auf und sagte: ›Gegessen habe ich hier, so lange ich hier sitzen durfte‹; danach ging er zur anderen Tür hinaus, wo das Gericht nicht saß. Nun wurde das Urteil über den Schäfer gefällt; als er es hörte, stand er auf und sagte: ›Fort muss ich, obwohl es hätte früher geschehen müssen.‹ Als Thorgunne ihr Urteil hörte, stand sie auf und sagte: ›Nun bin ich hier gewesen, so lange ich konnte.‹ So wurde über den einen nach dem anderen verhandelt, und der, der verurteilt wurde, stand auf, und alle sagten sie etwas, als sie fortgingen, das darauf hinauslief, dass sie ungerne fort wollten. Endlich kam die Reihe an Thorod Bonde; er stand auf und sagte: ›Hier ist jetzt kein Friede länger; lasst uns nun alle fliehen!‹ und damit ging er hinaus. Danach ging Kjartan mit allen anderen hinein; der Priester trug Weihwasser und Heiligtümer (Reliquien) durchs Haus und hielt sodann Messe mit aller Feierlichkeit. Von da an hörte jeder Spuk auf Frodaa auf.« (Zitiert nach Lehmann 1925, 93)

Dieser Bericht ist ein sehr altes Beispiel für einen der wichtigsten Gründe für das Zurückkehren der Verstorbenen überhaupt: Es sind die »unvollendeten Geschäfte«, die den Toten keine Ruhe lassen und sie zum Umgehen zwingen. Und in diesem Fall sind es die Hinterbliebenen, die die letzten Anordnungen der Sterbenden ausführen sollten.

Siehe auch: →Schutz vor Geistern, →Wegwarte.

LITERATUR: HdA 1987; Lehmann 1925; Puhle 2005.

Acheron

Der in der Antike von Thukydides und Livius erwähnte griechische Fluss Acheron in Epeiros, im heutigen Nordwesten Griechenlands und Süden Albaniens, ist eng mit dem Glauben an ein →Leben nach dem Tod verbunden.

An der Stelle, wo er mit dem Kokytos zusammenfließt, befand sich bis zur Kaiserzeit ein berühmtes Totenorakel, das *Nekyomanteíon,* in dem man die Seelen der Verstorbenen um Rat befragte (→Homer, »Odyssee«, 11, 14; Herodot, 5,92,7; Pausanias, 1,17; 9,30,6). In der Mythologie des alten Griechenland war Acheron der Vater des →Askalaphos, ein unterweltlicher Flussgott und zugleich einer der fünf Flüsse des →Hades, über den der Fährmann →Charon die Seelen der Toten in die →Unterwelt schiffte.

Siehe auch: →Unterweltsfluss.

LITERATUR: DNP 1996ff.

Achill (Achilleus)

Schon der sagenhafte Held des Trojanischen Krieges, Achill, Sohn der →Nereide Thetis und des Königs der Myrmidonen, Peleus, väterlicherseits mit Zeus verwandt, kennt das Phänomen der →Geistererscheinung, des geisterhaften Abbilds eines Toten. In der Ilias (23, 103 f.) erscheint Achill sein verstorbener Freund im Traum: »Ihr Götter, so bleibt denn wirklich auch noch in des Hades Behausung eine Psyche und ein Schattenbild (des Menschen), doch es fehlt ihm das Zwerchfell (und damit alle Kräfte, die den sichtbaren Menschen am Leben erhalten)« (Rohde 1929, 10).
Siehe auch: →Hades.
Literatur: Rohde 1929.

ADC →After Death Communication

Adler

Der Adler ist ein Symbol der Transzendenz, des →Lichts, des Geistes und der Vorstellungskraft. Ein Mythos der Keten, einer nordsibirischen Ethnie, die am mittleren Jenissej lebt, sieht den Adler als ersten Schamanen oder als ersten Lehrer des Schamanismus an. Der zweiköpfige Vogel hat Doh, den Groß-Schamanen und Heilbringer, in seinen Künsten – nicht zuletzt den Flugkünsten – unterwiesen (Hermanns 1970, 1, 555 f.).
Literatur: Hermanns 1970.

Adonis

Der syrisch-phönizische Adonis, semit. *Adon,* »Mann«, »Herr«, ist ein schöner, junger Gott, ein Geliebter der Aphrodite. Er ist der Gott der Vegetation und Fruchtbarkeit. Als er bei der Jagd von einem Eber getötet wurde und in die →Unterwelt hinabsteigen musste, legte Aphrodite bei →Persephone Fürsprache für ihn ein und erreichte, dass er jedes zweite halbe Jahr aus dem →Hades in die Oberwelt aufsteigen durfte. So wurde er auch zu einem Gott von →Tod und Auferstehung.

Ägyptisches Totenbuch

Das aus dem alten Ägypten überlieferte Totenbuch, engl. *Book of the Dead,* behandelt die Bestattungszeremonien, das Totengericht sowie das →Leben nach dem Tod und gibt exakte Anweisungen, was die Verstorbenen auf ihrem Weg in die andere Welt beachten müssen.
Siehe auch: →Abendländisches Totenbuch, →Tibetanisches Totenbuch.

Äther (Aether)

Der Ursprung des Äthers liegt nicht im Dunkeln, er ist dunkel: In der griechischen Antike gilt der Äther (Aither) als Kind der →Nacht und der →Unterwelt, als Sohn von Nyx und ihrem Bruder →Erebos. Sein Großvater ist das Chaos. Aus dieser schwarzen Vergangenheit hat sich also die reinste aller Luftschichten herausgebildet, die höchste und weit über der irdischen Sphäre gelegene →Luft. Und die Mythologie erzählt weiter, dass er mit seiner Schwester Hemera, dem Tag, einen Sohn hatte, Uranos, den →Himmel. Aber das ist nur eine Variante der alten griechischen Vorstellungen vom Äther. Eine andere Seite vom Äther sehen wir, wenn er mit seiner Tochter →Erde, Gaia, diverse Scheußlichkeiten zeugt, wie etwa den →Tartaros und die →Furien.

Der leuchtende Äther, das fünfte →Element, ist vor allem das hohe Ziel reiner Seelen, die sich aufgrund eines vorbildlichen Lebens nach dem →Tod in die göttlichen Gefilde aufschwingen

Caspar David Friedrich (1774–1840):
»Der Abendstern«. Um 1830–1835.
Das Abendlicht leitet die
Geisterzeit ein.

Tafel I: Geistererscheinungen in Natur, Malerei und Fotografie

*Marcus Larson (1825–1864): »Norsk
fjord i månsken« (Nordischer Fjord im
Mondschein). Motiv vom Sognefjord in
Norwegen. 1861, Öl, Nationalmuseum
Stockholm. Mondlicht und Wolken
verwandeln Landschaften in ein
gespensterhaftes Bild.*

Moritz von Schwind (1804–1871),
»Die Erscheinung im Wald«.
(23. April) 1823. Feder und Sepia
auf weißem Papier,
Stiftung Ratjen, Vaduz.

Tafel I: Geistererscheinungen in Natur, Malerei und Fotografie

*Helmut Milas: Sonnenuntergang
im Moor bei Nettelstedt, Westfalen –
Heimat des zweiten Gesichts.*

Tafel I: Geistererscheinungen in Natur, Malerei und Fotografie

*John William Waterhouse
(1849–1917), »The Mystic Wood«
(Der mystische Wald). Um 1914–1917.
Öl auf Leinwand, Queensland Art
Gallery, Brisbane.*

Tafel I: Geistererscheinungen in Natur, Malerei und Fotografie

Edith Weiss, Wien, »Geistwesen einer
Stadt – Ahnen einer Stadt«, 1997,
Colorink Pantone und diverse
Stifte auf säurefreiem, chlorfreiem
Zeichenpapier. © Edith Weiss.

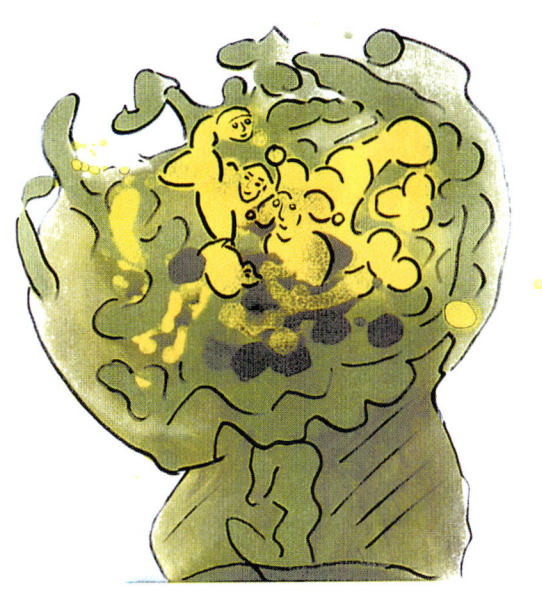

*Edith Weiss,
Wien, »Natur-
geister sind
temperamentvoll
wie die Men-
schen«, 1997/98,
Colorink Pantone
und diverse
Stifte auf
säurefreiem,
chlorfreiem
Zeichenpapier.
© Edith Weiss.*

Tafel I: Geistererscheinungen in Natur, Malerei und Fotografie

(Oben) Aquarell: Weiße Frau
(Unten) Die Weiße Frau auf Schloß
Bernstein. Foto vom 30.4.1913

dürfen (Rohde 1929, 223). Aus Äther gemacht stellt man sich den neuen Körper des Menschen vor, mit dem er den physischen Körper zurücklässt und die Grenzen von Zeit und Raum durchbricht (→Ätherkörper).

Äther spielt als fünftes Element eine wichtige Rolle in der Alchemie – er ist die →Quintessenz, wörtlich das »fünfte Seiende«.

Eine durchaus praktische Bedeutung dieser alten Weisheit macht sich die moderne Aromatherapie zunutze. Sie heilt mit ätherischen Ölen, mit der geistigen Essenz der Pflanze.

Siehe auch: →Astralkörper, →Geistkörper, →Licht, →Traumkörper.

Literatur: RE 1894ff.; Rohde 1929; Trott-Tschepe 1993.

Ätherkörper (Ätherleib)

Mindestens zwei Körper hat der Mensch – so lautet der gemeinsame Nenner aller Lehren, die davon ausgehen, dass der Mensch nicht nur aus vergänglichen Stoffen besteht. Der andere, zweite Körper wird mal als →Astralkörper, mal als ätherischer Körper beschrieben oder auch mit vielen anderen Namen umschrieben, die vom →Doppelgänger über »transzendentales Subjekt« (Du Prel), »subliminales Ich« (Myers) bis zum »Reserve-Ich« (Richet) reichen.

Die Theosophie und Anthroposophie unterscheiden die Begriffe feiner. Nach ihren auf dem Hinduismus aufbauenden Lehren ist der Ätherkörper der feinstoffliche Energiekörper, der allen Wesen, Menschen, Tieren, Pflanzen und auch den Mineralien angehört. In diesem Körper befinden sich auch die Energiezentren, die Chakras, weshalb dieser Körper für die Gesundheit eine wichtige Rolle spielt. Der Ätherleib ist der »Bildekräfteleib«, der »elementarische Leib«, seine Aufgabe ist die Lebensorganisation, d.h. Wachstum, Er-

nährung, Gedächtnis und Denken, zu regeln. Dagegen ist der Astralkörper, der »Seelenleib« und »Ich-Leib«, der unbewussten Empfindungsfähigkeit, die Reflexe einbezieht, zugeordnet.

Der Ätherkörper wird auch als Strahlenhülle um den Körper beschrieben, die mitunter sichtbar werden kann. Dora van Gelder-Kunz spricht von strahlenden Energien (Kunz 1991). Manche sensitiven Menschen sehen eine rötlich blaue Farbe, so in der Nähe von Gräbern (Zahlner 1972), andere sehen einen leuchtenden, glänzenden Schemen um einen Menschen, der farblich jungen Pfirsichblüten ähnelt (Miers). Mit dem Leuchten und Glänzen entspricht dieser Körper dem fünften Element →Äther.

Siehe auch: →Geistkörper, →Traumkörper.

Literatur: Kunz 1991; Miers 1993; Zahlner 1972.

Afrit

Der zurückkehrende Geist eines ermordeten Menschen, der sich an dem Täter rächen will, wird im Arabischen *afrit* genannt. Er gilt als gefährlicher Dämon. Um ihn zu bannen, kann ein Nagel am Tatort in den Boden geschlagen werden, ähnlich, wie der in der slawischen Volkskunde bekannte Vampir erlöst werden kann.

Literatur: Guiley 1992; Haining 1991.

After Death Communication (ADC)

Der englische Ausdruck *after death communication* bezeichnet die unzähligen Erfahrungen von Menschen, die durch Vermittlung eines medial begabten Menschen oder technischer Kommunikationsmittel mit Verstorbenen zu kommunizieren glauben bzw. dies tun.

Afterlife

Im Angloamerikanischen bezeichnet der Begriff *afterlife* das →Leben nach dem Tod.

Ahnen

In allen Kulturen – kaum in den Industrieländern – spielen die Vorfahren eine wichtige Rolle im Leben der Menschen. Sie werden verehrt und mit kultischen Handlungen bedacht. Um sie gütig zu stimmen, wurden unzählige Praktiken ersonnen und unternommen. Die Ahnenverehrung ist ein weltweit verbreiteter Kult, der auf der Gewissheit des Weiterlebens der Verstorbenen beruht und davon ausgeht, dass die Verstorbenen außerdem die Möglichkeit haben, das Leben der Hinterbliebenen zu beeinflussen.

Siehe auch: →Leben nach dem Tod, →Totendämonen.

Ahnfrau →Weiße Frau

Ahoros

Der aus den magischen Papyri bekannte griechische Begriff *ahoros,* »Unzeitiger«, ist für die Frage der Geistererscheinungen von Menschen von außerordentlicher Bedeutung, meint er doch eine Seele, die vor ihrer Zeit gestorben ist. Und »vor der Zeit« heißt in der Antike: vor der Geburt, vor der Pubertät oder vor der Hochzeit. Diese Seelen können nach alter Vorstellung von lebenden Menschen dirigiert werden, also dazu angehalten werden, Gutes zu tun oder Schlechtes abzuwenden. Das heißt, sie konnten diese Seelen etwa dazu bewegen, Liebe in bestimmten Menschen zu erwecken oder Gegner auszuschalten, so in Gerichtsverfahren oder auch bei sportlichen Wettkämpfen.

Die Antike unterschied noch zwei andere Arten von →Nekydaimones, d.h. →Geistern von Verstorbenen, die in der Welt der Lebenden erscheinen können, und das sind die →Biaiothanatoi und die →Ataphoi.

Siehe auch: →Geister von Verstorbenen, →Geister-Theorien, →Totendämonen, →Geistererscheinungen.

Literatur: DNP 1996ff.

Ahriman

In der Lehre des persischen Religionsstifters Zarathustra wird Ahriman als Gegenspieler des weisen Herrschers →Ahura Mazda genannt. Er ist der gewaltige Opponent der Kräfte des →Lichts und der Wahrheit.

Ahura Mazda

Aus Persien hören wir aus den Lehren des Zarathustra (Zoroaster) von einem »weisen Herrn«, Ahura Mazda, dem höchsten Gott aller guten Mächte, der *Ahuras.* Er ist ein schöpferischer Gott, auch ein Segensgott und gilt als Widersacher von →Ahriman, der das Böse verkörpert.

Aides →Hades

Ain

Im Arabischen steht der Begriff *ain* für »ein Auge« oder »das Selbst«, für das »göttliche Wesen« Allahs.

Ain Soph Aur

Der hebräische Begriff *ain soph aur* meint in der Kabbala »das grenzenlose Licht«, den Ursprung der Schöpfung. Siehe auch: → Licht.

Akasha-Chronik

Die aus Indien bekannte Akasha-Chronik – Sanskrit *akasha* meint »Raum-Äther« – ist ein Verzeichnis aller Ereignisse, Gefühle, Gedanken und Handlungen, die sich auf der Erde im Leben eines jeden Einzelnen jemals abgespielt haben, eine Art Weltgedächtnis. Sie ist ein kosmisches Gedächtnis, das Buch des Lebens oder, wie Paracelsus sagte, eine *anima mundi*. Wenn wir bedenken, dass die Geschwindigkeit des Lichts 186000 Meilen pro Sekunde beträgt und die Entfernung der Himmelskörper von unserer Erde sich in astronomischen Zahlen bewegt, bekommen wir eine leise Ahnung davon, wie sich die Zeitverhältnisse verschieben können. Was wir hier und jetzt wahrnehmen, ist an anderem kosmischen Ort mehr als steinalte Vergangenheit. Es ist eine rhetorische Frage, ob etwas vergeht, jemals vergangen sein kann, nur weil wir keinen augenblicklichen Zugriff darauf haben. Zeit ist relativ. Es muss schon ein gehöriger Abstand zum Erdball gegeben sein, um zu erkennen, dass sich das irdische Zeitgeschehen relativiert, zu einer einheitlichen Zeit verschmilzt. Siehe auch: → Archive des Geistes, → kosmisches Bewusstsein, → kosmisches Reservoir.

Literatur: Fodor 1966; Steiner 1939; Zahlner 1972.

AKE → Außerkörperliche Erfahrung

Akephalos → Kopflose

Alb → Alp

Alben

Die Alben sind Wesen aus der germanischen Mythologie, die zwischen dem Göttergeschlecht der Asen und den → Zwergen stehen. Sie werden in der Edda häufig erwähnt, immer im Plural. Ihr Name mag sich von lat. *albus,* weiß, ableiten, und demnach wären sie lichte Wesen, wie die *liós-álfar,* Lichtalben. Sie bringen die Segen spendenden Kräfte des → Lichts und sollen schöner als die Sonne sein.

Dagegen wird auch von unterirdischen Alben, den Schwarzalben, erzählt, die *svart-álfar* heißen und schwärzer als Pech sind. Die Sonne bedeutet ihren Tod. Die Lichtalben gehören in die Nähe der Asen, die Dunkel- oder Schwarzalben eher zu den Zwergen. Alle Alben verfügen über übernatürliche Kräfte. Und ihre außergewöhnliche Schönheit kann nur von außergewöhnlichen Menschen wahrgenommen werden.

Vielleicht waren die Alben oder Elben die → Geister von Verstorbenen. Siehe auch: → Elfen.

Literatur: Hoops 1973 ff.; Petzoldt 1995.

Albenstein → Belemnit

Alber

Der Alber ist ein Geist, der nicht Fisch und nicht Fleisch ist, korrekt gesagt nicht → Bergriese und nicht Golddrache, und unter Umständen ist die optisch nicht gelungene Mischung hinten hohl. Mal ernährt er sich als feuriger Drache (→ Feuergeister) ausschließlich von Gold, mal tappt er mit seinen schmalzigen Füßen wie ein → Almgeist umher. Der Alber ist ein entfernter Ver-

wandter der →Berggeister (Amersbach 1901, 8f.).
LITERATUR: Amersbach 1901.

Alberich →Andvari

Albertus Magnus

Der Heilige, Dominikaner, Bischof von Regensburg und Patron der Universität Köln hieß eigentlich Albert Graf von Bollstädt (1193 oder 1206–1280). Er war ein Universalgelehrter, ein äußerst belesener Philosoph, der sich als Aristoteles-Vermittler und Verfasser naturwissenschaftlicher Schriften einen Namen gemacht hatte. Um den Wissenschaftler bildeten sich wie um Georg →Faust Legenden, die ihn in einem fragwürdigen Licht als Magier erscheinen lassen. Seine Kenntnisse reichten weit, von Astrologie bis Alchemie, die er in orientalischen Texten studiert hatte.

Seine »magischen«, in Latein abgefassten Schriften behandeln Themen wie die »Geheimnisse der Frauen«, die »Kräfte der Kräuter, Steine und Lebewesen«. Der Titel einer deutschen Ausgabe klingt vielversprechend: »Der aus seiner Asche sich wieder schön verjüngende Phönix, oder gantz newer Albertus Magnus, mit seinen curieusen Schriften, sowohl rare und unbekannte Geheimnisse der Natur, als auch von Erzeugung derer Menschen ... vorstellend« (1720). In seiner »Summa Theologiae« legt Albertus zehn Seelen-Definitionen vor.
LITERATUR: Albertus Magnus 1720; Bauer und Zerling 2004.

Albiverius

Albiverius hieß einst ein Wahrsager aus Karthago.

Albrecht, Sophie

Die mit Schiller befreundete Professorentochter Sophie Albrecht war Autorin von Gespenstergeschichten, wie etwa: »Das höfliche Gespenst« (1797) und »Graumännchen oder die Burg Rabenbühl, eine Geistergeschichte altdeutschen Ursprungs« (1799).
Siehe auch: →Wallenrodt, Johanna Isabella Eleonore von.

Albruna →Aurinia

Albertus Magnus. Aus »Secreta Mulierum« (Geheimnisse der Frauen), um 1480, Holzschnitt, Köln.

Alexander
von Abonuteichos

Auch nach seinem Tod wurde der Seher und Orakelpriester Alexander von Abonuteichos (2. Jahrhundert) kultisch verehrt. Am südlichen Schwarzen Meer hatte er einen Tempel errichtet, in dem sich →Apollon und Asklepios zu Wort meldeten. Der römische Kaiser Marc Aurel soll ihn einmal vor einer militärischen Aktion um Rat gefragt haben.

Der attraktive Seher mit der schönen Stimme pflegte mit einer großen makedonischen Schlange um den Hals in der Öffentlichkeit zu erscheinen – ihren Kopf trug er stets unter dem Arm versteckt und hielt den Neugierigen stattdessen einen unechten Schlangenkopf als Kopf des Apollon vor die Nase. Sein Schlangengott prophezeite und diagnostizierte vor allem Krankheiten.
Siehe auch: →Orakel.
Literatur: Drury 1988.

Alfar

Alfar, Sg. Alf, ist die skandinavische Bezeichnung für →Elfen.

Almbutz →Zwerge

Almgeisterlein

Auf der Alm tummelt sich eine sympathische Art von Geisterchen: Es sind die freundlichen, geselligen Almgeister, die Kühe retten, wenn sie sich verlaufen haben, Wanderern den rechten Weg weisen (Vernaleken 1858, 198, 204, 223), ab und zu ihre Späßchen treiben und gern singen, auch wenn sie musikalisch nicht sehr begabt sind. Sieht man sie tanzen, kündet das von einem fruchtbaren Jahr. Von Launen sind sie nicht ganz frei, und so wollen sie wie alle →Zwerge und →Kobolde anständig behandelt werden.

Umgekehrt tun sie es auch, wenn sie sich etwa mal ein Stück Vieh ausgeliehen haben, dann machen sie es mit viel Geld oder edlen Wundergaben wieder gut.
Literatur: Vernaleken 1858.

Alp (Alb)

Der oder das Alp, auch Ephialtes genannt, ist ein geisterhaftes Wesen, das sich nachts den Schlafenden auf die Brust setzt, sie drückt und quält, auf ihnen wie auf einem Pferd reitet und ihnen böse Träume verursacht. Es kann in ganz unterschiedlichen Gestalten auftreten, aber auch als scheinbar formloses Gebilde.

Die Psychologie erklärt das Alpdrücken als einen Konflikt und die Physiologie als Halsschmerzen oder ähnliche körperliche Beschwerden. Daneben gibt es die volkstümliche Deutung, dass der Alp ein verwandelter Mensch oder →Wiedergänger sei.
Siehe auch: →Aufhocker.
Literatur: HdA 1987; Petzoldt 1995.

Alpdruck (Alpdrücken)

Wem schon einmal nachts ein →Alp auf der Brust gesessen hat, der weiß, was Alpdrücken bedeutet. Neben Beklemmungen hat man dann oft das Gefühl, dass einem der Hals zugeschnürt wird.
Siehe auch: →Alptraum.

Alpenbraut

Sie ist keine reine Freude, die Braut mit dem Urlaubsgefühle erweckenden Namen. Im Gegenteil: Sie ist die verkör-

Leopold von Bode, »Die Alpenbraut«,
1864, Öl auf Leinwand (Ausschnitt).

perte Angst und sitzt Bergsteigern, die
in den Alpen klettern, im Nacken.
Siehe auch: →Alp, →Aufhocker.

Alptraum (Albtraum)

Ein Alptraum kommt nicht allein. Er
wird immer von einem →Alp begleitet,
der das schlafende Opfer traktiert. Wir
glauben, dass es nur ein Traum ist, der
uns bedrückt, und kein Geist, der in ihm
steckt. Dennoch werden Alpträume mitunter auch heute noch als ganz realis-
tisch erfahren, und dabei kann es schon
einmal passieren, dass sich so ein kleiner Alp auf einer menschlichen Brust
niederlässt. Und das wird dann im
wahrsten Sinn des Wortes erlebt. Haupt-
kennzeichen ist das Drücken, das Be-
drücken, das uns fast erdrücken kann,
wenn uns nicht ein befreiender Schrei
aus dem Alptraum erlöst. Wenn wir
während des Schlafs aus dem Traum
erwachen, können wir der Gefahr ins
Auge sehen und alles unternehmen, was

uns sonst zu riskant erscheint. Wir wissen ja, dass wir noch einen physischen
Körper im Bett liegen haben, der uns erhalten bleibt, auch wenn wir im Traum
scheinbar verloren gehen, denn im
Traum passiert uns nichts, dort sind wir
sicher. Was hat uns dazu verführt, alles
zu verkehren und die Sicherheit im vergänglichen und zerbrechlichen Dasein,
in der Körperwelt, zu suchen?
Siehe auch: →Klarträume, →Traum-
körper.

Alraune (Alräunchen, Alraunichen, Allrünchen)

Die größte unter den europäischen Zauberpflanzen ist die Alraune oder Mandragora *(Mandragora officinarum)*. Die
menschenähnliche Gestalt ihrer Wurzel
fasziniert die Menschen am meisten.
Die tagsüber unscheinbare, doch nachts
mit ihren goldgelben Beeren weit leuchtende Pflanze wurde mit unzähligen
Namen bedacht, die für sich sprechen,
wie etwa Arztwurzel, Drachenpuppe,
Erdmännchen, Galgenmännlein, Geld-
männlein, Goldmanndl, Glücksmänn-
chen, Hausväterchen, Kindleinkraut,
Liebesapfel, Menschenwurzel, Unhold-
wurzel und Zauberwurzel. Sie ist das
→Zauberkraut schlechthin. Ihre geheimnisvolle Kraft wirkt in beide Rich-

Alraune. The Royal Botanic Gardens,
Kew, London, 2003. Foto Annekatrin
Puhle.

tungen, zum Guten wie zum Bösen. Als teuflisch erschien ihre bewusstseinsverändernde Komponente dem christlichen Menschen (Hildegard von Bingen), während ihr positiver Aspekt etwa in der Macht gesehen wurde, böse Geister, die von Menschen Besitz ergriffen haben, auszutreiben oder sie als Alraunenpüppchen, die hilfreich sind und rundherum Glück bringen, im Haus zu halten (Puhle 2005, 2, III.28; Puhle 2004c).
LITERATUR: Puhle 2004c und 2005.

Amaterasu

Die Sonnengöttin des Shinto-Glaubens in Japan heißt Amaterasu, die »vom Himmel Leuchtende«.

Amazonen

Die griechische Mythologie erzählt von kämpferischen Frauen, die sich allerdings nicht, wie fälschlich ihrem Namen entnommen wurde, eine Brust abnehmen ließen, um den Bogen besser anlegen zu können (Irmscher 1978). Im Trojanischen Krieg kämpften die Amazonen für die Trojaner. Ihre Königin Penthesilea wurde von Achilleus getötet. – Den vielen antiken Sagen um die Amazonen mag ein historischer Kern zugrunde liegen, indem sie auf die Existenz mutterrechtlich orientierter Stämme hinweisen.

Auch die nordische Mythologie kennt kampfeswütige Frauen, die *skjaldmeyjar,* Schildmädchen. Und Tacitus (»Germania«, 7 und 18) berichtet von germanischen Frauen, die gut mit Waffen umgehen konnten. Sie sind Schlachtjungfrauen und haben wie die Walküren das Blut von Leichen im Sinn. →Goethe sieht Parallelen zwischen den Amazonen und der böhmischen Libussa-Sage (Goethe zu Eckermann, 6. u. 10.4.1829).
LITERATUR: Wilpert 1998.

American Society for Psychical Research →A.S.P.R.

Amesha Spentas

Amesha Spentas sind in der alten persischen Religion des Zarathustra gute Geister mit edlen Eigenschaften, →Engeln vergleichbar.

Amethyst

Hauptsächlich in Brasilien, aber auch in Idar-Oberstein wird der geheimnisvolle, in tiefen wie zarten Lilatönen schimmernde Amethyst gefunden. Der schon seit der Antike in Europa als wirksam angesehene Stein – das griechische Verb *amethyein* bedeutet »nicht betrunken sein« – hat wie fast alle Steine einen Ruf als Zauberstein. Der Mythos berichtet von einer in einen Amethyst verwandelten →Nymphe – eine Tat der Göttin →Artemis, der die Liebesverbindung der Nymphe mit dem göttlichen Dionysos nicht zusagte. Der wunderschöne, violette Amethyst wird allgemein zum Schutz vor den →Gespenstern der →Nacht, zur Abwehr von schlechten Gedanken und bei Kopfschmerzen verwendet (Rätsch 1989, 29f.).
LITERATUR: Rätsch 1989.

Amphiaraos

Zu den griechischen Sehern gehört auch der Melampoide (→Melampus) Amphiaraos, der Ehemann der Eriphyle. Auch einer ihrer Söhne, →Amphilochos, war ein berühmter Seher. Eriphyle setzte sich allerdings über die Sehergabe ihres Gatten hinweg und zwang ihn, am Zug der Sieben gegen Theben teilzunehmen, auch wenn ihm dessen schlechter Ausgang bereits klar vor Augen schwebte. Er starb in seinem Kampfwagen, der von der Erde verschlungen wurde. Seinen anderen Sohn Alkmaion hatte er vorher noch beauftragen können, seinen Tod an der Mutter zu rächen. Der Argiver Amphiaraos gilt als Begründer der Pyromantie. Er wurde wie ein Gott verehrt und verkündete Traumorakel in Oropos. Kein Geringerer als Kroisos (Krösus) fragte ihn um Rat.

Siehe auch: →Seher, Seherin.

LITERATUR: Bonin 1981; DNP 1996ff.; Irmscher 1978.

Amphilochos

Amphilochos war ein König der Argiver. Der Sohn des →Amphiaraos und der Eriphyle und der Bruder des Alkmaion zog in den Trojanischen Krieg, gründete griechische Städte an der kilikischen Küste und war vor allem ein hochverehrter sowie ehrgeiziger →Seher. Mit seinem berühmten Kollegen →Mopsos geriet er so sehr in Streit, dass keiner der beiden den Kampf überlebte.

Nach einer anderen Quelle ist Amphilochos ein Sohn der Seherin →Manto und von Alkmaion.

LITERATUR: DNP 1996ff.

Amphitrite

Amphitrite ist eine der wichtigsten der 50 →Nereiden.

Amulett

Dekorative Gegenstände oder Schmuckstücke wie etwa →Augensteine werden als Amulette benutzt. Damit sie ihre volle Kraft entfalten, sollte man sie nicht kaufen, sondern finden oder geschenkt bekommen. In ihnen schlummern nämlich Kräfte, die – wenn auch wissenschaftlich nicht nachgewiesen – von vielen Menschen als wirksam erfahren werden. Sie sollen helfen, Wünsche zu verwirklichen oder Befürchtetes abzuwenden. Die meisten Amulette gelten als →apotropäisch, wenden Unheil ab und schützen vor dem →bösen Blick wie auch vor bösen Geistern und →Dämonen. Fast allen Edelsteinen und Halbedelsteinen wohnt nach der Mythologie der verschiedenen Völker eine Zauberkraft inne und sie können zu Amuletten verarbeitet werden. Entscheidend für die magische Wirksamkeit der Amulette ist ihre Aufladung, so bei Steinamuletten, und ihre Weihung durch einen Kundigen (Rätsch 1989, 13).

LITERATUR: Rätsch 1989.

Andvari

Andavri, der auch Alberich genannt wird, bewachte den nordischen Mythen zufolge den Wunder wirkenden Ring Draupnir, der den Göttern gehört. Als es Loki gelang, den Ring zu entwenden, verdammte ihn Andvari und schwor allen Unheil, die mit dem Ring in Kontakt kämen (HdA 1987, 9, 200).

Siehe auch: →Zwerge.

LITERATUR: HdA 1987.

Angsttraum →Alptraum

Anima

Lat. *anima* bedeutet »Seele«, »Hauch« oder →»Atem«. In der Terminologie von C. G. Jung bezeichnet Anima die weibliche Seite der Psyche des Mannes, sein »in weiblicher Gestalt auftretendes Seelenbild«. Aniela Jaffé führt das Beispiel eines Mannes an, der in ganz jungen Jahren während der Inflation in Deutschland in die Schweiz gekommen war:

»Hier erlitt ich in jeder Beziehung Schiffbruch und fand mich in einer so verzweifelten Lage, daß ich keinen anderen Ausweg mehr sah als den des Freitodes. Als ich eines Nachts, mit meinem Vorhaben beschäftigt, still und allein auf einer Bank saß, zerriß plötzlich die Dunkelheit, und ich sah ein helles strahlendes Licht und aus diesem hervorgehend eine wunderbare Frauengestalt, den rechten Arm abwehrend gegen mich ausgestreckt, und ihre Stimme sprach: ›Halt! – das darfst Du nicht tun, Deine Zeit ist noch nicht gekommen.‹ – Dreißig Jahre ist es nun her, aber mir ist es immer noch, als sei es gestern gewesen.

Dieses Erlebnis war wohl das erste; aber es blieb nicht das einzige. Wie ein roter Faden ziehen sich Seltsamkeiten durch mein Leben, bis zum heutigen Tage, und obwohl ich ... [damals] am Beginn eines unerhört schweren Leidensweges stand, der über schwere Krankheiten, Not und Schande, Gefängnis und Konzentrationslager, Verurteilung zum Tode, Flucht in die Heimat führte, spürte ich immer und immer wieder jene geheimnisvolle Führung und Hilfe, die mich bis zu dieser Stunde leitete, und ich weiß es, auch fernerhin leiten wird zu einem mir noch unbekannten Ziele.« (Jaffé 1995, 38f.)

Die Anima hat hier schützenden und wegweisenden Charakter, wie er auch von →Schutzengeln bekannt ist.
Siehe auch: →Doppelgänger, →Fylgja, →gute Geister, →Ka, →Kasen, →Licht, →Lichterscheinungen, →Schutzgeister.
LITERATUR: Jaffé 1995.

Anima mundi

Mit dem lateinischen Begriff *anima mundi* bezeichnet →Paracelsus die Weltseele. Diese ist – in Analogie zur menschlichen Seele – Teil eines Organismus, eines lebendigen Kosmos. Schon Platon kennt die Idee einer selbstbewegten Weltseele (Timaios 29e–37c).

Anklopfen →Klopfen

Ankou (Ankeu)

Der Ankou ist in der bretonischen Mythologie der personifizierte →Tod.

Ankünden

Geister verkünden Neuigkeiten, sie wissen Dinge im Voraus, vor allen Dingen, wann der Tod eintritt. Das Künden eines Todesfalls ist so eng mit der Erscheinung eines Geistes verknüpft, dass »geisten« ein anderes Wort für »sich künden«, »sich ereignen« ist. Prof. Paul Geiger schreibt in den 30er Jahren in seinem HdA-Artikel über das Künden:

»Vorausschicken muß ich noch, daß für manche ernsthafte Leute das Künden gar nicht zum Aberglauben gehört, sondern als wirklicher, noch unerklärlicher Vorgang betrachtet wird.« (HdA 1987, 5, 811f.)

Geiger belegt dies mit einem Literaturverweis (Otto: »Die Manen«, 84ff.) und fügt obendrein hinzu, dass ihm »gebildete Leute« auch mündlich davon Mitteilung gemacht hätten. Heute sind die Erscheinungen von Geistern bei →Sterbenden als fester Bestandteil von →Nahtoderfahrungen in der Sterbeforschung akzeptiert. Meist kommen verstorbene Angehörige oder sehr nahe stehende andere Verstorbene zum Sterbenden. Früher kannte man hingegen den unbekannten →Totengeleiter, der einem Sterbenden erschien, um ihn bei seinem Übergang in die nächste Welt zu geleiten. Auch bestimmte, immer wieder erscheinende Geisterfiguren wie die in Irland und anderen keltischen Gegenden edlen, alten Familien erscheinende →Banshee oder die →Weiße Frau der Hohenzollern. In der bayerischen Königsfamilie erschien über Generationen hindurch eine bestimmte »treue Seele« vor dem Tod eines Familienmitglieds. Sie war aber jeweils nur einer einzigen Frau sichtbar, und diese musste neu eingeheiratet haben, und der Zeitpunkt der Geistererscheinung sollte kurz nach der Hochzeit liegen:

»Eine dieser ›Erwählten‹ war Prinzessin Marie José von Braganza, die den Lieblingsbruder Kaiserin Elisabeths, Herzog Carl Theodor in Bayern, geheiratet hatte. Während einer Messe in einer Münchner Kirche fiel ihr eine in Schwarz gehüllte, totenähnliche Gestalt auf. Diese Figur stellte sich hinter einen der neuen bayerischen Verwandten, der betend in einer Kirchenbank saß. Bald danach verschwand das dunkel gekleidete Wesen so lautlos, wie es erschienen war. Marie José beunruhigte, was sie gesehen hatte, und sie überlegte lange Zeit, ob sie jemandem von ihrer Wahrnehmung erzählen sollte. Schließlich faßte sie sich ein Herz und sprach mit einer Vertrauensperson darüber. Der- oder diejenige (der Name des Ansprechpartners ist nicht überliefert) reagierte auf die Mitteilung zwar erschrocken, konnte ihr aber den Sinn der Botschaft deuten: Die Erscheinung stellte sich immer hinter jene Person, die als nächstes sterben würde. – Marie José wurde gebeten, niemandem von ihrem Erlebnis zu erzählen, und vor allem, den bezeichneten Verwandten* mit dieser Nachricht zu verschonen. (* Der betroffene Wittelsbacher ist laut mündlicher Überlieferung bald ›ordnungsgemäß‹ von dieser Welt gegangen.)« (Praschl-Bichler 2003, 210f.)

LITERATUR: HdA 1987; Praschl-Bichler 2003.

Ankunftsfälle →Arrival Cases

Anrufe aus dem Jenseits →Telefonanrufe von Verstorbenen

Apokatastasis

Der griechische Begriff Apokatastasis, Wiederherstellung, meint die Rückführung in einen früheren Zustand, etwa den des Paradieses. Der Theologe Origines lehrte im 3. Jahrhundert, dass nicht nur Menschen, sondern auch →Dämonen einen Reinigungsprozess durchlaufen können und – ganz gegen das kirchliche Dogma – eines Tages geläutert wieder auferstehen können.
LITERATUR: Drury 1988.

Apollon. Marmorreplik eines Bronzewerks des Phidias, um 450 v.Chr., Kassel.

Apollon

Der griechische Gott Apollon, lat. Apollo, ist einer der zwölf Olympier und Zwillingsbruder der →Artemis. Er ist der Sonnengott und symbolisiert →Licht, Erleuchtung, Reinheit und Wahrheit, auch Fruchtbarkeit, Heilkunde, Musik und Poesie. Eine der berühmtesten Apollon-Statuen ist der Apollon von Belvedere, der in den Vatikanischen Museen steht. Seine Weisheiten ließ er von der →Pythia in →Delphi verkünden.
Siehe auch: →Daphne.
LITERATUR: Bauer und Zerling 2004; Drury 1988.

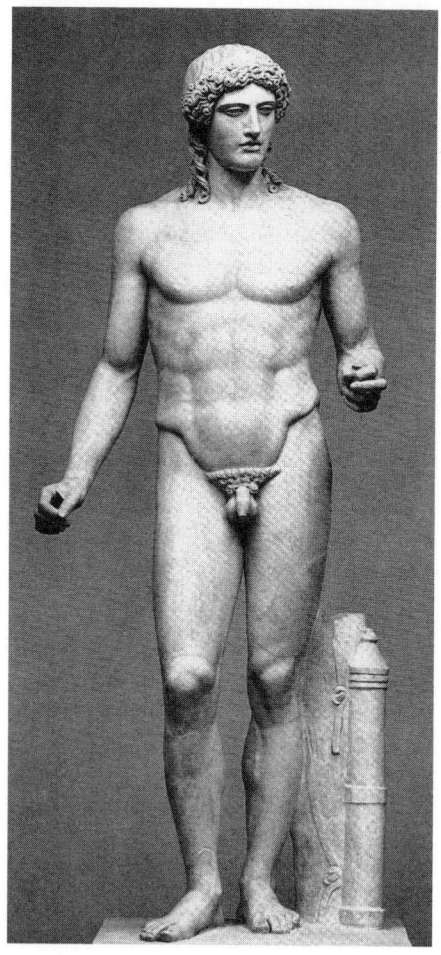

Der Schwan gilt in der antiken Mythologie als Vogel des Apollon – Schwäne ziehen seinen Wagen. Johann Heinrich Wilhelm Tischbein, »Schwäne«.
Aus den »Oldenburger Idyllen«, 1817–1820, Öl auf Eichenholz, Landesmuseum Oldenburg.

Prinzen und andere hochrangige Persönlichkeiten, vor allem aber 36000 Geisterheere. Eine Variante des magischen Repertoires Aratrons ist die Fähigkeit, Menschen unsichtbar zu machen.
Literatur: Drury 1988.

Arbeit

Geister können sehr hilfreich und nützlich sein. Sie unterstützen die Menschen bei ihrer täglichen Arbeit, wenn sie nicht ihre eigene Arbeit verrichten. Die Geister-Hilfe kann in ganz verschiedener Weise geleistet werden: Früher passierte es häufig, dass im Haushalt kleine, überraschende Dienste ausgeführt wurden. Es war das Gutele oder →Gütchen, das sich so verdient machte. Doch auch die →Poltergeister – einst auch gute Geister – haben immer noch, wenn auch selten, ihre positiven Seiten: Klopft heutzutage etwa ein Poltergeist an die Fenster oder Wände, machen sich erste Anzeichen eines Poltergeistfalls mit den typischen →Poltergeistphänomenen bemerkbar. Wenn man diese Zeichen ernst nimmt, lässt sich eventuell Schlimmeres verhindern. Praktisch bedeutet das: Wir müssen uns überlegen, ob es einen Grund in unserem Leben für diese Störungen gibt. Haben wir etwas falsch gemacht? Ist eine Entscheidung nicht richtig gewesen? Müssen wir ein bestimmtes Problem besprechen oder lösen? Wenn wir den wunden Punkt gefunden haben, können wir dem Spuk ein Ende machen.
Siehe auch: →Zwerge.
Literatur: Lucadou und Poser 1997.

Apparitions →Geistererscheinungen

Apparitions of the Dead →Geister von Verstorbenen

Apsara

Apsara heißt in der indischen Mythologie eine →Nymphe, die in einem Lotusteich lebt und mit ihrer bestechenden Schönheit gern Männer, wenn auch nicht alle, in den Abgrund zieht – das ist eine Untugend, die vielen mythischen →Wassergeistern eigen ist, etwa →Sirenen, Melusinen, →Undinen und natürlich den →Meerjungfrauen.

Aratron

Aratron ist nach dem Zauberbuch »Grimoire Arbatel« (»Arbatel de Magia Veterum«, Basel 1575; engl. von Robert Turner 1655) der Name eines →Geistes, der über die saturnischen Aspekte des Weltalls herrscht. Zu dem Regiment des machtvollen Geists gehören Könige,

Archive des Geistes
(Archives of the Mind)

Die Theorie, dass es eine Art Archiv des Geistes gibt, geht auf William James zurück. Der schottische Astronom und Autor Archie Roy greift sie für seine Theorie der *Archives of the Mind* wieder auf. In ihrem Ansatz korreliert Roys Theorie mit der indischen Vorstellung einer →Akasha-Chronik, in der alles irdische Geschehen festgehalten und abrufbar ist. Sie wird zur Erklärung von →Außersinnlicher Wahrnehmung und ortsgebundenem →Spuk herangezogen. Die Schlüsselfrage ist, wann und unter welchen Umständen wir Zugriff auf die Archive haben können.

Siehe auch: →Geister-Theorien, →römische Soldaten in York.

Literatur: Roy 1996; Roy 2003.

Arrival Cases

Der engl. Begriff *arrival cases,* wörtlich Ankunftsfälle, meint das optische Vorab-Erscheinen eines Menschen, der erst später physisch eintreffen wird. Das akustische Pendant ist der aus Norwegen bekannte →Vardøgr.

Literatur: Guiley 1992.

Artemis

Die griechische Artemis, die der römischen Diana entspricht, ist eine Tochter von →Zeus und Leto und die Zwillingsschwester des →Apollon. Als Herrin der Tiere ist sie besonders Hirsch und Bär verbunden, aber sie ist auch die Göttin der Jagd. War ihr Bruder ein Sonnengott, so war sie eine von →Nymphen umgebene Göttin des Mondes. →Satyr war oft an ihrer Seite. Die von Hexen und Hexern in Anspruch genommene Göttin wird gleichgesetzt mit Hekate, der Göttin der →Unterwelt.

Arundel Castle

Arundel ist der Name eines →Spukschlosses in Sussex, England, dem Herrensitz der Dukes of Norfolk. Der bekannteste dort umgehende Geist, von dem erstmals zur Zeit von König Charles II. (29.5.1630–6.2.1685, Regierungszeit: 1660–1680) berichtet wird, ist der blaue Mann, *the blue man*. Auch der Geist eines im 18. Jahrhundert schlecht behandelten Küchenjungen der Schlossküche soll dort seinen Spuk treiben und voller Hingabe das Küchengeschirr putzen, wobei er gelegentlich von Menschen gehört und gesehen wird.

Literatur: Guiley 1992.

ASE = Außersinnliche Erfahrung
→Außersinnliche Wahrnehmung

Asen

Die Asen sind das alte Göttergeschlecht des Nordens, von denen die Sagas erzählen. Sie wohnen in →Asgard, der Himmelsburg →Odins, auf dem nordischen Olymp. Die Gegenspieler der Asen waren vor allem die Vanen (Wanen), Fruchtbarkeitsgötter, die unter der Führung von Njörd und Freyr, dem Bruder der Freya, standen.

Asgard

Die Feste Asgard war die Heimat der →Asen, des nordischen Göttergeschlechts. Eine Regenbogenbrücke führte zu ihr hinauf. In Asgard befand sich auch Walhall, der Aufenthaltsraum der gefallenen Helden.

Ashipu

Im alten Babylonien waren die Ashipu Priester, die unter anderem zuständig waren für das Austreiben böser Geister. Sie konnten auch einen Zauberbann brechen und heilen.

Askalaphos (Askálaphos)

In der griechischen Mythologie gilt Askalaphos, der Sohn des →Acheron und der Gorgyra (Apollodoros I,33) oder der →Nymphe Orphne vom Averner See (Ovid, »Metamorphosen«, 5, 539ff.), als ein →Dämon der →Unterwelt. Askalaphos verwandelte →Persephone (laut Ovid, ebd.) oder Demeter (laut Appollodoros, ebd.) in eine Eule *(askálaphos)*, als Herakles den auf Askalaphos lastenden Stein hochhob.
Literatur: DNP 1996ff.

Kauz. Scherenschnitt von M. Dorothea Brockmann.

Asport

Der Begriff »Asport« – Gegenteil von Apport – bezeichnet das unerklärliche bzw. bislang nicht erklärte Verschwinden eines Gegenstands.

A. S. P. R. (American Society for Psychical Research)

Drei Jahre nach der englischen →S. P. R. wurde 1885 in Boston, Massachusetts, die American Society for Psychical Research gegründet (A. S. P. R.). Initiator war der englische Physiker Sir William Fletcher →Barrett, erster Präsident der Astronomie-Professor Simon Newcomb. Die heute in New York ansässige Gesellschaft gibt ein Journal heraus, kurz *JASPR,* sowie *Proceedings* und *Newsletter.*

Astral

Das Adjektiv »astral«, zu griech. *astron* (αστρον), Stern, bedeutet »die Sterne betreffend«.

Astralkörper (Astralleib, Astralgeist, Fluidalkörper, Sternenkörper)

Die universale Erfahrung, außerkörperlich reisen zu können, wirft die unmittelbare Frage auf, wo wir uns dabei befinden und wie wir uns dabei fühlen. Sind wir außerhalb unseres Körpers? Was ist dann das »Wir«? Ist es ein neuer Körper? Ist es reiner Geist in einem neuen Körper? Es gibt viele Antworten. Eine elegante Lösung ist die Annahme, dass wir zunächst in einem neuen Körper, einer Art →Geistkörper, aus diesem Leben in einen nächsten Zustand übergehen, um dann in immer wieder neuen Körpern in immer wieder neue, höhere Existenzformen zu transformieren, bis am Ende nur noch der reine Geist übrig bleibt. Doch hier befinden wir uns intellektuell in einer Sackgasse und müssen auf die Erfahrung weiser Menschen vertrauen, die in tiefer Meditation und in Visionen davon Kenntnis erlangt haben.

Halten wir uns nur bei den Erfahrungen auf, die innerhalb dieses Lebens gemacht werden und ein Zurückkehren in diesen physischen Körper einschließen, dann scheint es interessant, dass bei →Außerkörperlichen Erfahrungen keine materiellen Grenzen mehr gespürt werden – Wände und Mauern werden durchflogen, als wären sie nichts. Paracelsus beschreibt das so:

»Dieselben Fleische (der Astralkörper) bedürfen keiner Tür, keines Lochs, sondern gehen durch ganze Mauern und Wände und zerbrechen nichts.« (Paracelsus 1976, 467)

Andererseits aber berichten viele, die sich aus ihrem Körper losgelöst hatten, dass sie sich unter der Zimmerdecke hängend oder schwebend wiedergefunden hatten – als ob es doch eine feine Form von Grenze gäbe. Vielleicht sind diese Grenzen jedoch nicht physikalischer, sondern psychologischer Natur – so wie auch Prof. Harry Price hinsichtlich einer nächsten Welt spekuliert. Nach Price könnten die Inhalte einer möglichen anderen Welt »materieller als gewöhnliche Traumbilder sein, bilderartiger oder traumartiger als gewöhnliche materielle Objekte« (zitiert nach Perry 1977, 7; übersetzt von A. Puhle).

Der Körper, von dem in außerkörperlichen Erfahrungen berichtet wird, kann gelegentlich wahrgenommen werden, von dem Reisenden selbst und in seltenen Fällen auch von Außenstehenden. Wir kennen auch die →reziproken Geistererscheinungen von Menschen, bei denen die Reisenden oder Träumenden die Gewissheit haben, an dem Ort

zu sein, an dem der andere ihn sieht. Und natürlich können auch die →Sterbenden, die von ihren Nächsten weit entfernt sind, diesen sichtbar erscheinen.

Gehen wir davon aus, dass es nach dem physischen Tod mehrere Körper gibt, in denen das Ich eines Menschen Gestalt annehmen kann, dann ist es vielleicht auch möglich, dass der Mensch, der seinen Körper verlässt, dies nicht immer im selben körperlichen Zustand tut. Ein Geist ist nicht gleich Geist. Es gibt sehr viele Variationen. Daher erklären sich auch die sprachlichen Überlappungen und Ungenauigkeiten in diesem Bereich. Der Begriff →»Ätherkörper« wird sehr oft synonym mit Astralkörper gebraucht.

Der Arzt und Philosoph Paracelsus unterscheidet drei Wesensbestandteile des Menschen, die so genannten großen Substanzen, nämlich Körper, Seele und Astralgeist – Letzteren nennt er wegen seiner Ähnlichkeit mit dem Firmament auch Sternenleib. Dieser ist der Träger des seelischen Vermögens und die Grundlage für paranormale Manifestationen. Alle drei Teile gehen nach dem Tod des Menschen dorthin, woher sie kamen:

»... der natürliche Leib in die Natur und wird verzehrt (der physische Körper in die Erde und der Astralkörper in die Luft), der von Gott zu Gott.« (Paracelsus, Philosophia sagax, II, Argumentum, 1; Paracelsus 1976, 317).

Siehe auch: →Astralreise, →Remote Viewing, →Traumkörper.

LITERATUR: Paracelsus 1976; Perry 1977; Puhle 2005.

Astralkörperaustritt →Außerkörperliche Erfahrungen

Astralleib →Astralkörper

Astralreise

Nicht jede Reise findet im Volvo oder Jumbo statt, ja nicht einmal in unserem Körper. Es gibt noch ein anderes Fortbewegungsmittel, einen eleganteren Weg, auf Reisen zu gehen. Dafür reicht schon das, was wir ohnehin alle haben: die Seele. Denn neben dem dichten, physischen Körper haben wir wohl mindestens noch einen weiteren »Körper«, der so luftig ist, dass wir mit ihm alle Barrieren nehmen können. Fast jeder hat das schon mal im Traum erlebt: Man findet sich plötzlich in einem leichten, unbeschwerlichen Körper wieder, mit dem man – genau wie →Paracelsus das schon behauptete – buchstäblich durch Wände und Mauern gehen oder auf Wunsch auch fliegen kann. Dass diese Art, in die Ferien zu fahren, mehr ist als ein bloßes Gedankenspiel, wissen wir von den unzähligen Menschen, die dies seit ältesten Zeiten am eigenen Leib erfahren haben. Diese merkwürdigen Ausflüge sind mehr als Fantasiereisen und nicht nur reiner Spaß, ganz im Gegenteil: Die Erfahrung, aus seinem Körper herauszufahren, sich schwebend oder fliegend im Raum fortzubewegen, durch geschlossene Fenster und Türen oder geradewegs durch Mauern ins Freie hinauszufliegen zu können, um den Flug vielleicht mit rasender Geschwindigkeit fortzusetzen, wird nicht selten in höchst problematischen und qualvollen Situationen, in Krisenzeiten oder gar im Angesicht des Todes gemacht.

Die Frage ist nun, aus welchem Stoff ist dieser neue Körper, in dem wir immer noch unser Ich mit uns herumtragen. Viele Namen, die diesem Erlebnis im Laufe der Zeit zugeteilt wurden, weisen auf die Seele, auf eine Art Seelenkörper, einen →Astralkörper oder →Ätherkörper, der »uns« davontragen kann in andere Sphären und Räume, in denen die Gesetze der dreidimensionalen Welt ihre Bedeutung verlieren: See-

Friedrich Daumer.

lenexkursion, Seelenflug, →Seelenreise, Astralprojektion, Astralexkursion, Astralaustritt, Astralwallen, Ätherprojektion, Außerkörperliches Reisen, Austritt, Ichaustritt, Außersichsein, Exteriorisation, Jenseitsreise und Schamanenreise. Aus dem Englischen kennen wir Begriffe wie zum Beispiel *astral projection, ESP projection, astral travel* und *out-of-the-body-travel* (Shepard). Da dieser neue Körper von anderen gelegentlich registriert werden kann, liegt die Idee, dass der Mensch einen →Doppelgänger haben könnte, nicht fern. Man spricht von einem »Doppel«, engl. und franz. *double,* und dem Phänomen der →Bilokation, der Fähigkeit, an zwei Orten gleichzeitig zu sein.

»Mistreß Artemisia Coffinberry, eine lebende Dame, vermag sich nach dem Herald of Progress [...] an fernen Orten zu manifestieren. Namentlich in Krankheitszuständen und Ekstasen schaut sie das Entfernte und macht sie Besuche; behauptet auch mit Geistern abgeschiedener Menschen in Verbindung zu stehen. [...] 1857 erhielt sie von A.E., dem Bruder ihres Gemahls, die Nachricht, er habe die irdische Sphäre verlassen und sei in die himmlische eingetreten. Bald darauf belehrte sie ein Brief, derselbe sei erst einige Tage nach jener Mittheilung gestorben, habe sich aber zur Zeit derselben in kataleptischem Zustande befunden. Nach seinem Tode erschien er und sagte: er habe uns damals besucht und uns jene Nachricht ertheilt; sei dann aber wieder ins Leben zurückgekehrt und habe einige Tage bis zu seinem Ende zwischen der diesseitigen und jenseitigen Existenz hin- und hergeschwankt.« (Daumer 1867, I, 170, nach Hornung: Neueste Spiritistische Mittheilungen, 2. Ausg., 329)

Und nun könnten wir ein neues Buch aufschlagen, um den vielen abenteuerlichen Reiseberichten der außerkörperlichen Passagiere zuzuhören (Puhle 2005, 3, IV). Gehen wir ihnen auf den Grund, dann waren solche Reisen ursprünglich reich an Abenteuern, Gefahren lauerten überall, und schon das Grab eines kürzlich Verstorbenen konnte einem vorbeifliegenden Schamanen zu schaffen machen (Keten, Sibirien). Dies sind die echten Jenseitsreisen, die nicht mehr nur auf unserem Erdball stattfinden, keine netten, kleinen Flüge von Haus zu Haus. Hier wird es ernst, denn das Jenseits ist das Totenreich. Es muss schon ein wahrer Held sein, der den Weg dorthin schafft, ein Orpheus, Herakles oder Odysseus. Märchen und Mythen erzählen von ihnen, auch das Gilgameschepos, das finnische Kalewalaepos und die Sibiren von Kamtschatka. Eine Reise in Himmel und Hölle oder zu den Sternen meint ursprünglich die Reise zu den Toten (HdA 1987, VII, 643).

Es gibt drei Möglichkeiten, seinen Körper zu verlassen: spontan, willentlich oder unwillkürlich auf einem bewusst angestrebten, geistigen Entwicklungsweg. Alle drei Arten kommen seit ältesten Zeiten vor. Das spontane Erlebnis mag es zuerst gegeben haben, doch die Versuchung, es den Vögeln gleichzutun und sich von den Fesseln der Erde loszulösen, ist ebenfalls uralt – wir finden den Seelenvogel in vielen Kulturen. Von Menschen, die an ihrer geistigen Entwicklung arbeiten, ist bekannt, dass sich Außerkörperliche Erlebnisse (→Außerkörperliche Erfahrung) und ähnliche Phänomene (→ASW) von al-

lein, quasi als »Nebenwirkungen« auf ihrem inneren Weg, einstellen. Das Konzentrieren auf derartige Übungen lenkt sie vom eigentlichen Ziel bloß ab (Omraam Mikhaël Aïvanhov, Paramahansa Yogananda). Spontan und ohne jeglichen spirituellen Kontext tritt das Verlassen des Körpers vor allem in Konfliktsituationen und Übergangsphasen auf. Es scheint, als ob die letzte Reise, die wir in diesem Leben hier antreten, eine solche Seelenreise ist (→Nahtoderfahrung).

Besonders interessant wird es, wenn die Dinge, die bei den körperlosen Reisen geschehen, Bezug zur Realität unseres Wachbewusstseins, zu unserer Tageswelt haben. Dies wird häufig von →Sterbenden erfahren. Doch auch im ganz gewöhnlichen Leben – falls es das gibt – können sich Erlebnisse des Seelenflugs bewahrheiten. Das Medium Michael Bouissou, eine Frau, berichtet aus ihrem Leben:

»Sie erzählt, wie sie nach jahrelangem Training imstande gewesen sei, sich von ihrem Körper zu lösen und an einen beliebigen Ort zu fliegen. Einmal sei aber etwas für sie Unerklärliches geschehen: sie ›flog‹ zu einer Freundin, die im Ausland wohnte, und machte dort ihre Beobachtungen. Wie üblich sandte sie ihr das umgehend angefertigte Protokoll über das, was sie bei ihr gesehen hatte. (Diese Protokolle wurden regelmäßig, sofort nach der Rückkehr aufgeschrieben und dienten zur Verifizierung.) Darin beschrieb sie einen für acht Personen gedeckten Tisch und das Muster der Teller. – Die Freundin schrieb ihr zurück, es hätten alle Angaben auf das genaueste gestimmt, jedoch hätte das Essen für die acht Personen erst an dem auf den ›Besuch‹ des Mediums folgenden Tage stattgefunden. Während dieses Essens seien übrigens die Teller des aus bestimmten Gründen interessanten Service Gegenstand des Tischgesprächs gewesen. Frau B. hatte es nie zuvor gesehen.« (Jaffé 1995, 241, nach Bouissou 1956)

Wissenschaftler versuchen, dem Phänomen auf die Schliche zu kommen und den Wahrheitsgehalt der Außerkörperlichen Erfahrungen zu überprüfen. Hier sind die Experimente von Charles Tart zu nennen, die er 1967/68 an der University of California erfolgreich durchgeführt hat (Puhle 2005, 4, IX.7).

Daneben ist die Fallsammlung von Robert Crookall mit 500 Beispielen bemerkenswert, während Einzeldokumentationen persönlicher Erfahrungen wie die Klassiker von Sylvan Muldoon, Robert A. Monroe oder von Agneta Uppmann u.v.a. aufschlussreich sein mögen.

Siehe auch: →Außerkörperliche Erfahrung, →Mantelfahrt, →Schamanenreise.

LITERATUR: Bouissou 1956; Crookall 1961; Crookall 1964; Daumer 1867; HdA 1987; Jaffé 1995; Monroe 1972; Muldoon und Carrington 1951; Puhle 2005; Uppmann 1987.

Paramahansa Yogananda (mit Luther Burbank), Lehrer des Kriya-Yoga, in dem der Atem eine Schlüsselrolle spielt.

Asuras

Die Asuras des Buddhismus, Bewohner des Weltenrads Samsara oder auch der vierten Ebene unter den Himmeln, entsprechen den →Titanen des antiken Griechenland und den gefallenen →Engeln des Christentums. Sie liegen im Kampf mit den buddhistischen Göttern, den Devas, können sie aber nicht besiegen.

ASW, kurz für →Außersinnliche Wahrnehmung

Ataphoi

Die Griechen der Antike unterscheiden drei Arten von →Totendämonen, →Ahoros, →Biaiothanatoi und Ataphoi. Letztere müssen umgehen, weil ihre Körper nicht bestattet wurden. Siehe auch: →Nekydaímones.

Atem

Der Atem ist nicht nur der lebenswichtige Luftstrom, den wir automatisch durch unsere Lungen ein- und ausströmen lassen, sondern er ist auch das, was von uns einmal bleiben wird. Denn Atem, sanskrit *âtman* (→Atman), ist nicht nur der Hauch, sondern auch die Seele, ist unser Selbst. Der Atem ist somit das letzte Zeichen unseres Lebens – ist er ausgehaucht, ist unsere Seele bereits weitergegangen auf ihrem langen Weg …

Die weisen Inder lehrten als Erste den Umgang mit dem Atem. Die älteste Yoga-Art, der Kriya-Yoga, sieht ihn als Schlüssel zur Meditation – er öffnet die Grenzen der Körperwelt, von Zeit und Raum (Yogananda 1946). Inzwischen ist auch im Westen die Kunst und Bedeutung des Atmens viel beachtet worden, in Europa vor allem in Deutschland, und hier ganz besonders in der Lehre von Ilse Middendorf.

Der Atemhauch hat in der alten deutschen Volksweisheit seinen festen Platz. Er ist magisch, zauberkräftig, von Drachen (→Feuergeister) (Hertz 1905, 192) und gewissen Menschen wie Hexen kann er tödlich sein (Horst 1821–1826, 1, 179). Auch alle möglichen Geister, gute wie böse (→gute Geister), höhere wie niedere (→Engel, →Lichterscheinungen, →Dämonen, →Elmentargeister), können uns ihren »Atem«, ihren Geist (Spiritus) einhauchen, uns inspirieren. Passen wir also gut auf, von wem wir uns wirklich anhauchen und inspirieren lassen wollen.

LITERATUR: Hertz 1905; Horst 1821–1826/1979; Yogananda 1946/1996.

Athenodoros von Tarsos

Von Plinius dem Jüngeren (61/62–ca. 113) stammt das älteste schriftliche Zeugnis eines Spukgeists überhaupt. Plinius berichtet von einem leer stehenden Haus in Athen, das in dem Ruf stand, ein →Spukhaus zu sein. Die Miete war sehr günstig, und doch wollte kein Mensch dort einziehen. Es musste schon ein echter Philosoph daherkommen, der dem Spuk gefasst, mit stoischer Ruhe entgegentreten konnte. Athenodoros war der Richtige, denn er war nicht nur Philosoph, sondern auch Stoiker. Er stammte wahrscheinlich aus

»*Der Geist, der Athenodoros erschien*«. *Titelbild zu Lucianus Philopseudes: Ein Gespräch Luciani / ob man der Zawberey / vnnd Poldergystern glauben soll …, Augsburg 1545.*

der Nähe von Tarsos und war ein Freund und Lehrer von Kaiser Augustus. Beherzt und furchtlos, wie Stoiker nun einmal sind oder sein wollen, mietete er sich in dem unheimlichen Haus ein. Mit philosophischen Studien hielt er sich bis spät in die Nacht hinein wach:

»Anfangs, wie überall, stille Nacht; dann Klirren von Eisen, Rasseln von Ketten; er öffnet nicht die Augen [er blickt nicht hoch], legt den Schreibgriffel nicht beiseite, sondern faßt sich ein Herz und verwahrt sich gegen die Eindrücke des Gehörs. Jetzt wird das Prasseln stärker, kommt näher, jetzt scheint es auf der Schwelle, jetzt im Zimmer zu sein; er schaut hin, sieht und erkennt die beschriebene Gestalt. Sie stand da und winkte mit dem Finger, als wollte sie ihn rufen; er gibt seinerseits ein Zeichen mit der Hand, einen Augenblick zu warten, und fährt fort zu schreiben; und beim Schreiben schüttelt sie die Ketten über seinem Kopf; er blickt auf, und sie winkt wieder wie vorher, nun zögert er nicht länger, nimmt das Licht und folgt ihr. Sie ging langsamen Schrittes, wie von Ketten beschwert; als sie in den Vorhof des Hauses gekommen war, verschwand sie plötzlich und ließ ihren Begleiter zurück, der Gras und Blätter abpflückte, um damit die Stelle zu bezeichnen. Am Tage darauf geht er zu den Behörden und verlangt, daß der Ort aufgegraben werde. Man findet Gebeine, die mit Ketten umschlungen und von dem durch die Länge der Zeit und in der Erde verwesten Körper nackt und zerfressen in den Ketten geblieben waren; man sammelt und bestattet sie auf Staatskosten. Von jetzt an erschienen in diesem Hause die gebührend bestatteten Geister nicht mehr.« (Plinius der Jüngere 1930, 7. Buch, Brief Nr. 27, 237–240)

Diesen Vorfall teilt Plinius Sura in einem Brief mit und bittet ihn um seine gelehrte Stellungnahme: »Wenn Du auch wie gewöhnlich für und gegen die Sache disputierst, so entscheide Dich doch mehr für die eine Ansicht und laß mich nicht in Zweifel und Ungewißheit, da ich aus dem Grunde nach Deiner Meinung gefragt habe, um endlich meinen Zweifel loszuwerden.« Wenn Plinius gewusst hätte, wie viele Spukgeschichten im Laufe der Jahrhunderte nach genau diesem Muster noch erlebt werden sollten!

Siehe auch: →Spuk, →Spukhaus.

Atman

Der Sanskrit-Begriff *âtman,* der ursprünglich »Hülle« und »Leib« bedeutet, bezeichnet die Seele und den →Atem, das Selbst, unser reines Bewusstsein.

Atmankörper →Geistkörper

Atropos

Eine der drei griechischen →Moiren.

Atzelmännchen

»Atzelmännchen« ist ein im Odenwald gebräuchlicher Name für die →Alraune, weil sie wie eine Atzel (= Elster) alles erzählt, was sie weiß (Friedreich 1859, 274, 7).
LITERATUR: Friedreich 1859.

Aubrey, John

Der englische Gelehrte und Volkskundler John Aubrey (1626–1697) ist der Verfasser einer der ersten Sammlungen Großbritanniens von mündlichen Geisterberichten – alle aus erster Hand – der »Miscellanies« (1696). Aubrey hatte nach eigenen Angaben paranormale Erfahrungen.

Audition

Das akustische Gegenstück zur →Vision ist die Audition (lat. *auditio,* »Gehörsinn«), die vor allem vielen Heiligen wi-

derfahren ist. In einer Audition werden – in der Regel mit dem »inneren« Ohr – heilige Worte vernommen, die phonetischen Charakter haben können und häufig als Berufung verstanden werden. Die Bibel ist reich an Beispielen für Auditionen und Visionen (siehe z. B. Mt. 17.4).
LITERATUR: Binx 1969, 411 ff.; Dinzelbacher 1989.

Auditive Autoskopie

Mit dem Begriff »auditive Autoskopie« ist ein akustisches Erlebnis gemeint, auch wenn die Wortwahl verwirrend ist, bedeutet Autoskopie doch genau genommen eine Selbstschau. Celia Green und Charles McCreery berichten in ihrem Buch »Apparitions« auch den Fall einer *auditory autophany,* des Hörens der eigenen Stimme sozusagen von außen:

»Vor etwa fünf Jahren fuhr ich auf der Isle of Wight allein eine Straße entlang, die keinen Bürgersteig hatte. Zwei kleine Kinder liefen brav Hand in Hand am linken Straßenrand, mit dem Rücken zu mir. Ich hupte, aber sie drehten sich nicht um und ich wusste nicht, ob sie mich gehört hatten. Wie dem auch sei, sie marschierten weiter ganz artig am Straßenrand entlang, und ich war der Meinung, dass es in Ordnung wäre weiterzufahren. In diesem Moment hörte ich meine eigene Stimme, wie ich dem Beamten, der bei Unfällen die Todesursache feststellen muss, erklärte, wie es dazu gekommen war, dass ich die Kinder getötet hatte. Das versetzte mir einen solchen Schock, dass ich auf der Stelle anhielt, einen Meter von den Kindern entfernt, und in genau diesem Augenblick stürmten die beiden Kinder geradewegs auf die Straße, genau vor mein Auto, ohne irgendein Zeichen gegeben oder sich umgesehen zu haben.« (Green und McCreery 1975, 187; übersetzt von A. Puhle)

LITERATUR: Green und McCreery 1975.

Auditive Geistererlebnisse (Auditory cases or experiences)
→Sprechende Geister
LITERATUR: HdA 1987.

Aufhocker

Der Aufhocker ist eines der unangenehmsten Geisterchen, wahrt er doch
keinerlei Distanz. Ganz ungeniert
springt er einem Vorbeigehenden auf
den Rücken und wird ihm zur fürchterlichen Last. Er huckt ihm auf, heißt deshalb manchmal Huckauf, Hockauf oder
Huckup. Doch mit dem Aufhucken ist es
nicht getan, er wird mit jedem Schritt
schwerer – in Luxemburg hat er einen
Bleimantel an –, und wer ihn nicht ab-
werfen kann, der bricht unter seiner
Last erschöpft zusammen. In Deutschland schreibt man über den in aller Welt
verbreiteten Geist seit 1465, in Spanien
schon etwa seit dem Jahr 1200. Aus der
Gegend um Asch wird erzählt:

»An dem Kreuzwege, wo einst die alte, mächtige Katzenfichte stand, modern jetzt die letzten Reste eines ziemlich großen Baumes, von
dem manche behaupten, daß es eine Kiefer
gewesen sei. Die alte Katzenfichte steht also
schon seit etwa 100 Jahren nicht mehr. Auf
dem Stumpfe dieses Baumes zeigte sich
manchmal ein graues Männchen, das sich
gerne aufhuckelte. Auch beim Steinernen
Kreuz an der alten Straßengabelung Niederreuth–Wernersreuth trieb sich ein solcher
Huckauf herum. Er setzte sich oft einem
Niederreuther Bauern hinten auf den Wagen,
so daß sich der Bauer zuletzt fast nicht mehr
nach Asch getraute.« (Fischer 1991, 10)

Wie die Erfahrung mit dem →Alp und
der →Alpenbraut ist auch die Begegnung mit dem Aufhocker mit großer
Angst und entsprechenden psychophy-
sischen Bedingungen verbunden: Die
Angst sitzt einem regelrecht im Nacken,
man fühlt sich vor Angst wie gelähmt,
und der Atembereich ist in Mitleiden-
schaft gezogen. Wetterveränderungen
wie aufkommender Nebel können zudem von außen bedrückend auf Körper
und Seele einwirken. Es kann schon einmal vorkommen, dass sich der Huckauf
wie ein Alp nachts auf die Brust setzt –
wenn ihm jemand tagsüber nämlich
entwischen konnte (Fischer 1991, 9).
Wenn man Glück hat, endet eine Begegnung mit dem Huckauf wie ein Alptraum, mit einem Schrei oder einer
ruckartigen Bewegung, die den Betroffenen in die Realität oder in das, was wir
Realität nennen, zurückführt. Die Begegnung mit einem Huckauf geht nicht
immer gut aus. Der von seiner Last Befallene kann schwer erkranken, Fieber
oder Lähmungen bekommen und sogar
sterben, wobei offen bleibt, ob es sich
dabei nur um ein freies Schlussmotiv
der Sagen handelt oder ob nicht doch
etwas Wahres daran ist. Wie auch immer, wir wissen, dass ein graues Männchen auch als →Totengeleiter auftreten
kann – in Jaffés Beispiel wanderte es geradewegs auf das Haus zu, in dem dann
zwei Kinder starben, was aber diejenigen, die es sahen, nicht wissen konnten.
Interessant wird es besonders dann,
wenn Informationen mit der Erscheinung eines Geistes verbunden sind.

Wer der Aufhocker sei, fragten sich
die Leute und gaben verschiedene Antworten: Es könnte eine unerlöste Seele
sein oder auch nur der Wunsch des
Geistes, über seine Grenzen hinauszu-
gelangen. Eine Sage aus Asch berichtet,
dass das »graue Mannl« der alte »Papierer« gewesen sei, der in der Nähe
der Katzenfichte einen Rainstein, d.h.
einem Stein, der den Acker begrenzt,
versetzt hatte und nun zur Strafe umgehen musste. Als eines schönen Tages
ein Mann aus Niederreuth nach Asch
gekommen war und dort einen über
seinen Durst getrunken hatte, verirrte
er sich im Wald und begegnete dem
Papierer, der einen schweren Stein auf
seinem Rücken trug und nicht wusste,
wo er ihn ablegen sollte. Als der Ange-
trunkene dem Papierer vorschlug, den
Stein wieder dort hinzulegen, wo er ihn
hergenommen habe, war der Geist er-
leichtert und ein für alle Mal von seinem Spuk erlöst (Fischer 1991, 9 f.).

Das Aufhocken ist eine schlechte Angewohnheit auch noch anderer Geister:
Neben Irrlichtern, Toten und Scheide-

Der Huckauf bei der Katzenfichte.
Nach einem Scherenschnitt von
Karl Krauß.

gängern können alle möglichen Tiere und →Dämonen, Werwölfe und Hexen, schwarze Frauen und Männer, Kobolde, Zwerge und Wassermänner, der Hemann oder das Kasermanndl einem harmlosen Wanderer ordentlich zusetzen (HdA, I, 675 f.).

Als wir von Berlin aus kurz nach der Maueröffnung, Anfang der 90er Jahre, an einem 15. September, einen Ausflug in das hübsche brandenburgische Dorf Kampehl machten, das bekannt ist für die unverwesliche Leiche des Ritters Kahlbutz (s. Puhle 2005, 3, VIII), erzählte man uns, dass bei einer in der Nähe gelegenen Brücke ein Aufhocker auf die Reisenden warte ... auf uns hatte er glücklicherweise nicht gewartet.
LITERATUR: HdA 1987; Fischer 1991; Petzoldt 1995; Puhle 2005.

Aufklärung von Mordfällen

Geister als Detektive – das ist kein reines Märchen. Viele historische Fälle berichten von Geistererscheinungen, die informativen Charakter haben. Manche Fälle kamen vor Gericht (→Geister vor Gericht). Einer der best bezeugten Geisterberichte ist kürzlich durch ein Gerichtsurteil bestätigt worden (→Jacqueline Poole Case; s. Puhle 2004f).

Die Informationen aus der Geisterwelt gelangen jedoch nicht prompt an den, der sie braucht – sensitive Menschen, die spontan oder bewusst Kontakt mit den Verstorbenen aufnehmen, sind Mittler.
Siehe auch: →Geister von Verstorbenen, →Leben nach dem Tod.
LITERATUR: Puhle 2004f.

Auge, inneres (drittes Auge)

Der Yoga kennt ein drittes Auge, das zwischen den Augenbrauen liegt. Es ist mit dem Stirnchakra, dem Ajna-Chakra, verbunden und der Konzentrationspunkt der Meditation. Die Forscherin Serena Roney-Dougal, die einige Verbindungspunkte zwischen Magie und Wissenschaft aufzuzeigen versucht, sieht eine neurochemische Basis – in Verbindung mit der Epiphyse – für die Erfahrungen, dass dieses Auge mehr sehen, außersinnlich sehen kann. Jahrtausendealte Erfahrungen von Yogis, die sich in ihren Meditationen auf dieses Auge des Geistes konzentrieren, werden dadurch bestätigt (Roney-Dougal 1991, 102).
Siehe auch: →Nysia, →zweites Gesicht.
LITERATUR: Roney-Dougal 1991 (s. Kap. The Pinal Gland: Third Eye and Psychic Chakra, 84–113).

Augenstein

Augenstein, auch Agstein oder Ackstein, ist eine Bezeichnung für verschiedene Steine, die wie Augen aussehen oder in einer Weise verarbeitet sind, dass sie an Augen erinnern. Sie werden allgemein zum Abwenden des bösen Blicks getragen. Im alten Peru wurden sie den Toten mit ins Grab gegeben. Diese *Piedras Ojos* dienen den peruanischen →Schamanen beim Heilen von Augenkrankheiten, die sie auf das Treiben von

→Dämonen zurückführen (Rätsch 1989, 38 f.).

LITERATUR: Rätsch 1989.

Auguren

Die römischen →Seher, *Augures,* zu lat. *augere,* »vermehren«, waren im wahrsten Sinn des Wortes gefragte Männer, Beamte, die bei allen politischen und militärischen Aktionen um Rat gefragt wurden. Bis zur Kaiserzeit, bis zum Ende des 4. Jahrhunderts, gab es in Rom ein Auguren-Kollegium. Cicero verfasste »De auguriis«, ein Werk über diese oft irreführend als Priester bezeichneten Seher, war er doch selbst bestens bewandert in dieser Kunst.

Manche seherisch begabten Menschen haben auch die Kehrseite dieser wundersamen Gabe zu spüren bekommen (Annette von Droste-Hülshoff, Friederike →Hauffe). Und auch dem Auguren Marcellus wurde das Sehen der Zeichen, die sich überall am Himmel und auf der Erde zeigen konnten, zu viel – er zog auf seinen Reisen die Vorhänge seiner Sänfte einfach zu (Bauer und Zerling 2004, 39).

Siehe auch: →Augurium, →zweites Gesicht.

LITERATUR: Bauer und Zerling 2004; Bonin 1981; HdA 1987.

Augurium

Göttliche Zeichen ermöglichten den →Sehern der römischen Antike, den →Auguren, einen Blick in die Zukunft zu werfen. Beliebte Mittel für diese Schau, das Augurium, waren Blitz und Donner, das Verhalten von Tieren, etwa der Schrei von Vögeln, die Nahrungsaufnahme von Hühnern, vor allem aber der Flug von Vögeln, *auspicium.* Diese Zeichen konnten sowohl bewusst herbeigerufen werden als auch den sponta-

nen Vorgängen in der Natur abgeguckt werden. Während die Vorschau der Auguren im Deuten verblieb, so ist das bis heute noch vorkommende →Vorgesicht ein konkreteres, wenn auch nicht ganz ohne symbolischen Gehalt auskommendes Phänomen. Die Volkstradition überliefert viele Arten des Vorauswissens, spricht von Anzeigen, →Ankünden oder Vorzeichen. Auch der Spuk kündigt sich mitunter durch einen Vorspuk an. In der heutigen Forschung bezeichnet der Terminus »Präkognition«, wörtlich »Vorauserkennung«, eine Art der →Außersinnlichen Wahrnehmung.

Aureole

Die Aureole ist ein runder, manchmal ovaler Heiligenschein, der die Sonne und Spiritualität symbolisiert.

Aurinia

Aurinia oder Albruna, »die mit den Elben raunende« (→Alraune), ist laut Tacitus (»Germania«) eine germanische Seherin, ähnlich wie Veleda.

Außergewöhnliche Erfahrung (außergewöhnliches Erlebnis)

Erfahrungen, die nicht in ein bekanntes Erklärungsmodell passen und wissenschaftlich noch relativ unerforscht sind bzw. bisher nicht in den *mainstream* der Wissenschaften eingeflossen sind, werden unter Begriffen wie →Außerkörperliche Erfahrung oder außergewöhnliches Erlebnis zusammengefasst. Alle Arten von →Erscheinungen, →Geistererscheinungen und Visionen gehören neben Erlebnissen mit →Außersinnlicher Wahrnehmung, →Spuk, Wahrtraum, Koinzidenzen, Déjà vu und UFO-Entführungen zu den als außergewöhnlich betitelten Erfahrungen. Tatsache ist, dass sich die meisten dieser Erfahrungen als ganz gewöhnlich entpuppen und ein Großteil der Bevölkerung davon berichten kann. Doch was von der Wissenschaft noch nicht bestätigt, von der Gesellschaft und Religion nicht akzeptiert oder verteufelt wird, hat kein Podium. Also werden solche Erlebnisse vergessen, verdrängt oder verworfen und kommen, wenn überhaupt, nur im Laufe eines längeren Gesprächs, sofern die Gesprächspartner Vertrauen zueinander gefasst haben, wieder in die Erinnerung zurück.

Literatur: Schmied-Knittel und Schetsche 2003.

Außerkörperliche Erfahrung (AKE, außerkörperliches Erlebnis)

Wer ist nicht schon mal außerkörperlich auf Reisen gewesen? Zumindest im Traum schweben wir durch die Lüfte. Im Traum sind wir bereits in einem neuen Körper und müssen den alten Körper nicht erst verlassen, um auf Reisen zu gehen. Das Erlebnis, sich aus dem physischen Körper loszulösen, um in einem neuen, leichteren davonzufliegen, gehört zu den universalen Erfahrungen der Menschheit. Es ist eine normale, keine *para*normale Erfahrung, die jeder überraschend einmal machen kann. Das Phänomen verbirgt sich hinter vielen Namen wie Astralprojektion, →Astralreise, Luftfahrt, Jenseitsreise, →Mantelfahrt, →Hellsehen, wanderndes, →Schamanenreise, Seelenflug oder →Seelenreise, →Soul Travel, je nachdem, in welchem kulturhistorischen Rahmen es auftritt. Bei einer AKE kann es sich auch um eine Stippvisite, um eine Kurzstrecke handeln.

Wie bei einer →Nahtoderfahrung wird auch bei einer AKE in vielen Fällen (62 Prozent der Befragten) der alte Körper aus dem neuen Blickwinkel registriert, einschließlich einer Silberschnur (ca. 7 Prozent), *astral cord,* die beide Körper verbindet (Alvarado 2000, 185 f.). Doch wir brauchen uns bei dieser Flugreise noch nicht einmal umzudrehen, um auf uns selbst zurückblicken zu können. Meist dreht sich der neue Körper ganz von allein, um dann wie ein Vogel davonzufliegen und auf das Zurückgelassene hinunterblicken zu können. Dies gilt für das fortgeschrittene Stadium, wenn der Flug schon losgegangen ist, während sich der neue Körper im Loslösestadium zunächst auch horizontal in die Höhe erheben kann, aber nicht muss. Ist erst einmal eine bestimmte Höhe erreicht – meist die Zimmerdecke, die anfangs für viele außerkörperlich Reisende noch eine Barriere ist –, dann sind der Geschwindigkeit keine Grenzen mehr gesetzt. Der bloße Wunsch ist oft schon genug, um einen Ort der Wahl erreichen zu können. Aber Vorsicht, wir wissen ja aus Märchen und vielleicht auch aus dem eigenen Leben, wohin uns Wünsche führen können.

Was ist nun dieser ätherische, so transparent wirkende Körper, der →Astralkörper oder →Ätherkörper, in dem diese Reisen über die Bühne gehen? Es ist ein lichter, heller, glänzender Körper, für den Mauern und Wände keine Hindernisse sind. Er geht durch verschlossene Fenster und Türen, durch Dächer und Körper, ganz so, wie →Paracelsus es kennt. Wer in ihm steckt, kann ihn vielleicht sehen, wer von außen zuschaut, mitunter auch (→Sterbende). Doch der neue Körper ist flüchtig und kann seine Beschaffenheit während der Reise ändern, wie Karlis Osis in einer Studie von knapp einem Viertel der von ihm Befragten erfährt (Osis 1979).

Es gibt aber noch etwas zu entdecken in der Welt, die immerhin zehn Prozent von uns bereisen (Alvarado 2000, 185), nämlich dass ihre Raum-Zeit-Kategorien, d. h. unsere Vorstellungen von Entfernungen und zeitlichen

Abläufen, nur provisorisch, nicht endgültig sind. Sylvan Muldoon und Robert →Crookall sind bekannte Pioniere auf dem Gebiet der *out-of-body experiences* (OBE oder OOBE) (Muldoon und Carrington 1970; Crookall 1961 und 1964).

Was sagt die Wissenschaft denn heute dazu? Die meisten Laborexperimente wurden in den Jahren zwischen 1965 und 1975 unternommen, seitdem fehlt das Geld, und die Universitäten haben immer noch nicht genug Feuer gefangen. Der holländische Forscher Sybo Schouten, spezialisiert auf forensische Psychologie und bekannt für seine Zusammenarbeit mit der holländischen Polizei, wenn es um den Einsatz von Sensitiven zur Aufklärung von Kriminalfällen geht, hat ausgerechnet: Die 120 Jahre Forschung auf dem Gebiet der so genannten paranormalen Phänomene wurden mit etwa dergleichen Summe unterstützt, wie die amerikanische Psychologie in zwei Monaten. Trotz allem: Wir haben die erfolgreichen Experimente von Charly Tart, die von ihm gar nicht als besonderes »Beweisstück« gedacht waren. Frau Z., die daran teilgenommen hatte, konnte einen Zettel hoch oben auf einem Regal ausfindig machen und die darauf geschriebene fünfstellige, nach dem Zufallsprinzip gewonnene Zahl »lesen« (Tart 1967, 1968, 1969). Charly Tart hält sein Experiment für beweiskräftig und nimmt an, dass sich hier vermutlich der »Geist« vom Körper losgelöst und entfernt hat (Tart 1967, 1968, 1969; Puhle 2005, 4, IX.7; Sassersson 2004, 26,3). Dazu kommen die ebenfalls positiven Ergebnisse von Stanley Krippner (1966), Karlis Osis und Janet Mitchell aus den 70er Jahren, von Carol Silfen, Mitchell und Ingo Swann (alle 1972) und schließlich die letzten von Carlos Alvarado, Etzel Cardeña, Lynn und Krippner (1984) (vgl. Sassersson).

Holmes »Skip« Atwater, Forschungsdirektor des Monroe-Instituts, das sich der »Transformation des menschlichen Bewusstseins« widmet, kommentiert die Situation zwar wenig enthusiastisch, doch treffend: »Es gibt wenig ›wissenschaftliche‹ Evidenz. Diejenigen, die diese Erfahrung gemacht haben, brauchen sie nicht« (Sassersson 2004, 26,3).

Kenneth Ring und Sharon Cooper berichten von Blinden (1999), die während eines Außerkörperlichen Erlebnisses oder einer Nahtoderfahrung plötzlich wieder sehen können, darunter den Fall Carla:

Californien, 1983, Carlas Stiefvater liegt im Krankenhaus, sein Tod ist absehbar. Eines Nachmittags – es ist genau 16.15 Uhr – legt sich Clara erschöpft von der Arbeit im Haushalt einen Moment hin und findet sich plötzlich in einer außerkörperlichen Erfahrung im Krankenzimmer ihres Stiefvaters wieder. Sie ist sich völlig bewußt darüber, in dem Zimmer ihres Stiefvaters zu sein und sieht dort auch eine Krankenschwester, die ihm hilft und auf deren Namensschild ›Debbi‹ – in genau dieser Buchstabierung – stand. Carla hörte die Stimme der Schwester, die sagt: ›Er stirbt jetzt.‹ Und sie kann auch die Stimme ihres Stiefvaters hören, der zu ihr sagt: ›Ich gebe auf.‹ Unmittelbar danach nimmt Carla zwei Geistwesen wahr, die offenbar dort sind, um den Sterbenden hinüberzugeleiten. Carla ist selbst dazu in der Lage, ihn ein Stück weit zu begleiten, wobei sie eine große Zahl von Geistern sehen kann, die ihren Stiefvater erwarten und in einer neuen Sphäre begrüßen.

Carla ruft danach gleich im Krankenhaus an und bittet darum, mit der zuständigen Krankenschwester sprechen zu dürfen – ihr Stiefvater war tot, und der Name der Schwester war Debbi. Sie hatte Debbi ganz klar auf ihrer außerkörperlichen Reise gesehen: ihr ovales, hübsches Gesicht, die schulterlangen Haare, die hinten geflochten waren. Auch ihre weiße Kleidung beschreibt sie im Detail, das Material usw. Sie fragt Debbi nun, was die letzten Worte ihres Stiefvaters waren – ›Ich gebe auf‹.

Noch am Abend klingelt das Telefon bei Carla: Ihr Freund Alan ist dran und fragt sie, was sie um 16.15 Uhr gemacht habe – woraufhin sie beide feststellen, dass sie das gleiche Erlebnis hatten, nur dass Alan nicht im Bett lag, sondern bei seiner Arbeit war. Alan sah alles so, wie Carla es auch erlebt hatte, ihren Stiefvater, auch Carla – sie hatte Alan ebenfalls gesehen –, dann die beiden Männer. Und Carla brauchte ihn gar nicht erst zu fragen – Alan sagte von sich aus, dass die letzten Worte ihres Vaters waren: ›Ich gebe auf.‹ (Ring und Cooper 1991, 100–103; Zusammenfassung von A. Puhle).

Siehe auch: →Ätherkörper, →Klarträume, →Traumkörper.

LITERATUR: Alvarado 1984; Alvarado 2000; Braude 2002, 245–282; Crookall 1961; Crookall 1964; Green und McCreery 1975; Mitchell 1981; Muldoon und Carrington 1929, 1970; Muldoon und Carrington 1951; Osis 1979; Puhle 2005; Sassersson 2004; Ring und Cooper 1999; Tart 1967; Tart 1968; Tart 1969.

Außerkörperliches Reisen →Astralreise

Außersinnliche Erfahrung (ASE)
→Außersinnliche Wahrnehmung

Außersinnliche Wahrnehmung (ASW)

Außersinnliche Wahrnehmung (ASW) und Psychokinese (PK) sind die beiden Hauptgruppen der so genannten paranormalen Phänomene, die von verschiedenen Wissenschaften wie Psychologie, Physik, Biologie, Medizin, Geschichte, Soziologie, Theologie, Philosophie, Ethnologie, Kunst- und Literaturwissenschaft u.v.a. erforscht werden. Bei genauerer Kenntnis entpuppen sich die vermeintlichen »Para«-Phänomene jedoch als ganz normal, sind sie doch weit verbreitet. ASW lässt sich weiter in drei große Bereiche unterteilen: →Telepathie, →Hellsehen und →Präkognition.

Dabei geht man davon aus, dass die Wahrnehmung nicht mit den fünf bekannten Sinnen geschieht. Als vorläufiger Hilfsbegriff ist der von Robert Henry Thouless und B.P. Wiesner vorgeschlagene griechische Buchstabe →Psi für diese hypothetische Fähigkeit des Menschen gewählt worden.

Für die Echtheit der ASW-Phänomene haben wir gute Evidenz (Parker und Brusewitz 2004).

Siehe auch: →Remote Viewing, →Super-Psi.

LITERATUR: Bonin 1981; Eberlein 1995; Parker und Brusewitz 2004; Tart 1986.

Autoskopie

Wer sich selbst sehen kann, ohne in den →Spiegel zu gucken, hat vermutlich ein Autoskopie-Erlebnis. Der griechische Begriff meint wörtlich »Sich-selbst-Sehen« (→Doppelgänger). Dies wird häufig als kein gutes Zeichen angesehen und nach alten Erfahrungen mit dem baldigen Tod assoziiert. Das Sich-selbst-Sehen wird auch von den altnordischen Fylgjur (→Fylgja) berichtet, den →Folgegeistern und →Schutzgeistern, die bei der Geburt eines jeden mitgeboren werden und ihm dann eng verbunden sind. Lösen sich diese Geister allmählich von ihrem Schützling, dann entwickeln sie eine eigenständige Macht und sagen ihm die Zukunft voraus. Dass dies oft der Tod ist, verwundert nicht, da der Geist sich ja bereits von der lebenden Person gelöst hat – ebenso wie der nun sichtbare Doppelgänger.

Auch das →zweite Gesicht ist mit dieser Erfahrung verbunden. Wer dieses →Vorgesicht hat und sich selbst dabei sieht, muss sterben. Aus Westfalen, wo das zweite Gesicht in Deutschland vor allem vorkam und noch vorkommt, stammt ein Beispiel von einem Knecht auf dem Hof eines Ölmüllers. Die wahre Geschichte ist, wenn sie auch nur einen fiktiven Namen des Sehers nennt, in Gedichtform von Martin Simon erhalten (Puhle 2005, 1, II.2).

Auch die vielen →Nahtoderfahrungen lassen sich hier einreihen, in denen der →Sterbende oder Schwerkranke bei einer →Außerkörperlichen Erfahrung gewöhnlich sich selbst, d. h. seinen verlassenen Körper liegen sieht. Der Tod muss danach nicht eintreten, tut es aber oft. Doch anders als beim Sehen des eigenen Doppels findet hier eine Ich-Verschiebung statt. Der Mensch in Todesnähe ist bereits »außer sich«, während der Seher des Doppelgängers noch »in sich« ruht. Es wäre interessant zu sehen, ob es bessere Überlebenschancen gibt, wenn es nicht zu dieser Perspektivenverschiebung kommt – wir haben hier noch viel zu wenig gut belegtes Fallmaterial.

Heautoskopie, zu griech. *heautós,* dem reflexiven Wort für »selbst«, ist ein weiterer Begriff für das Phänomen, sich selbst zu sehen. In der Geister-Literatur ist weiter von Autophanie (Bonin 1981) bzw. engl. *autophany* (Green und McCreery 1975, 184–187) die Rede. Autophanie bedeutet im Gegensatz zum Sehen des eigenen physischen Körpers aus der Außenperspektive, wie es bei vielen →Außerkörperlichen Erfahrungen und →Nahtoderfahrungen der Fall ist, das Sehen des eigenen Geistes.

Siehe auch: →Auditive Autoskopie, →Fylgja, →Ka, →Kasen, →Schutzengel, →Schutzgeister, →Vättir, →Vardøgr.

Literatur: Bonin 1981; Green und McCreery 1975.

B

Ba

Im Alten Ägypten gehört Ba neben →Ka, Ach und dem Schatten zu den vier Persönlichkeitsteilen.

Ba ist die unsichtbare Seele, die den Körper des Verstorbenen zeitweise verlässt, umschwebt und sich aber weiter im Grab aufhält. Nur nachts fliegt Ba, als Vogel mit einem Menschenkopf vorgestellt, davon und kehrt wieder zurück, solange der tote Körper noch intakt ist.

Baba

Bei den slawischen Völkern, etwa bei den Tschechen, an der unteren Weichsel und in einigen Gegenden Ostdeutschlands, ist die Baba die Alte, die Kornalte, die Mutter, Großmutter oder das Großmütterli, eine aus mehreren Garben zusammengebundene Strohpuppe. Sie bringt Fruchtbarkeit (HdA 1987, 5, 282f.).

LITERATUR: HdA 1987.

Baba-Jaga

Bei den slawischen Völkern, vor allem in Russland, ist die Baba-Jaga eine Art Waldhexe, manchmal Anführerin einer großen Geisterschar. Die zauberkundige Dämonin kann auch in einem eisernen Kessel durch die Luft fliegen. Möglicherweise war sie einst der positive Schutzgeist der →Schamanen (Drury).

LITERATUR: Drury 1988.

Bach, Edward

Dr. Edward Bach.

Der aus der Nähe von Birmingham stammende Arzt Dr. Edward Bach (24. 9.1886–27.11.1936) ist der Entdecker der durch Sonnenenergie gewonnenen Bach-Blütenessenzen (→Bach-Blüten). Er war spezialisiert auf Homöopathie. Nachdem er lange Zeit Leiter und Assistenzarzt auf der Unfallstation des University College Hospital in London gewesen war, eröffnete er eine Praxis in London. 1930 zog er nach Wales, um sich ganz der Erforschung und Heilkraft der dort beheimateten Pflanzen zu widmen. Edward Bach war das, was man in England *psychic* nennt, d.h. er hatte →Außersinnliche Wahrnehmungen. Deshalb konnte er einmal ein in Seenot geratenes Schiff vor dem Untergang retten, wie seine Begleiterin und Biographin Nora Weeks berichtet (1940). Die letzten Jahre seines Lebens verbrachte Bach in einem Landhaus am Rand von Buckinghamshire, in dem heute die nach ihm benannten *Bach-Flower Remedies* nach seiner Methode hergestellt werden.

Siehe auch: →Trott-Tschepe, Jürgen.

LITERATUR: Bach 1931.

Bach-Blüten

Die 38 Bach-Blütenessenzen, nach ihrem Entdecker Dr. Edward →Bach benannt, helfen Menschen bei der Überwindung von allgemein als negativ empfundenen Gemütszuständen, wie verschiedenen Arten von Angst, Eifersucht, Erschöpfung usw. Die Idee für die Herstellung seiner Blütenessenzen entspringt dem Prinzip der Homöopathie, nach dem mineralische, pflanzliche und tierische Extrakte nach bestimmten Verschüttelungsvorgängen, »Potenzierungen«, teilweise nicht mehr messbare Informationen an das Wasser weitergeben können. Die in ihrer Heimat Wales gepflückten Bach-Blüten – woher auch heute noch die Original-Blüten fast alle stammen – werden in Wasser gelegt und drei Stunden von der Sonne bestrahlt, so dass sie ihre individuelle Information an das Wasser weitergeben können. Für die Auswahl seiner Blüten testete Bach die Wirkung der Blüten am eigenen Körper, etwa indem er sie sich auf die Zunge legte, deren besondere Kraft erspürte und – ähnlich wie Hahnemann die homöopathischen Substanzen an sich und seinen Kindern testete – die Symptome prüfte, die die jeweiligen Blüten unmittelbar in seinem gesunden Körper hervorriefen.

Die Entsprechung pflanzlicher und menschlicher Seelenzustände kommt in der Homöopathie, der Bach-Blütentherapie (Mechthild Scheffer, Hamburg) sowie in der Aromakunde (Jürgen →Trott-Tschepe, Berlin) zur Anwendung. Literatur: Scheffer 2000.

Backster-Effekt

Der Backster-Effekt ist benannt nach dem Amerikaner Cleve Backster, einem der führenden Lügendetektor-Spezialisten und Gründer der Cleve Backster School of Lie Detection in Manhattan.

Der frühere CIA-Mitarbeiter wurde berühmt für seine Forschung mit →ESP in Pflanzen, mit der er 1966 begann und bei der er polygrafische Techniken einsetzte. Tendenziell weisen die Forschungen Backsters in die Richtung einer gedanklichen Verbindung zwischen Mensch und Pflanze (→Telepathie). Wiederholungen seiner Experimente stehen noch aus.
Literatur: Backster-Report 1968; Bonin 1981; Tompkins und Bird 1973; Whitman 1974.

Bad

Bad heißt in persischen Mythen ein →Dschinn, der die Winde und Stürme beherrschen konnte.

Baiame

Wenn der Himmelsgott Baiame, ein Greis mit langem Bart, den australischen Wiradjuri im Traum erscheint, weiht er sie ein in den Weg des →Schamanen. Er lässt heiliges Wasser aus flüssigem Quarz durch ihre Körper fließen, so dass ihnen Flügel für ihren Schamanenflug (→Schamanenreise) wachsen. Zur weiteren Ausstattung angehender Schamanen gehören eine innere Flamme und eine Himmelsschnur. Literatur: Drury 1988.

Banshee (Banshi, Bean-Nighe, Bean Si, Bean-Sidhe)

Die Banshee, irisch *Bean si,* wörtlich Frau-Fee, ist keine böse, aber eine Todesfee. Wenn eine Person aus der Familie, mit der sie verbunden ist, sterben wird, stimmt sie ihren Grauen erregenden Gesang an. Die zauberhafte Banshee mit ihrem langen, dunklen, lockigen Haar hat viele Namen: *Lady of*

Death, Angel of Death, Woman of Peace, Nymph of the Air, und sie erinnert zweifellos an die →Weiße Frau der Hohenzollern oder das schwarze Gegenstück der Wittelsbacher (→Ankünden). Sie bindet sich ausschließlich an vornehme keltische Familien, aber nur an diejenigen von echter milesischer Abstammung wie etwa die O'Flahertys, O'Neils, O'Rileys, O'Sullivans, O'Reardans (Walter Scott; Dyer 1893, 274 ff.). Zu denen hält sie ganz fest, auch in Zeiten größter Armut, bis das letzte Familienmitglied gestorben ist. Dahinter steht der alte Glaube, dass die Sängerin vor dem Tod einst selbst ein Mitglied der von ihr begleiteten Familie war oder dieser Familie eng verbunden war.

Von eigenen Begegnungen mit der Banshee berichtet Elliot O'Donnell detailliert in seinem Buch »The Banshee« (1907) (Puhle 2004f, Fall Nr. 25). Bei O'Donnell war der Auftritt der Banshee fürchterlich, während die O'Reardans sie als wohlwollend erlebten (Dyer 1893, 276).

Als Schicksalsfee und Schutzfee bei der Geburt eines Kindes wird sie nur selten bemerkt.

LITERATUR: Briggs 1976; Dyer 1893; O'Donnell 1907; Puhle 2004f.

Bardo

Das Zwischenreich, das Tod und Wiedergeburt verbindet, wird im tibetischen Buddhismus Bardo genannt. Der Mensch nimmt dort einen →Bardo-Körper an.

Siehe auch: →Tibetisches Totenbuch.

Bardo-Körper

Im »Bardo Thödol«, dem Tibetischen Totenbuch, wird von einem leuchtenden Bardo-Körper berichtet. Dieser Körper ähnelt dem physischen Tod.

Siehe auch: →Ätherkörper, →Astralkörper, →Bardo, →Geistkörper.

LITERATUR: Evans Wentz 1982.

Bardo Thödol

»Bardo Thödol« ist der tibetische Name des →Tibetischen Totenbuches.

Siehe auch: →Bardo, →Bardo-Körper.

Barrett, Sir William Fletcher

Der in Jamaika geborene Physiker und spätere Professor in Dublin gehört zu den Pionieren der Parapsychologie und ist Mitbegründer der Society for Psychical Research (→S.P.R.) in London, dessen Präsident er 1904 war. Auch die 1885, ein Jahr nach der S.P.R. gegründete amerikanische Gesellschaft (→A.S.P.R.) geht auf seine Anregung zurück. Barrett (1844–1925) – sein Name ist auch mit der Einführung des Telefons verknüpft – hatte ein sehr umfassendes Wissen im Bereich der paranormalen Phänomene. Angefangen hat es mit Hypnose, als er sich von einem Freund in County Westmeath in Irland dazu inspirieren ließ, mit den Kindern des Dorfes ein Experiment auf die Beine zu stellen: Ein kleines Mädchen konnte fühlen und schmecken, was der Hypnotiseur fühlte und schmeckte; es zuckte mit seiner Hand, als er seine eigene über eine heiße Lampe hielt und verzog das Gesicht, wenn er Salz schmeckte usw. Dann kam Telepathie ins Spiel: Die Töchter des Pfarrers A.M. Creery in Derbyshire konnten Namen von Städten und Personen, ja sogar Verse von Gedichten aufsagen, wenn die andere es nur *wollte*, ohne es zu sagen. Barrett veröffentlichte einen Artikel über diesen Fall in *Nature* (1881). Doch sein großes Interesse galt dem Wünschelrutenphänomen, dem er mit Theodore Bestermann auf den Grund ging (»The Divining Rod«, 1926). Barrett kam zu der Überzeugung, dass nicht nur →Telepathie eine Tatsache sei, sondern dass es auch ein →Leben nach dem Tod gebe und man mit Verstorbenen Kontakt aufnehmen könne.

Sein Buch über die Visionen von Sterbenden, »Deathbed Visions« (1926, 1986) – ein Klassiker –, bietet eine Fülle von faszinierenden Fallbeispielen, die sich nicht von der Hand weisen lassen. Er beschreibt die fünf Arten von →Geistererscheinungen, die sich immer wieder am Sterbebett zeigen und manchmal nicht nur von den Sterbenden, sondern auch von Anwesenden – Angehörigen, Freunden oder Krankenhauspersonal – und mitunter auch von Menschen, die sich ganz woanders aufhalten, miterlebt werden (→Sterbebettvisionen).

Sir William Barrett war auch in den Spukfall von →Derrygonnelly verwickelt.

LITERATUR: Barrett 1986; Guiley 1992.

Befana (Bafania)

Die Befana ist eine mit der Holda verwandte →Fee, eine Adventsdämonin, die in Italien am 6. Januar, zu Epiphanias, als Hexe umgeht und die Kinder erschreckt.

Bekker, Balthasar

Der holländische reformierte Prediger Balthasar Bekker (20.3.1654–11.6. 1698) wandte sich gegen Geister-, Dämonen- und Hexenglauben und jeglichen →Aberglauben. Seine Schrift »De betoverte wereld« (3 Bde., 1691–1693, »Die bezauberte Welt«, 1693) entwickelte sich zu einem Standardwerk der Geister-Thematik.

→Goethe hat aus Bekkers Schrift, die er u.a. am 16.12.1800 und im Februar 1801 studierte, Anregungen für seinen →Faust bekommen (Wilpert 1998, 92).

LITERATUR: Wilpert 1998.

Belemnit

Schon durch seine unzähligen volkstümlichen Namen wie etwa Albenstein, Albschoß, Gespensterkerze, Hexenpfeil, Hexenschuss, Mahrenzitze, Donnerkeil oder Teufelsfinger weist der Belemnit, ein zu Stein gewordener Tintenfisch aus dem Mesozoikum, auf seine ungeheure Zauberkraft hin. Der Tintenfisch ist wie die Ammoniten und Dinosaurier Ende der Kreidezeit ausgestorben. Belemniten sollen einst Geschosse der →Alben und Hexen gewesen sein und nach den Regeln des Analogiezaubers den Hexen- und Albenschuss abwehren können (Rätsch 1989, 40f.).

LITERATUR: Rätsch 1989.

Beltane

Keltisches Jahreszeitenfest in der Nacht vom 30. April zum 1. Mai.
Siehe auch: →Geisterzeit.

Bender, Hans

Die Schlüsselrolle in der deutschen wissenschaftlichen Forschung auf dem Gebiet der paranormalen Phänomene spielt der Mediziner, Psychologe und Romanist Prof. Dr. Hans Bender (5.2. 1907–7.5.1991). Er gründete 1950 in Freiburg i.Br. das Institut für Grenzgebiete der Psychologie und Psychohygiene (→IGPP). Seine engsten Mitarbeiter waren der Diplompsychologe Eberhard Bauer sowie der Psychologe und Physiker Dr.Dr. Walter von Lucadou. 1954 wurde Bender der Lehrstuhl für Psychologie und Grenzgebiete der

Hans Bender.

Psychologie am Psychologischen Institut der Universität Freiburg übertragen. Seine Forschung galt insbesondere auch Spontanphänomenen wie dem →Spuk.

LITERATUR: Bender 1972/1989; Bender 1973/1985; Bender 1974; Bender 1976; Bender 1979; Bender 1983/1986; Bender 1984.

Berge

Berge sind etwas Heiliges. Berge bergen, verbergen etwas. In vielen Kulturen gelten sie als geheime Welt der Toten. Im Altnordischen wird »sterben« auch mit »in den Berg gehen« ausgedrückt. Götter, Helden, Kaiser, Könige und auch einfache Menschen, ein Weber, ein Schmied oder eine Magd, können in das Innere der Berge entrücken. Kaiser Karl der Große und Kaiser Friedrich Barbarossa, der »Rotbart«, sind wohl die berühmtesten deutschen Bergentrückten.

Geister, die unangenehm sind, können in Berge gebannt werden, heißt es schon bei den alten Griechen (→Homer, Ilias). Auch in Deutschland war man von dieser Möglichkeit überzeugt, und so sind der Feldberg (Baader 1851, 8) und der Belchen überfüllt von gebannten Geistern. Letzterer birgt besonders viele Seelen von betrügerischen Feldmessern, die nun zur Strafe ohne absehbares Ende den Belchen vermes-

sen müssen. Die einzige Abwechslung, die sie offenbar haben, sind die Wanderer, die sie zum Spaß vom Weg abbringen können (Stöber 1852, 1, 46, Nr. 37).

Berge können Versteinerungen einstiger Wesen sein. Hinter dem →Watzmann, der →Frau Hitt und ihrem Söhnlein stecken lebendige Sagengestalten, die vor langer Zeit zu Stein geworden sind – so weiß es die Überlieferung. Viele Bergnamen zeugen noch von den ungeheuren Geistwesen, die einst in ihrer Nähe lebten (→Frau Hitt, →Watzmann). Als Personen gelten auch Berge wie Mönch und Jungfrau, der Serles (Alpen), Katzenveit (Voigtland), Gübich (Harz), Rübezahl (Riesengebirge) und Hans Heiling (Böhmer Bergland), während man im Südwesten Europas den »Geist der Pyrenäen« und in Skandinavien den Dovrealten kennt.

Siehe auch: →Berggeister.

LITERATUR: Baader 1851; Stöber 1852.

Bergentrückte →Berge

Bergfee

Diese besondere Spezies der →Berggeister, die bei den Franzosen (Sébillot 1904–1907, 1, 124) und bei den Magyaren beliebt ist, gibt es in Deutschland nicht. In der mittelhochdeutschen Dietrichsage wird eine Bergkönigin Virginal erwähnt, die mit den Bergfeen verwandt ist (Lütjens 1911, 41). Eine in Kärnten bekannte Sage fremden Ursprungs erzählt von einer musikalischen Bergfee, die den Bauern das Singen beibringt und dann wieder untertaucht (Graber 1912, 33 f.).

LITERATUR: Graber 1912; Lütjens 1911; Sébillot 1904–1907.

T.H. Thomas, »The Old Woman of the Mountain«. Aus »British Gobelins«, 1880.

Bergfräulein

In der Männergeisterwelt der →Berge finden sich einsam und verlassen die Bergfräulein oder Wilden Frauen, die Bergwibli. Auch →Bergmütter gibt es, aber diese sind reine →Naturgeister. Wie Zwerginnen hüten die Bergwibli mal Schätze, kümmern sich um kleine Kinder und schenken den Spinnerinnen Wunderknäule, verstehen sie sich doch selbst ganz ausgezeichnet auf das Spinnen. Doch die Wilden Frauen können es sich nicht verkneifen, ab und zu mal Böses zu tun und etwa Kinder zu entwenden oder Wanderer des Nachts in die Irre zu führen.
Siehe auch: →Berggeister, →Bergmännchen, →Bergwerksgeister.
Literatur: HdA 1987.

Berggeister

Berge sind von Geistern umgeben und bewohnt – eine Erfahrung, die unsere Vorfahren gemacht haben, die in bergigen Landschaften lebten und allerlei Merkwürdigkeiten beobachteten und deuteten. Wie wir heute aus der Psychologie wissen, tendieren wir dazu, unbekannte oder unerkannte Dinge, die wir sehen, nachträglich noch viel größer zu machen, als sie wirklich waren, oder sie zu verkleinern, als ob sie gar nicht dagewesen wären, sie hinunterzuspielen. So geschah es auch mit den unerklärlichen Gestalten und Erscheinungen in den Bergen, mit den Bergwesen: Wir kennen →Bergriesen und winzige →Bergmännchen, eine Art von →Zwergen. Einige der Bergriesen, aber auch Menschen wurden in →Berge verwandelt. Wie Zwerge sind Berggeister oft Hüter von Schätzen, die in den Bergen verborgen liegen und nicht geborgen werden sollen. Und ausgezeichnete Schmiedekünstler sind sie auch.

Schon vor Jahrhunderten berichtete der Begründer der Bergwissenschaft, Georg Agricola (1494–1555), in seinem Werk »De animantibus subterraneis« (Von den unterirdischen Lebewesen) (1549) im Zusammenhang mit etlichen Tieren auch von kleinen →Dämonen, die sich in den Bergen aufhalten. Man kann diese geheimnisvollen Wesen oft hören, aber nicht gut sehen. Nur manchmal weist ein aufblitzender Lichtstrahl am Ende eines dunklen Ganges auf sie hin. Sie klopfen, hämmern, poltern und rumoren, wenn sich kein Mensch im Berg aufhält, und es scheint so, als ob sie wie Menschen mit ihren Händen am Werken seien. Die geisterhaften Bergarbeiter in den Bergwerken, vor allem in den Metallminen, gehören als →Klopf- und →Poltergeister zu den Kobolden, weshalb man auch aus dem Gattungsnamen dieser Geister das Wort »Kobalt« herauszulesen glaubte.

Daneben wurden in der Umgebung von Bergen weitere Geisterchen beobachtet, die sich im Umkreis der Berge betätigen, ihre Wohnungen aber meist im Berginnern haben. Sie sind freundliche Naturen, und wen sie zu sich nach Hause einladen, der ist ein wahres Glückskind. Sie kommen auch in die Häuser der Menschen und benehmen sich wie →Hausgeister. Wie alle Kobolde haben sie einen Sinn für Humor, der bisweilen fragwürdig ist. Sie singen und tanzen, haben ihre Launen, die leicht in Bösartigkeit ausarten, und sind schnell beleidigt. So wie ihr Gesang nicht immer der allerschönste ist, schlägt auch ihr munteres Wesen oft über die Strenge. Von Pfarrer Johann Michael Fleischer haben wir eine »zuverläßige Nachricht« (1750) von einem Gespenst, das sich 1749 in Schwartzbach durch »Werfen, Singen, Schlagen und Erscheinung« bemerkbar gemacht hat, und wir erkennen in diesem Poltergeistbericht einige Allüren der Bergmännchen wieder (Puhle 2001a, 66, Fall Nr. 5).

Sie sind keine Fantasiegestalten, die vergessen und vergangen wären. Ihr →Klopfen gehört zu den typischen Phänomenen, die heute in RSPK-Fällen (→Recurrent spontaneous psychokinesis) auftreten. Allerdings klopfen sie jetzt nicht mehr draußen in der Natur, sondern an den Hauswänden – das ist der typische Vorspuk –, bis sie hereinkommen, um in den Häusern ihren →Spuk aufzuführen. Innerhalb der Forschung auf den Grenzgebieten der Wissenschaft, werden vor allem die →Poltergeister erforscht – die alten Klopfgeister sind heute die Stargeister der Wissenschaft.

Siehe auch: →Berge, →Bergfee, →Bergfräulein, →Bergkönige, →Bergmönch, →Bergmütter, →Bergriesen, →Leprechaun.

Literatur: Fleischer 1750; HdA 1987; Puhle 2001a.

Bergkönige

Die Mythologie Skandinaviens kennt Bergkönige, die vielleicht einmal Bergriesen waren. Ein schwedisches Volkslied, »den bergtagna«, erzählt die Geschichte einer jungen Frau, die sieben Jahre bei einem Bergkönig verbringen musste, ehe sie wieder nach Hause durfte. Mit dem Bergkönig hatte sie sieben Söhne und eine Tochter (Grimm 1992, 1, 386).
Siehe auch: →Bergfee, →Berggeister.
Literatur: Grimm 1992.

Bergkönigin Virginal →Bergfee, →Berggeister

Bergkristall

Der zauberhafte und heilkräftige, unirdisch durchsichtige, hell leuchtende Wunderstein ist ein wahrer Licht-Palast. Er schließt »der Himmelsstrahlen Licht« in sich ein und »erfreut die Herzen der Götter«, wie es ein Orpheus zugeschriebenes Lied besingt. Mit einem kostbaren Bergkristall in der Hand wird der Himmel uns erhören, wenn wir ihm an einem heiligen Ort unsere Bitte demütig anvertrauen, so lehrt die Hymne (Rätsch 1989, 44). Es ist kein Wunder, dass dieses Kunstwerk der Natur, auch »Berg-Eis« genannt oder »Herkimer Diamant«, zum Hineinschauen einlädt, um uns, wenn wir uns lange genug hineinvertiefen, aus dem trüben Alltag heraus in eine schönere Welt und hellere Zukunft zu entführen. Wie alle spiegelnden Oberflächen, beispielsweise Wasser, Metalle und Spiegel, eignet sich der Bergkristall, der bei Konzentrationsübungen und Meditation ausgezeichnete Dienste leistet, besonders zur Wahrnehmung von Ereignissen, die sich in räumlicher und zeitlicher Entfernung abspielen bzw. bereits abgespielt

»Gnomes terrifying a miner«
(»Berggeister erschrecken einen
Bergmann«). Aus Thomas Keightleys
»The Fairy Mythology«, 1880.

John William Waterhouse,
»The Crystall Ball«, Öl auf
Leinwand, 1902.

haben (→ASW, →Hellsehen, →Telepathie, →Präkognition).

In Tibet werden so genannte Geisterdolche, *Phurba,* und Donnerkeile hergestellt, die →Dämonen und die von ihnen verursachten Krankheiten austreiben (Rätsch 1989, 45).

LITERATUR: Rätsch 1989.

Bergmännchen (Bergmänngen, Bergmännlein)

Die kleinen, koboldartigen Geister der →Berge haben viele Namen, sie heißen Bergteufelchen, Grubenmännlein, Knappenmanndl oder einfach nur Bergmännchen.

Sie werden als →Bergwerksgeister vorgestellt, die im Innern der Berge arbeiten, während kein Mensch bei der Arbeit ist, oder auch als →Berggeister, die sich in der Umgebung von Bergen aufhalten und nur ihre Wohnungen in den Bergen haben. Ihr Charakter ist ambivalent: Dem →Bergmönch werden böse Züge nachgesagt, und auch die kleinen Bergmännchen können garstige Teufelchen sein. Von dem Kenner der Materie, Georg Agricola, hören wir, sie seien die fünfte Ursache für das Schließen von Bergwerken. Das »greuwlich bergkmenlien« bringt nämlich die Leute um, und wenn man sich seiner nicht entledigen kann, hält es kein Bergarbeiter mehr in der Grube aus.

LITERATUR: Petzoldt 1995.

Bergmönch

Zu den übergroßen Wesen, die in →Bergen umgehen, gehört der weißhaarige Bergmönch. Äußerlich erinnert der Kapuzenmann, der im Harz und im Erzgebirge, in Sachsen und in Siebenbürgen zu Hause ist, an einen Bergmann. Sein Wesen ist ambivalent, er ist gerecht wie unberechenbar. Sein Hauch allein kann schon töten, und seine bloße Erscheinung bringt Unglück. Wie die kleinen Bergbewohner, die →Bergmännchen aus der großen Geisterfamilie der →Kobolde, lässt auch er sein →Klopfen und Pochen vernehmen. Es ist kein gutes Zeichen, sondern kündigt ein Bergwerksunglück an. Auch Neckereien gehören zu seinem Repertoire – ein Kennzeichen, das er mit →Poltergeistern teilt.

Die guten Eigenschaften dieses Geistes verschwinden hinter den bösen und unerfreulichen. Mit dem Aufkommen des Christentums hatten viele Naturgeister generell ihre positiven Züge verloren, und Martin Luther, der bereits die →Poltergeister verteufelt hatte, schrieb auch dem Bergmönch diabolische Züge zu, und Olaus Magnus schloss sich ihm an.
Siehe auch: →Berggeister.
<small>LITERATUR: HdA 1987; Petzoldt 1995.</small>

Bergmütter

Anders als die →Bergfräulein, die auch in die Häuser gehen, sind die Bergmütter ausgesprochene →Naturgeister. In der Männerdomäne »Berg« erscheinen sie recht emanzipiert, sind sie doch neben dem Wasserkochen auch gut im Brauen und Schießen (Reiser 1897–1902, 1, 139f.). In den ruhigen Wäldern und Gebirgen stiften sie mit ihrem lauten Umherlaufen viel Unruhe (Kuhn 1897–1902, 2, 88), und durch ihre Tätigkeiten bilden sich Nebel.
Siehe auch: →Berge, →Berggeister, →Bergmännchen, →Bergwerksgeister.
<small>LITERATUR: Kuhn 1859; Reiser 1897–1902.</small>

Bergriesen

Riesige Geistwesen beherrschen die →Berge oder machen sie doch wenigstens unsicher. Ganze Bergzüge und Bergspitzen werden nach der deutschen Tradition als Persönlichkeiten vorgestellt. Einige Berge haben ihre Namen von einst als →Riesen umgehenden →Berggeistern erhalten, wie etwa der →Watzmann. In der altnordischen Mythologie gibt es sehr viele *bergrisar, bergdanir, bergmari* u.Ä., doch auch in Deutschland hatten sie Grund und Boden.

Der heilige →Gallus konnte noch vor rund 1400 Jahren in Bregenz eine Geisterunterhaltung belauschen: Der Wasserdämon des Bodensees war mit dem *daemo de culminis monte,* dem »Dämon der Bergspitze«, ins Gespräch vertieft (Wetti, Vita St. Galli, 7).
Siehe auch: →Alber.

Bergteufelchen →Bergmännchen

Bergvolk →Berggeister

Bergwerk

Bergwerke sind Spukwerke. Im Innern von Bergen halten sich allerlei →Berggeister auf, die harmlos, fröhlich und freundlich sein können, aber auch Menschen verschrecken und mitunter töten (→Bergmännchen).

Da Berge Schätze bergen, spielen sie in Schatzsagen eine wichtige Rolle. Die alten Traditionen der Bergleute aus den Gold- und Silberminen lassen noch Züge dieser Sagen erkennen. Wenn ein Bergmann Glück hatte, erschien ihm ein Berggeist und öffnete für ihn die Stelle am Felsen, in der sich das Gold versteckte (Wrubel 1883, 32, Nr. 9). Solche Er-Öffnungen erfolgten spontan, und niemand weiß, unter welchen Umständen. Und wie es so typisch für uns Menschen ist, wollte man diese wunderbaren Erlebnisse mit Gewalt wiederholen, und so gibt es viel Literatur, die Schatzsuchen durch Geister-Bezwingen beschreibt.

Das in den Bergen versteckte Metall kann leuchten und glühen (Goethe, Faust I, 3923 ff.), was an den Lichtstrahl erinnert, den manche Bergleute am Ende eines dunklen Ganges aufblitzen sehen (→Berggeister). Die Erscheinung eines goldenen Tieres kann eine Fundgrube anzeigen, und manchmal fand man in den Bergen aus Gold geformte Tiere, worauf an der Stelle ein Stollen gebaut wurde. So fand man im Strichenberg im Schweizer Aargau vor nicht allzu langer Zeit ein paar Stückchen Gold und fing an, einen Stollen in den Berg zu treiben. Doch die plötzlich aufkommende Angst vor den erzürnten Erdmännchen (→Berggeistern) war der Grund, warum man die Arbeit schnell wieder einstellte (Rochholz 1856, 1, 271, Nr. 184c).

Siehe auch: →Bergwerksgeister.

LITERATUR: Rochholz 1856; Wrubel 1883.

Bergwerksdämon →Bergwerksgeister

Bergwerksgeister

Nicht nur in →Bergen, besonders auch in →Bergwerken kann es spuken. Es klopft und hämmert, als ob Menschen am Werk wären. Von einem Gelehrten, der es wissen müsste, da er die Montanwissenschaft begründet hat, erfahren wir Näheres über die freundlichen Naturen: Georg Agricola beschreibt in seinem bekannten »De animantibus subterraneis« (1549) diese harmlosen, kleinen Dämonen:

»Des weiteren gibt es ungefährliche Geister, die manche Deutsche wie auch die Griechen Kobolde nennen, weil sie die Menschen nachmachen. Denn sie kichern, als ob sie es vor Freude nicht lassen könnten, und es sieht so aus, als ob sie vieles täten, obwohl sie rein gar nichts tun. Andere nennen sie ›Bergmännlein‹ wegen der Statur, die sie meist haben: sie sind nämlich Zwerge von drei Spannen Länge. Sie sehen aber wie Greise aus und sind nach Art der Bergleute gekleidet, das heißt mit einen Kittel, der durch einen Gürtel gerafft ist, und mit einem Leder, das um die Schenkel herabhängt.« (Georg Agricola, De animantibus subterraneis [Von den unterirdischen Lebewesen], 1549)

In Großbritannien heißen diese Minengeister *mine spirits* oder *knocker,* Klopfer (→Kobold). Blaukappe, *Blue Cap,* ist einer von ihnen (Guiley).

Siehe auch: →Berggeister, →Bergmännchen.

LITERATUR: Guiley 1992; Petzoldt 1995.

Berserk

Berserk ist das altnordische Wort für »Bärenhäuter«; ein *Werbär,* wörtlich Mannbär.

LITERATUR: Bonin 1981.

Berührung mit Geistern

Geistererscheinungen gehen uns unter die Haut, sie berühren uns, und das nicht nur innerlich, sondern auch äußerlich. Geister können auf der Haut erfahren und gefühlt werden. Wer schon einmal die Kälte einer Geisterhand zu spüren bekommen hat, der weiß, was menschliche Wärme bedeutet, wird doch bis auf den heutigen Tag immer wieder von der eiskalten Geisterhand berichtet. Die →Eiseskälte von Geistern ist so sprichwörtlich, dass es fast schon verwundert, wenn ein Geisterhandschlag nur als *cool,* kühl, empfunden wird (→Geisterhand).

Am 27.4.2004 zeigte das schwedische Fernsehen in der aus Dänemark übernommenen Sendereihe »Andernas makt« (Beratung: Thomas Breinholt u. a.) den Fall eines Paares, das über Spukerscheinungen in seinem Haus klagte. So wollte die junge Frau eines Tages ihren kleinen Sohn wieder in sein

Bett führen, nimmt ihn an die Hand und findet ihn zu ihrer Überraschung friedlich in seinem Bett schlummernd. Die vermeintliche Kinderhand, die sie angefasst hatte, war merkwürdig kalt. Wir haben unzählige Berichte, nach denen Menschen die Eiseskälte von Geistern erfahren haben.

Die Palette der haptischen Berührungspunkte mit Geistern ist groß und bunt. Und nicht immer sind es schöne Berührungen, die wir mit ihnen haben. Die 39-jährige Elisabetha Eslingerin, Witwe und Mutter einer Tochter, bekam einen Geist hautnah zu spüren, der sie im Herbst 1835 wochenlang im Gefängnis von Weinsberg, wo sie wegen Verwicklung in Schatzgräberei inhaftiert war, aufsuchte. Ihre Zellengenossin Rosine Schahl aus Altlautern notierte:

»Die Eslingerin fängt um 11 Uhr an zu röcheln (und ich bin schon einige Mal darüber aufgewacht), daß man glaubt, sie ersticke. Sie sagt: es komme da ein Geist zu ihr, der von ihr Erlösung verlange. Ich fürchte mich weiter nicht, und sagte, sie solle mich stoßen, wenn er wieder komme. Gestern nacht sah ich dann vor dem Bette einen 4 bis 5 Schuh hohen und 1 bis 1 ½ Schuh breiten weißen Schatten, ich sah aber keine Bewegung von ihm.

Die Eslingerin röchelte da wieder sehr und klagte über Drücken an der Seite; sie bringt seit mehreren Tagen keinen Bissen über den Mund, als einige Tropfen Kaffee.« (Kerner 1836b, 3)

Das erinnert an Erlebnisse mit dem →Alp, in denen das Opfer ebenso nach Luft ringen muss. Der Hautkontakt mit Geistern ist oft mit anderen Sinneswahrnehmungen kombiniert. Manch einer sieht einen Geist und fühlt sich von Geisterkleidern gestreift, bei einem anderen lässt sich ein Geist weder sehen noch hören, hinterlässt aber Eindrücke auf dem Bett, auf dem er sich niedergelassen zu haben scheint.

Celia Green und Charles McCreery berichten in ihrem faszinierenden Buch »Apparitions« (1975) von einer Berührung durch einen Geist:

»Es geschah vor ungefähr elf Jahren. Es war ein Sonntagabend, ich war alleine, ich strickte und hörte dabei eine Sendung im Radio. Plötzlich sah ich meinen Mann, der neben meinem Stuhl stand. Er sah weiß und verzerrt aus und starrte vor sich hin. Im Nachhinein finde ich es merkwürdig, dass ich ihn nicht angesprochen habe, denn zu dieser Zeit dachte ich wirklich, mein Mann wäre so leise nach Hause gekommen, dass ich ihn in meiner Konzentration auf das Stricken und die Radiosendung nicht gehört hatte. Als ich aufsah, hob er seinen Arm und berühre mein Kinn mit seiner Hand, die *eiskalt* war. Ich lehnte mich abrupt zurück in meinem Stuhl, weil sich das so komisch anfühlte, woraufhin sein Arm wieder an seine Seite herunterfiel. Als ich mich wieder gerade hinsetzte, hob er wieder seinen Arm, doch diesmal schreckte ich zurück, bevor mich seine Hand berührte. Während ich ihn immer noch ansah, verschwand er. Erst dann wurde mir klar, dass mein Mann gar nicht physisch in dem Zimmer anwesend war. Ich bin eine Witwe, d.h., sogar wenn ich glaubte, dass Geister von geliebten Menschen zurückkommen könnten (und ich bin kein Spiritist), dann wäre das keine Erklärung.« (Green und McCreery 1975, 102; übersetzt von A. Puhle)

Siehe auch: →Durchlässigkeit von Geistern, →Fühlen einer Gegenwart, →Kompaktheit von Geistern, →Transparenz von Geistern, →weiße Geister.

LITERATUR: Green und McCreery 1975.

Beschwören von Geistern →Geisterbeschwörung

Betrug

Die Betrugstheorie ist sehr alt – bereits unsere Vorfahren misstrauten allem, was wie ein Geist aussah. Sie ist wie die Theorien der →Täuschung eine beliebte und bequeme Erklärung von →Geistererscheinungen. Unehrlichkeit und Lüge macht sich in jedem Lebensbereich breit und mit Vorliebe im Bereich der Geistererscheinungen. Es ist allerdings immer das erste Gebot, geisterhafte Phänomene auf ihre →Echtheit zu überprüfen, d. h. Betrug und alle Arten von →Täuschungen auszuschließen. Das ist oft leichter gesagt als getan. Die von Howard Wilkinson und Tony Cornell entwickelte elektronische Ausrüstung zur Geisterjagd, SPIDER Mark I und II, kann dabei hilfreich sein. Wenn sie nicht effektiv im Einfangen echter Phänomene (→Geisterfotografie) ist, so eignet sie sich zum Entlarven betrügerischer Handlungen und Bewegungen (Cornell 2002, 77–395).

Betrug kann nur bedingt als Erklärung für Geistererscheinungen herangezogen werden. Viele Geister-Fälle (→Leben nach dem Tod) kommen ohne eine Beteiligung von →Psi, →Super-Psi oder die Annahme von unabhängig vom Körper existierenden »Geistern« nicht aus (→Geister-Theorien). Vor allem die vor Gericht abgehandelten Geistererscheinungen, wie der →Chaffin Will Case, die →Dokumente, der →Jacqueline Poole Case und der Fall der →Seherin von Prevorst erfordern andere Theorien. Die Gefahr der Betrugshypothese liegt darin, dass sie zu dem wird, was sie bekämpft. Es ist bequem, einen Betrug blind zu vermuten, einfach zu unterstellen – ihn zu beweisen dagegen ist schwer.

Siehe auch: →Geister vor Gericht.

Literatur: Cornell 2002.

Bewusstsein

Der Begriff »Bewusstsein«, engl. *consciousness* (aus lat. *con,* »mit«, und *scire,* »wissen«), meint einen Wissenszustand, ein wissendes Sein. Das Charakteristische an dem Begriff ist, dass er durch seine Attribute beschrieben werden muss, also nicht selbst definiert werden kann.

Das erste Attribut des Bewusstseins ist das Reflektieren. Der bewusste Mensch stellt fest, dass er bewusst ist. Er hat eine kognitive Distanz zum unmittelbaren Sein, wie es etwa im Traum erlebt wird. Im Traum fragt man nicht, wer man ist, was man ist, warum man ist, wie man an einen Ort gekommen ist, ob man wach ist – man ist einfach da. →Klarträume, in denen man aufwacht und doch weiterträumt, sind eine Ausnahme. Die Selbstverständlichkeit des Daseins ist dem wachbewussten Menschen fremd.

Ein weiteres Kriterium des Bewusstseins ist die Kontinuität. Wir kommen immer wieder zum selben Ausgangspunkt zurück. Wir erkennen unsere Erinnerungen als unsere eigenen wieder. Wir sind unser ganzes Leben lang bewusst, können immer etwas berichten (Descartes).

Die Kontinuität des Bewusstseins kann unterbrochen werden, etwa durch einen Traum. Doch danach schließt sie sich wieder. Sie kann aber auch gebrochen werden, in zwei oder mehrere Teile, im Krankheitsfall, und dann schließt sie sich unter Umständen nicht wieder, es bilden sich multiple Persönlichkeiten.

Ebenfalls ein Attribut des Bewusstseins ist die Bewegung. Das Bewusste ist in ständigem Fluss. William James nennt es den *flow of consciousness,* Adrian Parker den *stream of consciousness* (ein Begriff, der auch aus der Literaturwissenschaft bekannt ist).

Noch ein Kennzeichen ist die Möglichkeit der Bewusstseinsveränderung. In Hypnose, im Traum, in →Außerkörperlichen Erfahrungen oder in der Meditation sind wir in veränderten Bewusstseinszuständen.

Im Gegensatz zu einem latenten »Unterbewusstsein«, »Unbewussten« (Freud) oder »kollektiven Unbewussten« (C. G. Jung), auf das wir nicht beliebig Zugriff haben, können wir auch einen oft als höheres Bewusstsein beschriebenen Zustand erreichen, das so genannte Überbewusstsein. Dieser beispielsweise in der Meditation erreichte Zustand entspricht dem *universal con-*

sciousness oder →kosmischen Bewusstsein. Es ist ein All-Einheits-Empfinden, das uns gegebenenfalls Informationen eröffnet, die konkreten Bezug auf die Realität haben und als →Außersinnliche Wahrnehmung aufzufassen sind. Dieses höhere Bewusstsein wird als Ozean beschrieben, in dem alles Wissen zusammenfließt und keine Unterschiede von Raum und Zeit mehr vorhanden sind.

Das Ich hinterfragt sich im Zustand des Bewusstseins, es weiß von sich selbst und sieht sich als integrierten Bestandteil dieses Wissens an. Im Traum bin ich, im bewussten Zustand weiß ich, dass ich bin. Der bewussten Aussage »Ich denke, also bin ich« steht gegenüber »Ich bin, also bin ich«.

Bewusstsein, höheres →Bewusstsein, →kosmisches Bewusstsein

Bewusstsein, kosmisches →kosmisches Bewusstsein

Bewusstsein, verändertes
→Bewusstsein

Bewusstseinsstörungen →Geister-Theorien

Bewusstseinsstrom

William James spricht von einem Fließen des Bewusstseins, einem *flow of consciousness* (→Bewusstsein).

Bezoar

Der Bezoar, auch Badezaar, Calculus, Hagerbezaar, Lapiz bazar genannt, gilt wie fast alle Steine als Zauberstein. Bezoare sind biogene Steine, die sich in den Organen von Tieren, besonders denen der Mammalia entwickeln. Ganz ihrem persischen Namen *pad-zär*, »Gegengift«, entsprechend sollen sie sich als Mittel gegen Vergiftungen bewähren. Die zu →Amuletten verarbeiteten Steine werden als Schutz gegen böse →Geister getragen (Rätsch 1989, 47 f.).
LITERATUR: Rätsch 1989.

Bhuten

Die Bhuten, Sg. Bhut oder Bhuta, sind nach indischer Folklore böse Geister von Menschen, die einen gewaltsamen Tod gestorben sind, vor allem Selbstmörder und Hingerichtete.
LITERATUR: Bonin 1981; Guiley 1992.

Biaiothanatoi

Seelen, die wiederkehren müssen, weil sie durch Gewalt gestorben sind, heißen im alten Griechenland Biaiothanatoi. Sie gehören wie die →Ataphoi und →Ahoros zu den →Totendämonen.

Bilokation

Der lateinische Begriff »Bilokation« bezeichnet das gleichzeitige Anwesendsein einer Person an zwei Orten. Wenn es sich um mehr als zwei Orte handelt, spricht man von Multilokation.
Siehe auch: →Außerkörperliche Erfahrung, →Astralreise, →Doppelgänger →Erscheinung, →reziproke Geistererscheinung, →Seelenreise.

Bilsenkraut

Das berühmte Hexenkraut, das Bilsenkraut *(Hyoscyamus niger),* gehört zu den psychoaktiven Pflanzen, die das

→Bewusstsein erheblich beeinflussen
können.
LITERATUR: Rätsch 1989.

Bilwis (Billwiss, Bilweis, Bilwiß, Bilwiz)

Der Bilwis oder Bilweis, Billeweis, Bilmenschnitter, Bilwiz, Pilwis, Pilfas, Willeweis ist ein →Dämon, der eine komplexe Geschichte hat. Vielleicht ist sein
germanischer Ursprung die Göttin Bil
(eine Asin) – eine Verkörperung der
hemmenden Kraft des abnehmenden
Mondes. Dann nimmt er eine elbische
Gestalt an, die Menschen und Tiere mit
ihrem Pfeil lähmen kann, und schließlich wird er zu einem Unhold, zu einem
Trud, um schließlich als anthropomorphe Hexe zu erscheinen (Lecouteaux
1988). Seit dem 16. Jahrhundert gilt
der, die oder das Bilwis als Reichtum
bringender Korndämon. Außerdem ist
er ein Zauberer oder eine Hexe und geht
mit an den Füßen befestigten Sicheln
durch das Getreidefeld, so dass erheblicher Schaden angerichtet wird.

»Der Bilwis ist eines der eigenartigsten und
geheimnisvollsten Wesen unter den Glaubensgestalten der Volksüberlieferung, dessen variierende Gestalt typisch für eine
bäuerliche Kultur ist, die damit einer Naturerscheinung, den unheilvoll umgelegten Zeilen im reifen Korn, eine mythische Deutung
gibt.« (Petzoldt 1995, 43)

Siehe auch: →Elfenringe.
LITERATUR: Lecouteaux 1988; Petzoldt 1995.

Blick

Mit den Augen können wir etwas wahrnehmen, aber wir strahlen und drücken
auch etwas aus. Wie viel Zauber und
Kraft in bestimmten Augen-Blicken liegen kann, wissen nicht nur Verliebte.
Unser Blick ist stark, er kann etwas bewirken, Menschen erwärmen, aufheitern, zum Lachen bringen oder auch

Sandro Botticelli (1444/5–1510),
»Engel«. Ausschnitt aus »Madonna
della Melagrana«.

abstoßen. Der menschliche Blick kann
Bände sprechen. Wir können in ihm
viel über einen Menschen lesen, er sagt
etwas aus. Wir sehen in ihm, ob jemand
bei der Sache ist oder mit seinen Gedanken ganz woanders, ob er sich wohl
fühlt oder traurig ist, ängstlich oder ärgerlich, hoffnungsvoll oder verzweifelt.
Der Blick steht im Gefolge der Gedanken.

Der Blick eines Menschen kann rezeptiv oder emissiv sein, aufnehmen
und wahrnehmen – etwa auch Geister –
oder er kann Wünsche und Absichten
ausdrücken und andere beeinflussen.

Das Wissen um die Macht des Menschenblicks ist alt. So glaubte man etwa,
ein Blick sei schon genug, um Stiere zu
lähmen (Seligmann 1910, 1, 212). Nach
deutscher Überlieferung haben auch
Pfarrer durch ihre Nähe zum Göttlichen
einen besonders »scharfen Blick«, und
dieser kann heilen (Strackerjan 1909, 2,
7, Nr. 263).

Die relativ junge Therapieform des
Neuro-Linguistic Programming, kurz
NLP, weiß, wie man Blicke deuten kann,
wie man mit ihnen umgehen kann, um
die Lebensqualität zu verbessern. Ängs-

te lassen sich hervorragend durch eine »Blick-Therapie« überwinden.

Auch wenn Demut vor Gott, Demut vor dem Leben unsere Augen von Zeit zu Zeit auf die Erde lenken soll, so ist doch der Blick nach oben lebensnotwendig, er richtet uns auf. Novalis hielt den Blick immer himmelwärts gerichtet. Auch der bulgarisch-französische Philosoph und Pädagoge Omraam Mikhaël Aïvanhov weiß:

»Der Blick ist Gottes eigene Sprache. Durch den Blick drücken sich Gott und die Engel aus.« (Aïvanhov 1990, 164)

Siehe auch: →Außersinnliche Wahrnehmung, →böser Blick, →guter Blick.
LITERATUR: Aïvanhov 1990, 155–165; Seligmann 1910; Strackerjan 1909.

Blindheit

Blindheit kann zweierlei bedeuten: Jemand kann mit ihr geschlagen sein, oder sie lässt einen mehr sehen als üblich. Der blinde Seher ist weise, er hat den wahren, tiefen Einblick in die Geheimnisse der Welt und des Lebens. In der Tat, manchmal müssen wir unsere Augen verschließen, um uns für innere Werte zu öffnen, um erkennen zu können, was eigentlich los ist. Dies geht nur in der Stille, in einsamen Momenten, in der Abgeschiedenheit. Auch die Träume, in denen wir nicht durch die physischen Augen schauen, bringen uns weiter, lösen Probleme, vermitteln uns Ein-sichten. Sie veran-schau-lichen, was uns am Tag nicht klar ist.

Die Nahtodforschung hat gezeigt, dass Blinde sehen können, wenn sie in schweren Krisen oder mit dem Tod konfrontiert sind. Kenneth Ring von der University of Connecticut und Sharon Cooper von der New York University nennen dieses Phänomen *mindsight,* was im Deutschen etwa »geistiges Sehen« bedeutet, und trugen für ihr gleichnamiges Buch reichlich Fallmaterial zusammen (1999). Sie befragten 46 Personen, alle weiße Amerikaner, fast alle Christen, doch von unterschiedlicher Bildung. Die meisten von ihnen waren von Geburt an blind und hatten während einer →Außerkörperlichen Erfahrung oder einer →Nahtoderfahrung ihr Sehvermögen zurückbekommen. Die sehr sorgfältig analysierten Fälle sind teilweise sogar von außenstehenden Beobachtern bezeugt. Die 43-jährige Vicki Umipeg, verheiratet, lebt heute in Washington State. Sie ist blind geboren und hatte niemals irgendein Licht oder einen Schatten wahrnehmen können, hatte überhaupt keine Idee, was Licht ist. Zweimal in ihrem Leben hatte sie eine Nahtoderfahrung, und zwar fast auf den Tag genau im Abstand von zehn Jahren, das zweite Mal am 2. Februar 1973. Nach einem Autounfall in Seattle wurde sie mit Schädelbruch, Gehirnerschütterung, Schaden an Hals und Wirbelsäule und einer Beinverletzung in das Harborview Hospital eingeliefert. Es dauerte ein ganzes Jahr, bis sie aus dem Krankenhaus wieder entlassen wurde. – Als es passierte, war sie 22 Jahre:

»Ich wusste: das bin ich ... Ich war ziemlich dünn damals. Und zuerst habe ich erkannt, dass es ein Körper war, aber ich wusste am Anfang nicht einmal, dass es mein eigener war. Ich hatte nämlich wahrgenommen, dass ich an der Decke schwebte, und ich dachte bei mir: ›Das ist ja komisch, was mache ich denn hier oben?‹ Ich dachte: ›Aha, das muss ich sein. Bin ich tot?‹ ... Ich sah nur ganz kurz den Körper, und ... ich wusste, dass es meiner war, denn ich war ja nicht in meinem. Dann war ich einfach wieder weg. Es ging ganz schnell.« (Ring und Cooper 1999, 23; übersetzt von A. Puhle)

Unmittelbar nach dieser Erfahrung befand sich Vicki wieder außerhalb ihres Körpers und flog nun durch die Decken und Wände des Krankenhauses hinaus in Freie. Sie erinnert sich an das Panorama, das sich über den Dächern vor ihr auftat. Sie fühlte sich außerordentlich wohl und genoss die neue Bewegungsfreiheit in vollen Zügen. Sie begann jetzt auch, Musik zu hören, wunderschöne, harmonische Klänge, wie von einem Wind-Glockenspiel. Nun veränderte sich ihre Lage deutlich: Sie wurde kopfüber in einen Tunnel oder in eine Röhre gezogen. Dort drinnen war es dunkel, aber Vicki war sich bewusst, dass sie auf ein Licht zuflog. Als sie am Ende des Tunnels angekommen war, erschallten nun Hymnen anstelle des Glockenspiels. Ähnliche Hymnen hatte sie schon bei ihrer ersten NTE 1963 gehört. Und nun »rollte sie sich auf« und fand sich im Gras liegend wieder. Bäume und Blumen und viele Menschen waren dort. Sie befand sich an einem Ort des Lichts. Das Licht war so intensiv, dass man sie nicht nur sehen, sondern auch fühlen konnte. Sogar die Personen, die sie sah, waren lichtvoll:

»Alle Menschen dort waren aus Licht. Und ich bestand auch aus Licht. Was das Licht begleitete, war Liebe. Da war überall Liebe. Es war, als ob Liebe vom Gras ausstrahlte, Liebe ging von Vögeln aus und von den Bäumen.« (Ring und Cooper 1999, 26; übersetzt von A. Puhle)

Vicki wurde sich nun der Anwesenheit einiger Personen bewusst, die sie aus dem Leben kannte und die sie hier willkommen hießen. Es waren genau fünf: Debby und Diane, ehemalige Schulfreundinnen, die ebenfalls blind waren und die im Alter von elf und sechs gestorben waren. Sie waren damals in ihrer Entwicklung etwas zurückgeblieben, jetzt aber erschienen sie hell und schön, gesund und voller Leben. Sie waren auch keine Kinder mehr, sondern, wie Vicki sich ausdrückte, »in ihrer Blüte«. Dann waren da noch Herr und Frau Zilk, ein Ehepaar, das in ihrer Kindheit oft auf sie aufgepasst hatte – beide kürzlich verstorben. Und schließlich sah sie auch ihre Großmutter, die zwei Jahre zuvor verstorben war. Sie war hauptsächlich von dieser Großmutter großgezogen worden. Ihre Großmutter, die et-

was hinter den anderen stand, streckte ihre Hände nach ihr aus, um sie zur Begrüßung zu umarmen. Bei diesen Begegnungen wurden keine Worte gewechselt, meint Vicki, es waren die Gefühle, die hier sprachen, Gefühle von Liebe und Wiedersehen.

Mittendrin überfiel Vicki plötzlich ein starkes Gefühl, dass sie so etwas wie »allwissend« war:

»Ich hatte das Gefühl, ich wüsste alles … und alles hätte einen Sinn. Ich wusste einfach, dass das der Platz war, wo … Dieser Platz war es, wo ich die Antworten finden würde auf alle die Fragen über das Leben und über die Planeten und über Gott und über alles. Es war, als ob der Platz das Wissen selbst war.« (Ring und Cooper 1999, 26f.; übersetzt von A. Puhle)

Vicki wurde mit Wissen geradezu überschwemmt, mit Informationen religiöser Art genauso wie mit wissenschaftlichen und mathematischen. Sie verstand zu alledem plötzlich auch fremde Sprachen und war völlig überwältigt:

»Ich habe keinen Schimmer von Mathe und Wissenschaft … Urplötzlich verstand ich intuitiv fast etwas über den Kalkül und wie Planeten entstehen. Ich habe überhaupt keine Ahnung davon … Ich hatte den Eindruck, es gab nichts, was ich nicht wusste.« (Ring und Cooper 1999, 27; übersetzt von A. Puhle)

Dann bemerkte Vicki eine Gestalt neben sich, die noch viel heller leuchtete als die Personen, die sie bisher getroffen hatte. Sie erkannte sofort, dass es Jesus war – sie hatte ihn schon bei ihrer ersten NTE gesehen. Er begrüßte sie liebevoll und sie drückte ihm gegenüber ihre Begeisterung über ihren neuen Zustand aus, über ihre Allwissenheit. Sie unterhielt sich mit ihm via →Telepathie. Er erzählte ihr, wie schön doch alles hier sei und wie gut alles zueinander passen würde, aber dann machte er sie darauf aufmerksam, dass ihr Zeitpunkt noch nicht gekommen sei und dass sie zurückgehen müsse in die Welt. Sie war natürlich sehr enttäuscht darüber, erfuhr aber zu ihrem Trost, dass sie eines

Kenneth Ring.

Blitz

Wer vom Blitz getroffen wird und überlebt, kann danach noch sein blaues
Wunder erleben. Manche Menschen,
die einen Blitzschlag überlebt haben,
entwickeln anschließend eine größere
Sensitivität, die sie die Raum-Zeit-Grenzen gelegentlich durchbrechen lässt.
Sie werden nicht nur sensibler gegenüber Elektrizität, sondern machen auch
häufiger Außersinnliche Erfahrungen
(→Außersinnliche Wahrnehmung). Ob
das Erleben von →Geistererscheinun-
gen ebenfalls verstärkt wird, ist bisher
noch nicht untersucht worden.
Siehe auch: →Kompaktheit von Geistern, →Licht.

Tages wieder dort sein dürfe. Nur jetzt
müsse sie zurück auf die Erde, um dort
mehr zu lernen über die Liebe und über
Vergebung. Doch Vicki wollte partout
nicht zurück. Als sie erfuhr, dass sie
zurückgehen müsse, um Kinder zu bekommen – sie hatte zu diesem Zeitpunkt noch keine, wünschte sich aber
»verzweifelt« welche –, hatte sie richtig
Lust zurückzukehren.

Bevor sie ging, sagte die Lichtgottheit
noch zu ihr, und zwar wörtlich: »Beo-
bachte zuerst aber dies.« Und dann
wurde Vickis →Lebensfilm vor ihren
Augen abgerollt und mit wohlgemeinten
Worten kommentiert, so dass sie die Bedeutung ihrer Handlungen und Unter-
lassungen im Leben verstand. Das Letzte, woran sich Vicki erinnert, sind die
Worte: »Du musst jetzt gehen.« Und mit
einem Schlag fand sie sich in ihrem Körper wieder, fühlte sich schwer und hatte
große Schmerzen.

Vicki hat inzwischen (1991) drei Kinder.
Siehe auch: →Astralkörper, →Astral-
reise, →Außersinnliche Wahrnehmung,
→Herz, →Licht, →Lichterscheinungen.
Literatur: Parker 2000b; Ring und Cooper
1999.

Blocksberg

Der höchste Berg im Harz, der →Bro-
cken wird volkstümlich bzw. in der Mythologie auch Blocksberg genannt. Er
galt als nächtlicher Treffpunkt von bösen Geistern und Hexen in der Walpurgisnacht.
Siehe auch: →Price, Harry.
Literatur: HdA 1987.

Blue Cap

Das Blaukäppchen, engl. *Blue Cap* oder
auch *Blue Bonnet,* ist ein bis zur Mitte
des 19. Jahrhunderts in der englischen
Folklore bekannter Geist, der in →Berg-
werken umging und den Bergleuten bei
ihrer Arbeit behilflich war. Es leuchtete
als blaues Flämmchen über den Schäch-
ten. *Blue Cap* wollte entlohnt werden,
und es lag im Ermessen der Bergleute,
einen angemessenen Betrag in eine Ecke
zu legen. War er etwa zu hoch angesetzt,
ließ der kleine Geist den überschüssigen
Betrag mit Verachtung liegen.
Siehe auch: →Brownie.
Literatur: Guiley 1992; Haining 1991.

Blue Man

Auf dem alten Herrensitz der Dukes of Norfolk, im →Arundel Castle in Sussex, England, erscheint neben anderen Geistern hauptsächlich ein in einen blauen Seidenanzug gekleideter Mann. Häufig wird er in der Bibliothek gesehen, wo er offenbar mit Recherchen beschäftigt ist, als ob er etwas Bestimmtes suche. Von der ersten Erscheinung des Blauen Mannes wird zur Zeit Charles' II. (29.5. 1630–6.2.1685, Regierungszeit: 1660–1680) berichtet.

LITERATUR: Guiley 1992.

Bodin, Jean

Der französische Philosoph Jean Bodin (1530–1596) hat mit seiner bekannten Schrift über die →Dämonomanie (erschienen unter dem Titel »De la démonomanie des sorciers«, 1580, dt. von Johann Fischart: »Vom Außgelaßnen Wütigen Teuffelsheer der Besessenen, Unsinnigen Hexen und Hexenmeyster ... wie sie vermög der Recht erkant, eingetrieben, gehindert ... sollen werden«, 1581) entscheidend in dem von Agrippa von Nettesheim und Johannes →Wierus eingeleiteten Kampf gegen die Hexen, von deren Fähigkeiten er überzeugt war, mitgemischt. Sein Gegenspieler war der Arzt Dr. Johannes →Wierus, ein Agrippa-Schüler, der Courage genug hatte, seine Stimme gegen die grausame Hexenverfolgung zu erheben. Bodin galt selbst als Schwarzkünstler, der im Besitz eines eigenen →Dämons gewesen sein soll, der ihm zu Diensten stand.

LITERATUR: Bodin 1581.

Böhme, Jakob

Der christliche Mystiker Jakob Böhme (1575–1624) aus Schlesien war eigentlich Schuster. Mit 25 Jahren machte er eine grundlegende Wandlung durch und

Jakob Böhme.
Nach einem Gemälde
des 17. Jahrhunderts.

Titelbild von Bodins
»Daemonomania«, aus dem
Französischen ins Deutsche
übersetzt von Johann Fischart,
Straßburg 1581.

Blue Man

84

schlug den mystischen Weg der Selbst-
verwirklichung ein. Richard Maurice
Bucke, der um die vorletzte Jahrhun-
dertwende den Begriff *cosmic consciousness,* →kosmisches Bewusstsein,
geprägt hatte, nennt Böhme als Beispiel
eines Menschen, der ein solches Bewusstsein erfahren konnte (Bucke 1966,
149–158).
LITERATUR: Bauer und Zerling 2004; Böhme
1840–1847/1922; Bucke 1966.

Bölimann

Der Name klingt nett und harmlos, aber
dahinter steht ein richtiger Quälgeist,
der es auf kleine Kinder abgesehen hat.
Der zur Familie der →Kobolde gehö-
rende →Poltergeist versteckt sich gern
im Korn (Korndämon) (Singer 1906, 1,
24) und lauert den Kindern auf. Sind sie
dann schlafen gegangen, beunruhigt er
nachts mit seinem →Rumoren und
→Poltern gern die Häuser. In der
Schweiz, wo der Bölimann zu Hause ist
(Lütolf 1862, 125, Nr. 59b), heißt »bolen« poltern und werfen – ein Wort, das
auch im Althochdeutschen als *bolen*
vorkommt.

Doch der kleine Mann ist nicht nur
ein Kinderschreck – auch Einbrecher,
die auf dem Dach einer Scheune einen
eigens für sie angebrachten Stroh-Böli-
mann sehen, schleichen unverrichteter
Dinge schnellstens davon (SchweizId.
1881ff., 4, 271).
LITERATUR: Lütolf 1862; Singer 1903 und
1906; SchweizId. 1881ff.

Böser Blick

Nicht nur Geister können böse sein,
auch der →Blick mancher Menschen
hat es in sich. Böse Blicke können viel
Unheil stiften, das wissen wir nicht nur
vom Hörensagen, sondern haben es
vielleicht schon am eigenen Leib einmal

erfahren müssen. Die Psychologie ist
heute so weit, dass sie in den Gesichtern
von Paaren, die ernsthaft miteinander
zerstritten sind, subtile Gesichtsbewe-
gungen auf dem Film festhalten kann,
die mit bloßem Auge nicht zu erkennen
wären. Diese Bewegungen – etwa bestimmte Ausdrücke in den Augen – spiegeln Emotionen und Haltung des Betroffenen und können entscheidend sein für
den weiteren Verlauf der Beziehung.
Beispielsweise Verachtung kann man
aus den Augen der Menschen auf diese Weise ablesen. Und Verachtung ist
meistens tödlich, jedenfalls für eine zwi-
schenmenschliche Beziehung.

Doch nicht genug damit, dass Menschen sich böse Blicke zuwerfen, auch
im Geisterreich geht man nicht zöger-
lich um mit vernichtenden Blicken:
→Dämonen, →Riesen, →Zwerge, Fa-
beltiere und andere Ungeheuer und
nicht zuletzt auch die menschlichen
Geister, die →Geister von Verstorbenen, können den bösen Blick ausstrah-
len, ja, nach altem Glauben tun dies
sogar manche Statuen und Bilder. Die
Wirkung des bösen Blickes ist fatal –
darüber ist man sich weltweit einig.
Dieser Blick macht krank und kann
töten. Er kann alle Lebewesen treffen,
auch Tiere und Pflanzen. In den alten
Inschriften aus Babylonien, Assyrien
und Mexiko, in den indischen Veden
und im persischen Awesta, in der Edda
und den nordischen Sagas ist die Rede
davon. Die Südslawen erzählen von solchen Geistern, *Urok,* die überall herum-
lungern und bloß darauf warten, dass
sie ein Mensch mit dem »bösen Auge«
anzieht, um dann sogleich über ihre
ahnungslosen Opfer herzufallen (HdA
1987, 1, 686–690).

Zum Schutz gegen die verheerende
Verhexung mit den Augen helfen wieder
andere Geister und →Dämonen, deren
Bilder gute Dienste leisten, etwa Hei-
ligenbilder oder Bilder von →Göttern
sowie zahlreiche Abwehrmittel (→Ab-

wehr) wie geweihte Gegenstände, Gebete, Zauberformeln und überhaupt kraftvolle, segensreiche →Worte.

Da zu jedem Extrem sein Gegenpol gehört, gibt es zum Glück auch einen →guten Blick.

Siehe auch: →Außersinnliche Wahrnehmung.

LITERATUR: HdA 1987; Elworthy 1986.

Bogie (Bogey, Bogey-Breast, Bogey-Man, Boggart, Boo, Bug-a-Boo, Bugaboos, Bugbear)

Zu den unangenehmsten Geistern Großbritanniens zählt der Bogie. Er liebt es, Unglück zu bringen. Der Bogie zieht des Nachts allein oder auch in Scharen umher und lehrt vor allem Kindern das Fürchten. Dem großen, schwarzen, manchmal schlicht *devil,* Teufel, genannten Geist hängen viele Namen an, etwa Bogey, Boogie-Man oder Boogey-Man, Bug-a-Boo oder einfach nur Boo, Bugbear, Bock, Boggart oder Bogey-Breast, in Wales einfach *bug,* Geist, genannt. In Yorkshire kennt man den Boggart als tierähnlichen Geist mit Fell und Schwanz. Ähnlichkeiten bestehen zwischen dem Bogie und dem irischen Pooka, vor allem aber mit dem in aller Welt gefürchteten →Poltergeist. Mit diesem gehört er der weltweit größten Geistergruppe, den →Kobolden an, deren Spuren jedoch – zumindest im deutschsprachigen Raum – auf einst gute und durchaus hilfreiche, freundliche →Hausgeister hinweisen.

LITERATUR: Drury 1988; Guiley 1992; Haining 1991.

Bona Dea

Die »gute Göttin«, lat. *bona dea,* ist nur eine der vielen Muttergottheiten, die im Mittelmeerraum einst verehrt wurden. Der römischen Bona Dea zu Ehren, de-

ren individueller Name nicht bekannt ist, feierten die Frauen des alten Rom einmal im Jahr in ihren Häusern ein großes Fest, bei dem kein Mann erwünscht war.

Bood, Jesper

Der schwedische Literaturstudent Jesper Bood aus Jönkoping erinnerte sich während einer Regressionssitzung an ein Leben in Schottland.

Siehe auch: →Reinkarnation.

Borley Rectory

Das berüchtigtste →Spukhaus Englands befindet sich in dem kleinen Dorf Borley in der Grafschaft Essex. Und es ist immer noch so beliebt, dass man es kaum findet – die Wegweiser werden permanent von Touristen gestohlen, erklärte uns der Küster des Pfarrhauses, als wir im Jahr 2001 den berühmt-berüchtigten Spukort mit eigenen Augen inspizieren wollten und ihn auch fanden, nachdem wir mindestens eine Stunde um ihn herumgefahren waren.

Das Pfarrhaus wurde 1863 von Reverend Henry Dawson Ellis Bull, der dort von 1862 bis 1892 Pfarrer war, erbaut. Nachdem es 1939 durch ein Feuer zerstört wurde, baute man es wieder auf. Die Geschichte, die von einigen Familienmitgliedern des Pfarrers erzählt wurde, kreist um den Geist einer Nonne, der im Garten des Pfarrhauses umgehen soll. Außerdem soll ab und zu eine gespensterhafte Pferdekutsche zu hören gewesen sein, die ganz plötzlich wieder auf mysteriöse Weise verschwand. Pfarrer Bull hatte sein Sommerhaus in der Nähe des spukreichen Gartens gebaut, so dass er ihn immer im Auge behalten konnte. Für die aus dieser Zeit berichteten Phänomene haben wir wenig Evidenz, mehr dagegen von den später

Borley Rectory.

erlebten Vorgängen, die das Ehepaar Smith beobachtet hatte, wie unerklärliches Klingeln der Türglocke, Zerbrechen einer Vase und wiederholtes Herausschießen von Schlüsseln aus dem Schlüsselloch. Noch verwunderlicher und bisher nicht zu erklären ist, was Sir George und Lady Whitehouse angeben, in diesem Haus erlebt zu haben: die →Levitation eines spitzen Messers, einer Flasche und eines Trinkglases (Hastie 2002, 19 f.). Es bleibt trotz aller Sensation um den Fall Borley, der mit 2000 berichteten Spukphänomenen einzigartig ist und seinen Ruhm sicher zum großen Teil Harry Price und seinen Nachforschungen verdankt, aber auch von Kritikern wie Eric Dingwall ernst genommen wurde, ein unerklärter Rest, der charakteristisch für Poltergeistfälle ist.

Siehe auch: →Poltergeistphänomene.

LITERATUR: Babbs und Mathias 2003; Dingwall, Goldney und Hall 1956; Hastie 2002; Hasting 1969; Price 1940; Price 1946.

Bose, Sir Jagadis Chandra

Der weltberühmte indische Wissenschaftler, der auf dem Gebiet der Pflanzenphysiologie forschte, wurde 1917 für seine wissenschaftlichen Verdienste zum Ritter geschlagen. Sir Jagadis Chandra Bose (30.11.1858–1937) weist mit seiner Forschung darauf hin, dass zwischen Leben und angeblich toter Materie keine so großen Unterschiede bestehen, wie allgemein angenommen wird. Sogar Steine sollen einen gewissen Grad an Leben haben, sind vergleichbar mit lebenden Organismen.

Brendan

Der irische Mönch Brendan (ca. 484–577), der »keltische Odysseus«, wurde aufgrund seiner legendären Seereise, der *navigatio Sancti Brendani,* mit der mythische Orte wie die →Inseln der Seligen assoziiert werden, zum Schutzpatron der Seefahrer.

Brigid

Die irische Brigid, Tochter des Dagda, gilt als Schutzgöttin der Dichter, Ärzte und Schmiede.

Brion, Friederike

Die Pfarrerstochter Friederike Brion (19.4.1752–3.4.1813) aus dem elsässischen Sesenheim hatte →Goethe am 10./13.10.1770 kennen gelernt. Die schnell entstandene Liebesverbindung wurde von Goethe, der lebenslang von Bindungsängsten geplagt war, um den 7.8.1771 herum wieder gelöst. Beim Abschied von Friederike hatte er ein Doppelgänger-Erlebnis, das so genannte →Drusenheimer Gesicht. Rund acht Jahre später, am 25./26.9.1779, sah er Friederike noch ein letztes Mal wieder, und seine Vision bestätigte sich.

LITERATUR: Wilpert 1998.

Britomartis

Die Göttin Britomartis wurde im antiken Kreta verehrt. Auf der Flucht vor ihrem Verehrer Minos soll sie von den

Klippen ins Meer gesprungen sein. Fischer zogen sie wieder an Land, und so steht die Göttin symbolisch für das Phänomen des Versinkens und Wiederauftauchens. Hier klingen alte Mythen von Wiedergeburt an (Eschenbach in Drury 1988).
LITERATUR: Drury 1988.

Britten, Emma Hardinge

Die englische Spiritistin und Autorin Emma Hardinge Britten (1823–1899) war als Medium auf den Gebieten des Automatischen Schreibens, der geistigen Heilung und Psychometrie aktiv. 1900 wurde in Deansgate, Manchester, nach ihren Richtlinien ein Ausbildungsinstitut gegründet, das Britten Memorial Institute.

Brocken

Der Brocken ist der höchste Berg des Harzes. Er wurde in Goethes Faust unter dem Namen →Blocksberg zum Versammlungsplatz für Hexen und böse Geister in der Walpurgisnacht (Faust I).

Brown, Rosemary

Die englische Sensitive Rosemary Brown hat nach eigenen Angaben »Botschaften aus dem Jenseits« erhalten, d.h. Durchgaben von hervorragenden Künstlern, die sie zum Malen, Schreiben und Komponieren inspirierten. Die Geister von Bach, Beethoven, Berlioz, Chopin, Debussy, Liszt, Schubert, Strawinsky gab sie als Urheber ihrer Kompositionen an, die Philips auf zwei LPs veröffentlichte. Auch Formeln von Albert Einstein wurden ihr durchgegeben sowie Texte von George Bernard Shaw.

Betrug, der bei fast allen großen Medien im Laufe ihrer Karriere einmal vor-

kommt, konnte Rosemary Brown nicht nachgewiesen werden.
LITERATUR: Bonin 1981.

Brown Lady

Die braune Frau gehört zu den meist diskutierten Geisterfotografien, die jemals gemacht worden sind. Es heißt, sie sei der Geist von Lady Dorothy Townshend, Ehefrau von Charles Townshend, zweitem Viscount of Raynham, zu Beginn des 18. Jahrhunderts. Raynham Hall in Norfolk war über 300 Jahre das Haus der Familie Townshend. Dorothy war die Schwester von Sir Robert Walpole, Charles' einstigem Partner, mit dem er einen Konflikt hatte. Es ging das Gerücht um, dass Dorothy vor ihrer Ehe mit Charles die Geliebte von Lord Wharton war, dem nachgesagt wurde, dass jede Frau, die 24 Stunden in seinem Haus verbrachte, Gefahr lief, ihren guten Ruf zu verlieren. Charles vermutete, dass Dorothy ihm untreu war. Obwohl ihr Tod und ihre Beerdigung nach den Unterlagen 1726 stattgefunden haben, vermutete man, dass Charles seine Frau eingeschlossen hatte in einem abgelegenen Winkel des Hauses bis zu ihrem Tod, der erst viele Jahre später eintrat.

Es heißt, Dorothys Geist spuke auf der Eichenholztreppe und an anderen Stellen in Raynham Hall. Anfang des 19. Jahrhunderts hatte König George IV. den Geist einer Frau in Braun hinter seinem Bett gesehen und bemerkt, dass ihr Gesicht bleich und das Haar zerzaust war. Im Jahr 1835 wurde sie noch mal in der Halle gesehen, diesmal von Colonol Loftus, der gerade zum Weihnachtsurlaub angereist war. Eine Woche später sah er sie noch einmal. Sie trug ein braunes Seidenkleid, ihr Gesicht schien in fahlem Licht. Es sah so aus, als wenn ihre Augen ausgerissen wären. Einige Jahre später sah Kapitän Fre-

»Raynham Hall«.
Foto: Simon Marsden.

»The Brown Lady«.
Foto: Kapitän Provand und
Indre Shira, September 1936.

derick Marryat zusammen mit zwei Freunden die Brown Lady, wie sie die Treppen in der Halle hinunterglitt und dabei eine Laterne trug. Während sie an den Männern vorbeischwebte, soll ein teuflisches Grinsen auf ihrem Gesicht gelegen haben. Marryat zielte mit seiner Pistole auf die Frau, aber die Kugel schoss geradewegs durch sie hindurch.

Das berühmte Geisterfoto wurde im September 1936 von zwei Fotografen, Kapitän Provand und Indre Shira, aufgenommen, die den Auftrag hatten, Raynham Hall für *Country Life Magazine* zu fotografieren. Folgendes passierte nach Angaben Shiras:

Kapitän Provand machte eine Aufnahme, während ich für das Blitzlicht zuständig war. Ich stand an seiner Seite, gleich neben der Kamera, mit dem Blitzlichtgerät in der Hand, und guckte auf den Treppenaufgang. Auf einmal sah ich eine ätherische, verschleierte Gestalt die Treppe herunterkommen. Ziemlich aufgeregt schrie ich: »Schnell, schnell, da ist etwas.« Ich drückte den Finger auf den Auslöser. Nach der Blitzlichtaufnahme verschloss ich den Auslöser, Kapitän Provand nahm das Tuch zum Verdunkeln von seinem Kopf, drehte sich zu mir und sagte: »Was bedeutet all diese Aufregung hier?«

Als der Film entwickelt wurde, war das Bild der Brown Lady sofort zu sehen. Es wurde am 16. Dezember 1936 im *Country Life Magazine* veröffentlicht. Der Geist wurde seitdem noch mehrere Male gesehen.
Siehe auch: → Geisterfotos.

Brownie

Die kleinen, stark behaarten Geister tummeln sich auf den Britischen Inseln in den Häusern. Sie haben einige Züge

Brownies. Aus Thomas Keightleys »The Fairy Mythology«, 1880.

89

der deutschen →Zwerge, nur nicht deren lange Zwergennase – im Gegenteil, ihnen fehlt sie fast.

Die mal sichtbaren, mal unsichtbaren Wesen betätigen sich im Haushalt, nicht immer sehr effektiv, aber doch stets bemüht. Sie sollen ein Ersatz für Schäferhunde sein (Lück), allerdings sind sie ebenso empfindlich wie Kobolde und Zwerge. Wer sie beleidigt, sollte gut auf seine Siebensachen aufpassen, dass sie ihm nicht abhanden kommen. Für Speis und Trank als Entlohnung für ihre treuen Dienste erweisen sie sich dankbar.

Siehe auch: →Blue Cap, →Leprechaun.

Broy, Graf

Petrus Goldschmid berichtet in seinem Geister-Klassiker »Der höllische Morpheus« (1698) von einem Grafen Broy, einem »braven Mann«, der gegen Ende des Dreißigjährigen Krieges in der Kaiserlichen Armee als Generalwachtmeister gedient hat und vor seinem Tod die →Erscheinung eines Schwarzen Mannes hatte. Goldschmid entnimmt die Geschichte dem Munde des Feldmarschalls Dörfling, der den Grafen Broy persönlich kannte und die Geschichte vor dem Vorfall direkt von ihm hörte. Goldschmid berichtet von Graf Broy:

»Zu diesem kommt des Nachtes ein Gespenst / in Gestalt eines langen schwartzen Mannes; wecket ihn auch aus dem Schlaff / mit diesen Worten: Broy auff / und beschicke deine Sachen / denn umb drey Tagen must du bey mir seyn / und habe dies zum Zeichen / was du in meiner Hand siehest. Welche Hand er der Graf / da er dahin siehet / mit drey Kugeln durchschossen befunden. Was geschicht / etwa drey Tage hernach kommen die Kayserliche und Schwedische mit einander in ein starck Gefechte / in welchem Graf Broy mit drey Kugeln durch den Leib geschossen wird.« (Goldschmid 1698, 177 f.)

Literatur: Goldschmid 1698; Puhle 2005.

Brunnenfee

Welche Gefahren auf den Menschen, besonders den Mann, nicht nur in den Tiefen der wilden Gewässer, sondern auch auf dem Grund eines Brunnens lauern, schildert das Beispiel von Dr. Wilhelm Mrsich. Der Schriftsteller Rudolf Passian, der ihn persönlich kennen gelernt hat und ihm keine Fantastereien zutraut, hat den Fall in seinem wegweisenden Buch »Licht und Schatten der Esoterik« ausführlich festgehalten. Wilhelm Mrsich hatte einst als junger Mann eine denkwürdige Begegnung mit einem Wasserwesen:

Es geschah in den Schulferien, die Wilhelm Mrsich bei seinen Großeltern in Oberbayern an einem schönen See verbrachte. Nahe am See befand sich ein altes Gehöft, in dessen Hof ein runder, überdachter Ziehbrunnen stand. Einmal hatte der 14-jährige Durst, und da er gerade beim Brunnen vorbeikam, trank er etwas Wasser aus ihm. Er begann, diesen Brunnen richtig zu lieben und suchte ihn von nun an tagtäglich auf. Schon ganz früh im Morgengrauen suchte er *seinen* Brunnen auf und verweilte dann immer für kurze Zeit auf dem Brunnenrand. Eine merkwürdige, unbekannte Anziehungskraft ging von dem Brunnen aus und zog den jungen, noch unerfahrenen Mann auf geheimnisvolle Weise an. Eines Morgens saß er im Silberschein des Mondes wieder auf dem geliebten Brunnenrand. Da fiel versehentlich ein Goldstück aus seinem Portemonnaie und gerade ins Wasser – es verschwand hinter den Wellenkreisen und schlug auf dem Boden auf. Doch in den Wellen erschien plötzlich ein »milchig zartes« Gesicht, ja »hauchzart« und »unirdisch schön«, mit »großen, goldglänzenden Augen«, einem »fein geschwungenen üppigen Mund« und »bebenden, fast durchsichtigen Nasenflügeln«. Das wogende Haar des Wesens war blauschwarz. Das Bild hielt nur einen Augenblick lang an. Der junge Mann wollte es unbedingt wieder sehen, doch nichts geschah. Jeden Morgen kam er nun zu seinem Brunnen, doch das Wasser blieb »still, dunkel und geheimnisvoll«. Ihm kam die Idee in den Kopf, ob er es noch einmal mit einem Goldstück versuchen sollte – doch dies erschien ihm zu profan, und so fragte er seine Tante, ob er nicht ihren goldenen Ring mit der Perle haben könnte. Er bekam den Ring und ging – diesmal in einer mondlosen, dunklen Nacht – zum Brunnen. Kaum hatte er den edlen Schmuck ins Wasser gleiten lassen, da fing es in der Tiefe schon zu flimmern und zu funkeln an, und – »dasselbe unirdisch zarte, berückende Antlitz« schaute aus den schleierhaften, silbrigen Formen hervor. Doch diesmal war es nicht nur das Gesicht, sondern der gesamte Oberkörper bis zu den Hüften ragte aus dem Wasser heraus, »schimmernd wie Perlmutt«. Wilhelm Mrsich ist wie gebannt und fühlt sich in zwei Körpern gleichzeitig: der eine sitzt weiterhin auf dem Brunnenrand, während sich der andere »leicht und durchsichtig« über den Brunnenrand lehnt – nur der untere Teil seines Körpers blieb eins wie gewohnt. So weit lehnt sich sein feinstofflicher Körper in den Brunnen hinein und zu der Brunnenfee hin, die sich ihrerseits zu ihm hinaufstreckt, so dass sie Mund an Mund waren. Doch als er seine Fee in die Arme nehmen wollte, verschwand sie sogleich in ihrem kühlen Element. Der Traum war mit einem Schlage aus.

Erst etwas später, in der Nacht zum Sonntag, dem 14. September, ging es weiter. Der junge Mann wollte sich wie jeden Morgen auf den Brunnenrand setzen und machte gerade Anstalten, sich hochzuschwingen. Dabei verletzte er sich die Hand an einen Nagel. Die Hand fing sofort zu bluten an, und das Blut tropfte ins Brunnenwasser ... Wilhelm Mrsich erstarrte vor Angst. Er fühlte, wie er langsam aus seinem Körper herausschwebte und in neuer, leichter Gestalt erst über dem Brunnen und dann in ihn hineinschwebte. Seine Brunnenfee war wieder da: Es erfasste ihn ein »kühler, prickelnder Schauer«, um dann »von überirdischer Wonne gebadet« und »durchtränkt von Glück« ein berauschendes Liebesabenteuer mit der ätherischen Geliebten zu erleben.

Erst sechs Wochen später wagte er sich wieder in die Nähe des Brunnens. Es regnete und er war mit dem Fahrrad unterwegs, doch der Weg, der steil hinunter zum Brunnen führte, war so glatt, dass er kurz vor seinem Ziel stürzte, geradewegs auf die Brunnenmauer zurutschte und mit dem Kopf gegen einen Pfosten stieß. Um ein Haar wäre er direkt in den Brunnen gefallen, doch er konnte sich gerade noch mit äußerster Kraft von der Mauer wegstoßen. Ihm wurde klar: Wenn er seine Fee noch einmal wiedersehen wollte, dann müsste er das mit seinem Leben bezahlen. Er entschied sich für das Leben. Als er im November noch einmal zu seinem Brunnen kam, war dieser ausgetrocknet. Im folgenden Jahr wurde das Gehöft verkauft, und der neue Besitzer riss den Brunnen ab.

Seine Fee war tot. (Frei nach Passian 1991, 365–371)

Siehe auch: →Meerjungfrau, →Nix, Nixe, →Wasserfräulein, →Wassergeister, →Wassermann.

LITERATUR: Passian 1991.

Bubendorf, Spuk von

Im Pfarrhaus von Bubendorf bei Basel spukte es über mehrere Jahre hinweg, Dieser Spukfall wurde von Fanny Moser dokumentiert. Von 1886 bis 1899 war die Pfarrfrau Zeugin der Vorfälle. Die Spukphänomene waren vor allem akustischer Art. Die Geräusche (z.B. Schritte) waren teilweise charakteristisch für eine bestimmte Person des Hauses, etwa eine besondere Art, die Tür zu schließen oder die Treppe hinaufzugehen. Daneben fanden auch Phänomene aus der Gruppe »Verstellen von Gegenständen« (→Poltergeistphänomene), in diesem Fall des Bettes, statt. Ferner hatte auch ein Kind eine →Erscheinung.

LITERATUR: Moser 1950, 189–197.

Buchanan, Spuk von

In der Gemeinde Buchanan in Virginia, USA, fand im Jahr 1870 vier Monate lang ein Spuk in einem Pfarrhaus statt, der von dem dort lebenden Pfarrer Thraser untersucht und dokumentiert und später von Pfarrer Thurston veröffentlicht wurde (1953). Die Phänomene traten in Anwesenheit der jungen Hausangestellten Anna Pring auf. Dabei handelte es sich um →Poltergeistphänomene wie das klassische Steinewerfen, das Werfen von verschiedenen anderen Gegenständen wie Knochen und Kornähren sowie das Umstellen und Auf-den-Kopf-Stellen von Möbeln. Der Fall blieb unaufgeklärt.

LITERATUR: Thurston 1953.

Bürospuk

Spukphänomene manifestieren sich an bestimmten Orten häufiger als an anderen, so etwa in Pfarrhäusern, Kirchen, Burgen, Schlössern, auch in bestimmten Zimmern eines Hauses, wie etwa der Küche, oder in ländlichen Gegenden oft im Stall.

Büros gehören verständlicherweise nicht zu den ganz alten, traditionellen Spukorten. Ein älterer Fall von Bürospuk fand etwa 1901 in London statt (→London, Bürospuk von).
Siehe auch: →Rosenheim, Spuk von.

Bug

Der Bug ist ein bösartiger Geist aus Wales, der dem →Bogie entspricht.

Burbank, Luther

Der amerikanische Gärtner und erfolgreiche Pflanzenzüchter Luther Burbank (1849–1926) war davon überzeugt,

Luther Burbank.

dass Pflanzen eine Art Sinneswahrnehmung haben und dass die Zuwendung zu einer Pflanze, die guten Gedanken oder das Sprechen mit ihr einen positiven Einfluss auf sie ausüben. Zu den über 1000 Züchtungen, die Burbank gelangen, zählen kernlose Pflaumen und ein Kaktus ohne Stacheln.
LITERATUR: Tompkins und Bird 1973.

Burchard von Worms

Der Bischof und Jurist Burchard von Worms (ca. 965 – ca. 1025) beschreibt in seinem Werk über die Kirchenrechte, »Decretorum libri viginti« (»Zwanzig Bücher von den Vorschriften«), auch den Volksglauben seiner Zeit (Buch 10 und 19), darunter Phänomene wie »Angang«, →Geister, Liebeszauber und →Orakel.

Burg

Warum auf Burgen und Schlössern so viele →Geister gesichtet werden, mag verschiedene Gründe haben. Zum einen werden Ereignisse, die mit besonderen, historischen Bauwerken verbunden sind, eher dokumentiert, sind mehr der Öffentlichkeit preisgegeben. Zum anderen mag die Todesart eine Rolle spielen: Ein gewaltsamer Tod ist an Orten, wo Macht und Herrschaft auf dem Spiel stehen, eher zu erwarten als anderswo und gehört zu den typischen im Laufe der Geschichte weltweit immer wieder vermuteten Gründen für Geistererscheinungen. Geister wie die irische →Banshee oder die →Weiße Frau der Hohenzollern oder die Schwarze Frau der Wittelsbacher (→Ankünden) binden sich nur an alte, adlige und hochherrschaftliche Familien.

In Deutschland ist der Historiker Dr. Wilhelm Avenarius den Spuren der Geister nachgegangen.
Siehe auch: →Gründe für das Erscheinen von Verstorbenen, →Spukschloss.
LITERATUR: Avenarius 1978; Avenarius 1980; Avenarius 1987.

Caedmon (Cadmon, Cedmon)

Der Hirte Caedmon (verstorben 680) wurde aufgrund einer →Audition zum Dichter. Er war also einer der ersten christlichen Dichter Englands.

Caesarius von Heisterbach

Der wohl in Köln geborene Historiker, Prediger und Prior des Zisterzienserklosters Heisterbach im Siegkreis Caesarius von Heisterbach (ca. 1180–25.9. ca. 1240) bietet mit seiner wertvollen Fallsammlung »Dialogus magnus visionum atque miraculorum« (»Großer Dialog von den Gesichten und Wundern«), die zwischen 1219 und 1222 entstand, eine reichhaltige Quelle für die Geschichte der paranormalen Phänomene. In den zwölf Büchern (genauer: zwei Bücher mit je sechs Abteilungen) werden unter anderem Gedanken über böse Geister (*de daemonibus,* 5. Buch), über verschiedene Visionen (*de diversis visionibus,* 8. Buch) und über Sterbende (*de morientibus,* 11. Buch) in Dialogform abgehandelt. Caesarius war ganz und gar von der Existenz von →Geistern und →Geistererscheinungen überzeugt.
LITERATUR: Wilpert 1994.

Cagliostro, Allesandro Graf von

Der berühmt-berüchtigte italienische Geisterbeschwörer aus Palermo, Cagliostro (1743–1795), ist »eins der sonderbarsten Ungeheuer ... welche in un-

Cagliostro.

serem Jahrhundert erschienen sind« (Goethe, Papiere zur »Italienischen Reise«), der »Fürst der Scharlatane« (Thomas Carlyle). Graf Cagliostro, eigentlich Giuseppe Balsamo, erregte viel Aufsehen seinerzeit und inspirierte →Goethe (»Der Groß-Cophta«, 1792) und Schiller (»Der Geisterseher«, 1789) in ihrem künstlerischen Schaffen. Neben erfolgreichen Voraussagen von Lotteriezahlen wurde er wiederholt bei Manipulationen ertappt, was der Grund für ein unruhiges Reiseleben war – Russland, England, Belgien, Polen, Frankreich, Deutschland standen auf dem Programm. Die Sehnsucht der aufgeklärten Menschen nach Wunderbarem, Geistern und Zauberei finanziell ausbeutend, borgte sich Cagliostro zu alledem Geld von seiner verwitweten Mutter, das er nicht zurückzahlen konnte. →Goethe, von Cagliostros dämonischer Ausstrahlung und Affinität zu allem Geisterhaften fasziniert, suchte sie incognito bei seiner Italienreise auf, stellte Nachforschungen über Cagliostro an und ließ ihr später das Honorar für den →Groß-Cophta zukommen. In Rom wurde Cagliostro schließlich wegen Ketzerei zum Tode verurteilt, dann jedoch zu lebenslanger Gefängnisstrafe begnadigt.

LITERATUR: Bauer und Zerling 2004; Bonin 1981; Braude 2002, 39–43; Wilpert 1998.

Cahagnet, Alphonse

Der französische Geschäftsmann und Autor Alphonse Cahagnet (1809–1885) dokumentierte zahlreiche Sitzungen mit Medien oder Somnambulen. Nach detaillierter Erforschung des Mediums Adèle Maginot kam er zu der Überzeugung, dass es sich bei den Gestalten, die sie in Trance sah und mit denen sie kommunizierte, die von den Sitzungsteilnehmern als Verstorbene oder abwesende noch Lebende erkannt wurden, um echte spirituelle Wesenheiten handle.

LITERATUR: Bonin 1981.

Campbel, Gilbert

Im Jahr 1654 sucht ein Mann namens Alexander Agne den schottischen Weber Gilbert Campbel in seinem Haus in Glenluce, County Galloway, auf und bittet ihn um Geld. Der Weber gibt ihm etwas Geld, doch offenbar nicht genug, denn der Bettler droht ihm, er werde ihm Schaden zufügen. Kurz darauf wird der Bettler wegen Gotteslästerung gehenkt. Campbels Sohn dokumentiert:

»Von da an (Oktober 1654) begann das Unwesen in seinem Haus damit, daß all sein Handwerksgeräte zerschlagen wurde, worauf dann seit Mitte November mit großer Gewalt gegen Fenster und Türen und die Kamine hingeworfene Steine in Menge folgten ... Er fand häufig Aufzug und Einschlag auf dem Stuhle wie mit der Schere zerschnitten. Den Kleidern, Mützen, Schuhen, selbst wenn die Hausgenossen sie am Leibe trugen, erging es nicht anders, nur ihren Personen geschah

kein Leid, außer daß ihnen die Nachtruhe nicht vergönnt war. Darauf wurden Kisten und Kasten geöffnet, und alles, was darin war, wurde zerschnitten, zerstreut, versteckt, so daß der gute Mann sich genötigt fand, seinen Beruf, womit er allein seine Familie ernährte, aufzugeben und den Rest seiner Habe bei den Nachbarn zu verbergen ... Man riet ihm, seine Familie aus dem Hause zu entfernen; er tat also, und es blieb die nächsten vier bis fünf Tage ruhig ... bis einer seiner Söhne, Thomas ... heimgekehrt. Nun begann der Lärm aufs neue, denn am folgenden Tage, der ein Sonntag war, wurde das Haus angezündet, doch die Flamme ... ohne sonderlichen Schaden wieder erstickt ... obgleich das Kind (dann wieder) außer dem Hause war, wurde die Familie fortdauernd Tag und Nacht geängstigt, so daß sie bis Mitternacht, ja manchmal die ganze Nacht wach bleiben mußten, wo denn das Kleiderzerschneiden, Werfen, Stehlen fortging ... Der Knabe (Thomas) kehrte zurück und sagte: er höre eine Stimme, die ihm verbiete, das Haus zu betreten; er wagte es nichtsdestoweniger, wurde aber so arg mißhandelt, daß er zum Pfarrer zurückkehren mußte.

Montag, am 12. Februar (1655), hörte nun auch die übrige Familie eine Stimme sprechen ... zuletzt ... ruft die Stimme: ... ich bin ein böser Geist und Satan ist mein Vater, und ich bin gekommen, um dies Haus zu peinigen. Und nun erschien eine Hand und ein nackter Arm vom Ellenbogen abwärts, an den Fußboden schlagend, bis das Haus wieder erzitterte ... Die Synode, die einen Ausschuß nach Glenluce abgeordnet, fand im Februar 1656 für gut, einen Bußtag in ihrem ganzen Umkreis anzuordnen und unter anderem auch dieser trostlosen Familie wegen Gebete an Gott zu richten ... Am 18. September (1655) ertönte gegen Mitternacht das Geschrei: Ich will das Haus verbrennen; und drei bis vier Nächte später zündete er wirklich eines der Betten an, das jedoch noch glücklich gelöscht wurde. So fuhr er fort, den Mann zu peinigen, bis zu dem Tage hin, wo der Bericht niedergeschrieben wurde.« (Görres 1927, 334–337)

Ungewöhnlich ist, dass dieser Fall zuerst durch ein Buch über Hydrostatik richtig bekannt wurde, dessen Verfasser der bekannte Mathematiker G. Sinclare (gestorben 1696) ist. Sinclare sah in diesem Spukfall einen gleichsam mathematischen Beweis für die Existenz von Geistern. Der Historiker und Bischof von Salisbury, Gilbert Burnet (1643–1715), erwähnt den Fall ebenfalls (1724/1734) und weiß aus den Jahren, in denen er in Glasgow gelebt hat, zu berichten, dass dort in der Stadt und deren Umgebung jeder von der →Echtheit des Falles überzeugt war. Der Bischof sprach mit Augenzeugen und ließ es sich unterschreiben.

Siehe auch: →Geister von Verstorbenen, →Geisterstimme, →Poltergeistphänomene, →Spuk, →Spuk, ortsgebundener, →Spuk, personengebundener.

LITERATUR: Burnet 1724/1734; Görres 1927.

Canterville Ghost

Englands Geister sind weltberühmt. Wer in Deutschland zur Schule gegangen ist, erinnert sich noch gut an die geistreiche wie sozialkritische Satire von Oscar Wilde (1854–1900), den »Canterville Ghost« (1887). Englischer Manierismus und amerikanische Flachheit, aber auch englische Tradition und amerikanische Geschichtslosigkeit werden in witzigen Zügen gegeneinander ausgespielt, und der Geist, der hier im Mittelpunkt steht, ist nicht »englisch« im einstigen Sinn, nämlich engelhaft. Wilde bringt einen klassischen Geist, einen richtigen Spukgeist, ins Spiel. Der Canterville Ghost ist ein böser Geist, der in Ketten an Händen und Füßen gefesselt umgehen muss, hat er doch einst seine Frau ermordet. Er nimmt sich ein Zimmer in Schloss Canterville Chase, nur sieben Meilen von Ascot, und verschreckt dort die Menschen. Der Geist führt ein schönes Leben auf dem Herrenhaus, hat sein privates Apartment und genießt aristokratisches Ansehen, ja die ansässigen Engländer lieben seine *celebrated supernatural doings,* seine gefeierten übernatürlichen Taten. Das nimmt ein abruptes Ende mit dem Eintreffen der Familie Otis aus Amerika – sie haben keinen Blick für seine distinguierte Herkunft. Der zahnlose Geist liebt es, sich zu verkleiden: Mal ist er vor Ärger ganz grünlich phosphoreszierend, mal spukt er mit und mal ohne Kopf herum, spielt *Martin the Maniac,* haut mit grünen Händen an die Fensterscheiben, und wenn ihm langweilig ist, kegelt er mit seinen Knochen; ständig aber ist er damit beschäftigt, den Blutfleck an der Stelle in der Bibliothek, wo er einst seine Frau umgebracht hat, in den schönsten Farben nachzumalen, am Schluss mit Grün. Der Canterville Ghost ist keine Respektsperson mehr. Auf sein ständiges Gestöhne und Kettengerassel antworten die Amerikaner mit Beleidigungen, und deren Zwillinge ärgern ihn nur. Mit einem künstlichen Geist erschrecken sie den englischen echten, und der fängt fürchterlich zu zittern an. Den Schandfleck, das Blut, versuchen sie mit einem *detergent,* einem Reinigungsmittel, zu beseitigen. Erst später fangen sie an, für den unerlösten Geist zu beten. Und Tochter Virginia, deren Farbkasten für das Nachmalen des Blutflecks herhalten muss, so dass sie nur noch Mondlandschaften in Chinaweiß malen kann, hat noch ein Spezialmittel parat: Sie tröstet den leidenden Geist, bringt ihm Verständnis und Zuneigung entgegen. Das ist die Lösung und für den Geist die Erlösung – er dankt es mit einem Handkuss. Der →Spuk hat ein Ende und die liebe Seele ihre Ruh. Liebe siegt über den Tod, und als Zeichen des Seelenfriedens blüht ein Mandelbäumchen auf. Oscar Wilde war wohlvertraut mit Geistererscheinungen. Er verdichtet Motive wie etwa den unerlösten Spukgeist, den in Ketten rasselnden Geist wie im ältesten Spukfall bei →Athenodoros, den ortsgebundenen →Spuk, das Motiv des →Spukschlosses, den sich ständig verwandelnden Geist, den kopflosen Geist (→Kopflose) und das →Klopfen an die Fensterscheiben (→Poltergeistphänomene). »Canterville

Ghost« entstand fünf Jahre nach Gründung der →S. P. R. – Frau Otis will daher auch in die Psychical Society eintreten. Siehe auch: →A. S. P. R.
LITERATUR: Wilde 1967.

Cao-Dai

Der vietnamesische Gott Cao-Dai, der 1919 die gleichnamige Religion (Caodaismus) durch den Mund des Ngo Van Chieu verkünden ließ, spielt eine wichtige Rolle für spiritistische Medien, lehrt seine Religion doch die Seelenwanderung (→Reinkarnation) und integriert traditionelle Formen der Geisterbefragung.
LITERATUR: Bonin 1981.

Cardanus, Hieronymus

Der italienische Gelehrte, Arzt, Mathematiker und Astrologe Hieronymus Cardanus (1501–1576) war ein ausgezeichneter Kenner der *mainstream*-Wissenschaften seiner Zeit wie auch der so genannten geheimen Wissenschaften einschließlich der »natürlichen Magie«, der *magia naturalis*. Paranormale Phänomene waren ihm aus seinem eigenen Leben bekannt, er hatte ekstatische Visionen, →Außerkörperliche Erfahrungen und ging von der Existenz von Geistern und →Schutzgeistern aus.
LITERATUR: Bonin 1981; HdA 1987; Drury 1988.

Carrington, Hereward Hubert Lavington

Der britisch-amerikanische Autor und Forscher auf dem Gebiet der paranormalen Phänomene, Hereward Carrington (17.10.1880–26.12.1958), geboren in Jersey, Channel Islands, England, Gründer des American Psychical Institute and Laboratory in New York (1921), publizierte gemeinsam mit Sylvan Muldoon das bekannte Buch »The Projection of the Astral body« (1929) und später »The Phenomena of Astral Projection« (1951). In den 30er Jahren unternahm er Experimente mit der medial begabten Eileen J. Garrett, anfangs unterstützt von der →A. S. P. R. (1932/33, veröffentlicht im 1. Bulletin des Instituts), auf deren Ergebnis er mit Zurückhaltung reagierte. Zu den rund 100 Büchern, die Carrington veröffentlichte, gehört »The Case for Psychic Survival« (1957) zum Thema →Leben nach dem Tod. Im Todesjahr des *astral travellers* gab Raymond Buckland eine zweibändige Essaysammlung unter dem Titel »Essays in the Occult« heraus.
LITERATUR: Bonin 1981; Guiley 1992; Tabori 1973; Shepard 1991.

Cayce, Edgar

Der Sensitive, Seher und Heiler Edgar Cayce (18.3.1877–1945), Sohn eines Farmers aus Kentucky, hatte schon als Kind paranormale Erlebnisse. Er sah seit seinem sechsten Lebensjahr →Geister von Verstorbenen, mit denen er sprechen konnte. Eines Nachts hatte er eine Lichtvision, bei der er eine Stimme hörte, die ihm von seinen zukünftigen Fähigkeiten als Heiler erzählte. In seiner Kindheit reichte das Schlafen über seinen Schulbüchern schon aus, um deren Inhalt zu erfassen. Cayce wurde der »schlafende Prophet« und lernte, sich in Trance zu versetzen, Krankheitsdiagnosen zu stellen und die richtigen Heilmittel zu erkennen – eine Eigenschaft, die später von Ärzten als Hilfe bei der Diagnose erfolgreich eingesetzt wurde.

Cayce verfasste im Laufe von 43 Jahren über 14 000 Protokolle von eigenen

Aussagen, die durch →ASW zustande gekommen waren. Seine *Readings* werden von der 1931/32 gegründeten Stiftung The Association for Research and Enlightenment in Virginia Beach, Virginia, verwahrt.

→Reinkarnation war für Cayce – trotz seines christlichen Glaubens – eine Tatsache, da er sich selbst an frühere Inkarnationen erinnern konnte.

LITERATUR: Bauer und Zerling 2004; Bonin 1981.

Census of Halluzinations

Die am Ende des 19. Jahrhunderts von der Londoner →S.P.R. unternommene Studie über →Geistererscheinungen (*Proceedings* der S.P.R., 10, 1894) ist mit der Befragung von 17000 Menschen neben dem gut 100 Jahre später durchgeführten Guggenheim-Projekt (»Hello from Heaven«, dt. »Trost aus dem Jenseits«) die größte Erhebung auf diesem Gebiet. Die berichteten Phänomene umfassen neben den Erscheinungen von Menschen auch Spukfälle und ESP (→Außersinnliche Wahrnehmung).

LITERATUR: Guggenheim und Guggenheim 1995.

Chaffin Will Case

Berühmt wurde ein Geisterfall aus North Carolina, und zwar die Erscheinung des Farmers James L. Chaffin in einer Serie von Träumen seines Sohnes James Pinkney Chaffin, die er nach dem →Tod seines Vaters im Jahr 1921 hatte. Sie stand in Zusammenhang mit der Erbschaft, die laut Testament vom November 1905 einzig und allein an den dritten der vier Söhne, Marshall Chaffin, gegangen war und auch deren Mutter überhaupt nicht mit einbezog. James Pinkney dokumentiert das Wichtigste:

»Ich glaube, es war im Juni 1925, als ich eine Reihe von lebendigen Träumen hatte, in denen mein Vater an meinem Bett erschien, dabei jedoch nicht sprach. Einige Zeit später, ich denke Ende Juni, erschien er wieder an meinem Bett: Er war so angezogen, wie ich ihn oft im Leben erlebt hatte, trug einen schwarzen Mantel, von dem ich wusste, dass es seiner war. Diesmal sprach der Geist meines Vaters zu mir. Er griff an seinen Mantel, zog ihn zurück und sagte: ›Du wirst mein Testament in meiner Manteltasche finden‹, und verschwand. Am nächsten Morgen erwachte ich mit der absoluten Gewissheit, der Geist meines Vaters sei bei mir gewesen, um mir einen Fehler zu erklären.« ([Case] 1928, 518ff.; übersetzt von A. Puhle)

Der Vater musste noch einmal im Traum seines Sohnes erscheinen, bis dieser endlich die Initiative ergriff und den alten Mantel suchte. Er fand ihn und damit auch einen Zettel, der auf ein weiteres Testament verwies. Dieses handgeschriebene und daher allein gültige Testament war unter dem Einfluss der Bibel, Genesis 27, aufgesetzt worden und bezog alle Familienmitglieder ein: Das Erbe ging nun an alle vier Söhne zu gleichen Teilen, verknüpft mit der Auflage, dass sie für ihre Mutter sorgen müssten (s.a. Gauld 1983, 232f.; Puhle 2004f, IV, Fall Nr. 4).

Einen ähnlichen Fall, der leider nicht näher untersucht wurde, berichtet Theodor Storm und nennt ihn »Die →Dokumente«.

Siehe auch: →Informationen von Geistern, →Leben nach dem Tod.

LITERATUR: [Case] 1928; Gauld 1983; Puhle 2004f.

Charon

Charon ist ein Totengott, den man sich ursprünglich als Pferd vorstellte. Er reitet von den Seelen der Verstorbenen umgeben durch die Lüfte (→Geister von Verstorbenen), durch Nebelschwaden, ganz wie ein Wilder Jäger (HdA 1987, VI, 1631). Die antike griechische My-

thologie erzählt weiter von dem Fährmann Charon, dessen Aufgabe es ist,
die Seelen der Toten über die Unterweltflüsse →Acheron und Styx in die
→Unterwelt, in den →Hades hinüber-
zuschiffen. Seine Arbeit musste bezahlt
werden, und so sollten ihm die Hinterbliebenen einen Obulus geben. Diese
Silbermünze wurde dem Toten der Ein-
fachheit halber unter die Zunge gelegt.
Nur mit viel List war es einem Lebenden möglich, Charons Dienste für sich
in Anspruch zu nehmen und in die
Unterwelt zu gelangen – man musste
schon ein Held sein, ein Orpheus, Äne-
as oder Odysseus, wenn man zu Lebzeiten ins Totenreich gehen wollte.

→Manannan ist der irische Charon.
LITERATUR: HdA 1987.

Cherub (Pl. Cherubim)

Der Cherub ist ein Engel des Lichts, ein
geflügeltes Wesen mit dem Kopf eines
Menschen und dem Körper eines Tieres. Die Cherubim, so die Offenbarung
des Johannes, singen und loben Gott
ununterbrochen.

Chi →Qi

Chinnery, Mabel

Mabel Chinnery besuchte eines Tages –
es war 1959 – das Grab ihrer Mutter. Sie
hatte ihre Kamera dabei, um die Grab-
stelle zu fotografieren. Nachdem sie einige Fotos vom Grabstein ihrer Mutter
gemacht hatte, machte sie eine spontane Aufnahme von ihrem Mann, der
allein im Auto auf sie gewartet hatte.
Zumindest dachte sie, er wäre allein gewesen. Als der Film entwickelt wurde,
waren die Chinnerys mehr als überrascht, als sie auf dem Rücksitz des
Autos eine Person mit Brille entdeckten.

*Mr. Chinnery (und Mrs. Chinnerys
Mutter?). Foto: Mabel Chinnery, 1959.*

Frau Chinnery identifizierte sie sofort
als ihre Mutter, deren Grab sie an dem
betreffenden Tag besucht hatte. Ein Fo-
to-Experte sah sich das Bild an und
meinte, Reflektion oder doppelte Belich-
tung kämen nicht infrage. »Ich gebe
meinen guten Ruf dafür her, dass dieses
Foto echt ist«, waren seine Worte.
Siehe auch: →Geisterfotos.

Chiron (Cheiron)

Der Chiron – das griechische Wort *chei-
ron* bedeutet »Hand« – ist der griechischen Mythologie entsprungen und gehört zu den Kentauren (Zentauren). Er
ist allerdings ein »guter« Kentaur, nicht
so wild und gewalttätig wie seine Artge-
nossen. Er ist der weise Sohn des Gottes Kronos, der Zeit, und Philyra. Er ist
ein Arzt und Gelehrter, spezialisiert
darauf, jungen Männern, darunter Helden wie Achilleus, Theseus und Jason,
Kenntnisse über die Natur zu vermitteln. Und auch der Gott der Heilkunde,
Asklepios, ging bei dem naturkundigen
Chiron, der viele Heilpflanzen entdeckt
hat, in die Schule.

Chiron vereint in sich körperliche
und geistige Kraft. Als er mit einem giftigen Pfeil ernsthaft verwundet wurde,
verzichtete er auf seine Unsterblichkeit,
woraufhin der Göttervater →Zeus ihm
einen Platz am Himmelszelt einräumte.

In der modernen Astrologie, in der
Deutung des Geburtshoroskops, weist

die Position des Chiron auf allgemeine Verletzungen in der Kindheit hin, die es zu überwinden und zu heilen gilt. Steht der Chiron im Radix etwa im Zeichen der Jungfrau, kann dies ein Zeichen für heilerische Fähigkeiten sein.

Christaller, Helene

Die schwäbische Schriftstellerin Helene Christaller (1872–1953) beschreibt in ihrer Novelle »Spuk« abgewandelt Vorkommnisse aus ihrem Haus, deren Zeugin sie während eines Zeitraums von sechs Jahren war. Der Spuk von →O. wurde von Fanny Moser recherchiert.
LITERATUR: Moser 1950, 167–181.

Christina von Stommeln

Die christliche Visionärin Christina von Stommeln (1242–1312) hatte oft tagelang →Gesichte, die in der Regel während einer kataleptischen Starre erfolgten. Sie soll nach Aussage des mit ihr befreundeten schwedischen Dominikaners Petrus von Dacien (verstorben 1289) in diesem Zustand keinen erkennbaren Atemzug mehr gemacht haben. Auch →Auditionen von himmlischer Musik, die von den Anwesenden zwischen ihrem Kehlkopf und ihrer Brust lokalisiert wurden, werden von ihr berichtet (Görres 1927, 210f.).
LITERATUR: Görres 1927.

Chthonisch

Das aus dem Griechischen abgeleitete Adjektiv »chthonisch« beschreibt etwas, das der Unterwelt, dem →Hades zugehört. Chthonische Kulte, die mit grausamen Tieropfern, vorzugsweise schwarzer Tiere, verbunden waren, appellieren an das Wohlwollen und die Hilfe und Unterstützung der Totengeis-

ter, der Ahnengeister, die nach alter und immer noch weltweit verbreiteter Vorstellung das Leben der Hinterbliebenen beeinflussen können, so als →Geister von Verstorbenen oder →Schutzgeister.

Cideville, Spuk von

Der →Spuk in einem Pfarrhaus im nordfranzösischen Städtchen Cideville ist besonders interessant, da er vor Gericht verhandelt wurde und wir eine Kopie der Gerichtsakten haben, die Andrew Lang angefertigt hat. Am 26.11. 1850 wurde das Haus zum Mittelpunkt von typischen Spukphänomenen wie →Klopfen, Hämmern und Steinewerfen. Möbelstücke wie Tische und Stühle verstellten sich von selbst. Der Spuk nahm solche Ausmaße an, dass die Kinder, zwei Jungen von zwölf und 14 Jahren, ganz verschreckt waren und es niemand mehr in dem ohrenbetäubenden Lärm aushielt. Der Zwölfjährige behauptete, er würde von einem Gespenst verfolgt, das eine Bluse trug – was er auch vor Gericht aussagte. In einem Fall identifizierte der Junge den Schäfer Thorel als Gespenst – einen Mann, der sich für einen Zauberer ausgab und drohte, er könnte denen das Leben schwer machen, die ihn angriffen. Der betroffene Pfarrer, Abbé Tinel, geriet daraufhin in fürchterlichen Streit mit dem Schäfer. Es kam zu einer Schlägerei und der Schäfer, der inzwischen seine Stelle verloren hatte, klagte den Abbé vor Gericht an. Nachdem 34 Zeugen verhört worden waren, fiel das Urteil am 4. Februar 1851 zugunsten des Abbé aus. Der Fall wurde zwar nicht wirklich gelöst, ließ jedoch die Möglichkeit »übernatürlicher«, d.h. paranormaler Ursachen offen (Thurston 1953, 81–86, 199). Das ist ganz anders als im Fall →Resau. Robert de Saint-Victor, ein 23-jähriger Mann, war einer der Zeugen:

»Vor einer Woche ging ich wieder in das Pfarrhaus und war ganz alleine mit den Kindern und einer älteren Hausangestellten. Ich setzte die beiden Jungen in je ein Fenster in dem Zimmer in der oberen Etage, blieb selbst draußen, aber so, daß ich alle ihre Bewegungen beobachten konnte. Sie hatten sich außerdem gar nicht rühren können, ohne das Risiko einzugehen, hinauszufallen; und ich hörte dann Raps (Schläge) in dem Zimmer, die so ähnlich klangen, als wenn sie von einem Hammer erzeugt wären. Ich ging hinauf ins Zimmer und sah einen der Kinderschreibtische auf mich zukommen – ohne irgendeine sichtbare Kraft, die ihn schob; wie auch immer, ich sah es nicht in dem Moment, als es losging. Ich bin überzeugt davon, daß die Kinder nichts damit zu tun hatten, denn sie standen immer noch still an den Fenstern. Als ich eines Tages mit dem Bürgermeister im Pfarrhaus war, hörte ich laute Schläge, wie sie nicht von den Kindern hätten erzeugt werden können.« (Thurston 1953, 83, übersetzt von A. Puhle)

Ein anderer Zeuge war der Marquis de Mirville. Er hielt eine Séance mit den Jungen ab. Der →Klopfgeist beantwortete seine Fragen korrekt mit Klopfzeichen (Thurston 1953, 84f.).
LITERATUR: Thurston 1953.

Clarendon, Spuk von

In der kanadischen Stadt Clarendon, in der Provinz Quebec, fand im Jahr 1889 im Haus des Farmers Dagg ein Spuk statt. Die →Poltergeistphänomene, in deren Zentrum ein elfjähriges, von der Familie adoptiertes Mädchen stand, waren wie meistens destruktiver Natur: Fensterscheiben wurden eingeworfen, es bildeten sich auf unerklärliche Weise Wasserlachen, Gegenstände verschwanden und auch Speisen wurden verunreinigt. Der zuständige Poltergeist blieb selbst unsichtbar, schaffte es aber, einen Bleistift zu bewegen und mit ihm zu schreiben. Eines Tages wurde von einigen Jugendlichen, darunter das elfjährige Mädchen des Hauses, ein Phantom gesehen (Thurston 1953, 162–171, 191).
LITERATUR: Thurston 1953.

Clairon

Die französische Schauspielerin Clairon, eigentlich Claire Josèphe Hippolyte Leris de la Tude (1723–1803), war die Mätresse des Markgrafen Karl Alexander von Ansbach. Die von Clairon 1743 erlebte Geistergeschichte (handschriftlich in J.H. Meisters »Correspondence littéraire«, 2/1794, später in ihren »Memoiren«, 1798) verarbeitete →Goethe in seiner Geschichte von der Sängerin Antonelli (»Unterhaltungen deutscher Ausgewanderten«, 1795; ausführlich in: Puhle 2005, 2, III.11).
LITERATUR: Hoffmann 1985; Wilpert 1998.

Clairvoyance

Die französische Bezeichnung für →Hellsehen ist *clairvoyance*.

Cobel →Kobold

Cock Lane Ghost

Ein historischer Spukfall, der in die Geschichte eingegangen ist, spielte sich 1762 in London in der Cock Lane ab. Klassische →Poltergeistphänomene wie unerklärliches →Klopfen traten auf und beunruhigten das Haus von Elizabeth Parson, die die Geräusche einer Mrs. Kent zuschrieb, die früher in dem Haus gewohnt hatte. Der Fall erregte viel Aufsehen und wurde von Dr. Samuel Johnson, Oliver Goldsmith und Horace Walpole untersucht und als Betrug angesehen. Mr. Parson kam vor Gericht, während es auch Hinweise gab, dass Elizabeth, Mr. Parsons elf Jahre alte Tochter, beteiligt war.
Siehe auch: →Fokusperson.
LITERATUR: Lang 1894.

College of Psychic Studies

Das in London ursprünglich unter dem Namen British College of Psychic Science 1884 von Reverend Stainton Moses und Alfred Russel Wallace gegründete College hat heute eine mehr als 10 000 Bände umfassende Bibliothek zu Themen aus Parapsychologie und Esoterik, einschließlich vieler historischer Bände, vor allem aus dem 19. Jahrhundert.

Circe → Kirke

Comberemere

Das Foto von der Bibliothek von Comberemere Abbey wurde 1891 von Sybell Corbet aufgenommen. Es zeigt auf der linken Seite des Bildes den Geist eines Mannes, der auf einem Stuhl sitzt. Sein Hals, Kragen und rechter Arm auf der Armlehne sind deutlich zu erkennen. Es wird angenommen, es sei der Geist von Lord Comberemere. Lord Comberemere war ein britischer Kavallerie-Kommandant Anfang des 19. Jahrhunderts. Comberemere Abbey wurde 1133 von Benediktinern gegründet. 1540 vertrieb sie Heinrich VII., und die Abbey wurde der Sitz von Sir George Cotton KT. 1814

Das Foto zeigt die Bibliothek von Lord Comberemere zur Zeit seiner Beerdigung und seinen »Geist« (?) auf dem Sessel links im Bild. Foto: Sybell Corbet, 1891.

erhielt Sir Stapleton Cotton, ein Nachkomme von Sir George, den Titel »Lord Comberemere«. Er wurde 1817 Gouverneur von Barbados. Heute ist die Abbey Hotel und Touristenattraktion.

Lord Comberemere verstarb 1891 bei einem Pferdewagenunglück. Zu der Zeit, als Sybell Corbet das Foto schoss, fand gerade die Beerdigung von Lord Comberemere an einem vier Meilen entfernten Platz statt. Die Entwicklung des Fotos dauerte eine Stunde, wie Corbet vermerkt hatte. Manche nehmen an, dass in dieser Zeit ein Bediensteter ins Zimmer gekommen sei und sich kurz in dem Lehnstuhl ausgeruht und dabei das transparente Bild erzeugt hätte.
Siehe auch: → Geisterfotos.

Corps Candles → Totenkerzen

Cosmic Consciousness → kosmisches Bewusstsein

Cosmic Psychic Reservoir → kosmisches Reservoir

Crisis Apparitions → Geistererscheinungen in Krisensituationen

Croiset, Gerard

Ob es um geistiges Heilen, die Aufklärung von Verbrechen, das Finden verschwundener Menschen oder das Voraussagen der Zukunft geht, der Name Gerard Croiset (10.3.1909 oder 1910–1980 oder 1981) steht immer ganz oben auf Europas Liste. Der holländisch-jüdische Sensitive aus französischem Haus, einst ein Krämergehilfe, war Heilpraktiker, Heiler und Hellseher in einer Person. Berühmt wurden seine »Platzexperimente«, die von den beiden damals einzigen europäischen Professoren im Bereich der Parapsychologie, Wilhelm Tenhaeff in Utrecht und Hans →Bender in Freiburg, in den 40er und 50er Jahren des 20. Jahrhunderts durchgeführt wurden (Bender 1976; Tenhaeff 1952). Croiset war in der Lage, einige Stunden oder auch Tage vor einer Veranstaltung Aussagen über eine Person zu machen, die sich auf einen beliebigen, nicht nummerierten Platz setzen würde. »Zu Hause Bild von einer sehr feinen Dame mit Spitzenhaube aus dem Jahre 1850« oder »Rotes Gebäude mit Säulenträgern und hohen Stufen« lauteten etwa seine Prognosen (Bender 1976, 255). Die Personen waren Croiset immer unbekannt.

Noch aufregender ist Croisets Gabe, verschwundene Personen wieder aufzufinden. Ein Beispiel:

Wir schreiben den 12. Februar 1955. Gerard Croiset erhält einen Anruf aus dem Fischerdörfchen Urt am Ijsselsee. Der Schiffszimmermann Hakvoort ist am Apparat: Jelle Schenk, ein kleiner Junge, sei gestern Nachmittag verschwunden, ob Croiset helfen könne. Der ›Niederländer mit den Röntgenaugen‹ sieht eine Kaianlage, unter der Wasser hindurchfließt, daneben ein Lagerhaus oder etwas wie eine alte Scheune, dann eine Schiffsanlegestelle. Und nun Croisets Spezialität: Er macht exakte Angaben auf der Karte: Man möge eine Linie vom Lagerhaus bis zur Anlegestelle ziehen und eine andere, die im rechten Winkel zur Kaianlage verlaufe. Das vermisste Kind befinde sich genau an dem Schnittpunkt der beiden Linien. Man befolgte seine Anweisungen, konnte es jedoch nicht finden. Man vermutete vielmehr, falls der Junge ertrunken wäre, müsste seine Leiche von der Strömung viel weiter weggetrieben worden sein. Man machte schließlich noch einen zweiten, gründlicheren Versuch und entdeckte an der von Croiset bezeichneten Stelle wider Erwarten den kleinen Jungen – er war tot. (Frei nach Tenhaeff 1974, 287 f.)

Die alte große Frage lautet: Wird der gefundene Ort im Geiste gesehen oder bedarf es einer Art Geistkörper (→Astralkörper), der auf Reisen geht und die unbekannten Dinge vor Ort sieht (*travelling clairvoyance* →Hellsehen, wanderndes).

In Holland arbeitet heute der versierte (Para-)Psychologe Sybo Schouten mit der Polizei zusammen. Dabei geht es um das Problem: Wie können Paragnosten bei der Suche nach vermissten Personen helfen? Doch die Hauptschwierigkeit liegt erst einmal darin, den vermeintlichen Paragnosten als echten →Seher zu prognostizieren.

Woher diese Gabe kommt? In ganz jungen Jahren wäre Croiset einmal fast ertrunken. Ein Junge hatte den etwa Achtjährigen ins Wasser geschubst, doch ein Passant konnte ihn in letzter Sekunde retten (Bonin 1981, 117). Solche Erfahrungen, die einen Menschen an den Rand des Todes führen (→Nahtoderfahrungen), haben nicht selten Nachwirkungen auf die Sensibilität und Sensitivität.

Ein weiteres Beispiel finden wir etwa in der alten englischen Geisterliteratur: Hier war es ein Holländer, der von sich behauptete, er hätte Geister sehen können, nachdem er fast ertrunken wäre (→Kompaktheit von Geistern). Croiset war besonders begabt im Auffinden Ertrunkener.

Mit ungefähr 40 Jahren hat Croiset noch einmal ein einschneidendes Erlebnis, das aus dem Rahmen fällt: Er sieht sich in orientalischer Kleidung, mit einem Turban und diamantbesticktem Band um die Stirn, auf einer Bühne stehen, und neben dem Vorhang sieht er zwei Engel. Die Vision ist wegweisend; er versteht sie als Berufung, einmal große Dinge zu vollbringen, zu zaubern, wie er es denn als der »Zauberer von Utrecht« später auch wirklich tut (Bauer und Zerling 2004, 68).

Ein gutes und schönes Zeichen für Croisets Glaubwürdigkeit ist, dass er aus seiner Gabe niemals ein Geschäft gemacht hat – er nahm für seine Hilfeleistungen kein Geld an.

LITERATUR: Bauer und Zerling 2004; Bekh 1985, 59 f.; Bender 1957; Bonin 1981; Tenhaeff 1952; Tenhaeff 1974.

Crookall, Robert

Der englische Biologe Robert Crookall (1890–1981), Mitglied der →A.S.P.R. und der englischen →S.P.R., ist einer der Spezialisten auf dem Gebiet der →Außerkörperlichen Erfahrungen (AKE). Seine Studien überzeugten ihn nicht nur davon, dass während AKEs Informationen erhalten werden können, die nicht über die üblichen Kommunikationsmittel laufen, sondern auch davon, dass sich beim Tod der →Astralkörper vom physischen Körper löst und es ein →Leben nach dem Tod gibt.

LITERATUR: Shepard 1991.

Cummins, Geraldine Dorothy

Die außergewöhnliche irische Autorin Geraldine Dorothy Cummins (1890–1968) entdeckte 1923 ihre Fähigkeit des »Automatischen Schreibens« und verfasste in den folgenden 20 Jahren neun historische Romane vor dem Hintergrund frühchristlicher Zeit (z.B. »Die großen Tage von Ephesus«), in denen sie Wissen verarbeitete, das sie eigentlich nicht hatte. Bei ihren Romanen soll es sich um einst verloren gegangene Schriften handeln. Auch der verstorbene Philosoph Frederick Myers soll durch sie geschrieben haben, so »The Road to Immortality« (Die Straße zur Unsterblichkeit).

Beeindruckend war die letzte Serie ihrer Schriften, die sie von Winnifred Coombe-Tenant (Mrs. Willett) »durchgesagt« bekam: »Swan on a Black Sea« mit einem Vorwort von C.D. Broad, der ein →Leben nach dem Tod als einfachste und plausibelste Antwort auf diese Schriften ansah. Es bleibt wie so oft der ungeklärte Rest, wie viel Dorothy Cummins über Mrs. Coombe-Tenant einst gewusst und wieder vergessen haben könnte.

LITERATUR: Bonin 1981; Berger und Berger 1991; Cummins 1928.

Dämmerung

Die Dämmerung ist seit alten Zeiten als das ideale →Licht erkannt worden, um in einen veränderten Bewusstseinszustand einzutreten (→Bewusstsein). Meditationen bei Sonnenaufgang und Sonnenuntergang gehen tiefer und sind wirksamer. Die Dämmerung vor dem Einbruch der →Nacht und dem Anbruch des Tages lässt die Konturen verschwimmen. Dämmerung kann auch einen seelischen Zustand beschreiben, wenn etwas noch Dunkles, Unklares allmählich ins Bewusstsein vordringt – es »dämmert« einem. In diesem Zustand des Ungenauen erscheinen die Geister, deren Sphäre das Zweideutige, Ambivalente, Zwielichtige ist, so wie bei vielen Geistererlebnissen die letzte Gewissheit über deren Realität ausbleibt. Allerlei →Dämmerungsgespenster lieben diese Zeit.

Siehe auch: →Abend, →Echtheit von Geistern, →Geisterzeit, →Mitternacht.

LITERATUR: Bucke 1966.

Dämmerungsgespenster

In der Abenddämmerung kommen viele verschiedene Geister zum Vorschein, darunter die ruhelosen Toten wie die unerlöste Alte mit ihrem Tränenkrüglein (Schweinfurt) und das ruhelose Schleiermadel (Schwaben), auch der →Wassermann (Nordostböhmen), der Haberwawa (am Inn), der lange Wap-

Dämmerung – zwischen Himmel und Hölle. Foto: Simon Marsden.

*(Oben) John William Waterhouse
(1849–1917): »The Awakening of
Adonis« (Das Erwachen des Adonis),
1899. Öl auf Leinwand, Collection
Lord Lloyd-Webber.
(Unten) John William Waterhouse
(1849–1917): »Flora and the Zephyrs«
(Flora und die Zephyren), 1897.
Öl auf Leinwand, Schaeffer
Collection, Sydney.*

Tafel II: Mythische Gestalten aus der Antike · Lichtwesen

Arnold Böcklin (1827–1901): »Faun,
einer Amsel zupfeifend«, 1864/65.
Niedersächsisches Landesmuseum,
Hannover.

Tafel II: Mythische Gestalten aus der Antike · Lichtwesen

John William
Waterhouse
(1849–1917),
»Circe Invidiosa«,
1892. Öl auf Leinwand,
Art Gallery of South
Australia, Adelaide.

(Oben) Fra Angelico (um
1395/1400–1455),
Italien, Engel.
Ausschnitt aus: »Pala Dell'-
Annunciazione«. Museo
diocesano, Cortona.
(Unten) Sandro Botticelli
(1444/5–1510), Engel.
Ausschnitt aus:
»L'Annunciazione«.
Uffizien, Florenz.

Tafel II: Mythische Gestalten aus der Antike · Lichtwesen

(Oben) Lorenzo Lotto (um 1480 –
nach 1556), Angelo annunciante.
Ausschnitt aus: »Polittico di
Ponteranica«. Chiesa di Santi
Vinenzo e Allessandro.
(Unten) Fra Angelico (um 1395/1400–
1455), Italien, Engelkreis.
Ausschnitt aus: »Giudizio Universale«
(Das Jüngste Gericht). Museo di
San Marco, Florenz.

Leonardo da Vinci (1452–1519),
Engel. Ausschnitt aus:
»L'Annunciazione«. Uffizien, Florenz

Tafel II: Mythische Gestalten aus der Antike · Lichtwesen

Giovanni Segantini (1858–1899),
»L'Angelo della Vita« (Lebensengel).
Galleria d'Arte Moderna, Mailand.

per (Antwerpen), der Geistermönch vom Bolzenschloss (Schlesien) und das graue Männchen im Schloss Gratzen (Südböhmen) (HdA 1987, 2, 139f.).
LITERATUR: HdA 1987.

Dämon

Ein Dämon, griech. *daimon,* ist ein Geistwesen, das einst göttlich war. Es war mehr oder weniger mächtig und konnte gut oder böse sein. Erst in christlicher Zeit wurde der Begriff stark negativ gefärbt und hat sich in dieser Bedeutung bis heute gehalten. Biblische Dämonen waren etwa die Schedim (die Übernatürlichen), die Sche'irim (die Zottigen), die dunkle und gefährliche Lilith, der todbringende Asmodeus und der Wüstengeist Azael – alle ursprünglich Gottheiten ferner Kulturen, die nun zu bösen Dämonen verkehrt wurden.

Bei →Goethe erfährt der Begriff »Dämon« eine eigene Färbung, nimmt eine leichte Wandlung zum Guten, zum ursprünglichen Begriff des Göttlich-Machtvollen. Für Goethe bedeutet Dämon Individualität und Charakter, und zwar »die notwendige ... begrenzte Individualität der Person, das Charakteristische, wodurch sich der einzelne von jedem andern ... unterscheidet« (Goethe, »Urworte. Orphisch«, 1820). Als »angeborene Kraft und Eigenheit« und »ursprünglicher Charakter« bestimmt der Dämon ganz wesentlich unser →Schicksal, kann jedoch in seiner Funktion »gehemmt« und »gehindert« werden.

Dämonische Persönlichkeiten haben eine unerklärliche Ausstrahlung: »Eine ungeheure Kraft geht von ihnen aus, und sie üben eine unglaubliche Gewalt über alle Geschöpfe, ja sogar über die Elemente ... und die Masse wird von ihnen angezogen« (Goethe, »Dichtung und Wahrheit«, IV, 20). Dämonische Persönlichkeiten sind in Goethes Augen etwa Napoleon, Herzog Carl August, Peter der Große, Friedrich der Große, Mozart, Lord Byron und Paganini (zu Eckermann, 2.3.1831).
Siehe auch: →Dämonisches.
LITERATUR: Wilpert 1998.

Dämonisches

Im Gegensatz zum persönlichen →Dämon hat das Dämonische überpersönliche Bedeutung. Bei →Goethe stellt es eine das Welt- und Naturgeschehen lenkende Schicksalsmacht dar (Goethe, »Dichtung und Wahrheit«, IV, 20), die Gutes wie Böses ins Rollen bringen kann (zu Eckermann, 18.2.1831).
Siehe auch: →Dämon.
LITERATUR: Wilpert 1998.

Dämonologie

Die Dämonologie ist die Lehre von den →Dämonen. Dieser Begriff war in der internationalen Literatur über Geistererscheinungen noch bis ins 19. Jahrhundert hinein (Georg Conrad Horst) gang und gäbe.
Siehe auch: →Dämonisches.

Dämonomanie

Der Begriff »Dämonomanie« bezeichnet die Vorstellung, mit →Geistern, Teufeln oder →Dämonen in Kontakt bzw. von ihnen besessen zu sein.
Siehe auch: →Dämonisches.

Dämonomantie

Der Blick in die Zukunft mit der Hilfe von heraufbeschworenen →Dämonen wird Dämonomantie genannt.
Siehe auch: →Dämonisches.
LITERATUR: HdA 1987.

Däumling →Zwerge

Dagda

Die irische Gottheit der Erde und Fruchtbarkeit, Dagda, galt als der Herr der Erkenntnis, als Herrscher über Leben und →Tod. Dagda war ein exzellenter Krieger, Sieger über Formore, geschickter Handwerker und hervorragender Harfenspieler und besaß einen Kessel voller magischer Kräfte.

Dakhmas

Im alten Persien wurden die Toten auf »Türmen des Schweigens«, *Dakhmas*, den Geiern überlassen.

Daktylen

Die Daktylen, griech. *daktylos* – Finger, sind in der griechischen Mythologie Naturdämonen (→Dämonen, →Naturgeister) aus dem Gefolge der Kybele, deren Spezialgebiet die Bearbeitung von Metallen ist.

Dame, weiße →Weiße Frau

Dame, braune →Brown Lady

Danaiden

Von 50 Töchtern des Ägypters Danaos berichtet die griechische Sage. Als die 50 Danaiden gegen ihren Willen auf Wunsch ihres Onkel Aigyptos mit ihren 50 Cousins, seinen Söhnen, verheiratet werden sollten und es kein Entrinnen mehr gab, folgten sie – mit Ausnahme von Hypermestra – dem Rat ihres Vaters und ermordeten ihre Freier in der Hochzeitsnacht. Zur Strafe mussten sie in der →Unterwelt Wasser mit Sieben in ein durchlöchertes Fass schöpfen.

Daniel

Der Hebräer Daniel war die zweitmächtigste Person gleich nach Nebukadnezar, dem König Babylons. Als Seher besaß Daniel die Gabe der Traumdeutung. Das »Buch Daniel« ist ein prophetisches Buch im Alten Testament.
Literatur: Bauer und Zerling 2004.

Danov (Deunov), Peter

Der bulgarische Philosoph Peter Danov (11.7.1864–17.12.1944) aus Varna zählt zu den großen westlichen Lebenslehrern. Er begründete die rund eine Million zählende Bewegung der Weißen Bruderschaft zur Förderung der geistig-seelischen Entfaltung der Menschen.

Sein herausragender Schüler Omraam Mikhaël Aïvanhov setzte seine Arbeit in Südfrankreich fort. Außersinnliche Erfahrungen und →Geistererscheinungen stehen nicht im Zentrum ihrer Lehre, gehören aber zu den Nebeneffekten, die der »geistige Schüler« erleben kann.

Dante Alighieri

Der Dichter aus Florenz, Dante Alighieri (1265–1321), beschreibt in seinem berühmten Werk »Divina Commedia« (»Die göttliche Komödie«, 1300–1321) höllische wie himmlische Regionen, die Vision einer Höllenfahrt, des Fegefeuers und schließlich des Paradieses.

»Die göttliche Komödie« gehörte zu der Lektüre →Goethes während der Endphase seiner Arbeit am Faust II (Wilpert 1998, 204).
Literatur: Voßler 1907; Wilpert 1998.

Danu

Die Fruchtbarkeitsgöttin Danu ist die Mutter der irischen Götterwelt, aber auch der →Tuatha De Danann bzw. →Sidhe, des irischen Zauber- und Feenvolks.

Thomas le Clear, »Andrew Jackson Davis«. Historical Society, New York.

Daphne

Die Tochter des griechischen Flussgottes Peneios, Daphne, verschmähte die Liebe des ihr nachstellenden Sonnengottes →Apollon und zog es vor, sich in einen Lorbeerbaum verwandeln zu lassen. So kommt es, dass der Lorbeer, griech. *daphne,* dem Apollon heilig ist.

Daumesdick →Zwerge

David-Néel, Alexandra

Die französische Orientalistin Alexandra David-Néel (24.10.1868–9.9.1969) verbrachte 15 Jahre in Tibet und schrieb Bücher über den Götter- und Dämonenglauben des Landes.
LITERATUR: Bonin 1981.

Davis, Andrew Jackson

Der Name des Amerikaners Andrew Jackson Davis (11.8.1826–13.1.1910) ist eng mit dem Spiritismus verknüpft. Der promovierte Mediziner (1886), der »Seher von Poughkeepsie«, hatte in Poughkeepsie, New York, eine Begegnung mit dem Mesmeristen J. Stanley Grimes, der ihn »mesmerisieren«, in einen der Hypnose ähnlichen Bewusstseinszustand versetzen konnte. In dieser Verfassung erschienen Davis die Menschen durchsichtig und leicht diagnostizierbar. Die Kenntnisse für sein philosophisches Hauptwerk, »The Prin-

ciples of Nature« (1947), wurden ihm 1844/45 in Trance von drei »höheren« Geistern durchgegeben, unter denen sich Emanuel Swedenborg und der bedeutende Arzt der Antike Galen aus Pergamon befanden.
LITERATUR: Davis 1947; Evans 1925.

Dead House

In England existiert die Sitte, ein kleines Totenhaus, *dead house,* für die Verstorbenen aufzustellen.
LITERATUR: Guiley 1992.

Death-Bed Apparitions →Sterbebettvisionen

Death-Bed Visions →Sterbebettvisionen

Dédoublement

Der französische Begriff *dédoublement* bezeichnet die Verdopplung einer Person, d. h. das Entstehen eines →Doppelgängers.

Dee, John

Der weit, bis nach Prag gereiste englische Gelehrte, Philosoph, Mathematiker und Astrologe John Dee (13.7.1527,

John Dee.

4.11 Uhr – Dezember 1608) stand hoch
in der Gunst von Königin Elisabeth I.
Der Akademiker mit Cambridge-Stu-
dium verfasste rund 50 wissenschaftliche Werke, die Themen aus der Her-
metik, der Kabbala und der Alchemie
aufgreifen.

Das äußerlich wie innerlich bewegte
Leben Dees war voller mystischer Ereignisse. 1552 fand in England eine Begegnung mit dem italienischen Univer-
salgelehrten →Cardanus statt, der sein
Interesse an Geisterbeschwörungen
wachrief. Dees endgültiger Einstieg in
die Magie begann jedoch erst, nachdem
er mit Edward Kelly Bekanntschaft geschlossen hatte, der auf Kristalloskopie
bzw. Kristallomantie spezialisiert war,
auf Kristallsehen – ein Bereich, den der
Sensitive mit dem Herbeirufen von
→Engeln und Geistwesen verband. Dies
hatte schließlich so weit geführt, dass
Kelly ab 1582 anfing, Botschaften in
einer eigenen Engelsprache zu vernehmen, die er »Henochisch« nannte. Am
21.11.1581 hatte Dee selbst seine erste Engelerscheinung: Der Engel Uriel
kam in sein Arbeitszimmer und schenkte ihm einen Kristall, mit dessen Hilfe
er von nun an Visionen bekommen sollte. Dee pflegte nach eigenen Angaben
den Umgang mit verschiedenen Geistern.

LITERATUR: Bauer und Zerling 2004; Shepard 1991; Drury 1988.

Déjà vu

Die französische Bezeichnung *déjà vu,*
wörtlich: »schon gesehen«, bezeichnet
ein vielen Menschen vertrautes Erlebnis, eine Situation oder nur einen Moment im Leben schon einmal erlebt zu
haben, obwohl dies der Erinnerung
nach nicht der Fall war. Vordergründig
wird ein Déjà-vu-Erlebnis gern als Hinweis auf →Reinkarnation angesehen,
doch ist das Phänomen bisher viel zu
unerforscht, als dass Schlüsse gezogen
werden können. Eine rein psychologische Erklärung wäre, dass bei diesen Erlebnissen die Verknüpfung unbewusster Erfahrungen mit neuen Situationen stattfindet.

Del Rio, Antonio Martinez

Der spanische Theologe, Jurist und Je-
suit Antonio Del Rio (1551–1608) fungierte als Richter in Hexenprozessen.
Sein Werk »Disquisitionum magicarum
libri sex« enthält viel Fallmaterial, das
er jedoch kritiklos vorstellt.

LITERATUR: Del Rio 1599, 1720.

Delanne, Gabriel

Der französische Ingenieur und Spiritist Gabriel Delanne (1857–1926) verfasste mehrere Bücher über den Spiritismus und gab die *Revue Scientifique
et Moderne de Spiritisme* heraus.

Delfin

In der antiken Mythologie gilt der Delfin
als Träger der Seelen, die er in die jenseitige Welt hinüberbringt. Im Christentum ist er Symbol der Wiederauferste-
hung und Erlösung.

Die Erfahrung hat den heute in der
Therapie – etwa von Kindern mit Ge-

hirnschäden – beliebten Delfin, den »schnellsten unter allen Lebewesen«, der »rascher als der Vogel« und »geschwinder als der Pfeil« ist (Plinius), schon in der Antike als großen Menschenfreund erwiesen.

→Plinius der Ältere gibt viele glaubhafte Geschichten aus noch älteren Quellen an, die das »geistige Band« zwischen Delfin und Mensch, aber auch zwischen Delfinen untereinander demonstrieren:

»Zur Zeit des göttlichen Augustus war ein in den Lukrinersee gelangter Delphin dem Knaben eines armen Mannes, der aus dem Gebiet von Baiae nach Puteoli in die Schule ging und der ihn, wenn er mittags dort blieb, mit dem Namen Simo gerufen und öfters mit Stückchen Brot, das er als Wegzehrung mit sich trug, herbeigelockt hatte, mit besonderer Anhänglichkeit zugetan ... Zu jeder Tageszeit, vom Knaben angerufen, eilte er, so verborgen und weit entfernt er auch sein mochte, aus der Tiefe herbei, fraß aus seiner Hand und bot ihm den Rücken zum Aufsitzen dar ... Wenn er ihn aufgenommen hatte, trug er ihn mitten durch die hohe See nach Puteoli in die Schule und brachte ihn auf gleiche Weise mehrere Jahre lang wieder zurück, bis der Knabe an einer Krankheit starb; da kam er immer noch an den gewohnten Ort, schien betrübt und traurig zu sein und starb dann selbst, wie wohl niemand bezweifelte, an Sehnsucht.« (Plinius der Ältere, »Historia naturalis«, I, IX)

Als einmal der König von Karien einen schönen Delfin gefangen und im Hafen angebunden hatte, kam eine große Schar Delfine herbei-»geflogen« und »bat mit unverkennbarer Trauer so lange um Mitleid, bis der König befahl, ihn freizulassen« (Plinius der Ältere, »Historia naturalis«, I, IX).

»Ja, die kleinen begleitet stets ein größerer wie ein Betreuer und man sah schon welche, die einen Toten wegtrugen, damit er nicht von Untieren verstümmelt würde.« (Plinius der Ältere, »Historia naturalis«, I, IX)

Siehe auch: →Katze, →Papagei mit Geist, →Rotkehlchen, →Schwan, →Telepathie bei Tieren.
LITERATUR: Plinius der Ältere 1973–1994.

Delphi

Das bekannteste aller →Orakel ist heute wohl das Orakel von Delphi in Griechenland. Es ist wie auch die anderen Orakelorte eine Stätte des Sehens, in denen sich eine Gottheit – in Delphi ist es der Lichtgott →Apollon – einem sensitiven oder medial begabten Menschen offenbart und durch ihn die Zukunft verkünden lässt. Schon Cicero (106–43 v. Chr.) nimmt natürliche Ursachen an, die den →Seher oder die Seherin – in Delphi ist es die →Pythia – in Trance oder Raserei versetzen und wahrsagen lassen, und so können sowohl der Klang von Stimmen und phrygische Gesänge als auch Haine und Wälder, Flüsse und Meere diese Wirkung hervorbringen (Cicero, »De divinatione«, I, 114). Es sei ein »Erdhauch«, der den Geist der Pythia zum →Wahrsagen anrege. Gleichzeitig stellt Cicero infrage, warum die Orakel in Delphi schon lange keine Wirkung mehr haben, so »daß es gar nichts Verächtlicheres geben kann«. Die Stoiker meinen, die Kraft des Ortes sei gleichsam verdunstet, woraufhin Cicero entgegnet, das klänge, als handle es sich um Wein oder Salzlake, nicht aber um etwas Göttliches. Und Ciceros Antwort lautet: »Was ist andererseits so göttlich wie ein Anhauch aus der Erde, der den Geist so in Bewegung setzt, daß er fähig wird, die Zukunft vorauszusehen, und zwar derart, daß er sie nicht nur lange im Voraus wahrnimmt, sondern sogar rhythmisch und in Versen von ihr kündet?« (»De divinatione«, II, 117).
LITERATUR: Bauer und Zerling 2004; Cicero 1991.

Dematerialisation

Der angenommene Verlust der Materialität von Gegenständen oder Lebewesen einschließlich Tieren und Pflanzen sowie von einzelnen Körperteilen wird Dematerialisation oder Entmaterialisation genannt. Dies geschieht während eines Apports, wenn das betreffende Objekt oder Subjekt auf paranormale Weise von einem Ort zu einem anderen transportiert wird und dabei Materie durchdringt. Der Dematerialisation folgt eine ebenso hypothetische Rematerialisation, wobei sich die Materie auch vorübergehend – so wird angenommen – zu einem anderen Objekt formieren kann.

Demokrit. Abguss einer Bronzestatue, etwa 250 v. Chr.

Demeter

Die in der Antike bei den Eleusinischen Mysterien hochverehrte Muttergöttin Demeter war eine Tochter der Zeit, des Kronos. Ihre Mutter war Rhea. Demeter wurde durch ihre Verbindung mit →Zeus die Mutter von →Persephone und durch den Kontakt mit Iasion die Mutter von →Pluto. Zunächst blockierte Demeter das Wachstum auf der →Erde, und erst als Persephone auf Geheiß des Göttervaters Zeus wieder aus der →Unterwelt in die Oberwelt aufsteigen durfte, wirkte sie fördernd auf die Erde und wurde zur Lebenserhalterin und Lehrerin des Getreidebaus.

Demokrit (Demokritos)

Der griechische, vorsokratische Philosoph Demokritos (460–371 v. Chr.), bekannt durch seine Theorie der letzten unteilbaren Teilchen, der Atome, hat in seinem verloren gegangenen Traktat »Über Bilder« die Theorie aufgestellt, dass Menschen und Gegenstände permanent »materielle« Bilder, lat. *simulacra,* aussenden, die durch die Haut in den Körper eindringen und auf diese Weise paranormale Träume beim Schlafen bewirken können – so überliefert es Plutarch in seinen »Moralia« (Q. conv. VIII.x.2). Die ausgesandten Bil-

der können nach Demokrit, nicht aber nach Epikur, der ihm nur bis zu diesem Punkt folgen konnte, auch Informationen über die aussendende Person übermitteln.

LITERATUR: Diels 1951; Dodds 1976; Plutarch 1./2. Jahrhundert / 1835.

Derrygonnelly, Spuk von

Im irischen Dorf Derrygonnelly bei Enniskillen fand im Jahr 1877 ein Poltergeistfall statt, der von Sir William →Barrett untersucht wurde. Die →Poltergeistphänomene kreisten um die 20-jährige Tochter des betroffenen Bauern, und Barrett selbst wurde Zeuge von Klopfgeräuschen. Barrett forderte den vermeintlichen →Klopfgeist auf, ihm mit Klopfzeichen zu antworten, was dann auch geschah. Der Fall ließ sich nicht auf natürliche Weise aufklären. Siehe auch: →Poltergeister.

LITERATUR: Barrett 1911.

Desinkarnation

Die Idee der Desinkarnation, wörtlich »Entkörperung«, korreliert mit dem Gedanken der →Reinkarnation und setzt die Kontinuität eines Teils der Persönlichkeit bzw. des Bewusstseins im Menschen voraus. Im Moment des Todes desinkarniert die Seele bzw. der entsprechende geistige Teil des Individuums, um dann die nächste Reinkarnation zu durchwandern.

Deva

Der unterschiedlich aufgefasste Begriff »Deva« bezeichnet nach Zarathustras Religion böse Geister, die dem Gott der Finsternis, Angra Mainyu, gehorchen, während die Devas im alten Indien Engeln ähneln.

Di Sma Under Jordi

Wörtlich aus dem Schwedischen übersetzt sind *Di Sma Under Jordi* »Die Kleinen unter der Erde«. Es gibt sie in Gotland oder genauer gesagt unter Gotland. Man muss, wenn man in Gotland ist oder lebt, immer gut aufpassen und darf niemals heißes Wasser verschütten oder ausschütten, weil sich diese kleinen Leute überall unter der Erde aufhalten und man sie ja verletzen könnte. Sie reagieren auf so eine Nachlässigkeit mit großem Ärger und werden ganz verrückt. Man ruft daher am besten, bevor man Wasser ausschüttet, etwas Ähnliches wie »Vorsicht, hier kommt heißes Wasser«, um sie zu warnen. Eigentlich sind die kleinen Unterirdischen gute Geister, doch wenn man sie verärgert, spielen sie den Menschen übel mit.

Auch aus Westfalen kennen wir die Unterirdischen, die auch besonders behandelt werden wollen.
Siehe auch: →Zwerge.

Diamant

Der edelste aller edlen Steine ist der Diamant. In Indien gilt er als der »Edelstein der Venus, der Lehrerin der Dämonen« *(Jatak Parijat),* entstanden aus

dem →Licht des Regenbogens (Rätsch 1989, 76).
Literatur: Rätsch 1989.

Dionysios Areopagita

Die Angelologie, Engellehre, des zum Christentum bekehrten und vielleicht ersten Bischofs von Athen, doch jedenfalls im Rat von Athen (Areopag) sitzenden Griechen Dionysios Areopagita (1. Jahrhundert) war ausschlaggebend für das gesamte Mittelalter.
Siehe auch: →Engel.

Dokumente, die

Eine sehr schöne Geistererscheinung ist der Fall, den Theodor Storm unter der Überschrift »Die Dokumente« aufschrieb. Er fügt sich in das Muster, das wir in anderen Fällen, etwa im berühmten →Chaffin Will Case haben (Puhle 2005, 3, VIII.9).
Siehe auch: →Informationen von Geistern, →Leben nach dem Tod.
Literatur: Puhle 2005.

Doppelgänger (Doppel, Doppeltgänger)

Wenn es einen Geist unter den Geistern gibt, der eigentlich keiner ist, dann ist es der Doppelgänger. Er erscheint so real wie das Original, das er kopiert. Doch vielleicht sind die Doppelgänger ja gar keine Kopien – wir wissen es nicht. Wir wissen aber, dass Menschen schon immer dieses irritierende Phänomen beobachtet haben: Sie sehen einen ihnen wohl bekannten Menschen, der jedoch nicht an der vermeintlichen Stelle ist, wie sich dann später herausstellt. Das ist das Typische, Doppelgänger sind täuschend echt und werden meist nicht gleich als Geister erkannt. Sie erscheinen wie aus Fleisch und Blut, und das Erwachen kommt erst hinterher, wenn die »Unmöglichkeit« des Gesehenen offenbar wird. Das Doppeltgehen ist die körperlichste aller Arten des Umgehens, der Doppeltgänger oder die Doppelgestalt – alles Synonyme –, der kompakteste unter den Geistern (→ Kompaktheit von Geistern). Er scheint »mehr«, massiver als ein gewöhnlicher Geist zu sein (vgl. Puhle 2005, 2, III.13 und 14).

Der Doppelgänger ist wie fast alle →Geistererscheinungen ein alter Weltenbürger. Bereits →Homer kennt ihn. In der »Ilias« (23, 103 f.) begegnet Achilleus dem Urphänomen, wenn ihm sein verstorbener Freund im Traum erscheint:

»Ihr Götter, so bleibt denn wirklich auch noch in des Hades Behausung eine Psyche und ein Schattenbild (des Menschen), doch es fehlt ihm das Zwerchfell (und damit alle Kräfte, die den sichtbaren Menschen am Leben erhalten).« (nach Rohde 1929, 10)

Träume sind nach Homer nicht leer, ihre Handlung ist echt und ihre Gestalten sind real, so wie auch das Sehen des Traums ein ganz realer Vorgang ist. Der Doppelgänger ist für Homer ein Luftwesen, eine Psyche (Seele). Und die alten Griechen wussten auch, dass der Doppelgänger nachts ausfliegt, während der Körper in kataleptischer Starre zurückbleibt. Wie sich nun der Doppelgänger bei seiner nächtlichen Tour nicht in nichts auflöst, so wird er auch nach dem Tod nicht in nichts zerfließen (Rohde).

Wie der →Poltergeist, so war einst auch der Doppelgänger in Deutschland so bekannt, dass der Begriff Eingang in die angloamerikanische Literatur gefunden hat, wo er auch noch *double* oder *fetch* heißt; auch im Französischen heißt er *double,* wie Jean Paul vorschlägt – sehen wir einmal von dem *revenant,* dem →Wiedergänger, ab. Heute sind Doppelgänger eher seltene Phänomene, es wird zwar hin und wieder von

ihnen berichtet, aber nur selten werden diese Fälle exakt dokumentiert. William James sagt, sie seien so selten, dass man jeden einzelnen Fall festhalten müsse. Einer dieser wertvollen Fälle passierte einem Kollegen, einem fähigen und respektierten Professor von Harvard, wo James selbst eine Professur für Philosophie innehatte. Der schriftliche Bericht seines Kollegen stimmt mit seiner Erinnerung an die kurz nach dem Vorfall gegebene mündliche Version überein:

»Ich erinnere mich genau an alle Details eines Vorfalls, die ich hier auf Ihren Wunsch hin aufschreibe, aber ich kann mich nicht erinnern, ob die Sache Ende 1883 oder Anfang 1884 passierte. In dieser Zeit habe ich mich sehr oft mit A. getroffen, und wir waren u.a. an dem Buch von Sinett über esoterischen Buddhismus interessiert. Wir sprachen ziemlich viel darüber und über den Astralkörper, haben uns aber niemals gegenseitig vorgeschlagen, in dieser Richtung zu experimentieren.

Eines Abends – es war so gegen 21.45 Uhr, oder vielleicht mehr gegen zehn – saß ich alleine in meinem Zimmer und dachte über dieses Thema nach. Da entschloß ich mich, den Versuch zu machen, meinen Astralkörper in die Gegenwart von A. zu projizieren. Ich hatte nicht die geringste Ahnung, wie dieser Prozeß vor sich gehen sollte, aber ich öffnete meine Fenster, die in Richtung von A.s Haus gingen (obwohl das eine halbe Meile entfernt und hinter einem Hügel lag), setzte mich auf einen Stuhl und versuchte, so sehr ich konnte, mich in die Gegenwart von A. zu wünschen. Es war kein Licht in meinem Zimmer. Ich verharrte etwa 10 Minuten lang in diesem Zustand des Wünschens. Ich hatte keinerlei ungewöhnliche Gefühle dabei.

Am nächsten Tag sah ich A., die etwas zu dieser Angelegenheit bemerkte (Ich meine, ich kann nicht die genauen Worte anführen.) ›Letzte Nacht war ich gegen 10 Uhr mit B. im Eßzimmer beim Abendessen. Plötzlich dachte ich, Du wärst in der Türspalte der Tür zu sehen, die am Ende des Zimmers ist und zu der ich gerade hinsah. Ich sagte zu B.: ›Da ist Blank, er guckt gerade durch die Türspalte!‹ B., der mit dem Rücken zur Tür saß, meinte: ›Er kann nicht da sein; sonst würde er ja hereinkommen.‹ Wie dem auch sei, ich stand auf, guckte in das andere Zimmer, aber da war niemand. Nun, was hast Du gestern abend um diese Zeit gemacht?‹

Das war es, was A. mir erzählte, woraufhin ich ihr erklärte, was ich gemacht hatte.

Du siehst natürlich, dass diese Geschichte durch die doppelte Evidenz (ich meine A.s und B.s) ganz gut fundiert ist, aber sie muß völlig unabhängig von meinem Bericht gesehen werden, denn es gibt gute Gründe, weshalb weder A. noch B. danach befragt werden können.« (Brief an William James, Cambridge, 16. April 1903, in: James 1960, 93 f.; übersetzt von A. Puhle)

Wenn Doppelgänger wirklich so echt aussehen, dann ist es natürlich denkbar, dass viel mehr Doppelgänger unterwegs sind, als wir meinen. Wir erfahren den Doppelgänger als doppelt ja nur, wenn er entweder vor unseren Augen plötzlich in Geist-Manier verschwindet oder wenn wir später erfahren, wo der betreffende Mensch zu dieser Zeit in seiner Originalform war. Vieles ist hier möglich.
Siehe auch: →Autoskopie, →Bilokation, →Fylgja, →Geister von Lebenden, →Hades, →Ka, →Kasen, →reziproke Geistererscheinung, →Schutzengel, →Schutzgeister.
Literatur: Bonin 1983; Dessoir 1896; Jaffé 1995; James 1960; Rohde 1929.

Doppelgänger, eigener →Autoskopie

Dowden, Hetser

Das irische Medium Hetser →Dowden, später Tavers-Smith, schrieb unter der Kontrolle von Geistern beispielsweise ihr Buch »Psychic Messages from Oscar Wilde« (Paranormale Botschaften von Oscar Wilde), das einiges Aufsehen erregte.

Doyle, Sir Arthur Conan

Der schottische Arzt und Schriftsteller Sir Arthur Conan Doyle (1859–1930), in erster Linie assoziiert mit Sherlock Holmes, hatte großes Interesse an →ASW, besonders an der Forschung über das →Leben nach dem Tod und an der Kommunikation mit den →Geistern von Verstorbenen. Der 1902 zusammen mit Sir Oliver Lodge Geadelte war davon überzeugt, dass er mit seinem Sohn Kingsley, den er kurz nach dem Ersten Weltkrieg verloren hatte, durch ein Medium aus Wales in Verbindung getreten sei und dessen Stimme durch das Medium hörte. Bekannt wurden ferner seine Aktivitäten im Fall der Cottingley-Fairies.
Siehe auch: →Elfen, →Feen.

Drachen →Feuergeister

Draumkvedet

Der norwegische Begriff *Draumkvedet,* Traumwerk oder Traumpoesie, ist der Name einer mittelalterlichen Ballade religiösen Inhalts, die offenbar eine →Nahtoderfahrung beschreibt, eine →Astralreise oder →Seelenreise in die Anderswelt.
Literatur: Kvastad 2001.

Dream body →Traumkörper

Drittes Auge →Auge, inneres

Dröglicht →Irrlicht

Drop-In Communicators

Der englische Ausdruck *drop in* meint »eben mal vorbeischauen«, und die Drop-In Communicators sind Geister, die sich in Séancen bei der Kontaktaufnahme mit der Geisterwelt melden. Im Gegensatz zu den gerufenen Geistern sind die Drop-Ins rein zufällige Besucher.

Drudenfuß

Der Drudenfuß, ein fünfzackiger Stern, auch Pentagramm oder Fünfwinkelzeichen (Goethe) genannt, wird vorgestellt als Abdruck ineinander verschränkter Hexenfüße. Das Symbol, das der →Abwehr von Geistern und insbesondere von Druden dient, hat →Goethe in den »Faust« (V. 1395–1408) und in den »Maskenzug« von 1818 aufgenommen (V. 698).

Drudenfuß ist ein anderer Name für den →Drudenstein, dem Zauberkraft innewohnen soll.
Literatur: Wilpert 1998.

Drudenstein

Der zauberkräftige Drudenstein hat viele Namen, etwa Albfuß, Alfquarner, →Drudenfuß, Limnostracit, Schrattenstein, Silex pertusus, Trutenstein usw., und sein Bezug zu den weisen keltischen →Druden, den Priestern und Gelehrten aus der Zeit vor der Christianisierung, liegt auf der Hand.

Geologisch gesehen ist ein Drudenstein ganz unterschiedlichen Ursprungs, es kann sich etwa um durchlöchertes Geröll, fossile Seeigel oder auch um Hahnenkamm-Austern *(Lopha marshi)* handeln. Letztere waren im deutschen Jura sehr verbreitet und wurden als Drudenfuß und als Albfuß gedeutet und zur →Abwehr von →Alben, Druden, Mahren, Hexen und von anderen bösen →Dämonen benutzt (Rätsch 1989, 69 f.).
Literatur: Rätsch 1989.

Druiden

Die keltischen Druiden waren vorchristliche Gelehrte, Astronomen, Mediziner und Priester, deren dokumentierte Geschichte bis weit vor Christus zurück-

»The Rollrigth Stones«, Oxfordshire, England. Foto: Simon Marsden.

reicht (bis 280 v. Chr. nach Kvastad 2001, 362). In den bis zu 4000 Jahre alten Megalith-Bauten und Steinkreisen, d. h. den nach astronomischen Aspekten angeordneten Megalithen, wörtlich »großen Steinen«, übten sie ihren am Sonnenstand orientierten Kult aus. Von einem Glauben an ein →Leben nach dem Tod ist auszugehen.
Literatur: Kvastad 2001.

Drusenheimer Gesicht

Gasthof zum Geist, Elsass, 1770. Kein Geringerer als Goethe nimmt hier Logie, während in Straßburg das Jurastudium beginnt. Ganz in der Nähe, in Sesenheim, lernt Goethe eine Frau kennen, die 18-jährige Pfarrerstochter Friederike Brion (19.4.1752– 3.4.1813) – doch er will die Beziehung zu ihr im Sommer 1771 wieder abbrechen. Um den 7. August reitet er schweren Herzens von Sesenheim fort, mit dem Vorsatz, Friederike nie mehr wiederzusehen. Als er durch den Ort Drusenheim kommt, hat er ein Gesicht, das als das Drusenheimer Gesicht berühmt werden sollte:

»Als ich ihr (Friederike) die Hand noch vom Pferde reichte, standen ihr die Tränen in den Augen, und mir war sehr übel zu Mute. Nun ritt ich auf dem Fußpfade gegen Drusenheim, und da überfiel mich eine der sonderbarsten Ahndungen. Ich sah nämlich, nicht mit den Augen des Leibes, sondern des Geistes, mich mir selbst, denselben Weg, zu Pferde wieder entgegen kommen, und zwar in einem Kleide wie ich es nie getragen: es war hechtgrau mit etwas Gold. Sobald ich mich aus diesem Traum aufschüttelte, war die Gestalt ganz hinweg. Sonderbar ist es jedoch, daß ich nach acht Jahren in dem Kleide, das mir geträumt hatte, und das ich nicht aus Wahl, sondern aus Zufall gerade trug, mich auf demselben Wege fand, um Friederiken noch einmal zu besuchen. Es mag sich übrigens mit diesen Dingen, wie es will, verhalten, das wunderliche Trugbild gab mir in jenen Augenblicken des Scheidens einige Beruhigung. Der Schmerz das herrliche Elsaß, mit allem was ich darin erworben, auf immer zu verlassen, war gemildert, und ich fand mich, dem Taumel des Lebewohls endlich entflohn, auf einer friedlichen und erheiternden Reise so ziemlich wieder.« (Goethe, »Aus meinem Leben, Dichtung und Wahrheit«, 3. Teil, 11. Buch. MA, Bd. 16, 532–535)

Aus Goethes »Dichtung und Wahrheit« geht hervor, dass das Ereignis am 25.9.1779 tatsächlich stattfand. Friederike hat die Trennung von Goethe nie verwunden. Sie starb recht jung, im Alter von 39 Jahren. Der Goetheforscher Gero von Wilpert zieht in Erwägung, dass dieses Gesicht eine »spätere Erfindung zur poetischen Erhöhung des Abschieds« sein könnte, da Goethe es nicht in seinem an Charlotte von Stein gerichteten Brief (24.–28.9.1779) erwähnt (Wilpert 1998, 235). Wenn auch Goethes →Doppelgänger-Erlebnis nicht mit absoluter Garantie als »bewiesen« gelten kann – es gibt viele mögliche Gründe für die unterlassene schriftliche Mitteilung, etwa einen mündlichen Bericht –, so stimmt doch dieser Erlebnistyp mit den weltweiten Berichten über das Sehen des →Doppelgängers genau überein.

LITERATUR: Goethe 1997; Wilpert 1998.

Dryaden

Baumgeister wurden im alten Griechenland Hamadryaden und Dryaden (Sg. Dryas), von griech. *drys,* »Eiche«, »Baum«, genannt. Sie konnten bisweilen in Gestalt einer Jägerin oder Schäferin durch die Wälder streifen. Ihr Leben war eng mit dem des ihnen zugehörigen Baums verknüpft und war mit dessen Tod ebenfalls beendet.

John William Waterhouse, »A Hamadryad« (Eine Hamadryade). Öl auf Leinwand, 1893.

Dschinn

Dschinn ist ein im arabischen Kultur-
raum bekannter →Geist, der positiv wie
negativ erlebt werden kann. Nach alter
Vorstellung halten sich die Dschinnen
zwischen →Engeln und Menschen auf
und nehmen die Rolle von Vermittlern
ein. Sie sind begabte Baumeister und
können beim Tempelbau helfen, wie sie
es für König Salomon taten. Andererseits können sie nach heutigem islami-
schen Glauben auch Menschen beset-
zen.
LITERATUR: Drury 1988.

Dunkelalben →Alben

Dunkelheit

Wie das Licht unser Gemüt erhellt, so
bedrückt uns die Dunkelheit und erzeugt Angst. Dunkle, geisterhafte Gestalten kommen zum Vorschein, die das
Tageslicht verdeckt und vertrieben hat.
Wir sehen nicht mehr so ganz scharf,
trauen unseren Augen nicht so recht,
können uns auf nichts mehr verlassen.
So liegen die paranormalen Phänomene
denn auch im Dunkeln versteckt, sie
sind *occult,* verborgen – dies war in der
fernen Vergangenheit der Fall. Inzwischen, im Laufe jahrhundertelanger Bemühungen, lichtet sich die Sache allmählich, und viele Geheimnisse dringen
ans Tageslicht vor. Was Okkultisten im
Geheimen für sich behielten, wird nun
von Wissenschaft und Esoterik – Letztere wurde einst ebenfalls nur von Eingeweihten tradiert – an das Licht der Öffentlichkeit geholt.
  Die Dunkelheit ist das Kleid der
Nacht. Es ist nicht das kleine Schwarze
für einen festlichen Abend, sondern ein
großes, allumfassendes Gewand für das
ewig wiederkehrende Mysterium der
Nacht. Milchig grau ist es in bewölkten

Mondnächten, tiefblau in sternklaren,
eisigen Nächten, immer aber hüllt es die
Welt in einen dunklen Schleier, der die
Grenzen des Gewussten und Bewussten
sachte auflöst. Die Dunkelheit der äußeren Welt öffnet jedoch das Tor zur inneren Welt. Hier ist keine Nacht, kein bloßes Nichts, hier in der inneren Welt gibt
es viel zu entdecken. Es sind andere Bewusstseinszustände, die uns durch die
dunklen Sphären leiten und die zu unserem großen Erstaunen Wahrheiten oder
sogar Weisheiten mitnehmen lassen, die
sich bei klarer Betrachtung, bei »vollem« Bewusstsein durchaus als solche
entpuppen. Wir wissen das aus Wahrträumen, aus luziden, hellen Träumen,
die eine Hilfe zum Auflösen von Ängsten
sein können, oder auch von Geisterbegegnungen, die Informationen bringen.
Siehe auch: →Abend, →Dämmerung,
→Informationen von Geistern, →Licht,
→Mond, →Nacht, →Schatten.

Durchlässigkeit von Geistern

Der Prototyp eines Geistes ist nicht nur
durchsichtig, sondern auch durchlässig.
Menschen erleben immer wieder, dass
weder Schüsse noch Schläge noch Wurf-
objekte Geister treffen können. Sie gehen einfach durch sie hindurch, so wie
es bisweilen auch Menschen passiert,
die auf einen Geist zu stoßen vermeinen:

»Es passierte in der Abwesenheit meines
Freundes: Ich ging die Treppen hinauf, um
zu Bett zu gehen, und hielt eine Kerze in
meiner Hand. Als ich im offenen Türeingang
stand (der in das Schlafzimmer ... führte), da
sah ich deutlich einen Mann stehen, der
mich anschaute. Das einzige Licht kam von
meiner Kerze. Der Platz war sehr spärlich
beleuchtet, und es kam kein Licht durchs
Fenster herein. Es war ein großer, dunkler
Mann in einem grauen Anzug mit einem
schweren, dunklen Bart und Moustache; und
im ersten Moment dachte ich, es sei ein
Fremder, der sich an den Bediensteten vorbei hineingestohlen hatte, und mein erster
Ausdruck war Furcht – was sich nicht gera-

de für eine Dame gehört –, denn ich rief aus ›Hulloa‹ und lief direkt auf ihn zu, um ihn zu fragen, wer er sei und was er hier suche. Er bewegte sich nicht ein bißchen, und aus irgendeinem unbekannten Impuls heraus wanderte ich *geradewegs durch ihn hindurch* in das Zimmer. Als ich mich umdrehte und guckte, war er weg! Und ich fand mich von oben bis unten zitternd wieder. Ich setzte mich aufs Bett und machte mir klar, was soeben passiert war, und wollte zuerst die Angestellten rufen; aber ich habe es mir anders überlegt, aus Angst, sie würden mich auslachen. Ich wäre am liebsten hinuntergegangen, um einen Brandy zu trinken, wagte es aber nicht. Und nach einer Weile riß ich mich zusammen und kroch in mein Zimmer nebenan. Ich schloß die Tür ab (ganz gegen meine Gewohnheit) und verbrachte eine ruhige Nacht mit einem gesunden Schlaf.« (Journal of the S.P.R., 3, 1887–1888, 116; übersetzt von A. Puhle)

An vielen Geistern ist nicht viel dran. Sie bleiben häufig im Un-fass-baren, Unbe-greif-baren stecken. Und es lohnt sich wirklich nicht, ihnen gegenüber handgreiflich zu werden oder Gegenstände nach ihnen zu werfen (→Transparenz von Geistern). So sah es auch Isaak Newton, als er einst in Cambridge an einer Gruppe von Geister jagenden Studenten vom St. John's College vorbeiging, die sich erwartungsvoll und zu jeder Tat entschlossen vor dem →Spukhaus gleich gegenüber dem College-Tor mit Pistolen aufgebaut hatten, und ihnen den schlichten Rat gab: »Oh, ihr Dummköpfe, habt ihr denn nicht ein bisschen Grips im Kopf? Wisst ihr nicht, dass all diese Dinge nur Lug und Trug sind? Los, geht nach Hause und schämt

euch!« (Cornell 2002, 23; übersetzt von A. Puhle). Bemerkenswert ist, dass Newton jahrelang einen eigenen Alchemie-Workshop hatte, und, wie einige Studiengenossen von Trinity verlauten ließen, sich in den »schwarzen Künsten« geübt haben soll (Owen 1964, 46f.).
Siehe auch: →Berührung mit Geistern, →Kompaktheit von Geistern, →Transparenz von Geistern.
Literatur: Cornell 2002; Owen 1964.

Durchsichtigkeit →Transparenz von Geistern

Durga

Die indische Mythologie erzählt von dem mächtigen Geistwesen Durga, einer Manifestation von Shivas Frau, Parvatis, das mit zehn Armen und zehn Waffen einen bösen →Dämon überwältigen konnte.
Literatur: Drury 1988.

Dzibai

Dzibai ist die Bezeichnung für eine Zeremonie der nordamerikanischen Ojibwa-Indianer, die den Seelen der soeben Verstorbenen bei ihrer Reise in das Land der Geister helfen soll.
Siehe auch: →Totengeleiter.
Literatur: Guiley 1992.

E

Ea

Der Wassergott Ea ist nach babylonischem Glauben ein Schöpfergott, Schutzpatron der Künstler und Handwerker, der »Herr der Weisheit« und ein Experte in Magie.

Eberesche

Als ein Baum mit magischen Qualitäten gilt die Eberesche. Sie ist ein Schutzbaum gegen alles Böse und wendet Zauberei und Hexerei ab. Den Kelten war die Eberesche heilig.

Echtheit von Geistern

Was ist wirklich dran an einem Geist? »Echtheit« kann hier zweierlei bedeuten, Echtheit der Erlebnisrealität und Echtheit im Sinn einer vom Menschen unabhängigen Existenzform von Geistern. In beiden Fällen müssen Betrug und Täuschung ausgeschlossen und ein typisches, allgemein gültiges Muster der Erscheinung zu erkennen sein; sie sollten sich in das Gesamtbild, das wir aus verschiedenen Ländern und Zeiten gewonnen haben, einfügen. Hat ein Geisterbericht auffallende Abweichungen von anderen derselben Art, spricht das eher gegen seine Echtheit. Es ist zum Beispiel nicht bekannt, dass in Poltergeistfällen ein Mensch ernsthaft verletzt oder getötet wurde. Wenn also etwa Stimmen laut werden und von einem Todesfall in Verbindung mit Poltergeis-

tern sprechen, ist das ein sicherer Indikator, dass der Fall unecht ist. Ein praktischer Ratgeber und nützliches Aufklärungsbuch sagt schon im Titel, was er/es meint: »Geister sind auch nur Menschen« (Lucadou und Poser 1997). Wie können wir geisterhafte Phänomene noch prüfen? Robert L. Morris (1946–2004), Professor für Parapsychologie an der Universität in Edinburgh, gibt uns eine Checkliste in die Hand (vgl. Puhle 2005, 4, IX.5; 1, II.8–10), mit der wir herausfinden können, was sich hinter Geistererscheinungen alles verbergen kann:

1. Koinzidenz
2. Schlechte Beobachtung
3. Schlechte Interpretation der Beobachtung
4. Schlechtes Gedächtnis (schlechte Speicherung und Abrufbarkeit)
5. Selbsttäuschung
6. Täuschung durch andere
7. Funktionsstörungen biologischer Prozesse
8. Versteckte Gründe
9. Neue Anwendung bestehender Prinzipien
10. Zusätzliche natürliche Ursachen
11. Ursachen außerhalb der Natur
12. Übernatürliche Ereignisse (Morris 2001, 9; übersetzt von A. Puhle)

Eines der schwierigsten Kapitel in puncto Geister-Checken ist unser Gedächtnis. Wird der Vorfall nicht augenblicklich detailliert dokumentiert, können wir nicht mehr sicher sein, wie weit das

Adrian Parker und Robert Morris (rechts) vor dem Eingang des Psychologischen Instituts in Edinburgh, Frühjahr 2004. Foto: Annekatrin Puhle.

Geistererlebnis nachträglich von uns zu einer Geschichte abgerundet wurde. Typisch ist zweierlei: Das ungewöhnliche Erlebnis wird aufgebauscht, viel größer und bedeutender gemacht, als es tatsächlich war, oder aber das nicht in unser Weltbild passende Ereignis wird nachträglich heruntergespielt und ganz unbedeutend gemacht, als wäre gar nichts Besonderes geschehen. So einfach biegen wir die Realität zurecht, bis sie uns gefällt.

Eine der vorbildlich dokumentierten Geistererscheinungen ist der *Silver Street Ghost*. Der Cambridger Student vom Queen's College notierte die Einzelheiten gleich ein paar Minuten nach dem Ereignis am 21. November 1954, in einer hellen, sternklaren Nacht um drei Uhr in Cambridge:

»Ich habe gerade einen Geist gesehen. Als ich aus dem Bus ausgestiegen war, mit dem ich gerade von Oxford zurückkam, ging ich zu Fuß weiter in Richtung Eingangstor (des Colleges). Ich war schon fast beim (Pub) Anchor (in der Silver Street), als ich mich entschied, über die Straße zu gehen. Auf der anderen Straßenseite sah ich deutlich eine ganz dunkle Figur, die langsam auf die Brücke zulief. Ich ging über die Straße, und als ich nahe an sie herankam, ein bißchen hinter ihr war, sah ich etwas, das deutlich ein alter Mann zu sein schien, der sehr krumm ging. Er hielt seine Hände geschlossen auf dem Rücken, und mir fiel auf, daß er einen

Morgenrock trug. Ich wollte gerade meinen Fuß auf den Bürgersteig setzen, war ein oder zwei Schritte hinter ihm, wie ich mir ausrechnete, als die Figur ganz plötzlich verschwand. Das amüsierte mich so, daß ich überall herumschaute und mehrere Minuten auf der Brücke stehenblieb, bevor ich meinen Weg fortsetzte.« (Gauld 1955, 89–91; Cornell 2002, 39–43; übersetzt von A. Puhle)

Siehe auch: →Geister vor Gericht, →Prüfung von Geistern.
LITERATUR: Cornell 2002; Owen 1964; Gauld 1955; Lucadou und Poser 1997; Puhle 2005.

Eckerken (Ekerken)

Eckerken ist ein →Kobold, mal Quälgeist (HdA 1987, 2, 550f.; 8, 840), mal hilfreicher →Geist (Petzoldt). Ein niederländisches Zauberbuch (Vallick 1576) berichtet von ihm, dass er einst auf einem Bauernhof im Herzogtum Kleve lebte und sich tagsüber im Haus und auf dem Hof nützlich machte, etwa den Pferden Futter gab oder die Knechte zur Arbeit anhielt. Nachts allerdings schlüpfte er gern in die Betten der Mägde und zupfte sie an ihrem »heimlichen und verborgenen Haar«.
Siehe auch: →Hausgeister, →Zwerge.
LITERATUR: HdA 1987; Petzoldt 1995; Vallick 1576.

Edda

Altnordische Sammlung von Götter- und Heldensagen, die zwischen 900 und 1050 aufgeschrieben wurde und viele paranormale Erlebnisse schildert.
LITERATUR: Kvastad 2001.

Edinburgh's South Bridge Vaults (Edinburgh Ghost Project)

Keine andere Stadt in Schottland ist so berühmt-berüchtigt für ihren →Spuk wie Edinburgh. Die *South Bridge vaults*

Unterirdische Gewölbe in den South Bridge Vaults, Edinburgh. Dieses Gewölbe lag an dritter Stelle hinsichtlich der berichteten Spukphänomene in den vaults. *Foto: James Houran.*

in der schottischen Hauptstadt sind nur ein Beispiel dafür. Die Brücke wurde im späten 18. Jahrhundert aus verkehrstechnischen Gründen erbaut. In ihre Pfeiler wurden unterirdische Gewölbe, Kammern und Gänge hineingeschlagen, die als Vorratskammern und Werkstätten, aber auch als Wohnungen für die Armen dienen sollten. Bereits in der Mitte des 19. Jahrhunderts waren die nasskalten, übervölkerten *vaults* zu Infektionsherden, zu Slums verkommen. 1997 wurden die inzwischen sanierten Gewölbe als Touristenattraktion wieder freigegeben. Doch seitdem hängt ihnen ein unheimlicher Ruf an: Während verschiedener Touren haben nämlich sowohl die Besucher als auch die Führer die merkwürdigsten Dinge erlebt, sie hatten z. B. ein intensives Gefühl, dass eine unsichtbare Person anwesend war (→ Fühlen einer Gegenwart), sahen Erscheinungen von Geistern und hörten geisterhafte Schritte.

Anlässlich des International Edinburgh Science Festival im April 2001 führte ein Team von Wissenschaftlern aus den USA, aus England und Australien (James Houran, Richard Wiseman, Michael Thalbourne) eine Feldstudie in den *South Bridge vaults* durch, um den möglichen Einfluss persönlicher Aspek-

te der Versuchsperson auf das Erleben von Spukphänomenen und Sehen von Geistern zu untersuchen (Houran, Wiseman und Thalbourne 2002). 218 Freiwillige nahmen an dem Experiment teil, von 134 konnten die Daten ausgewertet werden. Das Ergebnis zeigte, dass etwa die Hälfte der über 100 Versuchsteilnehmer (66 Personen = 49 Prozent), die einige Zeit nachts allein in einer der Kammern verbringen mussten, mindestens ein ungewöhnliches Phänomen erlebten. Ob nun psychologische Faktoren wie gesteigerte Licht- und Lärmempfindlichkeit (Hyperästhesie), Zugang zum Unbewussten (Fantasie), Erwartungshaltung und Glaube (im Sinne von New Age oder traditioneller Glaube) zusammen mit physikalischen Faktoren wie Schatten, Dunkelheit und Temperaturveränderungen als Ursachen für die Wahrnehmung von Spukphänomenen und Geistern infrage kommen, kann anhand dieser einen Studie sicher nicht entschieden werden, zumal die Fragebögen an die Partizipienten erst nach der nächtlichen Erfahrung in den wenig einladenden Gewölben verteilt wurden. Die Ergebnisse sind möglicherweise suggestiv gefärbt.

LITERATUR: Houran, Wiseman und Thalbourne 2002.

Edison, Thomas Alva →Telefon-
anrufe von Verstorbenen

Ehefrau, verstorbene

Nach deutschem Volksglauben tanzt die
verstorbene Ehefrau bei der nächsten
Hochzeit ihres Ehemanns mit, sofern sie
diese Ehe gutheißt (Wuttke 1900, 471,
Nr. 749).
Siehe auch: →Geister von Verstorbenen.
LITERATUR: Wuttke 1900.

Eidola

Schattenbilder werden bei →Homer Ei-
dola (Sg. *eidolon*) genannt.

Eisenhut

In der Mythologie Griechenlands heißt
es, der äußerst giftige Eisenhut *(Aconitum spp.)* oder Akonit, ein Mitglied
der Familie der Hahnenfußgewächse,
sei aus dem Speichel des dreiköpfi-
gen →Kerberos entstanden. Der Speichel tropfte aus dem Höllenhund heraus, als Herakles ihn, der den Eingang
zur →Unterwelt bewachte, mit Gewalt
ans Licht heraufziehen wollte. Seitdem
wächst die Pflanze am Eingang zum
→Hades, am bithynischen →Acheron.
Hekate, die Tochter der Nacht und Göttin der Geister, soll die Anwendung der
zauberkräftigen – heute medizinisch
eingesetzten – Pflanze eingeführt haben.
    Schon der flämische Arzt J.B. van
→Helmont fand in einem Selbstversuch
heraus, dass diese Pflanze psychoaktiv
ist, einen unmittelbaren Effekt im Bewusstsein hervorrufen kann. Van Helmont bemerkte zunächst eine ungewöhnliche Klarheit seiner Gedanken. Er
testete die Wurzel der Pflanze mit der
Zunge und stellte eine Verschiebung sei-

nes Ich-Bewusstseins fest: Das Zentrum
seiner Gedanken, seines Geistes befand
sich ab sofort nicht mehr im Kopf, sondern in der Magengegend. Die Erfahrung mit dem Eisenhut empfand der
Arzt als durchaus angenehm. Bei einer
unter gleichen Bedingungen durchgeführten Wiederholung konnte er nur
Schwindelgefühle bemerken.
    Die stark bewusstseinsverändernde
Pflanze – der blaue Eisenhut oder echte
Sturmhut *(Aconitum napellus)* ist der
mächtigste und schönste unter den Aco-
nitum-Arten – war Bestandteil von Sal-
ben, die Hexen für ihren Flug benötig-
ten. Sie fand allerdings auch Einsatz als
Mordinstrument. So sollen Kaiser Clau-
dius (54 n.Chr.) und Papst Hadrian VI.
einer Eisenhut-Vergiftung zum Opfer
gefallen sein. Der Senat im alten Rom
hatte beschlossen, ihn auf die Liste der
verbotenen Zauberpflanzen (→Zauber-
kraut) zu setzen.
LITERATUR: Müller-Ebeling 1999; Rätsch
1989; Schöpf 1986; Shepard 1991.

Eisenkraut

Das wohlduftende, wertvolles ätherisches Öl enthaltende Eisenkraut *(Verbena officinalis)* zählt zu den Schutzpflan-
zen, die den Menschen vor Zauber und
bösen Geistern bewahren. Die apotro-
päische Pflanze darf nur ein einziges
Mal pro Jahr ausgegraben werden, und
zwar zur Zeit des Venusaufgangs und
bei Neumond (Wolf 1929, 46).
LITERATUR: Wolf 1929.

Eiseskälte

Geister verbreiten oft eisige Kälte – so
heißt es sprichwörtlich. Wir wissen
nicht, warum, aber es wird häufig berichtet. Gemeint ist nicht nur die haut-
nahe →Berührung mit Geistern, sondern auch das allgemeine Klima, das

ihre Anwesenheit verbreitet. Dazu gehört eine ähnliche Beobachtung von Menschen, die sich in der Nähe eines Sterbenden aufhalten: Es wird plötzlich sehr kalt im Raum, vor allem an ganz bestimmten Punkten, die einfach *cold spots,* kalte Punkte, genannt werden. Krankenschwestern berichten davon (Morris und Knafl 2003, 158).

Eishere

Der Eishere ist ein →Riese aus dem Thurgau, den der St. Galler Mönch Notker Bulbukus um 900 erwähnt (»Taten Karls des Großen«). Sein Name soll bedeuten, dass er fast ein Heer ersetze.
LITERATUR: Petzoldt 1995.

EKG →Nahtoderfahrung

Electronic voice phenomenon
→Transkommunikation

Elektrokardiogramm (EKG)
→Nahtoderfahrung

Elektromagnetische Felder
→Geister-Theorien

Elementale

Der aus der Theosophie stammende Ausdruck »Elementale« bezeichnet →Elementargeister.

Elementargeister (Elementarwesen)

Die Kraft der Natur, die Macht der Natur ist es, die uns zuallererst begegnet und unseren Vorfahren noch viel gewaltiger erschienen sein muss, als wir es heute in unserer sicheren Welt wahrhaben wollen. Und wie die vier Elemente Erde, Feuer, Luft und Wasser gnadenlos unser Leben bestimmen, so tun es vor allem die Geister, die in ihnen wohnen – so wussten es unsere Vorfahren, die der Natur wohl doch ein Stückchen näher waren, als es uns heute in unserer verbauten, lauten Welt gelingt. Elementargeister sind Leben spendend, unumgängliche Notwendigkeit für den Kreislauf der Natur und des Lebens. Wie könnten wir so vermessen sein zu glauben, dass nur in uns, im Menschen, ein bisschen Geist steckt und nirgendwo sonst? Schauen wir also ruhig einmal hin, was all die vielen →Erdgeister, →Feuergeister, →Luftgeister und →Wassergeister uns zeigen können – welche Ideen wohnen in ihnen?

Wer sie nicht kennte
Die Elemente,
Ihre Kraft
Und Eigenschaft, (Goethe, »Faust I«,
Wäre kein Meister. Studierzimmer,
Über die Geister V. 1277 ff.)

Erde verbindet, Feuer leuchtet, Luft beflügelt, Wasser klärt und reinigt – dies sind die Qualitäten, die wir in den elementaren Geistwesen und ihrem Verhalten wiederfinden können und zu denen uns Begegnungen mit ihnen anregen. In diesem Sinn können sie ihr geistiges Wesen vermitteln, können sie in-spirieren. Und wie alles im Leben haben auch diese Eigenschaften eine Kehrseite, die Gefahren, die im Umgang mit den Wesen lauern: Erde beschwert, Feuer zerstört, Luft verführt und Wasser zieht hinunter.

Wir hören all das in den Berichten von den Erfahrungen der Menschen mit den Geistern der Elemente. Es liegt nun an uns, welchen »Geist« wir einatmen wollen. Es kommen die Geister, die geladen sind.
Siehe auch: →Elfen, →Erlkönig, →Kobolde, →Zwerge.
LITERATUR: Goethe 1887–1919; Petzoldt 1995.

Elemente

Elemente sind Grundstoffe, wie uns die Bedeutung des lat. Wortes *elementum* (Sg.) lehrt.

Die vorsokratischen Philosophen richteten ihr Augenmerk auf die einzelnen Elemente, Heraklit (um 500 v. Chr.), der →Erde, →Feuer und →Wasser annimmt, auf das Feuer, Anaximenes (ca. 585–525 v. Chr.) auf die →Luft und Thales (ca. 624–546 v. Chr.) auf das Wasser, während Empedokles (ca. 495–435 v. Chr.), der bedeutende Vorsokratiker aus Agrigent, der die ihm angetragene Königswürde einst abgelehnt hatte, von allen vier Elementen als Bausteinen der Natur ausgeht. Die Annahme von vier Grundbestandteilen der Natur hat sich im Laufe der Jahrhunderte am meisten durchgesetzt, während wir von Plutarch (ca. 46–ca. 120) wissen, dass manche Philosophen den →Himmel, das →Licht oder den →Äther als fünftes Element ansehen. Einer von ihnen lebte gut 400 Jahre vor ihm, Aristoteles (384–323 v. Chr.).

→Paracelsus ordnet in seiner Schrift »Ex libro de nimphis, sylvanis, pygmeis et salamandris« (aus der »Philosophia Magna«, 1567) den klassischen vier Elementen vier Gruppen von →Elementargeistern zu, die Wasserleute (→Wassergeister), Windleute (→Luftgeister), Bergleute (→Erdgeister) und Feuerleute (→Feuergeister) (Paracelsus 1567, 171–200; vollständiger Text auch in Puhle 2005, 2, III.26).
Siehe auch: →Quintessenz.
LITERATUR: Paracelsus 1567.

Elfen

Elfen, Elben, →Alben und →Feen sind Namen für Geistwesen, die in der freien Natur zu suchen sind und dem Element Luft angehören. Ihre Namen sind in der

Französische Elfen (Firefly fairies). Aus Thomas Keightleys »The Fairy Mythology«, 1880.

Literatur bunt miteinander vermischt, so dass sich der unterschiedliche Ursprung der einzelnen Gruppen nicht leicht erkennen lässt. Feen stammen namentlich von den römischen *fatae,* den Schicksalsgöttinnen ab, Elben bzw. Alben kommen ihrem Namen nach aus der nordischen Mythologie und werden in lichte und dunkle →Alben unterschieden (Schwarzalben und Lichtalben). In der deutschsprachigen Literatur tanzen seit dem 13. Jahrhundert die Elben als luftige Elfen herum, mit deren Namen seitdem auch →Zwerge oder Alben gemeint sind (Petzoldt 1995, 63). Wie diese bewegen sich auch die einst nur edlen Elfen später im Zwielicht zwischen Gut und Böse. Elfen, ihrem Wesen nach →Luftgeister, lieben den Kreis wie den Tanz, und so formen sie ihre berühmten →Elfenringe und tanzen ihren zauberhaften Elfenreigen. Sie sind wahre Meisterinnen im Tanz, und ihr mitreißender Elfentanz ist auf wunderschönen Gemälden wie etwa denen von Moritz von Schwind, August Malmström und Nils Blommer für immer eingefangen (s. Puhle 2005). Marita Lück nennt ihr Glanzstück über diese Kinder der Natur »Im Zauberkreis der Feen« (Lück 1997).

Die Iren wissen wohl besser als alle anderen Völker, in welchen Bann einen die Runde der Feen ziehen kann, wie sehr ihr Tanz verzaubern kann, den sie so verführerisch um die runden Hügel herum aufführen. Wer sich wirklich von ihnen mitreißen lässt, läuft Gefahr, sich zu Tode zu tanzen oder den Rest seines Lebens mit der Sehnsucht nach ihnen zu verbringen. Und die Iren können auch ein Lied singen von dem Gesang der Elfen: Dieser kann vieles bewirken, und die schönsten irischen Lieder sollen von den Feen stammen oder von den Feenhügeln, aus denen sie manchmal leise erklingen (Lück, 74f.).

Siehe auch: →Alp, →Banshee, →Elementargeister, →Erle, →Naturgeister.

LITERATUR: Lück 1997; Petzoldt 1995.

Moritz von Schwind,
»Elfentanz im Erlenhain«,
um 1860.

Elfenringe

Die →Elfen tanzen vor der Walpurgisnacht auf den Wiesen ihre hübschen Reigen, die so viele Maler inspiriert haben (Moritz von Schwind u. a.). Sie hinterlassen dabei kreisrunde Spuren im Gras, die Elfenringe, die auch aus England schon lange bekannt sind. Jakob Grimm erzählt von dem unwiderstehlichen Hang zu Musik und Tanz, der allen Elben eigen sei. Sie tanzen des Nachts im Mondschein, und am nächsten Morgen kann man noch ihre Spuren im Tau sehen, und er verweist dabei auf die englischen *fairy rings oder fairy green* (Grimm 1992, 1, 389). Dann wusste man, das ist eine »Elfliwiese« (Rochholz 1856, 1, 291).

Nach einer »natürlichen« Erklärung suchte man bereits damals und glaubte, sie in den Wirkungen des Myzels, eines Pilzes, zu erkennen (Naturwissenschaftliche Zeitschrift für Forst- und Landwirtschaft 1914, 12, 133ff.; 1917, 15, 373ff.). Inzwischen sind die überall in Großbritannien verstreuten Kornkreise in unterschiedlicher Weise gedeutet worden, ihre kunstvolle Herstellung vorgeführt worden, und doch geht die Diskussion angeregt weiter – von einer befriedigenden Lösung kann keine Rede sein.

Siehe auch: →Feen.

LITERATUR: Grimm 1835, 1992; Rochholz 1856; Wrubel 1883.

Ellison, Arthur

Arthur Ellison.

Der englische Ingenieur Arthur Ellison, Leiter des Department of Electrical and Electronical Engineering an der City University in London und drei Jahre lang Präsident der Society for Psychical Research in London, beschreibt in seinem Buch »The Reality of the Paranormal« (1988) fünf prinzipielle Typen von →Geistererscheinungen von Menschen, im Englischen *apparitions* genannt.– Dabei handelt es sich um die vier klassischen Kategorien nach Tyrrell und noch einen fünften Typus:

1. *haunting-type cases* (→Spuk, ortsgebundener)
2. *crisis cases* (→Geistererscheinungen in Krisensituationen)
3. *post-mortem cases* (→Erscheinungen von Verstorbenen)
4. *experimental cases* (experimentelle, provozierte Fälle)
5. *suggestion-type cases* (suggestive Fälle)

Unter den Fallbeispielen befindet sich auch ein eigenes Erlebnis des Autors:

»Vor einigen Jahren hielt ich einen Vortrag in einer Kleinstadt in den Midlands. Anschließend zeigte man mir das Zimmer, in dem ich übernachten sollte. Das Haus war, wenn ich mich recht erinnere, im Tudor-Stil gebaut. Mein Zimmer war klein, und mein Bett befand sich unter der Dachschräge. Es war schon spät, und ich zog mich sofort zurück. Der Mond schien durch das Fenster über dem Fußende des Bettes. Nach einiger Zeit (ich habe keine Ahnung, wann) wachte ich auf, wohl bewusst, wo ich war, und beobachtete den Mond, der immer noch draußen vor dem Fenster schien. Zu meiner Überraschung bemerkte ich jetzt, dass die Zimmerdecke über meinem Gesicht ein Loch hatte, durch das ein anderes Gesicht auf mich herunterstarrte. Dieses Gesicht schien von einer flackernden Kerze angestrahlt zu werden, die ich nicht sehen konnte; es hatte helle, große und unbewegliche Augen, die direkt in die meinen blickten. ›Also nein‹, dachte ich, ›was für eine Unverschämtheit, mich mitten in der Nacht in meinem Bett anzugucken!‹ Dann schlief ich ein.

Am nächsten Morgen, nach einem kurzen und einsamen Frühstück, musste ich gleich aufbrechen, und ich fand auch in den folgenden Monaten keine Gelegenheit, Nachforschungen anzustellen. Der Organisator meines Vortrags informierte mich dann, dass das Gebäude, in dem ich übernachtet hatte, den Ruf eines Spukhauses hatte, wusste aber keine Einzelheiten. Ich würde es niemandem übel nehmen, wenn er vermutete, ich hätte die ganze Episode nur geträumt. Wie dem auch sei, alles, was ich als Antwort geben konnte, war, dass ich niemals einen ähnlichen Traum gehabt hatte. Ein interessanter Aspekt ist, dass ich eindeutig nicht vollständig wach war, da es mir nicht in den Sinn gekommen war zu versuchen, das Wesen anzufassen, das mich so fixierte. Ich wage zu bezweifeln, dass ich die Erfahrung überhaupt gemacht hätte, wenn ich bei vollem Bewusstsein gewesen wäre und nicht leicht abwesend. Es kommt ziemlich selten vor, dass jemand einfach so daliegt und auf eine Erscheinung wartet.« (Ellison 1988, 25; übersetzt von A. Puhle)

Siehe auch: →Fragmente von Geistern.

LITERATUR: Ellison 1988; Tyrrell 1943, 1953.

Elysium

Das endgültige Reich der Verstorbenen, die sich zu Lebzeiten verdient gemacht haben, wird in der griechischen Mythologie Elysium genannt. Dieses Land der Seligen wurde am westlichen Ufer des Okeanos oder in der →Unterwelt vermutet.

Siehe auch: →Insulae fortunatae.

Empedokles (Empedocles)

Der griechische Naturphilosoph Empedokles aus Akragas (Agrigent) (um 494–434 v. Chr.) ist Verfasser zweier erhaltener Schriften: »Über die Natur« *(peri physeos)* und »Lehre von der Reinigung« *(katharmoi)*. Er sieht das Werden und Vergehen in der Natur als Mischung und Entmischung der Elemente →Erde, →Feuer, →Luft und →Wasser an. Nach ihm sind die Elemente ungeschaffen und unvergänglich. Alle Erscheinungen sind Produkte der Verbindung oder Trennung der Elementteilchen, die ihrerseits durch die Urkräfte Liebe oder Hass zustande kommen. Seine Theorie über das Sehen besagt, dass Gleiches nur durch Gleiches erkannt werden kann. Empedokles war in allen Wissenschaften seiner Zeit bewandert, Astronomie, Mathematik, Physiologie,

Psychologie u. a., ein wahrer Universalgelehrter.

Der Demokrat, der die ihm angetragene Königswürde ablehnte, machte sich einen Namen als Arzt und Priester und wurde wie ein Gott verehrt. Letzteres war ihm wohl bewusst: »Ich aber wandle Euch daher als ein unsterblicher Gott, nicht mehr als Sterblicher« (aus Fragment B 112). Tausende von Menschen kamen zu ihm, »die einen der Orakelsprüche bedürfend, die anderen fragen nach bei mannigfachen Krankheiten ein heilbringendes Wort zu erfahren« (aus Fragment B 112). Empedokles war überzeugt von der Reinkarnation.

LITERATUR: Diels 1951; Irmscher 1978.

Engel

Engel beflügeln nicht nur unsere Fantasie, sie tragen selbst Flügel und führen uns damit in die Regionen, denen sie angehören, in himmlische Sphären. Selbst wer absolut nicht an Engel glaubt, hat sicher schon einmal die Schönheit und den Glanz des Engelhaften in Abbildungen oder Beschreibungen bewundert. Engel gehören einem Zwischenreich an, sie vermitteln zwischen Himmel und Erde, zwischen Gott und Mensch, worauf schon ihr Name – griech. *angelos,* »Bote« – hinweist.

Ihre Existenz ist dementsprechend ambivalent, liegt zwischen Sichtbarkeit und Unsichtbarkeit, zwischen einem Fassbaren und Unfassbaren, einem äußerlich Wahrnehmbaren und innerlich Erfahrbaren, zwischen göttlich Unbegreifbarem und dem, was wir im täglichen Leben anpacken und in die Hände nehmen können. Engel bringen Nachrichten und sind Vermittler, Schützer und Tröster, sie sind Kräfte und Mächte – so lehrt es die Geschichte der Theologie, die christliche Dogmatik und das tägliche Leben.

»Ein großer Engel, golden, steht plötzlich da. Er hat die Arme ausgebreitet wie ein schimmerndes Kreuz. Hinter ihm sind goldene Blätter, ein dichter Busch.

Er erschien als Antwort auf die innere Frage nach dem Sinn meines Suchens, mitten in geistigen Übergangskämpfen. Beim Notieren der Erscheinung, während ich versuchte, sie zu verstehen, war ich umhüllt von Wohlgeruch.« (Aus meinem Tagebuch, 19. Mai 1955, Teillard 1994, 205)

Die kirchliche Überlieferung berichtet von Engeln als Geschöpfen Gottes, die »mit dem ganz normalen Erkenntnisvermögen erkannt werden können« (Vorgrimler 1991, 31; Grün 2003, 13). Sie erreichen uns im Traum, aber auch, wenn wir wach sind, manchmal durch Menschen, und sie erreichen vor allem unser Herz. Bibel und Kirchenväter lassen uns wissen, dass Engel immer wieder einmal erfahren, ja gesehen werden dürfen, doch in Grenzen: »Alles genauere Eindringen in das Wesen und das Wirken der Engel, alle menschliche

Michelangelo, »Angelo Inginocchiato«. Skulptur in der Basilica di San Domenico, Bologna.

St. Michael und der Teufel.
Stich eines unbekannten Meisters,
Kupferstichkabinett, Berlin.

Neugier, der Engel habhaft zu werden, wird von der Kirche zu Recht abgelehnt« (Grün 2003, 13).

Engel gehören nicht der Vergangenheit an. Sie erscheinen vielen Menschen, sehr häufig als letzte Rettung, als →Schutzengel in großer Not oder ungeahnter Gefahr. Sie werden heute von Therapeuten und Geistlichen geschätzt im Bereich der Lebenshilfe (Anselm →Grün). Von Menschen, die eine →Nahtoderfahrung gemacht haben, wissen wir, dass die Begegnung mit Engeln und Lichtwesen als sehr heilsam und bereichernd erlebt wird und dem Leben einen Sinn geben kann, der vorher nicht empfunden wurde. Jedem Engel ist eine besondere Aufgabe zugeteilt, und umgekehrt findet sich in jeder Lebenslage ein Engel ein: Rafael heilt, Gabriel verheißt ein Kind, und Michael kämpft unentwegt für uns alle und für das Gute, das die Oberhand behalten soll, für den göttlichen Kern in uns:

»Da entbrannte im Himmel ein Kampf; Michael und seine Engel erhoben sich, um mit dem Drachen zu kämpfen. Der Drache und seine Engel kämpften, aber sie konnten sich nicht halten, und sie verloren ihren Platz im Himmel. Er wurde gestürzt, der große Drache ...« (Offenbarung 12, 7–9)

Wir könnten nun viele schöne Erlebnisse mit Engeln anführen, die tagtäglich um uns herum geschehen. Ein Engel hebt eine Frau bei einem Autounfall sachte in seinen Armen aus dem Auto heraus; ein Engel lehnt sich zu einer Person, die kurz darauf schwer erkrankt und in letzter Minute durch günstige Umstände gerade noch gerettet werden kann, über das Bett; ein Engel erscheint in blendendem, Ehrfurcht gebietendem Lichtglanz einer Frau, die ihren Vater von einem anonymen Massengrab in ein Einzelgrab hat umbetten lassen, und Engel erscheinen in Träumen – nicht weniger machtvoll als im Wachzustand.

Engel sind mit ihrem Namen, nicht aber ihrer Erscheinung, ihrem Wesen und ihrer Bedeutung kultur- oder religionsgebunden. Leuchtende, himmlische Lichtwesen sind international und universal. Sie sind die →Devas, die »Leuchtenden«, die »Himmlischen« des alten Indien (Storl 2001, 23). Wir wissen von →Nahtoderfahrungen, dass Menschen in den Momenten des Übergangs in andere Seinssphären diesen Götterboten begegnen können, egal aus welchem Land sie kommen, welchen Glauben sie haben und ob sie überhaupt irgendetwas glauben. Nur das →Licht, der reine, vollkommene Glanz, zählt noch am Ende.

Siehe auch: →Dee, John, →Erscheinung, →Lichterscheinungen, →Marienerscheinungen, →gute Geister, →Schutzgeister, →Todesengel.

LITERATUR: Grün 2003; Petzoldt 1995; Vorgrimler 1991; Puhle 2005, 2, Kap. III.3; Storl 2001.

Ephemerer Spuk →Spuk, ephemerer

Erde

Die Erde ist das Element des Beständigen, Dauerhaften und Verlässlichen, die Heimaterde, der sichere Grund und Boden – das, worauf wir bauen können. Sie ist nach alten Vorstellungen belebt von Geistern (→Erdgeister), die sich vor allem durch Geräusche bemerkbar machen, durch →Klopfen, Pochen und Hämmern (→Berggeister), aus dem später das →Rumoren und →Poltern wurde. Die ihr innewohnenden Geistwesen sind →Zwerge, →Gnome und →Kobolde, deren Erscheinungsbild und Aufgabenbereich sich ähneln und überlappen. Auch Stimmen lassen sich aus der Erde vernehmen (→Erdgeister). So kennt man in Schlesien das →Weizenhören. Bereits Cicero bemerkt, dass die Ausdünstungen der Erde für die Trancezustände der wahrsagenden Sibylle verantwortlich sein könnten (→Delphi).

Marko Pogačnik hat mit seiner Lithopunktur eine wirksame Methode entwickelt, zerstörte Erdharmonie durch das Aufstellen von Steinen und andere Mittel wieder ins Gleichgewicht zu bringen. Siehe auch: →Elementargeister, →Elemente, →Feuer, →Feuergeister, →Geister-Theorien, →Luft, →Luftgeister, →Wasser, →Wassergeister.

Erdgeister

Die Erde ist unser Element. Hier sind wir Menschen, hier müssen wir es sein. Die Erde ist der einfache Grund, auf dem wir unser Leben aufbauen. Sie ist verlässlich, beständig, immer da und scheint sich niemals zu wandeln. Wir bauen auf sie und lassen uns von ihrer Beharrlichkeit in Sicherheit wiegen. Nur aufregend ist sie nicht, so wie auch die Geister der Erde nicht die Attraktivität der Wesen des Wassers oder der Luft haben. Sie sind nicht lockend und anziehend wie die →Wassergeister, tragen uns auch nicht durch die Lüfte davon wie die →Luftgeister (Entführungen), sondern sie sind ganz schlicht und ergreifend da, immer da. Sie sind die Zuverlässigen unter den Geistern. Sie rufen uns nicht, sondern sind schon zur Stelle, wenn wir sie brauchen. Sie wissen um die Kräfte der Erde, die schweren, die das Leben beschwerlich machen können, um die Bindungen und Verpflichtungen, die Menschen belasten und an einen Ort, ans Haus binden. Unter Umständen kommen sie dann, die Kräfte des Beständigen, und wirken bei der müßigen Hausarbeit mit. Das ist die Stärke der kleinen Männchen und Weibchen, die unter der Erde leben. Und lustig sind sie dabei. »Wer schaffen will, muss fröhlich sein«, lautet eine Volksweisheit, die den freundlichen Hauskobolden wie auf den Leib geschrieben ist.

In der Erde ist fast alles drin – sie ist bei weitem nicht so langweilig, wie ihre Kennzeichen auf den ersten Blick erscheinen mögen. Die Wesen, die aus ihrem Dunkel zum Vorschein kommen, legen ganz erstaunliche Fähigkeiten an den Tag und entwickeln sich als Persönlichkeiten mit recht menschlichen, bisweilen überspannten Zügen. Es sind →Kobolde und →Zwerge, →Gnomen und Erdmännchen, Erdweibchen, Erdmütter und Erdfräulein, ja auch eine Erdhenne ist darunter.

Das Verhalten mancher Erdgeister spricht für Zugehörigkeit zum menschlichen Bereich, und ihre emsige Arbeit im Haushalt könnte ein Zeichen dafür sein, dass sie etwas wieder gutmachen wollen – daher weinen sie auch, wenn man sie nicht lässt und ihnen Kleider – ein Trostpflaster für ihre Entlassung – schenkt (Schönwerth 1869, 1, 300ff.). Als Hauskobolde →klopfen sie wie die Verstorbenen und →Sterbenden zum Zeichen des →Todes, ihres eigenen oder eines anderen. Doch beim Klopfen bleibt es nicht immer – manche Erdgeister sind nur Klopfer (→Berggeister, →Kobold), können auch Gutes ankündigen (Weinklopferle), andere steigern sich zu rumorenden und rumpelnden Hausgeistern, zu →Poltergeistern. Warum poltern sie heute so viel? Was passt ihnen nicht? Welche irdischen Gesetze überschreiten wir?

→Goethe, der im Park an der Ilm den →Geist des Ortes, den Genius Loci, mit einem Denkmal ehrte, lässt im »Faust« (v. 416–570) einen Erdgeist erscheinen. Dieser ist neu und alt zugleich, lehnt sich an Geistwesen wie den *archeus terrae* (»das Ursprüngliche der Erde«) des →Paracelsus und die *anima terrae* (»Seele oder Geist der Erde«) des Giordano Bruno an (Wilpert 1998, 278). Faust sieht ihn als überlegenen Geist des irdischen Lebens und der irdischen Natur (»Faust«, V. 501–509), als »Welt- und Tatengenius« (in einem nachträglichen Schema zum »Faust«, ca. 1797/1800). – Die Erde ist die Bühne unseres Lebens, und ihre Geister sind handfest, sie packen zu und mischen im ganz banalen Alltag mit.

Die Erde hat schließlich sehr liebenswerte Züge. Menschen küssen ihre Heimaterde, ein frisch geborenes Kind wird auf die Erde gelegt, damit es groß und stark wird, und →Sterbenden legt man Erde in den Mund – das verbindet sie mit dem Totenreich. Und sie weiß mehr als viele Menschen. In Schlesien gibt es das →Weizenhören: Man legt zu Weihnachten seinen Kopf in einem Weizenfeld auf die Erde, dann verkündet eine Stimme, was im kommenden Jahr geschehen wird. In Ungarn funktioniert das auch in der Neujahrsnacht oder an einem Kreuzweg – die Stimme der Erde verkündet die Zukunft (Drechsler 1903–1906, 1, 26; ZfVk 1894, 4, 315 f.).
Siehe auch: →weissagende Geister, →Weissagung, elbische.

LITERATUR: Drechsler 1903–1906; Schönwerth 1857–59; Wilpert 1998; ZfVk.

Erdleute, Erdleutli →Zwerge

Erdmann, Erdmännchen →Zwerge

Erdweibchen, Erdweiblein →Zwerge

Erebos

Die bekannteste →Unterwelt der griechischen Antike ist der →Hades, doch als weitere Unterwelt-Regionen kennt sie auch noch den →Tartaros und den Erebos. Erebos wird bisweilen auch synonym für Hades gebraucht.

Eregia

Eregia ist der Name einer römischen →Nymphe, die bei Rom ihre Grotte hatte.

Erfahrung, außersinnliche →Außersinnliche Wahrnehmung

Erfahrung, außergewöhnliche →Außergewöhnliche Erfahrung

Erfahrung, außerkörperliche →Außerkörperliche Erfahrung

Erfahrung, exsomatische →Außerkörperliche Erfahrung

Erinnyen

Die Kinder der →Nacht, griech. *Erinys* (Sg.), hausen nach →Homer und Aischylos in der →Unterwelt und vollführen dort allerlei ungute Dinge. So erfüllen die Erinnyen Verfluchungen, bewir-

ken Wahnsinn und Verblendung, bestrafen alle möglichen Vergehen, insbesondere Familienverbrechen, und auch die Übeltäter, die sich nach ihrem Tod alle in der Unterwelt einfinden. Eine ihrer Fähigkeiten liegt darin, diejenigen, die zu früh oder durch Gewalt gestorben sind, gefügig zu machen. In späterer Zeit kommen mehr positive Aspekte der Erinnyen zum Vorschein, und so werden sie etwa mit Göttinnen wie den Eumeniden, den Wohlwollenden, in Verbindung gebracht. Abgebildet werden die machtvollen Wesen mit Flügeln und Schlangenhaaren, in Stiefeln und kurzem Chiton.
Siehe auch: →Furien.
LITERATUR: DNP 1996 ff.

Erle (Eller, Ellernbaum, Erlenbaum)

Die in Europa verbreitete Erle gehört zu der 17 Arten umfassenden Baumgattung *Alnus*. Besonders der am liebsten in feuchten Gegenden vorkommenden Schwarzerle *(Alnus glutinosa)* haftet aus ältesten Zeiten ein unheimlicher

Hans Anker, »Blick auf den Erlenpfuhl«, 1904.

Ruf an. Sie bringt nach antikem Glauben Unglück, wenn auch die Heilkraft ihrer Blätter bei Geschwülsten schon von →Plinius dem Älteren gelobt wird. Der Baum wuchs nach der griechischen Mythologie auch bei der Grotte der →Nymphe Kalypso (→Homer, »Odyssee«, 5, 64 und 5, 239).
Siehe auch: →Erlkönig.
LITERATUR: DNP 1996 ff.

Erlkönig

Wir alle kennen ihn, den Vater, der mit seinem Sohn wie der Wind durch den Wald reitet, mit dem Entsetzen im Nacken, das die Geister des Waldes verbreiten. Doch es gibt kein Entrinnen vor dem mächtigen König der →Erlen, von dem uns Goethes bekannteste naturmagische Ballade erzählt (wohl 1781/82 entstanden, 1782 in »Die Fischerin« erstmals gedruckt). Goethes »Erlkönig«, ein mächtiger Baumgeist, ist ein Zufallstreffer, denn eigentlich war der zauberische König ein Elfenkönig, ein *ellerkonge (elverkonge),* wie die dänische Volksballade »Herr Oluf« uns wissen lässt, die Herder mit »Erlkönigs Tochter« überträgt (Volkslieder, 2, 1779). Das überrascht nicht sehr, denn *Eller* ist ein alter norddeutscher Name für die Erle. Die Inspiration zum »Erlkönig« kommt somit ungewusst von einer Frau: Im dänischen Original ist es eine wahrhaft be-zaubernde →Elfe, die Tochter des Elfenkönigs, die tötet – aus Rache, denn Ritter Oluf lässt sich von ihr nicht zum Tanzen auffordern.

Goethes »Erlkönig« steht nicht ganz allein – eine Geschichte aus dem Elsass, die Sage von dem Dorfesel aus Illzach, berichtet Ähnliches (Stöber 1892, 1, 38, Nr. 56). Das poetische Bild von den unsichtbaren Kräften der Natur fiel in Goethes Zeit auf fruchtbaren Boden, doch nicht nur damals. Auch heute noch klingen seine Worte aus dem großen Zauberbuch der Natur durch die kühlen Mauern des modernen Denkens und Fühlens, etwa in der Poesie »Königliches Werben«, die der in Berlin lebende Dichter und Aromatherapeut Jürgen →Trott-Tschepe geschaffen hat (s. Puhle 2005, 2, III.27).

Erlen und Elfen – und auch ihre Könige und Königskinder – sind eng miteinander verbunden: Die mit den Birken verwandte Erle liebt die Nähe zum geheimnisvollen wie gefahrenreichen Element Wasser, in dem es von Geistern nur so wimmelt (→Wassergeister). Und →Elfen, dem Element der Luft zugeordnet (→Luftgeister), lieben die →Nebel, die in der Nähe von Gewässern so unheimlich aufsteigen.

Sie tanzen am liebsten im Erlenhain, an den Ufern von Seen und Flüssen, wenn sich in den frühen und späten Stunden die alles verschleiernden Nebelschwaden bilden. Moritz von Schwind hat diesen Anblick in seinen Bildern für immer bewahrt. Auch Goethe ist die geheime Verbindung von Erle und Elfe bewusst, lässt er doch in seinem Gedicht »Um Mitternacht« die Elfen bei den Erlen singen und sendet es umgehend per Post an Charlotte von Stein (15.10.1780).

Was verbindet uns mit dem Erlkönig, der 50-mal, auch von Franz Schubert, vertont wurde?

LITERATUR: Petzoldt 1995; Puhle 2005; Stöber 1892; Wilpert 1998.

Erscheinung

Das visuell, mit dem →zweiten Gesicht oder mit einem entsprechenden unerforschten Vermögen (→Psi) erfasste, nicht den bekannten physikalischen Gesetzen folgende Auftreten eines Wesens sowie dieses Wesen selbst wird als Erscheinung bezeichnet. Auch Gegenstände können auf nicht bekannte Weise erscheinen und dann ebenso wieder ver-

schwinden; sind sie materiell, spricht man von Materialisation oder, sofern sie von einem anderen Ort herbeigebracht werden, von Apport, wobei auch von apportierten Lebewesen die Rede ist. Erscheinungen von Menschen oder Geistwesen sind nicht materiell im herkömmlichen Sinn, können aber gehört (zweites Gehör), gerochen (zweiter Geruch) oder gefühlt werden (→Fühlen einer Gegenwart, →Kompaktheit von Geistern, →Durchlässigkeit von Geistern) und Lichtquellen blockieren (→Leben nach dem Tod). Die Erscheinung eines →Doppelgängers wird als ganz real und täuschend echt erlebt und erst nachträglich als Zweitversion erkannt. Am häufigsten erscheinen →Geister von Sterbenden, →Geister von Verstorbenen, →Naturgeister und →Hausgeister, und außerdem gibt es den Bereich der Visionen von Lichtwesen, →Engeln und religiösen Persönlichkeiten (→Nahtoderfahrungen) wie Maria (→Marienerscheinungen) und Jesus.

Erscheinung, geisterhafte

Erlebnisse, bei denen es nicht mit rechten Dingen zuzugehen scheint und die wir uns nicht erklären können und auch von der Wissenschaft noch unverstanden sind, werden als geisterhaft empfunden. Wenn etwas nicht den bekannten Gesetzen der Physik gehorcht und »aus der Reihe tanzt«, wie es Geister eben tun, wenn etwas nicht in unsere religiösen Vorstellungen oder in unser Weltbild passt, dann werden ganz normale, weit verbreitete Erlebnisse mit dem Stempel oder Makel des Geisterhaften versehen. Der Begriff »geisterhafte Erscheinung« umfasst unterschiedliche Phänomene, ist eine Art Sammeltopf für alles Suspekte, dem wir kein Vertrauen schenken. Neben UFO-Entführungen und Wünschelrutengehen gehören in diese Gruppe von Erfahrungen auch Phänomene, die von der Wissenschaft als →ASW und Psychokinese (→PK) längst ernst genommen und erforscht werden.

Darüber hinaus können auch andere ungewöhnliche oder außergewöhnliche →Erscheinungen als geisterhaft verstanden werden, etwa Himmelszeichen, merkwürdige Wolkenformationen oder →Lichterscheinungen.

Im Gegensatz zum Begriff →Geistererscheinung, der sich im Sprachgebrauch mehr, wenn auch nicht ausschließlich an dem Phänomen →Geister orientiert, ist eine geisterhafte Erscheinung noch umfassender, wie das Adjektiv geister*haft* besagt. Der Begriff impliziert Geister als Verursacher der merkwürdigen Phänomene, während er auch einfach das Seltsame und Unerklärte eines Vorgangs oder der Ereignisse ausdrücken kann.

Das Erscheinungsbild eines Geistes spricht Bände, sagt etwas über sein besonderes Verhältnis zum Raum. Ein Geist ist transparent, und eine vierte Dimension scheint fast schon durch ihn hindurch. Durchlässig, wie Geister nun einmal sind, haben sie selbst auch keine Schwierigkeiten, durch Wände zu gehen. Das stellte schon Paracelsus als Kriterium für den von ihm nach den Gestirnen benannten →Astralkörper des Menschen fest. Wer selbst schon einmal eine →Außerkörperliche Erfahrung gemacht hat oder im Traum auf seinen →Traumkörper aufmerksam wurde, der weiß, wie dünn Wände sein können. Geistern sind keine Grenzen gesetzt. Sie kommen und gehen, ganz ungesehen, und keiner weiß, wie. Sie erscheinen so einfach, wie sie wieder verschwinden – als wären sie nie da gewesen.

Mögen klassische Geister auch durchsichtig erscheinen – leicht zu durchschauen sind sie jedoch nicht.
Siehe auch: →Außergewöhnliche Erfahrung, →Geistererscheinungen, →Kompaktheit von Geistern, →Spuk.

Erscheinungen, reziproke

Zu den interessantesten Geistererscheinungen gehören die Fälle, in denen beide, Sender und Empfänger der Erscheinung, meinen, am selben Ort gewesen zu sein und dieselben Informationen erhalten zu haben.

Erscheinungen bei Sterbenden
→Sterbende, →Sterbebettvisionen

Erscheinungen von Sterbenden
→Sterbende, →Geistererscheinungen in Krisensituationen

Erscheinungen von Verstorbenen
→Geister von Verstorbenen

ESP = Extrasensory perception
→Außersinnliche Wahrnehmung

Ewiger Jude

Die christliche – im 16. Jahrhundert zum Volksbuch gewordene – Legende von dem jüdischen Schuster Ahasver (Ahasverus) erzählt, dass dieser Christus auf seinem Kreuzgang beschimpft und eine Ruhebank verweigert habe und zur Strafe verdammt worden sei, bis zum Jüngsten Gericht auf Erden umherwandern zu müssen.

In Tirol war es Brauch, in die Strünke gefällter Bäume fünf Kreuze mit der Axt zu schlagen, die dem Ewigen Juden oder Ewigen Schuhmacher einen Platz zum Ausruhen anbieten sollten. Ähnliche Ruheorte waren für Holzweiblein vorgesehen, die von der Wilden Jagd verfolgt wurden.
Literatur: Petzoldt 1995.

Ewiges Leben

So viel das Überleben des physischen Todes uns bedeutet, so wenig sagt es etwas über das ewige Leben aus. Doch ist die fatale Schwelle erst einmal überschritten, ist keine neue Grenze in Sicht. Wir kommen hier buchstäblich zu den letzten Dingen, zu der Frage nach dem Schluss.

Doch wie wir uns kein Ende wirklich vorstellen können – es sei denn, ein Nichts wäre vorstellbar –, so ist auch der Gedanke an die Ewigkeit unserem Denken in den Kategorien von Raum und Zeit nicht möglich. Das Paradox will aufgehoben werden, die Wahrheit anders erfahren werden als mit logischem Kalkül. Die Ewigkeit ist ein Traum, an dem wir teilhaben können, wenn wir es zulassen. Es ist der Traum von einem neuen Bewusstsein, in dem alle Zeiten eins sind und der Raum nichts mehr begrenzt. Vielleicht ist es dieses weite Bewusstsein, das eine Ahnung von Ewigkeit enthält.

»So wenig ein Mensch je sterben kann, der einmal gelebt, könnte er je zum Leben erwacht sein, hätte er nicht vorher gelebt; nur dass er vorher nicht für sich gelebt. Das Bewusstsein, womit das Kind bei der Geburt erwacht, ist nur ein Theil des ewig dagewesenen allgemeinen göttlichen Bewusstseins, das sich in der neuen Seele für sich zusammengenommen. Wir können freilich die lebendige Bewusstseinskraft so wenig durch alle Wege und Wandlungen verfolgen, als die lebendige Körperkraft.« (Fechner 1866, 62)

Um sich den Weg in die Ewigkeit anschaulicher zu gestalten und zum Teil auch aus der Erfahrung heraus, haben sich die Menschen verschiedene Körper ausgemalt, die den Menschen auf seinen späteren Entwicklungsstufen geleiten. So kann aus dem alten ein jeweils neuer, geeigneterer Körper entschlüpfen (→Geistkörper). Nach Paracelsus haben alle Lebewesen neben einem irdischen noch einen astralen Körper. Dies sind die beiden natürlichen Teile des Menschen und als solche sind sie vergänglich. Damit wäre dann alles schon aus, hätten wir nicht auch noch eine Seele direkt von Gott, dem Ewigen, erhalten.

»(Die Seele ist) neu und zuvor nie gewesen, aber bleiblich und ewig ist sie, (und nach dem Tod kehrt jeder Teil zurück), der natürliche Leib in die Natur und wird verzehrt, der von Gott zu Gott.« (Paracelsus, »Philosophia sagax«, II, Argumentum, 1; Paracelsus 1976, 317f.)

Siehe auch: →Geister von Verstorbenen, →kosmisches Bewusstsein, →Leben nach dem Tod, →Unsterblichkeit.

LITERATUR: Fechner 1836, 1866; Jakoby 2000, 2003.

Ewiges Licht

Das ewige Licht, das in vielen Religionen, in Indien und im Orient etwa, bekannt ist, symbolisiert ewiges Leben und Unsterblichkeit. Auch die römisch-katholische Kirche kennt das ewige Licht, es wird von dem Auferstehungslicht aus der »Kirche zum Heiligen Grabe« abgeleitet. Und an ihm werden die Kerzen für die armen Seelen angezündet. Neben der unversehrten Leiche eines Mädchens, die man unter Papst Paul III. in einem Grab in Rom an der Via Appia fand, brannte seit 1500 Jahren ein Öllämpchen, das erst, als man das Grab öffnete, ausging (Jennings 1912, 1, 11).

Siehe auch: →ewiges Leben, →Licht, →Lichterscheinungen, →Leben nach dem Tod, →Unsterblichkeit.

LITERATUR: Jennings 1912.

Exkurrierendes Hellsehen →Astralreise

Exteriorisation

Im Gegensatz zur →Interiorisation meint der Begriff der »Exteriorisation«, von lat. *exterior,* »äußerer«, den Austritt eines feinstofflichen Körpers, des →Astralkörpers, der Seele oder eines Teiles der seelischen Individualität aus dem physischen Körper. Eugène Auguste Albert d'Aiglun Rochas (1837–1914) gebraucht den Begriff Exteriorisation im Sinn von Ausscheidung des Empfindungsvermögens (Exteriorisation der Sensibilität) oder des Bewegungsvermögens (Exteriorisation der Motorität).

LITERATUR: Rochas 1896; Rochas 1909; Rochas 1911.

Extrasensory perception (ESP)
→Außersinnliche Wahrnehmung

Falkenstein, Burg →Price, Harry

Fairies →Elfen, →Feen

Farben von Geistern

Die Farben, in denen Geister uns erscheinen, sind so bunt wie im menschlichen Leben. Alle Farben sind vertreten, auch wenn bestimmte Farben häufiger vorkommen. So bilden die weißen und schwarzen Geister die größten Gruppen. Die nordischen Mythen kennen die Lichtalben und die Schwarzalben. Schwarzweiß ist →Hel (Edda, Sn 33), die nordische Erinys (→Erinnyen), schwarz die →Furie, von der Vergil (»Aeneis« 7, 329) erzählt. Grau, wie Geister uns nur allzu oft vorkommen, ist wohl zeitlos en vogue in der Geisterwelt, sozusagen die Farbe der Wahl, und viele Geister bleiben als neblige Erscheinungen verschwommen.

Die Helligkeit von Geistern zeigt dem Volksmund und der Erfahrung vieler Geisterseher und -seherinnen zufolge den Grad ihrer Erlösung an (Kerner 1892, Teillard 1994), wobei als Grundregel gilt: Je heller das Hemd, desto näher ist die Erlösung (Schönwerth 1857–59, 2, 64; Wolf 1929, 45). Ein eigener Geistertypus ist die →Weiße Frau, die in Großbritannien bekannt ist als *the white lady* und in Schweden als *vita fruen*.

Geister sind aber nicht farbenscheu. Es gibt sie in allen Farben. Rote gelten wie die Schwarzen in der Regel als teuf-lisch und Unheil verheißend. Grün dagegen ist typisch für den →Wassermann, der seine bunten Bänder in der Nähe von Flüssen auslegt, um damit Menschen anzulocken. Bunte Geisterkleidung finden wir vor allem im Reich der lustigen, koboldartigen Geister, zu denen die unterirdischen →Zwerge und die häuslichen →Poltergeister gehören. Sie setzen sich liebend gern farbenfrohe Mützchen auf. Klassisch ist die rote Zwergenkappe. Der Blauhösler, ein Hauskobold, der das Dachgebälk liebt, trägt, wie sein Name verrät, ein blaues Höschen, das die Bäuerin des Hauses, in dem er sich häuslich niedergelassen hatte, extra für ihn genäht hatte (Linhart 1995). Gelb ist das Haar der Moosweibchen. Ein Drache in Gelb und Grün hat 1598 an der Grenze zwischen Schlesien und der Oberlausitz von sich reden gemacht (Meiche 1903, 399). Ganz bunt gescheckt erscheinen mitunter Geistertiere und Geisterpflanzen.

Auch verstorbene Menschen können in Farbe erscheinen. Green und McCreery widmen den farbigen Menschengeistern ein ganzes Kapitel (Green und McCreery 1975, 156–159).

LITERATUR: Green und McCreery 1975; Kerner 1829/1892; Kühnau 1910–1913; Linhart 1995; Meiche 1903; Schönwerth 1857–59; Teillard 1959/1994; Wolf 1929.

Fatae

Die römischen Verwandten der →Feen sind die – ursprünglich drei – Fatae, Schicksalsfrauen.

Johann Wolfgang von Goethe,
»Erscheinung des Erdgeistes«
(»Faust I«), Museen, Stiftung
Weimarer Klassik.

Faust

Goethes »Faust«, sein geniales Hauptwerk, ist das größte Geisterepos, das je
geschrieben wurde. Die metaphysische
Aussagekraft steht dem literarischen
Weltklasse-Niveau des Werkes in nichts
nach, schöpft →Goethe doch aus Mythologie und Religion, aus Geistesgeschichte wie »Geistergeschichte«, aus
Kulturgeschichte, Philosophie und Wissenschaft von den verborgenen, nur bedingt sichtbaren Dingen (→Paracelsus,
→Jung-Stilling, →Kerner) und wird dabei selbst schöpferisch (→Erdgeister).
Gedankengut aus Magie, →Dämono-
logie und Christentum, aus der klassischen Antike und dem Mittelalter sind
die Quellen, aus denen Goethe die Essenz – die →Quintessenz – zieht. Die
Entstehung des Werkes zieht sich über
60 Jahre hin und wurde, nachdem der
erste Teil im Frühjahr 1808 erschienen
war, am 22.7.1831 mit »Faust II« abgeschlossen, der zunächst versiegelt wurde und der Veröffentlichung nach Goethes Tod vorbehalten wurde, was dann
im Jahr 1832 geschah (Wilpert 1998,
305f.; vgl. Puhle 2005, 4 Bde., passim).

Siehe auch: →Faust, Georg, →Faust,
Heinrich, →Faust, Johann, →Faust-
buch.
Literatur: Wilpert 1998; Puhle 2005.

Faust, Georg

Georg Faust (ca. 1480–ca. 1540) ist der
historische Faust (urkundlich nachgewiesen von 1506–ca. 1539), den schon
zu Lebzeiten die Sage verklärt, in der er
als Johann auftritt. Erst bei →Goethe
erscheint er als Heinrich (»Faust«, V.
4610). Der uneheliche Bauernsohn aus
Knittlingen bei Maulbronn – der Volkstradition nach vielleicht auch aus Roda
bei Weimar, Simmern, Anhalt oder Salz-
wedel – machte sich einen zweifelhaften
Namen als Magier, Astrologe, Chiro-
mant und besonders als Schwarzkünstler.
Dementsprechend bewegt war auch
sein Leben. Er verlor seine Stelle als
Schulmeister in Kreuznach wegen Pä-
derastie, wurde 1528 aus Ingolstadt
verwiesen, wo er als Wahrsager Furore
machte, vier Jahre später aus Nürnberg
wegen Sodomie, tauchte in Wittenberg
auf und verstarb wahrscheinlich in Stau-
fen i. Br. (Wilpert 1998, 310f.). →Geis-
terbeschwörungen, Weinzauber, Fass-
reiten, Flugversuche und vieles mehr
formen das Bild einer dunklen Persönlichkeit, die Mittelpunkt vieler Teufels-
bündlersagen wurde.
Siehe auch: →Astralreise, →Faust,
→Faust, Heinrich, →Faust, Johann,
→Faustbuch, →Mantelfahrt.
Literatur: Petzoldt 1995; Wilpert 1994; Wilpert 1998.

Faust, Heinrich

Wenn wir heute von oder vom »Faust«
sprechen, meinen wir Goethes Werk,
dessen Titelfigur Heinrich über die bekannte Sagengestalt Johannes →Faust

auf den historischen Georg →Faust hinweist. Wie keine andere erdichtete Figur befindet sich Goethes Heinrich mitten im Reich der Geister und →Dämonen und übt sich im Umgang mit Grauen erregenden Kräften – »Heinrich, mir graut vor Dir«.

Siehe auch: →Faustbuch.

LITERATUR: Puhle 2005.

Faust, Johann

Aus dem historischen Georg →Faust hat die Sage den wissensdurstigen Gelehrten Johannes →Faust geschaffen, dessen Metier die schwarzen Künste waren. Die »Historia von D. Johann Fausten« ist ein volkstümliches Buch (→Faustbuch), das den Spuren des zur Legende gewordenen historischen Magiers Georg Faust mit allen seinen spektakulären Episoden folgt und gleichzeitig christliche Kommentare zu dem teuflischen Treiben des Schwarzkünstlers gibt. Das Buch kam 1587 auf den deutschen Buchmarkt, doch seine Geschichte wanderte weiter bis nach Skandinavien und erreichte im Jahr 1682 den »zauberhaftesten« aller Stadtteile Göteborgs, Örgryte, der damals noch außerhalb der Stadtmauern lag. Dort, wo die Häuser wie von Carl Larsson gemalt erscheinen, predigte der Pfarrer in der alten Dorfkirche, *gamla kyrkan,* über den Faust, den Johann Faust – natürlich einschließlich der damit verbundenen christlichen Warnungen. Er versetzte die guten Gläubigen in Angst und Schrecken, und wir wissen ja, welches Unheil den schwarzen Magier, der seine Seele an den Teufel verkauft hatte, in der Hölle erwartete.

Ein gewisser »Meister Johan« (eigentlich Johan Lyders), der in den Diensten von König Karl XI. stand und in dieser Zeit Landherr von Örgryte und dem angrenzenden Lunden war, hatte

den grandiosen Einfall, einen Teil seines Landes an einen Deutschen zu verkaufen, der ausgerechnet Johann Faust hieß. Der faustische Namensdoppelgänger verdiente sich sein Brot als harmloser Gürtelmacher – seine Arbeitserlaubnis ist am 12. Dezember 1681 registriert – und musste nun fliehen, ins Zentrum von Göteborg, in den Bereich innerhalb der Stadtmauern (Skarbag 2004, 6).

Das Leben des Johann Faust war ruhelos und voller Abenteuer – vom Ritt auf Geisterpferden bis zu Zaubergelagen war fast alles drin (Bauer und Zerling 2004, 96 f.). Seine im Zwielicht schillernde Persönlichkeit strahlte Wissen, Macht und Magie aus, und wir werden dabei unwillkürlich an andere Männer erinnert, die in den Verruf der Magie geraten sind, wie etwa →Albertus Magnus, Trithemius, Agrippa von Nettesheim, John →Dee und →Cagliostro.

Siehe auch: →Faust, →Faust, Heinrich, →Mantelfahrt.

LITERATUR: Bauer und Zerling 2004; Skarback 2004 ; Wilpert 1994; Wilpert 1998.

Faustbuch

Die »Historia von D. Johann Fausten« erschien 1587 anonym bei Johann Spies (Spieß) und ist die erste Fassung des umfassenden Fauststoffes. Sie schildert die Aufsehen erregenden Ereignisse aus dem Leben des historischen Georg →Faust, der hier als Johannes auftritt. Dichtung und Wahrheit liegen in dem alten Bestseller nah beieinander, und sein Stoff scheint bis auf den heutigen Tag unvergänglich.

Siehe auch: →Faust, →Faust, Heinrich, →Faust, Johann.

Feeling of a Presence (FOP)
→Fühlen einer Gegenwart

Richard Doyle, »Triumphal March
of the Elf-King« (Triumphmarsch
des Elfenkönigs), Aus: »In Fairyland«,
1870.

Feen

In keinem Land sind Feen heute mehr
zu Hause als in Irland, und wer schon
einmal im Herzen des Landes gewesen
ist, in Donegal, der hat eine leise Ahnung davon, wie sich Feenbrücken bilden können. Eigentlich sind sie Weltbürger, die *fatae,* engl. *fairies,* die auch
durch altfranzösische Dichtungen unvergänglich geworden sind. Ihr Wesen
ist ambivalent, es gibt gute und böse
unter ihnen.
Siehe auch: → Elfen.

»A Fairy messenger« (Ein Feenbote).
Aus Thomas Keightleys »The Fairy
Mythology«, 1880.

Feentanz → Elfenringe

Fehlerinnerung → Geister-Theorien

Fehlwahrnehmung → Geister-
Theorien

Felder, elektromagnetische
→ Geister-Theorien

Felder, geomagnetische → Geister-
Theorien

Fernwirkung

Der aus der Naturphilosophie stammende Begriff »Fernwirkung«, lat. *ac-
tio in distans,* wird im 18. Jahrhundert
für Phänomene wie Elektrizität, Gravitation und Magnetismus verwendet. Bei
→ Goethe wird die »Wirkung in die Ferne« vor allem in der gleichnamigen
Ballade (vermutlich 1808) als auch in
»Wilhelm Meisters Wanderjahren« (II,
6; III, 5) angesprochen (Wilpert 1998,
1198).
LITERATUR: Wilpert 1998.

Fetch

In Großbritannien ist der *fetch* der
→ Doppelgänger eines Menschen.
LITERATUR: Guiley 1992.

Fetch Candles → Totenkerzen

Feuer

Wo Feuer ist, brennt es, wird etwas verbrannt, vergeht Altes, so dass Neues
entstehen kann. Im Feuer liegt Schöp-

ferkraft und Licht, das so hell ist, dass es gesehen werden muss. Im Feuer liegt Zwang, es ist so mächtig, dass seine Kraft alles wandeln kann. Es bringt Transformation – so wie die →Engel und →Lichterscheinungen, die Menschen widerfahren (→Nahtoderfahrungen), sie völlig verwandeln können. Begegnungen mit dem →Licht, dem richtig grellen Licht, können Furcht erregend sein wie das Feuer – daher die biblischen Worte »Fürchte dich nicht«, wenn ein himmlisches Wesen erscheint. Es ist die Furcht vor dem Höheren, die tiefste Furcht, die ein Mensch zeigen kann, die Ehr-Furcht.

Das Höllenfeuer, das auch »nur« Umwandlung bringen soll, symbolisiert die grausame Seite, den zerstörerischen Aspekt des Feuers und ist die vorgestellte Ursache für viele feurige Spukgeister, deren unangemessene Taten auf Erden sie in Kontakt mit den notwendigen Kräften von Wandlung und Erneuerung brachten. →Feuergeister sind in Not, es brennt, brennende Probleme müssen gelöst werden.
Siehe auch: →Elementargeister, →Elemente, →Erde, →Erdgeister, →Feuermann, →Luft, →Luftgeister, →Wasser, →Wassergeister.
Literatur: HdA 1987.

Feuergeister

Jedes Element, Erde, Feuer, Luft und Wasser, hat Geist, hat seine Geister. Doch nirgends sind sie so schwer zu finden wie im Feuer. Feuergeister sind die Sonderlinge unter den Sonderlingen, wenn →Elementargeister denn sonderlich sind. In Wirklichkeit sind sie das Gegenteil von besonders, denn sie sind gerade nicht abgesondert, sondern elementar und wohnen allem fassbaren Seienden inne. Elementargeister sind etwas Grundsätzliches und Fundamentales. Und doch hören wir heute wenig von Feuergeistern, wohl weil uns das Element Feuer ferner liegt als die anderen. Es ist das gefährlichste Element. Mit der Luft, die wir permanent einatmen, dem Wasser, in dem wir uns erfrischen können, und der Erde, auf der wir gehen, sind wir vertraut, das Feuer aber ist unnahbar und will bezwungen werden, wenn es positiv wirken soll. Es hat zerstörerische Kräfte, die zunächst Schaden anrichten, bevor Neues entstehen kann. Und die Umwandlungskraft des Feuers ist keine sanfte wie die des Lichtes, sie arbeitet mit Gewalt. Das Höllenfeuer, mit dem unchristlich lebende Menschen bedroht werden, ist das strafende, vernichtende Feuer, das die Bekanntschaft mit ihm und den ihm zugehörigen Geistern einmal mehr verleidet.

Wie das →Licht, so ist das Feuer ein Sinnbild für die Seele. Wenn sich geheimnisvolle Lichter oder feurige Zeichen und Gestalten zeigen, so mag die Seele eines Verstorbenen darin verborgen sein. Die Geister, bei denen es richtig »brennt«, scheinen weniger mit dem himmlischen Licht als mit dem Infernum Berührungspunkte zu haben. So erzählten es denn auch die Alten schon: Es sind die Seelen von Menschen, die auf Erlösung hoffen (arme Seelen) und die zu erlösen sind.

Feuergeister erkennt man an ihrem Glühen oder Brennen, an ihrer feurigen Erscheinung, am Feuerspeien oder Flammenschlagen und auch an ihrer roten Kleidung (→Rôdjackte). Der →Feuermann erscheint oft im Dunkel der Nacht. Selbst feurig, reitet er alleweil auf einem feurigen Ross. Auch →Kobolde und Drachen-Kobolde können bei den Feuergeistern mitbieten, doch die Prominenten der feurigen Geistergattung sind unbestritten die Feuersalamander und die Drachen. Alles nur Märchen? Vielleicht, aber verstehen wir dann ihren Sinn? Wo brennt es wirklich?
Siehe auch: →Feuermann →Irrlicht, →Lichterscheinungen, →Widder.

Feuermann (Feuermännchen, Feuermännle)

Der Feuermann reiht sich seinem Namen und seiner Erscheinung nach zu den →Feuergeistern ein, genauer gesagt zu den Lichtermännchen. Er sieht aus wie ein glühendes Gerippe, aus dem Flammen herausschlagen, wie ein schwarzer Mann in einer Feuersäule, ein feuriger Reiter auf feurigem Ross oder wie eine Feuerkugel, wie ein schwebendes Licht. Manchmal ist er auch schwarz und unsichtbar, und nur seine glühenden Augen sind zu sehen oder seine Laterne oder die feurige Pfeife. Der Feuermann kann winzig klein oder riesig groß sein. Seinen Kopf trägt er hin und wieder unter dem Arm. Die feurigen Wesen, die »Brennenden«, gelten als die Seelen von Verstorbenen, die durch ihr unchristliches Verhalten mit dem Fegefeuer in Kontakt gekommen sind. Das älteste Zeugnis einer Feuermännchen-Erscheinung in Deutschland stammt aus dem Jahr 1120, in der »Sächsischen Weltchronik« heißt es: Die Wächter zweier benachbarter Burgen in Sassen haben um Mitternacht einen Mann von der Mauer der einen Burg über das Feld zur andern gehen sehen. Er sah ihrer Beschreibung nach aus wie eine brennende Fackel oder ein glühender Holzklotz. Als er bei der anderen Burg angekommen war, haben sie ihn nicht mehr gesehen (Grimm 1903, Nr. 284).

Der Luzerner Geschichtsschreiber Renward Cysat (1545–1614) wurde selbst Augenzeuge: Er sah in der Nacht des 23. Dezember 1609 bei einer Fahrt auf dem Vierwaldstätter See am Ufer gleich mehrere »Züsler«, wie die Feuermännchen in der Schweiz genannt werden. Bis zu diesem Moment habe er an derartige Dinge überhaupt nicht geglaubt, nun aber »mit großem Verwundern zugesehen« (HdA 1987, II, 1408f.).

Der Feuerputz erscheint knapp 300 Jahre später, in den Jahren 1887 bis 1894, in dem ortsgebundenen Spuk von →O. Die →Kinder der Pfarrersfrau Matter, der Vorgängerin von Helene →Christaller, konnten ihn sehen und noch viele andere Kinder aus der Nachbarschaft erlebten das Feuermännle. Wenn die Kinder in der Dämmerung im Garten des Pfarrhauses von O. spielten, lief manchmal die ganze Kinderschar voller Angst davon, weil das Geistermännlein in den Büschen erschien. Die dritte Tochter von Frau Matter, die knapp vier Jahre alt war, als es passierte, erzählte als Erwachsene ihrer Mutter von dem »kleinen Mann mit dem großen Kopf« (Brief von Frau Matter an F. Moser vom 9.1.1938, in: Moser 1950, 179). Auch die älteste Tochter, Käthe Weichert, geborene Matter, behauptete später, dass sie damals – sie war vier oder fünf Jahre alt – das Männlein gesehen und gespürt, vielleicht auch gehört habe. Ihr Bruder Hans sowie ihre Freunde Karl Übelhör und Luise Schaber wären auch ab und zu dabei gewesen. Das Männlein war klein und sah manchmal rot aus und tauchte immer ganz plötzlich auf, zu allen Tageszeiten, auch im hellen Sonnenschein, mal in den Büschen, oft aber auch im Keller des Hauses (Beilage des oben genannten Briefes). Die Überlieferung sagt: Nur Sonntagskinder können ihn sehen.

Auch wenn der Feuermann dunkel und unheimlich erscheint, so ist er doch den Menschen freundlich gesinnt, leuchtet ihnen nachts den Weg. Der »Glühende« ist eine unerlöste Seele, und wenn er zur Belohnung ein paar gute Worte hört, etwa »Vergelts Gott!«, wird er vielleicht dadurch schon erlöst.
LITERATUR: Grimm 1903; Moser 1950, 179ff.; HdA 1987.

Feuerputz →Feuermann

Finsternis

Die Finsternis ist noch dunkler als die →Dunkelheit. Sie ist das völlige Fehlen des Lichtes. Wie die Schwärze der →Nacht ist sie das genaue Gegenteil zum →Licht und ist der Grund für Angst- und Schreckgeister, die im hellen Tageslicht ausbleiben. Die Finsternis verhindert das Sehen und Erkennen der Dinge in der objektiven Außenwelt und zwingt uns gleichsam, den Blick nach innen zu richten, was in Schlaf und Traum automatisch geschieht. In der christlichen Religion ist der Fürst der Finsternis aus einem Gedanken Gottes entstanden. Er ist ursprünglich ein Lichtbringer, wie sein Name Luzifer verrät, der wegen seines Hochmutes verstoßen wird und nun als gefallener →Engel zum Gegenspieler der lichtvollen Engel, ja Gottes selbst wird.

Die griechische Mythologie lehrt uns das Gegenteil: Am Anfang war das Chaos, erst daraus entstand die göttliche Ordnung, das göttliche Wort, der Logos. Und das Dunkle, die Nacht, ist die Mutter des lichtvollen Tages und nicht umgekehrt.

Nach altem germanischen, indischen und chinesischen Glauben etwa sind es tierische Ungeheuer, denen die Finsternis zuzuschreiben ist. Je finsterer die Nacht, desto erschreckender sind ihre Gespenster.

Besonderes Augenmerk hat man der Mond- und Sonnenfinsternis geschenkt. Sie lösen die Fesseln der bösen Geister, die es nun mit vielerlei zauberischen Methoden und Verhaltensregeln abzuhalten gilt. Wenn Sonne und →Mond am →Himmel verschwinden, ist auf der Erde die Hölle los.
Siehe auch: →Abwehr, →Alp, →Dämmerung, →Incubus, →Succubus.

John William Waterhouse, »Listening to My Sweet Pipings« (Meinen süßen Flötentönen lauschend). Öl auf Leinwand, 1911, Privatsammlung.

Flaga

Flaga heißen →Haus- und Familiengeister bei →Paracelsus.

Flöten

Kämmen, Spinnen und Flöten sind charakteristische Tätigkeiten der Schicksalsfrauen (→Moiren, →Parzen), um Ordnung in das menschliche Leben zu bringen. Die Flöte ordnet Töne zu Harmonien (Kast 2002).
LITERATUR: Kast 2002.

Fluidalkörper →Astralkörper

Förebud

Die schwedische Bezeichnung *Förebud* meint ein Vorwissen von etwas, das noch nicht eingetroffen ist, ähnlich dem Begriff →Varsel. Während *Förebud* jedoch ein eher schlimmes Ereignis ankündigt, ist der Varsel harmlos und kündigt in der Regel die Rückkehr eines Menschen an. Im Norwegischen kennt man den →Vardøgr, der einem Heimkehrenden vorausgeht.
LITERATUR: Jacobson 2003.

Fokusperson

Die →RSPK-Forschung hat ergeben, dass im Mittelpunkt vieler Spukfälle eine Person steht, um die das spukhafte Geschehen kreist und mit deren Anwesenheit und Abwesenheit der →Spuk auftritt oder sein Ende nimmt. Zieht diese so genannte Fokusperson aus Verzweiflung um, folgen ihr unter Umständen die →Poltergeistphänomene. Meist handelt es sich um jüngere Menschen, die gerade in der Pubertät sind oder die sich sonst in einer schwierigen Lage oder Übergangsphase befinden. Familienkonflikte können ebenfalls den Ausbruch eines Spukfalls mit sich bringen. In der Regel hören die Phänomene auf, sobald sich die Probleme gelöst haben oder wenn die Fachleute, meist Psychologen, vor Ort auftauchen bzw. wenn die Polizei oder andere Autoritäten eingeschaltet werden. Der Spuk ist elusiv, flüchtig.

Die Fokusperson-Theorie könnte die alten Vorstellungen von den übernatürlichen Kräften mancher Menschen, sprich Hexen und Zauberer, wachrufen. In dem berühmtesten deutschen Spukfall, dem →Rosenheim-Fall, der seinerzeit von Prof. Hans Bender und Prof. Pater Andreas Resch untersucht worden ist, stand eine junge Frau, Annemarie Schaberl, im Zentrum des Geschehens. In einem späteren Interview sagte sie, dass sie ins Gerede gekommen sei und als Hexe angesehen wurde. Information über die Ursache derartiger Phänomene ist daher dringend notwendig. Die Fokusperson verfügt nach heutigem Wissen nicht über übernatürliche Kräfte, sondern die Poltergeistphänomene ereignen sich ohne ihr bewusstes Zutun – vorausgesetzt, Betrug kann ausgeschlossen werden. Ein physikalisches Modell für das Spukgeschehen hat der Psychologe Walter von Lucadou aufgestellt.
Literatur: Lucadou 1989.

Folgegeister

Wie der Name schon sagt, folgen die Folgegeister einem Menschen auf dem Fuße. Die aus den nordischen Mythen bekannten Fylgjur (→Fylgja) haften regelrecht an ihrem Schützling. Lösen sie sich von der zu beschützenden Person mehr und mehr, werden sie zu einer höheren Macht und zu Kündern der Zukunft.

Folgegeister sind nicht immer gute →Schutzgeister, sie können das Objekt ihrer Obhut auch verfolgen. Dann schaden sie ihm und bringen Unglück über Haus und Hof. Solch ein schädlicher Geist kann eventuell ein unangenehmer Mensch sein, natürlich ein verstorbener, aber auch ein Tier, das ähnlich ungute Gefühle aufkommen lässt wie etwa ein Drache (Naumann 1922, 83 ff.).

Hochherrschaftliche Familien und Adelsgeschlechter werden von unerfreulichen Geistern wie der germanischen, vorwiegend deutschen →Weißen Frau oder der keltischen und speziell irischen →Banshee heimgesucht, die eigens erscheinen, um den Tod eines Familienmitglieds anzukündigen.
Siehe auch: →Ankünden, →Doppelgänger, →Ka, →Schutzengel.
Literatur: Naumann 1922.

FOP = Feeling of a Presence →Fühlen einer Gegenwart

Fortleben nach dem Tod →Leben nach dem Tod

Fragmente von Geistern

Es muss nicht immer gleich ein ganzer Geist sein – manchmal macht schon eine einzelne Hand eine →Geistererscheinung aus (s. Puhle 2005, 2, III.18). Das

Erscheinen einzelner Geisterteile, etwa von Händen, Armen oder Köpfen, ist nicht ungewöhnlich. Es gibt unzählige Berichte von Erlebnissen, bei denen nur Gesichter wahrgenommen werden, und umgekehrt ebenso viele, wo der Kopf gerade nicht gesehen wird. Der →Kopflose – manchmal trägt er den Kopf unter seinem Arm – ist ein typischer Geist. Er ist ein kopfloser Jäger, Reiter, Geiger oder einfach ein kopfloser Toter.

Für Beispiele brauchen wir nicht weit in die Vergangenheit zu gehen und in historischen Büchern nachzuschlagen, wie etwa in Gerstmanns Poltergeistbericht (Gerstmann 1714; Puhle 2001a), hier ist eines aus erster Hand: Ein 34-jähriger Psychologe aus Göteborg, ein »heller Geist«, der sein Examen mit höchster Auszeichnung absolviert hat, berichtete von einer einschneidenden Erfahrung, die er im Alter von 23 Jahren gemacht hatte:

»September 1992. Ich saß auf dem Bett meines Hotelzimmers in Skövde, einer Kleinstadt in Schweden, die etwa 90 Kilometer nordöstlich von Göteborg liegt. Es war ein altes Hotel, ich schätze, dass es um 1870 erbaut wurde. Es war Abend, so gegen zehn oder halb elf Uhr. Das Licht war an, und ich war noch ganz wach und auch vollkommen nüchtern, hatte keinen Tropfen Alkohol getrunken. Ich machte mich gerade fertig zum Schlafengehen. Mit meinen Gedanken war ich ganz woanders, dachte also nicht etwa an Geister oder so etwas Ähnliches, und ich blinkerte nur kurz mit den Augen, als plötzlich vor mir, in etwa 20 Zentimeter Entfernung, das weißlich-silbrig schimmernde Gesicht einer alten Frau erschien. Sie war vielleicht 70 bis 75 Jahre alt. Ihr faltiges Gesicht starrte mich an, und ihr Ausdruck war nicht ärgerlich, aber sehr streng. Ihr Haar war länger als üblich für Frauen in ihrem Alter, wodurch sie recht altmodisch wirkte. Das Gesicht sah ganz real aus, abgesehen von dem silbrigen Schimmer, der darauf lag. Ich muss sagen, dass die Erscheinung ein höchst unangenehmes Gefühl in mir erzeugte und mir einen ganz schönen Schrecken einjagte, mir richtig Angst machte – ich hatte so etwas noch nie in meinem Leben erlebt. Ich hatte nur einen einzigen Wunsch, nämlich dass das Gesicht auf der Stelle wieder verschwinden sollte. Ich riss meine Augen ganz weit auf und schüttelte meinen Kopf, in der Hoffnung, das Bild würde verschwinden – tat es aber nicht. Dann sagte ich mit allem Nachdruck: ›Geh weg‹, und siehe da, das Bild verschwand, es löste sich vor meinen Augen in seine Bestandteile auf – wie ein Computerbild. Der ganze Spuk dauerte ungefähr drei, vier Sekunden. Die folgende Nacht war unruhig. Ich konnte überhaupt nicht gut schlafen.

Das alles war schon merkwürdig genug, doch es ist noch nicht das Ende der Geschichte. Etwa vier Monate später – es war im Januar 1993 – entschloss ich mich, eine Wahrsagerin aufzusuchen, die gleichzeitig auch mit Bach-Blüten arbeitete, für die ich mich sehr interessierte. Ich schaute die entsprechende Rubrik im Telefonbuch durch und hatte drei oder vier Namen zur Auswahl, von denen ich keinen kannte. Ich entschied mich für eine Frau, die in Långedrag lebte, an der Küstenseite von Göteborg. Ich rief sie an und machte einen Termin aus. Als ich dann vor der Tür der Villa stand und die Tür aufging, sah ich in genau dasselbe Gesicht, das mir meine Vision gezeigt hatte. Sie hatte graues Haar, schaute streng und ernst, aber nicht ärgerlich, ja die ganze Kopfhaltung war genauso merkwürdig wie in der Vision. Ich empfand es als sehr ungewöhnlich, sich einem Fremden gegenüber das erste Mal so zu zeigen. Als ich ihr erzählte, dass ich ihr Gesicht schon vorher gesehen hatte, lachte sie nur und meinte, das käme des Öfteren vor.« (Mündlicher Bericht des Psychologen an A. Puhle; übersetzt von A. Puhle)

Siehe auch: →Ellison, Arthur, →römische Soldaten in York, →Wahrnehmung von Geistern.

LITERATUR: Gerstmann 1714; Puhle 2001a; Puhle 2005.

Franciscus, Erasmus

Der barocke Polyhistor aus Nürnberg, Erasmus Franciscus (eigentlich Erasmus von Finx; Pseudonym: Ehrenreich) (1627–1694), verfasste den zur klassischen Geisterliteratur gehörenden »Höllischen Proteus« (1690). Die überaus reiche Materialsammlung diente auch →Goethe für die →Dämonologie des

→»Faust«, und hier besonders für die Walpurgisnacht, als Vorlage (Goethe las Franciscus' Werk am 16.12.1800 und am 15.2.1801).
LITERATUR: Wilpert 1994; Wilpert 1998.

Frau Hitt (Frau Hüt, Frau Hütt)

»Frau Hitt«, »Frau Hütt« oder »Frau Hüt« wird ein Berg in der Nordkette bei Innsbruck genannt, der seinen Namen von einer Bergriesin erhalten hat: Die mächtige Frau lebte einst in großem Luxus mit ihrem Sohn inmitten üppiger Wiesen und Felder, und als sich ihr kleiner Schatz im Morast schmutzig gemacht hatte, wurde er mit Brot gereinigt. Ihr unbescheidenes Leben wurde mit Versteinerung bestraft, und der kleine Zacken neben der großen Spitze »Frau Hitt« ist ihr Söhnchen. Und die fruchtbare Landschaft fiel einem Unwetter zum Opfer.

Wir kennen diese härteste Form der Bestrafung von Frau Lot, die sich doch umdrehte, aus der Bibel und auch aus Ovids inspirierenden »Metamorphosen«, Verwandlungen.
Siehe auch: →Berge, →Berggeister, →Watzmann.
LITERATUR: Finsterwalder 1972; Petzoldt 1995.

Frau, Weiße →Weiße Frau

Frauen schreiben Gespenstergeschichten Isabella von →Wallenrodt, Sophie →Albrecht

Friedhofsgeist →Orbs

Fühlen einer Gegenwart

Das Gefühl von der Gegenwart einer Person, die nicht körperlich anwesend ist, das Spüren und die Gewissheit um die Anwesenheit eines Wesens wird als Fühlen einer Gegenwart bezeichnet, engl. *feeling of a presence (FOP)*.

Green und McCreery sprachen von einem *sense of presence* (1975, 118–122), dem Wahrnehmen einer geisterhaften Gegenwart (Puhle 2005, 4, IX.6).
LITERATUR: Puhle 2005.

Fuga daemonum

Der lateinische Begriff *fuga daemonum* meint die »Flucht der Geister«, d.h. Mittel, die zur →Abwehr von Geistern dienen, wie etwa →Amulette, Steine, Kräuter und Worte.

Furien

Den griechischen →Erinnyen entsprechen die römischen Furien. Sie sind rachsüchtige Geister.

Fußspur der Geister
→Elfenringe

Die versteinerte Bergriesin Frau Hitt.

Fylgja (Pl. Fylgjur)

Die Fylgja ist nach der altnordischen Mythologie wörtlich eine »Folgerin«, ein weiblicher Schutzgeist, der auch als Tier erscheinen kann. Das isländische Wort *fylgja* bezeichnet gleichzeitig die Nachgeburt, was für die Annahme sprechen könnte, dass sich ein Teil der Seele eines Neugeborenen in dieser Nachgeburt aufhält (Petersen in: Lehmann 1925, 89, Anm. 2). →Schutzgeister wie die Fylgjur oder die Vättir (→Vättr) wussten um die Zukunft, um Gefahr und Tod (Njals Saga 12) und konnten in den Träumen anderer Personen auftauchen, um ein kommendes Ereignis anzukündigen.

Der nordische →Folgegeist ist verwandt mit dem noch älteren Phänomen des Doppelgängers. Taucht die Fylgja in Tiergestalt auf, so ist es ein Tier, das mit seinen Eigenschaften am besten zu dem von ihm zu beschützenden Menschen passt. Zur Wahl stehen etwa Bär, Eisbär (*atlamal en groenlenzku* = Genzmer, »Edda« I, 73), Wolf, Fuchs, →Katze, Ochse, Ziegenbock, Schlange, Kröte, Pferdekopf und Drache (→Schutzgeister). Von den heute erscheinenden, meist menschlichen Schutzgeistern wird angenommen, dass eine Affinität zwischen ihnen und ihrem Schützling besteht, dass sie ihm in ihrem Wesen ähneln. Friederike →Hauffe sah hinter einem Menschen dessen Schutzgeist, der nicht immer gut sein musste. Die Erfahrung des »sympathischen« Schutzgeistes mag auch in den häufigen Berichten von →Sterbenden Unterstützung finden, die einen sehr lieben Verstorbenen, einen nahe stehenden Menschen, an ihrem Bett wahrnehmen.

Die schützende Funktion eines →Doppelgängers klingt wiederum in Jungs Archetypen, in christlichen →Schutzengeln und den ihnen entsprechenden leuchtenden Wesenheiten anderer Kulturen, wie etwa den indischen →Devas, an. Der isländische Name für »Schutzengel« ist daher verständlich: *Fylgja-engill*.

Siehe auch: →Ka, →Vardøgr.

LITERATUR: Blum 1912; Lehmann 1925.

G

Gallus

Der heilige Gallus, dessen 613 erbaute »Galluszelle« den Beginn des Klosterbaues in St. Gallen ins Rollen brachte, war wie viele andere Heilige auch heilkundig. Ein nach ihm benannter Brunnen in Waltmannsweiler konnte Menschen, die an der Ruhr erkrankt waren, ihre Chancen auf Heilung ansagen: Blieb das Wasser klar, wenn der Kranke hineinschaute, so war es ein gutes Zeichen, trübes Wasser bedeutete das Gegenteil (→Wassergeister). Der Heilige gab auch Anweisungen zur Dämonenabwehr (Franz 1909, 2, 269).

Der Tag des heiligen Gallus, der ein Begleiter des heiligen Columban aus Irland war, ist der 16. Oktober.
Siehe auch: →Bergriesen.
Literatur: Franz 1909.

Geburtsmale →Reinkarnation

Gedächtnis der Zellen →Geister-Theorien

Gedächtnis des Ortes →Geister-Theorien

Gedächtnis, kosmisches
→kosmisches Reservoir

Gedankenkraft

Es sind die guten Gedanken, die Gutes bewirken, die →gute Geister anziehen – wer weiß das nicht? Theodor Fechner (1801–1887), der bekannte Physiker und Physiologe, berichtet in seinem »Büchlein vom Leben nach dem Tod«, dass es schon ausreicht, an einen verstorbenen Menschen nur zu denken, um ihn herbeizurufen. Das stimmt mit alten Weisheitslehren überein, die von der Kraft der Gedanken eine sehr hohe Meinung haben und sie als unsere größte Stärke überhaupt betrachten (Aïvanhov 1997). Der aus Bulgarien stammende Philosoph, der später in Südfrankreich ein Zentrum für seine Lehre gründete, Omraam Mikhaël Aïvanhov (1900–1986), geht wie auch Fechner davon aus, dass jede Gemütsstimmung eines Menschen die entsprechenden Geistwesen anzieht, Freude zieht fröhliche Geister an, Traurigkeit traurige usw.:

»Die guten Geister in uns locken die guten Geister ausser uns, und die bösen Geister in uns das Böse ausser uns. Gern kehren die reinen Geister in eine reine Seele ein, und an dem Bösen in uns fasst uns das Böse ausser uns. Haben die guten Geister erst in unserer Seele überhand genommen, so flicht bald von selbst auch der letzte Teufel, der noch darin zurückgeblieben ist, es ist ihm in der guten Gesellschaft nicht geheuer; und so wird die Seele guter Menschen eine reine himmlische Wohnung für selige darin bei einander wohnende Geister.« (Fechner 1866, 21 f.)

Das entspricht ganz der Vorstellung, die bei den Südslawen herrscht oder herrschte, der zufolge ein Mensch mit dem →bösen Blick die bösen Geister anzieht, die dann sofort zur Stelle sind, um ihre ahnungslosen Opfer zu überfallen.

Es ist das alte, aus der Magie bekannte Analogie-Denken, dem so viel Macht zugesprochen wird, während Wilhelm von Scholz (1874–1969) von einer »Anziehungskraft des Bezüglichen« spricht, einem sinnvollen »Zufall« oder einem »Assoziationsgesetz des Geschehens« (Scholz 1924).

LITERATUR: Aïvanhov 1997; Fechner 1836, 1866; Scholz 1924; Scholz 1937.

Galatea

Galatea gehört zu den wichtigsten der 50 →Nereiden.

Gedankenübertragung →Telepathie

Gehirn

Was hat das Organ des Todes – wie die kulturgeschichtlich jüngste Variante das menschliche Gehirn einschätzt und für den Tod verantwortlich macht – mit Geistererscheinungen zu tun? Wenn Geister sinnlich wahrgenommen werden, also gesehen, gehört, gerochen oder gefühlt werden, dann passieren sie unweigerlich das Gehirn. Umgekehrt zeigen neurobiologische Versuche, dass Geisterbilder mitunter wahrgenommen werden können, wenn bestimmte Bereiche des Gehirns *(Lobus temporalis)* aktiviert sind, mit einem schwachen magnetischen Feld stimuliert werden oder auch Fehlfunktionen aufweisen. Die Versuchsteilnehmer berichteten dann von paranormalen Phänomenen wie →ASW, →Geistererscheinungen, Visionen, →Außerkörperlichen Erfahrungen und dem unter dem Namen *feeling of a presence* (→Fühlen einer Gegenwart) bekannten Gefühl von der Anwesenheit einer nicht sichtbaren Person (Persin-ger 1983; Neppe 1983; Cook und Persinger 1997; Roll und Persinger 1998; s.a. Goulding und Parker 2001). Dies sagt allerdings nichts über die Ursachen von Geistererscheinungen aus, sondern nennt vielmehr Bedingungen, die möglicherweise mit den Begegnungen von Geistern oder Geistwesen korrelieren (Puhle 2005, 4, IX.1, X.4). Die alte Streitfrage, ob Geister eine vom Körper unabhängige Existenz führen, kann nicht mit provozierten Geistererlebnissen beantwortet werden, denn natürlich ist unsere Physis immer gegenwärtig, ob wir schlafen oder wachen, in Trance oder unter Hypnose, berauscht oder in Meditation versunken sind, ob wir Geister sehen oder nicht. Solange wir leben, haben wir auch ein Gehirn, das mitspielen muss; wenn unser Gehirn aber nicht mehr funktioniert und keine Ausschläge mehr auf dem EEG zu messen sind, dann müssten wir eigentlich tot sein, doch wir sind es offenbar nicht (→Nahtoderfahrungen).

LITERATUR: Cook und Persinger 1997; Goulding und Parker 2001; Neppe 1983; Persinger 1983; Puhle 2005; Roll und Persinger 1998.

Gehirnaktivierung →Geister-Theorien

Gehirnschaden →Geister-Theorien

Gehirnstimulation →Geister-Theorien

Geist

Ein Geist, engl. *ghost,* ist »der körperlose Geist oder das Abbild einer verstorbenen Person, der oder das den Eindruck erweckt, lebendig zu sein«, so die Definition in der »Encyclopedia of Occultism & Parapsychology« (Shepard 1991, 4. Aufl. hrsg. von Melton 1996), dem Standard- und Nachfolgewerk von Lewis Spence (1928) und Nandor Fodor (1934). Das deutsche Wort »Geist« (Geyst, Gayst) ist jedoch vielschichtig: Neben hochspezifischen Bedeutungen in Theologie und Philosophie, meint der allgemeine Sprachgebrauch mit »Geist« vor allem den Geist eines Menschen, die geistige Kapazität eines Menschen, seine Art und Weise zu denken, aber auch die Denkrichtung einer Gruppe von Menschen, eines Volkes oder der Welt (Weltgeist). Ein bestimmter Geist kann dementsprechend auch an einem besonderen Ort herrschen, in einer Familie, einer Institution, einer Partei usw. Hier wird der Geist als ein bestimmten Menschen oder Orten zugehöriger verstanden. Ein Geist »liegt in der Luft« oder »weht an einem Ort«. Der Genius Loci, den Goethe im Weimarer Park an der Ilm ehrt, ist der →Geist des Ortes.

Geist und Seele sind zwei Aspekte des Menschen, die heute im täglichen Sprachgebrauch oft miteinander vermischt werden oder auch eine Einheit gegenüber dem Körper bilden. Hinsichtlich der Frage, welcher Teil des Menschen, Seele *(anima)* oder Geist *(mens)*, ewig ist, gibt die Kulturgeschichte viele Antworten. Die heute übliche Unterscheidung versteht »Geist« als die eher intellektuelle Fähigkeit des Menschen, während der Begriff »Seele« üblicherweise das emotionale Vermögen des Menschen fasst.

Noch eine andere Bedeutung von »Geist« meint ein Geistwesen, eine individuelle, vom Körper unabhängige Existenz. Bei der Frage, wie weit die Unabhängigkeit eines Geistes reicht, scheiden sich die Geister: Der Animismus sieht den Geist mit dem Ende des physischen Körpers ausgelöscht, während der Spiritismus von dem Fortbestehen des Geistes nach dem Tod eines Menschen ausgeht. Der Spiritist Al-

lan Kardec etwa versteht unter »Geist« ein intelligentes Wesen der Schöpfung und sieht das All außerhalb der stofflichen Welt von →Geistern bevölkert.

Der als Gestalt existierende Geist ist sozusagen die Personifizierung des abstrakten Geistes.

Siehe auch: →Geister von Menschen, →Geistererscheinungen, →Leben nach dem Tod.

LITERATUR: Kardec 1989; Fodor 1934; Shepard 1991, 1996; Spence 1928.

Geist des Ortes

Jeder Ort hat seinen Geist. Dabei stellt sich die Frage, ob es der Geist des Ortes, ein sich an diesem Ort aufhaltendes Geistwesen oder auch mehrere dieser Art oder ob es ein dem Ort immanenter Geist ist. Beides ist möglich, und wir finden quer durch die Kulturgeschichte Erfahrungsberichte und Ideen zu diesem Bereich. Cicero, immer auf der Suche nach einer »natürlichen« Erklärung, zog in Erwägung, dass bestimmte Orte zum →Weissagen geeigneter seien als andere (→Delphi), und macht dabei auf die »Ausdünstungen« der Erde aufmerksam. Wie auch immer – an solchen heiligen Stätten sprach ein Gott oder eine Göttin. In der deutschen Tradition ist dagegen eine Stimme der Erde bekannt. Unter bestimmten Bedingungen lässt sie sich hören. Und auch sie, die aus der Dunkelheit spricht und keine Lichtgöttin ist, ist wissend, sie spricht weise und weiß (→Weizenhören).

Berichte von eigenständigen →Erdgeistern, die unterirdisch oder in →Bergen leben, meinen dagegen ganz konkrete Wesen, die sich an einem Ort aufhalten können. →Goethe lässt einen – halb erdichteten – Erdgeist im Faust zu Worte kommen, und setzt ganz konkret dem Genius Loci, dem Geist des Ortes im Weimarer Park an der Ilm, ein bleibendes Denkmal.

Johann Wolfgang von Goethe, »Felsentreppe im Weimarer Park«, 1777.

Heute arbeitet der aus Slowenien stammende Bildhauer Marko Pogačnik, Meister auf dem Gebiet der Konzept-Kunst und Landart, mit den an bestimmten Orten wirkenden →Elementargeistern im Sinne einer Heilung von gestörten Kraftorten (1995); er nennt dies eine Lithopunktur der Erde.

LITERATUR: Pogačnik 1995.

Geister

Geister gelten als unsichtbare, nur zuweilen sichtbare Wesenheiten, die auf verschiedene Weise erlebt oder wahrgenommen, meistens gesehen, aber auch gehört und gerochen, gefühlt und geahnt werden können. Sie erscheinen in vielerlei Gestalt, in menschlicher, tierischer, mythischer und auch unspezifischer. Es können →Geister von Menschen, →Geister von Tieren, Geister von Pflanzen, Geister von Steinen oder mythische Geister erscheinen oder sich auf andere Art bemerkbar machen.

Dabei gibt es viele Zwischenformen, etwa Geister in menschen- oder tierähnlicher Form, Fabelwesen und eine beliebig lange Reihe von Geisterkreaturen unterschiedlicher Ausprägung, die von himmlischen bis zu niedersten Geisterformen reicht. Eine weitere Unterscheidung kann nach der Erscheinungsform vorgenommen werden, etwa nach der Farbigkeit bzw. Helligkeit der Erscheinungen, dann nach der stofflichen Dichte der Erscheinungen, nach der Konturenschärfe oder nach der Evasivität der →Geistererscheinung. Die meisten Geistererscheinungen halten nur für einen sehr kurzen Augenblick an, für Sekunden (Cornell 2002). Manche Erscheinungen sind sehr stofflich und kompakt, können nicht während des Erlebnisses, sondern erst später als Geister erkannt werden, wie die →Doppelgänger, die verblüffend echt wirken. Andere Geister sind so hell, dass sie Ehrfurcht einflößen, wie biblische Engelerscheinungen – »Fürchte dich nicht«. Wieder andere Geister sind dunkel und Furcht erregend, während die grauen →Gespenster wohl am bekanntesten sind.

Viele Erscheinungen von Geistern sind unscharf gezeichnet, sie wirken wie →Nebel oder wolkenartige Gebilde (→Wolken), manche sind ganz transparent, andere kraftvolle Lichteffekte wie Lichtkugeln.

Für Geister von Menschen und Tieren gilt als weiteres Kriterium die Identifikation: Handelt es sich um einen bekannten Menschen oder um ein vertrautes Haustier? Es gibt viele Fälle, in denen der eindeutig wie ein Mensch oder Tier aussehende Geist nicht identifiziert werden kann – das ist der Fall bei den so genannten *hauntings,* beim ortsgebundenen →Spuk, wo der Geist in altmodischer Kleidung auftritt und längst vergangenen Jahren, Jahrzehnten oder sogar Jahrhunderten anzugehören scheint.

Geister als Nebel →nebelartige Geister, →Geistkörper

Geister als Wolken →Wolken

Geister bei Sterbenden →Sterbende

Geister der Elemente →Elementargeister

Geister der Erde →Erdgeister

Geister der Luft →Luftgeister

Geister des Wassers →Wassergeister

Geister ohne Kopf →Kopflose

Geister von Lebenden

Geister gehören zum →Tod wie zum Leben. Wir unterscheiden →Geister von Lebenden und →Geister von Verstorbenen. Daneben gibt es die schwierige Kategorie der →Geister von Sterbenden – schwierig, weil immer die Frage offen bleibt: Sind sie die Geister von Toten oder Lebenden?

Das Standardwerk zu diesem Thema wurde Ende des 19. Jahrhunderts verfasst (Gurney, Myers und Podmore 1886).

Siehe auch: →Geister von Menschen, →Geister von Tieren, →Geister von Unbekannten.

LITERATUR: Green und McCreery 1975; Gurney, Myers und Podmore 1886/o.J.

Geister von Menschen

Alles, was ist und lebt, hat auch Geist. Dementsprechend können Geister von Menschen, Tieren, Pflanzen, ja sogar von Steinen erfahren werden – so ist es überliefert. Die Geister von Menschen nehmen sich da fast am normalsten aus.

Grundsätzlich können sie unterschieden werden in →Geister von Lebenden, →Geister von Sterbenden und →Geister von Verstorbenen. Eine Gruppe für sich bilden die nicht identifizierten →Geister von Unbekannten, die oft im ortsgebundenen →Spuk eine Rolle spielen. Häufig sind in der Kulturgeschichte auch Berichte von Geistern ohne Kopf (→Kopflose) oder von →Fragmenten von Geistern wie Armen oder Händen.

Geister von Menschen lassen sich noch genauer unterscheiden. Der britische Mathematiker George Nugent Merle Tyrrell (1879–29.10.1952), einstiger Präsident der S.P.R. (1945/46), dessen Bücher »Apparitions« (1969) und »Mensch und Welt in der Parapsychologie« (1960/1972) immer noch zur Standard-Geisterliteratur gehören, unterscheidet vier Typen:

1. Experimentelle Erscheinungen *(Experimental apparitions)*
2. Krisenerscheinungen *(Crisis apparitions)*
3. Post-mortem-Erscheinungen *(Post-mortem apparitions)*
4. Geister von Verstorbenen *(Ghosts* bzw. *Hauntings)* (Tyrrell 1969, 35 f.)

Gruppe 1 meint Erscheinungen, die bewusst bewirkt, also provoziert werden, d. h., jemand versucht, eine Geistererscheinung zu erzeugen. Dies sind die Erscheinungen von Lebenden. Die nächsten drei Gruppen unterscheidet Tyrrell nach der Zeit ihres Erscheinens: Die Fälle der Gruppe 2 finden meistens um den Zeitpunkt des Todes herum statt, stammen möglicherweise von noch lebenden, aber eventuell sterbenden Menschen, während die Post-mortem-Erscheinungen kurze Zeit nach dem Tod auftreten. Die letzte Gruppe, die englischen *hauntings,* sind die Geister par excellence. Sie werden im Englischen einfach nur Geister, *ghosts,* genannt oder auch *apparitions of the dead bzw. appearances of the dead,* was im Deutschen den →Geistern von Verstorbenen entspricht. Diese Geister treten noch lange, manchmal viele Jahre oder Jahrzehnte und länger nach dem Tod eines Menschen auf (→römische Soldaten von York).

Rosemary Guiley fügt in ihrer »Encyclopedia« of Ghosts (1992) noch drei weitere, in der Literatur immer wieder erwähnte Geistergruppen und eine weniger beachtete vierte Gruppe hinzu.

1. Kollektive Geistererscheinungen
   (Collective Apparitions)
2. Reziproke Geistererscheinungen
   (Reciprocal Apparitions)
3. Sterbebettvisionen
   (Deathbed Apparitions)
4. Erscheinungen in Fällen, die
   Reinkarnation nahe legen
   (Apparitions in Cases Suggestive for Reincarnation)

Geister von Menschen können im ortsgebundenen →Spuk und personengebundenen →Spuk erscheinen.
Siehe auch: →Geistererscheinungen, →Geister von Tieren.
Literatur: Guiley 1992; Puhle 2004f; Puhle 2005.

Geister von Sterbenden

Um Tod und Sterben kreisen fast alle Geister. Die meisten Geister von Menschen erscheinen nur allzu häufig am Sterbebett, und die →Sterbenden selbst können häufig von Menschen, die nicht in ihrer Nähe sind, ihnen aber doch sehr nahe stehen, gesehen werden. Mary Rose Barrington, Juristin und langjährige Forscherin auf dem Gebiet der so genannten Spontanfälle, die dem Leben und nicht der Laborforschung entstammen, greift einen alten, gut bezeugten

Fall aus Sevilla auf. Der Vorfall wurde zuerst von Pascal Forthuny in der *Revue Métapsychique* (1925, 3, 197–199) vorgestellt.

»Am 17. Juni 1924 schickt der Direktor der radiologischen Klinik in Sevilla, Don José Manuel de Puelles, einen Brief an Charles Richet (1850-1935), Physiologe und Nobelpreisträger (1913), der einen Fall einer von ihm selbst beobachteten *death apparition* dokumentiert. Don J.M. de Puelles' Anatomie-Professor war Dr. Francisco Sanchez Pizjuan vom Central-Hospital in Sevilla, der am 1. November 1918 (laut *El Liberal* war es der 11.11.) als 59jähriger verstarb. Das letzte Treffen der beiden hatte etwa drei oder vier Jahre davor stattgefunden, und zwar in dem Haus von Don J.M. de Puelles, u.a. da dieser dringend eine Behandlung seiner Verbrennungen benötigte, die er sich während seiner langjährigen Arbeit im Röntgen-Bereich zugezogen hatte – es stand sogar zur Debatte, beide Hände zu amputieren. Nach diesem Treffen führten ihre Wege jedoch auseinander, denn beide waren stark von ihrer Arbeit in Anspruch genommen.

In der Nacht des 1. November 1918 (oder 11.11.) ging Don J.M. de Puelles sehr spät zu Bett und schlief nicht viel früher als drei Uhr morgens ein. Er hatte schon lange nicht mehr an seinen einstigen Tutor gedacht und wußte nicht, wie es ihm inzwischen ergangen war. Er hatte ganz ruhig neben seiner Frau geschlafen, als er plötzlich eine Figur ins Zimmer kommen sah, die in eine weiße Robe eingewickelt war und die ihn ununterbrochen ganz feierlich anstarrte und von Zeit zu Zeit ihren Blick nach oben richtete. Es war Prof. Pizjuan. Dazu muß bemerkt werden, daß Prof. Pizjuan ein Mensch mit Humor war, der ziemlich sarkastisch sein konnte und einen Hang zu Ironie hatte, jemand, der immer witzige Kommentare parat hatte und lächerliche Ideen und Schwächen von Menschen gut bloßstellen konnte.

Da er nur selten zu Besuch zu ihm kam, bemühte er sich dann immer um so mehr, seine Freude darüber auszudrücken, und wartete auf die Reaktion, die oft in einer spaßigen Bemerkung bestand, und auch auf sein motivierendes Lächeln. Diesmal jedoch war er sehr ernst und feierlich, und das wunderte ihn. Er konnte ihn zu keiner einzigen Äußerung veranlassen, und genau in dem Moment, als er aufstehen wollte, verschwand die Figur unmittelbar vor seinen Augen. Er realisierte sofort, was los war, und sagte zu seiner Frau, die mittlerweile aufgewacht war: ›Höre jetzt bitte gut zu, was ich Dir sage: Mein alter Tutor, Don Francisco Sanchez Pizjuan, ist gestorben, genau jetzt in diesem Moment.‹

Er hatte diese Wort kaum gesprochen, als die Uhr der Stadthalle, die ganz in der Nähe seines Hauses und gegenüber dem Haus von Dr. Pizjuan am Plaza de San-Francisco y de la Constitucion war, 4 schlug. Dann schlief er noch einmal ein und wachte am nächsten Morgen um 9 wieder auf. Er dachte nicht mehr an die nächtliche Erscheinung, bis er die Seite 3 der Tageszeitung *El Liberal* aufschlug – dort stand, ganz kurz noch vor dem Erscheinen gedruckt, die Todesanzeige für Prof. Pizjuan.

Don J.M. de Puelles ging sofort in das Haus des Verstorbenen und fand heraus, daß Dr. Merino zur Todeszeit bei dem Sterbenden war. Die Antwort des Arztes auf die Frage, zu welcher Zeit der Patient gestorben sei, lautete: ›Genau in dem Moment, als der Professor seinen letzten Atemzug tat, schlug die Uhr der Stadthalle vier.‹ Auch Senora de Puelles bezeugte: das Erlebnis ihres Mannes, der sie in der Nacht geweckt und zu ihr gesagt hatte: ›Höre jetzt bitte gut zu: Mein alter Tutor, Don Francisco Sanchez Pizjuan, ist genau in dieser Minute gestorben.‹

Der Vorfall wurde publik, da Don J.M. de Puelles vier Tage später in derselben Zeitung, im *El Liberal,* einen Artikel veröffentlichte, den er direkt an den Toten richtete: ›Ich erhielt Ihren letzten Besuch. Ich antworte darauf mit diesen Worten, die aus Zuneigung und aus der Versicherung heraus gesprochen sind, daß sich Ihr Hinübergehen bei mir als ein sehr trauriger Abschied eingeprägt hat.‹« (Barrington 2003, 17f.; übersetzt von A. Puhle)

Bemerkenswert an dieser klassischen *death apparition,* der Erscheinung eines Sterbenden, ist die exakte Uhrzeit – Uhren schlagen ja nicht immer im passenden Moment. Doch, wie Mary Rose so treffend bedauert, wäre es schöner gewesen, wenn der Besuch erst *nach* dem Uhrenschlag stattgefunden hätte. So gibt auch diese Geistererscheinung wie die meisten *death apparitions* keine schlüssige Antwort darauf, ob der Sterbende zum Zeitpunkt seiner Erscheinung bereits ein Verstorbener ist oder nicht.

Siehe auch: →Geister von Verstorbenen, →Geistererscheinungen in Krisensituationen, →Sterbebettvisionen.

LITERATUR: Barrington 2003.

Geister von Tieren

Neben der größten Gruppe von →Geistern von Menschen können auch Geister von Tieren wahrgenommen werden. Am häufigsten handelt es sich dabei um die Geister von Haustieren wie Hunden und →Katzen. In dem umfangreichen Werk »Census of Halluzination« (Sidgwick, Johnson u.a. 1894) werden 25 Berichte von Erscheinungen von Tieren vorgestellt – in drei Fällen konnten die Tiere identifiziert werden. Den *apparitions of animals* ist auch ein ganze Kapitel gewidmet in Greens und McCreerys Buch über Geistererscheinungen (1975, 192–196). Ein neues Beispiel berichtet Tony Cornell in »Investigating the Paranormal« (2002), wo er die Erscheinung seiner Boxer-Labrador-Hündin Boozer beschreibt. Seine Mutter, die gerade in der Küche beschäftigt war, hatte Boozer für etwa 30 Sekunden gesehen, als sie mindestens schon 25 bis 30 Minuten tot war (Cornell 2002, 127ff.; s.a. Puhle 2005, 2, III.29). Und Tiere können nicht nur als Geister erscheinen, sie können auch Geister sehen.

LITERATUR: Bayless 1970; Cornell 2002; Green und McCreery 1975; O'Donnell 1913; Sidgwick, Johnson, Myers, Podmore und Sidgwick 1894; Puhle 2005.

Geister von Unbekannten

Nicht alle →Geistererscheinungen von Menschen können identifiziert werden. Der Schwede Conny Åquist hatte vor einigen Jahren ein Erlebnis in dem schönen, alten und direkt am Meer gelegenen Stadtteil von Göteborg, in Klippan. Er berichtete:

»Um mich kurz vorzustellen: Ich halte mich für einen nur unterdurchschnittlich begabten Menschen, was →Außergewöhnliche Erfahrungen angeht.

Im Spätherbst des Jahres 1986 – ich war damals gerade Anfang dreißig – machte ich mit einem Studienfreund einen Spaziergang in Klippan, im Westen Göteborgs. Es war gegen acht Uhr abends, wir gingen die Fußgängerzone entlang, eine alte Baumallee mit Kopfsteinpflaster, und unterhielten uns. Kein Mensch war auf der Straße. Umso erstaunter war ich, als ich ganz plötzlich bemerkte, dass im Abstand von 20 bis 30 Metern eine Person vor uns herlief. Die Gestalt war recht groß und ihre Kleidung bemerkenswert: Sie trug einen hell- bis mittelbraunen Kapuzenmantel, der ihr bis zu den Füßen reichte und sehr altmodisch wirkte. Der Mantel hätte in der Tat aus dem 18. oder 19. Jahrhundert sein können, ein klassischer, eleganter Regenmantel aus England, der einen extra Überhang an den Schultern hatte, oben in Falten gelegt war und in eine Kapuze überging. Der Schulterüberhang war so lang, dass man die Ärmel darunter nicht sehen konnte. Dieser besondere, lange Mantel war auch der Grund, warum mir dieser Mensch überhaupt aufgefallen war. Die Gestalt lief etwa zwei bis drei Minuten lang im selben Tempo wie wir vor uns her und blieb dann ganz plötzlich stehen: Sie breitete nun sehr langsam ihre Arme an beiden Seiten aus, hob sie so hoch, als ob sie gleich losfliegen wollte. Doch als sie ihre Arme in etwa der Höhe ausgebreitet hielt, in der ein Pfarrer im Gottesdienst den Segen geben würde, da fuhren ihre Arme blitzschnell an den Seiten wieder herunter, und der Mann oder die Frau verschwand auf der Stelle vor meinen Augen ins Nichts.

Der Vorfall machte mir in dem Moment etwas Angst, da ich mir überhaupt nicht erklären konnte, was das zu bedeuten hatte, was ich da eben mit offenen Augen gesehen hatte. Ich konnte in diesem Augenblick auch nicht mit meinem Freund darüber sprechen, auch wenn ich es spontan zuerst wollte. Es gab zwei Gründe: Einerseits hatte ich absolut keine Erklärung dafür. Warum sollte ein Mensch seine Arme so merkwürdig hochheben und dann schnell wegrennen? Andererseits war ich unsicher, ob ich das Ganze auch richtig beobachtet hatte. Konnte ich meinen Augen trauen?« (Conny Åquist, mündlicher Bericht an A. Puhle, 17. Mai 2004)

Connys Reaktion ist ganz typisch: Wer etwas Unerklärliches erlebt, glaubt oft nicht an das, was er sieht, und will den Vorfall normalisieren, eine natürliche Erklärung dafür finden. Wenn dies nicht gelingt, wird das Ereignis entweder vergessen, unterdrückt – man spricht einfach nicht mehr darüber –, oder aber, wie in Connys Fall, es bleibt einem noch

lange lebendig in Erinnerung. Was Connys Fall interessant macht, sind drei Punkte:

1. Die Gestalt trug Kleidung aus früheren Jahrhunderten. Es war damals nicht üblich, Kleidung im Stil des 18./ 19. Jahrhunderts zu tragen. Heute wäre es schon eher denkbar, da heute ja alles erlaubt ist.
2. Die Gestalt bleibt ganz plötzlich scheinbar grundlos stehen und hebt dann die Arme in seltsamer Weise hoch, als ob sie fliegen wollte usw.
3. Die Gestalt verschwindet auf ebenso überraschende Weise, wie sie erschienen ist. Was war der Grund für dieses Verhalten?

Siehe auch: →Geister von Lebenden, →Geister von Verstorbenen, →Sterbende.

Geister von Verstorbenen

Ein Geist muss tot sein, wenn er ein richtiger Geist sein soll, d. h., er muss streng genommen noch leben, ein als Geist weiterlebender Toter sein. Der Geist eines verstorbenen Menschen, der nach dem physischen Tod eine eigenständige Existenz führt und erscheint, ist der Prototyp eines Geistes schlechthin. Die Kulturgeschichte kann viele Bücher zu diesem Thema schreiben, Ronald Finucanes »Appearances of the Dead« (Erscheinungen der Toten, 1984) ist nur eines davon. »On apparitions occuring soon after death« (Über Erscheinungen kurz nach dem Tod, Gurney und Myers 1887–1888) ist ein anderes, ein älteres wichtiges Beispiel davon (s. a. Sidgwick, Johnson u. a. 1894; Gurney, Myers und Podmore 1886).

Wenn auch die Geister der Verstorbenen Geister par excellence sind, so sind doch genau sie die heute am meisten umstritten. Die Erfahrung, dass Tote wiederkehren, ist dagegen so alt wie der Tod selbst. Und doch stellt sich die Vorstellung eines Geistes dem wissenschaftlichen Beweisanspruch so quer in den Weg, dass es nur wenigen gelingt, die Evidenz außerhalb des Labors, im alltäglichen Leben anzuerkennen. Wie Ironie wirkt es, wenn Geister von Verstorbenen sich unter den strengsten klinischen Kontrollmaßnahmen sehen lassen, wenn sie →Sterbenden erscheinen, die schon längst tot sein müssten, weil keinerlei körperliche Symptome mit EKG oder EEG, nicht einmal am Hirnstamm zu beobachten sind. Bedeutende Ärzte und Forscher wie Pim van Lommel und Peter Fenwick berichten davon. Es sind die Erlebnisse in →Nahtoderfahrungen, bei denen teilweise beachtliche Informationen vermittelt werden.

Doch auch Gesunde sehen Geister von Toten. So ergab eine Umfrage in Deutschland, dass 20 Prozent der Bevölkerung schon einmal eine Erscheinung eines verstorbenen Menschen erlebt haben (Bauer und Schetsche 2003, 93).

Die Geister der Vergangenheit geben uns am meisten zu denken, fordern sie uns doch dazu auf, das Vergangene nicht zu vergessen und auch die Kürze der Gegenwart zur Maxime unseres Lebens und Handelns zu machen. Die Erscheinungen von Geistern, die Verstorbenen angehören, kommen nie mit leeren Händen – sie sind immer mit einem tiefen Sinn oder Grund verbunden (s. Puhle 2004f, 2005; s.a. Green und McCreery 1975, 188–191).
Siehe auch: →ewiges Leben, →Geister von Lebenden, →Geister von Sterbenden, →Geister von Tieren, →Geister von Unbekannten, →Himmel, →Leben nach dem Tod, →Unsterblichkeit, →Unterwelt.

LITERATUR: Finucane 1984; Green und McCreery 1975; Gurney, Myers und Podmore 1886; Puhle 2004f; Puhle 2005; Schmied-Knittel 2003; Sidgwick, Johnson, Myers, Podmore und Sidgwick 1894.

Geister vor Gericht

Die besten Fälle hinsichtlich der Untersuchung eines Geisterfalls sind natürlich diejenigen, die ein Gericht bemüht haben oder eine Rolle bei einem Gerichtsentscheid gespielt haben. Wir haben hier diverse historische Fälle aus Großbritannien dann einen von Theodor Storm berichteten Fall, der allerdings in den Borderlands zwischen England und Schottland passiert ist, einen jüngeren, amerikanischen Fall und vor allem den hervorragend dokumentierten Mordfall der →Jacqueline Poole, der erst vor kurzem entschieden wurde.
LITERATUR: Puhle 2004f.

Geister, kopflose →Kopflose

Geister, zukunftkündende →Weissagende Geister

Geister-Theorien

Ideen, was Geister sind und wie ihre Erscheinungen erklärt werden können, sind so alt wie die Geister selbst. Ebenso alt sind allerdings die Theorien, die Geister wegerklären wollen. Betrug und Sinnestäuschung standen immer schon oben auf der Liste der möglichen Antworten auf Geisterspuk. Das menschliche Gehirn hat viele Tricks auf Lager und lässt durchaus Bilder von Geistern entstehen, die keinen Bestand haben, reine Kopfgeburten oder Hirngespinste sind. Geister können falsch sein. Wenn sie sich jedoch als resistent erweisen gegenüber skeptischen, kritischen und exakten Prüfungen, müssen wir anderswo nach Lösungen suchen. Eine einzige, befriedigende Antwort haben wir noch nicht. Verschiedene Epochen und geistige Strömungen favorisieren mal die eine, mal die andere Vorstellung. Die

John Bauer (1882–1918), »Der Junge, der sich niemals fürchtet«.

griechische Antike versteht den Kosmos als ein geordnetes, harmonisches, von guten wie bösen →Göttern, →Dämonen und →Naturgeistern regiertes Ganzes, in dem nichts verloren geht und eine →Unterwelt die Seelen der Verstorbenen auffängt. Unter bestimmten Umständen lassen sich die →Geister von Verstorbenen auch in der Welt der Lebenden blicken oder hören, riechen und fühlen und sind in der Lage, Einfluss auf sie auszuüben – so erfahren es Generationen von Menschen auf der ganzen Welt. Das ist der Hauptgrund für die ebenfalls universale Ahnenverehrung. Die Griechen unterschieden drei Arten von →Nekydaímones, von →Totendämonen, nämlich →Ahoros, →Biaiothanatoi und →Ataphoi.

Im Keim sind viele Geister-Theorien schon lange vorhanden gewesen, wenn sich auch eine Entwicklungstendenz (Puhle 2005, 4, IX.5) von der Suche nach Mächten in der äußeren Welt (Götter, Dämonen, Naturwesenheiten) zu der Erforschung der im Menschen selbst liegenden Kräfte (Projektion, Kreation) abzeichnet. In jüngster Zeit nimmt diese Entwicklung eine Wende zurück zu den Naturkräften, die heute in der Erde, in geomagnetischen und elektromagneti-

schen Feldern (Roll, Persinger) als Bedingungen für Geistererscheinungen wie →Poltergeister (Puhle 2005, 4, IX. 1–2) oder ortsgebundenen →Spuk angesehen werden. Auch unterirdisches Wasser, seismische Aktivität und Infraschallwellen (Tandy) werden als ursächliche Faktoren diskutiert. Die Suche in der Außenwelt nach Gründen für Geister führt also immer noch in die Gründe der Erde. Ideen und Kenntnisse um die in der Erde vorhandenen Kräfte und besondere Kraftorte führt etwa Marko Pogačnik heute wieder zusammen mit den alten Vorstellungen von geistigen Mächten, die in der Erde schlummern und als Naturgottheiten, als eigenständige Wesenheiten erfahren wurden. Heute werden eher →Naturgeister als -gottheiten wahrgenommen, die in kaum zählbaren Variationen erscheinen können (→Erdgeister). Doch die Geister der Natur blieben nicht immer so fern, wie man es gern hätte. Sie kamen immer näher an die menschlichen Siedlungen heran, bis sie Einzug in die Häuser und Wohnungen nahmen und nun als →Hausgeister in allen nur denkbaren Erscheinungsarten spuken.

Im Bereich der Natur- und Hausgeister überlappen sich schließlich die alten Ansichten von Naturgottheiten und Menschenseelen – sie können beides sein. Entspringen sie aber höheren Sphären, sind sie wie manche Poltergeister gefallene Engel.

Die Forschung wendet sich auch den höheren Regionen zu, den Sternen, sucht sie doch in der lokalen siderischen Zeit *(local siderial time)* einen Faktor, der, wenn auch nicht in Hinblick auf eine Geister-Theorie, so doch als »physikalisches Korrelat für PSI« diskutiert wird (May 2001). Die himmlischen Regionen mit ihren Lichtwesen und →Engeln spielen besonders in den →Nahtoderfahrungen eine bedeutungsvolle Rolle und sind dort fester Teil der typischen Erlebnisabfolge. So sind die Geister der Himmelswelt noch nicht vergangen. Die →Luftgeister und allen voran die →Feen haben heutzutage eine große Zeit, sind jedoch kein Forschungsgegenstand oder Nebenaspekt eines Forschungszweigs. Die Volkskunde, die das größte Wissen auf diesem Gebiet besitzt, sieht die Erscheinungen aus der Distanz und legt auf ihren Realitätsbezug kein Gewicht. In Südschweden, wo an der alten und ehrwürdigen Universität von Lund ein Lehrstuhl für Parapsychologie und Hypnose eingerichtet wird, ist man sehr besorgt, dass mit der Professur nicht auch →Tomte und →Troll Einzug in die akademische Welt nehmen.

Das ändert jedoch nichts an der Tatsache, dass das Leben seine Geschichten ganz so schreibt, wie es will, und dass viele Menschen mit einer Realität konfrontiert werden, die nicht in das übliche Weltbild passt.

Die Suche nach den Geistern im Innern des Menschen ist ein Novum. Die Projektionstheorie besagt, Geister seien von Menschen projizierte Bilder, und diese können vielseitig bedingt sein, sogar durch Stimulation des Gehirns hervorgerufen werden (Persinger, Blanke) – was auf einen bestimmten physischen Zustand, nicht aber auf eine Ursache hinweist. Während jedoch die Suche im Innern mit der modernen Psychologie mit Riesenschritten vorangeht und immer mehr Schwachpunkte der Sinne und des Erinnerungsvermögens aufdeckt, bleibt die Welt der Mythen nebenbei ganz lebendig – denken wir nur an den Individuationsprozess der Seele, den C.G. Jung in seiner Psychologie beschreibt (GW XII), und an die von ihm entdeckten Archetypen oder an die »Mythische Reise« von Liz Greene (2004).

Um helleres Licht in die vielen Ansätze zu bringen, die Geistererscheinungen zu erklären versuchen, konzentrieren wir uns auf die sieben großen Gruppen von Geister-Theorien, die heute diskutiert werden:

1. Betrug
2. Täuschung – Psi ist nicht involviert
   - Falsche Interpretation von äußerer Stimulation
     - Geomagnetische Felder
     - Elektromagnetische Felder
     - Infraschallwellen
     - Elektrische Gehirnstimulation (im Labor)
   - Fehlwahrnehmung
     - Illusion
     - Gestaltung des unvollkommen Wahrgenommenen
   - Fehlerinnerung
     - Erinnerung wird passend zum Glaubenssystem nachträglich ausgeschmückt
   - Irrtümer durch Motivation (Glauben heißt Sehen)
     - Suggestion
   - Bewusstseinsstörungen
     - Falsches Erwachen (hypnagogische Bilder in den Morgenstunden);
     - Psychotische Zustände bei Schizophrenie oder Gehirnschaden (Halluzination)
3. Spuren-Theorien *(trace theories)* – Psi ist involviert
   - Gedächtnis des Ortes
   - Gedächtnis der Köperzellen
4. Subjektivistische bzw. animistische Theorien – Psi oder Super-Psi ist involviert
5. Objektivistische bzw. spiritistische Theorien – Super-Psi reicht zur Erklärung nicht mehr aus
6. Regie-Theorie (Objektiv existierender Geist gibt Impuls – Geisterbild wird subjektiv ediert)
7. Kosmisches Reservoir und Archive des Geistes (auf kosmischer Ebene gespeichertes Wissen)
8. Holistische Geister-Theorie (Kombination verschiedener Aspekte der Theorien)

Verschiedene Kombinationsmöglichkeiten der einzelnen Theorien sind denkbar. So können zum Beispiel die unter »Täuschung« angeführten hypnagogischen und psychotischen Zustände sowie die experimentellen Gehirnstimulationen unter Umständen günstige Vorbedingungen schaffen für »wirkliche« Erfahrungen, in denen →Psi, →Super-Psi oder ein selbstständig existierender Geist involviert ist. Die Vertreter der mindestens 2000 Jahre alten Idee der Besessenheit zur Erklärung von Epilepsie könnten etwa die besonderen physiologischen Konditionen des Epileptikers als Vorbedingung der Erfahrungen ansehen.

Subjektivistische Theorien erklären eine Geistererscheinung anhand der beteiligten lebenden Menschen, die auf mehr oder weniger komplizierte Weise das Geisterbild entwerfen oder projizieren. Im Gegensatz zu den Betrugs- und Täuschungstheorien gehen sie davon aus, dass etwas »Wahres« in den Geistern ist, dass ein paranormaler Faktor involviert ist, der eine realitätsbezogene Nachricht – etwa die Information über die augenblickliche Situation eines Menschen – überbringt.

Der kritische Scheidepunkt der beiden Theorien liegt in der Frage, wie weit →Telepathie reichen kann. Kann sie mehr Personen als einen Sender und Empfänger involvieren? Die bisher bekannte Form von Telepathie geht von zwei Lebenden aus, die miteinander in Interaktion stehen. In vielen Fällen von Geistererscheinungen reicht sie als Erklärung nicht aus, wenn der Tote etwa ein Wissen vermittelt, das dem Empfänger nicht bekannt ist. Der Tote könnte es einem Dritten zu Lebzeiten mitgeteilt haben, von dem der Empfänger die Nachricht nun telepathisch erhält. Hier wird die Kapazität von →Außersinnlicher Wahrnehmung (ASW) überzogen, und man spricht daher von Super-ASW bzw. englisch *Super-ESP*. Doch auch die

Super-ASW oder Super-Psi genannte Theorie kommt schnell an ihre Grenzen, wenn nämlich keiner der Lebenden von der betreffenden, kommunizierten Angelegenheit etwas gewusst hat. Alan Gauld stellt einige Fälle dieser Art in seinem Buch »Mediumship and Survival« (1983), die ein →Leben nach dem Tod nahe legen, vor. Eine plausible Möglichkeit ist die Theorie, in der ein objektiv existierendes Geistwesen angenommen wird, das etwas vermittelt, unser eigener »Geist« jedoch – unser innerer Regisseur – das konkrete Bild entwirft.

Dies könnte die vielen merkwürdigen Gewänder, in denen Geister erscheinen, verständlicher machen. Es mag schließlich eine Kombination verschiedenster Aspekte der einzelnen Theorien bei der Erklärung einer Geistererscheinung zum Einsatz kommen, um all den Varianten von Geistern gerecht zu werden.
Siehe auch: →Echtheit von Geistern, →Morphic Resonance Theory.

Literatur: Baker 2002; Blanke 2002, 269–270; Greene 2004; Hart 1956; Jung 1958ff; May 2001; McCue 2002, 1–21; Pogačnik 1995; Puhle 2005; Tyrrell 1943/1953.

Geisterabwehr →Abwehr

Geisterarmee →römische Soldaten von York

Geisterarten

Tausendundeine Nacht für tausendundeinen Geist – und das ist noch weit untertrieben. Wir können die Geister nicht zählen, die sich im Schatten der Menschenwelt tummeln. Selbst 1000 Arten von Geistern wären noch sehr niedrig angesetzt, wenn wir der Geisterrealität ins Gesicht sehen.

Ein Blick in das Meisterwerk von Dagmar Linhart über allein die »Hausgeister in Franken« (1995) öffnet uns die Augen: Unsere Welt ist von Geistern hoffnungslos überbevölkert. Ordnung in das Wirrwarr der Geisterwelt zu bringen bedeutet, sie bestimmten Kriterien zuzuordnen, und da bietet sich vieles an:

1. Wahrnehmungsart (optisch, akustisch, haptisch, olfaktorisch, Gefühl, Ahnung, innerer Sinn)
2. Erscheinungsform (Menschengestalt, Tierform, Mischformen, Wandlungsgeister, beliebige)
3. Farbe (alle, vor allem schwarz und weiß)
4. Körperliche Beschaffenheit (Durchlässigkeit bis Kompaktheit)
5. Tageszeit (Nacht, Tag, Mitternacht, Mittag)
6. Lebenssituation (Tod, Sterben, Krankheit, Krise, Konflikt, Geburt, Hochzeit)
7. Erscheinungsort (Haus, Schloss, Burg, Kirche, Turm, Mühle, alle Orte in der Natur)
8. Erscheinungsbereich (Natur, menschlicher Wohnbereich)
9. Interpretation: Wer oder was sind sie? (Menschen, Tiere, Dämonen, Engel, Gottheiten usw.)
10. Bedeutung und Einfluss auf das menschliche Leben (gut, böse, freundlich, hilfreich, lustig) (vgl. Puhle 2005, 3, III.33, »Geisterklassifikation«)

Jeder der zehn Punkte lässt sich weiter zergliedern, und wir bekommen schon eine leise Ahnung von den Größenordnungen, in denen sich die verschiedenen Arten und Typen von Geistern bewegen. Schwer kategorisch einzufangen sind vor allem die Verwandlungskünstler unter den Geistern – sie erscheinen in immer wieder anderer Form, wie wir etwa vom →Alp oder vom →Poltergeist wissen. Darüber klagt schon Erasmus Franciscus im Titel seines mit Beispielen überfüllten Geister-Klassikers aus dem 17. Jahrhundert. In dessen »führnehmsten Inhalt« finden sich als wahr angeführte Geschichten über die →Alraune, die →Bergmännchen, die »Circaeische Verwandlungen der Menschen in Thier-Gestalten«, Geister ohne Kopf (→Kopflose), ein »Gespenst in der Gestalt eines Münchens« (Mönch), über »Gespenst-Affen«, »Gespenster auf dem Wasser«, →Irrlichter, die →Weiße Frau, »Gespenstisches Lufft-Treffen«, über »Hertzfressende Zauberinnen«, über »Hudgin in Hildesheim«, Jakob Böhmes Lebensgeist und isländische Schattengeister in Tierform, um nur einen Eindruck von der Variationsbreite der Phänomene zu geben.
Siehe auch: →Geist, →Geister, →Geistererscheinungen, →Geister-Theorien.
LITERATUR: Franciscus 1690; Linhart 1995; Puhle 2005.

Geisterbeschwörung

Die Macht der Geister und ihre Kenntnis von der Zukunft für eigene Zwecke zu nutzen, lag schon immer im Interesse der Menschen, und sie haben sich allerlei magische Worte und Handlungen einfallen lassen, um mit ihnen Geister beschwören zu können und ihren Willen zu brechen. Griechisch-ägyptische Zauberbücher und praktische Anleitungen, die auf Goldtäfelchen geschrieben stehen, zeugen davon (Rohde 1921, 2, 88, 365).

Beschworen werden entweder →Götter, →Dämonen oder die Geister der Toten (→Geister von Verstorbenen). Der Zweck ist ganz unterschiedlich, doch das Mittel ist immer Gewalt. Es ist kein demütiges Bitten um Hilfe, sondern ein bewusst in Angriff genommener Kampf mit den geistigen Mächten. – Gibt es auch eine »natürliche« Beschwörung?

»Jedes Wort ist ein Wort der Beschwörung. Welcher Geist ruft – ein solcher erscheint.« (Novalis, »Fragmente und Studien«, 1)

Diesen Gedanken kennen wir schon von Theodor Fechner (→Gedankenkraft): Die Geister, die uns entsprechen, ziehen wir an – eine einfache, aber goldene Regel. Doch Vorsicht, wer kein Meister ist:

Ach! da kommt der Meister!
Herr, die Not ist groß,
Die ich rief die Geister,
Werd ich nun nicht los.   Goethe, »Der Zauberlehrling«, 1797

Siehe auch: →Schröpfer, →weissagende Geister.
LITERATUR: Novalis 1960/1977; Rohde 1921.

Geisterbuchautoren

Es gibt eine beinahe unendlich lange Reihe bekannter wie unbekannter Autoren, die sich ernsthaft mit Geistern befasst haben: Theoretische Werke und Fallberichte, darunter detaillierte Einzelfallbeschreibungen und große Fallsammlungen. Die Schriften reichen weit in die Vergangenheit zurück, und wir finden schon in der Antike viele lesenswerte Stellungnahmen zu Geistererscheinungen. Eine ausführliche Bibliografie habe ich an anderer Stelle zusammengetragen (Puhle 2005, 4).
LITERATUR: Graesse 1843; Puhle 2005.

Geistererscheinungen

Eine Geistererscheinung kann die Erscheinung eines Geistes sein sowie auch eine geisterhafte →Erscheinung im weiteren Sinn, die →Außersinnliche Wahrnehmung (ASW), Spukphänomene (RSPK) und alles das, was geisterhaft im Sinn von unbekannt oder unerklärlich erscheint, einschließt. Kann ein Phänomen nicht nach den bekannten naturwissenschaftlichen Gesetzen erklärt werden oder ist die gegebenenfalls vorhandene Kenntnis davon noch nicht in die *Mainstream*-Wissenschaft eingeflossen, wird die Ursache eines solchen Phänomens gern in Geistern gesucht. Eine Geistererscheinung im ersten und gebräuchlichsten Sinn ist die visuelle Wahrnehmung eines Menschen, Tieres oder anderen Wesens in nicht physischem Körper, während Geister auch akustisch, haptisch und olfaktorisch wahrgenommen werden können – sie sind dann streng genommen keine Erscheinung mehr.
Siehe auch: →Astralkörper, →Elementargeister, →Engel, →Geistererscheinungen, →Geister-Theorien, →Hausgeister, →Naturgeister.

Geistererscheinungen in Krisensituationen

Geister sind Grenzgänger. Sie erscheinen an den großen Schwellen des Lebens, in Übergangssituationen, in Zeiten der Wandlung, in schweren Krisen und auch gehäuft vor, bei und nach dem →Tod.

Wenn die Welt nicht mehr stimmt, wenn wir an die Grenzen unserer Kräfte gestoßen sind, wenn das Leben so schwer geworden ist, dass es irreal wirkt, dann ist die Stunde der Geister gekommen. Menschen sind in solchen Lebensphasen sehr sensibel und werden, wenn sie es nicht sowieso schon sind, sensitiv. Wenn sich die Außenwelt verschließt, öffnet sich ihr Inneres. Sie werden empfänglich für Dinge, die im normalen Trubel des Alltags untergehen, ungesehen, ungehört und unverstanden bleiben.
Siehe auch: →Sterbende.

Geistererscheinungen nach Organtransplantationen
→Transplantationsfälle

Geistererscheinungen, wiederkehrende

Ein Geist kommt oft allein, aber nicht immer nur einmal. Im so genannten ortsgebundenen →Spuk finden sich die eigenartigen Geistergestalten wieder und wieder an ein und demselben Ort ein. Sie scheinen an eine bestimmte Stelle gebunden und mit ihr verbunden zu sein. Sie wiederholen stereotyp ihr Verhalten, ihre Bewegungen, ihren Gesichtsausdruck und sehen auch immer gleich aus. Das Charakteristische an ihnen kehrt immer wieder, manchmal jahrhundertelang. Klarheit in diese zum Teil in längst vergangene Zeiten zurückreichenden *hauntings,* wie dieser Spuktypus im Angloamerikanischen genannt wird, zu bringen wird mit dem Verstreichen der Zeit immer schwieriger. Kein Spuk außer dem →Poltergeistfall kann so häufig vorkommende Phänomene liefern, dass sie sich gut dokumentieren ließen – die an einen Ort gebundenen Geistererscheinungen verteilen sich vielmehr in großen Abständen über mitunter sehr lange Zeiträume. Trotz Wiederholung stehen wir hier wie so oft vor einem schwer fassbaren, überprüfbaren Phänomen. Doch zum Glück gilt: Je öfter ein Geist gesehen wird und je mehr Personen das Erlebnis teilen, desto schwerer lässt es sich verleugnen. Wiederkehrende Geistererscheinungen, wie sie Celia Green und George McCreery in ihrem Buch über Geistererscheinungen verstehen (Green und McCreery 1975, 63–69), sind jedoch nicht ortsgebunden und können ihrem Beobachter manchmal bis in andere Städte folgen (→Katzen). Im Gegensatz zum personengebundenen →Spuk in Poltergeistfällen bieten sie aber nicht dessen tragikomisches Szenarium.

Nicht nur Erscheinungen von Menschen können sich wiederholen, auch Geister von Tieren erscheinen mitunter viele Male. Katzen stehen ganz vornean auf der Liste, wenn es um wiederkehrende Geistererscheinungen von Tieren geht (Green und McCreery 1975, 63 f.).

Es kann gelegentlich auch einmal vorkommen, dass jemand etwas *nicht* sieht, was allerdings da ist, und das im wiederholten Fall:

»Ein … merkwürdiger Vorfall ereignete sich in London, in der Queen Street in Mayfair, um 1950. Ich war Mitglied der *English Speaking Union* und hatte die Angewohnheit, jeden Mittag dort vorbeizuschauen. Wenn man die Queen Street von der Curzon Street aus betrat, dann kam auf der linken Seite bald ein ausgebombtes Grundstück, das mir im Vorbeigehen oft auffiel, weil dort nur eine Mauer von der Rückseite des Hauses stehen geblieben war, an der sich etwa auf der Höhe des ersten Stockwerks, wie ich es nennen möchte, eine Art kleines Regal befand – offensichtlich alles, was von einem Zimmer übrig geblieben war. An diesem bewussten Tag sah ich plötzlich einen kleinen Jungen in rotem Pullover und marineblauen Shorts auf der Mauerkante entlangrennen (von mir weg). Er lief recht schnell, und da er erst sieben oder acht Jahre alt war, ging ich über die Straße, um ihm zu sagen, er solle doch vorsichtig sein. Da war niemand und nichts, wo er hergekommen oder hingegangen sein konnte. Das war etwas verwirrend und ich konnte es nicht verstehen, da ich das Haus [die Ruine] bis zu diesem Zeitpunkt ganz oft gesehen hatte. Ich kam am nächsten Tag wieder, um mich noch einmal zu vergewissern, aber das Haus war wieder nicht da. Ich hielt in der nächsten Straße Ausschau nach dem Haus, für den Fall, dass ich mich geirrt hatte, aber auch dort war es nicht.«

Und die Berichterstatterin fügt später noch hinzu:

»Am nächsten Tag ging ich zurück in die Queen Street und konnte das Haus [die Ruine] nicht finden – es war vollständig verschwunden. Es war immer noch dort, als ich über die Straße ging, um dem Jungen zu sagen, dass er vorsichtig sein sollte, und (soweit ich mich erinnere) auch noch dann, als ich weiterging zu der E.S.U. Es war ungefähr das x-te Haus auf der linken Seite, zwischen Curzon Street und Charles Street – wenn das so richtig ist, dann war an der Stelle dort lediglich ein großes, weißes Terrassenhaus, das mehr oder weniger zu den anderen Häusern passte.« (Green und McCreery 1975, 68 f.; übersetzt von A. Puhle)

Siehe auch: →Geistererscheinungen, →Katze, →Zeitverschiebung.

LITERATUR: Green und McCreery 1975; HdA 1987.

Geisterfotografie, Geisterfotos

Während manche aus Angst oder aufgrund schlechter Erfahrungen die Gegenwart von Geistern ablehnen, hoffen Forscher auf ihr Erscheinen, wenn sie nicht selbst von Geisterangst geplagt sind. Es liegt im Interesse der Forschung, Geister auf Foto und Film zu dokumentieren. Wir müssen allerdings festhalten, dass es kein 100-prozentig echtes Geisterfoto gibt.

Der britische Fotograf Sir Simon Marsden fängt mit der Infrarotkamera Stimmungen an geisterhaften Orten und Landschaften in Großbritannien, mit Vorliebe in den keltischen Regionen, doch auch in anderen europäischen Ländern, einschließlich Deutschland, meisterhaft ein. Seine Fotos lassen die ästhetisch-gespensterhafte Atmosphäre, die sich um Herrenhäuser und Schlösser, verfallene Gemäuer und steinerne Zeugen vergangener Zeiten zusammenbraut, fast aus den Bildern heraussteigen (sein neuestes Werk: »The Twilight Hour«, 2003). Die Augen nicht auf Romantisch-Bildhaftes, sondern direkt auf den Boden der Tatsachen gerichtet, versucht der Präsident der Cambridge University Society for Psychical Research, Vizepräsident und seit 52 Jahren Mitglied des Komitees der Londoner Society for Psychical Research, Tony Cornell, mit einer von ihm und Howard Wilkinson entwickelten technischen Ausrüstung namens SPIDER Mark I und II *(Spontaneous Psychophysical Incident Data Electronic Recorder),* bestehend aus Videokameras und anderen Sensoren die flüchtigen Geister dingfest zu machen. 1200 Stunden waren SPIDER und ähnliche technische Ausstattungen an Orten des Geschehens, in Poltergeisthäusern, im Einsatz – und konnten ganze sechs oder sieben Bewegungen von Objekten dokumentieren, die nicht länger als 5 bis 15 Sekunden gedauert haben (Puhle 2004e, 103; Cornell 2002, 381). Zum Nachweis von Trickserei allerdings lohnt sich der Einsatz.

Bekannt ist die öffentliche Mary Evans Picture Library in London. Sie enthält überwiegend historische Geisterfotografien.

In Deutschland ist das Institut für Grenzgebiete der Psychologie und Psychohygiene (IGPP) in Freiburg die Anlaufstelle Nummer eins (Andreas Fischer), wenn es um Geisterdokumentation auf Film und Foto geht – im Institutsarchiv befindet sich u. a. ein Film, auf dem die Rotation eines Bildes in der Rosenheimer Anwaltskanzlei festgehalten werden konnte, in der es in den Jahren 1967 und 1968 heftig spukte (→Rosenheim, Spuk von).

Fünf international als herausfordernd angesehene Geisterfotos sind die →Brown Lady, Mrs. →Chinnerys Mutter, Lord →Comberemere, →Ghosts in waves und der →Tulip Staircase Ghost.

Eine der interessantesten Geisterfotosammlungen befindet sich in den Händen von Maurice Grosse, London, einem langjährigen *Psychical Researcher* (Enfield Poltergeist) und Experten im Bereich paranormaler Spontanfälle, der wie Tony Cornell Mitglied der S. P. R. ist.

Zu den am meisten faszinierenden, bisher unerklärten Fotos aus seiner Schatzkiste gehören die Aufnahmen von Mr. Todd, Mrs. Seligmann, Miss Davidson, Mr. Fowler und Dr. Drew (Beispiele auf der folgenden Doppelseite).

LITERATUR: Cornell 2002; Guiley 1992; Puhle 2004e.

Diese beiden Fotografien wurden von dem Engländer Todd mit Selbstauslöser aufgenommen, als er 1988 mit Freunden in dem österreichischen Dorf Maurach Ferien machte. Zunächst funktionierte der Blitz nicht, weshalb er die Aufnahme wiederholte. Die zusätzliche Person ist auf der ersten Aufnahme, also der ohne Blitz, zu sehen. Alle beteiligten Personen versicherten, dass zwischen den beiden Aufnahmen kein nennenswertes Ereignis wie eine Störung geschehen sei. Obwohl die Negative von Fachleuten untersucht wurden, kann keine logische Erklärung für das Auftauchen der »Geisterperson« gegeben werden.

*Diese Fotos wurden von
Mr. Fowler in England am
Geburtstag seines Sohns
aufgenommen, zuerst mit
eingeschalteter Zimmer-
beleuchtung, danach ohne.
Das mehrfach zu sehende
Gesicht auf der zweiten Aufnahme zeigt ein waagerecht
liegendes Gesichtsprofil, das
nicht identifiziert und für das
keine Erklärung gefunden
werden konnte. Es gibt auch
keine Anzeichen für
eine Doppelbelichtung oder
eine chemische Veränderung
am Negativ.*

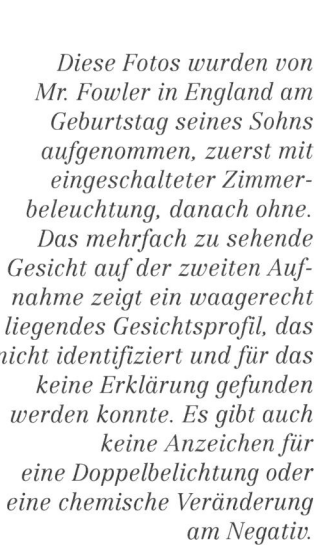

Geisterhand

Nicht immer hat ein Mensch seine Hand im Spiel, wenn etwas geschieht, auch Geisterhände mischen bisweilen mit. In solchen Fällen heißt es: Etwas wird wie von Geisterhand bewegt und gedacht ist dabei an die gewandten Hände von →Poltergeistern, die Bewegung, Unordnung und Chaos in den Alltag von Menschen und Familien bringen. Gegenstände werden verstellt, durch die Luft geworfen, scheinen ein Zielobjekt anzupeilen, um es dann haarscharf zu verfehlen, und manchmal folgen die fliegenden Dinge den Konturen von Möbelstücken oder Türen, die sich im Raum befinden. Eine leitende Intelligenz scheint die unsichtbare Geisterhand zu führen. Auch eine humoristische Komponente ist mit im Spiel, wenn Poltergeister ihr unberechenbares Spiel mit den Menschen treiben, und erinnert an die aus älteren Zeiten bekannten fröhlichen Hausgesellen (→Hausgeister), die mit den Hausbewohnern ihre Späßchen trieben. Geisterhände zeigen sich auch bildlich, als →Fragmente, in Farbe oder auch schwarz oder weiß. Wenn Geister uns zugetan sind, zeigen sie uns nicht die kalte Schulter, sondern reichen uns, wenn wir Glück haben, die kalte Hand. Diese muss nicht notgedrungen eiskalt sein, ist mitunter nur *cool*. Der folgende Bericht stammt aus Russland, wurde in Französisch aufgeschrieben, in dem kolossalen Werk über Geistererscheinungen von Eleanor Sidgwick u. a. in Englisch veröffentlicht:

»Es geschah in Moskau, etwa am 15. April 1884 ... Ich war gerade von meiner Arbeit beim Gericht zurückgekommen, es war so gegen vier Uhr. Ich aß etwas zu Abend, setzte mich auf einen Diwan und las. Es wurde fünf Uhr. Die Sonne schien, und es war ganz hell im Zimmer. Von meinem Diwan aus konnte ich die Tür zu meinem Zimmer sehen. Ich war immer noch am Lesen und warf nur mal einen Blick auf die besagte Tür, als ich einen kleinen Lichtkreis auf der Tür wahrnahm, der wie das reflektierte Licht eines Spiegels aussah. Doch ich befand mich im dritten Stock und konnte niemanden an den Fenstern des gegenüberliegenden Hauses entdecken. Ich stand auf und untersuchte die Fenster gründlich. Als ich meinen Platz auf dem Diwan eingenommen hatte, schaute ich wieder zu der Tür. Der leuchtende Kreis wurde größer und größer, bis er schließlich die ganze Tür erfüllte. Dann erschien etwas in der Mitte. Eine bestimmte, menschliche Gestalt formte sich mehr und mehr heraus und löste sich von der Wand und kam langsam auf mich zu. Ich blieb bewegungslos und war wie versteinert. Ich erkannte in der Figur meinen Vater, der im Januar 1880 verstorben war. Er trug seinen langen Mantel. Sein Moustache war sehr grau, wie zu Lebzeiten, aber zusätzlich hatte er einen kleinen Bart, der vollständig weiß war, den ich überhaupt nicht kannte. Die Erscheinung kam auf den Tisch zu, der vor dem Diwan stand, lief um ihn herum und setzte sich zu mir auf den Diwan. Ich war unfähig zu sprechen, denn meine Zunge war vor lauter Angst paralysiert. Die Erscheinung reichte mir Hand, und ich reichte automatisch die meine; seine Hand war nicht eiskalt wie die eines Leichnams, sie war nur kühl. Er begann zu reden. Seine Stimme war gedämpft, aber sie erinnerte an meinen Vater. Ich kann seine Worte hier nicht wiedergeben, da sie einzig und allein auf mich bezogen und intim waren. Als er fertig war mit dem Reden, verschwand er plötzlich.

Ich befand mich zu dieser Zeit bei ausgezeichneter Gesundheit, hatte niemals Halluzinationen und bin mir sicher, dass ich in dem Moment vollständig wach und klar war und mich unter Kontrolle hatte.

... Am Abend nach dieser Erscheinung besuchte ich meine Mutter mit dem festen Vorsatz, sie zu diesem Thema zu befragen. Ich erfuhr dann, dass mein Vater mit einem schwarzen, langen Mantel beerdigt worden war; dass er bis zu seiner letzten Krankheit niemals einen Bart getragen hatte, aber dass er während dieser Krankheit einen kleinen, völlig weißen Bart bekommen hatte und dass er so auch begraben worden war.« (Sidgwick, Johnson u. a. 1894, 378f.; übersetzt von A. Puhle)

Wie wohltuend eine Geisterhand auch sein kann, sagt uns die Redewendung »Dinge fügen sich wie von Geisterhand« (Deflorin 2003). Wir meinen damit, dass sich im Leben etwas unerwartet und überraschend zum Guten wendet. So

Eleanor Sidgwick.

weiß der alte »Volksglaube« von Erfahrungen, dass sich die kleinen, alltäglichen Dinge im Haus »wie von selbst« regeln, verlegte oder verlorene Sachen »von allein« wieder anfinden, mitunter an ganz anderer Stelle als zuvor, ja dass kleine Wunder geschehen und das Leben erträglicher machen. Auch in größeren Dingen, wird das Eingreifen von – höheren – Geistern erlebt. Wir kommen in die Region von →Schutzgeistern und →Engeln, die schicksalhafte Aufgaben ausführen. Nicht selten fühlt sich jemand in einer Gefahrensituation von einem starken →Schutzengel »getragen« und gerettet.

Siehe auch: →Berührung mit Geistern, →Lichterscheinungen.

LITERATUR: Deflorin 2003; HdA 1987; Shepard 1991; Sidgwick, Johnson u. a. 1894.

Geisterhaus

Ein Geisterhaus ist ein Haus, in dem ein ortsgebundener →Spuk stattfindet.

Geisterkörper →Geistkörper

Geisterlicht →Lichterscheinungen, →Totenkerzen

Geistersehen →Seher, Seherin

Geistersichtig →Seher, Seherin

Geisterstimme

Geister sprechen nicht viel und nicht oft, aber sie tun es gelegentlich, manchmal in Verbindung mit ihrer Erscheinung, manchmal auch nicht (→sprechende Geister). Letzteres passierte etwa einem Kapuziner, der noch bis spät in die →Nacht hinein ins Gebet vertieft war (HdA, VIII, 487 f.)

Siehe auch: →Erdgeister, →Delphi, →Weizenhören.

LITERATUR: HdA 1987.

Geistkörper

Schon das Wort »Geistkörper« zeigt die Widersprüchlichkeit, die →Geistererscheinungen ständig im Sprachgebrauch begleiten: »Geist« wird allgemein als Gegensatz verstanden zu »Körper«, ein Geist er-scheint, obwohl er unsichtbar sein müsste – ganz so, als ob es sich bei Geistern um keine »reine« Geisthaftigkeit handle. Den Geistern, die man sehen kann, haftet also doch ein Quäntchen Materie an.

In der westlichen Welt wird heute, wenn überhaupt noch, von einem oder zwei anderen Körpern als dem physischen gesprochen, und das sind der →Astralkörper und der →Ätherkörper. Grundsätzlich gilt, dass es zwei extreme Arten der Beschaffenheit eines Geistkörpers gibt, von einem Licht bis hin zu einem originalgetreuen →Doppelgänger. Dazwischen liegen beliebig viele Nuancen, und deren wichtigste sind:

1. Ein Geist erscheint als Licht oder Lichtkugel;

2. ein Geist erscheint als wolkenartiges Wesen;
3. ein Geist erscheint unstofflich bzw. feinstofflich, als transparente Gestalt;
4. ein Geist erscheint leicht stofflich, blockiert etwa eine Lampe, an der er vorbeigeht;
5. ein Geist erscheint als stofflicher Doppelgänger, der vom Original nicht zu unterscheiden ist.

Der →Doppelgänger gehört zu den bemerkenswertesten Erscheinungsformen von Geistern, da er wie ein ganz gewöhnlicher physischer Körper wahrgenommen wird. Er ist ein relativ seltenes Phänomen.

Der Philosoph und Pädagoge Omraam Mikhaël Aïvanhov, der in einer langen geistigen Tradition steht, spricht von sechs verschiedenen Körpern bzw. Seelen, die der Mensch hat (Aïvanhov 1992, 27–33):

1. Physischer Körper
2. Astralkörper
3. Mentalkörper
4. Kausalkörper
5. Buddhi-Körper
6. Atmankörper
   (Aïvanhov 1992, 32)

Jeder dieser sechs Körper besitzt seine eigene Seele, ist wie die Materie mit Energie verbunden. Der physische Körper ist danach zuständig für unser Handeln, der Astralkörper ist Träger des Gefühls, der Mentalkörper des Intellekts. Diese ersten drei Körper oder auch Seelen bilden das »niedere Ich«. Den nächsten drei Körpern sind ebenfalls Handeln, Fühlen und Denken zugeordnet, nur auf einer höheren Ebene, und der Atmankörper ist der höchste unter ihnen. Diese drei bilden unser »höheres Ich«, unser »göttliches Selbst« – eines Tages werden sich niederes und höheres Ich vereinen (Aïvanhov 1992, 33).

Siehe auch: →Astralkörper, →Astralreise, →Ätherkörper, →Außerkörperliche Erfahrungen, →Geist, →Geister, →Geistererscheinungen, →Traumkörper.
LITERATUR: Aïvanhov 1992.

Geisterzeit

Zeiten des Zwielichts und des Übergangs sind Geisterzeiten: Mondschein (→Mond) und →Nebel, Tageszeiten wie →Dämmerung, →Abend, →Nacht, →Mitternacht und auch der →Mittag. Der Wechsel der Jahreszeiten ruft Geister hervor, an Sonnenwenden im Mittsommer (Mittsommernacht, Johannisnacht) und Mittwinter (Weihnachten), auch im Frühling (Walpurgisnacht, →Beltane, Ostern) und Herbst (Samhain, →Halloween). Der Übergang zu neuen Lebensphasen wird ebenso von Geistern – Grenzgängern – begleitet, wenn uns Lebenssituationen an die Grenzen dieser Welten führen.

Geomagnetische Felder →Geister-Theorien

Geruch

Hieronymus Bock, »Weckholterbaum« (»Wach-Halter«, Wacholder). Aus dem »Kreuterbuch«, 1556.

Bei der →Wahrnehmung von Geistern spielt auch der Geruchssinn eine Rolle: Geister können gerochen werden. Umgekehrt reagieren auch Geister auf intensive Gerüche wie Räucherwerk und Weihraucharten, etwa geräucherten Salbei, Rosmarin, Thymian, Wacholder usw. Auch der Geruch von Asphalt dient in der Folklore dem Vertreiben von Geistern (→Abwehr).

Gespenst

Geister und Gespenster sind im heutigen Sprachgebrauch ein unzertrennbares Paar, auch wenn ihre Wurzeln in verschiedene Richtungen weisen. Im Althochdeutschen haben wir das Verb *spanan,* »verlocken«, und später im Mittelhochdeutschen ist das *gispanst* schon gleichbedeutend mit einem Trugbild. Der Begriff ist heute sehr weit gefasst. Im Lateinischen ist das Gespenst ein *spectrum.*

Gespenst von Gehoffen

Im 17. Jahrhundert pflegte der Geist einer Nonne den Ort Gehoven zu verunsichern. Er machte besonders Frau von Eberstein zu Gehoffen, einer Adligen, das Leben schwer. Der Berliner *Sonntagischer Mercurius,* 16. Woche 1684, brachte einen Artikel über die Geisternonne:

»Jehna / vom 31. Martii. Daß der Adelichen Frau von Eberstein zu Gehoffen / eine Meile vom Closter Roßleben gelegen / das beruffene Nonnen-Gespenste den Hals umbgedrehet hat / verhält sich gantz nicht also: Der Rumor mag vielleicht daher entstanden seyn / daß / da die Adeliche Frau einmal dem Gespenste nicht geantwortet / sondern in ihrem Beruff und Gebät geblieben / sie so lange gedrückt und gezwicket worden / bis sie in Ohnmacht gefallen / und zu Bette hat müssen getragen werden. Inzwischen wil der Nonnen-Geist noch nicht von ihr abstehen / und ist vor 14 Tagen anhero geschrieben wor-

den / wie nunmehr das Gespenste / da es solche Standhafftigkeit vermercket / gelinder verfahre / und begehre / daß die Adeliche Frau einen Rosenkranz nehmen und die Jungfrau Maria anruffen solle / so wird ihm geboten werden zu weichen.« (Zitiert nach Buchner 1926, Nr. 193, 299)

Geisternonnen sind wie umgehende Mönche keine seltenen Geistererscheinungen, ganz im Gegenteil.

LITERATUR: Buchner 1926.

Gespenstererscheinung →Geistererscheinung

Gespenstergeschichte

Erzählungen von Begegnungen mit →Geistern und →Gespenstern sind ein beliebtes und schon altes Thema der Literatur. Ob und wie frei sie erfunden sind, ist ein ebenso altes Thema. Grundsätzlich kann man die Echtheit einer Gespenstergeschichte daran erkennen, ob sie dem bekannten Muster der wahren Erlebnisberichte gleicht. Je mehr sie davon abweicht, desto verdächtiger, vereinzelter muss sie uns erscheinen. Eine erdichtete Geschichte ist nicht typisch und einfach, worauf Aniela Jaffé hinweist (Jaffé 1995, 285 f.), sie überspitzt das im Kern oft Mögliche und entspringt der individuellen Fantasie des Dichters. Während viele Gespenstergeschichten keinem allgemein gültigen Grundmuster folgen, lehnen sich etwa die Dichtungen von Novalis, E.T.A. Hoffmann und →Goethe teilweise an ein kollektives Erleben, an archetypische, jedem Menschen im Innersten bekannte Bilder an.

LITERATUR: Jaffé 1995; Wilpert 1994.

Gewässernymphen →Naiaden

Ghosts in Waves

Was ist die Geschichte des berühmten Fotos von den Geistergesichtern in den Wellen, *ghosts in waves?*

James Courtney und Michael Meehan, Besatzungsmitglieder der S.S. *Watertown* reinigten gerade den Tank eines Öltankers, der im Dezember 1924 auf dem Weg von New York City zum Panamakanal war. Durch einen Gasunfall kamen die beiden Männer ums Leben. Wie damals üblich wurden die beiden Matrosen im Meer bestattet, und zwar am 4. September, an der mexikanischen Küste. Am nächsten Morgen, noch vor der Dämmerung, sah ein Matrose die Gesichter der beiden Seemänner an der Hafenseite des Schiffes. Sie waren etwa zehn Sekunden im Meer zu sehen, bevor sie wieder verschwanden. Einige Tage lang wurden die Phantombilder der Seeleute in den Wellen, die dem Schiff folgten, von anderen Leuten der Besatzung gesehen. Als sie in New Orleans anlegten, meldete der Kapitän Keith Tracy die merkwürdigen Vorfälle der zuständigen Cities Service Company, die mit dem Vorschlag kam, Fotos von den Geistergesichtern zu machen. Als die Gesichter wieder im Wasser auftauchten, machte Kapitän Tracy sechs Aufnahmen und schloss die Kamera anschließend im Schiffssafe ein. Er ließ

»Geister in den Wellen«.
Foto: Kapitän Tracy, 1924.

den Film dann in einem herkömmlichen Fotogeschäft entwickeln: Fünf Fotos zeigten nichts als den üblichen Meeresschaum, nur das eine zeigte die Gesichter der toten Seeleute. Eine Detektivagentur wurde eingeschaltet, um die Echtheit des Fotos zu überprüfen. Nach dem Austausch der Besatzung wurden keine Geisterbilder mehr im Meer gesehen.
Siehe auch: →Geisterfotos.

Ghost Lights →Lichterscheinungen

Glühender →Feuermann

Gnome (Gnomen)

Gnome sind entweder »Erdbewohner« (griech. *genomoi*) oder Verstandeswesen (griech. *gnome,* Verstand). Der Name »Gnome« für die kleinen →Erdgeister und →Zwerge wird eher in der gelehrten Literatur, so etwa von →Paracelsus, gebraucht.

Goblin

Goblin ist die englische Bezeichnung für den →Kobold.

Goethe, Johann Wolfgang von

Der Dichterfürst, an einem Jupitertag geboren (HdA 1987, VIII, 565), war für Novalis der »wahre Statthalter des poetischen Geistes auf Erden« (»Blüthenstaub«, Athenäum I, 1798). Gleichzeitig war er Wissenschaftler, ein Mann der Welt, der mit vielen Ämtern beauftragt und geehrt wurde. Johann Wolfgang von Goethe (28.8.1749–22.3.1832) hat der weiten Welt der →Geister in seinem Werk auf schönste Weise Ausdruck verliehen und mit seinem →Faust der Nachwelt das wohl größte Geisterepos aller Zeiten hinterlassen. Das →Dämonische hat in Goethes Werk einen festen Platz, und die Gestalten der Mythologie gehen dort mit einer Selbstverständlichkeit ein und aus. Teils hält er sich an die alte Überlieferung, teils kreiert er neue Wesen, wie etwa den →Erdgeist und den Homunculus. Außer im »Faust« mit seiner klassischen Walpurgisnacht und dem Helena-Akt (»Faust II«) spiegelt sich die Geisterthematik in vielen anderen Werken wie »Der Groß-Cophta«, »Wilhelm Meister«, »Torquato Tasso«, »Erzählungen von deutschen Ausgewanderten« und in unzähligen Gedichten und Balladen, etwa »Der Untreue Knabe« (aus »Claudine von Villa Bella«, 1776), »Die Braut von Korinth« (1797), »Um Mitternacht« und »Totentanz« (1813) (zu den Gespensterballaden s. Wilpert 1994, 138–143), weiter in der Geschichte der Sängerin Antonelli aus »Unterhaltungen deutscher Ausgewanderten« (1795), im »Urgötz« in der Erscheinung des toten Weislingen, dann in »Lila« (I) in der Geistergläubigkeit der Titelfigur, in der »Italienischen Reise« als Volksglauben (27.2.1787), in »Scherz, List und Rache« (IV, V.1065), in »Wilhelm Meisters Lehrjahre« (I, 17; III, 12) und in den Paralipomena zur Rezension von Mérimées »La Guzla« (1828).

Der lyrische »Gesang der Geister über den Wassern«, der auf der zweiten Reise in die Schweiz unter dem Eindruck des 300 Meter hohen Staubbach-Wasserfalls bei Lauterbrunnen entstand (9./10.10.1779), ist zwei Geistern zugeschrieben, klingt aber wie ein ganzer Geisterchor.

Goethes Geister und →Gespenster entsprachen ganz dem Geschmack seiner Zeit, der trotz oder auch wegen der Aufklärung an allem Geisterhaften und Unbegreiflichen ungestört seinen Gefallen fand.

Joseph Karl Stieler,
»Johann Wolfgang von Goethe«.
Aquarell, 1828, Ausschnitt. Bayerische
Staatsgemäldesammlung, München.

Seine Kenntnisse über das große Gebiet der Magie schöpft Goethe aus →Paracelsus, aus der »Aurea catena Homeri«, aus dem »Opus mago-cabbalisticum et theosophicum« (G. von Welling, 1735), aus Susanna von Klettenbergs mystisch-magischen Schriften und Emanuel Swedenborg. Swedenborgs Wissen um eine Verbindung der menschlichen Seele mit der Geisterwelt klingt z. B. in Fausts Monolog an (V. 443 ff.) und auch in der Makarie (»Wilhelm Meisters Wanderjahre«). Goethe sieht Swedenborgs zurückgezogenes Leben als Grund für seine Geisterkontakte an (Tag- und Jahreshefte, 1805) – womit er sicher Recht hat, denn im lauten Trubel der Stadt wird auch der vergeistigte Mensch nur schwer Zugang zu der stillen und feinen, im Innern wie im Äußern verborgenen göttlichen Welt finden.

Doch Goethe schöpft sein Wissen nicht nur aus Büchern – er darf vielmehr aus dem Leben greifen. Und dies bot ihm nicht nur einmal Gelegenheit dazu, sich mit dem subtilen Stoff bekannt zu machen (Puhle 2005, 1, I.13; passim), sonst hätten seine Worte wohl auch nicht die mitreißende oder – um sein eigenes Lieblingswort zu gebrauchen – »dämonische« Kraft. Das Sehen jenseits der Grenzen war ein Familienerbe, lag in der mütterlichen Linie, und sein Großvater und Taufpate Johann Wolfgang Textor (Puhle 2005, 3, V), der ihm seinen Namen gab, ging mit bestem Beispiel voran.

Unter den vielen in Weimar kursierenden Gespenstergeschichten (s. Mitzschke 1904) erwähnt Goethe u. a. das »wegen Gespenster berüchtigte Gräflich Wertherische Haus« (Brief an Schiller vom 10.8.1799), ein »gespensterhaftes Mädchen« in seinem eigenen Garten (Tag- und Jahreshefte, 1809) und noch weitere Vorfälle in seinem Garten (Gespräch mit F. von Müller, 18.5.1831). Sein berühmtes →Doppelgänger-Erlebnis fand nicht in Weimar, sondern im Elsass statt, als er von Friederike →Brion schweren Herzens Abschied nahm (Dichtung und Wahrheit, 3. Teil, 11. Buch; s. a. Puhle 2005, 2, III.14).

Goethe war das, was man im Englischen als *open minded* bezeichnet. Seine geistige »Offenheit gegenüber dem Unerklärbaren«, sein großes »Interesse am Geheimnisvollen« wie auch sein »Glaube an ein Dämonisches« lässt sich nicht übersehen (Wilpert 1998, 768f.). Gleichzeitig blieb er ein kritischer Denker, dem es auch an Spott nicht fehlte. So stößt er sich später an den Geisterforschungen J. Ch. Hennings und er macht den doch wenigstens ehrlichen Aufklärer Friedrich →Nicolai zur reinen Witzfigur.

Natürliche Phänomene wie →Telepathie, Ahnungen, Vorzeichen, Wahrträumen und →Präkognition waren Goethe bestens bekannt, und er wusste um den wahren Kern, der im dunkelsten →Aberglauben steckt. Es war ihm ernst mit all den Bildern und Zeichen aus der Welt des Unbekannten, die seine Schriften so sehr beleben und sein Leben füllten und bereicherten.

Goethes Gedanken über ein →Leben nach dem Tod und die →Unsterblichkeit sind vielfach festgehalten (Brief an Kne-

bel, 3.12.1781; Gespräche mit J. D. Falk, 25.1.1813, mit F. von Müller, 29.4.1818, 15.5.1822, 19.10.1823, 16.2.1830, mit Eckermann, 25.2.1824, 4.2.1829, 1.9. 1829; Puhle, 2005, passim). Als Pragmatiker hält er jedoch die Beschäftigung mit diesen Themen für eine Angelegenheit von Müßiggängern. Die Beweisführung für ein →Leben nach dem Tod ist seiner Ansicht nach rein spekulativ, also nicht möglich. Für ihn spricht vielmehr die Ewigkeit der Natur für sich selbst.

LITERATUR: Goethe 1887–1919; Hennig 1954; Mitzschke 1904; Puhle 2005; Wilpert 1991; Wilpert 1998.

Göthel →Gütchen

Goldemar (Goldemer) →weissagende Geister

Gott, Götter, das Göttliche

In der geistigen Welt gibt es unendlich viele Geister, sehr viele →Engel, viele Götter, doch nur einen einzigen Geist, der über allen Gottheiten steht, den Heiligen Geist und Gott.

Graben zum Stein, Otto von

Der weit gereiste und belesene Theologe Otto von Graben zum Stein hat mit seinem 2000-seitigen Geisterkompendium »Unterredungen von dem Reiche der Geister« (1731) eine Schatzkiste voller Geisterberichte und -sagen hinterlassen. Er ist ein wahrer Geisterfreund, ein *Pneumatophilus,* wie er den bejahenden Dialogpartner in seinem großen Werk nennt, der am Ende seinen skeptischen Gegner Andrenio zum Geisterglauben bekehrt. Graben zum Stein wendet sich gegen die Aufklärung und aufklärerische Denker wie Johan-

nes →Wierus und Christian Thomasius (Wilpert 1994, 103). Sein Geisterbuch enthält auch verschiedene Varianten der Sagen um die →Weiße Frau.
LITERATUR: Graben zum Stein 1713; Wilpert 1994.

Grimoire

»Grimorium« oder »Der große Grimoire« ist das bekannteste Zauberbuch (→Zauberbibliothek). Es wurde Papst Honorius III. zugeschrieben.

Groß-Cophta

»Groß-Cophta« heißt ein fünfaktiges Lustspiel →Goethes, dessen Titel der Name des Begründers der ägyptischen Geheimwissenschaften ist. Der Wundertäter, Magier und Abgesandte des Groß-Cophta entpuppt sich im Drama als Schwindler (→Cagliostro). Goethes Versuch, mit dem »Groß-Cophta« »dem Ungeheuern eine heitere Seite abzugewinnen« (»Compagne in Frankreich«) und die Menschen vor größenwahnsinnigen Hochstaplern zu warnen, verfehlte sein Ziel.
LITERATUR: Wilpert 1998.

Grosse, Maurice

Der langjährige *Psychical Researcher* Maurice Grosse, Mitglied der Society for Psychical Research in London, gehört zu den heutigen Forschern mit der größten Erfahrung, wenn es um paranormale Spontanfälle wie →Poltergeister und →Spuk geht. So wurden die Vorfälle in Enfield, einem Vorort von London, von ihm und Guy Lyon Playfair dokumentiert und veröffentlicht (Lyon Playfair 1981). Maurice Grosse ist im Besitz einer Sammlung unveröffentlichter →Geisterfotografien, zu denen die hier erstmals vorgestellten Aufnahmen von Mr. Fowler und Mr. Todd gehören.
LITERATUR: Lyon Playfair 1981.

Grün, Anselm

Anselm Grün OSB, Verwalter der Benediktinerabtei Münsterschwarzach, geistlicher Berater und Kursleiter, ist gleichzeitig Autor vieler Bücher über →Engel, Heilige, über Lebenskunst und Herzensruhe. Seine beliebten und inspirierenden Schriften über Engel, etwa »50 Engel für die Seele«, »50 Engel für das Jahr« und »Jeder Mensch hat einen Engel« sind aus seinem therapeutischen Interesse heraus entstanden (Grün 2003, 8).
LITERATUR: Grün 2003.

Gründe für das Erscheinen von Verstorbenen

Es gibt genug Gründe für →Geistererscheinungen von Menschen. Zu den ganz alten, klassischen Überzeugungen, warum manche Verstorbenen keine Ruhe finden können, gehört vor allem ihre Todesart (→Totendämonen). Die griechische Antike kannte drei große Gruppen von unruhigen Seelen: die zu früh Verstorbenen (→Ahoros), die durch einen Gewaltakt Gestorbenen (→Biaiothanatoi) und die Nichtbegrabenen (→Ataphoi).

Im Laufe der Geschichte sind noch viele andere Gründe für das Erscheinen von Verstorbenen gesehen worden (→Geister von Verstorbenen), z.B. der nicht ausgeführte letzte Wille, was schon aus der altnordischen Mythologie bekannt ist (→Abwehr), dann das nicht umgesetzte Testament oder unvollendete Geschäfte oder Anliegen, die der Tote nicht mehr erledigen konnte *(unfinished business)*, das Informieren über bestimmte Angelegenheiten, die Sorge für

die Hinterbliebenen, das Voraussagen zukünftiger Ereignisse (→weissagende Geister), das »Abholen« von sterbenden Angehörigen (→Sterbende), das Warnen und Beschützen in Gefahrensituationen (→Schutzgeister), das Trösten der lebenden Angehörigen und nicht zuletzt das Berichterstatten, wie es im Jenseits aussieht.
Siehe auch: →Geister-Theorien.

Ein Plagegeist. Nach einem Scherenschnitt von Karl Krauß.

Guardian Spirits →Schutzgeister

Gubalke, Lotte

Die Berliner Schriftstellerin Lotte Gubalke verarbeitete in ihrer Novelle »Das steinerne Haus« Spukerlebnisse, die großenteils autobiografisch sind und die sie ihrer Freundin, der Biologin und Spukforscherin Fanny Moser 1915 im Detail mündlich mitteilte (Moser 1950, 172). Der Spuk fand in einem Haus statt, das zu dem Ort gehörte, in dem ihr Ehemann zur betreffenden Zeit Pfarrer war, und das wegen seines schlechten Rufes leer stand, bis es endlich nach vergeblicher Untersuchung von Seiten des Militärs abgerissen wurde. Der Spuk, der, in dieser Novelle im Kern zutreffend, nur hinsichtlich der Namen fingiert ist, beinhaltete auch die →Erscheinung eines Mädchens.
Siehe auch: →Christaller, Helene.
Literatur: Gubalke o. J; Moser 1950.

Gütchen (Gütel, Gütgen, Güttichen)

Der liebenswerteste unter den →Hausgeistern verrät sich schon mit seinem Namen: Gütchen tut Gutes, und seine unzähligen anderen Namen wie Gütgen, Gutelen, Guteli, Güttichen oder Göthel lassen auf dasselbe schließen. Dieser →gute Geist wird in vielen historischen Werken erwähnt, so etwa von Johannes →Wierus in seinem bedeutenden Dämonen-Bestseller »De Praestigiis daemonum« (1563), der im Nu fünfmal neu aufgelegt und ins Deutsche übersetzt wurde. Grimmelshausen benutzte ihn für seinen Simplicissimus (II, 8). Wierus zählt die Gutelen zu den Trullen *(trulli)* bzw. →Trollen, den heute nur noch mit Skandinavien assoziierten Verwandten der →Zwerge.

Wierus beschreibt die Gutelen (lat. *guteli*) als wohltätige Geisterchen, die den Menschen gut gesinnt seien und täglich einen Teil der Hausarbeit verrichteten, ja echte Freunde der Menschen seien (Wierus 1563, 111). Die Gütchen gehören zu den →Kobolden, der größten aller Geistergruppen, zu denen auch →Zwerge und →Gnome gehören, sind aber auf das Haus der Menschen konzentriert. Doch wie alle Kobolde haben auch diese fleißigen und kinderfreundlichen Geister einen Haken: Ihre Stimmung kann plötzlich umschlagen, und dann werden sie zu Plagegeistern. So erklärt sich der Zauberspruch:

Gütgen, ich gebe dir mein Hütgen, /
Wilstu den Mann, ich geben dir den Hahn /
Wilstu die Frau, nimm hin die Sau /
wilstu mich, nimm die Zieg /
wilstu unsre Kinder lassen leben /
so will ich dir alle Hühner geben.
Zauberspruch, 1699;
nach Petzoldt 1995, 86

Während →Poltergeister wie gefallene Engel erscheinen, sind Gütchen die →Engel unter den Kobolden.

LITERATUR: Petzoldt 1995; Wierus 1563.

Guiding Spirits →Schutzgeister

Gute Geister

Die Reihe der guten Geister ist lang, und nur einige wenige Exemplare sind die →Engel, →Gütchen, →Schutzengel, →Schutzgeister und →Zwerge (gute Leutlein).

Gute Leutlein →Zwerge

Guter Blick

Wenn auch seltener als wünschenswert, so gibt es ihn doch immerhin, den guten Blick. Er gehört →Göttern, Heiligen, Königen und mitunter auch einfachen Menschen, besonders Kindern an. Doch die Reinheit der Seele und des Herzens ist unbedingte Voraussetzung für diesen förderlichen Blick. Schon ein einziger Augen-Blick von solchen Göttern und Menschen kann Glück und Segen bringen. Unschuldige Kinderaugen tun besonders gut. So lassen etwa die Menschen im Isergebirge ein neugeborenes Kind in den Stall gucken, auf dass es dem Vieh wohl ergehe und die Viehzucht gut gelinge. Oder man lässt sich – in Oldenburg – einfach in die Karten gucken, natürlich von einem mit dem guten Blick – das bringt Glück. Doch der gute Blick kann nicht allein etwas Wunderbares bewirken, er kann auch Schlechtem entgegenwirken. So ist ein nützlicher Effekt des guten Blickes, dass er den Schaden, der einst von einem →bösen Blick ausgegangen ist, wieder gutmachen kann (HdA 1987, I, 690f.).

Wer hat nicht schon einmal die wohltuende, heilsame Kraft eines gut gemeinten Blickes gespürt?

Siehe auch: →Blick.

LITERATUR: HdA 1987.

Hades (Aides)

Erst war er ein König, der spätere Herrscher über das griechische Totenreich.
Hades, eigentlich Aides, war wörtlich
genommen ein Kind der Zeit, ein Sohn
von Chronos (Kronos), der sich später
Persephone, die Dunkle, zur Ehefrau
nahm. Er stammt also aus der aller-
obersten Götterfamilie und darf Zeus
und Hera, Demeter, Poseidon und Hes-
tia zu seinen Geschwistern zählen. Doch
bei der Verteilung der Welt war er das
schwarze Schaf und bekam nur die
modrige Schattenwelt, die er von nun
an bewachen sollte. Seine Aufgabe führte er sehr gewissenhaft aus und ließ absolut nicht mit sich reden.

Als Gott der →Unterwelt hatte er nun
einen zweiten Namen: Zeus katachtho-
nios, »unterirdischer« Zeus.
Siehe auch: →Acheron, →Achill, →Ado-
nis, →Charon, →chthonisch, →Doppel-
gänger, →Eisenhut, →Erebos, →Insu-
lae fortunatae, →Kerberos, →Nekro-
mantie, →Tartaros.

Hakenmann

Der Hakenmann ist ein →Wassermann,
und gehört zu den besonders gefährlichen →Wassergeistern. Er haust in den
Abgründen von Flüssen und Seen und
hat nichts Besseres im Sinn, als die vo-
rüberschwimmenden Leute mit einem
Haken einzufangen und zu sich hinun-
terzuziehen (HdA 1987, III, 1356). Sein
Lied lässt sich bisweilen im Rauschen
des Wassers vernehmen. Kinder sollten
sich ganz besonders vor dem Hakenmann in Acht nehmen – so eine uralte
Volksweisheit.
LITERATUR: HdA 1987.

Halloween

All Hallows Eve, kurz Halloween, wird
das Fest in der Nacht vom 31. Oktober zum 1. November genannt, das all-
jährlich in Großbritannien, seit dem
19. Jahrhundert in den USA und seit einigen, wenigen Jahren auch in anderen
europäischen Ländern gefeiert wird.
Sein Ursprung liegt im Keltischen, wo es
Samhain bzw. *Samhein* (Irisch) genannt
wird und den Winteranfang kennzeich-
net. Es ist ein Fest der Sonne, *La Samon,*
in dem →Feuer eine wichtige Rolle
spielt. In dieser Nacht vor Allerheiligen,
sollen nach altem Glauben die Seelen
der Verstorbenen (→Geister von Verstorbenen) vom Totengott in die →Un-
terwelt geleitet werden, weshalb Masken zur →Abwehr böser Geister eine
Rolle spielen – gern aus orangenen, ku-
gelrunden, ausgehöhlten und zu Gesichtern geschnitzten Kürbissen hergestellt.
LITERATUR: Bannatyne 1990.

Halluzination →Geister-Theorien

Hand →Geisterhand

Hardenberg auf dem Hardenstein, Neveling von →weissagende Geister

Harpyien

Im alten Griechenland brausten sie herum, die Sturmdämoninnen, wörtlich »Rafferinnen«. Sie müssen kein schöner Anblick gewesen sein, erzählt die Mythologie, auch wenn man aus Vogel und Mensch, so wie sie vorgestellt wurden, sicher auch etwas Hübsches hätte zaubern können. Sie richteten nichts Gutes an, verdarben das Essen des blinden Phineus oder stahlen die Töchter des Pandareos. Podarge war eine von ihnen. Und dem Windgott →Zephyr gefiel diese stürmische Dämonin.

Haunting →Spuk, ortsgebundener

Haunted House →Spukhaus

Hauffe, Friederike

Christina Friederike Hauffe, geborene Wanner (1801–5.8.1829), ist als die »Seherin von Prevorst«, wie sie der Arzt Justinus ›Kerner in seiner gleichnamigen Monographie (1829) nennt, in die Geschichte der wissenschaftlichen Geisterliteratur eingegangen. Sie gehört zu den best erforschten Psi-begabten Menschen in der Geschichte der Parapsychologie oder Paranormologie überhaupt und kann als eine der bemerkenswertesten Seherinnen Deutschlands angesehen werden. Sie wurde in Prevorst bei Löwenstein, Württemberg, als Tochter eines Jägers geboren, erkrankte im jungen Alter und kam aus diesem Grund für drei Jahre zur Behandlung in das Haus des Arztes Justinus →Kerner, wo sie, ans Bett gebunden, die verschiedensten Begegnungen mit der Geisterwelt hatte. Sie wäre heute leichter vergessen, wenn nicht einer der ihr erscheinenden Geister sie dazu gedrängt hätte, sich dafür einzusetzen, dass ein alter

Friederike Hauffe.

Gerichtsfall noch einmal neu aufgerollt werden müsste. Der Geist selbst war zu Lebzeiten in diesen Fall verwickelt und wollte nun den wahrhaften Tatbestand geklärt wissen. Der Seherin gelang es, nicht nur ihren Arzt, sondern auch einen Oberamtsrichter zu involvieren, so dass der Fall schließlich noch einmal neu verhandelt und neu entschieden wurde. Die bettlägerige Seherin, die das Gerichtsgebäude nie zu Gesicht bekommen hatte, hatte die Informationen von einem unangenehmen, aufdringlichen Geist, der ihr gegen ihren Willen nachts immer wieder erschienen war, und konnte nach dessen Angaben äußerst akribisch beschreiben, wo sich die nötigen Unterlagen in der Tat befanden (Kerner 1892, 313–322; auch in Puhle 2005, 3, V.4; auch in Moser 1975).
LITERATUR: Kerner 1892; Moser 1975; Puhle 2005.

Hausgeister

Hausgeister leben im Haus oder kommen ins Haus. Ihre Urheimat ist allerdings die Natur. Es ist ein ganz schönes Verwirrspiel, sie von →Naturgeistern unterscheiden zu wollen. Wir sehen das am Beispiel der →Zwerge, die in Deutschland in Wald und Wiesen, in den Bergen, sowohl über, doch meist unter der Erde ihre Heimat haben, und auch an den →Kobolden, unter deren Namen auch Zwerge gefasst werden. Diese Geister sind überall zu Hause,

Julius Diez (1870–1957),
»Ein spendabler Hausgeist«.

draußen wie drinnen, mischen sich dabei mehr oder weniger in häusliche Angelegenheiten ein und stellen allerhand Ansprüche, als Familienmitglieder oder doch wenigstens als ehrenhafte Wesen betrachtet zu werden. Hausgeister sind ein Kulturgut – so jedenfalls sah man einst, auf jeden Fall noch im 16. und 17. Jahrhundert, in Deutschland die →Gütchen oder Gutelen an.
LITERATUR: HdA 1987; Petzoldt 1995; Schottus 1662.

Hauskobold →Kobold

Heinzelmann (Heinzelmännchen)
→Zwerge

Hel (Hela)

Hel ist in der altnordischen Mythologie eine Art Hölle, in der es jedoch kalt und nicht heiß ist (Kvastad 2001, 365). Hel

ist außerdem der Name einer Totengöttin.
LITERATUR: Kvastad 2001; Shepard 1991.

Hellsehen

Neben →Telepathie und →Präkognition gehört Hellsehen zu den drei großen Bereichen der →Außersinnlichen Wahrnehmung, die nicht auf den bekannten Kommunikationswegen vor sich gehen. Beim Hellsehen ist nach heutigem Wissen nur eine Psyche im Spiel, denn der Hellseher sieht Ereignisse, die sich gleichzeitig an einem fernen Ort abspielen, ohne dort eine bekannte Bezugsperson zu haben. Doch wir wissen nicht, woher die Nachricht kommt, welche Personen dabei eine Rolle spielen könnten, ebenso wenig wie wir wissen, warum im Telepathie-Experiment mit einem Sender und einem Empfänger ein Wissenstransfer ausschließlich zwischen diesen beiden Menschen stattfinden soll. Vorläufig gehen wir von der menschlichen Fähigkeit aus, die Raum- und Zeitgrenzen durchbricht, →Psi. Natürlich ist auch hier wie bei den anderen Formen der ASW eine Beteiligung von Geistern möglich, so wird es überliefert und in objektivistischen →Geister-Theorien angenommen, die von Geistern als selbstständigen Existenzen ausgehen. Die Forschung auf dem Gebiet hat sich in den USA mit →Remote Viewing befasst, das wörtlich »Fernsehen« meint – und ohne Fernseher funktioniert.
Siehe auch: →Recurrent spontaneous psychokinesis, →Super-Psi, →Wahrsagen, →Weissagen, →zweites Gesicht.
LITERATUR: Berger und Berger 1991.

Hellsehen, wanderndes

Das wandernde Hellsehen, auch reisendes oder exkurrierendes Hellsehen genannt, ist eine →Außersinnliche Wahrnehmung eines Vorganges an einem andern Ort, die mit dem intensiven, realistischen Erlebnis der »geistigen« Anwesenheit an diesem Ort verbunden ist. So wie auch im Traum die Dinge nicht aus Distanz gesehen werden, sondern in unmittelbarer Teilnahme geschehen, so ist das wandernde Hellsehen, ähnlich wie eine →Astralreise, eine Art außerkörperliches Erlebnis (→Außerkörperliche Erfahrung).

Siehe auch: →Außersinnliche Wahrnehmung, →Hellsehen, →Präkognition, →Remote Viewing.

Hellseher →Wahrsagen

Helmont, Johann Baptista van

Der Arzt und Chemiker Johann Baptista van Helmont (ca. 1579–1644) aus Brüssel war Verfasser naturphilosophischer Schriften. Er vertrat eine Art Pansophie, war beeinflusst vom Neuplatonismus, von der Alchemie und der Mystik sowie von →Paracelsus. Sein Sohn Franciscus Mercurius van Helmont setzte seine Pansophie fort.

Siehe auch: →Eisenhut.

Literatur: Bonin 1981; Wilpert 1998.

Herz, Herzgrube

Das Sehen geht nicht immer mit den Augen vonstatten. Auch das Herz kann ein Wörtchen mitreden, wenn es um Einblicke, um Einsichten geht. Unser Herz *(Hypochondrium)* kann zu uns sprechen, sagt uns oft, was wir tun oder lassen sollen – das kennen wir alle. Es überrascht nicht, wenn Novalis sagt: »Das Herz ist der Schlüssel der Welt und des Lebens« (Novalis 2001, 404).

Mit »Herzgrube« ist nicht direkt das Herz gemeint, sondern die Gegend unterhalb des Herzens, die heute als Sonnengeflecht, *Solar plexus,* bekannt ist. Unser Herz oder unsere Herzgrube weiß viel mehr, als wir denken. Der Arzt und *Psychical Researcher,* wie wir den Forscher auf dem Feld der paranormalen Spontanphänomene heute nennen, Justinus →Kerner hat mit Friederike →Hauffe mehrere Versuche mit Zettelchen unternommen, auf denen etwas geschrieben stand: Sie konnte die kurzen, aber eindeutigen Botschaften, die ihr aufs Herz bzw. auf die Herzgrube gelegt wurden, lesen. Herz, was willst du mehr?

»Justinus Kerner schrieb, ohne daß jemand es sehen konnte, zwei Zettelchen: Auf dem einen stand ›Es ist ein Gott‹, auf dem anderen ›Es ist kein Gott‹. Er faltete sie sorgfältig zusammen und legte sie Friederike Hauffe auf die Gegend unterhalb des Herzens. Sie sollte nun fühlen, was darauf geschrieben stand. Nach einigen Minuten reichte sie Kerner den Zettel mit der Aufschrift ›Es ist ein Gott‹ und sagte: ›Von diesem fühle ich etwas, das andre läßt mir eine Leerheit.‹ Kerner wiederholte den Versuch noch viermal – das Ergebnis blieb immer gleich.

Das nächste Zettelpaar enthielt die Sätze: ›Es gibt Geister‹ und ›Es gibt keine Geister‹. Frau Hauffe legte sich das fest zusammengefaltete Zettelchen mit den Worten ›Es gibt Geister‹ auf das Sonnengeflecht und gab nach einem kurzen Moment die richtige Antwort: ›Auf diesem steht: Es gibt Geister!‹ Die Antwort des anderen Zettels, den sie nur in der Hand hielt, war dann natürlich auch richtig: ›Es gibt keine Geister!‹ Und nun geht Kerner noch einen Schritt weiter und schreibt zwei italienische Worte auf einen Zettel: ›*tuo fratello*‹, was ›Dein Bruder‹ bedeutet. Frau Hauffe, die kein Wort Italienisch sprach oder verstand, entwickelte sofort das Gefühl von ihrem Bruder. Nun legte Kerner ein Blatt Papier, auf dem nur der Name ›Napoleon‹ stand, auf die Herzgrube – als Antwort ging der Sensitiven eine Marsch-Melodie durch den Kopf, die sie dann auch sang. (Kerner 1892, 91 ff.; s.a. Puhle 2005, 3, V.4)

Der menschliche Geist sitzt nicht im Gehirn, sondern in der Herzgrube, sagt Frau Hauffe, die zeit ihres Lebens nicht nur viele Geister gesehen hat, sondern auch handfeste Wahrheiten durch sie erfahren hat. Der Geist eines Menschen, der sich mehr der Innenwelt zuwendet, wird stärker und freier, sagt die berühmte Seherin, und erst wenn er sich ganz von dem Einfluss des Gehirns losgesagt hat, erreicht der Mensch sein höchstes geistiges Wachsein (Kerner 1892, 148 ff.).

Wenn wir auch heute trotz fortgeschrittener Kardiologie weit davon entfernt sind, von einer Wissenschaft des Herzens zu sprechen, die sich auf das allen Menschen bekannte »Wissen des Herzens« bezieht, so wissen wir doch wenigstens, dass »Wissen« nicht nur im Kopf, im Gehirn lokalisiert ist. →Nahtoderfahrungen, die Sterbenden Informationen zukommen lassen, während Cortex und Stammhirn keine Reaktionen mehr zeigen, und Blinde (→Blindheit), die plötzlich, für einen Moment lang wieder sehen können, stimmen uns nachdenklich. Und die weiseste Sprache, wie wir alle wissen, ist die Liebe.

Literatur: Kerner 1892; Novalis 2001; Puhle 2005.

Heugütel

Heugütel gehören zu den →Gütchen, den angenehmsten unter den →Kobolden. Sie sind kleine Helfer auf Bauernhöfen.

Himmel

Für viele ist der Himmel alles, andere verstehen ihn als das fünfte Element. Wie auch immer, er ist die »höchste« Projektionsfläche, die wir haben. Er ist uns ferner als die anderen →Elemente →Erde, →Feuer, →Luft und →Wasser und lässt uns hoffen. Er ist unsere Grenze, die eigentlich keine ist.

Das Bild und Schauspiel, das sich alltäglich unseren Augen am Himmel auftut, ist die reine Inspiration. Der Himmel ist unsere Verbindung mit dem Geist *(spiritus)* schlechthin, doch er begeistert, in-spiriert nicht nur, er ist voller himmlischer Geister: →Engel, Sternengeister und Lichtwesen bevölkern ihn.

Siehe auch: →Lichterscheinungen, →Unterwelt.

Hitt, Frau →Frau Hitt

Hohenzollern →Weiße Frau

Home, Daniel Dunglas

Der Schotte Daniel Dunglas Home (1833–1886) ist nach eigener, allerdings nicht zutreffender Aussage der uneheliche Sohn des 10. Earl of Home. Die Behauptung sollte ihm den Zugang zu der gehobenen europäischen Gesellschaft öffnen. Von der Seite seiner Mutter mag er tatsächlich ein besonderes Erbe erhalten haben, denn das →zweite Gesicht war in ihrer Familie üblich. Als Kind war Home recht kränklich. Er lernte erst sehr spät laufen, litt an Gedächtnisschwund und zeitweiligen Lähmungen. Die Jugendjahre bei seiner Tante in den USA, in Connecticut, konfrontierten ihn zuerst mit dem Paranormalen: Er hatte Visionen, in denen er von unerwarteten Todesfällen erfuhr. Seine Tante war so entsetzt über ihren Neffen, dass sie ihn hinauswarf und er den Rest seiner Jungend bei seinen Nachbarn verbringen musste. 1858 heiratete er in St. Petersburg Alexandrina Gräfin von Kroll, eine Cousine des bedeutenden Schriftstellers und Pioniers der Parapsychologie, Alexander Aksakow. Alexandre Dumas war der Trauzeuge und Leo Tolstoi der Brautführer. Er ging später noch einmal eine Ehe ein, ebenfalls mit einer russischen Adeligen.

Daniel Dunglas Home in Levitation. Zeitgenössischer Stich.

Bemerkenswert an seiner Karriere als Medium ist, dass er den Forschern, darunter Sir William Crookes, nicht nur alle klassischen paranormalen Phänomene vorführen konnte, sondern dass er dies oft im hellen Tageslicht tat und nicht, wenn es stockdunkel war, wie es die meisten Medien zu tun pflegten und heute noch pflegen. →Außersinnliche Wahrnehmung gehörte weniger zu seinen Stärken, doch Charles Richet berichtet auch hier einen überraschenden Vorfall aus Homes Leben:

»Er sprach in Hartford bei Leuten, die er zum ersten Mal sah, von einer kleinen, in graue Seide gekleideten Dame, die er flüchtig erblickt habe und die offenbar ein Gespenst sei, da sie aus der Welt der Lebenden abgeschieden sei. Dann hörte Home eine Stimme, die ihm sagte: ›Es mißfällt mir, daß ein anderer Sarg auf den meinigen gestellt wurde, ich werde dies nicht dulden.‹ Er verstand die Bedeutung dieses rätselhaften Satzes nicht. Als die Gesellschaft am anderen Tage zum Kirchhof ging, um das Grab der in graue Seide gekleideten Dame zu besuchen, sagte der Wächter, während er den Schlüssel in das Schloß des Grabgewölbes steckte: ›Verzeihen Sie mir; da über dem Sarg der gnädigen Frau noch etwas Platz war, haben wir gestern den Sarg des Kindes von L. dorthin gestellt. Wir hatten nicht die Zeit, Sie zu benachrichtigen.‹« (Richet 1923, 121 f.)

Wenn Home anwesend war, fingen die schweren, viktorianischen Möbel an, sich zu bewegen und in der Luft herumzuschweben, Hände materialisierten sich und flogen den Kreis der Sitzungsteilnehmer ab, ein Akkordeon begann von allein »Home, sweet Home« zu spielen und vieles mehr. Seine Séancen waren so berühmt, dass Elizabeth Barrett Browning und Robert Browning im Juli 1855 daran teilnahmen. In Deutschland, in Baden-Baden, wollte ihn der spätere Kaiser Wilhelm II. bei einer Sitzung erleben. Eine besondere Spezialität Homes waren die Gewichtsveränderungen, die er an Gegenständen und Menschen vorführte. Und dann hob er selbst ganz und gar ab: Crookes, der sich unter anderem auch mit der Erforschung offensichtlich betrügerischer Medien befasst hat, will drei →Levitationen Homes miterlebt haben. Das spektakulärste Ereignis, bei dem Crookes allerdings nicht dabei war, ist Homes Flug aus dem Fenster eines Hauses in der Nähe der Victoria Station in London am 16. Dezember 1868: Home verließ das Haus durch ein Fenster im dritten Stock nicht *wie* im Fluge, sondern im Fluge, und zwar horizontal, um durch ein Fenster des Nebenzimmers wieder hereinzufliegen. Immerhin hatte er drei Zuschauer, die alles bezeugten: Lord Adare, den Master of Lindsay und Captain Charles Wynne. Wir werden unwillkürlich an heutige Zauberkünstler wie David Copperfield erinnert, die ihre Flugkünste einem schaulustigen und wenig gläubigen Publikum auf der Bühne präsentieren. Was D. D. Home betrifft, so kursierten drei Meinungen: Entweder die Levitationen waren echt, oder sie beruhten auf einem Trick (er schlich an der äußeren Hauswand entlang), oder sie waren das Ergebnis von Suggestion, eine Massenhypnose bzw., wie Fanny Moser es nennt, eine kollektive Halluzination. Natürlich kommt die Idee »es war *nur* ein Trick« dem modernen, nüchternen Denken am meisten entgegen – es geschah diesmal auch im Dunkeln. Generationen von Illusionisten haben es bis heute nicht geschafft, das Rätsel »Home« zu lösen. Oder könnte der Flug mit einer doppelten Seilschlinge vonstatten gegangen sein, wie John Booth vermutet?

Ungewöhnlich erscheint das ganze Leben des fliegenden Schotten, und am ungewöhnlichsten mag sein, dass man ihn nicht ein einziges Mal – wie sonst nahezu alle Medien – in flagranti ertappt hat.

LITERATUR: Berger und Berger 1999; Bonin 1981; Richet 1923; West 1962.

Homer

Der griechische Dichter Homer (8. Jahrhundert v.Chr.) ist der Schöpfer der Epen »Ilias« und »Odyssee«, in denen sich der griechische Geist wunderbar ausdrückt. Im 18. Jahrhundert wurde er wiederentdeckt, nachdem lange Zeit Vergil vorgezogen wurde. Er berührt viele Male Geisterhaftes, →Acheron, →Berge, →Doppelgänger, →Eidola, →Erinnyen, →Erle, →Kalchas, →Mantis, →Nekromantie, →Theoklymenos.

Horst, Georg Conrad

Der Pfarrer, Kirchenrat und Geheimrat Dr. Georg Conrad Horst (1769–1832) gehört mit den Ärzten Johann Georg →Jung-Stilling und Justinus →Kerner zu den wichtigsten Autoren in der Geschichte der Erforschung der paranormalen Phänomene. Herausragend ist seine sechsbändige »Zauber-Bibliothek« (1821–1826) und auch seine zweibändige »Deuteroskopie« (1830) (vgl. Puhle 2005, 1, I.17).

LITERATUR: Horst 1821–1826/1979; Horst 1830; Puhle 2005.

Hütt, Frau →Frau Hitt

Hug

Hug ist ein altnordischer Begriff für den Geist. Er ist in der Lage, seinen Körper zu verlassen.

LITERATUR: Kvastad 2001.

Hugo von Lincoln →Schwan

Humor von Geistern

In der Geisterwelt ist nicht alles grau und schwarz. Es geht dort bisweilen recht lustig zu. Geister haben Humor – oder es scheint wenigstens so. Manchmal schießen sie allerdings über das Ziel hinaus, so wie Menschen auch. Zum Glück tut das fast niemals weh, denn zu übermütige Geister haben die Eigenschaft, ihr Ziel zu verfehlen. Sie werfen ihrem Opfer Gegenstände hinterher, sind dabei wahre Meister im Verfehlen – gemeint sind die →Poltergeister, die in vergangenen Zeiten fröhliche Kerlchen waren, die den Bewohnern »ihres« Hauses hin und wieder ein Schnippchen schlugen. Im Großen und Ganzen waren sie gut, wahre →Gütchen, wie man sie daher nannte. Was ist aus ihnen geworden? Die modernen Poltergeister sind laut und aggressiv, versetzen ihr Umfeld in Angst und Schrecken und machen viel Lärm – um nichts? Nein, es steckt immer ein Grund dahinter, wenn Poltergeister aktiv werden. Doch bei aller Destruktivität liegt in ihnen auch eine komische Komponente.

Hund →Telepathie bei Tieren

Hylas

Einst war Hylas wohl ein Vegetationsgott, der Liebling des Herakles, den er bei der Fahrt der Argonauten begleite-

te. Doch als er einmal bei einem Zwi-
schenstopp in Bithynien Wasser holen
wollte, wurde er von den lüsternen
Quellnymphen entführt. Herakles, der
ihn verzweifelt suchte, verpasste daher
den Reiseanschluss an die Argonauten.

Hypnagogische Bilder →Geister-
Theorien

Hypnos

Ein Kind der Nacht *(Nyx)* ist Hypnos, der
Schlaf. Dem immer jugendlich wirkenden Gott sind Flügel gewachsen. Sein
Zwillingsbruder (später als Halbbruder
gedacht) ist Thanatos, der →Tod.

I

Ichaustritt →Außerkörperliche
Erfahrung

IGPP (Institut für Grenzgebiete der Psychologie und Psychohygiene e. V.)

1950 wurde in Freiburg i. Br. von Hans
Bender das Institut für Grenzgebiete der
Psychologie und Psychohygiene gegrün-
det. Im Vorstand ist Dipl.-Psych. Eber-
hard Bauer, längster Mitarbeiter Hans
→Benders. Das Institut gibt seit 1957
die »Zeitschrift für Parapsychologie und
Grenzgebiete der Psychologie« heraus.

IGW (Institut für Grenzgebiete der Wissenschaft)

Am 15.9.1953 wurde von dem Theolo-
gen und Psychologen Prof. Dr. Dr. Pater
Andreas Resch in Innsbruck das Institut
für Grenzgebiete der Wissenschaft gegründet. Es gibt vierteljährlich die in-
terdisziplinäre Zeitschrift *Grenzgebiete
der Wissenschaft* heraus, die sich den
Grenzbereichen von Physis, Bios, Psyche und Pneuma widmet.

Illusion →Geister-Theorien

Immergrün

Immergrün, lat. *vinca,* ist eine Pflan-
zengattung der Hundsgiftgewächse mit
sechs Arten in Europa, Nordafrika und

Vorderasien. Die *Vinca minor* hat fünf
blauviolette Blütenblätter, enthält in allen Teilen Alkaloide (u. a. Vincamin) und
ist leicht giftig. Im Englischen gilt *peri-
winkle* oder *myrtle* (Guiley) als »Veil-
chen der Zauberer« und soll helfen, böse Geister zu vertreiben. In Wales heißt
es, wer ein Immergrün auf einem Friedhof pflückt, wird im folgenden Jahr von
den Toten in seinen Träumen verfolgt.
Will man die Zauberkraft der Pflanze
erhalten, so ist nach walisischem Volksglauben zu beachten, dass sie nur in bestimmten Nächten, nämlich in der 1.,
9., 11. und 13. Nacht des Mondzyklus
gepflückt werden darf.
Literatur: Guiley 1992.

Immortality →Unsterblichkeit

Incubus

Der Incubus, lat. *incubare,* »darauf legen«, ist ein römischer Nachtgeist, der
in der spätmittelalterlichen Hexenlite-
ratur zum erotischen, nächtlichen »Auflieger« wurde. Das weibliche Pendant
ist der →Succubus. Die Nachtgeister Incubus und Succubus gehören, wie der
→Alp oder Mahr, zum Geistertypus
→Aufhocker.
　Goethe ruft im »Faust« bei den Be-
schwörungen des Pudels zunächst die
vier →Elementargeister an, Salaman-
der (für Feuer), →Undine (für Wasser),
Sylphe (für Luft) und →Kobold (für Erde) (»Faust«, V. 1273−76), Letzteren er-
setzt er bei der zweiten Beschwörung

namentlich durch den Incubus (V. 1290), der jedoch nach wie vor ein kleiner, Schätze hütender →Erdgeist ist.
LITERATUR: Wilpert 1998.

Informationen von Geistern

Für diejenigen, die der Echtheit von Geistern auf den tiefsten Grund gehen wollen, sind die Fälle, in denen Geistererscheinungen mit Informationen verbunden sind, von besonderem Interesse. →Geister können Wissen vermitteln, das dem Perzipienten zu diesem Zeitpunkt nicht bekannt oder bewusst ist, das zeigen zahllose Fallbeispiele aus aller Welt. Ein Wissenstransfer kann etwa stattfinden bei →Geistererscheinungen in Krisensituationen *(crisis apparitions),* die einen Menschen von einer schweren Krise oder Krankheit eines nahe stehenden Menschen unterrichten, bei Erscheinungen von →Sterbenden, die ihren Tod mitteilen, bei Erscheinungen von →Geistern von Verstorbenen, die etwas Relevantes zu der augenblicklichen Situation des Betroffenen zu sagen haben, bei Fällen, die vor Gericht verhandelt wurden, wie etwa bei der Seherin von Prevorst (→Hauffe, Friederike), im →Chaffin Will Case und in dem von Storm berichteten Fall »Die →Dokumente«, und weiter in manchen →Außerkörperlichen Erfahrungen und →Nahtoderfahrungen.

Geister, die Informationen überbringen, sprechen für ihre Glaubwürdigkeit, ihre Echtheit. Ihre Erklärung durch →Außersinnliche Wahrnehmung, die in der Psyche des Sehenden und einer weiteren beteiligten, lebenden und telepathisch kommunizierenden Person die Ursache sucht, reicht nicht mehr aus, und selbst die Super-PSI-Theorie, die das Dilemma umgehen will, indem sie mehr als zwei lebende Bezugspersonen erlaubt, reicht in einigen Fällen nicht mehr aus. Hier kommt der Gedanke an ein →Leben nach dem Tod auf, der die Übermittlung der Nachricht auf direktem Weg – die Frage ist natürlich: auf welchem? – zwischen dem Toten und dem Lebenden zulässt.

Zu der inneren Gewissheit eines Menschen über das Weiterleben der Seele, des Geistes oder des Bewusstseins bzw. eines Teils des Bewusstseins nach dem →Tod bilden die Informationsfälle, engl. *informational cases* (s. Green und McCreery 1975, 75–79), das geeignete Komplement.
Siehe auch: →Geistererscheinungen, →sprechende Geister.
LITERATUR: Green und McCreery 1975.

Infraschall, Infraschallwellen
→Geister-Theorien

Insel der Seligen

Der letzte Aufenthaltsort für die Seelen erlesener Menschen wird oft als ferne Insel in einem weiten Meer vorgestellt. Es sind gute, angenehme Orte, Orte des ewigen Glücks, →Insulae fortunatae.
Siehe auch: →Elysium.

Instase

Der Begriff »Instase«, zu griech./lat. *instasis,* wörtlich »Hineintreten«, bedeutet im Gegensatz zur Ekstase eine Innenschau, in der Einblick in die geistige Welt genommen werden kann.
Siehe auch: →Audition.

Institut für Grenzgebiete der Psychologie und Psychohygiene
→IGPP

Institut für Grenzgebiete der Wissenschaft →IGW

Insulae fortunatae

In der römischen Mythologie befinden sich die Seelen besonderer Menschen auf den Inseln der Glücklichen oder Seligen, lat. *insulae fortunatae*. Es ist ein Ort der Freude, ein lichter, heller Ort, an den nur Auserwählte, Helden oder gute, edle Menschen gelangen können – ganz im Gegensatz zu der nachtschwarzen und nicht erfreulichen →Unterwelt, dem →Hades.
Siehe auch: →Insel der Seligen.

Interiorisation

Der Begriff »Interiorisation«, von lat. *interior,* »innerer, innerhalb«, bezeichnet den Eintritt des →Astralkörpers in den physischen Körper. Im Gegensatz dazu steht die →Exteriorisation.

Irrlicht (Irrlüchte)

Wie das reine →Licht leuchten, strahlen und in manchen Situationen den Weg weisen kann, so kann das Irrlicht in die Irre führen. Erasmus Franciscus berichtet in seinem bekannten Geisterbuch:

»Allda [in meinen vorigen Schriften] ich auch gedacht / daß / auff den Spannischen Gebirgen / die Irrwische sehr häuffig beyeinander / von den Reisenden / gesehn werden; und / in Aethiopien / oder Morenlande / die Felder offt / gantze Nächte durch / davon leuchten / nicht anders / als ob sie gestirnt wären: imgleichen / daß / auff dem so genannten Perlen-Fluß / in Sina [China] / bey Nacht solche Liechter auch erscheinen / und von den Sinersen für helle Karfunckeln geachtet / doch gleichwohl aber Ic[ye?]ming / das ist / Nacht-Lichter / genannt werden.
Durch solche Irr-Lichter nun / kan man gar wol / natürlicher Weise / in Wasser und Morast / verleitet / und drüber seines Lebens verkürzt werden; wenn man denselben nachfolgt: weil sie sich gern / nach und nach / dahin ziehen.« (Franciscus 1695, 173)

Irrlichter führen nicht, sie ver-führen. Das Irrlicht hat viele Namen, wird zum Irreding (Sachsen), zur Irrfackel, zum Dröglicht, Dwallicht (»sich verdwalen« heißt sich verirren) und Quadlicht (wörtlich »böses Licht«) (alle Niederrhein), zum Tümmelding (Schleswig-Holstein), Spoklecht (Oldenburg) zum Fuchtelmännlein, eigentlich Buchelmännle (Fackelmännlein) (östliche Alpen und Böhmerwald) und zum Zunselwible und Füersteinmannli (Schweiz), während der lateinische Begriff *ignis fatuus* ein »törichtes Licht« meint. Es sollen die Seelen der Verstorbenen, besonders von ungetauften Kindern sein, die da so irreführend flackern. Betet jemand für sie, kommen sie nah heran, beim Fluchen flüchten sie.

Diese geheimnisvollen Lichter verlöschen, sobald man ihnen mit wissenschaftlichen Erklärungen auf die Schliche kommt. Die bläulichen, manchmal auch gelblich-rötlichen Flämmchen, die besonders häufig im Herbst über Mooren und Sümpfen zu sehen sind und dort sekundenlang leuchten, werden zu bloßen Resultaten von Fäulnisprozessen, zu phosphoreszierendem Holz oder bestenfalls zu fliegenden Johanniswürmchen. Ob alle Irrlichte den erforschten Naturgesetzen folgen, bleibt eine spannende Frage.
Siehe auch: →Irrwisch.

Literatur: Franciscus 1695; Haining 1991; HdA 1987; Petzoldt 1995.

Irrwisch

Der Irrwisch ist wie das →Irrlicht ein als kleiner Geist vorgestelltes Licht. Sein Name, der meist synonym für »Irrlicht« steht, beruht auf seiner Ähnlichkeit mit einem brennenden Strohwisch.

Nach einem alten Sprichwort kommen Amtmänner schwer in den Himmel. Sie haben stattdessen die Möglichkeit oder das Schicksal, vorerst als

Irrwische umzugehen. (Lynker 1860, Nr. 175, 114). In Schlesien unterscheidet man einen kleinen Irrwisch von einem »großen Leuchter« (Kühnau, Nr. 381, 389). Sie leuchten wie kleine Later- nen, und manchmal kann man auch ein Händchen sehen, das sie trägt (Köhler 1867, 499).

LITERATUR: Köhler 1867; Kühnau 1910– 1913; Lynker 1860.

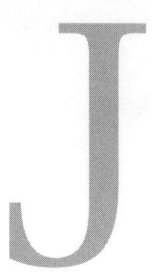

J

Jacqueline Poole Case

Der Mordfall Jackie Poole hätte 19 Jahre früher aufgeklärt werden können, wenn der Aussage des damals in England lebenden irischen Mediums Christine Holohan, wer der Mörder sei, vor Gericht Wert beigemessen worden wäre. Dank zweier *open minded* Polizisten von Scotland Yard war es möglich, den Aussagen von Christine nachzugehen, als das Londoner Gericht Old Bailey Hunderte von unaufgeklärten Mordfällen nach Jahren wieder aufrollte. Neueste Gentechnikverfahren bestätigten die über 100 Informationen des Mediums und führten zur Verurteilung des Mörders.

Der Fall ist ausführlich von Guy Lyon Playfair und Montegue Keen dokumentiert und diskutiert worden (Lyon Playfair und Keen 2004; auch in Puhle 2005, 3, VIII.6).

Literatur: Lyon Playfair und Keen 2004; Puhle 2005.

Jaspis

Der grüne Jaspis, auch bekannt als Jasper oder Astrios, hat sich in der Geschichte der Zaubersteine einen Namen gemacht: In der Bibel als edelster Stein gelobt und nach einer orphischen Hymne eine reine Freude der Götter, weist Hildegard von Bingen auf seine medizinische Wirksamkeit hin, vor allem aber darauf, dass er →Dämonen und trügerische Träume verscheuchen kann. Mit ihr stimmt Konrad von Megenberg

überein, wenn er auf die Kraft des Jaspis hinweist, böse Gesichte im Schlaf zu vertreiben (Rätsch 1989, 92).

Literatur: Hildegard von Bingen 1979; Rätsch 1989.

Jenseitsreise →Astralreise, →Seelenreise

Johansson, Anton

Der im schwedischen Tärna als Sohn norwegischer Eltern geborene »Seher von Lebesby« oder »Zeigefinger, der zu Gott weist« (Bauer und Zerling 2004, 146) ist von Hause aus Landvermesser, Kirchendiener und Eismeerfischer. In seinen Visionen sah Anton Johansson (24.5.1858–10.1.1929) die Zukunft, vernahm Stimmen, die ihm Bevorstehendes ankündigten (→Audition), hatte das →zweite Gesicht. Zu seinen vielen zutreffenden Prognosen gehörte auch der Erste Weltkrieg. Bereits 1912 und dann noch einmal 1913 warnte er die Regierungen, zuletzt die Deutsche Gesandtschaft in Oslo – blieb jedoch ungehört.

Es ist ein großes Problem, das auch heute noch besteht, wenn wir bedenken, wie gut medial begabte Menschen helfen könnten, Katastrophen und Verbrechen zu verhindern oder aufzuklären. Leider verfügen die zuständigen Autoritäten wie Behörden, Polizei, Regierungsbeamte immer noch nicht über genügend Wissen von →ASW, um die vielen, laufend eingehenden Fehlprognosen

von den ernst zu nehmenden zu unterscheiden (→Jacqueline Poole Case).
LITERATUR: Bauer und Zerling 2004.

Joik

Bei den Lappen heißt ein bis heute übliches monotones Singen Joik. Es soll Geister bezwingen. Der Gesang hat keinen Anfang und kein Ende. Manche nennen Joik auch »Teufelssingen« oder die »Lieder gefallener Engel«.
LITERATUR: Kvastad 2001.

Juergenson, Friedrich

Der südschwedische Künstler und Sänger Friedrich Juergenson ist ein Pionier auf dem Gebiet der so genannten Tonbandstimmen. Im Sommer 1959 entdeckte er menschliche Stimmen auf neu gekauften Tonbändern. Auf diese Weise erhielt er im Laufe seines Lebens mehrere tausend solcher Stimmen, darunter die Stimme seiner verstorbenen Mutter. Konstantin →Raudive führte später Juergensons Arbeit fort (Locher und Harsch 1989, 7).

Siehe auch: →Geister von Verstorbenen, →Telefonanrufe von Verstorbenen, →Transkommunikation.
LITERATUR: Locher und Harsch 1989.

Jung-Stilling, Johann Heinrich

Der als »Augenstecher« berühmt gewordene deutsche Augenarzt Johann Heinrich Jung-Stilling (1740–1817) ist wie Justinus →Kerner und Georg Conrad →Horst Autor einer bedeutenden Sammlung von Geisterberichten (1808) und »Szenen aus dem Geisterreiche« (1831) (vgl. Puhle 2005, 1, I.12).
LITERATUR: Puhle 2005; Jung-Stilling 1808; Jung-Stilling 1831; Jung-Stilling 1841–1842.

195

Ka

Im Ägyptischen wird mit Ka eine ursprüngliche Schöpfungskraft bezeichnet, die jedem Lebewesen und jedem Ding innewohnt und aus ihm herausstrahlt. Es wird bildlich als feinstofflicher →Doppelgänger neben der konkreten, körperlichen Person dargestellt. Der Ka ist auch ein →Schutzgeist, der mal aus sieben, mal aus 14 verschiedenen Kräften besteht. Die weiblichen Geister heißen Hemuset. Als Seele überlebt der Ka den physischen Tod und kehrt eines Tages in den Körper zurück.

Wie die altnordische →Fylgja ist der Ka ein Folgegeist, der seinen Schützling stets begleitet, ja regelrecht an ihm haftet. Der Ka bleibt unsichtbar, ist aber immer eng mit dem Menschen verbunden. Siehe auch: →Ba →Kasen, →Schutzengel.

Kalchas

Der bei weitem beste Seher aller Zeiten war Kalchas – so lobt ihn →Homer im 8. Jahrhundert (»Ilias«, 2, 299ff.; Cicero, »De divinatione«, I, 88). Nur seine Kenntnis der Vogelzeichen habe es ihm ermöglicht, die Flotte nach Ilion zu führen. Ihm selbst wurde geweissagt, er werde sterben, wenn ein anderer Seher ihn in seiner Kunst überträfe. Der Seher →Mopsos, der mit seinem Arbeitskollegen →Amphilochos das Traumorakel im kilikischen Mallos eingerichtet hatte, besiegte Homers großen Favoriten bei einem Rätselwettbewerb, woraufhin

Kalchas starb. Die Todesursache blieb ungeklärt, und Selbstmord kann nicht ausgeschlossen werden. Kalchas selbst hatte das Traumorakel von Daunia in Apulien gegründet.

Siehe auch: →Auguren, →Augurium, →Delphi, →Seher, Seherin, →Wahrsagen, →Weissagen.

LITERATUR: Bonin 1981; Cicero 1991.

Kasen

Das Kasen ist in der Sprache der afrikanischen Kpelle ein Totem, wörtlich übersetzt ein »Geburtsding«, das im Rücken eines Menschen ist (D. Westermann in HdA 1987, VIII, 1038). Diejenigen, denen dasselbe Kasen erscheint, gehören zusammen und bilden einen Klan. Das Kasen erinnert an →Folgegeister wie den ägyptischen →Ka und die nordische →Fylgja.

Siehe auch: →Anima, →Doppelgänger, →Schutzgeister, →Schutzengel.

LITERATUR: HdA 1987.

Katze, Kätzchen

Katzen sind Geistertiere, wie sie im Buche stehen, gelten sie doch als klassische Begleiterinnen von Hexen und weisen Frauen. Der Glaube an Glück oder Unglück, der sich um das Auftauchen von Katzen, besonders schwarzer, gebildet hat, hängt auch damit zusammen, dass man früher neben einer unbekannten Katze eine nicht sichtbare Hexe vermutete oder die Katze als verwandelte Hexe, als Katzenhexe, →Kobold oder →Nix ansah. Das nächtliche jämmerliche Gemaule von Katzen, das mit dem Schreien eines gequälten Babys verwechselt werden kann, und das leise Umherschleichen und die Unberechenbarkeit dieser eigenwilligen Tiere tragen weiter dazu bei, dass sie nicht immer und jedem ganz geheuer erscheinen. Frau Holda und die →Berchta pflegten bei ihren nächtlichen Streifzügen mit dem Nachtvolk einen Wagen mit zwei vorgespannten Katzen zu fahren (Herzog 1913, 2, 103). Katzen können wie viele andere Tiere auch als Geister erscheinen, und manchmal tun sie das wieder und wieder. Unter den so genannten wiederkehrenden Geistererscheinungen von Tieren nehmen Katzen die erste Stelle ein (Green und McCreery 1975, 63). Ein Beispiel:

»Vor etwa zwei Jahren zog ich wegen einer Renovierung in ein anderes Zimmer im Erdgeschoss um, in dem einige große Ledersessel und ein kleines Sofa standen. Ich sah dort mehrmals so etwas wie eine schwarze Katze von der Lehne eines Sessels hinunterspringen und aus dem Zimmer laufen, bevor ich es meiner 19-jährigen Tochter erzählte, die daraufhin erzählte, sie hätte das auch gesehen. Danach haben wir sie einige Male beide zusammen gesehen, genau im gleichen Moment. Wir verglichen unsere Beobachtungen über den Weg, den die Katze genommen hatte. Sie sprang nicht immer von einem Sessel, manchmal kam sie aus einer Zimmerecke, watschelte wie eine Ente über den Herd in die andere Ecke, wo die Tür ist – dort verschwand sie dann einfach.

Wir haben es niemandem erzählt – aus einem einzigen Grund, nämlich weil wir fürchteten, dass wir nie mehr eine Haushaltshilfe bekommen würden, wenn sie erführe, dass es hier spukt. Wie dem auch sei, eines Tages sagte unsere Haushaltshilfe, die jeden Tag kommt, zu mir: ›Ich denke, ich bin blöd, ich bilde mir immer wieder ein, dass ich Ihre Katze vom Sessel herunterspringen sehe, wenn ich ins Zimmer komme.‹ (Wir haben eine große schwarze Katze.) Dann sagte etwas später eine neue Hausangestellte, die bei uns wohnte: ›Haben Sie zwei Katzen? Ich hätte schwören können, dass die eine auf dem Flur an mir vorbeigehuscht ist, aber als ich in die Küche kam, lag sie friedlich da und

schlief.‹ (Wir haben nur eine Katze!) Ich habe ihr nicht gesagt, dass es schwer genug ist, to get them as it is!

Letzte Nacht erzählte ich meinem Mann von Ihrem broadcast und sagte ihm, dass ich Ihnen schreiben würde. Ich hatte ihm bis dahin niemals irgendetwas von unserer Geister-Pussy erzählt, und nun sagte er plötzlich: ›Ach, *diese* Katze. Ich habe oft so einen schwarzen Schatten im Wintergarten gesehen, habe aber nichts gesagt, weil ich mir nicht ganz sicher war, was es überhaupt war, und es hätte dich bloß nervös gemacht.‹ … Dieses Wesen scheint ziemlich viel Angst vor Menschen zu haben und rennt weg (scuttles off), so wie Katzen es tun, wenn sie einen Schreck bekommen.«

In einem späteren Brief berichtet die Schreiberin:

»Meine Tochter hat vor sieben Jahren geheiratet und ist weggezogen, vier Meilen von hier. Ich sagte zu ihr: ›Weißt du, ich habe die Geister-Katze nie wieder gesehen, seitdem du ausgezogen bist‹, woraufhin sie antwortete: ›Oh, ich habe sie mitgenommen. Ich sehe sie andauernd.‹« (Green und McCreery 1975, 63 f.; übersetzt von A. Puhle)

Es muss nicht immer eine schwarze Katze sein, die ein Geheimnis mit sich bringt. In dem bahnbrechenden Buch von Eleanor Sidgwick u. a., »Report on the Census of Halluzinations« (1894), das aus der Zeit stammt, in der die wissenschaftliche Erforschung dieser geheimnisvollen Dinge weltweit gerade ins Rollen gekommen war und viele anerkannte Wissenschaftler beschäftigte, haben wir ein Beispiel für eine weiße Katze, die Besonderes tut:

»Es war Anfang Sommer 1884, wir saßen gerade zu Hause wie gewöhnlich zum Mittagessen beisammen, es war mitten am Tag. Mitten in unserem Gespräch sah ich, wie meine Mutter plötzlich auf etwas guckte, das unten neben dem Tisch war. Ich guckte nach, ob sie etwas hatte fallen lassen, und bekam zur Antwort: ›Nein, aber ich frage mich, wie diese Katze hier ins Zimmer gekommen ist.‹ Ich schaute unter den Tisch und war überrascht, eine große, weiße Angora-Katze neben dem Stuhl meiner Mutter zu sehen. Wir standen beide auf, und ich öffnete die Tür, um die Katze hinauszulassen. Sie marschierte um den Tisch herum, verschwand geräuschlos durch die Tür und als sie auf halbem Weg auf dem Korridor war, drehte sie sich um und sah uns an. Einen Moment lang starrte sie uns mit ihren grünen Augen regelrecht an, und dann löste sie sich auf, wie ein Nebel, direkt vor unseren Augen.

Sogar ganz abgesehen von der Art ihres Verschwindens, waren wir uns einig, daß es sich nicht um eine reale Katze gehandelt haben konnte, da wir niemals eine solche Katze besaßen noch irgendeine kannten, auf die die Beschreibung gepaßt hätte. Und so ließ diese Erscheinung ein unangenehmes Gefühl bei uns zurück.

Dieser Eindruck wurde noch wesentlich verstärkt durch das, was in dem darauffolgenden Jahr, 1885, passierte, als wir in Leipzig bei meiner verheirateten Schwester (der Tochter von Frau Greiffenberg) wohnten. Eines Nachmittags kamen wir von einem Spaziergang zurück, machten die Wohnungstür auf, und da wurden wir im Flur von derselben weißen Katze empfangen. Sie lief vor uns den Gang entlang und schaute uns mit demselben melancholischen Blick an. Als sie bei der Kellertür angekommen war (die verschlossen war), löste sie sich wieder in Nichts auf.

Dieses Mal hatte meine Mutter sie zuerst gesehen, und wir standen beide unter dem Eindruck des unheimlichen und grausamen Charakters dieser Erscheinung. Auch in diesem Fall konnte die Katze nicht echt gewesen sein, weil es keine derartige Katze in der ganzen Umgebung gab.« (Sidgwick u. a. 1894, 305 f.; übersetzt von A. Puhle)

Wie bei vielen Geisterberichten bleibt die Antwort auch in diesem Fall im Ungewissen und kann höchstens in den traditionellen und neuen Erklärungsmustern (→Geister-Theorien) gesucht werden, die die eine oder andere Lösung nahe legen – was keineswegs bedeutet, dass es keine Antwort gibt; wir wissen sie nur nicht.

Siehe auch: →Delfin, →Papagei mit Geist, →Rotkehlchen, →Schwan, →Telepathie.

LITERATUR: Green und McCreery 1975; Herzog 1913; Sidgwick, Johnson u. a. 1894.

Kelpie

Kelpie ist ein böser →Wassergeist aus der schottischen Folklore.
LITERATUR: Guiley 1992.

Kentaur →Chiron

Kerberos

Kerberos, lat. *Cerberus,* heißt der oft mehrköpfige, meist dreiköpfige und von Schlangen umrollte Hund, der nach der griechischen Mythologie den Eingang zur →Unterwelt, zum →Hades bewachen muss. Die neu eingetroffenen Toten ließ er ohne weiteres hinein, versperrte ihnen aber den Rückweg.

Nur einem Helden wie Herakles konnte es gelingen, ihn mit Gewalt wenigstens für eine Weile an die lichte Oberwelt zu zerren, wobei dem Hund u. a. der zaubergewaltige →Eisenhut aus dem Geifer tropfte. Auch Odysseus fand einst einen Weg in die Unterwelt (→Nekromantie). Der liebliche Gesang des Orpheus konnte besänftigende Wirkung auf den blutgierigen Höllenhund ausüben.

Keres

Die Geister der Toten heißen im alten Griechenland Ceres.
LITERATUR: DNP 1996 ff.; Guiley 1992.

Kerner, Justinus

Der Arzt und Dichter (schwäbische Dichterschule) Dr. Justinus Kerner (1786–1862) gehört mit Georg Conrad →Horst und Johann Heinrich →Jung-Stilling zu den wichtigsten Forschern auf dem Gebiet der →Geistererscheinungen. Sein Hauptwerk zu diesem Thema ist die ausführliche Einzelfallstudie seiner Patientin Friederike →Hauffe (1829). Neben vielen weiteren Werken sind die von ihm herausgegebenen »Blätter aus Prevorst« (1831–1839) und die Zeitschrift *Magikon* (1840–1853) ausgezeichnete Quellensammlungen von Berichten

Justinus Kerner.

über paranormale Erfahrungen (s. Puhle 2005, 1, I.23).

LITERATUR: Kerner 1829; Kerner 1831–1839; Kerner 1840–1853; Puhle 2005.

Kerzen →Totenkerzen

Ki →Qi

Kinder

Kinder sehen mehr – das ist eine weit verbreitete Überzeugung. Das Medium Eileen Garrett bringt Beispiele von Kindern, die Visionen von ihren verstorbenen Eltern oder Großeltern hatten und dabei Details erfuhren, die sie auf natürlichem Weg ihrer Meinung nach schwer erhalten haben könnten. Der Philosoph Werner F. Bonin verweist hier auf den holländischen Parapsychologen Johan George Busschbach (1896–1974), nach dessen Überzeugung die Psi-Fähigkeit im Kindesalter am stärksten ausgebildet ist und dann allmählich abnimmt (Bonin 1981, 19). Die Weltliteratur gibt viele Beispiele davon – etwa der Roman »The secret Garden« von Frances Hodgson Burnett (→Rotkehlchen) oder der nicht nur für Kinder geschriebene Roman Manfred Kybers »Die drei Lichter der kleinen Veronika«.

»Der erste Mensch ist der erste Geisterseher. Ihm erscheint alles als Geist. Was sind Kinder anders, als erste Menschen? Der frische Blick des Kindes ist überschwenglicher, als die Ahndung des entschiedensten Sehers.« (Novalis, »Fragmente und Studien«, 47)

Kinder sind es auch, die sich viel leichter als Erwachsene, die sich erst einer Regressionssitzung unterziehen und in einen hypnotischen Bewusstseinszustand versetzen lassen müssen, an »frühere Leben« erinnern können. Tausende solcher Erinnerungen sind von Experten (Jürgen Keil, Ian Stevenson, Bruce Greyson, Erlendur Haraldsson, Jim Tucker u. a.) überprüft worden und weisen auf Kenntnisse hin, die nicht mit den üblichen Informationsmitteln erworben sein können, und auf eine Kontinuität des individuellen Lebens, die sich einer Erklärung mit der Super-Psi-Theorie widersetzt (→Reinkarnation).

LITERATUR: Garrett 1938; Kyber 1973; Novalis 2001.

Kirke

Die griechische, zauberkundige Kirke oder lat. Circe ist – ihr Name verrät es schon – eine Meisterin im Bezirzen. Sie ist eine Tochter der Sonne (Helios) und lebt auf der Insel Aiaia, vielleicht auch an der Westküste Mittelitaliens. Sie brachte es fertig, Odysseus' Reisebegleiter vorübergehend in Schweine zu verwandeln. Unter dem Druck von Odysseus löste sie den Zauber wieder auf und schickte Odysseus in den →Hades, um dort den Seher Teiresias zu befragen. Sie selbst verkündete ihm nach seiner Rückkehr die weitere Zukunft. Telegonos ist der Sohn aus der Verbindung von Kirke und dem von ihr bezirzten Odysseus.

Klabautermann (Klabotermann)
→Kobold

Klaros →Orakel

Klarträume

Klarträume sind lichtvolle, luzide Träume, die uns nächtliche Filme vorführen, in denen wir merken, dass es zwar Träume sind, aber doch bestimmen können, wie wir darin agieren. Sie lassen sich von unserem bewussten Ich steuern und eröffnen dadurch viele fantastische Möglichkeiten. In der Psychologie sind sie ein kostbares Mittel, um Ängste zu bekämpfen – der Patient darf im Traum etwas wagen, das er in seinem »richtigen« Leben fürchtet und erhält damit die einmalige Chance zum Umgang mit dem Gefürchteten.

Wir dürfen hier der Gefahr, die eventuell in Gestalt eines Ungeheuers auf uns zukommt, getrost ins Auge sehen. Wir können sogar noch einen Schritt weitergehen und sie ansprechen, das Monster oder die gefürchtete Person, die uns vielleicht verfolgt und an den Kragen will.

Die →Gespenster unserer Angst verlieren ihre Macht in solchen Träumen, müssen Federn lassen, sich entblößen – bis am Ende womöglich nicht viel oder gar nichts mehr von ihnen übrig bleibt. Während die Schreckgespenster im Klartraum ihr Gewand, ihre Maskerade ablegen, so kleiden wir, die wir träumen, uns in ein neues Gewand. Wir finden uns in einem angenehm leichten, ja nicht zu bemerkenden Körper wieder, der uns alles erlaubt. Wir können auf Wunsch sofort losschweben … keine Mauer und keine verschlossene Tür kann uns mehr halten. Ein unschätzbares Potenzial ist hier gegeben. Und die Abenteuerreise nimmt keinen Platz auf dem Terminkalender ein, kostet uns nicht einen Cent.

Der »Körper unserer Träume«, ein wahrer *dream body,* erinnert unweigerlich an den →Astralkörper, den ätherischen Körper (→Ätherkörper), den Körper, in dem uns so viele Geister erscheinen. Und wie dieser währt er nur für eine gewisse Zeit – der Zauber ist plötzlich vorbei, so unerwartet, wie er begonnen hat.

Wer noch keine Erfahrungen mit Klarträumen hat, kann es lernen. Die wichtigsten Instruktionen zum Erwachen im Traum sind ganz einfach:

Die wichtigste und leichteste Anweisung gibt der deutsche Psychologe Paul Tholey. Es ist die Reflexionstechnik *(reflection technique):* Frage dich mehrmals täglich, bin ich wach oder träume ich?

Dies scheint eine der leichtesten Übungen zu sein, die man tagsüber ausführen kann, in der Nacht jedoch sieht alles ganz anders aus … Es gibt mehrere Möglichkeiten, unsere Wachheit zu testen – hier sind zwei:

1. *Light switch test,* »Test des Lichtanschaltens« (nach Keith Hearne): Wenn ich das Licht anschalten kann, bin ich wach, sonst träume ich.
2. *Book reading test,* »Test des Buchlesens« (nach Stephen LaBerge): Wenn ich ein Buch lese, wegschaue, wieder hinsehe und der Text derselbe ist, bin ich wach.

Diese kleinen Übungen, die durchschnittlich nach zwei bis drei Wochen von Erfolg gekrönt werden, sind nicht nur hilfreich für das Erwachen in Träumen, sondern können uns auch in den Morgenstunden vor der irrtümlichen Vorstellung, wir seien bereits aufgewacht, bewahren *(false awakening).* Es gibt noch eine weitere Methode, die auch nur ein paar Sekunden dauert (in Anlehnung an Stephen LaBerge):

1. Vor dem Einschlafen nehme ich mir vor, mich nach dem Aufwachen an meinen Traum zu erinnern.
2. Wenn ich am nächsten Morgen aufwache, ist mein erster Gedanke: Was habe ich eben erlebt?

3. Ich sage mir: Das nächste Mal werde ich mich im Traum daran erinnern, dass ich träume.
4. Ich gehe in Gedanken in die Atmosphäre meines Traums zurück und stelle mir vor, dass ich träume.
5. Punkt 3 und 4 wiederhole ich so lange, bis ich einschlafe.

Der Erfolg kann sich eventuell schon nach Tagen einstellen, vorausgesetzt es handelt sich um ohnehin geübte Träumer – andernfalls muss zunächst nur Punkt 1 eine Weile trainiert werden.

Die Erlebnisse in Klarträumen rücken in nächste Nähe zu →Außerkörperlichen Erfahrungen, die oft Teil von →Nahtoderfahrungen sind, zu Erlebnissen in veränderten Bewusstseinszuständen, zu →Astralreisen oder →Seelenreisen, zu →Schamanenreisen und all den anderen Luftfahrten, von denen uns die Kulturgeschichte der Menschheit eine lange, spannende Geschichte erzählen kann.

Zum Schluss bleibt die Frage: Wie klar sind Klarträume? Wie viel Licht, wie luzide, von lat. *lux,* »Licht«, sehen wir wirklich in diesen Träumen? Können wir von diesen aufregenden Reisezielen neben dem Sieg über die Angst, der ja allein schon viel bedeutet, auch echte Informationen mitbringen, die »unserer« Realität standhalten? Wenn wir in unserem Astralkörper Wahrem begegnen, Dingen, die sich bewahrheiten, warum nicht auch im →Traumkörper?

LITERATUR: Hearne und Melbourne 1999; LaBerge 1985; LaBerge 2000; Paulsson 2004; Tholey 1989.

Kleine Leute →Zwerge

Kleines Volk →Zwerge

Kleitos →Melampodiden

Klopfen

Klopfen ist nicht nur eine Lieblingsbeschäftigung von Geistern, sondern auch die älteste Geistersprache überhaupt. Schon die Griechen und Römer berichten davon (Grimm 1992, 2, 702). Ein Geist hat seinen Namen von dieser Tätigkeit bekommen: der Klopfer. Ihn gibt es in mehreren Varianten (Weinklopferle). Klopfen können auch viele andere Geister, zum Beispiel →Kobolde, →Zwerge, →Bergwerksgeister, →Poltergeister, das Rockertweible (VII, 763) und sogar →Bergriesen. Manchmal wollen die Geister damit auf ihr Kommen aufmerksam machen und die Menschen vor einer Begegnung mit ihnen schützen. Eine →Nixe in der Oberpfalz klopfte beim Verlassen ihres Teiches an einen bestimmten Baum, so dass jeder wusste, wo sie gerade war (Schönwerth 1869, 2, 199, Nr. 104). Ein andermal bedeutet das Klopfen von Geistern den →Tod. Und bisweilen klopft der Tod auch persönlich an (Kühnau 1910–1913, 2, 534). Meistens sind es jedoch die Totengeister, die sich durch Klopfen bemerkbar machen. Sie klopfen entweder an, um einen der Lebenden in ihr Reich zu holen, so wie ja auch die →Geister von Verstorbenen bei →Sterbenden sichtbar am Sterbebett erscheinen. Oder die Sterbenden klopfen selbst, um ihnen nahe stehende Menschen von ihrem Tod zu unterrichten, und auch sie erscheinen in ihrer Geistgestalt ihren Nächsten, wie wir auch aus der Geisterforschung wissen.

Bergwerksgeister sind unermüdliche →Klopfgeister, und Poltergeistfälle werden heute noch manchmal mit Klopfen an den Hauswänden eröffnet. Man könnte auf die Idee kommen, dass ihr Klopfen eine Erinnerung an einst im Stollen verschüttete Bergarbeiter ist und sozusagen im Gedächtnis der Berge ein für alle Mal gespeichert ist. Sensitive Menschen können diese gespeicherten, schicksalhaften Töne dann in bestimmten Momenten ›abhören‹. Dasselbe könnte auch für Wanderer gelten, die in den Bergen verloren gegangen sind und niemals gefunden wurden. Dieses Klopfen wäre dann kein akutes, sondern ein versetztes, retrospektives Spukphänomen, der geisterhafte Nachhall eines tragischen Todes.

Siehe auch: →Abwehr, →Poltern.

LITERATUR: Grimm 1835, 1992; Kühnau 1910–1913; Schönwerth 1869.

Klopfer (Klopferle) →Kobold

Klopfgeist

Der Klopfgeist macht seinem Namen Ehre und macht sich durch sein →Klopfen bemerkbar. Er kann hilfreich und harmlos sein und dann wieder schädlich, er kündet die Zukunft, einen gerade eintreffenden Todesfall (→Ankünden), oder er klopft zum Auftakt eines Poltergeistfalles. Das Klopfen ist sein Kommunikationsmittel, mit dem er Fragen zu beantworten pflegt wie im berühmten →Kloppeding von Dibbesdorf, dessen Echtheit nicht eindeutig ist.

Siehe auch: →Cideville, Spuk von.

LITERATUR: Goerges und Spehr 1892.

Kloppeding von Dibbesdorf

1767 fand in Dibbesdorf bei Braunschweig (heute eingemeindet) ein Poltergeistfall statt, bei dem ein →Klopfgeist mit Klopfzeichen kommunizierte. Der Fall erregte sehr viel Aufsehen und zog berühmte Besucher wie Lessing an, der sich die Vorfälle nicht erklären konnte. Der Fall ist nicht zufrieden stellend gelöst worden (vgl. Puhle 2005, 2, III.24).

LITERATUR: Goerges und Spehr 1892; Puhle 2005.

Klotho

Eine der drei griechischen Schicksalsgöttinnen, der →Moiren, heißt Klotho.

Knocker

Der englische Name für den deutschen Klopfer oder das Klopferle, lautet *knocker* und meint einen kleinen Geist, der auf den Britischen Inseln besonders in den Bergwerken Cornwalls und Englands haust und umgeht, wie es erzählt und in der Literatur berichtet wird.

LITERATUR: Guiley 1992.

Kobold (Kobolt, Kobbold, Kobelt)

Was wäre eine Welt ohne Kobolde, ohne diese lustigen, kleinen Kerlchen, die immer nur Späßchen und Dummheiten im Kopf haben und den Menschen gern mal ein Schnippchen schlagen? Wir brauchen uns aber gar nicht erst mit einer Antwort herumzuquälen, denn die Welt ist sowieso voll von diesen fröhlichen, herumtollenden Wesen, die mal unterirdisch leben, oft aber auch Hausbesuche bei den Menschen machen. Kobolde sind weltweit die größte Geistergruppe, wenn wir von den →Geistern von Menschen, d. h. den →Geistern von Verstorbenen, einmal absehen. Kobolde werden mitunter selbst als die Geister von Menschen angesehen, wenn sie nicht eigenständige kleine Naturdämonen sind. Deren Urheimat ist die Natur, erst später machen sie sich auf den Weg in die Häuser, wo sie sich hilfreich und gut aufgeführt haben. Berühmt wurden sie für ihre Neckereien, die sie schon machten, als sie noch friedlich, harmlos und liebenswert waren. Waren?

Heute haben wir in den industrialisierten Ländern in der Regel mehr Störenfriede im Haus. Schon seit Jahrhun-

Georg Cruikshank, »Ein Hauskobold«.
Aus »The Brownies and Other Tales«,
1870.

derten hören wir von ihnen – »hören«
in ganz wörtlichem Sinn, denn Martin
Luther berichtet schon von rumpelnden Geistern, die sich in Häusern hören
lassen und ihr Unwesen treiben. Sie
poltern und stellen alles auf den Kopf,
werfen mit Gegenständen herum und
richten viel Schaden an. Sie sind →Poltergeister geworden (Puhle 2005, 1,
I.2).

Geister, die nicht sofort als →Engel
oder Teufel einzustufen sind, etwa solch
ulkige, winzige Wesen wie die Kobolde,
hatten keinen Platz mehr in der neuen
Religion, und so wurden sie im Laufe
der Jahrhunderte verteufelt. Die Kobolde reagierten darauf mit Unwillen und
kräftigem Gepolter, schlugen in vielerlei
Hinsicht über die Stränge und wurden
kleine Teufel. Das zu Luthers Zeiten
noch bekannte →Gütchen hörte auf,
gut zu sein. Moderne →Poltergeister
sind Rebellen. Aller Spaß hat bekanntlich ein Ende – bei den Poltergeistern

nicht. Nur hat sich ihr Humor verfärbt,
er ist jetzt schwarz.
LITERATUR: HdA 1987; Petzoldt 1995; Puhle
2005.

König in Thule, der

Ein anscheinend altes Volkslied (Wilpert 1998, 577) besingt den König in
Thule, der über das aus der Antike bekannte, am Ende der Welt liegende
»Nordreich« →Thule herrscht. Der König hatte von seiner sterbenden Geliebten, seiner »Buhle«, einen goldenen Becher zum Zeichen ihrer ewigen Liebe
über den →Tod hinaus geschenkt bekommen. Als die Zeit seines eigenen Todes herankam, gab der König alle seine
irdischen Schätze weg, den goldenen
Becher aber nicht (»Urfaust«, V. 611 ff.;
»Faust«, V. 2759 ff.).
Siehe auch: →ewiges Leben, →Leben
nach dem Tod, →Unsterblichkeit.
LITERATUR: Wilpert 1998.

Königskerze

Wie eine goldene, erhabene Kerze leuchtet die Königkerze *(Verbascum thapsiforme),* wenn sie in voller Blüte steht. Sie
stammt aus einem wahren Königshaus,
denn sie ist wie Könige und Königinnen
wirklich sein sollten, kundig. Die »Kundige« weiß mehr als die gewöhnlichen
Sterblichen, sie weiß um die Zukunft.
Davon berichtet uns alte Volksweisheit,
die manchmal aus Erfahrung spricht.
Wenn sie blüht, wird bald ein Familienmitglied, ein Verwandter sterben (Reiser 1897–1902, 2, 435).

Die heilkräftige Pflanze ist geisterabweisend (→Abwehr) wie alle Sonnenwendpflanzen. Ihr alter Name »Unholdenkraut« ist vielleicht noch ein Zeugnis
davon. Sie vertreibt nicht nur elbische
Mäuse und entzaubert verhexte Kühe,
sondern weist auch Dämonen zurecht

oder ab. Letzteres hält Pseudo-Apuleius im 4./5. Jahrhundert schriftlich für uns fest: Odysseus soll die königliche Pflanze von Merkur persönlich vor seiner Bekanntschaft mit →Circe bekommen haben, so dass er nichts Schlechtes zu befürchten hatte (Corpus Medic. Latinor 1927, 4, 129f.). Und noch ein halbes Jahrtausend später notiert die heilkundige Hildegard von Bingen, dass die *wullena,* die Königskerze, allen helfe, die ein schwaches und trauriges Herz *(debile et triste cor)* haben (»Physica« I).

Die kleinblütige Königskerze *(Verbascum thapsus)* wird in indianischen Rauchmischungen bei rituellen Anlässen verschiedenster Art verwendet, in der berühmten Friedenspfeife. Die Pflanze heißt dort Mullein und wirkt in der Kinnickinnick genannten Mischung psychoaktiv. Ihre Wirkstoffe sind Rotenon und Cumarine (Rätsch 1998, 759 und 761). Die frisch erblühten goldenen Blüten aller mitteleuropäischen Arten sind als Tee oder Dekoration auf edlen Gerichten genießbar (Fleischhauer 2003, 360). Es ist die Frage, ob sie ihr königliches Erbe mit uns teilen wollen, uns kundiger machen.

Literatur: Fleischhauer 2003; Hildegard von Bingen 1989; Rätsch 1998; Reiser 1897–1902.

Kompaktheit von Geistern

Mag der klassische Geist vor dem menschlichen Auge hauchzart und durchsichtig erscheinen, so gibt es auch Wesen von größerer Dichte, die Geistcharakter haben. Der →Doppelgänger ist so echt, dass er nicht an seiner Substanz als »unecht« oder zweite Ausgabe eines Menschen ausgemacht werden kann. Noch andere Geister bewegen sich hinsichtlich ihrer Festigkeit zwischen dem transparenten und dem kompakten Geist, scheinen in ganz unterschiedlicher Dichte zu existieren und können mehr oder weniger gefühlt und angefasst werden.

Der folgende Fall klingt recht amüsant, war es aber sicher nicht für den Betroffenen. Er stammt aus Glanvils einzigartiger Fallsammlung von Geisterberichten (1681):

Eines Tages – wir schreiben das 17. Jahrhundert – treffen sich in dem englischen Städtchen Woodbridge in Suffolk zwei Männer beim Friseur und kommen miteinander ins Gespräch. Der eine, Mr. Broom, ist aus der Gegend, der andere ist Holländer, ein Leutnant, der bei einem Unglück gerade noch aus dem Wasser gerettet werden konnte. Der Holländer behauptet nun, er könne seit diesem Unfall Geister sehen, und er habe schon einige gesehen, was ihm Mr. Broom natürlich nicht abnimmt. Der Leutnant besteht jedoch hartnäckig darauf, dass es so sei. In Woodbridge habe er allerdings bisher noch keinen Geist gesehen.

Folgendes passiert: Ein paar Tage später gehen die beiden Herren gemeinsam eine Straße in Richtung Innenstadt entlang, als der Leutnant plötzlich ruft: »Vorsicht, dort kommt ein Geist.« Er bittet Mr. Broom, er möge dem Geist Platz machen, wenn er näher komme. Mr. Broom hält das alles für Unsinn und kann auch keinen Geist sehen. Der Leutnant beschreibt aber genau, vor welchem Haus der Geist gerade sei, in welche Richtung er gehe und wie er aussehe: Er schlenkere mit dem Arm und halte einen Handschuh in der Hand. In dem Moment, als der Geist direkt vor ihnen ist, sagt der Holländer noch einmal, sie müssten jetzt den Weg frei machen, aber Mr. Broom glaubt ihm kein Wort davon und tut das Gegenteil: Er hält den Arm des Leutnants mit aller Gewalt fest, dass er nicht ausweichen kann. Da kommt ihnen plötzlich so eine Gewalt entgegen, dass der arme Mann durch die Luft und auf die Mitte der Straße geschleudert wird. Er landet mit den Handflächen auf dem Boden und liegt da wie tot. Nur mit großer Mühe und der Hilfe anderer kann der Leutnant in einen Laden geschleppt werden, wo er eine ganze Weile kein Lebenszeichen von sich gibt. Nachdem man ihn mit starkem Wasser (Whiskey?) behandelt und zurechtgerückt hat, kommt er langsam wieder zu sich, und seine ersten Worte sind: »Ich werde Ihnen keinen Geist mehr zeigen!«

Mr. Broom nimmt den Mann nun mit zu sich nach Hause. Kaum angekommen, trifft die Nachricht ein, dass ein Schneider gestorben sei, exakt zu der Zeit, als der holländische Leutnant den Geist sah. Und der Schneider trug genau dieselbe Kleidung, hatte dieselbe Haltung: Er pflegte mit dem einen Arm zu schwingen, einen Handschuh in dieser Hand zu halten und auf einer Seite nach oben zu schauen – genau wie der Geist. (Frei nach Glanvil 1681, 242–245)

Die Fähigkeit, Geister zu sehen oder Dinge außerhalb der Raum- und Zeitgrenzen wahrzunehmen (→ASW), die der Holländer hier für sich in Anspruch nimmt, kann tatsächlich durch einschneidende Erlebnisse – Unfälle, schwere Krankheiten oder Blitzschläge – bei einigen Menschen gefördert werden (→Nahtoderfahrungen). Wir hören auch von dem im 20. Jahrhundert in Europa berühmten Heiler und Hellseher →Croiset, dass er in der Kindheit beinahe im Wasser umgekommen wäre. Zufällig ist er auch Holländer.

Siehe auch: →Berührung mit Geistern, →Durchlässigkeit von Geistern, →Schießen auf Geister, →Transparenz von Geistern.

Literatur: Glanvil 1681.

Kontrollgeist

Der Kontrollgeist oder kurz Kontrolle ist ein Geist, der mit einem Medium Kontakt aufnimmt und Informationen übermittelt.

Kopflose

Kopflos erscheinen Geister sehr häufig. Wer im Leben kopflos gehandelt hat, hat gute Chancen, später kopflos herumirren zu müssen, denn nach altem Glauben hatten solche Geister ihr irdisches Leben mit bösen statt mit guten Taten bereichert – Betrüger, Grenzsteinverrücker, Mörder, sie alle sind potenzielle Kopflose. Doch nicht nur diese, auch die Verunglückten und unschuldig Geköpften gehören dazu. Der Geistertypus der Kopflosen ist so alt, dass die Antike ihm bereits einen eigenen Namen geben musste: Kopfloser, griech. *Akephalos* (ακεφαλος).

Viele enthauptete Heilige, wie Alban, Dionysius, Eusebius, Johannes und Koloman, sah man alten Legenden zufolge bei ihren Beerdigungen mit ihrem Kopf in den Händen zu ihrem Grab gehen (Andree 1904, 144 f.). Der kopflose →Dämon erscheint durch die Jahrhunderte in vielen Varianten, als bestimmte Person wie die von ihrem königlichen Gemahl Henry VIII. geköpfte Anne Boleyn oder als anonymer kopfloser Toter, als Korndämon (HdA, V, 262), Jäger, Reiter oder Schimmelreiter, der seinen Kopf unter dem Arm tragend mit fliegendem Gewand durch die Wiesen sprengt und die Menschen in die Irre treibt (Laistner 1879, 320), Auch ein →Schatten kann kopflos erscheinen. Und wie steht es mit den Geistertieren? Dem Koboldsee im zauberhaften Spreewald soll einst ein edler Schimmel ohne Kopf entstiegen sein (Negelein 1903, 73).

Literatur: Andree 1904; HdA 1987; Jaffé 1995; Laistner 1879; Negelein 1903.

Kornkreise →Elfenringe

Kosmisches Bewusstsein

Der Begriff *cosmic consciousness,* kosmisches Bewusstsein, wurde 1901 von Richard Maurice Bucke (1837–1902) in seinem gleichnamigen Buch eingeführt – inspiriert von einem Erlebnis, das ihm einen tiefen Eindruck von der Herrlichkeit Gottes bzw. Brahmas und einem kosmischen Bewusstsein vermittelte. Bucke nennt als historische Persönlichkeiten mit entsprechenden Erfahrungen Buddha, Jesus, Paulus, Plotin, Mohammed, Dante, Las Casas, John Yepes, Francis Bacon, Jakob Böhme, William Blake, Balzac, Walt Whitman und Edward Carpenter und beschreibt diese en detail (Bucke 1966, 69–209).

Das kosmische Bewusstsein ist eine höhere Stufe des einfachen →Bewusstseins, die im Prinzip für alle erreichbar ist, die sich auf den geistigen Weg begeben haben und sich der geistigen Welt öffnen.

Der Zustand heißt auch *floodlight state,* Flutlichtstadium. Im kosmischen Bewusstsein nehmen wir Teil an dem Ganzen – Vergangenheit und Zukunft, nah und fern, alles ist in Einem. So sind auch verstorbene Menschen oder andere Lebewesen gegenwärtig, die sonst als unerreichbar oder vergangen und verloren, als nicht mehr existent angesehen werden. Auch das ist kein neues Wissen: Novalis weiß es längst:

»Wir stehen im Verhältnis mit allen Teilen des Universums – sowie mit Zukunft und Vorzeit.« (Novalis, »Blüthenstaub«, Urfassung, Fragm Nr. 91)

Doch er fügt noch etwas hinzu:

»Es hängt nur von der Richtung und Dauer unserer Aufmerksamkeit ab, welches Verhältnis wir vorzüglich ausbilden, welches für uns vorzüglich wichtig – und wirksam werden soll. Eine echte Methodik dieses Verfahrens dürfte nichts weniger, als jene längst gewünschte Erfindungskunst sein – es dürfte wohl mehr noch, als diese sein. Der Mensch verfährt stündlich nach ihren Gesetzen und die Möglichkeiten dieselbe durch geniale Selbstbeobachtung zu finden ist unzweifelhaft.« (Novalis, »Blüthenstaub«, Urfassung, Fragm Nr. 91)

Nicht weit ist der Schritt zu der Annahme, der Kosmos selbst habe ein Bewusstsein. William James, amerikanischer Psychologe und Philosoph im Bereich der Grenzgebiete, sprach von einem *cosmic psychic reservoir* (1910), einem →kosmischen Reservoir, in dem jedes Ereignis des menschlichen Lebens registriert sei, während heute der Glasgower Astronomie-Professor Archie →Roy – von James' Theorie inspiriert – *archives of the mind,* ›Geistes-Archive‹,

als Grund vieler Spukvorgänge ansieht (Roy 1996). Dies sind neue, aus Sicht der Wissenschaft revolutionäre Ideen, die in Wirklichkeit alt sind. Wir kennen sie aus Indien, von der →Akasha-Chronik und den »Palmblattbibliotheken«, in denen das unendlich umfangreiche Wissen der irdisch-menschlichen Ereignisse »geschrieben« steht. Und die Archive sind nicht verschlossen – wir, oder so doch sensitive Menschen, können Zugriff zu ihnen haben.

Der amerikanische Psychologe und Violinist Dean Radin dreht Buckes Begriff um: »The Conscious Universe« (Das bewusste Universum) ist der Titel seines Buches (1997), in dem er den Fortschritt der Wissenschaft zeigt und einen Überblick über die positiven Forschungsergebnisse auf dem Feld der →Außersinnlichen Wahrnehmung bietet. Wie groß ist der Sprung von einem kosmischen Bewusstsein zu einem bewussten Kosmos?

Siehe auch: →Geister-Theorien, →Spuk, →Spuk, ortsgebundener.

LITERATUR: Bucke 1901, 1966; Novalis 1960/1977; Radin 1997; Roy 1996.

Kosmisches Reservoir

Cosmic psychic reservoir nennt der amerikanische Philosoph und Psychologe William James eine Art Weltgedächtnis, das jedes Geschehen im menschlichen Leben speichert.

Die Idee ist heute von dem schottischen Astronomie-Professor Archie →Roy wieder aufgegriffen worden und zur Erklärung von Spukfällen herangezogen worden. Roy spricht jedoch in seinem gleichnamigen Buch von *archives of the mind,* zu dem unter anderem auch medial begabte Personen Zugriff haben (1996).

Siehe auch: →Geister-Theorien, →kosmisches Bewusstsein.

LITERATUR: Roy 1996.

Kreuzweg

Kreuzungen sind ein Ort, an dem Geister gern aufkreuzen. Dort, wo das Leben in die eine oder die andere Richtung weitergehen kann, wo wir vor Entscheidungen stehen, die unser Leben lenken, wird es uns leicht unheimlich, wir tappen im Dunkeln und wissen nicht recht, was das Beste ist, wo der Weg langgeht. Genau dort kommt die Hilfe aus der Geisterwelt – sie sind zur Stelle, wenn wir in einer wirklich verzweifelten Situation stecken (→Geistererscheinungen in Krisensituationen), dann sind sie Wegweiser, wahre →Engel. Natürlich tummelt sich auch allerlei Unerfreuliches aus der Geisterwelt an den Orten der Entscheidung – es sind die Gespenster unserer Angst, die kommen, wenn wir befürchten, das Falsche zu tun. Wegkreuzungen und Wegscheiden sind Geisterorte. Wir sehen schon, dass dies eine alte Kunde sein muss, die Griechen und Römer wussten davon, und auch die alten Germanen erlebten Geister an solchen Stellen – Eligius von Noyon (gestorben 659) (Grimm 1992, 3, 402), Pirmin von Reichenau (gestorben ca. 753) (Pirminius 1883) und Burchard von Worms (gestorben 1025) (Grimm 1875–1878, 3, 404, Nr. 43) bezeugen es.

Die wegweisenden Geister erscheinen manchmal als Engel, stehen wie die erhabene Angelika mit ihren kraftvollen Sterndolden am Rande von Wegkreuzungen, wo wir auf Abwege geraten könnten. Vor allem aber sind diese Plätze von den →Geistern von Verstorbenen bevölkert, und man erwartete von ihren »übernatürlichen« Kräften Schutz und Unterstüzung und hoffte dort auf Glück in jeder Hinsicht. Auch von ihren Kenntnissen der Zukunft wollte man profitieren. In Deutschland war daher seit dem frühen Mittelalter das »Draußensitzen auf Kreuzwegen« eine verbreitete Sitte, wie eine althochdeutsche Glosse uns verrät *(hleotharsazzo, hleodarsizzo)* (HdA 1987, V, 518).

LITERATUR: Grimm 1835, 1992; HdA 1987.

Krisensituationen

Krisenzeiten sind →Geisterzeiten. Wenn Sorgen oder Krankheit das Leben belasten, wenn alte Lebensweisen fragwürdig geworden sind und überholt werden müssen, wenn ein Übergang in eine neue Lebensform ansteht und eine Schwelle überschritten werden muss, dann ist die Zeit und die innere Bereitschaft da, Dinge wahrzunehmen, die der Trubel des Alltags verdeckt. Geister erscheinen gern jetzt. Das gilt für akute Notsituationen wie für längere Lebensphasen, die schwer und bitter sind. *Crisis apparitions* (angloamerikanisch) zeigen den anderen die Not an. Der Mensch, der erscheint, ist wörtlich genommen nicht mehr in sich, sondern außer sich, sein Geist ist frei, hat sich vom Körper losgelöst. Es ist der von der Krise Betroffene selbst, der hier einer nahe stehenden Person erscheint, die in diesem Moment sehr weit entfernt von ihm sein kann. Andererseits kann auch ein Mensch, der sich in einer Krise befindet, selbst Geister sehen. Wir wissen von →Nahtoderfahrungen, in denen →Geister von Verstorbenen, →Totengeleiter, →Engel oder Lichtwesen von den →Sterbenden gesehen werden, die ihn beruhigen und begleiten. Auch tiergestaltige oder andere Geisterfiguren können in akuten Stresssituationen auftauchen. Geister sind Übergangsgestalten, sie warten da, wo der Weg sich teilt oder nicht mehr weitergeht.

Siehe auch: →Außerkörperliche Erfahrung, →Geistererscheinungen in Krisensituationen, →Nahtoderfahrung, →Sterbebettvisionen, →Kreuzwege.

Künden →Ankünden

L

Lamia

Die Verschlingerin – so lautet die Bedeutung des griech. Wortes *lamia* – ist eine abstoßende weibliche Gespensterfrau, die nichts Besseres im Sinn hat, als Kinder zu rauben. Die griechische Mythologie weiß die Ursache, erzählt sie doch von einer ursprünglich wunderschönen Frau, in die sich der Göttervater Zeus verliebte – ganz zum Ärger seiner mächtigen Gemahlin Hera, die sich das nicht gefallen ließ. Sie beraubte Lamia ihres Verstandes und trieb die Arme so weit, dass sie in ihrem Wahn ihre eigenen Kinder tötete. Die Mythologie weiß auch von mehreren →Lamien.
LITERATUR: Irmscher 1978; Petzoldt 1995.

Lamien

Aus der mythischen Figur der →Lamia wurden in der spätantiken Mythologie Griechenlands die Lamien, weibliche →Dämonen, die in unterschiedlicher Gestalt erscheinen können und so schön sind, dass junge Männer reihenweise auf sie hereinfallen.

Goethe lässt sie im →»Faust« erscheinen, wo sie ursprünglich Faust selbst in Versuchung führen sollten (Schema zur »Klassischen Walpurgisnacht« vom 17.12.1826), dann aber in der letzten Fassung ihr Glück bei Mephisto ausprobieren (»Faust«, V. 7235ff., 7696–7790). Doch jedes Mal, wenn sie es geschafft haben, verwandeln sie sich in grässliche Gestalten.
LITERATUR: Wilpert 1998.

Lara →Nymphe

Laren

Die Laren, von lat. *lares,* sind Geister, die man im alten Rom in Häusern und an Wegkreuzungen (→Kreuzungen) verehrt wurden. Wie die machtvollen ›Larven sind sie Totengeister, doch nicht gefährlich wie diese, sondern gute Geister, →Schutzgeister, die man Anfang Januar in einem besonderen Fest feierte, den *Compitalia.*
Siehe auch: →Manen, →Penaten.
LITERATUR: DNP 1996ff.

Laurin

Laurin ist ein →Zwergenkönig.

Larven

Die abstoßend hässlichen Larven, von lat. *larvae,* sind bösartige Spukgeister im antiken Rom, die weder neutral wie die →Manen noch gut wie die →Laren waren, sondern böse Totengeister.
Siehe auch: →Penaten.
LITERATUR: DNP 1996ff.

Leben nach dem Tod

Die Frage nach Anfang und Ende des Lebens hat den menschlichen Geist schon immer beschäftigt und zu ganz unterschiedlichen Antworten verleitet.

Tafel III: Luftgeister · Wassergeister

*(Oben) Ludwig Ferdinand Schnorr
von Carolsfeld (1788–1853),
»Erlkönig«, 1820/25. Öl auf Leinwand,
Schack-Galerie, München.
(Unten) Moritz von Schwind
(1804–1871), »Erlkönig«, um 1830.
Öl auf Holz, Schack-Galerie,
München.*

Margaret Tarrant (1888–1959),
»Do you believe in Fairies?«, 1922.

Tafel III: Luftgeister · Wassergeister

Henry Meynell Rheam (1859–1920),
»The Fairy Woods« (Die Feenwälder),
1903. Bleistift und Wasserfarben.

John William Waterhouse
(1849–1917), »A Mermaid«
(Eine Meerjungfrau), 1892–1900.
Öl auf Leinwand, Royal Academy
of Arts, London.

Tafel III: Luftgeister · Wassergeister

John William Waterhouse
(1849–1917), »The Siren«
(Die Sirene), 1901.
Öl auf Leinwand, Privatsammlung.

*John William Waterhouse
(1849–1917). »Hylas and the
Nymphs« (Hylas und die Nymphen).
Ausschnitt. 1896, Öl auf Leinwand,
Manchester Art Gallery.*

Tafel III: Luftgeister · Wassergeister

(Oben) Ernst Josephson (1851–1906),
Schweden, »Strömkarlen«, 1884.
Öl, Prins Eugens Waldemarsudde,
Stockholm.
(Unten) John William Waterhouse
(1849–1917), »Nymphs finding
the Head of Orpheus« (Nymphen
finden den Kopf des Orpheus), 1900.
Öl auf Leinwand, Privatsammlung.

Ungesunde Skeptiker, Geister, die stets verneinen, stehen unkritischen, blinden Gläubigen gegenüber. Hier streiten sich die Geister: Animisten wollen alles mit natürlichen Ursachen begründen, Spiritisten greifen zum »Übernatürlichen«, doch das sind einseitige Standpunkte, die keine Schattierungen gelten lassen. Beide mögen Recht haben, und die Phänomene mögen aus beiden Blickwinkeln heraus zu verstehen sein und doch sich nicht ausschließen. Mit wissenschaftlichen Methoden können wertvolle Hinweise gewonnen werden, so aus den Bereichen →Nahtoderfahrungen, →Außerkörperliche Erfahrungen, →Reinkarnation und →Geistererscheinungen von Verstorbenen, die ihrerseits leichter mit einem Leben nach dem Tod als mit der →Super-Psi-Theorie verstanden werden können. Der mittelalterliche Grundsatz, die einfachere der Erklärungsmöglichkeiten vorzuziehen oder, wörtlich gesagt, keine neuen Wesenheiten (zur Aufstellung von Theorien) über das notwendige Maß hinaus zu schaffen *(entia non sunt creanda praeter necessitatem)* – das so genannte Ockham'sche Rasiermesser (nach Wilhelm von Ockham, 1285–1349) –, spricht, da wir inzwischen hervorragendes Fallmaterial zur Verfügung haben, mehr für die Annahme des Weiterlebens als für einen Informationstransfer, der ausschließlich über Lebende, eventuell mehrere, und über Generationen läuft. Das war bisher anders: Die animistische Idee besagt, der Gedanke eines seit Jahren Verstorbenen könne über Lebende »weitergereicht« werden, sei im Bewusstsein der Lebenden latent vorhanden und könne im aktuellen Fall, wenn eine Notwendigkeit besteht, aktiviert und abgerufen werden. Dies wäre eine erweiterte Form von →Telepathie, die nicht mehr als →Psi, sondern als Super-Psi unter neuem Namen auftritt. Der Begriff der Telepathie ist hier noch weiter gefasst,

wird auf mehrere Wissensquellen unbegrenzt ausgedehnt. Hier ist ein Beispiel, das der Cambridge- und Harvard-Gelehrte Dr. Alan Gauld, der heute als Psychologe an der University of Nottingham lehrt, in seinem inspirierenden Buch »Mediumship and survival« anführt:

»Frau P., die bereits einmal eine Erscheinung hatte – die sich, warum auch immer, nicht bewahrheitet hat –, liegt in ihrem Bett und wartet darauf, ihr Baby zu füttern. Eine Lampe ist an. Plötzlich sieht sie einen großen Mann in der Uniform eines Marineoffiziers auf das Fußende ihres Bettes zukommen. Sie weckt ihren Mann, der die Gestalt ebenfalls sieht. Diese spricht vorwurfsvoll zu ihrem Mann, der dann aus dem Bett springt. Die Figur bewegt sich weg, blockiert im Vorübergehen das Licht der Lampe und verschwindet in der Wand. Herr P. erzählt ihr, die Erscheinung sei die seines Vaters gewesen, der seit 14 Jahren tot war. Später erfuhr sie, dass ihr Mann durch diese Vision davon abgehalten wurde, einen bestimmten finanziellen Rat zu befolgen, der zu seinem Ruin geführt hätte.« (Gauld 1983, 234 f.; übersetzt von A. Puhle)

Gauld nennt drei Gruppen von Geistererscheinungen, die demonstrieren, dass die Super-Psi-Hypothese unhaltbar ist, und das sind (S. 232):

- Bestimmte Fälle von scheinbar zweckgerichteten Post-mortem-Erscheinungen;
- Kollektive Geistererscheinungen (mit besonderem Bezug zu einem Post-mortem-Fall);
- Geistererscheinungen von Verstorbenen, die schon lange tot sind *(hauntings)*.

Ein anderes Beispiel aus Alan Gaulds Buch lautet:

»Einem Marineoffizier, Leutnant H., und seiner Frau werden neue Räumlichkeiten in einem Haus zugewiesen, das sie mit einer anderen Familie, den G.s, teilen. Bei vier verschiedenen Gelegenheiten sieht er bis zu 15 Minuten lang ganz deutlich die Gestalt eines Mannes (die ihm bis dahin unbekannt war), die, obwohl sie scheinbar zu sprechen beginnen will, direkt vor seinen Augen verschwindet, als sie näher kommt. In einem Fall blockiert die Figur das Licht der Glühbirnen; in einem anderen Fall werden zwei Hunde alarmiert im Angesicht der Erscheinung. Es stellt sich heraus, dass der Geist starke Ähnlichkeit mit Frau G.s verstorbenem Vater hat, der niemals in diesem Haus war. Leutnant H. greift sein Foto aus 20 anderen heraus.« (Gauld 1983, 234; übersetzt von A. Puhle)

Als weiteres Beispiel, das nicht der Super-Psi-Hypothese standhalten kann, nennt Gauld den berühmten →Chaffin Will Case (232 f.), einen Testament-Fall. In Theodor Storms Nachlass findet sich ein ähnlicher Bericht über einen Gerichtsfall in Edinburgh, in dem ebenfalls eine Geistererscheinung die letzte Rettung in der Not war, »Die →Dokumente« (Puhle 2004f, IV, Fall Nr. 3; Puhle 2005, 3, VIII.9).

Bei meiner Entdeckungsreise in die historische Geisterbücherwelt in Großbritannien habe ich zehn Gruppen von Geistererscheinungen unterschieden, die im Prinzip auf ein →Leben nach dem Tod deuten, wenn es denn die Qualität der Dokumentation dieser vergessenen Berichte zulässt (Puhle 2004f):

1. *Will cases* – Testament-Fälle
2. *Justice cases* – Fälle, in denen ein Unrecht wieder gutgemacht wird

3. *Money cases* – Fälle, in denen Geld oder Schätze entdeckt werden
4. *Warning cases* – Warnungen
5. *Solving crime cases* – Fälle, in denen Kriminalfälle gelöst werden
6. *Caring cases* – Fälle, in denen Sorge getragen wird für die Hinterbliebenen
7. *Curing cases* – Heilungen, die von Erscheinungen begleitet werden
8. *Call cases* – Ein Verstorbener holt einen Lebenden ab
9. *Prophecy cases* – Prophezeiungen
10. *Promise cases* – Erscheinungen aufgrund eines Versprechens

Einige der Kategorien überlappen sich: Die Gruppen 2 und 5 gehören enger zusammen, ebenso 6 und 7, wobei Gruppe 6 für die meisten Fälle generell zutrifft. Gruppe 8 und 9 haben ebenso ihre Verbindungspunkte, denn beide zeigen etwas Zukünftiges an, während in Gruppe 10 ein Versprechen eingelöst wird, das meistens den erhofften Beweis für ein Leben nach dem Tod erbringen oder spezielle Informationen über die Art des nachtodlichen Lebens vermitteln soll. Besonders wertvoll sind Fälle, die vor Gericht gekommen sind und dementsprechend gut dokumentiert sind, *court cases,* wie etwa *The Tax Refusal Ghost* (Baxter 1731, 217–220; s. a. Puhle 2004f, IV, Fall Nr. 6) oder *Die Seherin von Prevorst* (Kerner 1829; s. a. Puhle 2004f, IV, Fall 7 und Puhle 2005, 3, V.4). So werden Geisterfälle der Gruppen 1, 2 und 5 häufig vor Gericht ausgetragen.

Unter den jüngsten Fällen ragt der →Jacqueline Poole Case als einsame Spitze heraus. Die Antwort auf ihn muss jenseits der Super-Psi-Hypothese liegen. Woher kommt die

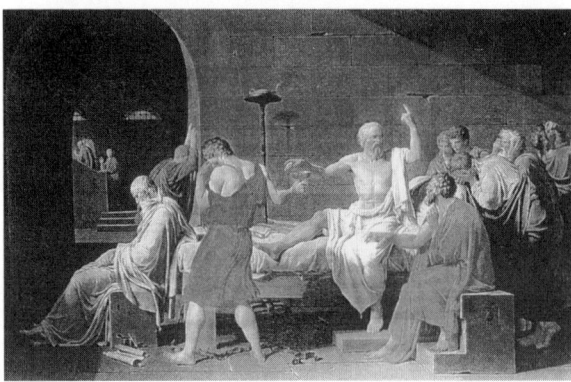

Sokrates, der unerschrockene Philosoph, weist auf ein höheres Reich hin. Jacques-Louis David, »Der Tod des Sokrates«, 1787.

Information, wenn ein Mensch plötzlich mehr als 100 Details über einen Mord angeben kann, doch die Ermordete nicht kennt, den Mörder nie gesehen und den Tatort niemals betreten hat, aber doch schon genau weiß, was vorgefallen ist, obwohl Scotland Yard erst 19 Jahre danach den exakten Tatbestand ermitteln kann?

Siehe auch: →ewiges Leben, →Geistererscheinungen, →Geister von Verstorbenen, →Hauffe, Friederike, →Informationen von Geistern, →Unsterblichkeit.

LITERATUR: Baxter 1731; Braude 2002, 283–288; Gauld 1983; Kerner 1829, 1892; Puhle 2004f.

Lebensfilm

Der Lebensfilm, die Lebensbilderschau oder das Panorama-Erlebnis ist Teil einer →Nahtoderfahrung.

Lemuren

In der römischen Mythologie sind die Lemuren die ruhelosen →Geister von Verstorbenen, Schreckgespenster.

→Goethe setzt die »aus Ligamenten und Gebein geflickten Halbnaturen« (»Faust«, V. 11513 f.) als Totengräber für →Fausts Grab ein (»Faust II«, V. 11511– 11611), und im Gedicht »Totentanz« fallen die nur noch sehr dürftig mit Muskeln und Sehnen ausgestatteten Lemuren fast von den Knochen. Goethes Lemurenlied (»Faust«, V. 11531–11538, 11604–11611) ist inspiriert von Shakespeares Totengräberlied (»Hamlet«, V, 1).

LITERATUR: Wilpert 1998.

Leprechaun

Die irischen Leprechauns sind →Zwerge und gehören zu den →Erdgeistern. Von Beruf sind sie meist Schuhmacher,

»Leprechaun«. Aus Thomas Keightleys »The Fairy Mythology«, 1880.

die kleinen, äußerst liebenswerten Gesellen, die gern weiße Tonpfeifchen rauchen und an nebligen, regnerischen Tagen, von denen es nicht wenige auf der Grünen Insel gibt, am allerliebsten hervorkommen und sich vorzugsweise in verlassenen Häusern aufhalten – wenn sie sich nicht in ihre Hügel zurückgezogen haben und den neugierigen menschlichen Augen verborgen bleiben.

Den Menschen, die uneigennützig leben, können sie Schätze bringen und zu großem Glück verhelfen.

LITERATUR: Lück 1997.

Lenormand (Le Normand), Marie-Anne

Die »Sibylle von Paris«, geboren in Alençon, war in den Wissenschaften der Zahlen, der Astrologie und der »transzendenten Mathematik« zu Hause. Madame Lenormand (27.5.1772–25.6. 1843) erlangte ihren Ruhm als Wahrsagerin (→Wahrsagen). Die von ihr entworfenen, mit klaren und aussagekräftigen Symbolen wie Anker, Baum, Haus, Hund, Herz, Sonne, Mond, Stern, Wolken, Weg usw. bebilderten Wahrsagekarten sind immer noch beliebt und nicht nur auf schlesischen Jahrmärkten zu haben, wie Peuckert noch aus den 30er Jahren berichtet (Peuckert in: HdA 1987, V, 1213).

Die →Seherin soll Joséphine Beauharnais vorausgesagt haben, Napoleon I. zu heiraten und Kaiserin zu sein. Auch ihre Aussage gegenüber einem 19-jährigen Mann – er hatte auf ihr Praxisschild mit der Aufschrift »Nécromancienne« spontan mit einem Besuch reagiert –, er werde erst für eine kurze Zeit Soldat werden, jung heiraten, zwei Kinder haben und mit 26 sterben, traf präzise ein, obwohl ihm ein anderer »Prophet« weitere 41 Lebensjahre versprach (Moser 1974, 450).

Die Sibylle, wie sie sich selbst nennt, gibt an, sie habe den Überblick über die gesamte gelehrte Geisterliteratur. Offenbar war sie ausgesprochen bewandert in der Kunst des Umgangs mit Geistern.

So half ihr ein →Kontrollgeist namens Ariel, ein Sylphe, bei ihren Prophezeiungen. Einen anderen Sylphen schickte sie einer belgischen Kundin als Geliebten mit nach Hause. Die Geisterreihe, die zum Bekanntenkreis von Madame Lenormand gehört, ist nicht eben bescheiden, von →Dämonen bis zu →Schutzengeln sind viele dabei. Neben ihrem treuen Ratgeber Ariel, der ihr mal als alter Mann erscheint, steht sie in Kontakt mit einem Geist Jezael, dem sie mit Lorbeer-, Thymian- und Salbei-Rauch dankt.

Es gab noch eine zweite Mme. Lenormand, die ebenfalls aus Karten wahrsagte – sie lebte etwa 100 Jahre später in Paris.

LITERATUR: Bauer und Zerling 2004; Bonin 1981; HdA 1987; Moser 1935/1974.

Levitation

Das Fliegen und Schweben von Menschen ist keine neue Angelegenheit, sondern ein alter Traum der Menschheit. Es wird von allen Ecken und Enden der Welt als Tatsache berichtet und ist nach wie vor ein großes Rätsel. Der mit seinem Urteil sehr vorsichtige Psychologe von der Universität Edinburgh John Beloff, ehemaliger Präsident der S.P.R. (1975) und einer der wichtigsten Forscher auf dem Gebiet der Parapsychologie, nennt fünf glaubhafte historische Beispiele für menschliche Levitation (es gibt auch andere Levitation wie levitierende Tische und »levitiertes« Wasser): die heilige Teresa von Avila (1515–1582) aus Spanien, Josef von Copertino (1603–1663) aus Italien, den Schotten D.D. →Home (1833–1886), den Isländer Indridi Indridason (1883–1912) und das berühmte österreichische Medium Rudi Schneider (1908–1957) (Beloff 2001, 18).

Daneben weiß die Geschichte natürlich noch viele andere Namen zu nennen, nur ist es schwer bis unmöglich, die Echtheit in jedem einzelnen Fall nachzuweisen. Ein weiterer Fall wäre etwa Anna Elisabeth Lohmann, eine junge Frau aus Horsdorf in Anhalt-Dessau, die typische Merkmale der Besessenheit zeigte und von dem Pfarrer Gottlieb Müller geheilt werden konnte. Müller selbst wurde einmal sehr skeptischer Zeuge einer spontanen Levitation seiner Patientin (Müller 1759 und 1760). Anna Elisabeths »Krankheit« und wundersame Heilung wurde seinerzeit von Autoritäten wie dem Theologieprofessor Johann Salomo Semler u.v.a. heiß diskutiert (Semler 1760a; 1760b; 1762).

Im Gegensatz zum Fliegen, das am leichtesten durch die Annahme eines transparenten, fast schwerelosen Körpers vorgestellt werden kann, ist das Phänomen des Schwebens, der Levitation, noch provokativer, meint es doch das Abheben des physischen und schweren menschlichen Körpers.

Seit Mitte des 19. Jahrhunderts, in der Ära der großen Medien und seit den Anfängen der kontrollierten Sitzungen mit außergewöhnlich begabten Menschen, schenkte man dem Phänomen Levitation erneute Aufmerksamkeit. Wie Hexen verdächtigt wurden, sie könnten auf zauberische Weise ihr Gewicht verringern (→Wasserprobe), so behaupteten später viele Medien von sich, bei anstrengenden Séancen erheblich an Gewicht zu verlieren.

Literatur: Beloff 2001; Müller 1759; Müller 1760; Semler 1760a; Semler 1760b; Semler 1762.

Licht

Das Licht ist das Schönste, was wir mit unseren Sinnen wahrnehmen können. Es ist immer da oder kommt doch immer wieder, es leuchtet uns allen den Weg. So wie das Sehen nicht nur ein Sehen des Gegenständlichen ist, sondern auch ein Erfassen von Inhalten, so lässt uns das Licht nicht nur greifbare Dinge erkennen, sondern erhellt gleichzeitig den Sinn und das Wesen des Ganzen. Licht bringt Klarheit in einen Bereich, und es kann jedes Ding in einem ganz besonderen Licht erscheinen lassen. Das Licht ist entscheidend für unsere Sichtweise, ob uns etwas klar ist oder nicht. Manfred Kybers Roman »Die drei Lichter der kleinen Veronika« gibt Einblicke in die geistige Welt, eine Welt, die voller Geister ist und die manche →Kinder leichter sehen und verstehen können als Erwachsene.

Vor allem aber spielt das Licht eine entscheidende Rolle für die Entstehung von Leben und trägt zu seiner Weiterentwicklung bei. Das Licht ist immer da, am Anfang und am Ende unseres Lebens. Jedes Kind erhält ein Lebenslicht, und bei Kindergeburtstagen werden so viele Kerzen angezündet, wie es inzwischen an Jahren geworden ist. Der Gevatter Tod in Grimms Märchen zeigt dem kleinen Jungen die unterschiedlich weit abgebrannten Lebenslichter der Menschen – doch die Kerze des Lebens kann ausgehen, aber ihr Licht ist nur ein Abglanz des kosmischen Lichtes. Dies ist ein Lebensquell und kann nicht verlöschen, auch nicht am Ende des Lebens. Sterbenden erscheint es in besonders intensiver Form, gleich hinter dem dunklen Tunnel, den es bei dem Übergang in ein neues Leben zu passieren heißt. Manchmal nimmt das Licht auch Gestalt an und erscheint als Lichtwesen oder leuchtender →Engel, in schicksalhaften Augenblicken des Lebens (→Nahtoderfahrungen). Auch Menschen, die schwere Krisen durchwandern, haben →Lichterscheinungen. Selten werden Lichter auch von Menschen, die sich in der Nähe von →Sterbenden oder Schwerkranken aufhalten, wahrgenommen.

Im edelsten Sinn begegnet das Licht dem religiösen Menschen, der es in der →Meditation oder in einer spontanen Vision schauen kann. Hier kann es nicht nur leuchten, sondern vielmehr erleuchten.

Siehe auch: →Blitz, →ewiges Licht, →Feuer, →Irrlicht, →Mond.

Literatur: Kyber 1973.

Lichtalben →Alben

Lichterscheinungen

Zu den schönsten Erscheinungen gehören Lichterscheinungen. Wer sie einmal erleben durfte, hat ein kostbares Geschenk vom Himmel bekommen. Karin Rinklak, eine erfolgreiche Geschäftsfrau, die damals in Berlin eine Buchhandlung führte, kann davon eine schöne Geschichte erzählen:

»Ich habe es nicht geträumt, sondern richtig erlebt ... es war der 2. November 2000: Ich ging die Herwarthstraße (in Berlin-Lichterfelde) entlang, ungefähr bis zur Hälfte – es war ein ziemlich grauer Morgen, allerdings war die Luft sehr frisch, so wie ich es mag. Plötzlich bekam ich ein ganz unheimliches Gefühl im Bauch, mein Herz schlug schneller und ich sah zum Himmel: Da kam durch die dichten Bäume ein Lichtstrahl, der war viel heller als sonst, und ich dachte nur ›irgendwas passiert heute mit mir und meinem Leben, es wird sich alles verändern‹, das wusste ich in diesem Moment, und ich dachte so bei mir ›Karin, jetzt fängst du schon an zu spinnen‹, bin aber noch ein paar Sekunden stehen geblieben, habe mir den Baum genau gemerkt, da es ja Realität war, und das wollte ich mir einprägen. Allerdings hatte ich davor Angst, dass was Schlechtes passiert, und deshalb habe ich dieses Gefühl verdrängen wollen. Im Geschäft angekommen, habe ich gleich zu Frau Roggenthin gesagt, dass ich ein Gefühl habe, heute passiert was. Sie meinte auch gleich ›O Gott, Kleine, hoffentlich nicht wieder was Schlimmes‹, woraufhin wir beide beschlossen, schnell zu arbeiten, damit dieses Gefühl weggeht. Es hat auch so weit funktioniert. Als wir mittags dann beim Essen saßen, bekam ich eine SMS und war total erstaunt, da stand: ›Bin mit dem Fahrrad unterwegs, würde dich gerne anrufen, darf ich? Gruß Heinz.‹ Zuerst habe ich an den Heinz gedacht, von dem ich mich vor fünf Jahren getrennt hatte und bekam einen Riesenschreck. Dann las ich es nochmals und dachte, ›dieser Heinz kann ja kein Fahrrad fahren‹, und dann sah ich die österreichische Nummer und wusste, dass es ein anderer Heinz war, ein alter Bekannter. Ja und von da an hat sich wirklich mein ganzes Leben verändert, aber nur zum Besten. Heinz und ich haben bald darauf geheiratet. Jedes Mal in der Weihnachtszeit kommt mir dieses Bild in Erinnerung, wie ich da stehe, diesen Lichtstrahl durch die Bäume und den grauen Morgen sehe und dieses Gefühl im Bauch habe, und dann weiß ich, ich habe es damals ganz bewusst gesehen und erlebt, es war kein Traum. Heute weiß ich auch, dass es gut war, dass ich damals noch einen Moment stehen geblieben bin und gedacht habe ›das will ich jetzt wirklich aufnehmen in mir, damit ich nicht denke, ich spinne‹.« (Karin Rinklak, E-Mail an A. Puhle, 15. Juni 2004)

Wann immer das Gespräch auf diese wunderschöne Geschichte, die sie mir kurz darauf anvertraut hatte, kam, lautete Karins Kommentar: »Dieses Erlebnis sagt mir, dass es noch etwas geben muss, was einen lenkt, einem den Weg weist oder einen beschützt, wie immer man will.«
Siehe auch: →Engel, →Licht, →Lichtstrahlen, →Nahtoderfahrung, →Orbs, →Schutzengel.

Lichtstrahlen

Ein Zeichen höherer Gewalt sind Lichtstrahlen, die ungewöhnlich hell sind. So erfahren es achtsame Menschen heute noch (→Lichterscheinungen), und so war es schon immer. Die alten Inselbewohner von Lewis, einer wildromantischen, einsamen Insel der Schottland vorgelagerten Äußeren Hebriden, erzählten sich, dass am Morgen der Sommersonnenwende (→Geisterzeit) ein geheimnisvolles »strahlendes Licht« den Hauptweg zu den *Callanish Stones,* eine Tausende von Jahren alte Megalith-Anlage ähnlich der in Stonehenge, entlangzöge, angekündet von dem Rufen des Kuckucks. Waren die Stei-

Geheimnisvolles Licht auf Lewis, Schottland. Foto: Simon Marsden.

ne einst eine Grabstätte, wie vielfach angenommen wird, was bedeutete dann das →Licht? Marsden fragt, ob die Sonne dann die Geister der hier ehrenvoll Begrabenen »einfordern oder zurückgeben« wollte (Marsden 1994, 45).
Siehe auch: →Druiden.
LITERATUR: Marsden 1994.

Lichtwesen →Licht, →Lichterscheinungen, →Lichtstrahlen, →Nahtoderfahrung

London, Bürospuk von

Ein Fall von Bürospuk fand 1901 in einem Büro in der Londoner City statt und wurde von dem Rechtsanwalt und Polizeirichter Lister Drummond (verstorben 1916), der selbst Zeuge einiger klassischer Spukphänomene wurde, dokumentiert. So bezeugt er das Fliegen von Bürogegenständen in merkwürdigen Flugbahnen, das unerklärliche Umwerfen von Stühlen und das Öffnen verschlossener Schränke. Auch Penetrationen traten auf; so fand sich etwa plötzlich der Inhalt verschlossener Schränke außerhalb derer wieder. Es regnete ferner abenteuerliche Dinge von der Zimmerdecke herab: Steine, Quarzstücke, Kupfermünzen und Nägel. Im Bürospuk von London war auch ein →Klopfgeist am Werke, der sich durch Klopfen und verbal den Betroffenen mitteilte.
Siehe auch: →Bürospuk, →Rosenheim, Spuk von, →Poltergeistphänomene.
LITERATUR: Bonin 1981; Thurston 1955, 137–149.

Lorelei (Loreley, Lore Lei)

Die schönste Frau in Deutschland mit ihrem goldenen, wallenden Haar lebt *im,* nicht am Rhein bei St. Goarshausen. Heinrich Heine widmet ihr das Ge-

Anonym, »Lorelei« aus Otto Ernst Luthardts »Das kleine Buch der Geister«, Würzburg o. J.

dicht »Ich weiß nicht, was soll es bedeuten« und Clemens Brentano seine »Lureley« (1801). Wie können wir sie beschreiben?

»Sie kennen sie genauso wie ich, mein Freund, jene Lorely oder Lorelei, deren rosige Füße, ohne auszugleiten, Halt finden auf den nassen Felsen von Bacharach, in der Nähe von Koblenz. Sie haben ohne Zweifel ihren Kopf auf dem beweglichen Hals bemerkt, der sich über ihrem geneigten Körper hochrichtet. Ihre Haube aus granatfarbenem Samt, mit Krempen aus goldenem Tuch besetzt, leuchtet von weitem wie der blutende Kamm des alten Lindwurms aus dem Garten Eden.
Ihr langes blondes Haar fällt zu ihrer Rechten auf ihre bleichen Schultern, so wie ein Goldstrom, der sich in die grünlichen Wasser eines Flusses ergießt. Ihr gebeugtes Knie enthüllt die schmuckverzierte Unterseite ihres Brokatkleides und läßt nur einige undeutliche Falten des grünen Stoffes sichtbar werden, der sich um ihre Seiten schmiegt.
Ihr linker Arm umfaßt achtlos die Mandola der alten Minnesänger Thüringens, und

zwischen ihren schönen Brüsten, magnetisch von rosigem Licht, funkelt das mit Paletten besetzte Band, das die Falten ihres Gewandes leicht zusammenhält. Ihr Lächeln zeigt eine unwiderstehliche Anmut, und aus ihrem halb geöffneten Mund entströmen die Gesänge der alten Sirene.« (Gérard de Nerval, »Souvenirs d'Allemagne«, zitiert nach Bulteau 1987, 30f.)

Silcher konnte ein Lied von dieser trügerischen Frau singen bzw. komponieren und vertonte Heines Gedicht. Doch was ist so gefährlich an ihr? Die erst von Brentano erdichtete Sage der Lorelei knüpft nicht unmittelbar an Altes an. Mittelbar dagegen schon, denn Texte aus dem 10. und 11. Jahrhundert erzählen, der Loreleifelsen sei ähnlich wie auch der Hörselberg ein Wohnsitz von →Elfen und →Zwergen, in dem sich einst eine Höhle, das Hanselmannsloch, befand. Die dämonische Männerverführerin passt schön in das Bild der →Wasserfräulein, doch ausgerechnet die berühmteste ist reines Märchen, ein Rheinmärchen.
Siehe auch: →Heinzelmann, →Riesen, →Sirenen.
LITERATUR: Bulteau 1987; Petzoldt 1995.

Luft

Luft macht erhaben. Wer sich über die Erde und all die Schwere, mit der sie uns bindet, erhebt, ist frei, vogelfrei wie der Seelenvogel, der im Körper gefangen ist. Die Luft schenkt uns Leben, indem sie uns durch den →Atem mit der kosmischen Welt verbindet – sie ist kein irdisches, enges, beengendes Band, sondern ein weit gespanntes, unsichtbares Band, das uns zu Höherem, Geistigem aufsteigen lässt. So ist denn das Kennzeichen der Geister der Luft ihr geflügeltes Wesen. →Luftgeister haben nicht nur Flügel, sie können auch beflügeln. Sie tun dies im edleren Sinn – in der Malerei, der Musik, der Poesie. Hier bewirken sie geistige Höhenflüge, doch sie

können auch Exempel der niederen Möglichkeiten abgeben, wohin solch ein Flug gehen kann, wenn einer mit den Kräften der Luft nicht umgehen kann: →Feen sind nicht nur perfekte Verführerinnen, sondern auch fantastische Entführerinnen – die Britischen Inseln sind geplagt von luftkundigen Frauen, die den Menschen den Boden unter den Füßen wegziehen.
LITERATUR: HdA 1987.

Luftgeister

Was wäre ein Leben ohne Luft? Kein Leben, ohne Zweifel, denn Luft, →Atem und Seele gehören zusammen und verbinden uns mit dem Kosmos. Luft lässt aufatmen, tief Luft holen hilft immer. Luft ist das Lebenselement schlechthin. Und in der Luft lebt es entsprechend: Hier finden die schönen Reigen der Geister statt, die die Luft als ihr Element gewählt haben. Luftgeister sind leicht, angenehm und beweglich – so flexibel wie unsere Zeit es heute von uns will. Das →Wassermannzeitalter ist nämlich aus astrologischer Sicht nicht ein Zeitalter im Zeichen des Wassers, sondern der →Luft. Dementsprechend sind heute die Luftgeister, jedenfalls in deutschsprachigen Ländern und in Großbritannien, im Trend – sie liegen in der Luft (→Feen).

Beschwingt sind sie wörtlich, denn die umherfliegenden Geister haben ganz zarte Schwingen. Ihre Tänze und Reigen sind gerade deshalb auch so wunderschön, weil sie nicht von der Schwere der Erde aufgehalten werden. Das Drehen und Kreisen schenkt dem Feentanz (→Elfenringe) seine unwiderstehliche Magie, sie werden zu Zauberkünstlerinnen des Reigens. Es ist keine Frage: Wenn auch die →Wassergeister am attraktivsten sein mögen – sie ziehen mit erotischer Kraft an wie hinunter –, die Luftgeister wenden sich an die feineren, »höheren« Sinne. Ästheten und Künstler wissen das.

Das magische Band, das Menschen mit den Luftgeistern verbindet, ist die uralte Sehnsucht, fliegen zu können. Und zwar ohne Geld: geradewegs abheben zu können, sich erheben und die Bindung an das Irdische für den Moment der Reise, des göttlichen Höhenflugs, vergessen zu können. Und dieser Wunsch ist mehr als Fantasie – wir hören von vielen, die in Sachen »außerkörperlich Reisen« unterwegs sind, davon (→Außerkörperliche Erfahrungen). Die vielfältigen Farben und Formen, die in der Luft zu sehen sind wie Morgen- und Abendrot, Sternschnuppen, Fata Morgana und Nordlicht machen die Luftgeister zu Verwandten der Lichtgeister.

So wie alle →Elementargeister den Grund des Lebens bereits in sich tragen, wissen auch die Luftgeister mehr, als der bloße Augenblick verrät. Sie kennen die Zukunft oder machen sie, →weben sie (→Moiren, →Parzen). Sie wissen am besten, was in der Luft liegt.
Siehe auch: →Alben, →Elfen, →Erdgeister, →Feuergeister, →Lichterscheinungen, →Nornen.

Luzidität

Luzidität ist ein in Anlehnung an den französischen Begriff *lucidité* gebildetes Wort für Hellsichtigkeit, ursprünglich zu lat. *lux,* »Licht«, gehörig (→Außersinnliche Wahrnehmung).

M

Mänaden

Rohe junge Tiere standen auf der Speisekarte dieser in der Antike umherrasenden Frauen, die sicher auch heute noch das Fell eines Rehkitzes jedem Kleid von Dior vorzögen. Dionysos war ihr Gott, dem sie bei seinen Touren durch Wälder und Gebirge voller Verzückung folgten, und Tanzen war eine ihrer Leidenschaften. Ihr Name ist wörtlich zu nehmen: Die griechischen Mänaden sind »Rasende«.

Märchen

Das Märchen kennt →Geister, →Dämonen, →Feen, →Zwerge, →Riesen, alte Hexen und Zauberer, sprechende Tiere und Bäume, unter denen man von der Zukunft träumt, einfach alles, was sich eine blühende Fantasie nur ausdenken kann. Die dem kindlichen Geist noch verständliche, zusammenhängende, einheitliche und magische Märchenwelt integriert den Menschen in das Gesamte, verbindet ihn harmonisch mit dem ihn Umgebenden und erlaubt ihm das Gelingen seines Lebens. Da Märchen interkulturell sind, steckt in ihnen ein allgemein gültiger Kern, der auf verschiedenen Ebenen gefunden werden kann. Beliebt und erfolgreich ist heute die Märchen-Therapie, vorgestellt und praktiziert von Psychologen wie Marie Luise von Frantz, Verena Kast (Zürich), Matthias Jung (Lahnstein), Eugen Drewermann u. v. a. In Märchen wird immer wieder von vielen parapsychischen Erfahrungen erzählt, deren reale Existenz und Realitätsbezug von der modernen Wissenschaft erforscht wird und teilweise schon ist, allen voran die →Außersinnliche Wahrnehmung.

Auch Kunstmärchen, die anders als die von den Brüdern Grimm gesammelten Volksmärchen nur einen einzigen Autor haben, etwa Hauff, Andersen, Tieck, E. T. A. Hoffmann oder Mörike, erzählen nicht ganz unwahre Geschichten, nur lässt sich deren echter Kern viel schwerer herausschälen.
Siehe auch: →Psyche.

Makrokosmos – Mikrokosmos

Die Lehre von einem Makrokosmos und Mikrokosmos, die den Menschen als Miniaturbild des großen, universalen Kosmos darstellt, zu dem er in einem analogen, magischen Verhältnis steht, wurde etwa von →Paracelsus, Kepler, →Böhme, B. Valentinus und G. von Welling (→Goethes Kenntnisse der Magie) vertreten.

Manannan

Der irische Gott des Meeres heißt Manannan. Er ist mit seinen Rossen, die ihn über das Meer hinwegtragen, viel auf Reisen zwischen dieser und der jenseitigen Welt. Sein Herrschersitz steht auf der Insel Man *(Isle of Man)*.
Siehe auch: →Charon.
Literatur: Lück 1997.

Manas

Manas ist ein Begriff aus dem Sanskrit für »Geist«, »Denkorgan«.

Manen (Manes)

Manes oder *Di manes* (göttliche Geister), eingedeutscht Manen, sind Totengeister im antiken Rom, Geister der →Unterwelt, die als →Geister von Verstorbenen vorgestellt werden. Sie sind weder gut wie die →Laren noch böse wie die →Larven, sondern neutral. Siehe auch: →Penaten.

LITERATUR: DNP 1996ff.

Mantelfahrt

Die Möglichkeiten des alternativen Reisens sind vielfältig. Wer keinen goldenen Pfeil von →Apollon geschenkt bekommen hat, wie →Abaris, der hat vielleicht wenigstens ein Handtuch oder Taschentuch zur Verfügung, auf dem er es einmal mit einer Luftfahrt versuchen kann – ob es klappt, ist natürlich eine andere Frage. Ein Mantel war jedenfalls in früheren Zeiten das beliebtere Mittel zum Fliegen. Und am bekanntesten wurde zweifellos Fausts Zaubermantel, von dem uns die Faust-Sagen erzählen. Doch schon die »Gesta Romanorum« (ca. 1300) wissen von einem zauberischen Flugmantel, der seinen Besitzer durch die Lüfte davonträgt.

Viele Heilige sollen sich der Mantelfahrt zur eleganten Fortbewegung bedient haben, darunter auch eine Frau, St. Adelgunde. St. Mirus fuhr mit seinem Mantel über das Wasser, der heilige Julius über den Ortasee, St. Beat über den Thunersee, viele andere taten es ihnen gleich, so Elias, Franz von Paula (1416–1507), der heilige Gerard, Fintan zu Rheinau, Johann Elemosynarius, Josef von Arimathia, Raimund von Pen-

naforte (1180–1275) und schließlich St. Sebald (HdA 1987, V, 1594f.). Auch einfachere Menschen griffen früher zum Mantel, um effektiver zu reisen. So gab es in Schlesien einen Wirt, der nachts mit seinem Mantel auszog, um Bier einzukaufen (Kühnau 1910–1913, 3, 237ff.).

Es sind natürlich Legenden. Uns bleibt nicht mehr, als die Traum-Erfahrung des Fliegens oder →Außerkörperliche Erfahrungen als reale, allgemein verbreitete Kernerfahrung dahinter zu entdecken.

Zum Schluss noch drei goldene Regeln für das Gelingen der Reise:

»Nicht nach vorne gucken,
nicht umdrehen,
nicht sprechen!«   (Kiesewetter 1893, 2, 18
                und 261; Meiche 1903, 536, Nr. 678)

Guten Flug!

Siehe auch: →Astralreise, →Bilokation, →Seelenreise.

LITERATUR: HdA 1987; Kiesewetter 1893; Meiche 1903; Kühnau 1910–1913.

Mantis

Seit →Homer ist in der griechischen Antike »Mantis« der Name für einen seherisch begabten Menschen. Berühmte Seher, Manteis, waren etwa →Kalchas, Teiresias, →Amphiaraos, →Mopsos, →Theoklymenos, und auch Kassandra hatte, zumindest in ihrem Heimatland, einen unumstrittenen Ruf als Prophetin.

LITERATUR: RE 1894ff.

Manto

Der Name Manto, »Wahrsagerin«, meint eine →Seherin der Antike, eine Apollonpriesterin, die meist als Tochter des Sehers →Teiresias (nur von Diodor als Tochter des →Melampus) bezeichnet wird, dem sie an Wissen keineswegs nachstand. Ihre Mutter wird nirgendwo erwähnt. Eine ihre Schwestern ist Historis, die »Wissende«. Manto soll den kretischen König Rhakios geheiratet haben und mit →Apollon den Sohn →Mopsos bekommen haben, der später selbst ein berühmter Seher werden sollte.

Die Seherin ist Mitbegründerin des →Orakels in Klaros. Während ihrer Zeit in →Delphi, in der sie von Alkmaion zwei Kinder hatte, →Amphilochos und Theisiphone, hat ihre Seherkunst noch weiter zugenommen. Manto kann als Prototyp einer Wahrsagerin angesehen werden.

Siehe auch: →Mantis.

LITERATUR: RE 1894 ff.

Mara

Die wendische Todesgöttin Mara hat die unerfreuliche Aufgabe, die Pest von Ort zu Ort weiterzutragen. In der Gegend des Kottmarbergs jedoch begegnet den Menschen eine positive Variante der dunklen Frau, eine gütige Fee, die im Mittagslicht umherwandelt. Wo sie ihren Fuß auf den Boden setzt, grünt das Gras, erblühen die Blumen und gedeihen die Kräuter (Kühnau 1910–1913, 2, 537).

LITERATUR: Kühnau 1910–1913.

Marcius

Cicero erwähnt im 1. Jahrhundert v. Chr. einen römischen →Seher namens Marcius, der wie der Seher →Publicius singend weissagen konnte (»De divinatione« I, 115).

LITERATUR: Cicero 1991.

Marienerscheinungen

Im Zusammenhang mit dem katholischen Marienkult werden seit dem frühen 19. Jahrhundert an besonderen Orten →Erscheinungen der heiligen Maria wahrgenommen, etwa in La Salette, Lourdes, Fatima und →Medjugorje.

Martin von Tours

Die Mantelteilung mit einem Armen in Amiens war die edle Tat des römischen Soldaten Martin (336–zw. 397 u. 401) aus Sabaria (heute Steinamanger) in Pannonien. Der spätere Heilige und Bischof von Tours soll allerlei Wundertaten vollbracht haben, darunter wunderbare Rettungen und Auferweckungen von Toten. Sein Ehrentag wurde der 11. November, der Tag seiner Beerdigung. Von seinem Leichnam strömte ein süßer Duft aus – ein weiteres Kriterium für seine Heiligkeit. Martinstag ist Geistertag – ein großes Aufgebot der verschiedensten Geister rebelliert an diesem Tag und geht um, und wehe dem, der an diesem Tag Pferdegetrappel hört – es be-

Moritz von Schwind, »Der heilige Martin, den Mantel teilend«. Feder in Grau über Bleistift auf gebräuntem Papier, 1837, Graphische Sammlung, Stadtmuseum, München.

deutet den Tod (WZfVk, 33, 91). Vom Wilden Jäger (John 1905, 99), der Wilden Fahrt (Zingerle 1859, 7, 9f.), dem Jäger Naz, dem fliegenden →Alber oder St. Martinsvogel, einem feurigen Drachen, dem wilden Ochsner ist bis zum Kasermanndl vieles zu sehen (Hörmann 1909, 199ff.). Dagegen hilft nur noch Peitschenknallen und Glockenläuten oder ein weithin hörbarer Umzug vermummter Leute (Sartori 1910–1914, 3, 270f.).

Viele Kirchen sind dem heiligen Martin geweiht; zu sehen ist er sehr schön auf und im Mainzer Dom.

LITERATUR: Hörmann 1909; John 1905; Sartori 1910–1914; WzfVk; Zingerle 1859.

Martinstag →Martin von Tours

Maurina, Zenta

Die baltische Schriftstellerin Zenta Maurina – sie war mit Konstantin →Raudive verheiratet – hat in ihrem Buch »Über Liebe und Tod« sehr tiefe Gedanken über →Unsterblichkeit und über den Kontakt mit den →Geistern von Verstorbenen geäußert. Zwischen den Lebenden und den Toten besteht nach Maurina eine enge Gemeinschaft. Technische Mittel könnten dies vielleicht unterstützen:

»Wie noch vor fünfzig Jahren sich niemand vorstellen konnte, daß man in Uppsala ein Konzert aus Rom hören wird, so können wir uns heute nicht vorstellen, daß wir noch größere Entfernungen überwinden und die Stimmen der Entrückten vernehmen werden, vorausgesetzt, daß wir in unserer geistigen Entwicklung ebenso große Fortschritte machen, wie sie auf dem Gebiet der Technik bereits zu verzeichnen sind. Was heute als Ahnung und Traum zugänglich ist, kann später Wirklichkeit werden.« (Maurina 1987, 164)

Die Autorin sieht auch in ihrem wunderschönen, tiefsinnigen Buch eine Mitgestaltung von Verstorbenen:

»Wie die Werke unsterblicher Meister uns inspirieren, so auch der Hauch entrückter, geliebter Wesen, wenn wir uns ihrer Stimme öffnen – mehr als einmal habe ich das in meinem Leben erfahren.« (Maurina 1987, 165)

Siehe auch: →Leben nach dem Tod, →Tod.

LITERATUR: Maurina 1987.

Medeia

Wozu eine verliebte Frau in der Lage sein kann, wenn sie zauberkundig ist, führt uns die griechische Medeia, lat. Medea, drastisch vor Augen. Sie hilft dem Objekt ihrer Begierde, Iason (Jason), mit einer Zaubersalbe aus und schläfert den Drachen ein, so dass er das begehrte Goldene Vlies in seinen Besitz bringen kann. Die ersehnte Heirat geschieht, und aus der Verbindung gehen zwei Kinder hervor. Doch die Zauberin beginnt zu morden, und nachdem sie schon auf der Flucht vor ihrem Vater den eigenen Bruder umgebracht hat, wendet sich Iason Glauke, der Tochter des mythischen Königs von Korinth, zu, was Medeia vollends provoziert. Sie schickt Glauke kurz vor der Hochzeit mit Iason ein Zaubergewand, das sie und ihren königlichen Vater verbrennen soll. Eine Quelle, in die sich die brennende Glauke gestürzt haben soll, ist nach ihr benannt.

Meditation

Die Meditation ist nicht nur der Königsweg, die *via regia,* zu Gott, sondern sie kann auch – quasi als Nebenwirkung – Erlebnisse mit der Geisterwelt ermöglichen. Wir betreten hier einen Wissensbereich, der auf sehr persönlichen Erfahrungen beruht und viel Selbstdisziplin benötigt, um in ihn eindringen zu können. Es sind oft Jahre, wenn nicht Jahrzehnte, die ein Mensch an sich ernsthaft und mit aller Hingabe seines Herzens arbeiten muss, um Früchte ernten zu dürfen. Natürlich öffnet sich dieses Feld wegen seiner Langzeitwirkung wenig für wissenschaftliche Studien – mit einem Wochenendkurs in Meditation sind noch keine Lorbeeren zu ernten. Und vor allem: Geistererscheinungen, die Meditierende durchaus haben können, sind nicht das Ziel ihres Bestrebens. Geister erscheinen ihnen in einem bedeutungsvollen Zusammenhang, etwa als höhere geistige Wesen, die wegweisend sind. So beschreibt Paramahansa Yogananda (5.1.1893–7.3. 1952) in seiner beliebten »Autobiographie eines Yogi« die Begegnung mit seinem geliebten verstorbenen Guru, Sri Yukteswar (1855–1936):

»Es ist drei Uhr nachmittags, 19. Juni 1936. Yogananda sitzt auf dem Bett in seinem Hotelzimmer im Regent Hotel in Bombay – es ist genau eine Woche her, seine Vision von Lord Krishna, dem göttlichen Avatar. Seine Meditation wird plötzlich durch ein intensives Licht unterbrochen, und das Sonnenlicht in seinem Hotelzimmer verwandelt sich in einen himmlischen Glanz: Vor seinen offenen und sehr erstaunten Augen erscheint Sri Yukteswar, nicht nur als Bild, sondern in Fleisch und Blut. Er führt nun eine ausgedehnte Unterhaltung mit seinem schmerzlich vermissten Lehrer, der am 21. März desselben Jahres verstorben war, fragt ihn, ob das der Körper sei, mit dem er ihn damals begraben habe. Sri Yukteswar bejaht es, woraufhin Yogananda ihn ›wie ein Oktopus‹ voller Freude umklammern muss. Um genau zu sein: Sein neuer Körper sei eine exakte Kopie seines irdischen, erklärt der Guru, den er nach Belieben materialisieren oder dematerialisieren könne, viel öfter jetzt als früher zu seinen Lebzeiten. Und nun berichtet der große Meister en détail von seinen neuen Aufgaben auf dem so genannten ›erleuchteten, astralen Planeten‹, der auch *Hiranyaloka* genannt wird. Dorthin gelangen nur Menschen nach ihrem Tod, die auf Erden in der Lage waren, einen höheren Meditationszustand zu erreichen, den *nirbikalpa samadhi,* d.h. die gleichzeitig auch gelernt haben, ihren Körper willentlich im Augenblick des Todes zu verlassen.

Das astrale Universum sei unbeschreiblich schön, klar, rein und geordnet. Es bestehe aus subtilen Schwingungen aus Licht und Farbe und sei viel größer als der materielle Kosmos. Unsere Erde hänge wie ein ›kleiner, solider Korb unter dem großen leuchtenden Ballon der astralen Sphäre‹.

Die Bedeutung der Schönheit, die auf der astralen Ebene erfahren werden könne, sei jedoch eine ganz andere, sie sei keineswegs etwas Oberflächliches, sondern hätte vielmehr spirituelle Bedeutung. Daher hätten auch die Gesichtszüge der sich dort aufhaltenden Wesen keine so große Bedeutung.

Ganze zwei Stunden verbrachten die beiden Gurus miteinander in dem Hotelzimmer in Bombay.

Und Sri Yukteswar weihte seinen einstigen geistigen Schüler in viele weitere, aufregende Kenntnisse ein.« (Zusammenfassung von A. Puhle, nach Yogananda 1996, 414–434).

LITERATUR: Yogananda 1996.

Medjugorje

Das kleine Dorf Medjugorje, gelegen im Herzen des westlichen Teils des ehemaligen Jugoslawiens, in Bosnien-Herzegowina, ist seit dem 24. Juni 1981 in das Licht öffentlichen Interesses gerückt, erschien doch an jenem Tag die heilige Maria einer Gruppe von sechs Personen, Ivan, Ivanka, Jackow, Marija, Mirjana und Vicka. Die →Erscheinung hielt eine halbe Stunde lang an und gab sich selbst als die Königin des Friedens zu erkennen. Von nun erscheint Maria täglich zu später Abendstunde und gibt den Seherinnen und Sehern Botschaften für die ganze Welt, und zwar jeweils zehn spezielle Botschaften an jeden einzelnen von ihnen. Danach sollen die täglichen Visionen aufhören, was für Mirjana, Ivanka und Jackow auch so eingetroffen ist. Inzwischen treffen sich die Visionäre und Visionärinnen nur noch gelegentlich an dem Ort, an dem die Gruppenvisionen stattfinden, doch haben sie nun zusätzlich auch zu Hause, für sich allein, Visionen.

Die Erscheinung der schwebenden Maria ist gewöhnlich in →Licht getaucht und wird von allen gleich beschrieben. Sie wirkt ausgesprochen real und solide, wie eine Person aus Fleisch und Blut, zeigt sie sich doch im konkreten Raum und ist dreidimensional. Alles an der jungen Maria – sie wirkt nicht älter als 19 Jahre – erscheint echt und lebendig, die Farben und die Struktur ihrer Haut und Kleidung, sowie ihre blauen Augen und dunklen Haare. Wenn Maria erscheint, verdunkelt sich der Hintergrund, und der Vordergrund verschwindet vor den Augen der Betrachter, doch die Erscheinung selbst ist immer gleich klar und hell, unabhängig von den objektiven Lichtbedingungen (Pandarakalam 2003, 229f.).

Wegen dieser Erscheinungen wurde das Dorf ein attraktives Reiseziel und ist es auch heute noch. Tausende von Menschen – und das dürfte untertrieben sein – wollen dort Wunderbares erlebt haben.

Als ich neulich in Göteborg mit einem Automechaniker, der aus Medjugorje kommt, ins Gespräch kam, war meine erste Frage, ob er auch etwas erlebt habe. Nein, lachte er, aber ein Onkel von ihm habe eine Erscheinung gehabt.

Kollektive Erscheinungen wie die →Marienerscheinungen in Medjugorje lassen sich nicht leicht als →Telepathie – die wir ohnehin noch nicht erklären können – weginterpretieren, so wie auch die Telepathie-Hypothese zur Erklärung von singulären Erscheinungen nicht überzeugt (Stevenson 1982; Pandarakalam 2003, 237).

LITERATUR: Pandarakalam 2003; Grundahl 2002; Stevenson 1982.

Meerjungfrau

Überall auf der Welt tauchen Meerjungfrauen aus den Gewässern auf, auch heute noch. Von einer solchen Wasserdame aus dem keltischen Südwesten

Anonym, »Eine Meerjungfrau und ihr Opfer«.

Großbritanniens, aus Cornwall, erfährt der Fotograf Simon Marsden auf einer seiner zahllosen Reisen zu den geisterhaften Orten Europas. Es ist die Meerjungfrau von Zennor, *the mermaid of Zennor,* die noch frische Spuren ihres geheimnisvollen Wesens – in der Schnitzerei auf einer Kirchenbank und in den Köpfen der Menschen – hinterlässt:

»Lang ist es her, daß eine wunderschöne und sehr edel gekleidete Frau den Gottesdienst in der alten Kirche zu besuchen pflegte, wissen die Einwohner des cornischen Fischerdörfchens Zennor noch zu berichten. Sie kam nur in großen Abständen, doch wenn sie kam, zog sie die Kirchenbesucher mit ihrem Charme ganz in ihren Bann, vor allem die männlichen unter ihnen. Matthew Trewella muß ein besonders gut aussehender Mann gewesen sein. Seine Stimme war ebenso schön, wie er aussah, und noch dazu kam er von einem großen Gut. Die geheimnisvolle Kirchgängerin hatte es ihm mit ihrem Lächeln ganz und gar angetan. Da niemand wußte, wer sie war und woher sie kam, entschloß sich der hoffnungslos Verliebte, dem Geheimnis auf die Spur zu kommen. Und so folgte er ihr eines Tages nach dem Gottesdienst. Ihr Weg führte zu den wildromantischen Klippen am Meer, zu der nahe gelegenen Bucht Pendour. Und hier hört der erste Teil der Geschichte auf, denn der schöne Matthew wurde fortan nie mehr gesehen.

Erst Jahre später hat ein Kapitän dort eine Erscheinung: Eine Meerjungfrau schaut aus den Wellen heraus und beklagt sich über den Anker seines Schiffes, der genau vor ihrem Hauseingang liege und ihr den Weg zu ihrem Geliebten, Matthew Trewella, und ihren Kindern versperre. Der Kapitän ließ den Anker lichten und erzählte sein Erlebnis den Einwohnern von Zennor. Als Mahnung schnitzten diese die schöne Meerjungfrau in eine Bank in ihrer Kirche.« (Frei nach Simon Marsden 1992, 88 ff.)

Die wundersamen menschenähnlichen Geschöpfe, die von Zeit zu Zeit dem Meer entsteigen, tragen im Volksmund verschiedene Namen: Meermann, →Meerweib, Meermutter und Meerbischöfe. Und daneben gibt es noch viele weitere Wasserwesen, die andere Lokalitäten, Seen, Flüsse, Quellen und Brunnen, dem rauschenden Ozean vorziehen.
Siehe auch: →Brunnenfee, →Naiaden, →Nereiden, →Nymphen, →Wassergeister.
LITERATUR: Marsden 1992.

Meerweib

Das Weibliche zieht uns schon lange hinan oder hinab, zunächst zwar nur die Männer, aber indirekt natürlich auch Frauen – wie wir aus Grimms Märchen von der »Nixe im Teich« wissen (s. a. Kast 2002). Nach einer französischen Erzählung des 11. Jahrhunderts zieht ein Meerweib den auserwählten Jüngling mit einem seidenen Gürtel hinab in ihre Tiefen (Sébillot 1904–1907, 2, 33). Aber wie schön auch ihr Zauberband sein mag, ihre Tat macht es nicht besser. Sie selbst erscheint mitunter in schneeweißem Rock und lichtblauer Jacke, oder sie trägt ein rotes Westchen mit blau eingefassten Ärmeln (HdA, I, 1371). Überhaupt ist blau ihre Farbe – blau wie das Wasser und blau wie die Körper von Menschen, die im Wasser ihr Leben lassen mussten. Aus dem 16. Jahrhundert ist ein Bericht des lothringischen Oberrichters Nikolaus Remigius über ein Meerweib erhalten:

»Das von dem Schiff-Knecht zur Ehe genommene Meer-Weib.
Es ist auf eine Zeit ein Meer-Monstrum oder ein Gespenste gefangen worden / in Form und Gestalt einer überaus schönen und lieblichen Jungfrauen; dieweil es aber die Schiffleute bei sich im Schiffe behielten / hat sie endlich einer aus den Ruderern zum Weibe genommen / und ein Kind mit ihr gezeuget. Als sie aber nach Verfliessung 3 Jahren wieder an denselbigen Orth kommen / da sie gefangen worden / ist sie alsobald ins Meere gesprungen / und hat das Kindelein / das sie mit ihrem Manne gezeuget / mit sich genommen / welches dann auch alsobald im Wasser umbkommen / und ersoffen. Das Weib aber ist vor ihren Augen verschwunden.« (Remigius 1693, 55)

Aus dem Süden der Grünen Insel, in der das Nüchternbleiben in mehrerer Hinsicht unmöglich scheint, da kein Land Europas mehr Raum für Fantasien und schöne Träume lässt, berichtet Crofton Croker im 19. Jahrhundert von einem Meerweib, dem es der Klang des Dudelsacks angetan hatte. Oder war es der glänzende Spieler der Sackpfeife, Maurice Connor, der sie so lockte? Wie dem auch sei, die beiden wurden ein Paar, ein Unterwasser-Paar, denn von Maurice ward nichts mehr gesehen. Nur die melancholischen Töne des Dudelsacks können noch von Zeit zu Zeit am Strande vernommen werden ...
Siehe auch: →Meerjungfrau, →Naiaden, →Nereiden, →Nix, Nixe, →Nymphen, →Sirenen, →Undinen, →Wassergeister.
LITERATUR: HdA 1987; Croker 1862; Kast 2002; Remigius 1693; Sébillot 1904–1907.

Melampodiden

Die Familie des Sehers →Melampus bildete wie die Homeriden (epische Sänger) oder Asklepiaden (Ärzte) eine eigene Dynastie, die sich vieler →Seher, der Melampodiden, rühmen kann. Kleitos, Polypheides, →Theoklymenos und Megistias, von dem Herodot berichtet (VII, 221), er habe den Spartanern bei Ter-

mopylai ihren Untergang vorausgesagt, zählen zu ihnen.
Literatur: RE 1894 ff.

Melampus (Melampous)

Der griechische Arzt Melampus wurde zum Stammvater einer ganzen Seherdynastie, der →Melampodiden. Sein Name, aus griech. *melas* und *pous,* bedeutet »Schwarzfuß« und wird durch eine Legende erklärt, nach der Melampus in seiner Kindheit in den Wald gelegt wurde, seine Füße aber nicht im Schatten lagen, so dass die Sonne sie verbrannte. Die Spezialität des Sehers war es, der Sprache der Vögel zu lauschen – und sie zu verstehen.
Siehe auch: →Mantis, →Seher.
Literatur: RE 1894 ff.

Melusine →Wassergeister

Mermaid →Meerjungfrau

Mermen →Wassermann

Metagyrten

Die bekanntesten unter den im antiken Griechenland umherziehenden orientalischen Priestern, Wahrsagern, Heilern und Zauberern, den Agyrten, sind die Metagyrten. Sie dienten der Großen Mutter, der →Demeter.

Mind Travel →Astralreise, →Seelenreise

Mindsight →Blindheit

Mine Spirits →Berggeister, →Bergwerk

Mittag

Selbst am helllichten Tag erscheinen die Geister, und die Mittagsstunde zwischen elf und zwölf Uhr ist nach altem Glauben besonders gefährlich. Gespenster lauern immer an Wendepunkten, Grenzen, Übergängen, Kreuzungen, Grenzsituationen, dort, wo der Mensch sich in Gefahr begibt, Neuland betritt, etwas Neues beginnt und er einen neuen Schritt, eine Wendung machen muss oder eine äußere Wende durch Tageszeit und Sonnenwenden sein Leben beeinflussen können. Um die Mittagszeit warten das Mittagsgespenst, der Mittagsdämon, die Mittagsfrau und das Mittagsmännchen auf ihren Einsatz. Die Gefahr droht vor

»Married to a Mermaid«. Titelblatt eines Liederbuchs aus den sechziger Jahren des 19. Jahrhunderts. Raymond Mander und Joe Mitchenson Theatre Collection, England.

233

allem Frauen, die gerade entbunden haben – die →Nixe könnte ihnen schaden. Überhaupt ist die Mittagszeit die große Stunde der →Wassergeister, die nun ihr Element verlassen. In Schlesien fürchtet man die Fenixmannla, die sich die Neugeborenen holen und dafür Wechselbälge hinterlassen, die sich dann wie ein →Alp betätigen.

Aber die Mittagsstund hat auch etwas Gold im Mund: Eine gute Fee, eine freundliche Verwandte der wendischen Todesgöttin →Mara geht in der Nähe des Kottmarbergs in Schlesien um die Mittagszeit umher und lässt, wo immer sie auch ist, die Blumen, Gräser und Kräuter erblühen (Kühnau 1910–1913, 2, 537).

Aus der Spukforschung wissen wir, dass es nachts wie tagsüber spuken kann. →Poltergeister, die oft nur in der Nähe bestimmter Personen ihr tückisches Spiel treiben (→Spuk, personengebundener), bevorzugen den Tag (Sexauer 1958/59). So tat es auch eine böse Wirtschafterin, die mittags mit Steinen warf (Kühnau 1910–1913, 1, 462).

Siehe auch: →Abend, →Mitternacht, →Mittsommernacht, →Mond, →Nacht.

LITERATUR: Kühnau 1910–1913; Sexauer 1958/59.

Mitternacht

Die Mitternacht ist *die* Geisterstunde, so wie Weihnachten *die* Geisterjahreszeit ist, gefolgt von der Johannisnacht (Sommersonnenwende, Mittsommer), Walpurgisnacht und Samhain bzw. →Halloween (Wintersonnenwende, Mittwinter). Wie alle Übergangszeiten bietet die mitternächtliche Stunde das bestmögliche Bühnenbild für das Auftreten von Geisterspuk. Zur Mitternacht gehört der ortsgebundene →Spuk, nicht der personengebundene →Spuk, der typischer Tagesspuk ist, und nur bedingt

der ephemere →Spuk, der von der Tageszeit unabhängig ist.

Siehe auch: →Abend, →Dämmerung, →Mittag, →Mond, →Nacht, →Nebel.

Mittsommer, Mittsommernacht

→Geisterzeit, →Mitternacht

Mittwinter →Geisterzeit, →Mitternacht

Moiren

Der Name der Moiren sagt schon alles: Das griechische Wort *moira* bedeutet Anteil, Los und Schicksal, die drei Moiren sind die Schicksalsgöttinnen. Meist werden die machtvollen Töchter des Göttervaters →Zeus und der Themis als alte Frauen vorgestellt, die jedem Menschen seinen Anteil am Leben zuteilen. Die Aufgabe der →Klotho ist es, den Lebensfaden zu spinnen, Lachesis teilt jedem sein Los zu, und →Atropos schneidet den Faden ab.

Die Moiren entsprechen den →Parzen in der römischen Mythologie.

LITERATUR: DNP 1996ff.

Mond

Der Mond scheint für die Geisterwelt – sein geheimnisvoll schimmerndes Licht durchbricht das Schwarz der →Nacht und lässt dem Tageslicht verborgene Gestalten erscheinen. In seinem nächtlichen Schein, besonders bei →Vollmond, kommen die sonst unsichtbaren Wesen zum Vorschein und nehmen Gestalt an, werden auf subtile Weise sichtbar. Die →Elfen tanzen in seinem fahlen Licht auf nebligen Wiesen oder Hainen am liebsten ihren Reigen, lassen nur dann einmal den Schleier der Unsichtbarkeit fallen und zeigen sich dem menschlichen Auge – so weiß es der Volksglaube und warnt, etwa in der Oberpfalz, gleichzeitig vor dem Tanzen, besonders vor dem eng umschlungenen Tanzen, denn die Decke der Erde ist unter dem scheinenden Mond so fein wie ein Spinngewebe und das Tanzen der Füße kommt einem Anklopfen (→Klopfen) gleich und ruft die unterirdischen Geister hervor. Die ans Licht gelockten Geister fragen die Menschen, was sie denn wollen, und, sofern sich ein »reines« Mädchen unter ihnen befindet, verkünden sie ihm seine die Zukunft, die Zukunft der Menschen und der ganzen Welt. Es darf sein neu gewonnenes Wissen aber nur an andere weitergeben, wenn es den ewigen Gürtel trägt, der keinen Anfang und kein Ende hat und den es als Geschenk von den Geistern erhalten hat, dann bleibt es weiterhin rein und ist heilig (Wolf 1929, 43f.; Schönwerth 1857–59, 2, 64).

Die →Geister von Verstorbenen, die in ihren Gräbern keine Ruhe finden können, die unerlösten Seelen, gehen im Mondenschein zu mitternächtlicher Stunde um. Kirchhöfe und →Kreuzwege gehören zu den bevorzugten Orten, an denen sie in mondhellen Nächten wilde Tänze aufführen können. Im Mondschein werden auch Geister gebannt. Bei derartigen Unterfangen gilt als Faustregel: je gräulicher das Vorhaben, desto weniger Licht darf darauf fallen (Wolf 1929, 46). Wie der Mond seit ältesten Zeiten eine entscheidende Rolle im Anbau von Pflanzen spielt, so auch in der Anwendung bestimmter →apotropäischer Pflanzen, die zu den wichtigsten Schutzmitteln gegen Geister und generell im Abwehrzauber zählen (→Abwehr).

In der Dichtung →Goethes erscheint der Mond als ganz verschieden gefärbtes Motiv, so im →»Faust« (V. 386 u.a.), in »Wilhelm Meisters Lehr- und Wanderjahren«, in den Gedichten »An

Luna« (1768), »Willkommen und Abschied« (1770), »An den Mond« (1777), »Um Mitternacht« (1818), »Dämmrung senkte sich von oben ...« (1827), »Dem aufgehenden Vollmonde« (1828) und auch als Mondgöttin in den »Römischen Elegien«.

Der Mond ist nicht nur der Planet, der Einblick in das Leben der Nacht gestattet, sondern als der Entdecker des Dunklen und Verborgenen ist er auch das verbindende Gestirn von Diesseits und Jenseits, von dieser Welt zu einer Anderswelt oder einer anderen Wahrnehmungsebene. Dieser Aspekt stimmt überein mit der Forschung, die zeigt, dass mehr als die Hälfte aller außersinnlichen Erfahrungen (→Außersinnliche Wahrnehmung) nachts, d.h. während des Träumens, gesammelt wird (Rhine 1962).

Siehe auch: →Dunkelheit, →Nacht, →Vollmond.

LITERATUR: Rhine 1962; Schönwerth 1857–59; Wolf 1929; Wilpert 1998.

Mondwolf

Die alten Germanen kannten einen Mondwolf, den sie Hati, Fenriswolf oder Managarmr nannten. Er hatte die Angewohnheit, den Mond in regelmäßigen Abständen, bei Finsternissen, zu verspeisen. Bei dieser Aktion fielen ihm bisweilen Zähne aus dem Maul, die man dann auf der Erde in den Bergen wieder fand. Da sie buchstäblich vom Himmel fielen, betrachtete man die scharfkantigen Mondwolfszähne – heute als fossile Haifischzähne identifiziert (Rätsch 1989, 86) – als Zaubersteine.

Der Mondwolf war nach alter Überzeugung auch schuld an der Mondsucht, die der Betroffene mit seinen »Zähnen« bekämpfen konnte (Geßner 1563, CLV), wenn er sich nicht, wie ein anderes Rezept empfiehlt, freitags eine Viertelstunde vor Mitternacht bis zur vollen Stunde unter einen Holunderbaum stellen und schweigend gen Sonnenaufgang blicken wollte (Jahn, Pommern, 153, Nr. 471).

LITERATUR: Geßner 1563; Jahn 1890; Rätsch 1989.

Mopsos

Der antike Seher Mopsos entstammt einer Seherfamilie, ist er doch der Sohn der →Manto und Enkel des Teiresias. Er soll die Sprache der Vögel verstanden haben.
Siehe auch: →Melampus, →Sigurd.

Morgenröte →Dämmerung

Moritz, Carl Philipp

Der Ästhetiker und Schriftsteller Carl Philipp Moritz (1756–1793) (»Anton Reiser«, 1785–90; »Über die bildende Nachahmung des Schönen«, 1788), der sich wie ein jüngerer Bruder Goethe anschloss (Brief an Charlotte von Stein, 14.12.1786), hat mit seinem zehnbändigen *Magazin der Erfahrungsseelenkunde* die erste Zeitschrift zum Gebiet der paranormalen Phänomene herausgegeben.

LITERATUR: Moritz 1783–1793.

Morphic Resonance Theory

Die von dem britischen Biologen Dr. Rupert Sheldrake aufgestellte Theorie besagt, dass sich morphogenetische, d.h. gestaltbildende Felder um Lebewesen herum bilden und diese miteinander durch Resonanz *(morphic resonance)* in Verbindung stehen, auch wenn die Felder räumlich weit voneinander entfernt liegen (Sheldrake 1985). Möglicherweise kann Sheldrakes Theorie, die sich in erster Linie auf biologisches Gedächtnis bezieht, auch auf Spukfälle vom Typus ortsgebundener →Spuk angewandt werden, wie er es in einem Gespräch mit mir (Juni 2004) für denkbar hielt:

Wenn jemand einen bestimmten Platz betritt, etwa einen Raum, dann erzeugt die sensorische Erfahrung dieses Raumes, einschließlich der Dimensionen, des Geruchs, des Baumaterials usw., in der Person in diesem Raum ein bestimmtes Set von Gehirn- und Geistesaktivitäten. Diese sind ähnlich denen anderer Menschen, die im selben Raum waren und denselben Stimuli ausgesetzt waren.

Auf diese Weise könnte jetzt prinzipiell eine morphische Resonanz auftreten, und die Person könnte in die Erfahrung der anderen Person, die früher an diesem Ort war, hineintappen (→Geister-Theorien).

LITERATUR: Sheldrake 1985.

Morphogenetische Felder

→Morphic Resonance theory

LITERATUR: HdA 1987.

Multilokation

Das gleichzeitige Anwesendsein an mehreren Orten wird Multilokation genannt. Sofern es sich »nur« um zwei Orte handelt, ist von →Bilokation die Rede.

Musen

Die Musen sind Götterkinder aus bestem Haus, dürfen sie doch Zeus ihren Vater nennen. Die neun musischen Griechinnen heißen Euterpe, Erato, Urania, Polyhymnia, Kalliope, Klio, Melpomene, Terpsychore und Thalia und vertreten neun Kunst- und Wissensbereiche.

Mutter

Verstorbene Mütter können ihren zurückgelassenen →Kindern erscheinen und sich weiterhin um sie kümmern – eine Volksweisheit, die im Kern mit Berichten aus der Geschichte der Forschung übereinstimmt. Newton Crosland etwa schildert den Fall eines Kindes, das seine Mutter bei der Geburt verloren hatte und doch wiedererkannte, als es nicht wissend zufällig ein Porträt von ihr sah (Crosland 1873, 46; Puhle 2004f, Fall Nr. 20). Mütter erscheinen oft am Sterbebett ihrer Kinder (→Sterbende), aber auch nächste Angehörige bzw. enge Freunde.

LITERATUR: Crosland 1873; Puhle 2004f.

Nachbild

Bildern können Bilder folgen. Man halte ein Bild oder Porträt – ein Negativ, dessen Mitte mit einem weißen Punkt markiert ist – etwa 50 Zentimeter vom Gesicht entfernt, konzentriere sich auf den weißen Punkt, zähle dabei bis 30 und schaue gleich danach auf eine weiße Fläche – dann erscheint die abgebildete Person als Positiv (s. das Bild von König Ludwig II. von Bayern, in Avenarius 1987, 262).

LITERATUR: Avenarius 1987.

Nacht

Was in der Nacht so alles los sein kann, zeigen schon die vielen Begriffe, die zum Thema »Nacht und Geister« gehören: Da gibt es die →Mitternacht und die Mondnacht, die Mittsommernacht und die Walpurgisnacht, die Spuknacht, die Sperrnacht und die Durchspinnnacht, die Nidelnacht, die Häggelenacht und die Hagenasenacht, die Lange Nacht, die Fastnacht und schließlich die Weihnacht – sie alle haben ihre Geister. Ganz besonders nachtbezogen sind der Nachtgeist, der →Alp bzw. der Nachtmahr, die Nachtfräulein und Nachtjungfrauen, die Nachtjäger, ja das ganze Nachtvolk. Ebenso macht der Nachtwandler, ein ganz normaler Mensch, seinen geisterhaften Rundgang in der Stille der Nacht.

Die Nacht, die griechische Nyx, ist ursprünglich eine Gottheit. Sie gehört nach alter Vorstellung (Hesiod) so wie auch andere Lichterscheinungen der ersten Göttergeneration an und ist eine Tochter des Chaos. Die Schwester des →Erebos hat mit ihrem Bruder die beiden Kinder →Äther, *Aither*, und Tag, *Hemera*. Wir sehen, die Nacht ist die Ältere, der Tag wird von ihr geboren, die tiefsten Geheimnisse schlummern in ihr. Auch Schlaf, *Hypnos*, und Träume, *Oneroi*, sind Kinder der Nacht, ebenso der Tod, *Thanatos*, und die Liebe, *Philotes*. Dem fruchtbaren Schoß der schwarzen Mutter ist, wie zu erwarten, nicht nur Gutes entsprungen. Alle möglichen und unmöglichen Übel und Scheußlichkeiten gehen auf sie zurück, so das Verhängnis, *Moros*, das Verderben, *Ker*, die Schande, *Momos*, der Jammer, *Oizys*, das Alter, *Geras*, der Streit, *Eris*, die Vergeltung, *Nemesis*, und der Trug, *Apate*. Die

Franz Zimmermann (1864–1956), »Die Nacht«.

→Moiren, Keren und →Erinnyen sind ebenfalls Sprösslinge aus der dunklen Familie. Für uns ist die Nacht immer noch die Zeit des Geheimnisvollen und Verborgenen, die allem Wunderbaren Tor und Tür öffnet. Sie war und ist überall auf der Welt die große Zeit der →Geister. Das behaupten diese auch selbst, und wehe dem, der ihre Nachtzeit stört. Ein einsamer Kapuziner, der einst noch bis tief in die Nacht hinein in der Kirche betete, hörte plötzlich, wie Steinchen ans Kirchenfenster geworfen wurden. Er vernahm eine →Geisterstimme:

»Der Tag ist dein, die Nacht ist mein. Willst du das Recht verdrehen, kommts dich teuer zu stehen.« (Zingerle 1859, 132, Nr. 220).

Doch nicht alle Geister – von Menschen ganz zu schweigen – halten sich an diese goldene Regel. →Poltergeister, sofern sie personengebunden sind, sind ausgesprochene Tagesgeister, was nicht verwundert, denn genau hinter diesem Spuktypus steckt ja oft »nur« ein Mensch, eine →Fokusperson (Lucadou und Poser 1997).

Die »wirklichen« Geister, d.h., die sich nicht als Menschen oder menschliche Tricks oder als Fehlwahrnehmung entlarven lassen, können im Prinzip zu jeder Tages- und Nachtzeit kommen, erscheinen aber gern, wenn die Sinneswahrnehmung darauf eingestellt ist, d.h. wenn der Lärm des Tages unsere Aufmerksamkeit nicht mehr für sich allein beansprucht.

Siehe auch: →Abend, →Dämmerung, →Dunkelheit, →Finsternis, →Vollmond.
Literatur: DNP 1996ff.; Lucadou und Poser 1997; Zingerle 1859.

Nachtdämon →Alp, →Incubus, →Succubus

Nachtmahr →Alp

Nahtoderfahrung (Nahtodeserfahrung, NTE)

Raymond Moody.

Das große Dilemma des Todes ist, dass wir ihn erst erleben, wenn er da ist. Und dann bleibt er auch bei uns, und wir können nicht mehr zurück. Wir müssen uns also mit dem begnügen, was uns an der Pforte des Todes begegnet, durch sie gehen werden wir erst später. Ungewöhnliche Erfahrungen, die unmittelbar vor dem Eintreten des eigenen Todes gemacht werden, hat der amerikanische Philosoph und Psychiater Raymond Moody unter dem Begriff *Near-Death Experience (NDE)* zusammengefasst (Moody 1975). Mit Elisabeth Kübler-Ross (1926–2004) gehört er zu den Pionieren auf diesem jungen Forschungszweig, der ein ganz neues Licht auf den →Tod und auch auf ein mögliches →Leben nach dem Tod wirft (Kübler-Ross 1969). Die Erfahrungen selbst sind jedoch schon alt. Nur finden wir sie unter anderen Namen, unter »Jenseitsvisionen« etwa, in unserer eigenen Tradition (Zaleski 1993) oder unter dem Namen »der kleine Tod« *(delog)* bei den Tibetern (Bailey 2001).

Es mag nicht verwundern, dass wir heute eine Modewelle miterleben, in der Nahtoderfahrungen keine Seltenheit sind. Die Frage ist immer, wie nahe wir dem Tod dabei sind. Wann wird die Diagnose »Tod« gestellt, welche Hirnfunktionen werden gemessen, sind beendet, wenn der klinische Tod eintritt? Tatsächlich erleben Menschen ganze Romane – den eigenen Lebensroman eingeschlossen –, während sie bewusstlos sind und überhaupt keine Reaktionen des Herzens und Gehirns, auch des Stammhirns, mehr zu registrieren sind. Auch Medikamente (Lommel 2004) und Drogen sind nicht die Lösung zu diesem Mysterium – ganz im Gegenteil, die Nahtoderfahrungen werden umso intensiver erlebt, je weniger Drogen im Einsatz sind (Knoblauch 1999, 163). Wenn aber die Gehirnfunktionen aufhören und die Patienten trotzdem Dinge wahrnehmen und erleben können, ist das eine bedeutende Feststellung, es heißt nämlich, dass Geist und Gehirn nicht dasselbe sind. Vielleicht ist ja das Gehirn nicht der Erzeuger von Bewusstsein, sondern mehr der Empfänger.

Als Musterbeispiel für eine streng medizinisch überwachte NTE kann der Fall der Sängerin Pamela Reynolds aus Atlanta angesehen werden: Die Patientin, Mutter eines kleinen Kindes, kam Anfang der achtziger Jahre mit einem cerebralen Aneurisma – einer Blutung im Gehirn unterhalb des Stammhirns – in die Klinik in Phönix, Arizona. Sie war bewusstlos, EKG und EEG schlugen nicht mehr aus, und die vom Stammhirn aus gesteuerten sensorischen Reflexe funktionierten auch nicht mehr. Dr. Robert Spetzler operierte die Patientin, deren Körper für die äußerst schwierige OP, die ein Aufsägen des Schädels erforderte, auf eine Temperatur von 10 bis 15 Grad abgekühlt wurde, da alle Körperreaktionen ausgeschaltet werden sollten. In diesem Zustand, der genauester medizinischer Kontrolle unterlag – sie galt als klinisch tot –, erlebte Pam ganz Erstaunliches, und ihr Fall gilt als einzigartig:

Es fing mit einem recht unangenehmen Geräusch an: Es war das natürliche ›D‹. Sie fühlte, wie der Ton sie oben durch ihren Kopf herauszog aus ihrem Körper. Sie befand sich dann in Kopfhöhe des Arztes, saß auf seiner Schulter und konnte ihm nun über die Schulter gucken: Dabei sah sie sich selbst liegen, dann sah sie genau die Säge, mit der ihr

Schädel aufgesägt wurde, konnte sie akkurat beschreiben – sie sähe wie eine elektrische Zahnbürste aus, was sich nachträglich bei der Überprüfung mit der Herstellerfirma als korrekt erwies –, und sie hörte auch das Sägen, hörte, wie sich das Team unterhielt, und beobachtete, wie sie erst an dem einen, dann an dem anderen Bein herumoperierten, um das Blut abzuziehen, was sie überhaupt nicht erwartet hatte. Nun nimmt sie ein Licht wahr – sie beschreibt es als physische Wahrnehmung – und kommt immer näher an das Licht heran. Sie wundert sich, dass plötzlich die heilige Maria an ihr vorübergeht. Dann erscheint ihre verstorbene Großmutter, außerdem ihr mit 39 Jahren verstorbener Onkel und ganz viele andere Personen, von denen sie einige kannte, andere auch wieder nicht. Sie fragte, ob das Licht Gott sei, woraufhin sie zur Antwort bekam, nein, es sei der Atem Gottes. Je länger sie sich dort aufhielt, desto wohler fühlte sie sich. Aber ihr Onkel brachte sie zurück. Sie wollte es eigentlich gar nicht, doch sie hatte ja noch ihr Kind. Dann sah sie sich wieder im Bett liegen und wollte wirklich nicht wieder zurück in ihren Körper, was ja mit großen Schmerzen verbunden war. Sie führte regelrecht eine Debatte mit ihrem Onkel darüber, ob sie gehen müsste. Es war der Onkel, der sie schließlich überredete und ein bisschen schubste. (Zusammenfassung von A. Puhle; s.a. Sabom 1998; vgl. Parker 2001, 238)

Zu dem typischen Ablauf einer NTE gehören Begegnungen mit Geistern und Geistwesen, verstorbenen Menschen wie Engeln und Lichtwesen. Viele verschiedene Arten von Erscheinungen sind hier möglich:

- Erscheinungen von verstorbenen Verwandten oder lieben, nahe stehenden Menschen;
- Erscheinungen von Unbekannten (Totengeleiter);
- Erscheinungen von Engeln und Lichtwesen;
- Erscheinungen von religiösen Persönlichkeiten;
- Reine Lichterscheinungen;
- Sterbende werden von anderen, die sich weit entfernt aufhalten, gesehen;
- Anwesende sehen ebenfalls die Erscheinungen, die der Sterbende sieht;

- Es wird von Anwesenden ein Wesen oder Licht gesehen, das aus dem Sterbenden heraustritt.

Im Gesamtverlauf einer Nahtoderfahrung, deren gleich bleibende Muster zur Genüge beschrieben sind (Puhle 2005, 4, IX.7; Grundahl 2002) und zu denen das Phänomen des →Schwanengesangs *(swan song phenomenon)* eine interessante Ergänzung darstellt, bilden die Begegnungen mit lieb gewonnenen Wesen, vor allem aber mit dem Lichtwesen, das Herzstück.

NTEs sind jedoch, wie der holländische Kardiologe und NTE-Forscher Pim van Lommel von der Universitätsklinik Nijmwegen kürzlich bei einer Tagung betonte, keine paranormalen Erfahrungen – sie sind sehr verbreitet und völlig normal. Solch ein ganz normales Beispiel – mit einer winzigen Besonderheit – bringen Dr. Linda L. Morris, Präsidentin der Nursing Education Consultings of Darien IL und Prof. Kathleen Knafl von der Yale University, New Haven, in ihrem Artikel über die Natur und Bedeutung von NTEs für die Patienten und Krankenschwestern auf einer Intensivstation (2003) – eine Krankenschwester berichtet:

»So beschrieb sie die ganze Szene. Und ich sagte: ›Gut, wo waren Sie?‹ Und sie sagte: ›Es war, als ob ich über allen Leuten flog.‹ Und so beschrieb sie, was man typischerweise sehen würde, wenn man da in der Luft wäre, nämlich wie wir Wiederbelebungsversuche mit ihr machten. Nun, ich bin ja nicht da oben. Ich beschreibe ja nur, was sie sagt. Und dann sagte sie etwas, was ein bißchen komisch ist. Sie sagte: ›Da lag oben auf dem Kabinettschrank ein Penny. Aber Sie müßten raufklettern, um ihn sehen zu können.‹ Und es ergab sich so, daß ich die Geschichte einer anderen Krankenschwester erzählte, die auch über solche Dinge redet wie ich. Und sie hat tatsächlich dort oben nachgeguckt und den Penny gefunden.« (Morris und Knafl 2003, 155; übersetzt von A. Puhle)

Hierin liegt ein gewisser Witz, da die Patientin hier rein zufällig einen solchen

Fra Angelico (um 1387–1455), »Engel«. Ausschnitt aus Incoronazione Della Vergine«, Uffizien, Florenz.

Glückstreffer produziert hat, der sich schwer im Labor erzeugen lässt, wenn er immerhin doch möglich ist (s. Charly Tarts Experimente, →Außerkörperliche Erfahrungen). Ein anderer Fall hat besondere Bedeutung für die Patientin – eine junge Frau aus Kungsbacka, südlich von Göteborg, berichtete uns von ihrem noch ganz frischen Erlebnis:

Eine Schwedin, Therese Svensson, machte Ende März 2004 eine Nahtoderfahrung. Die 22-jährige angehende Krankenschwester wird nach Drogengebrauch mit Herzstillstand in eine Klinik in Mölndal, Göteborg, eingewiesen. Ein unbekannter Mann mittleren Alters setzt sich zu ihr auf den Bettrand, worüber sie sich zunächst sehr ärgert. Sie schimpft kräftig mit ihm, er dagegen stellt sich als ihr Großvater vor – als Großvater mütterlicherseits, der schon tot war, als sie geboren wurde, und von dem sie nie ein Foto zu Gesicht bekommen hatte. Dieser Großvater war zeit ihres Lebens ein Tabu-Thema. Ihre Mutter und Großmutter wurden immer traurig, wenn die Rede auf ihn kam. Besagter Großvater nun erzählt Therese, dass es für sie noch nicht an der Zeit sei zu sterben. Sie müsse noch hier auf der Erde bleiben –

was mit Thereses eigenen Wünschen durchaus übereinstimmt. In vielen NTEs wollen die Sterbenden nämlich weitergehen und nicht mehr ins Leben zurückkehren; in Thereses Fall haben wir jedoch nur einen Auszug aus einer NTE, nur die Begegnung mit einem Verstorbenen. Der Großvater gab Therese auch eine Nachricht für ihre Mutter mit auf den Weg: Sie möge ihr bitte sagen, dass es nicht ihr Fehler gewesen sei – der Großvater hatte damals einen Herzinfarkt erlitten und wollte partout nicht ins Krankenhaus, während seine Tochter ihn schließlich doch, allerdings nun zu spät, einlieferte.

Als Therese dann aus dem Krankenhaus entlassen wurde, sah sie zu Hause bei ihrer Mutter einen Stapel Fotos liegen und fragte, ob sie sich die Bilder mal anschauen dürfte. Sie entdeckte darunter ein Foto von dem Mann, der sich auf ihrem Krankenbett niedergelassen hatte – sie erkannte ihn auf Anhieb wieder: Es war tatsächlich ihr Großvater. Sie hatte ihn so gesehen, wie er zuletzt vor seinem Tod, im Alter von 52 Jahren wirklich ausgesehen hatte. – Die Begegnung mit der Erscheinung ihres Großvaters war für Therese sehr angenehm und äußerst trostreich. (Nach einem Gespräch mit Therese Svensson am 19.4.2004 in Schweden)

Ein weiteres Beispiel – der Heidelberger Arzt Dr. Michael Schröter-Kunhardt hat es recherchiert – kommt aus Holland: Evert Ter Beek überlebte vier Herzanfälle, doch bei dem fünften macht der 77-Jährige eine Erfahrung, die ihm im Angesicht des Todes Erstaunliches eröffnet:

Oktober 1999, Franciscus-Hospital in Rosendal, Holland. Evert Ter Beek nimmt nach seinem Herzanfall während einer Nahtoderfahrung ein strahlendes Licht wahr und hört eine Stimme. Sie sagt, die funkelnden Diamanten, die er in seiner Hand halte, seien die Gefühle der Menschen, die er auf der Erde zurücklassen müsse. Das Erstaunliche ist: Noch am selben Tag kommen nachmittags genau die Menschen zu ihm zu Besuch ins Krankenhaus, denen er die Diamanten zugeordnet hatte. – In seiner Vision sieht der Holländer auch Ereignisse, die er längst vergessen hatte. Da sind zwei Menschen, eine Frau und ein Junge – er kennt sie nicht, doch sie machen ihm den Vorwurf, er habe sie genau in dem Moment verlassen, als sie ihn am meisten gebraucht hätten. – Hinterher muss er viel darüber nachdenken, und er war sich

sicher, es müsste diese Frau geben. Langsam kommt die Erinnerung zurück, und der Name fällt ihm wieder ein: Es war eine frühere Freundin, eine längst verflossene Liebe. Er kann die Frau schließlich ausfindig machen, doch wer war der Junge? Es war sein Sohn, von dessen Existenz er bisher nichts wusste – vor 30 Jahren war er bei einem Autounfall ums Leben gekommen. Tiefe Sehnsucht und Melancholie erfassen den 77-Jährigen, als er nun am Grab seines Sohnes steht. Die Nahtoderfahrung hat diesen Mann zutiefst berührt und vollständig verwandelt. Die Sehnsucht nach dem eigenen Tod und nach der Wiedervereinigung mit dem vermissten Sohn hat Evert Ter Beek übermannt. (Frei nach: Dimension PSI, Nahtoderfahrungen, eine Sendung von Regine Gerriets Kexel, ARD, 2003)

Bei klinischen NTEs besteht die Möglichkeit der exakten Überwachung, während Spontanerlebnisse in ihrer Gesamtheit, mit ihren gleich bleibenden und immer wiederkehrenden Mustern die Aussagekraft der Erlebnisse untermauern können. Pim van Lommel, der Begründer der holländischen wie internationalen Society of Studies on Near-

Die Nahtoderfahrung gehört zu den allgemeinen Erfahrungen der Menschheit. Hieronymus Bosch (um 1450–1516), »Der Aufstieg ins himmlische Paradies«, Triptychon (Ausschnitt), Öl auf Holz, Dogenpalast, Venedig.

Death Experiences, dessen Erfahrungen mit klinischen NTEs noch in die Zeit vor Moody zurückdatieren, erwähnt einen Fall aus seiner Klinik, in dem ein Patient in tiefem Koma eingeliefert wurde: Als er nach einer Woche wieder zu sich kam, erkannte er sofort die zuständige Krankenschwester als diejenige, die ihm seine Zähne aus dem Mund genommen und verstaut hatte. Der Patient war so beeindruckt davon, dass er seine Angst vor dem Tod verlor (Lommel 2004; s.a. Lommel, Wees, Meyers und Elfferich 2001). Nicht nur die Angst wird nach einer NTE überwunden, es findet auch eine Transformation statt, eine Wandlung, die nicht nur den Tod, sondern auch das Leben in einem neuen Licht erscheinen lässt und seine Aufgaben und seinen tiefen Sinn erkennen lässt.

Der Herzspezialist Pim van Lommel kommt in seinem Vortrag über »Bewusstsein und das Gehirn« zu dem Schluss, dass wir die Möglichkeit einer Kontinuität unseres Bewusstseins in Erwägung ziehen sollten, dass Tod und Geburt sehr wohl nicht mehr als ein Hinübergehen von einem Bewusstseinszustand in einen anderen sein könnten (Lommel 2004).

Siehe auch: →Astralreise, →Außerkörperliche Erfahrung, →Engel, →Geister von Verstorbenen, →Leben nach dem Tod, →Sterbende, →Sterbebettvisionen, →Seelenreise, →Totengeleiter, →Traumkörper.

LITERATUR: Bailey 2001; Fenwick 1996; Greyson 1983; Grundahl 2002; Knoblauch 1999; Knoblauch, Schmied und Schnettler 2001; Kübler-Ross 1969; Kübler-Ross 1989; Mørch-Nielsen 2003; Lommel, Wees, Meyers und Elfferich 2001; Lommel 2004; Moody 1975; Parker 2001; Puhle 2005; Ring und Cooper 1999; Sabom 1998, 2004; Zaleski 1993.

Nahtoderlebnis (Nahtodeserlebnis)
→Nahtoderfahrung

Naiaden (Najaden)

Naiaden, griech. *naiades,* sind Wassergottheiten, die zu der großen Gruppe der →Nymphen gehören. Sie leben in Quellen, Teichen und Seen.
Siehe auch: →Nereiden, →Nixen, →Wassergeister.
LITERATUR: HdA 1987.

Napellus →Eisenhut

Naturdämonen →Naturgeister

Naturgeister

Die irdischen Geister lassen sich in zwei große Gruppen unterscheiden: Naturgeister und →Hausgeister. Die Naturgeister jedoch sind die älteren von ihnen. In →Erde, →Feuer, →Luft und →Wasser sind sie ganz in ihrem →Element. Erst im Laufe der Zeit kommen Geister auch in die Häuser und suchen sich teilweise dort auch ihr Plätzchen – etwa wie der Blauhösler in einem schönen, alten Dachgebälk -, oder sie leben weiterhin in der Natur und kommen nur vorübergehend zu den Menschen zu Besuch.

Die ältesten Geister der germanischen Kulturgeschichte sind →Zwerge, →Kobolde, →Wichte und →Trolle, alles kleine, meist unterirdisch hausende Wesen. Das verwundert nicht, denn aus der Psychologie ist bekannt, dass Menschen, wenn sie etwas ungewöhnlich Kleines sehen, es nachträglich in ihrer Erinnerung noch viel kleiner machen, als es tatsächlich war.

Naturgeister und Hausgeister sind also ursprünglich keine Gegensätze, sondern Letztere haben sich aus Ersteren entwickelt. Will man jedoch den Naturgeistern eine Geistergruppe gegenüberstellen, so sind es →Geister von Men-

schen, d.h. die Totengeister, die Seelen oder →Geister von Verstorbenen.
Siehe auch: →Elementargeister.

Nåljos

Der norwegische Begriff *nåljos* bedeutet wörtlich »Licht des Leichnams«. Es ist ein bläuliches Licht, das in der Nähe eines →Sterbenden gesehen werden kann.
Siehe auch: →Lichterscheinungen.
LITERATUR: Kvastad 2001.

Near Death Experience (NDE)
→Nahtoderfahrung

Nebel

In den frühen Morgenstunden und am →Abend in der Dämmerung, bevor →Mond und Sterne den →Himmel erleuchten, steigen sie auf, die weißlich grauen Nebel, um unseren Blick, der eben noch glasklar war, zu trüben. In dem weichen Licht dieser Zeit formen sich vage Gestalten heraus, lässt uns das Auge viel Geisterhaftes erblicken. Der Nebel löst scharfe Konturen und verschleiert das Wirkliche – auch die Geister. Unsere Wahrnehmung hat jetzt freies Spiel: Was nicht ganz deutlich erscheint, rundet sich leicht zu einem Ganzen, und schon verlieren wir es wieder aus unseren Augen ... Das Nebelkleid ist Geistern wie auf den Leib geschnitten, es zeigt sie in all ihrer Unschärfe, die uns vor große Rätsel stellt. Nebelartig erscheinen uns viele Geister, so wie nach den Erfahrungen der alten Ostpreußen die Seelen der Verstorbenen noch bis zum vierzigsten Tag nach ihrem Tod, dem Tag ihrer Weiterreise ins Jenseits, den Hinterbliebenen als Nebel erscheinen können (Mitteilungen der schlesischen Gesellschaft für Volkskunde, 10, 4)

Bei →Goethe charakterisiert Nebel die nordischen, verhangenen Land-

»Nebel über dem Moor«. Foto: Helmut Milas.

schaften, zu denen auch Deutschland zählt – Orte der dunklen Geister –, während sich die südliche Atmosphäre durch Klarheit auszeichnet, die er auf seiner Italienreise intensiv in sich aufgesogen hatte (Goethe, »Pilgers Morgenlied«, »Ganymed«, »An Schwager Kronos«, »Auf dem See«, »Glückliche Fahrt«, »Früh, wenn Tal …«).

Siehe auch: →nebelartige Geister, →Wolken.

<small>LITERATUR: Wilpert 1998.</small>

Nebelartige Geister

Geister hüllen sich gern in →Nebel – das ist bildlich gemeint. Sie erscheinen als Nebelwolken oder Nebelsäulen, halten sich hinter einem Nebelschleier verborgen oder schweben als nebelartige Figuren in den Lüften. Ihr großer Tag ist der 2. November, sofern sie menschliche Geister sind. Denn da fliegen die →Geister von Verstorbenen als weiße Nebel durch die Lüfte (Sébillot 1904–1907, 2, 140), und um Mitternacht kann man sie sogar singen hören (Drechsler 1903–1906, 1, 154). Es ist Allerseelen, der Tag, den Odilo von Clugny im Jahr 998 in allen Benediktinerklöstern als allgemeines Seelenfest bestimmte. Doch Nebel sind so zeitlos wie die Geister, die sich in ihnen verbergen.

Ein Beispiel, aus dem Leben gegriffen: Beate Hakel, Vollblut-Musikerin aus München, mit der mich ein freundlicher »Zufall« oder ein »Wink von Dämonen« (wie Goethe es wohl genannt hätte) 2000 in Weimar bekannt gemacht hat, verbringt eine unvergessliche Nacht in der Wohnung ihrer Schwester:

»November 2003. Ich bin in Nürnberg, zu Besuch bei meiner Schwester, die gerade umgezogen ist und jetzt im alten Stadtteil Gostenhof in einem schönen, mindestens 100 Jahre alten Haus lebt. Balken und Balustrade sprechen für ein stattliches Alter des Hauses. Es wird spät, erst gegen Mitternacht gehen wir schlafen. Mein Bett steht im unteren Bereich der Galerie-Wohnung, so dass ich von da aus bis ins Dachgeschoss hinaufsehen kann. Durch ein Fenster, das noch keine Gardine hat, fällt etwas Licht in die Wohnung, und auch die anderen Fenster lassen unter ihren kurzen Vorhängen Licht hereinscheinen. Ich muss etwa ein bis zwei Stunden geschlafen haben, als mich ein sehr unangenehmes Gefühl aus dem Schlaf reißt: Ich habe das deutliche Gefühl, dass jemand, nein, ›etwas‹ Unschönes in meiner Nähe ist. Ich setzte mich sofort voller Angst im Bett auf und sehe zu meinem großen Erstaunen in dem Durchgang, der sich unter zwei sich kreuzenden Balkenstreben, etwa fünf Meter vor meinem Bett befindet, eine kleine, alte Frau stehen. Sie ist nicht mehr als 1,50 Meter groß und hat schneeweißes Haar. Ihre Arme und Hände hängen starr an den Seiten herunter. Nur ihre Gesichtszüge und Konturen sind nicht richtig zu erkennen. Eine Art Nebelschleier liegt auf der Gestalt der Alten. Die Figur tut nichts, steht einfach nur da, doch mir ist unheimlich zumute. Ich bin so verblüfft und erschrocken über diese Erscheinung, dass ich sofort das Licht anschalte – da verschwindet das Gespenst. Das Ganze hat keine drei Sekunden gedauert.« (Beate Hakel, mündlicher Bericht an A. Puhle, 19. Mai 2004, 23 Uhr)

Spontan muss Beate bei der Alten an ihre verstorbene Großmutter denken – sie war ebenso klein, und auch die weißen Haare, die Haltung der Arme und Hände könnten stimmen. Aber ihre Großmutter war ein sehr unruhiger »Geist«, sie stand niemals einfach nur ganz still da.

Die 32-jährige Opernsängerin aus München behält die Geschichte zunächst für sich, nicht, weil sie die Erscheinung für eine Täuschung hält, sondern weil sie ihre Schwester nicht beunruhigen will, die zum ersten Mal in ihrem Leben allein wohnt und ganz frisch in die Wohnung eingezogen ist. Ihre Schwester hatte ohnehin schon über Schlafstörungen, besonders über Einschlafstörungen geklagt. Erst später erzählt ihr die Schwester von sich aus, dass sie öfter mal ein ungutes Gefühl an zwei bestimmten Punkten in der Wohnung habe, der eine liege gleich gegenüber der Küche, und der andere sei eben der Durchgang, in dem die in Nebel gehüllte Geistergestalt erschien. Und hier half ein einfaches Hausmittel: Ein Avocado-Bäumchen im Topf, an der unheimlichen Stelle platziert, machte dem Spuk über Nacht ein Ende – für Wirksamkeit und auftretende Nebenwirkungen übernehmen wir keine Gewähr!

Zur Geschichte des Ortes gehört, dass dort, wo heute die Wohnung ist, in früheren Tagen ein Speicher war. Bei weiterem Nachhaken stellt sich heraus, dass es mehr als ein Speicher war, denn hier befand sich einst der geheime Treffpunkt, den sich ein Pfarrer für sich und seine Liebste als Chambre séparée auserkoren hatte.

Siehe auch: →Nebelgeister, →Wolken.

LITERATUR: Sébillot 1904–1907; Drechsler 1903–1906.

Nebelgeister

In den Nebeln über den Wiesen gibt es allerlei Geister zu entdecken, wenn man sie denn überhaupt sehen kann: Nebelfrauen und Nebelfräulein, Nebelmännchen, eine Nebelkönigin, die Nebelhexe, den Nebelriesen und vielerlei Nebeltiere geistern an nebligen Orten herum.

→Geister von Menschen können sich ebenso in →Nebel hüllen und sich den Augen Neugieriger entziehen. Die Verschwommenheit und Unschärfe ist ein beliebtes Erscheinungsmerkmal vieler Geister, sie tragen gern Nebelkleider.

Siehe auch: →nebelartige Geister.

Nekromantie

Das Voraussagen der Zukunft mit Hilfe von Toten. Die Nekromantie – von griech. *nekrós,* »Leichnam«, und *manteîn,* »voraussehen« – weist auf die alte und weit verbreitete Überzeugung, dass die →Geister von Verstorbenen mehr wissen als die Lebenden, haben sie doch mit ihrem →Tod die Raum-Zeit-Grenzen überschritten. Das älteste überlieferte Beispiel einer Totenbeschwörung erzählt von Odysseus, dem es gelang, an dem gefährlichen →Kerberos vorbei in den →Hades einzudringen und die abgeschiedenen Seelen der Toten aufzusuchen:

»Als ich jetzt mit Gelübd' und Flehn
die Scharen der Toten
Angefleht, da nahm und zerschnitt ich
den Schafen die Gurgeln
Ueber der Gruft; schwarz strömte das Blut;
und es kamen versammelt
Tief aus dem Erebos Seelen der
abgeschiedenen Toten:
Bräut' und Jünglinge kamen und
langausduldende Greise,
Und noch kindliche Mädchen,
in jungem Grame sich härmend;
Viele zugleich, verwundet von
ehernen Kriegeslanzen,
Männer, im Streit gefallen,
mit blutbesudelter Rüstung:
Welche die Gruft scharweis umwandelten,
anderswo andre,
Mit grauenvollem Geschrei; und es
fasste mich bleiches Entsetzen.«   Homer,
»Odyssee«, XI, 23ff.

Die Toten müssen nun alle nacheinander von dem Blut aus der Gruft trinken, um wieder lebendig zu werden und sprechen zu können – hier klingt der alte Ahnenkult (→Ahnen) und damit verbundene Opferkult an.

Während die Nekromantie Zwang auf die Geister der Verstorbenen ausübt – und von christlicher Seite aus verworfen wird –, so gibt es auf der anderen Seite unendlich viele Berichte von spontanen Ereignissen, in denen →Geister freiwillig erscheinen, um von der Zukunft zu künden. Besonders häufig ist das →Ankünden eines unmittelbar bevorstehenden Todesfalls. In Irland und Schottland liegt diese unschöne Aufgabe bei den →Banshees, die alten, vornehmen keltischen Familien verbunden sind. In Deutschland befindet sich dieses undankbare Amt seit Jahrhunderten in den Händen der →Weißen Frau, die für das Geschlecht der Hohenzollern zuständig ist (Puhle 2005, 2, III.6), während die Wittelsbacher ihre Todesnachrichten auf geheimnisvolle Weise von einer Schwarzen Frau erhalten.

Siehe auch: →Homer, →Klopfen, →Kobold.

<small>LITERATUR:</small> Bauer und Zerling 2004; Lehmann 1925; Puhle 2005.

Nekydaímones

Im alten Griechenland trugen die umgehenden Seelen der Verstorbenen den Namen *Nekydaímones,* →Totendämonen. Es gab drei Arten dieser →Spukgeister, die zu jung Verstorbenen (→Ahoros), die durch Gewalt Gestorbenen (→Biaiothanatoi) und die nicht Bestatteten (→Ataphoi).

Siehe auch: →Geister von Verstorbenen, →Geister-Theorien, →Geistererscheinungen.

Nereiden, Neraiden

50 schöne Töchter können der griechische, sanfte Meeresgott →Nereus, selbst ein Sohn der →Erde (Gaia), und seine Göttergemahlin Doris zählen, die Nereiden – darunter Amphitrite, die später Poseidon heiratete, Galatea und Thetis, die Mutter des →Achilleus wurde.

→Goethe lässt die Meeresnymphen im »Faust« erscheinen (V. 8044 ff.).

Siehe auch: →Naiaden, →Nix, Nixe, →Nymphen, →Triton, →Wassergeister.

<small>LITERATUR:</small> HdA 1987.

Nereus

Weiser und weissagender Meeresgott aus der griechischen Mythologie, Vater von 50 →Nereiden. Goethe lässt Nereus in der Klassischen Walpurgisnacht im →»Faust II« (V. 8094–8468) erscheinen, wo er den Homunculus berät.

Nicolai, Christoph Friedrich

Friedrich Nicolai.

Dem Berliner Buchhändler, Verleger und Schriftsteller, dessen Buchhandlung noch heute unter seinem Namen existiert, verdanken wir einen der ausführlichsten Geisterberichte des 19. Jahrhunderts. Friedrich Nicolai (1733–1811) war eigentlich ganz und gar vom »Geist« der Aufklärung und des Rationalismus ergriffen, und er verteidigte die Aufklärung heftig gegen Sturm und Drang, gegen Idealismus und Romantik.

Doch seiner Weltanschauung zum Trotz zogen eines Tages – kurz nach dem Tod seines ältesten Sohnes – die Gespenster bei ihm ins Haus. Er war mutig und ehrlich genug, seine Geistererlebnisse der Öffentlichkeit, zunächst in einem Vortrag, anzuvertrauen. Wie zu erwarten blieb der Spott nicht aus. →Goethe, selbst von Nicolai wegen seiner Gefühlsbetonung in den »Leiden des jungen Werther« verspottet, konterte im →»Faust« (V. 4144–4171, 4267 ff. und 4319 ff.) ordentlich zurück: Nicolai tritt hier als »Neugieriger Reisender« auf und wird als »Proktophantasmist« und »Aftervisionär« betitelt – Nicolai hatte nämlich seine über Monate anhaltende Geisterseherei mit Blutegeln, die am After angesetzt wurden, erfolgreich behandeln lassen. Erst lange nach Nicolais Tod konnten in Goethe edlere Gefühle für den Rationalisten erwachen, und so erwähnt er ihn in »Dichtung und Wahrheit« (III, 13) als einen »braven, verdienst- und kenntnisreichen Mann«, der sich lediglich mit »dünkelhaftem Bestreben« Dingen zugewandt hatte, denen er »nicht gewachsen« war, Geistern nämlich:

»Eine solche Erfahrung, welche mir sowol in psychologischer als in medicinischer Rücksicht höchst merkwürdig scheint, habe ich selbst gehabt. Ich sah nämlich, bey vollem Verstande, und (nachdem der erste Schreck nebst der unangenehmen Empfindung vorüber war) sogar in völliger Gemüthsruhe, beynahe zwei Monate lang fast beständig, und zwar unwillkürlich, eine Menge menschlicher und anderer Gestalten, ich hörte sogar ihre Stimme ...« (Nicolai 1991, 11, 59; vollständiger Bericht in: Puhle 2005, 1, II,1)

Nicolai schrieb das wiederholte Auftauchen der unterschiedlichen Geistergestalten vor seinen offenen Augen der bloßen »Einbildungskraft« zu und führte es auf unreines Blut zurück, denn die Geister kamen erst dann, als sein sonst regelmäßig zweimal pro Jahr durchgeführter Aderlass einmal ausblieb. Auch Verdauungsbeschwerden seien ursächlich an dem Geistertheater, das für ihn stundenlang über beinahe zwei Monate hinweg täglich kostenlos aufgeführt wurde, beteiligt (Nicolai 1991, 11, 62). Nicolais Interesse an den physiologischen Bedingungen, die das Sehen von Geistern begünstigen, ist sicher ganz ausgezeichnet, schießt jedoch über das vernünftige Maß hinaus, wenn er günstige Voraussetzungen mit Ursachen gleichsetzt. Tatsache ist jedenfalls, dass alles mit dem Geist seines verstorbenen Sohnes begann:

»Die Gestalt des Verstorbenen erschien nicht mehr nach dem ersten erschütternden Tage, hingegen kamen sehr deutlich viele andere Gestalten zum Vorschein; zuweilen Bekannte, aber meistens Unbekannte. Unter den Bekannten waren Lebende und Verstorbene, mehrentheils erstere; nur bemerkte ich, daß Personen mit denen ich täglich umging, mir nicht als Phantasmen erschienen, die Be-kannten waren jederzeit Entfernte.« (Nicolai 1991, 11, 64)

Nach vier Wochen fingen seine Geister zu sprechen an. Manchmal unterhielten sie sich untereinander, manchmal schlossen sie ihn in ihre Gespräche mit ein. Sie sagten niemals etwas Schlechtes, und ab und an versuchten die freundlichen Geister sogar, ihn zu trösten, da er von vielerlei Kummer geplagt war. Auch lachen konnte er mit seinen Geistern oder genauer gesagt über ihre Erscheinungen, und so machte er seine Witzchen mit seiner Frau und seinem Arzt (68 f.). Über Sinn und Bedeutung ihrer Kommunikationsversuche sagt Nicolai kein Wort, sie waren wohl »leere« Gestalten für ihn. Sonst hätte er auch nicht Blutegel auf sie angesetzt. Als die Blutegel von ihm Bezitz ergriffen hatten, blieben die Geister weg.

In besonderen Zuständen des Bewusstseins reicht oft eine geringe körperliche Veränderung, um die Wahrnehmung zu verändern: Morgen-Träume verschwinden beim Wechsel der Seitenlage, und leichtere Meditation wird schon durch subtilste Körperbewegungen unterbrochen. Die Traum- und Geisterbilder mögen vergehen, doch was geschieht mit ihrem Inhalt, den sie uns womöglich vermitteln wollen, und den Informationen, die sie uns so oft auf geheimnisvolle Weise von weither überbringen?

Über die Angst vor Geistern haben wir schon im Eingangskapitel gesprochen. Angst ist nie gut – abgesehen natürlich von lebensbedrohenden Situationen. Natürlich war der Aufklärung daran gelegen, den Menschen »dumme« Gespensterfurcht auszutreiben (s. Wilpert 1994, 98 ff.). In dieser Hinsicht ging Friedrich Nicolai dann auch mit bestem Beispiel voran.

Siehe auch: →Information von Geistern, →Wahrnehmung von Geistern.

Literatur: Nicolai 1991; Puhle 2005; Wilpert 1994; Wilpert 1998.

Nickelmann

Der Nickelmann ist ein →Wassermann. Wie auch beim →Meerweib oder der →Nixe sieht sein Oberkörper wie der eines Menschen aus, sein Unterkörper aber wie der eines Fisches.

Niflheim

Die germanische Mythologie berichtet von einer Gegend, in der immerwährende Kälte, →Nebel und Dunkelheit herrschen. Sie liegt im Norden von Midgard (Mittelerde). →Odin hatte die Göttin →Hel dorthin verbannt, um dort über die Toten zu regieren. Die geringsten Tiefen in Niflheim heißen Nastrond – dies ist der »Strand der Toten«.

Nightmare →Alp

Nix, Nixe

Nixen kennt jeder, aber ob es sie gibt und wie es sie gibt, weiß nicht unbedingt jeder. Sie sind eindeutig dem Element Wasser zugehörig, auch wenn ihr Oberkörper Menschliches verrät. Immer wieder mal tauchen sie aus den Fluten auf und verlangen nach Kontakt mit der Menschenwelt. Sie sind verführerisch und gefährlich zugleich, ziehen sie doch uns Menschen nicht nur an, sondern auch mit sich hinunter in die Tiefen ihrer dunklen Welt, aus der es nur schwer ein Entrinnen gibt (Vgl. Puhle 2005, 2, II.26). Nicht immer ist die Nixe oben Mensch und unten Fisch oder sogar Schlange. Wenn sie ihr Element verlässt, sieht sie ganz wie ein Mensch aus und erscheint in weißer, blauer oder roter Kleidung, trägt manchmal rote Strümpfe. Immer aber ist sie ein bisschen nass, mal ist es der Saum ihres Kleides, mal ihr Schürzenzipfel, und mal

sind es ihre Haare, die eine nasse Spur hinterlassen (HdA, IX, 131). Nach unseren heutigen Vorstellungen sind es eher die weiblichen Nixen, die an Land kommen und Männer in ihr Reich hinabziehen. Die echte Volkstradition allerdings weiß mehr noch von männlichen Wassergeistern, die sich am Wasser aufhalten, um Frauen die Köpfe zu verdrehen. Manche Arten von weiblichen →Wassergeistern können in ganzen Scharen auftauchen, während sich der männliche Nix, ein →Wassermann, meist nur als einzelner Vertreter des feuchten Elements blicken lässt. In Deutschland ist es der Nix, der früher auch Nöck oder Nick hieß, in Schweden der *näck* und in Finnland der *näkki,* der Menschen zum Narren hält. Nixen necken und reizen uns mit ihrer Schönheit oder mit dem Zauber ihrer Musik, ihres Geigen- oder Harfenspiels – in Schottland und Irland kann es auch ein Dudelsack sein.

»Die Wassernix« (Grimm KHM 79) und »Die Nixe im Teich« (Grimm KHM 181) lassen uns eintauchen in die Welt der Wasserwesen. Während uns die Wassernixe auf den Grund eines Brunnens schauen lässt (→Brunnenfee), so lockt die andere Nixe einen unglücklichen Müller mit listigen Versprechungen in ihren Teich:

»Er wendete sich um und erblickte ein schönes Weib, das sich langsam aus dem Wasser erhob. Ihre langen Haare, die sie über den Schultern mit ihren zarten Händen gefasst hatte, flossen an beiden Seiten herab und bedeckten ihren weißen Leib. Er sah wohl, daß es die Nixe des Teichs war, und wusste vor Furcht nicht, ob er davongehen oder stehen bleiben sollte. Aber die Nixe ließ ihre sanfte Stimme hören, nannte ihn beim Namen und fragte ihn, warum er so traurig wäre. Der Müller war anfangs verstummt; als er sie aber so freundlich sprechen hörte, faßte er sich ein Herz und erzählte ihr, daß er sonst in Glück und Reichtum gelebt hätte, aber jetzt so arm wäre, daß er sich nicht zu raten wüsste. ›Sei ruhig‹, antwortete die Nixe, ›ich will dich reicher und glücklicher machen, als du je gewesen bist, nur mußt du mir versprechen, daß du mir geben wirst, was eben in deinem Hause jung geworden ist.‹« (Grimm, KHM 181)

Der ahnungslose Mann hat soeben seinen Sohn an die Nixe verschenkt. Und als es keiner mehr erwartet und aus dem Sohn längst ein tüchtiger Jäger geworden war, da greift sie zu:

»Er bemerkte nicht, daß er sich in der Nähe des gefährlichen Weihers befand, und ging, nachdem er das Tier ausgeweidet hatte, zu dem Wasser, um seine mit Blut befleckten Hände zu waschen. Kaum aber hatte er sie hineingetaucht, als die Nixe emporstieg, lachend mit ihren nassen Armen ihn umschlang und so schnell hinabzog, daß die Wellen über ihm zusammenschlugen.«

Doch das Märchen geht gut aus. Mit der Hilfe einer alten Weisen kann die verzweifelte Frau des Jägers ihren Mann aus den Händen der Nixe zurückgewinnen: Sie nimmt den goldenen Kamm, die goldene Flöte und das goldene Spinnrad der Alten und ordnet ihr Leben: Sie kämmt ihr Haar, sendet mit der Flöte harmonische Schwingungen aus und spinnt einen kostbaren neuen Lebensfaden (vgl. Kast 2002).

Das Motiv der Nixe kehrt in vielen Varianten wieder, im Märchen wie in der Literatur, und die heute bekannteste Nixe ist wohl die schöne Melusine, über die so viel geschrieben steht. In der Romantik spielen →Wassergeister generell eine große Rolle, bei Goethe etwa in der Ballade »Der Fischer«, als →Undinen im »Prolog zur Eröffnung des Berliner Theaters« (1821), im →»Faust II« (V. 10712ff.), während seine »Neue Melusine« eine Nixe in neuem Gewand vorstellt.

Auch in der Kunst gehen Wassergeister um. Männliche wie weibliche Nixen haben schon viele Maler und Malerinnen inspiriert, doch zum Glück haben sie ihnen weder den Kopf noch die Hand verdreht (siehe S. 216, Ernst Josephson: »Strömkarlen«). Manchmal tauchen Nixen im Leben auf (→Brunnenfee) – oder sind es nur Träume, die uns da entführen?

Nixen gehören zwei Welten an, sind weder Fisch noch Mensch, sondern beides in einem. Ihr Element bleibt jedoch das Wasser, auf der Erde sind sie nur zu Gast. Ihr mit Schuppen bedeckter Unterleib zieht sie immer wieder in ihre uns unheimlichen, kalten Tiefen hinab. Nixen sind Übergangswesen. Dies entspricht nach unseren heutigen Vorstellungen durchaus der weiblichen Natur, sind doch Frauen sowohl im Bereich des bewussten Alltags als auch im Bereich des Unbewussten recht versiert (Kast 2002, 41). Die sehr tiefe Psychologie C. G. Jungs lässt die Nixe als Personifizierung der →Anima erscheinen, als geheimnisvolle, schwer ergründliche weibliche Seele, hinter der sich etwas Großartiges und Göttliches verbirgt. In der Gestalt einer schönen Nixe zieht die Anima denjenigen Mann mit sich hinunter in ihr tiefgründiges Reich, der seine weibliche Seite von allein nicht sehen und leben kann oder will, sie ganz und gar aus seinem Leben verbannt hat. Eine Nixe muss ihn nun mit ihrer hinreißenden Erscheinung verführen, ihn in Gestalt einer äußeren Macht einholen. Doch nicht immer findet der Arme den Weg wieder zurück in die irdische Welt, wo er Fuß fassen kann. Wir haben unzählige Geschichten, in denen der junge Verliebte nie wieder auftaucht. Doch zum Glück erfahren wir auch, dass der Aufstieg aus den Fluten manchmal glücken kann – beispielsweise Grimms Märchen »Die Nixe im Teich« spricht dafür (Kast 2002).

Siehe auch: →Meerjungfrau, →Meerweib, →Nixentanz, →Nymphen.

Literatur: HdA 1987; Kast 2002; Petzoldt 1995; Puhle 2005; Wilpert 1998.

Nixentanz

Es gibt nur eine einzige verbreitete Sage in Deutschland, die von tanzenden →Nixen zu erzählen weiß. Diese allerdings ist in vielerlei Fassungen, mindestens 90, überliefert. Sie lautet etwa so:

Drei Wasserfräulein, selten sind es auch nur zwei, kommen regelmäßig zum Tanzen ins Dorf, gelegentlich auch am Johannistag. Doch um Mitternacht schlägt ihre Stunde, zu der sie wieder in ihren Wassern untergetaucht sein müssen, sonst ergeht es ihnen schlecht. Nur kluge Männer können die Töchter des Wassermanns überlisten, verstellen die Uhr oder verstecken ihre Handschuhe, und manchmal verspäten sie sich auch von selbst. In solchen Fällen werden sie ganz ängstlich und bitten ihren Begleiter, er möge beobachten, ob sich das Wasser am nächsten Morgen weiß oder rot färbe. Geschieht Letzteres, ist das ein Zeichen dafür, dass sie eine blutige Strafe erwartet. (Frei nach HdA 1987, IX, 156f.)

Auf Hochzeiten tanzen manchmal die Fräulein aus dem Wildsee mit und bringen der Braut viel Glück. Angehende Ehefrauen gehen daher gern am Tag vor ihrer Heirat zum See und laden die Wasserfräulein zum großen Fest ein. Doch, wie nicht anders zu erwarten, passiert es gelegentlich, dass junge Männer, die ihre geheimnisvollen Tanzpartnerinnen anschließend nach Hause bringen, nie mehr gesehen werden.
Siehe auch: →Elfenringe, →Naiaden, →Nereiden, →Nymphen, →Wassergeister, →Wasser, →Wassermann, →Wasserfräulein.
Literatur: HdA 1987.

Njål

Njål heißt die Hauptperson in der altnordischen »Njåls Saga« – ein weiser, hellsichtiger Mann.

Njård

Njård ist der norwegische Name für den Gott des Meeres.
Siehe auch: →Nereus.

Noaide

Noaide heißt bei den Lappen bzw. Sami ein Zauberer, ein der Magie Kundiger.

Nornen

Drei Nornen, *norni,* lat. *parca,* nennt die nordische »Edda« bei ihrem Namen: Urðr, Verdanði und Skuld, doch Urðr, die Älteste, ist die mächtigste von ihnen. Sie sind die Schicksalsgöttinnen, die das Gewordene, das Werdende und das Werdensollende bestimmen, das Leben des Menschen und seine Zeit in der Hand haben.

Die »Nornagestssaga« berichtet (Kap. 11) von Frauen, die im Land umherzogen und weissagten. Diese *völvur* wurden auch *spåkonur* genannt – beides synonyme Begriffe für *norni.* Sie klopften an die Haustüren, wurden hineingebeten, dort bewirtet und beschenkt, um dann die Zukunft vorauszusagen. Die Sache hatte nur in der Regel einen Haken: Was die beiden älteren Schwestern Gutes prophezeiten, machte die jüngste, die zum Schluss zu Wort kam, wieder zunichte. Sie war nämlich, wie die Sage erzählt, ganz frustriert, da man sie im Gerangel von ihrem Sitzplatz geschubst hatte, und aus Rache wollte sie das Leben des Kindes, um dessen Zukunft es ging, verkürzen. Die Älteste konnte die Situation gerade noch retten. Das Kind bekam daraufhin den Namen Nornengast.

Das Mittelalter weiß viel von fahrenden Zauberinnen zu berichten, und es gibt noch andere Nornen, die Götterkinder oder Töchter von Elben oder →Zwergen sind. Doch ihre einstige Aufgabe, vom Schicksal zu künden, geht dabei verloren. Die geisterhaften →Feen können mal gut, mal böse sein.

Zu ihren besten Seiten gehört ihr Einsatz bei Geburten. Sie sind Nothelferinnen (Helgilied).

Siehe auch: Banshee, →Fatae, →Moiren, →Nornengrütze, →Nornenspuren, →Parzen, →Weiße Frau.

Literatur: Bauer und Zerling 2004; Grimm 1835, 1992; Petzoldt 1995.

Nornengrütze

Die heilkundigen →Nornen erscheinen bisweilen bei Geburten, und die erste Mahlzeit der Mutter nach einer Entbindung heißt heute noch auf den Faröer Inseln Nornengrütze, *nornagreytur* (Mannhardt 1860, 321). Siehe auch: →Nornenspuren.

Literatur: Mannhardt 1860.

Nornenspuren

Ein sicheres Zeichen dafür, dass →Nornen ihre Fäden spinnen, sind nach Ansicht der Menschen, die auf den Faröer Inseln leben, weiße Flecken auf den Fingernägeln. Sie heißen *nornaspór* (Mannhardt 1860, 321). Ob es sich dabei um gute oder schlechte Vorzeichen handelt, bleibt die immer wieder neue, spannende Frage.

Literatur: Mannhardt 1860.

NTE

kurz für →Nahtoderfahrung.

Nymphen (Nimphen, Nymphae)

Aus der griechischen Mythologie erfahren wir von mächtigen Wasserfrauen, den Nymphen, griech. *nymphai.* Diese verführerischen Zauberinnen, deren Element das Wasser ist, waren Wassergöttinnen wie die →Sirenen, →Naiaden oder →Nereiden, und die Namen vieler wunderschöner Wasserpflanzen mit ihren hell leuchtenden Blüten künden noch von ihnen:

- *Nymphaea alba* (Weiße Seerose)
- *Nymphaea ampla* (Mexikanische Seerose)
- *Nymphaea ampla* var. *pulchella*
- *Nymphaea ampla* var. *speciosa*
- *Nymphaea caerulea* Savigny (fälschlich: *Nymphaea coerulea*) (Blaue Lotusblume)
- *Nymphaea lotus* (weiß blühender ägyptischer Lotus)
- *Nymphaea lutea* bzw. *Nuphar lutea* (syn. *Nymphaea luteum* S.Sm.) (Gelbe Teichrose)
- *Nymphaea nouchali* (syn. *Nymphaea stellata*) (violett blühend)

Ist es wirklich das Blaue vom Himmel, das uns Märchen und Mythen herunterspinnen, wenn sie uns von den →Wassergeistern berichten, die ihre Köpfe geheimnisvoll aus den Pflanzen stecken und so manchen ahnungslosen Passanten in ihre Welten hinunterziehen? Die Weiße Seerose war (Rätsch 1998, 752) wie die Gelbe Teichrose (394) in der Frühneuzeit Bestandteil von Hexensalben. Bei der Mexikanischen Seerose ist in den Blüten Aporphin nachweisbar, ein mit dem Opiat Apormorphin verwandter Stoff (397). Auch die Blätter und Blüten der Blauen Lotusblume sollen narkotische Eigenschaften haben, und ihre Blüten enthalten daneben ein kostbares ätherisches Öl, dem aphrodisische Wirkung zugeschrieben wird (399). Vom weiß blühenden Ägyptischen Lotus ist noch keine psychoaktive Wirkung bekannt (399), doch sind die Blüten der *Nymphaea nouchali* bzw. *stellata* möglicherweise narkotisch (399). Die Gelbe Teichrose schießt wohl den Vogel ab mit ihrem Inhaltsstoff Nupharin – er wirkt wie Opium und erzeugt tranceähnliche Zustände (395). Wir befinden uns also in gefährlicher Gesellschaft mit den Nymphen, und es bedarf sicher eines geübten Umganges mit ihnen, um nicht in ihren Fluten verloren zu gehen. Wer die Herausforderung besteht, mag

Johann Heinrich Wilhelm Tischbein,
»Schwebende Nymphen im Tanz«.
Aus den »Oldenburger Idyllen«,
Öl auf Eichenholz, 1817–1820,
Landesmuseum Oldenburg.

wieder Licht sehen. Oder ist es das
Licht, das mit dem Tod erhellt? Die Blüte des Blauen Lotus stehe in Ägypten für
das neu erwachte und erleuchtete Bewusstsein der Verstorbenen, besagt das
→Ägyptische Totenbuch (Rätsch 1998,
399).

Unter den deutschen Wassergeistern
weisen noch die Namen »Nixenblume«
für die Gelbe Teichrose und das speziell
in der Oberpfalz gebräuchliche Wort
»Wasserdockelein« – Docke heißt Wasserfrau – für die Weiße Seerose oder die

Gelbe Teichrose auf die alte Verbindung
dieser Pflanzen mit Geistern hin.
Siehe auch: →Brunnenfee, →Meerjung-
frau, →Meerweib, →Nix, Nixe, →Sy-
rinx, →Wasserfräulein.
LITERATUR: HdA 1987; Rätsch 1998.

Nysia

Die aus der Antike bekannte Frau namens Nysia, die mit Kandaules verheiratet war, hatte die äußerst seltene Gabe, jemanden zu sehen, der sich selbst
unsichtbar machen konnte – so weiß
Ptolemaios Chennos, ein jüngerer Zeitgenosse von →Plinius dem Älteren, zu
berichten. Nysia hatte nämlich eine
doppelte Pupille und einen außergewöhnlich scharfen Gesichtssinn, da sie
den Stein Drakontites besaß. So konnte
sie Gyges sehen, auch wenn er sich mit
Hilfe seines Zauberringes unsichtbar
gemacht hatte (Westermann 1843, 192;
Seligmann 1922, 237).
Siehe auch: →Auge, inneres, →zweites
Gesicht.
LITERATUR: Seligmann 1922; Westermann
1843.

O., Spuk von

Im Haus des Ehepaars Christaller in dem Ort O. in Schwaben fand sechs Jahre lang ein Spukfall statt, der die Frau des betroffenen protestantischen Pfarrers, die Autorin Helene Christaller, zu ihrer Novelle »Spuk« (erschienen in: Christaller o. J.) anregte. Dank der Initiative Fanny Mosers kam der Fall ans Licht und konnte aufgerollt und recherchiert werden (Moser 1950, 167–181). Moser fügt dem Originalbericht von Christaller Briefe hinzu, und zwar einen Brief von Helene Christaller (11.10. 1939), zwei Briefe von Pfarrer Eisenschmid (4.10.1937, 29.10.1937) und zwei Briefe von der Pfarrersfrau Matter (9.1.1938, 17.2.1938).

Fanny Moser beschreibt die Örtlichkeiten dieses Spukfalls, das alte Pfarrhaus, das einst als Kapelle des 50 Meter entfernten Schlosses fungierte, als idealen Aufenthaltsort für Geister. Einst gehörte auch ein Friedhof dazu, doch dieser wurde seit 1790 nicht mehr benutzt. Man fand jedoch noch in den ersten Dekaden des 20. Jahrhunderts Gebeine bei Umbauten des Pfarrhauses. Es ging die Sage um, dass sich einst ein Pfarrerssohn dort umgebracht haben soll, was sich im Laufe der Nachforschungen auch als Tatsache herausstellte: Am 21.11.1790 hat sich dort ein Mann, Sohn eines Pfarrers, erschossen. Das Pfarrhaus stand seit einiger Zeit in dem Verruf, ein →Spukhaus zu sein. Die Vorgänger Pfarrer Christallers, Pfarrer Matter und davor Pfarrer Hetterich, haben beide Spukphänomene in dem Haus erlebt, Letzterer verhängte diesbezüglich ein Redeverbot.

Zu den Phänomenen, die in diesem →ortsgebundenen Spuk in den Jahren 1894–1900 auftraten, gehörten unerklärliche Schritte, Türenschlagen, →Rumoren, das →Bewegen von Gegenständen (Blechtöpfe), →Wasserphänomene und eine laut jammernde Geisterstimme (→sprechende Geister), die Frau Christaller eines Mittags hörte, als sie gerade an den vergangenen Selbstmordfall im Pfarrhaus denken musste. Auch von der nächtlichen →Erscheinung eines »bleichen Männerkopfes« mit offenen Augen und merkwürdig langen, seit einem halben Jahr offenbar nicht geschnittenen Haaren ist die Rede. Er sah »sehr traurig …, vergrämt und hager, durchaus nicht unheimlich« aus und gehörte einem etwa 40-Jährigen. Dieser Kopf ohne Körper bewegte sich schwebend an ihrem Ehebett vorbei und langsam auf das Bett ihres jüngsten Sohnes zu. Beim Aufschreien des Kindes verschwand er wieder spurlos (Christaller in: Moser 1950, 171).

Noch von vielen anderen Geistererscheinungen wird im Fall von O. erzählt. So sahen die →Kinder der Vorgänger von Christallers gemeinsam mit anderen Kindern aus der Nachbarschaft des Öfteren ein Geistermännchen, das sie das →Feuermännle nannten.

LITERATUR: Christaller o.J.; Moser 1950, 167–181.

OBE = *Out-of-Body Experience,* →Außerkörperliche Erfahrung

Oberon

Der Elfenkönig oder Feenkönig Oberon taucht mit seiner königlichen Gemahlin Titania schon in altfranzösischen Epen auf. In der Goethezeit wurde er auch in Deutschland bekannt, vor allem durch Shakespeares »Sommernachtstraum«, →Goethes →»Faust I« (1808, V. 4223–4398) und Wielands Epos »Oberon« (1780), P. Wranitzkys Operette »Oberon, König der Elfen« (1781) und Carl Maria von Webers gleichnamige Oper (1826). Siehe auch: →Elfen, →Zwergenkönige.

William Blake, »Oberon, Titania and Puck with Fairy dancing«. Wasserfarbe und Bleistift, um 1785, Tate Gallery, London.

Objektivität

Eine der ersten und beliebtesten Fragen im Zusammenhang mit →Geistern ist, ob sie objektiv existieren oder ob sie nur die subjektiven Erlebnisse eines verwirrten menschlichen Hirns sind.

Ja und nein. Nein, denn viele Geistererscheinungen lösen sich tatsächlich in Nichts auf, d.h., sie entpuppen sich als →Betrug und →Täuschung oder werden durch →Psi oder →Super-Psi erklärt. Ja, denn einige Geisterbegegnungen können nicht einmal mehr durch die Annahme von Super-Psi verstanden werden (→Leben nach dem Tod). Siehe auch: →Geister-Theorien.

Obsidian

Der schwarze, aus vulkanischem Glas bestehende Obsidian, auch Apachentränen genannt, diente im alten Mexiko der Geisterabwehr (→Abwehr). Zu quadratischen, magischen →Spiegeln geschliffen, war der Obsidian das Medium zum →Wahrsagen, d.h., er ermöglichte den Blick in die Vergangenheit, in die unbe-

kannte Gegenwart und in die Zukunft (→Außersinnliche Wahrnehmung).

Heute noch sind Kugeln aus Obsidian unter mexikanischen Wahrsagerinnen, den *brujas,* beliebt. Pfeilspitzen aus Obsidian vertreiben schlechte Winde und →Dämonen, während Obsidian-Klingen ein nützliches Instrument zum Zerstückeln von →Geistern und Dämonen abgeben (Rätsch 1989, 126f.).

LITERATUR: Opie und Tatem 1989; Rätsch 1989.

Odin (Wotan, Wuoten)

Odin ist der oberste Gott in der alten germanischen Götterwelt der Asen. Ein Auge ist ihm geblieben, das andere war der Preis für die Weisheit – er ist Meister in der Runenmagie. Odin oder Wotan ist der Anführer der →Wilden Jagd, des »Wuotesheeres«, des wütenden Heeres, in dem die verstorbenen Krieger kämpfen. Wut im Sinne von Erregung ist Kennzeichen des Wuoten. Odin entspricht dem griechischen Göttervater →Zeus und dem römischen Jupiter.

LITERATUR: Petzoldt 1995.

Okkult, das Okkulte

Das lateinische Adjektiv *occultus* bedeutet »verborgen«; das Okkulte ist das Verborgene, das unseren Sinnen und unserem Verstand nicht Offensichtliche. Der Terminus kam durch Agrippas Werk über die okkulte Philosophie, »De occulta philosophia« (um 1510 verfasst, 1. Ausg. 1531), ins Gespräch. Das Okkulte ist Gegenstand des →Okkultismus.

OOBE (OBE) = *Out-of-Body Experience* →Außerkörperliche Erfahrung

Opal

→Plinius der Ältere beschreibt die Schönheit und Vollkommenheit des wundersamen Edelsteins, der antiker Überlieferung nach die Luft reinigen, Traurigkeit vertreiben und Herz und Augen stärken kann: Er zeige das lodernde Feuer des →Rubins, den purpurroten Glanz des →Amethysts und das grüne Meer des Smaragds – alles zusammen glänze in einem einmaligen Licht.
LITERATUR: Plinius der Ältere 1973–1994.

Orakel

Wer will nicht in die Zukunft sehen? Trotz aller Vorausberechnungen und Prognosen, die heute in bestimmten Lebensbereichen möglich sind, bleibt ein beträchtlicher Rest von Ungewissem, der wie ein Schatten vor uns herschwebt und den wir einzufangen suchen. So war es von Anfang an, und wir finden berühmte Orte in der Antike, an denen die Götter um Antwort gebeten werden konnten und – Antwort gaben. →Delphi, Didyma, Dodona und Klaros

(s. Bauer und Zerling 2004) sind einige der berühmtesten Stätten, an denen der Kontakt mit dem Universum von sensitiven Personen, etwa den »rasenden« Sibyllen, hergestellt werden konnte.

Die Fragen an das Orakel betrafen in alten Zeiten die Öffentlichkeit, das politische Leben und Geschehen, Dinge, die für die Allgemeinheit von Bedeutung waren. Man fragte also nicht: Werde ich im Lotto gewinnen, meinen Traumjob kriegen und dazu noch den und den Partner bekommen? Das Allgemeine ist überhaupt eines der wichtigsten Charakteristika der griechisch-römischen Antike – das Bewusstsein um die Individualität ist hier noch im Keimen und blüht erst in der Renaissance richtig auf, um in unserer Zeit langsam wieder zu verschwinden oder vielmehr um sich in neuen Formen dialektisch mit seinem Gegenpol zu verbinden (vgl. Puhle 1987).

Die Doppelzüngigkeit vieler Orakel ist bekannt: »Wenn Du den Halys überschreitest, wirst Du ein großes Reich zerstören«, lautete die Antwort des Delphischen Orakels an den asiatischen König Krösus, der wirklich ein Krösus war, vor dem Krieg gegen Kyros (547/46 v.Chr.) – es war sein eigenes Reich, das unterging. Diese Zweideutigkeit erinnert an die alten griechischen oder auch buddhistischen Paradoxa, die mit logischem Denken nicht gelöst werden können: »Ein Kreter sagt, alle Kreter lügen. Lügt der Kreter?« Die Zukunft bleibt ambivalent, verhüllt sich im Zwielicht, ist unentschieden zum Zeitpunkt des Fragens und entscheidet sich erst in der Wirklichkeit des augenblicklichen Lebens – so wie »Schrödingers Katze« erst tot ist, wenn der Mensch den Kasten öffnet. Die berühmte Katze befindet sich in dem fiktiven Experiment des Physikers Erwin Schrödinger (1935) in einer Stahlkammer, in die eventuell eine tödliche Dosis Radioaktivität geleitet wird oder auch nicht, je nachdem, ob im

Laufe einer Stunde ein Atom der gefährlichen Substanz zerfällt oder nicht (vgl.
Lucadou 1989, 61ff.). Die Chancen stehen genau 50 zu 50, dass die Katze
vergiftet wird, aber man wird es erst
in dem Moment erfahren, wenn man
den Kasten öffnet. Physikalisch und sta-
tistisch gesehen ist die Katze während
des Experiments halb lebendig und halb
tot.

Das Zwielicht der Orakel ist auch das
Licht, das viele Geister dem rationalen
Denken verborgen hält und ihre Gegenwart wirklich und unwirklich zugleich
erscheinen lässt – das große Dilemma
der Aufklärung, die →Geisterscheni-
nungen in Klarheit und Licht auflösen
wollte.

Zurück zur Eingangsfrage: Wer nicht
in die Zukunft sehen will, das sind
manche Sensitiven, die das →zweite
Gesicht ererbt oder erhalten haben –
Annette von Droste-Hülshoff ist nur ein
Beispiel dafür, wie diese Gabe auf einem Menschen lasten kann. Auch die
Abneigung gegen das Voraussehen hat
eine lange Geschichte, schreibt doch
schon ein sizilianischer Universalgelehrter aus Messena, der Aristoteles-
und Theophrast-Schüler Dikaiarch, ein
dickes Buch darüber (vgl. Cicero, »De
divinatione« II, 105).

Siehe auch: →Apollon, →Außersinnli-
che Wahrnehmung, →Auguren, →Ei-
che, →Präkognition.

LITERATUR: Bauer und Zerling 2004; Cicero
1991; Lucadou 1989; Puhle 1987; Schrödinger 1955.

Orbs

In jüngster Zeit schenkt man, vor allem
in der angloamerikanischen Welt, bestimmten →Lichterscheinungen besonde-
dere Aufmerksamkeit, die ganz unerwartet und unerklärlich auftauchen,
doch nicht mit dem bloßen Auge zu sehen sind, sondern nur auf Fotos, die mit
Digitalkameras aufgenommen werden
(Potts 2004, 222), erscheinen – sie heißen im Englischen *orbs* (Pl., lat. *orbes*),
»Kreise«. So unerwartet sind diese
Lichtkreise jedoch nicht, findet man sie
doch häufig auf Friedhöfen, in der Nähe von Gräbern und in *haunted houses,*
→Spukhäusern, an denen auch Lichter
der Seelen spuken sollen. Das Aufzeigen von *orbs* an Spukorten ist zu einem
beliebten Thema im englischen Fernsehen geworden, worin auch Forscher
wie der Psychologe Matthew Smith von
der Universität Liverpool involviert
sind. Die wissenschaftliche Diskussion,

*»Orb«, d. h. ein
weißer* pentago-
nal density spot,
*aufgenommen
mit einem Kodac
»Gold«-Film,
400 ASA. Foto:
James Houran.*

ob sich alle *orbs* mit natürlichen Erklärungen wie Autoscheinwerfern, reflektierenden Motten oder Kameraeffekten verstehen lassen, ist im Gange.
LITERATUR: Houran und Brugger 2000; Potts 2004.

Orton

Orton heißt der →Familiengeist des Lord of Corasse, der vor vielen Jahrhunderten in der Nähe von Orthes lebte. Von dem Historiker Jean Froissart (1338–ca.1410) erfahren wir seine Geschichte:

Der Geist gehörte ursprünglich einem Geistlichen. Weil aber der Lord dem Geistlichen Unrecht getan hatte, kam dieser auf die Idee, seinen Geist auf ihn zu hetzen, er sollte den Lord anständig plagen. Doch seine Lordschaft drehte den Spieß um und schaffte es, den Geist auf seine Seite zu ziehen. So wurde Orton von nun an der *spiritus familiaris* des Lords. Zu den Angewohnheiten des Geistes gehörte es, seinen Herrn nachts aufzuwecken, sein Kissen aufzuschütteln und ihm seine

private Tagesschau, *the news of the world,* zu liefern.
LITERATUR: Shepard 1991.

Ortsgebundener Spuk →Spuk, ortsgebundener

Ortsgedächtnis →Geister-Theorien

Osmont, Anne

Die französische Autorin und Lehrerin Anne Osmont (2.8.1872–13.5.1953) aus Toulouse – sie verstarb in Paris – gilt als hellsichtig. Sie hinterließ mit Werken wie »Clartés sur l'occultisme« (Licht auf den Okkultismus) und »Envoutements et exorcismes à travers les âges« (Zauberei und Exorzismus im Laufe der Jahrhunderte) auch Material über →Geistererscheinungen.
LITERATUR: Shepard 1991.

Out-of-Body Experience →Außerkörperliche Erfahrung

Pan

*Arnold Böcklin, »Amaryllis«.
Öl auf Leinwand, 1866,
Schack-Galerie, München.*

Der griechische Hirtengott und Walddämon Pan ist ein Sohn des Hermes,
den man in Arkadien hoch verehrte.
Bocksbeinig und gehörnt ist der liebes-
lustige Gott immer auf Nymphensuche,
auf Jagd nach den verführerischen
→Wassergeistern. Der Faunus, wie ihn
die römische Mythologie nennt, ist ein
ausgezeichneter Flötenspieler. Von der
Nymphe →Syrinx, die seine Liebe verschmähte, hat die Panflöte ihren Namen
erhalten. Die flüchtende Syrinx bat um
Hilfe, sie möge in Schilfrohr verwandelt
werden, was prompt auch geschah. Nur
Pan konnte es nicht lassen – aus dem
Schilfrohr fertigte er eine Flöte an.

Wenn Geister, große Geister sterben,
verkünden es die Ihren. So hörte man
eine geheimnisvolle Stimme über das
Meer schallend den Tod des großen Pan
verkünden (Plutarch, s. Puhle 2005, 3,
VII.1).
Siehe auch: →Panik, →Zwerge.
LITERATUR: Irmscher 1978; Puhle 2005.

Pandora

Die erste Frau war wörtlich genommen
eine reich beschenkte, eine »Allbe-
schenkte« und auch »Allgeberin«, eine
Erdgöttin. Sie hieß Pandora, lehrt uns
die griechische Sage, und wurde von

*John William Waterhouse,
»Pandora«. Öl auf Leinwand,
1896, Collection Lloyd-Webber.*

Hephaistos auf Zeus' Anordnung geschaffen und mit allen nur erdenklichen Reizen versehen, mit allem beschenkt. Doch sie brachte ein verhängnisvolles Fass mit sich – später ist von einer Büchse die Rede. Pandora öffnete ihre Büchse und – die ganzen darin verschlossenen Übel kamen nun über die Menschen.

Panik

Ein panischer Schrecken kommt niemals allein – ein machtvoller Geist, der Walddämon und Hirtengott →Pan, steckt nämlich dahinter, so die Mythologie.

Papagei mit Geist

Wir hören unter →Telepathie bei Tieren von Erlebnissen mit einer Schlange, die auf die Absicht ihrer Bezugsperson, zu unerwarteten Zeiten nach Hause zu kommen, wiederholt reagierte. Sprechen konnte die Ringelnatter allerdings nicht. Das ist mehr eine Angelegenheit von Vögeln, von Papageien. Mit einem in New York lebenden *African Grey* namens N'kisi hat Rupert Sheldrake kürzlich ein Telepathie-Experiment durchgeführt. Als Fünfjähriger hatte der Papagei bereits einen Wortschatz von über 700 Vokabeln, dank der Sprachkurse, die ihm seine Besitzerin Dr. Aimée Morgana ab seinem sechsten Lebensmonat persönlich erteilt hat. N'kisi pflegt inzwischen in ganzen Sätzen zu sprechen, und im Januar 2002 hatte Aimée bereits 7000 grammatisch korrekte und sinnvolle Sätze ihres Schülers notiert. N'kisi begann nun, Kommentare zu Aimées Gedanken und Absichten abzugeben, auch zu denen ihres Ehemanns Hana. Das war für sie der Anlass, Rupert Sheldrake, zu involvieren, von dessen Forschung über Tiere und Telepathie sie in dem Buch »Dogs that Know

When Their Owners are Coming Home« (Sheldrake 1999) gelesen hatte. Dr. Sheldrake gelang es, in 147 Versuchen von je zwei Minuten zu zeigen, dass die treffenden Worte des Papageis die Zufallserwartung überschritten. N'kisis Aufgabe war es, 147 durch Zufallsverfahren ausgewählte Fotos zu beschreiben, die Aimée in einem Zimmer in einem anderen Stockwerk des Hauses verschlossenen Umschlägen entnahm. N'kisi kommentierte oft ganz zutreffend, was Aimée sah, etwa die Blumen, die jemand überreicht, die »schönen nackten Körper« eines Pärchens am Strand, den sich aus einem Auto herauslehnenden Mann und vieles mehr (Sheldrake 2003). Bei einer internationalen Tagung in Porto berichtete Rupert Sheldrake auch von einem Besuch bei Aimée Morgana: Als er in New York auf dem Weg zu ihrem Haus war, kam er an einer Kirche vorbei, die der heiligen Maria gewidmet ist. Er kehrte dort ein und zündete, wie er es gern tut, eine Kerze für Maria an. Bei Aimée eingetroffen, fing N'kisi an, von einer Kerze zu erzählen, die jemand angezündet hätte, und nannte auch den Namen Maria. Aimée überlegte, welche von ihren Freundinnen das wohl sein könnte. Als sie dann sagte, es könnte die und die Maria gewesen sein, kommentierte N'kisi nur: »No, it was the Holy Mary« (Sheldrake 2004). Steckt hier ein »Geist« oder ein »Heiliger Geist« dahinter?

Siehe auch: →Außersinnliche Wahrnehmung, →Katze, →Rotkehlchen, →Schwan, →Telepathie.

LITERATUR: Sheldrake 2003, 601–616; Sheldrake 2004.

Paracelsus

Die Gedanken des bedeutenden Arztes, Naturforschers und Philosophen Paracelsus, eigentlich Theophrast Bombastus von Hohenheim (1493–1541), wirken nach einem halben Jahrtausend immer noch inspirierend. Es sind Erfahrungen und Überlegungen zu den Themen Körper, Geist und Seele, zu den →Geistern von Verstorbenen und →Elementargeistern, über ein →Leben nach dem Tod und besonders über die →Unsterblichkeit des Menschen (vgl. Puhle 2005, 1, I.4; 2, III.11 und 26).

Große Geister wie →Goethe befassen sich mit dem weisen Gelehrten (»Dichtung und Wahrheit« II, 8; »Ephemerides«, 1770; Absatz über Paracelsus in »Geschichte der Farbenlehre«), und sein Einfluss ist in der Gestaltung der Faustfigur (Wilpert 1998, 807), in den Namen der Elementargeister im →»Faust« (V. 1272 ff.), etwa im →Erdgeist und im Konzept des Makrokosmos-Mikrokosmos zu erkennen.

LITERATUR: Bauer und Zerling 2004; Wilpert 1998; Puhle 2005.

John William Waterhouse, »The Household Gods« (Die Haushaltsgötter). Öl auf Leinwand, 1880, Privatsammlung.

Parzen

Die Parzen sind Schicksalsgöttinnen aus der römischen Mythologie, die den drei griechischen →Moiren, →Atropos, →Klotho und Lachesis, entsprechen. Sie spinnen den Lebensfaden des Menschen und schneiden ihn schließlich auch durch.

→Goethe setzt die Parzen am Schluss der »Proserpina« ein (V. 217–271), im →»Faust II« (V. 5305–5344) als verkleidete Hofdamen und lässt Iphigenie das Parzenlied vortragen (»Iphigenie«, V. 1726–1766).

LITERATUR: Wilpert 1998.

Penaten

Die Penaten, lat., sind Hausgötter im alten Rom. Sie schützen das Haus und wurden am Herd verehrt. Als *Di penates* sind sie die Schutzgeister des ganzen römischen Volkes.

Aeneas hat sie einst aus dem brennenden Troja gerettet und mit nach Italien gebracht.

Siehe auch: →Laren, →Larven, →Manen, →Schutzgeister.

LITERATUR: Irmscher 1978.

Peripsyche

Das Wort Peripsyche, griech. *peri,* »um«, »herum«, und *psyche,* »Seele«, bezeichnet in älterer Literatur eine Art von Gehirnstrahlung, außerdem einen die Seele umgebenden Körper, einen →Astralkörper.

Perisprit

Perisprit ist ein Ausdruck Alan Kardecs, mit dem er ein »spirituelles Doppel«, einen →Astralkörper bezeichnet.

Persephone

Persephone, die römische Proserpina, ist eine Tochter von Göttervater →Zeus und Demeter. Mit Genehmigung von Zeus holte →Hades sie als seine Frau in sein dunkles Totenreich. Ihre Mutter schaffte es, das Herz des grausamen Vaters zu erweichen, so dass Persephone wenigstens eine Hälfte oder sogar zwei Drittel des Jahres in der Oberwelt verbringen durfte. Sie wurde durch ihr sich ständig wandelndes Leben zur Göttin der wieder erwachenden Natur und der Fruchtbarkeit.
Siehe auch: →Unterwelt.

Personengebundener Spuk →Spuk, personengebundener

Pflanzengeister →Äther, →Alraune, →Bach, Edward, →Trott-Schepe, Jürgen

Phone Calls from the Dead
→Telefonanrufe von Verstorbenen

PK = Psychokinese →Recurrent Spontaneous Psychokinesis

Plinius der Ältere, Gaius Publius Secundus

Von den vielen Schriften des römischen Beamten, Offiziers, Historikers und Autors Plinius des Älteren (23–79 n.Chr.) aus Como, der in enger Beziehung zum flavischen Herrscherhaus stand, ist sein weltberühmtes enzyklopädisches Werk »Naturgeschichte« (»Naturalis historia«) als einziges erhalten.
  Plinius spannt darin einen weiten Bogen von Länderkunde, Menschenkunde, Tierkunde, Pflanzenkunde über Kunst bis zu Heilmitteln und berichtet auch von privaten Erfahrungen. Seine verloren gegangenen Schriften über die Germanen dienten noch Tacitus als Vorlage für seine im Jahr 98 verfasste »Germania«.
Siehe auch: →Delfin, →Nysia, →Opal, →Plinius der Jüngere.
LITERATUR: Plinius der Ältere 1. Jahrhundert/1973–1994.

Plinius der Jüngere, Gaius Publius Caecilius Secundus

Plinius der Jüngere (61/62–ca. 113) aus Como ist der Neffe von →Plinius dem Älteren und stammt wie dieser aus einer vornehmen norditalienischen Familie. Wie sein Onkel war er ein römischer Beamter und Schriftsteller, aber auch Redner, Anwalt und Konsul. Von ihm ist der älteste Bericht über einen →ortsgebundenen Spuk überhaupt in einem Brief an Sura überliefert (→Athenodoros).
LITERATUR: Plinius der Jüngere 1930; Bonin 1981.

Polterabend

Der britische Geisterforscher Harry →Price erinnert sich an Berlin:

»Als ich eines Sommerabends in Berlin die Friedrichstraße entlangging, beobachtete ich eine Gruppe von etwa vierzig Personen, die damit beschäftigt waren, feinstes China-Geschirr und leere Flaschen mit aller Gewalt gegen die Hauswand einer Wohnung zu schmeißen, die sich über ein paar Läden befand. Ich forschte nach, was der Grund für diesen Aufruhr wäre, und erhielt die Information, daß dort am nächsten Tag eine Hochzeit stattfände und daß die Freunde des glücklichen Pärchens nur einer alten Sitte folgten. Wenn sie des Zerbrechens von Gegenständen vor dem Haus überdrüssig geworden wären, würden sie sich ins Haus begeben, noch ein paar Töpfe und Pfannen zerschlagen, mehrere Gläschen Schnaps trinken und einige Leibniz-Kekse zu sich nehmen, bis dann die ganze Gesellschaft ins ›Esplanade‹ oder ›Bristol‹

zum festlichen Essen mit Wein umziehen würde.« (Price 1945, 1; übersetzt von A. Puhle)

Die immer noch lebendige oder wenigstens noch existierende, relativ junge Sitte, den Abend vor der Hochzeit im Hause der Braut mit →Poltern zu begehen, mag vielerlei Gründe haben: Die Bande der Braut an ihre Familie sollen zerbrochen werden, sie soll wie viele lärmende Zeremonien →Dämonen vertreiben, das Zerbrechen von Scherben soll Glück bringen, und vielleicht ist es einfach ein Ausdruck großer Freude.

Siehe auch: →Poltergeister, →Poltergeistphänomene, →Polterzimmer, →Spuk, →Spuk, personengebundener.
LITERATUR: Price 1945.

Poltergeister

Poltergeister können zweierlei sein: spukhafte Phänomene (→Poltergeistphänomene) oder spukende Geister. Als Spukgeist gehört der polternde Geist zu der Familie der →Kobolde, zu deren destruktiven Varianten. Im angloamerikanischen Sprachgebrauch versteht man unter Poltergeistern – der Begriff ist zuerst von Martin Luther überliefert und wurde 1848 von Catherine Crowe ins Englische eingeführt – den →personengebundenen Spuk, im Unterschied zum →ortsgebundenen Spuk *(hauntings).*

Als →Hausgeister sind die Poltergeister alte Verwandte der →guten Geister, die einst so gut waren, dass sie sogar »Gutele« genannt wurden (Schott 1662). Von den angenehmen Verhaltensweisen dieser liebenswerten Hauskobolde ist den Poltergeistern nur der Humor geblieben. Sie haben durchaus Witz und treiben gern Schabernack, nur übertreiben sie so, dass der Spaß schnell ein Ende hat.

Poltergeister binden sich an bestimmte Menschen, kreisen um sie wie um einen Brennpunkt und verschwinden, wenn die Bezugsperson, die →Fokusperson, geht. Sie ziehen zuweilen auch mit einem Menschen mit, wenn der Spuk ihn zum Umzug gedrängt hat (Joller 1863). Poltergeister sind laut, sie sind die akustischen unter den Geistern – ihr Poltern kann ohrenbetäubend sein.

Doch keine Angst, Poltergeister sind mitunter auch nur Menschen, wie man in Anlehnung an Walter von Lucadous und Manfred Posers ähnlichen Buchtitel sagen könnte (Lucadou und Poser 1997). Wie alle Geister sind sie viel harmloser als Menschen, denn auch wenn sie wütend werden und wild um sich schlagen, treffen sie immer gekonnt daneben. Wenn jemand behauptet, dass einer in einem Poltergeistfall ernsthaft verletzt oder getötet worden ist, ist das ein sicheres Zeichen dafür, dass der Fall nicht echt sein kann. Poltergeister werfen zwar viel, sind aber ganz schlechte Werfer – sie treffen immer haarscharf neben das Schwarze.

Die Psychologie hat heute herausgefunden, dass Poltergeister das Produkt menschlicher Sorgen und Nöte sind, die in Umbruchzeiten, in Zeiten des Übergangs von einer Lebensphase in eine andere, oft in der Pubertät, in schwierigen sozialen Lagen, zu schwersten Konflikten und Krisen führen können. Hier ist Lebenshilfe angesagt. Sind die Probleme gelöst, verschwinden die Spukgeister von allein.

Poltergeister sind die Favoriten der Wissenschaft – vielleicht weil sie so lebendig, so dynamisch sind. Mitunter bleibt ein ungeklärter Rest. Manche Poltergeister weisen auf andere Ursachen, scheinen doch nur Geister zu sein, oder wie Prof. Stevenson es sagt: Manche Poltergeister leben, und manche sind tot (Stevenson 1972, 252). Zu diesem »Rest« gehört etwa auch der antwortende Geist aus Wales, der *responsive Poltergeist,* den Prof. David Fontana beschreibt (1991). Martin Luther ging nicht davon aus, dass Poltergeister arme Menschenseelen sind, für ihn waren sie »eitel Teufel« (Luther 1840, 102), die nicht zu erlösen, nur zu vertreiben sind. Dementsprechend nüchtern fiel auch sein Rat aus, den er dem Pfarrer von Süptitz, einem Ort in der Nähe von Torgau, gab, in dessen Haus die Hölle los war, d.h., »Poltern, Stürmen, Schlagen und Werfen« ausgebrochen waren, und die Töpfe in der Küche herumflogen:

»... der Engel des Herrn hat sich umb Dich her gelagert, der schützet und behütet Dich. Darumb laß den Teufel immer hin mit den Töpfen spielen; Du aber bete zu Gott mit Deinem Weibe und Kinderlein, und sprich: Trolle dich, Satan, ich bin der Herr in diesem Hause, und du nicht.« (Luther 1854, 338)

Wo auch immer die Wahrheit liegt, ob Poltergeister Kobolde und alte Naturgeister, teuflische Dämonen, verstorbene oder lebende Menschen sind – eine Erlösung oder Lösung ist in allen Fällen nötig.
Siehe auch: →Polterabend, →Poltergeistphänomene, →Polterzimmer, →Spuk.

LITERATUR: Fontana 1991; Fontana 1992; Crowe 1848, 1849; Gauld und Cornell 1979; Joller 1863; Lucadou und Poser 1997; Luther 1840; Luther 1854; Puhle 2001b; Schottus 1662; Stevenson 1972.

Poltergeistphänomene

In einer Studie über sechs deutsche Poltergeistfälle, die sich zwischen 1713 und 1760 zutrugen (Puhle 2001a), habe ich 807 einzelne Spukphänomene gezählt, von denen darin berichtet wurde (Puhle 1999) und die ich in 30 Gruppen mit einigen Untergruppen zusammengefasst habe. Die dort erlebten Phänomene sind weder einzigartig in der Kulturgeschichte, noch sind sie Vergangenheit:

Sie werden ähnlich von vielen anderen Autoren genannt (Bozzano 1920, 1930; Tizané 1951; Gauld und Cornell 1979, Cox 1961; Huesmann und Schriever 1989).
Einige typische Poltergeistphänomene sind:

- Toben, Rumoren, Poltern, Lärmen, Krachen
- Steinewerfen
- Zerbrechen von Fensterscheiben und Gegenständen
- Schläge gegen Türen und Wände (Raps)
- Gegenstände werden geworfen, beim Anfassen sind sie heiß
- Gegenstände werden verstellt
- Gegenstände verschwinden plötzlich, tauchen wieder auf oder auch nicht
- Objekte durchdringen Materie
- Gegenstände scheinen sich in der Luft zu bilden, fühlen sich warm an
- Geworfene Gegenstände folgen den Konturen von Möbelstücken
- Stimmen
- Phänomene mit Wasser oder Feuer, Feuer ist eiskalt
- Mimikry-Geräusche, die Menschen oder Tiere nachahmen
- Personen werden bombardiert, jedoch verfehlt
- Optische Erscheinungen, Erscheinungen von Geistern
- Totale Unordnung
- Gerüche
- Türen und Schränke öffnen sich von selbst
- Kommunikation durch Klopfen oder Reaktionen durch Spukphänomene

Interessant ist vor allem, dass in dem ganzen Spukchaos ein intelligentes Wesen zu agieren scheint, eine Absicht und Zielgerichtetheit zu erkennen ist. Der →Spuk von →Poltergeistern ist kommunikativ, sie antworten oder reagieren mit Verstärkung oder Abschwächen bzw. Ausbleiben der Phänomene, ganz anders als beim ortsgebundenen →Spuk, der so ruhig und stereotyp verläuft, als wären die Geister tot. In Poltergeistfällen ist Dynamik, ist Leben drin, denn schließlich sind hier die Geister der Lebenden zugange.

Siehe auch: →Spuk, personengebundener.

LITERATUR: Bozzano 1920, 1930; Cox 1961; Gauld und Cornell 1979; Huesmann und Schriever 1989; Puhle 1999; Puhle 2001a; Tizané 1951.

Poltern

Lärm verschiedenster Art ist ein Mittel zur →Abwehr von Geistern. Andererseits ist Poltern das namengebende Charakteristikum des →Poltergeistes, der heute im Brennpunkt der Forschung steht. Der Poltergeist rumpelt, rumort und wirft mit Gegenständen umher, er ist der Prototyp des Spukgeistes.

Siehe auch: →Polterabend, →Poltergeistphänomene, →Polterzimmer, →Spuk, →Spuk, personengebundener.

Polterzimmer

In früheren Zeiten hatten Kinder in Deutschland ihr eigenes Polterzimmer, in dem sie nach Herzenslust →poltern, rumoren und Lärm machen konnten, ihr Spielzeug zerschlagen und ihre Triebe, ihre *animal spirits,* wie Price sich ausdrückt (Price 1945, 1), nach Herzenslust ausleben konnten. Interessant ist, dass in der seit Ende des 19. Jahrhunderts einsetzenden Poltergeistforschung die *naughty-boy*-Theorie aufkam, nach der ein ungezogener Junge Ursache eines Spuks (personengebundener →Spuk) ist.

Siehe auch: →Poltergeister, →Poltergeistphänomene.

LITERATUR: Price 1945.

Präkognition

Einer der drei großen Bereiche der →Außersinnlichen Wahrnehmung ist neben →Telepathie und →Hellsehen die Präkognition, das Vorauserkennen der Zukunft, aus lat. *prae,* »vor«, und *cognoscere,* »erkennen«, zusammengesetzt. Wie telepathische Erlebnisse werden auch präkognitive Erfahrungen oft im Zusammenhang mit entscheidenden, bedeutungsvollen Vorgängen gemacht, häufig mit dem →Tod. Es gibt sehr viele Berichte, nach denen ein zukünftiges Geschehen von Geistern vorausgesagt wird. Dies kommt vorwiegend bei →Sterbenden und in →Nahtoderfahrungen vor, und auch das Sehen des eigenen →Doppelgängers gehört zu den ganz alten Todesomen. Handelt es sich um →Geister von Lebenden, die den Tod →ankünden, können die subjektivistischen →Geister-Theorien, die den Vorgang mit →Psi bzw. →ASW erklären wollen, zur Erklärung herangezogen werden. Erscheinen aber →Geister von Verstorbenen als Todesvorzeichen, greift diese Theorie nicht mehr, selbst wenn die Psi-Theorie in eine Super-Psi-Theorie (→Super-Psi) auf mehrere beteiligte Psychen ausgedehnt wird.

Siehe auch: →Leben nach dem Tod, →Orakel, →Vorgeschichte, →Wahrsagen, →Weissagen, →weissagende Geister, →zweites Gesicht.

LITERATUR: Bauer und Zerling 2004; Cicero 1991.

Price, Harry

Unter den britischen Geisterforschern ist der Autor Harry Price (1881–1948) eine schillernde Persönlichkeit. Ohne ihn wäre →Borley Rectory niemals Englands Spukhaus Nummer eins geworden. Ein Großteil seiner Arbeit galt dem →Poltergeist (Price 1945). Eine Geistersitzung auf dem →Brocken, die

Harry Price.

er in der Johannisnacht 1932 veranstaltete – überflüssig zu sagen, dass keine Hexe erschien –, weist auf das weit gefächerte Spektrum seiner Aktivitäten hin. Price recherchierte auch außerhalb Englands und bereiste deutsche Spukschlösser, zu denen auch Burg Falkenstein im Harz gehörte, wo man ihm jedoch nicht gestattete, im Spukbett zu nächtigen (Marsden 1994, 94–99; Puhle 2005, 3, VI.2).

Ausgezeichnet ist die Harry Price Library in London, British Museum – eine Geisterbuch-Sammlung, die viele seltene Werke aus früheren Jahrhunderten neben neuerer Geisterliteratur enthält. Literatur: Marsden 1994; Price 1945; Puhle 2005.

Promise Cases

→Geister von Verstorbenen müssen erscheinen, wenn sie ein gegebenes Versprechen zu Lebzeiten nicht mehr einlösen konnten. Ich habe diese Fälle unter dem Begriff *Promise Cases* zusammengefasst. (Puhle 2004f; vgl. Jaffé 1995, 184–195).
Siehe auch: →Geister von Menschen.
Literatur: Jaffé 1995; Puhle 2004f.

Pronoe

Weissagen war die Stärke der lykischen →Naiade Pronoe (nach dem Apollodex). So sagte sie einst dem Kaunos den Selbstmord seiner Schwester Byblis voraus, die sich in ihren Bruder verliebt hatte. Kaunos wurde gleich nach Byblis' Tod Pronoes Mann, und sie bekamen einen Sohn, Aigialos.

Pronoe war auch der Name einer Tochter des Nereus und der Doris, einer →Nereide (nach dem Katalog Hes.theog. 261). Ihr Name, der wohl »sehr klug« bedeutet, weist auf ihre Fähigkeit des Weissagens hin, die charakteristisch für viele →Wassergeister ist.

Noch eine Pronoe war neben weiteren in der Antike bekannt, und zwar eine Tochter des →Melampus und der Iphineira und eine Schwester der berühmten Seherin →Manto und des Sehers Antiphates, des Großvaters von →Amphiaraos.
Literatur: DNP 1996ff.; RE 1894ff.

Pronoia →Providentia

Providentia

Im Alten Rom wusste man von einer Göttin, die einen Überblick über die Zukunft hatte und dementsprechend vorsorgen konnte – man nannte sie Providentia. Die weise Göttin stand sorgend hinter dem römischen Kaiser, der seinerseits *providentia,* vorausschauende Fürsorge, für das römische Volk ausübte. Der Providentia wurden in besonderen Situationen aus Dankbarkeit Opfer dargereicht, so etwa der Providentia Augusta, wenn eine Gefahr für das Kaiserhaus glücklich überstanden war. Die Attribute der kaiserlichen Providentia waren Zepter und Globus, während die *providentia deorum,* die weise Vorsorge der Götter, unter anderem als Adler abgebildet wird, der Kaiser Hadrian das Zepter überreicht.
Literatur: DNP 1996ff.

Prüfung von Geistern

Die Prüfung von Geisterberichten ist keine Folge der Aufklärung. Die Kritik an der Echtheit von Geisterberichten und -erfahrungen ist spätestens seit der griechischen Antike bekannt. Ein Jahr vor Kants Geburt, 1723, verfasst ein nicht genannt werden Wollender eine Gegenschrift zu dem von Pfarrer Heinisch aus Gröben berichteten Poltergeistfall ([Unterricht] 1723). Er stellt eine Reihe der heute üblichen kritischen Fragen:

»Ob das Werffen mit Steinen nicht für eine menschliche Wirkung gehalten werden könne? ...

Ob es nicht verdächtig sey, daß nur mit kleinen Steinen geworfen worden? ...

Ob ein mäßiger Bauerjunge nicht eben so wohl, oder noch besser mit kleinen Steinen auf ein Schindeldach werffen könne, als ein Gespenste? ...

Ob es nicht gar natürlich zugehe, daß mäßige Steine auf einem dürren Schindeldach einen starken Schall verursachen, den man weit im Felde hören kan? ...

Wie der Stand der Sonne ... gewesen? ...« ([Unterricht] 1723, 18ff.)

Titelbild der anonym verfassten Schrift »Unterricht / Wie man Gespenster und Gespenster-Geschichte prüfen soll«, 1723.

Es folgt ein schier endloser Fragenkatalog, der im Wesentlichen auf die Betrugs-Hypothese (→Geister-Theorien) hinausläuft und auf Geister-Kritiker wie Christian Thomasius und Wahrlieb verweist (16). Die Kritik des Unbekannten lässt durchscheinen, wie emotional das Geisterthema bei »Blindgläubigen« und »Ewig-Meckernden« (engl. *sheep and goat*) schon damals geladen war, und gipfelt in der Idee:

»Ob der 22. biß 34. §§ (des Berichtes von Heinisch) nicht ein Anhang zum Robinson Crusoe seyn könten?« ([Unterricht] 1723, 69)

Den Fall Heinisch habe ich an anderer Stelle besprochen (Puhle 2000 und 2004), hier sei nur darauf hingewiesen, dass grundsätzlich viele Fehlerquellen *(flaws)* in der Beurteilung von Spontanberichten möglich sind. Entscheidend für die Echtheit eines Falles (→Echtheit von Geistern) ist etwa nicht nur die Anzahl seiner Zeugen, sondern mehr noch deren Glaubwürdigkeit, die Berücksichtigung nachträglicher Übertreibungen, die Einbeziehung von Beobachtungsfehlern und Erinnerungsfehlern und natürlich auch die Ausschaltung von gewöhnlichem →Betrug und von unbewusster Manipulation (Bauer 1995, 128).

LITERATUR: Bauer 1995; Heinisch 1723; [Unterricht] 1723.

Psi

Den noch nicht anderweitig in Anspruch genommenen 23. Buchstaben des griechischen Alphabets hat man als vorläufigen Namen für die irreführend als »para«-normal bezeichneten Fähigkeiten des Menschen, wie →Außersinnliche Wahrnehmung und Psychokinese *(→recurrent spontaneous psychokinesis)* gewählt. Die Fragen, ob es diese Fähigkeiten wirklich gibt und wie sie funktionieren, sind Gegenstand verschiedener wissenschaftlicher Disziplinen, so hauptsächlich der Psychologie, Biologie,

Physik und Theologie (Pneumatologie), jedoch auch der Medizin, Ethnologie, Soziologie, Geschichte und Literaturwissenschaft, ebenso der Kunst und nicht zuletzt natürlich der Philosophie. Der Buchstabe Psi ist auch der erste in den Wörtern →Psyche und Psychologie. Die Bezeichnung Psi wurde von Wiesner und Thouless (1942) vorgeschlagen. Einen Überblick über die Evidenz für das Vorhandensein von Psi geben Göran Brusewitz und Adrian Parker – sie ist am deutlichsten im Bereich der →Telepathie (Parker und Brusewitz 2004; Parker 2003).

Siehe auch: →Super-Psi.

LITERATUR: Parker 2003; Wiesner und Thouless 1942; Parker und Brusewitz 2004.

Psyche

Der alte griechische Ausdruck für Seele lautet *psyche*. Sie wurde zuerst in der Antike personifiziert als geflügeltes Wesen vor- und dargestellt. Im einzigen Märchen der Antike, »Amor und Psy-

Johann Heinrich Wilhelm Tischbein, »Schwebende Psyche«.
Aus den »Oldenburger Idyllen«,
Öl auf Leinwand, 1817–1820,
Landesmuseum Oldenburg.

che«, das Apuleius im 2. Jahrhundert in seinen »Metamorphoses« erzählt, spielt Psyche die schöne Prinzessin, die, nachdem sie von ihrer zukünftigen Schwiegermutter Venus heftig gequält wurde, endlich Amor (Eros) heiraten darf. In der neueren Psychologie, wörtlich die Lehre von der Seele, wäre die ursprüngliche Wortbedeutung fast abhanden gekommen. Doch man hat inzwischen erkannt, dass das Bewusstsein, oft synonym für Psyche, wie ein Organisator funktioniert und das menschliche Verhalten steuern kann, wie Adrian Parker in seinem Kapitel »Is there a Return of ›The Soul‹ to modern Psychology?« erläutert (Parker 2001, 233ff.).

LITERATUR: Parker 2001.

Psychose →Geister-Theorien

Psychotische Zustände →Geister-Theorien

Publicius

Unter den vielen von Cicero (106–43 v. Chr.) in seinem Meisterwerk über die Seherkunst erwähnten Sehern ist auch Publicius (»De divinatione« I, 115). Er hat wie der Seher →Marcius singend seine Weisheit verkündet.

LITERATUR: Cicero 1991.

Pulsatio mortuorum

Die lateinische Bezeichnung *pulsatio mortuorum* bedeutet wörtlich ein Klopfen der Toten. →Paracelsus benutzt den Begriff für Klopfgeräusche, die im Umfeld von →Sterbenden zu hören sind. Unerklärliches →Klopfen bzw. Raps gehört zu den allgemein bekannten Phänomenen, die sich in Todesnähe abspielen können – der Tote meldet sich ab.

Pythia

Im griechischen →Delphi befand sich in antiker Zeit eine Tempelanlage, zu der die Einrichtung eines →Orakels gehörte, in dem die Wahrsagerin, generell Pythia genannt, in Trance ihre Weisheit verkündete. Neueste Forschungen haben ergeben, dass aus den Felsspalten in Delphi, bedingt durch Pflanzenablagerungen in einer Steinschicht (Limestone) in Kombination mit Quellwasser, Gase entstehen, Methylen und Äthylen, die zu veränderten Bewusstseinszuständen führen. Nach Plutarchs (ca. 46–ca. 120) Zeugnis zeigte einst eine Pythia Symptome, die den von den Gasen erzeugten Effekten genau entsprechen – sie verstarb darauf unter Krämpfen. Doch schon lange vorher bemerkt Cicero (106–43 v.Chr.) in seinem Werk »Über die Wahrsagung«: »Im übrigen meine ich, daß es auch gewisse Ausdünstungen der Erde gab, die in den Geist eindrangen, so daß er Orakel ausstieß« (»De divinatione« I, 115).

LITERATUR: Bauer und Zerling 2004; Cicero 1991.

Qi (Chi, Ki)

Qi ist die chinesische Bezeichnung für eine Form der Energie, der Lebensenergie.

Quellgeister →Nymphen

Quellnymphen →Naiaden, →Nymphen

Querg →Zwerg

Quintessenz

Der aus lat. *quinta essentia* abgeleitete Begriff »Quintessenz« bedeutet wörtlich »fünfte Essenz«. Aristoteles (384–323 v. Chr.) versteht diese fünfte Essenz als →Äther, als die feinste aller Substanzen, als ein alles durchdringendes Element. Plutarch (ca. 46 – ca. 120) bezeugt, dass auch der →Himmel oder das →Licht als fünftes Element angesehen wurden. In der Alchemie ist sie der Urstoff, der alle Metalle in Gold verwandeln kann – und übertragen auf die nicht stoffliche Ebene, hebt sie alle Gegensätze auf.

Im heutigen Sprachgebrauch bezeichnet sie den Inbegriff einer Sache, ihr »eigentliches Wesen als Resultat einer umfassenden Erkenntnisbemühung« (Bühler 2001, 391). Ihre tiefere Bedeutung ist heute verblasst, der feine, höhere »Äther-Sinn« des an logischem Kalkül und Beweisbarkeit orientierten Menschen scheinbar verkümmert (Trott-Tschepe 1993, 95). Die Quintessenz liegt in der *re-ligio,* in der Rückverbindung mit dem Himmlischen, dem Schöpferischen, dem Ursprung – sie schließt den Kreis.

Siehe auch: →Elemente.

LITERATUR: Bühler 2001; Trott-Tschepe 1993.

Ran

Die germanische Meeresgöttin Ran regierte über ein Totenreich, in das die Toten gelangten, die nicht nach Walhall oder zur Hel kamen und nicht in den Totenbergen ihrer Sippe oder unter der Erde ihr Leben fortsetzten (Rosén in HdA 1987, VIII, 1088).
LITERATUR: HdA 1987.

Raudive, Konstantin

Konstantin Raudive.

Der lettische Psychologe Konstantin Raudive (1909–1974), Schüler von C. G. Jung und Ortega y Gasset, verheiratet mit der Autorin Zenta →Maurina (→Unsterblichkeit), Lehrer an der Universität Riga und Herausgeber einer Zeitung, hat sich der Erforschung der paranormalen Phänomene verschrieben. Bekannt wurde er durch seine Forschung auf dem Gebiet des elektronischen Stimmphänomens, engl. *electronic voice phenomenon* (EVP) – man spricht von Raudive-Stimmen bzw. *Raudive voices*. Siehe auch: →Transkommunikation.

Realität von Geistern →Echtheit von Geistern, →Prüfung von Geistern

Recurrent Spontaneous Psychokinesis (RSPK)

Die Bezeichnung für einen Spukfall, *recurrent spontaneous psychokinesis* (RSPK), bedeutet wörtlich »sich wiederholende spontane Psychokinese«, eine durch die Psyche ausgeführte Bewegung (Pratt und Roll 1958). Die in einem Poltergeistfall auftretenden →Poltergeistphänomene werden von der →Fokusperson nicht bewusst – Betrug ausgenommen – erzeugt.
Siehe auch: →Poltergeister, →Spuk.
LITERATUR: Pratt und Roll 1958.

Regenbogen

Irland ist das Land der →Banshee, der →Feen und des →Leprechauns und auch das Land des Regens, des Regenbogens und der Regenbogenbrücken. Auch die alten nordischen Völker sahen im Regenbogen eine Brücke (»Edda«) in den Himmel oder auf die Erde.

Regengeister

Der Regen ist nicht nur eine Wohltat und lebensnotwendig für die Natur, der in einer Gemeinschaftsproduktion mit der Sonne den schillernden Regenbogen am Himmel hervorzaubert, sondern auch eine Spende aus Götterhand – die

manchmal zu großzügig ausfallen kann. Die nordischen Götter Donar und Holda beherrschten ihn, und zuweilen kündete ein riesiger Geistermann, den man in Österreich auf einem weißen Pferd durch die Berge reiten sah, vom erhofften Regen (ZfVk 1912, 12, 24).
LITERATUR: ZfVk 1912.

Regie-Theorie →Geister-Theorien

Regressionstherapie →Kinder, →Reinkarnation

Reinkarnation

Die Seele kommt und geht, und wir ahnen vielleicht manchmal, woher und wohin. Eines Tages wird sie endgültig in die Ewigkeit eingehen – so glaubten es viele Völker und Religionen. Der Gedanke der Reinkarnation gehört zu den weit verbreiteten Überzeugungen der Geschichte der Menschheit. Ronald Zürrer stellt in seinem enzyklopädischen Werk über die Reinkarnation fest, »daß es auch in Europa in der Tat keine Zeitepoche gegeben hat, in der die Idee der Reinkarnation nicht von einem überwiegenden Teil der Dichter, Denker und Philosophen … häufig angenommen und gelehrt wurde« (1994, 121). Die Liste der berühmten Namen kann daher hier nur mit einigen Repräsentanten wie Pythagoras, Pindar, Empedokles, Platon, Vergil, Ovid, Plotin, Jamblichos, Dante, Hume, Lessing, Herder, Goethe, Allan Kardec, Wagner, William Wordsworth und Rudolf Steiner angedeutet werden.

Dem alten Glauben kommen Wissenschaftler heute auf die Spur. Ian Stevenson (University of Virginia, USA) hat fast 3000 Fälle recherchiert, darunter auch europäische. Bruce Greyson (University of Virginia), Erlendur Haraldsson (Universität Reykjavík), Jürgen Keil (IGPP Freiburg und Australien) und Jim B. Tucker (University of Virginia) betreiben ebenso Feldforschung auf diesem Gebiet. Seit 40 Jahren werden etwa an der Universität Virginia Kinder erforscht, die sich an frühere Leben erinnern. In der Regel fangen die Kinder ganz unvermittelt an, von einem anderen Zuhause zu erzählen, die jetzige Mutter sei gar nicht ihre richtige, sondern hieße vielmehr soundso, wohne daundda usw. Die Angaben sind oft so korrekt, dass eine genaue Nachprüfung möglich ist. Die meisten Fälle stammen aus Asien. Aber erst kürzlich hat der Kinderpsychiater Jim B. Tucker eine Studie an 15 Kindern in den USA durchgeführt. Elf Kinder erinnerten sich an ein früheres Leben eines Fremden, drei an das Leben eines Großvaters oder einer Großmutter und nur eines an das Leben eines Urgroßvaters oder einer Urgroßmutter. Die Eltern dieser Kinder hatten keine besondere Vorliebe für den Gedanken der Reinkarnation – im Gegenteil, einige hatten negative Gefühle. Tuckers Studie stellte einmal mehr (vgl. Haraldsson 1997 sowie Haraldsson, Fowler und Mahendran 2000) heraus, dass die Kinder völlig gesund waren und keine psychopathologischen Symptome zeigten, recht intelligent und »gut angepasst« waren (Tucker 2004).

Von besonderer Evidenz in der Reinkarnationsforschung sind die so genannten *birthmarks,* Geburtsmale. Kinder erzählen in diesen Fällen, sie seien in ihrem früheren Leben auf unnatürliche Weise ums Leben gekommen – durch eine Schussverletzung oder einen Unfall etwa –, und sie zeigen dann an der betreffenden Körperstelle ein Geburtsmal, eine Narbe. Die Fälle, in denen sich eine Übereinstimmung zwischen den Angaben des Kindes über seinen Tod und der Todesursache der angegebenen Person finden lassen – sichtbar in den Birthmarks –, gehören zu den besten Fällen der Reinkarnationsforschung.

Reinkarnationsfälle sprechen auch am deutlichsten für ein →Leben nach dem Tod (Braude 2003, 284).

Das schwedische Fernsehen hat in der von Robert Jönsson produzierten Serie »Tidigare Liv«, Frühere Leben, Fallbeispiele aus der Praxis des Regressionstherapeuten Jörgen Sundvall vorgestellt, in denen Erwachsene unter Hypnose in mehrstündigen Sitzungen von einem oder auch mehreren früheren Leben erzählten:

»Im zweiten Teil der schwedischen Fernsehserie »Tidigare Liv« (Frühere Leben) sucht der 29-jährige Literaturstudent Jesper Bood aus Jönköping (Südschweden) nach Zeichen dafür, dass er früher schon einmal gelebt hat. Unter Anleitung des Therapeuten Jörgen Sundvall wird er während einer so genannten Regressionssitzung in eine frühere Zeit zurückversetzt. Während der Rückführung erzählt er, dass er im 19. Jahrhundert als der Fischer John Smith in dem schottischen Städtchen Dunber gelebt habe. Es ließen sich wichtige Mosaiksteinchen ausfindig machen, die seine Vergangenheit erhellen.

Nach der Rückführung schreibt er seine Erfahrungen nieder: in welchem Teil Schottlands Dunber liegt und wie die Gebäude und andere Dinge dort aussehen. Es stellt sich heraus, dass die Stadt Dunber in Wirklichkeit Dunbar geschrieben wird, aber sie liegt exakt an dem Punkt, den Jesper aufgezeichnet hat.

Jesper ist voller Erwartung, aber er hat keine Ahnung, dass wir tatsächlich die Stadt gefunden haben. Er erzählte viel von seiner früheren Kindheit, dass er ganz nah bei einem Moor gewohnt habe, und beschrieb, wie die Stadt von dort ausgesehen habe. Er sprach von einer Kirche und einer Schule, in die er damals gegangen sei. Jesper erwähnte sogar, dass sowohl Mädchen und Jungen in seine Schule gingen und dass sein Vater als Schmied sein Geld verdient habe. Bei seiner Suche nach Zeichen bekommt Jesper Hilfe von dem örtlichen Historiker Roy Pugh. Sind Jespers Aussagen richtig und werden sie sich weiter als richtig herausstellen, wenn Roy sie überprüft?« (Internet-Zusammenfassung des zweiten Teils der Serie »Tidigare Liv«, Schweden, TV5, Produktion von Strix Television AB, gesendet Anfang 2004; übersetzt von A. Puhle)

Jesper Bood.

Jesper Bood, der niemals zuvor in Schottland war, wurde vom Fernsehteam nach Dunbar gebracht. »Als ich auf dem Heidekraut stand, war alles andere nur noch ein Bonus«, fasst Jesper zusammen. Und »alles andere« waren die vielen Fakten, die sich bestätigen ließen. Zu den bereits genannten Fakten kamen noch weitere: So hatte er während der Rückführungssitzung das Jahr seiner Geburt genannt, 1852. Mit der Hilfe des Historikers Roy Pugh ließ sich der Name John Smith, der in dieser Gegend Schottlands nicht sehr verbreitet war, zusammen mit dem Geburtsjahr in den Kirchenbüchern finden: Ein John Smith wurde im September 1852 geboren und am 18. Oktober getauft. Der Name seines Vaters war ebenfalls John Smith, sein Beruf Schmied, der Name seiner Mutter Mary Craig, wie Jesper angegeben hatte. Im Alter von acht Jahren sei er 1860 in Dunbar zur Schule gegangen. Er hatte einen Freund, der mit Nachnamen Wilson hieß – ein Name, den in dieser Zeit immerhin einige Fischerfamilien in dieser Gegend trugen. Seine Familie, so Jesper, habe in der Public Road, Gateside, in einem braunen Holzhaus gewohnt, wo jetzt die A1 zwischen West Barns und East Linton verläuft. Hier standen einst tatsächlich braune Holzhäuser. Die Gemeinde existiert heute nicht mehr, aber historische Dokumente belegen, dass dort damals eine Schmiede war. Jesper Bood erinnerte sich in der Sitzung an den halbstündigen Schulweg und beschrieb die Dunbar Parish Church: »Es war das ers-

273

te Gebäude, das ich sah, wenn ich morgens zur Schule ging. Ich wusste, es lag nah am Meer und dass ich es aus einem Fenster des Klassenzimmers sehen konnte, es lag schräg gegenüber der Schule.« Die Schule, so Jesper, sei in U-Form gebaut und habe drei Etagen. Auch von den alten Kirchenfenstern hatte er genaue Vorstellungen. Roy Pugh sagt, dies sei eine akkurate Beschreibung der Kirche und der früheren Woodbush School, die nach 1950 abgerissen wurde. Das Kirchenfenster, das er nach der Sitzung gemalt hatte, war allerdings nicht zu finden. Die Kirche war inzwischen umgebaut worden und aus dem einen großen Fenster ist heute ein runder Vorbau mit drei einzelnen Fenstern entstanden. Nur den heutigen Turm der Kirche hatte Jesper anders in Erinnerung. Jesper beschrieb schließlich ein Pub, die Fisherman's Tavern in der Lamer Street, an deren Tür ein grünes Schild hing. Er erkannte die Taverne in The Creel Restaurant wieder, das früher Jersey Arms hieß und eine bekannte Fischer-Kneipe war. In dem Pub führte man eine sehr alte Biersorte, deren Emblem Jesper unmittelbar an das Bild erinnerte, das ihm während der Regression deutlich vor Augen schwebte und ihn letztlich während der Rückführung in das Pub geführt hatte: Es war das Zeichen für Fishermen's friend. Bemerkenswert ist, dass Jesper behauptete, das Pub sei damals in den Händen einer Frau gewesen – für damalige Verhältnisse eher ungewöhnlich –, und in der Tat, es gehörte zur fraglichen Zeit einer Frau. Und schließlich malte Jesper nach seiner Rückführung noch eine Skizze der Örtlichkeiten. Sie zeigt fünf Orte: Kirche, Schule, High Street, Methodistenkirche und Hafen. Das Fünfeck, das sich daraus ergibt, stimmt präzise mit der wirklichen geografischen Lage aller fünf Orte überein.

Im Gespräch mit Jesper erfuhren wir, dass nur eine Aussage, die er gemacht hatte, nicht richtig gewesen sei, nämlich das Aussehen des heutigen Kirchturms. Und seine Angabe, ertrunken zu sein – was er in der Hypnose intensiv durchlebt hatte –, ließ sich bisher nicht bestätigen. Natürlich wäre ein gewaltsamer, zu früher Tod ein triftiger Grund für die Erinnerung, wie wir aus vielen anderen Fällen wissen. Hier wäre es unbedingt erforderlich, Einsicht in die Unterlagen der Filmgesellschaft in Stockholm nehmen zu dürfen. Der Hauptpunkt ist, die Möglichkeit der unbewussten Erinnerungen (Kryptomnesie) an eine in einem Buch gelesene Geschichte auszuschließen.

Welche alternativen Antworten können wir auf den Fall Jesper Bood geben – vorausgesetzt, die Informationen sind korrekt? Kann es eine Form von Besessenheit sein? Die Zeichen sprechen nicht dafür. Besessenheit ist mit unangenehmen physischen Symptomen verbunden – das ist nicht der Fall.

LITERATUR: Braude 2002; Haraldsson 1997; Haraldsson, Fowler und Mahendran 2000; Resch 2003; Stevenson 1997; Stevenson 2001; Stevenson 1975–1983; Tucker 2004; Zander 1999; Zürrer 1994.

Reiter, kopfloser → Kopflose

Remigius

Macht über → Dämonen hatte der heilige Remigius, der zwischen 437 und 440 in Laon geboren wurde und schon im Alter von 22 Jahren zum Bischof von Reims ernannt wurde. Er ist wie der heilige Martin ein Apostel der Franken, und sein Leben ist umrankt von vielen Legenden. In Toulouse heilte er auf wundersame Weise ein Mädchen, während er in Reims bei einer Jugendlichen eine Teufelsaustreibung vornahm und ein großes Feuer beschworen haben soll, das daraufhin aus der Stadt hinauszog. Ferner spielt bei der Taufe des späteren Königs Chlodwig ein von Remigius gesandtes, Wunder wirkendes Ölfläschchen eine Rolle. Der Heilige wird auch als Helfer für eine leichte Geburt angesehen. Sein Ehrentag ist der 1. Oktober, und seine Attribute sind das Ölfläschen sowie eine Taube. 533 verstarb der geisterbezwingende Bischof, und sein Leichnam wurde 1049 in die Benediktinerabtei St. Remy überführt.

LITERATUR: HdA 1987.

Remote Viewing

»Fernsehen« mit Hilfe von →Psi oder als Nebeneffekt einer außerkörperlichen Reise (→Astralreise, →Außerkörperliche Erfahrung) wird in der amerikanischen Forschung als *remote viewing* bezeichnet. Es ist die neuere Bezeichnung für →Hellsehen. Gesehen wird dabei ein entfernter Ort, der detailliert beschrieben werden kann. Der CIA führte 24 Jahre lang, zunächst unter der Leitung des Physikers Russell Targ und seit 1985 unter dem Physiker Dr. Edwin May, ein Forschungsprojekt durch, das später als Stargate-Projekt bekannt wurde. Hier wurden erfolgreich die ASW-Fähigkeiten der Versuchspersonen mit einer bestimmten, von Targ and Harold Puthoff am Stanford Research Institute entwickelten Technik trainiert. Einer der erfolgreichsten *remote viewer* ist Joe McMoneagle, der in seinem Handbuch über diese Technik (2000) bei aller Sensation, die um das Projekt entstand, ethische und religiöse Aspekte nie aus den Augen verlor. Die Erfolgsrate McMoneagles lag bei 60 Prozent, ein anderer Versuchsteilnehmer erreichte sogar 90 Prozent. Nicht jedem bekam das intensive Trainingsprogramm allerdings gleich gut. →ASW ist kein Spielzeug.
Siehe auch: →Präkognition, →Telepathie, →Wahrsagen, →Weissagen.

LITERATUR: Gruber 1999; McMoneagle 2000.

Resau, Spuk von

In den Jahren 1888–1889 fand in der Umgebung von Berlin ein Poltergeistfall statt: Ein Junge wurde angeklagt, Steine geworfen und Fensterscheiben zerbrochen zu haben. Der Fall kam vor Gericht, der Junge wurde für schuldig befunden und zu einer Geldstrafe und Gefängnis verurteilt. Der Gerichtspräsident hatte erklärt, man müsse das Urteil auf wissenschaftliche Erkenntnisse stützen und nicht die Idee einer magnetischen oder ähnlichen Kraft fördern (Thurston 1953, 199f.) – anders als im Fall →Cideville, wo das Urteil die Möglichkeit eines paranormalen Geschehens offen lässt.
Siehe auch: →Poltergeister, →Poltergeistphänomene.

LITERATUR: Der Spuk von Resau, Berlin 1888; Thurston 1953.

Resch, Prof. Dr. Dr. Pater Andreas
→IGW

Reservoir, kosmisches ▸kosmisches Reservoir

Retrokognition

Retrokognition, wörtlich »rückwärts gerichtete Erkenntnis«, ist eine →Außersinnliche Wahrnehmung der Vergangenheit.

Revenant

Das französische Wort *revenant* bedeutet →Gespenst, während im deutschen und englischen Sprachgebrauch →Wiedergänger als umgehende →Geister von Verstorbenen verstanden werden.

Reynolds, Pam

Der Fall der amerikanischen Sängerin Pam Reynolds ist ein außerordentlich gutes Beispiel einer →Nahtoderfahrung. Während einer Hirnoperation – die Patientin stand unter strengster medizinischer Kontrolle und galt als klinisch tot – begegnete Pam verschiedenen Geistwesen.

Reziproke Geistererscheinung

Wird eine Geistererscheinung von beiden beteiligten Personen, dem »Sender« und »Empfänger«, erlebt, spricht man von einer reziproken Geistererscheinung, engl. *reciprocal apparition.* Der Erscheinende hat dabei das realistische Gefühl, bei dem, dem er erscheint, zu sein, wo immer sich dieser andere gerade aufhält, während dieser das sichere Gefühl hat, von der Erscheinung »besucht« zu werden. Das Phänomen steht in enger Beziehung zu dem merkwürdigen Phänomen des →Doppelgängers sowie zu dem alten Topos der →Bilokation.

LITERATUR: Guiley 1992.

Riesen (Risen)

Riesen ragen aus der Geisterwelt heraus. Es gibt nur wenige große Geister, dafür umso mehr kleine. Wie alle Geister sind die Riesen Weltbürger, und es gibt sie in vielen Varianten, die *gigantes,* wie sie im Lateinischen heißen. Riesen erscheinen als Kinderschreck (HdA 1987, IX, N. 1133), sie wohnen auf dem Mond (VI, 513), sind Wasserriesen (IX, 197), Windriesen (IX, 647), Sturmriesen (IX, 634f.) oder versteinerte Riesen wie der Watzmann, der Serles, Frau Hütt oder die schlafende Frau Gant (IX, N. 1123f.; VIII, 425). Natürlich sind die Riesen riesengroß, tragen Riesenschu-

he, ihre Stimme lässt Berge erbeben und Felsen zerbrechen, ihr Schnarchen fährt wie ein Gewitter durch die Bäume, und ihr Niesen dröhnt meilenweit. Riesenmänner wie -frauen laufen meist nackt umher, sind jedoch stark behaart, wie die Fänggen. Manchmal lugen unter ihren langen, gelben Haaren riesige feurige Augen hervor, ein andermal haben sie nur ein Auge oder sind blind. Bergige Gegenden und Höhlen sind ihr Zuhause.

Deutsche Riesen werden unter vier Namen gefasst: Riese, Hüne, Türse und Ent bzw. Entas, doch Eigennamen der stattlichen Herren finden wir zuhauf: der starke Hans, Boller, Drago von Drachenfels, der große Christoph, Rapel, Bumm, Olps, Kakus, Schaper, Schletto, Riesenlatscher, Wille Bäkman, der Riesenkönig Och, Botti oder gar ein ganzes Riesengeschlecht wie das der Rüepel vom Traunsee (IX, N. 1122). Man gedenkt der gigantischen Geister mancherorts noch bis auf den heutigen Tag.

Eingang zur Grotte des Riesen Åland.
Foto: Annekatrin Puhle.

→Rübezahl hat seine unverkennbaren Spuren im Riesengebirge hinterlassen. Und fahren wir nach Schweden, dann kommen wir knapp 50 Kilometer östlich von Göteborg an einen herrlichen, lang gestreckten, in Felsen und Wälder eingebetteten See. Sein westliches Ufer ist von einer hohen Steilküste gesäumt. Auf einem Parkplatz, in der Nähe dieser Klippen, an der Straße Richtung Trollhätten – der Name bedeutet »weibliche Kopfbekleidung eines Trolls« –, befindet sich ein großes Informationsschild mit folgender Aufschrift:

»Die Geschichte des Brautbettes: Vor langer Zeit, zur Zeit der Heiden, wohnte in diesen Wäldern hier ein Riese *(jätten)*. Er hieß Åland. Er war einsam. Eines Tages lag er da und sah hinunter zu den schönen Elfen, die am Strand ihren Tanz aufführten. Da verliebte er sich unsterblich in eine der Elfen und wollte sie zur Braut nehmen. Er fing sie ein und sperrte sie in seine Grotte. Aber die Elfe hat die Einsamkeit mit dem Riesen nicht ausgehalten. Sie sprang die Klippen hinunter und verschwand in den Wellen. Seitdem trägt die Grotte den Namen *Brudsängen,* Brautbett, oder *Bruarängen*.« (Übersetzt von A. Puhle)

Der See mit seinen fast 30 Meter hohen Klippen, über denen die wildromantische Grotte des *Jätten* liegt, ist nach ebendiesem Riesen benannt: Ålandasjön. Die Macht des Åland ist noch nicht vergangen: In seiner Grotte sind Hunderte von Stöcken aufgestellt, an die Felswände gelehnt – sie sollen den Großen von ungestümen Sturm- und Drangtaten abhalten.

Aus Deutschland berichtet Musäus eine ähnliche Geschichte von dem Riesen →Rübezahl.
Siehe auch: →Lorelei, →Trolle, →Zwerge.
Literatur: HdA 1987; Petzoldt 1995.

Riesen und Zwerge

Geister sind oft entweder wesentlich größer oder erheblich kleiner als Menschen, so wie ungewöhnliche große Wahrnehmungen im Nachhinein als riesenhaft im Gedächtnis haften bleiben und außergewöhnlich kleine als ganz winzig. So ist es kein Wunder, dass Geisterhaftes in Über- und Untergröße erscheint. Manche →Zwerge bleiben nicht immer klein, sie können zusätzlich in Riesengestalt auftreten, wie etwa die Fänggen, die Lorggen, die →Berggeister in den Alpen, die Waldgeister, die →Wassergeister, die →Bergwerksgeister, die →Feuermänner, die Schonholden, die Eismanndln, der Hoymann, das Rotmäntel, das winzige Erdweibchen und der Alpenputz, der mal kurz, mal lang ist (HdA, IX, N. 1120f.).
Siehe auch: →Gnome, →Heinzelmännchen, →Riesen, →Trolle, →Wichte.
Literatur: HdA 1987.

Riesenzahl →Rübezahl

Ringelnatter →Telepathie bei Tieren

Rôdjackte

Ein Mitglied der Gattung →Feuergeister ist der in Pommern als Rôdjackte geläufige Geist. Er ist ein Hauskobold (→Kobold), der sich ganz in Rot kleidet, eine rote Jacke, rote Hose und einen roten Hut trägt, wonach er auch seinen Namen erhalten hat (Jahn 1890, 104ff., Nr. 125ff.; vgl. Zaunert 1921, 1, 56).
Literatur: Jahn 1890; Zaunert 1921.

Römische Soldaten in York

Es liegt schon eine Weile zurück:

»Im Februar 1953 installierte der junge Klempner-Lehrling Harry Martindale im Keller des Treasurer's House in dem mittelalterlichen Städtchen York in England eine Zentralheizung.

Mr. Martindale ist gerade mit seiner Arbeit beschäftigt, als er plötzlich ein paar ganz solide erscheinende Truppen – sie sehen wie römische Soldaten aus, und ein Pferd ist auch dabei – durch die Wand kommen und auf der anderen Seite des Kellerraumes wieder verschwinden sieht. Ihm fällt etwas Merkwürdiges auf: Die Soldaten tragen runde Schilde. Harry Martindale flüchtet sich in eine Ecke. – Etwas später macht Mrs. Joan Mawson in einem Tunnel unter demselben Haus eine ganz ähnliche Erfahrung, nur sieht sie mehrere Pferde. Sie besteht weiter darauf, mehr Pferde und Soldaten gesehen zu haben, als in dem Keller Platz gehabt hätten. Auch ihre Hunde reagieren mit Angst auf die geisterhaften Truppen.

Im Jahr 1954 werden dann Ausgrabungen in York gemacht, die auch das Treasurer's House betreffen: Eine römische Straße kommt zum Vorschein, und die Soldaten sind demnach geradewegs die alte *Via Decumana,* die durch *Eboracum,* das römische York, führt, entlangmarschiert. Was man bis dahin allerdings noch nicht wußte: Runde Schilde waren bei den Römern tatsächlich in Gebrauch.« (Frei nach: Wilson 1995, 153f., 156)

Aus dem jungen Klempner wurde bald ein angesehener Polizei-Inspektor, und seine Geschichte von den *Roman Soldiers* wurde bekannt. Ein Reisebüro-Unternehmer kam auf die glorreiche Idee, ein Geisterwochenende anzubieten, für diejenigen, die ein Geisterabenteuer miteinander teilen wollten – das war die Geburtsstunde von *ghost weekends* schlechthin – das war im Jahr 1974.

Es folgten Geisterführungen durch die Stadt York, die seitdem in ganz England in Mode kamen. Je nach Geisterführer können diese nächtlichen Stadtrundgänge durchaus interessant sein – sie waren es zumindest in York und Canterbury.

Ich hatte die Gelegenheit, Herrn Martindale bei der *22. International Conference of the Society for Psychical Research* im September 1998 in York – das übrigens die *most haunted city,* die Spukstadt Nummer eins, in ganz Britain ist – zu erleben. Seine Ernsthaftigkeit und Überzeugung von der Echtheit der Phänomene lässt sich nicht anzweifeln.

Wir haben mit den römischen Geistersoldaten von York einen Fall, in dem Informationen vermittelt werden, die nicht auf dem üblichen Kommunikationsweg erhalten worden sein können. Zur vorläufigen Erklärung des Falles, der als ortsgebundener Spuk, als *haunting,* einzustufen ist, kann die von William James aufgestellte und von Archie →Roy wieder aufgegriffene Theorie der *Archives of the Mind* (→Archive des Geistes) herangezogen werden.

Siehe auch: →Spuk, ortsgebundener.

LITERATUR: Roy 1996; Willin 1998; Wilson 1995.

Rosenheim, Spuk von

Der Rosenheim-Fall kann wohl als der bestuntersuchte Spukfall des 20. Jahrhunderts gelten, wurde er doch mit deutscher Gründlichkeit und Akribie untersucht.

Der Poltergeistfall spielte sich in den Jahren 1967 und 1968 einige Monate lang in einer Rechtsanwaltskanzlei in Rosenheim ab. Im Zentrum der Ereignisse – Lampen fingen von allein an zu schwingen, Schubladen öffneten sich, das Telefon spielte verrückt und verzeichnete unzählige Anrufe, die niemand getätigt hatte, ein schwerer Schrank wurde einige Zentimeter versetzt u. v. a. – stand eine junge Frau, die in der Nachbarschaft schnell in Verruf geriet, eine Hexe zu sein – eine große Gefahr und Schädigung der Betroffenen, die Folge von Unkenntnis und mangelnder Aufklärung ist.

Der Fall wurde ausführlich dokumentiert (Resch 1968/1969; Karger und Zicha 1968; Bender 1989, 52–60), und es gelang hier eine einzigartige Dokumentation: Man konnte mit der Filmkamera die unerklärliche Rotation einer Bildes festhalten (Archiv des →IGPP).

Siehe auch: →Poltergeistphänomene, →Spuk, personengebundener.

LITERATUR: Bender 1989; Karger und Zicha 1968; Resch 1968/1969; Filmmaterial vom BBC und im Archiv des Instituts für Grenzgebiete der Psychologie und Psychohygiene.

Rotkehlchen

Einer der Lieblingsvögel der heutigen britischen Folklore, wenn nicht der beliebteste überhaupt, ist *robin,* unser Rotkehlchen *(Erithacus s. lusciola rubecula)* oder Rotbrüstchen. Ein Weihnachtsfest ohne Rotkehlchen ist dort undenkbar. In den deutschsprachigen Ländern ist dieser Zusammenhang wohl vergessen, doch erzählt uns noch eine alte Sage aus Schlesien, dass das hübsche Vögelchen sein rotes Brüstchen erhalten habe, als es Christus vom Kreuz befreien und die Dornen aus seinem Kopf herausziehen wollte, wobei etwas Blut auf seine Brust tropfte (Drechsler 1903–1906, 1, 95). Und in der Zeit der Gebrüder Grimm sagte man, »das rothkelchen trage blumen und blätter auf das Gesicht eines erschlagenen, den es im Walde finde« (Grimm 1992, 2, 569). Jakob Grimm fragt, ob nicht die rote Farbe des Brüstchens, wie auch die der Schwanzfedern des Rotschwänzchens, ein Zeichen ihrer ursprünglichen Verbindung mit dem Gott Donar seien – wenn jemand das Nest eines Rotkehlchens stört, schlägt der Blitz in sein Haus, lautet noch ein weitere Volksweisheit (Grimm, a. a. O.). Verbreiteter ist die Annahme, dass der Vogel den Blitz und generell Unglück fern halten könne. Das Rotkehlchen ist ein echter Glücksbringer, ein sehr gutes Zeichen für alle, die auf dem Weg zur Trauung in der Kirche sind (Grohmann 1864, 72, 120).

Wunderschön kommt die geheime innere Verbindung zwischen Mensch und Rotkehlchen in dem mehrmals verfilmten Roman »The Secret Garden« (Frances Hodgson Burnett) zum Ausdruck – *Robin little redbreast* weiß mehr um die Zusammenhänge zwischen der Welt der Lebenden und Toten, es weiß, wo der Schlüssel ist. Mary, Colin und Dickon erfahren es von ihm – die Kinderaugen sehen mehr.

Siehe auch: →Delfin, →Katze, →Papagei mit Geist, →Schwan, →Telepathie.

LITERATUR: Drechsler 1903–1906; Grimm 1835, 1992; Grohmann 1864.

Rotschwänzchen →Rotkehlchen

Roy, Archie E.

Der Schotte Archie E. Roy ist Professor für Astronomie an der Universität von Glasgow sowie Schriftsteller. Als Mitglied der schottischen Society for Psychical Research (S.S.P.R.) ist er heute eine der führenden Persönlichkeiten auf dem Gebiet der *psychical research,* dem Zweig der Wissenschaften der paranormalen Phänomene, der sich vor allem den Spontanphänomenen zuwendet. Seine Arbeit mit medial begabten Menschen wie seine Theorie der Archives of the Mind (→Archive des Geistes) sind vor allem relevant für die *survival research,* die den Themen »Überleben« und →Leben nach dem Tod gilt.

LITERATUR: Roy 1996.

RSPK (Recurrent Spontaneous Psychokinesis) →Recurrent Spontaneous Psychokinesis

Rubin

Der tiefrote Rubin gilt nach dem indischen *Jatak Parijat*-Text als der »Edelstein des Herrn des Tages«, der Sonne (Rätsch 1989, 76), entstanden aus dem →Licht des Regenbogens. Das bestechend schöne Schmuckstück schützt seinen Träger nach altem Glauben auch in Deutschland vor den üblen Machenschaften unterirdischer Mächte und böser Geister – und warnt vor derartiger Gefahr, indem sich das Rot noch dunkler färbt (Kronfeld 1915, 166). Lonicerus sagt in seinem berühmten Kräuterbuch (1564, 57), der Rubin schütze auch vor bösen Kräutern. Der Rubin ist ein Stein des Herzens und der Liebe – wer ihn bei sich hat, so Grimmelshausen, verliert alle Furcht und ist immer frohen Herzens (Amersbach 1891 und 1893, 2, 63).

LITERATUR: Amersbach 1891 und 1893; Kronfeld 1915; Lonicerus 1564; Rätsch 1989.

Rübenzagel →Rübezahl

Rübezahl

Seit 600 Jahren erzählen sich die Leute in Schlesien von einem →Berggeist, der so riesig war, dass ein ganzes Gebirge nach ihm benannt wurde: das Riesengebirge. Der →Dämon war ein Verwandlungskünstler: Er erschien mal als Tier oder Mensch, mal als Baumstumpf oder →Wolke oder auch als ein ganz beliebiges Ding. Der →Berggeist war hilfreich und gut und wies Wanderern den Weg, und nur den, der ihn ärgerte, wies er zurecht, d. h. in die Irre. Rübezahl war so groß und mächtig, dass er aus Wut einen Sturm aufkommen lassen konnte, und so interessant, dass der Leipziger Gelehrte Johannes Prätorius (1630–1680) 250 Geschichten von dem schlesischen Mann zu Papier bringen konnte (1662). Von dem »wunderbarlichen sehr Alten und weitbeschrienen Gespenste«, wie Prätorius den Geist im Untertitel seiner mit skeptisch-kritischem Geist geschriebenen »Daemonologia Rubinzlii Silesii« nennt, weiß

100 Jahre später der Märchendichter Karl August Musäus eine schöne Legende zu berichten:

Einst beobachtet der alte, riesenhafte Berggeist ein hübsches junges Mädchen beim Baden und will sie am liebsten für sich haben. Gedacht, getan, er entführt die Bewunderte, die eine echte Königstochter ist, und will auch gleich Hochzeit mit ihr halten. Doch die Entführte ist schlau und gibt ihr Jawort nicht ohne Bedingung: Rübezahl soll die Rüben zählen, die er angepflanzt hat, um sie in Freunde zu verwandeln, die ihr in ihrer Einsamkeit Gesellschaft leisten können.

Die kluge Prinzessin Emma kann ihrer unterirdischen Gefangenschaft noch einmal entrinnen. (Frei nach Musäus)

Eine ganz ähnliche Geschichte wird von dem Riesen Åland aus Schweden berichtet (→Riesen).

LITERATUR: HdA 1987; Petzoldt 1995; Praetorius 1662.

Moritz von Schwind, »Rübezahl«, 1831. Schack-Galerie, München.

Anzeige zu dem Musical
»The Woman in White« nach der
Novelle von Wilkie Collins.

Ruhelose Seelen

Ruhelose Tote haben meist einen schweren Tod hinter sich. Sie sind gewaltsam oder viel zu früh gestorben oder möglicherweise nicht bestattet worden. In der griechischen Mythologie konnte eine Göttin wie Hekate, deren Reich die →Unterwelt war, Abhilfe schaffen und wurde daher in solchen Fällen zu Hilfe gerufen. Sie hatte die Macht, die Seelen, die bisweilen unangenehme Dinge unternahmen, durch sinnvolle Beschäftigung mit ihren eigentlichen Aufgaben zur Ruhe zu bringen und notfalls auch zu zwingen. Auf ihren nächtlichen Zügen durch ihr dunkles Reich ließ sich die Göttin von →Biaiothanatoi, gewaltsam Gestorbenen, und →Ataphoi, die niemals bestattet wurden, gern begleiten.

Aus Deutschland sind ruhelose Tote, die auch tagsüber erscheinen können, sehr wohl bekannt. Doch kommen andere Kriterien dazu: Hier sind es Ermordete, die als →Kopflose spuken, oder →Selbstmörder, der grausame Förster, der Geizhals, die →Weiße Frau, die ihr gespenstiges Wesen treiben (HdA, VIII, 639).
Siehe auch: →Gründe für das Erscheinen von Verstorbenen, →Totendämonen.
LITERATUR: DNP 1996 ff.; HdA 1987.

Rumoren

Zu den klassischen Spukphänomenen gehören akustische Phänomene wie unerklärliches →Poltern, →Rumpeln und Rumoren.
Siehe auch: →O., Spuk von, →Poltergeister, →Poltergeistphänomene.

Rumpelgeist →Poltergeist

Rumpeln

Zu den typischen →Poltergeistphänomenen zählen Lärm, geisterhaftes Rumpeln, →Poltern und →Rumoren.
Siehe auch: →O., Spuk von, →Poltergeister.

S

Salbei

Der Salbei *(Salvia officinalis)* ist nicht nur eine attraktiv blau-lila blühende und aromatische Gewürzpflanze, der wunderbare Heilkräfte innewohnen, sondern auch vorzüglich zum Räuchern geeignet – sein starker, dem Element Feuer zugeordneter (Trott-Tschepe) und berauschender (Rätsch 1998, 818) Duft reinigt geisterhafte Atmosphäre. Ein Rezept von →Plinius dem Älteren empfiehlt ihn in einer Räuchermischung mit Lorbeer *(Laurus nobilis),* Wacholderzweigen *(Juniperus),* Verbene bzw. Eisenkraut *(Verbena officinalis)* und Thymian *(Thymus).*

Siehe auch: →Wahrsagesalbei.

LITERATUR: Trott-Tschepe 1993; Plinius der Ältere 1973–1994; Rätsch 1998.

Salvia divinorum →Wahrsagesalbei

Samhain →Halloween

Saphir

Der gelbe Saphir ist der »Edelstein des Jupiter, Lehrer der Götter«, der blaue der »Edelstein des Saturn«, so lässt uns der indische Text »Jatak Parijat« wissen. Wie der →Rubin ist er entstanden aus dem Licht des Regenbogens (Rätsch 1989, 76). Die heilige Hildegard von Bingen berichtet, er helfe bei Besessenheit (Seligmann 1910, 2, 31).

LITERATUR: Seligmann 1910; Rätsch 1989.

Kopf eines schlafenden Satyr, des so genannten Barberinischen Fauns, Marmor, um 220 v. Chr., Glyptothek, München.

Satyr

Einen halb wie ein Tier aussehenden Naturdämon (→Naturgeister) namens Satyr kennt die griechische Mythologie. Er besitzt Bocksbeine, Pferdeohren und einen Schwanz und tritt häufig mit →Nymphen oder im Gefolge von Dionysos auf. →Goethe zeichnet in seiner Satire »Satyros oder Der vergötterte Waldteufel« (1773) einen ungehobelten Satyr, dessen teuflische Ausstrahlung und Suggestionskraft ihn bei den Massen als Prophet erscheinen lässt – der letzten Endes entlarvt wird.

Schamane, Schamanin

Schamanen sind ganz alt und immer noch sehr gefragt – in einer entzauberten und von rationalen Kräften gesteuerten Welt. Viele Kulturen haben einst ihr magisches Potenzial in dem Beruf des Schamanen verwirklicht, der mehrere Funktionen vom Priester über den Sozialhelfer bis zum Arzt und Medium ausüben konnte. Der Schamane (etwa der *sening* bei den nordsibirischen Keten) – und in manchen Ethnien auch die Schamanin (die ketische *senim*) – war und ist das Bindeglied zwischen der Welt der Lebenden und der Toten. Seine Reisen ins Jenseits dienen der Kontaktaufnahme mit den Jenseitigen zu ganz unterschiedlichen Zwecken, zur Versöhnung der Seelen der Verstorbenen oder der von ihnen erlegten Tiere. Das Fahrzeug ins Jenseits ist der eigene Geist, die eigene Seele, der unsichtbare Körper, von dem die Weltgeschichte ein Buch schreiben kann, wird doch von ihm in schillernden Varianten quer durch die Kulturgeschichte erzählt. Namen wie →Ätherkörper, →Astralkörper, →Bardo-Körper, →Doppelgänger, →Perisprit, Sternenleib u. v. a. deuten die verzweifelten Bemühungen an, den nicht fassbaren Körper mit Worten zu beschreiben. – Wer Schamane wird, entscheidet sich oft im Schlaf: Der Geist des verstorbenen Schamanen oder der Schamanin erscheint dem oder der Auserwählten im Traum.

In jüngster Zeit suchen Wissenschaftler aus dem Bereich der paranormalen Phänomene nach einem Zusammenhang zwischen ihrer Rolle und der des Schamanen. Der Psychologe und Präsident der Parapsychological Association Mario Vargolis machte das in seiner Ansprache auf der Pariser Tagung im Sommer 2002 deutlich: Der Parapsychologe trage fünf Hüte und der fünfte sei der des Schamanen. Das Buch »From Shaman to Scientist« ist (Hou-ran 2004, s. darin Puhle und Parker) ein weiterer Versuch, den kulturgeschichtlichen Wandel im Umgang mit der Geisterwelt in den Griff zu bekommen. Während der archaische Schamane auf sakrale Weise den menschlichen Mikrokosmos mit dem Makrokosmos der Götter, Geister und →Dämonen in Einklang bringen will und sich in den Kampf mit den Kräften des Guten und Bösen verwickelt sieht, fühlt sich die heutige Wissenschaft von den Banden der überholten Werteskala befreit – auf die Gefahr hin, sich selbst zur höchsten Glaubensinstanz zu erheben.

Siehe auch: →Schamanenreise, →Schamanismus.

LITERATUR: Hermanns 1970; Puhle und Parker 2004.

Schamanenflug →Schamanenreise

Schamanenreise

Es ist eine große Sache, wenn ein →Schamane oder eine Schamanin auf Reisen geht. Das Unterfangen muss einen Tag vorher angekündigt werden, so lautet die Regel bei den Keten, einer nordsibirischen Ethnie am mittleren Jennisej, bei denen Schamanen eine besonders wichtige Rolle spielen.

Die Vorbereitungen bestehen in 24 Stunden Fasten, und die Vorstellung beginnt, sobald die Sonne untergegangen ist, niemals draußen, sondern im Zelt. Seine/ihre bunte, schwere Ausrüstung besteht aus Schuhen, Schürze, Kopfschmuck, Handschuhen und einem schönen Schamanenrock, der oft mit vielen Glöckchen verziert ist, die bei dem Ekstase-Tanz laut klingeln. Vor allem aber ist es die vorzuwärmende Trommel, die dem Schamanen seinen geistigen Weg oder Flug ermöglicht. Er singt und ruft die Geister herbei, die ihm bei seiner Aufgabe helfen sollen.

Zwischendurch spricht er auch mit den Menschen, die sich um ihn versammelt haben, stellt ihnen Fragen, und sie fragen zurück. Währenddessen versammeln sich jetzt die gerufenen Geister in seiner Trommel, nehmen auf ihr Platz. Mit einem lauten Schrei signalisiert er, dass die Geister nun Besitz von ihm ergriffen haben und die Reise losgehen kann.

Der Schamane tanzt und hopst und singt, sein Publikum stimmt in den Refrain ein, und schon heben ihn die Geister in die Lüfte empor. Von hier aus kann er alles sehen, was auf der Erde vor sich geht, etwa einen Angler am Jenissej, der so klein wie ein Schleifchen ist. Er gibt nun seinen Geistern noch einmal die Fragen durch, die das Publikum an ihn gerichtet hat, und seine Reise in den Himmel, in die →Unterwelt und anderen Richtungen geht weiter, zwingt ihn immer wieder, sich in bestimmte Vögel zu verwandeln, je nach den Gefilden, die er durchfliegt.

Er muss viele Abenteuer bestehen, böse Geister überwinden, um dann endlich an gute Geister zu geraten, die ihm die Antworten auf seine Fragen geben. Nun wirft er zum →Wahrsagen seinen Trommelschlägel in die Höhe, so dass er sich ordentlich dreht, bis er dann dem Auftraggeber vor die Füße fällt. Das ganze wird dreimal für jeden Fragesteller wiederholt, und die Antwort fällt, je nachdem, wie herum der Schlägel landet, positiv oder negativ aus. Der Frager hebt den Schlägel auf, reicht ihn dem Schamanen und sagt dabei jetzt selbst wahr. Die Schlägel-Wahrsagemethode ist charakteristisch für die Keten. Nach zwei bis drei Stunden ist die Reise beendet.

Schamanen die Trommel wegzunehmen, wie es das Schicksal vieler nordsibirischer Schamanen im 19. Jahrhundert war, ist ähnlich grausam, als nähme man einem modernen Wissenschaftler den Computer weg.

Siehe auch: →Astralreise, →Mantelfahrt, →Schamanismus, →Seelenreise.
LITERATUR: Hermanns 1970; Puhle und Parker 2004.

Schamanismus

Der weltweit verbreitete Schamanismus ist eine der ältesten Formen von Religiosität, die neben der irdischen Welt eine von Geistern bevölkerte, jenseitige annimmt.

Der →Schamane oder die Schamanin kann sich in diese andere Welt in Trance oder Ekstase hinüberbegeben oder in sie hinübertanzen und mit den Geistern oder Seelen der lebenden wie der bereits verstorbenen Menschen und Tiere Kontakt aufnehmen.

Siehe auch →Astralreise, →Schamanenreise.
LITERATUR: Bonin 1981; Guiley 1992; Puhle und Parker 2004.

Schatten

»Ohne Schatten, ohne Seele« – man kann es schöner nicht sagen, wenn man die Bedeutung des Schattens für den Menschen erfassen will (Rochholz, Germania 1860, 5, 69–94). Der Schatten ist der älteste und treueste Begleiter des Menschen. Er folgt ihm nicht nur wie ein Geist durchs Leben, sondern ist auch ein Geist, sein Schattengeist – so jedenfalls glaubte man. Er ist die verborgene Seele des Menschen, die im Dunkel schwer zu erkennen ist. Der Schatten ist ein Reich voller Geister.

Schatten zeigen die Kehrseite einer Medaille, das, was hinter dem glänzenden Gold verborgen ist. Sie sind dunkel, schwarz, falsch, unfrei, schädlich, verdammt (Rochholz, 79) – ob sie wirklich schaden (Bieler in HdA 1987, IX, 126)? Sehr häufig werden geisterhafte Schatten gesehen, die menschliche Konturen erkennen lassen (Ellison 1988, 22).

In der Regel sind es schwarze, aber auch von weißen Schatten gibt es Berichte. Wessen Kehrseite zeigen die Geisterschatten?

Schatten sagen etwas aus. Wer am Weihnachtsabend im Licht der Weihnachtsbaumkerzen keinen Schatten mehr wirft oder einen Schatten mit zwei Köpfen (Lehmann, Sudetenland, Vk 132) oder mit gar keinem Kopf, der muss im folgenden Jahr sterben (Grimm 1992, 3, 458, Nr. 694).

Drehen wir die glänzende Medaille um – dann sehen wir, was im Schatten liegt. Der bloße Anblick bringt schon Licht in die dunkle Seite des Lebens. Wir überwinden einen Schatten am besten, indem wir uns mit ihm vertraut machen, ihn ansehen. Das Augenlicht, das wir auf ihn werfen, nimmt ihm seine Dunkelheit, und die Schattengeister lösen sich vor unseren Augen in freundliche Wesen auf.

LITERATUR: Grimm 1835, 1992; HdA 1987; Ellison 1988.

Schichten

»Schichten« ist eine westfälische Bezeichnung für den Vorgang des →zweiten Gesichts.

Schichter

Ein Schichter – westfälischer Ausdruck – ist ein Mensch, der das →zweite Gesicht hat.

Schichtig

Der westfälische Ausdruck »schichtig« bedeutet »hellseherisch begabt« und meint eine Person, die →schichten kann bzw. das →zweite Gesicht hat.

Schicksal

Die Ereigniskette eines menschlichen Lebens, das Schicksal, ist aus unübersehbar vielen und bunten Teilchen geheimnisvoll geknüpft. Die Frage lautete schon immer, wer diese Kette bildet, wird sie von außen über uns geworfen, oder formen wir sie für und aus uns selbst. Als Erste werden lenkende →Götter als verantwortlich angenommen, →Dämonen oder Schicksalsfeen, eine personifizierte Fürsorge oder Vorsorge, griechisch *Pronoia,* die alles im Voraus bestimmt, oder die römische Göttin Fortuna, die unser Glück auf die Waagschale legt. Doch auch die Gegenmeinung, dass wir selbst bestimmen, was und wie unser Leben wird, hat eine lange Geschichte: Die Vorsokratik meint, dein Charakter ist dein Schicksal; und das Delphische Orakel fordert uns auf: Erkenne dich selbst! Die Antwort auf diese schwierige Frage mag in der Mitte liegen, Außen und Innen gehen Hand in Hand, es gibt weder nur das Außen noch nur das Innen, Objektives und Subjektives greifen ständig ineinander, und am Ende vereinen sich die scheinbaren Gegenpole zum einheitlichen Ganzen, und der unverständliche Widerspruch schmilzt in der Einsicht in die wahren Gründe des Lebens dahin.

Was unser Beitrag zum Gelingen des eigenen Lebens sein kann, bleibt die immer wieder neu zu stellende Frage an unser Selbst.

Siehe auch: →Banshee, →Fatae, →Lebensfilm, →Moiren, →Nornen, →Parzen, →Spinnen, →Weben, →Weiße Frau.

Schicksalsfeen →Moiren, →Parzen

Schicksalsfrauen →Moiren, →Parzen

Schicksalsschwestern →Moiren, →Parzen

Schießen auf Geister

Eine der sinnloseren Übungen im Leben ist das Schießen auf Geister. Dieser Schuss geht zwar nicht in die Hose, dafür ins Leere. Steckt unter dem Geistergewand ein verkleideter Mensch, dann mögen die Anstalten zu schießen den Betrüger leichter entlarven, wobei gut abzuwägen wäre, wie ernst der Spaß gemeint ist.

Schüsse auf Geister haben einen störenden Nebeneffekt: Sie kommen oft auf den Schützen zurück, das besagt jedenfalls eine alte Volksweisheit (Meiche 1903, 84). Auch Geisterlichter, der ewige Jäger (Schell 1897, 274) oder die Habergeiß sind keine geeigneten Zielobjekte, d. h., im besten Fall kommt die Kugel wieder zurück und fällt dem Schützen vor die Füße, im ungünstigeren Fall erlahmt der Arm mit der Waffe. Will ein Geisterschütze erfolgreich sein, dann hilft nur noch die Weihung der Kugel.

Auch Hexen oder Nixen wollte man einst durch Erschießen außer Gefecht setzen. Mit geweihter Kugel und bei Glockengeläut in eine heraufziehende Wetterwolke zu schießen lässt die Wetterhexe tot aus allen Wolken fallen und die Schlechtwetterwolken wieder davonziehen (HdA 1987, VII, 1069). Der →Nix, den ein Ahnungsloser eines Tages erschießen wollte, schoss auf seine Weise zurück: Der arme Mann ertrank drei Tage danach (Grimm 1903, Nr. 64).

Geister sind durchlässig, oder zumindest erscheinen sie oft so. Doch sind sie es nicht immer, denn manche →Geister können gefühlt werden, fassen Menschen an oder schubsen sie auch mal ein wenig. So tat es einst in Irland der Geist von Mrs. Lofftin mit dem armen Thomas Donalson, der sich nicht mehr halten konnte – auch seine Freunde schafften es nicht –, bis die Geistfrau ihn aus der Tür gedrängt hatte. Dies geschah mit gutem Grund, denn sie wollte ihn geradewegs zum Gericht schicken, dass er als Zeuge ihren Mörder anklagen sollte. Der Fall kam tatsächlich (wohl 1685) vor Gericht, und der Täter wurde verurteilt (Puhle 2004f, Fall Nr. 6; Baxter 1731, 217–220). Von der Körperlichkeit von Geistern bekommen wir eine weitere Kostprobe in dem Fall von dem Geist eines Schneiders (→Death Apparition), der ebenfalls als undurchlässig beschrieben wurde (→Kompaktheit von Geistern).

Am wenigsten transparent sind die Erscheinungen von →Doppelgängern. Sie wirken wie ganz solide Figuren – also Vorsicht mit dem Schießen, es könnte ja auch der eigene Doppelgänger sein!

LITERATUR: Baxter 1731; Cornell 2002; Grimm 1903; HdA 1987; Meiche 1903; Schell 1897; Puhle 2004f.

Schießen auf Hexen →Schießen auf Geister

Schießen auf den Nix →Schießen auf Geister

Schizophrenie →Geister-Theorien

Schlange →Telepathie bei Tieren

Schröpfer (Schrepfer, Schrepffer), Johann Georg

Der Kaffeehausbesitzer in Leipzig, Johann Georg Schröpfer (1730–1774), erregte mit seinen Geisterbeschwörungen großes Aufsehen, und →Goethe nannte ihn in seinen »Mitschuldigen« das

»sächsische Gespenst« (V. 710). Seine magischen *sessions,* die Schröpfer seit 1769 mit Unterstützung der Jesuiten ausübte, entpuppten sich als Schwindel, worauf er Selbstmord beging.

Die Frage nach dem »paranormalen Rest« seiner Vorführungen muss wie bei vielen Magiern dahingestellt bleiben, ebenso bei →Cagliostro und bei unzähligen, heute auftretenden Zauberkünstlern: 90 Prozent der modernen *magicians,* die sich am besten mit Zaubertricks auskennen, sind von der Existenz paranormaler Phänomene überzeugt, und immer wieder ereignet sich völlig unbeabsichtigt etwas Nicht-Erklärliches – Paranormales – ganz nebenbei, während sie gezielt ihrer trickreichen Arbeit nachgehen.

Literatur: Wilpert 1998.

Schwarzalben →Alben

Joshua Hargrave Sams Mann (1849–1885), »The Guardian Angels« (Die Schutzengel). Haynes Fine Art, Bindery Galleries, Broadway.

Schutz vor Geistern

Es gibt so viele Schutzmittel gegen Geister, wie es Geister gibt. Gegen jede →Geisterart gibt es besondere Rezepte. →Dämonen, Hexen und alle möglichen Unholde können eine Spezialbehandlung bekommen. Heute scheint es am sinnvollsten zu sein, die eigenen Abwehrmechanismen zu stärken und die innere Angst zu überwinden, anstatt äußere Mittel zu Hilfe zu nehmen. Wir haben eingangs schon davon gehört – die Gedanken sind unsere stärkste Kraft (→Gedankenkraft). Wir müssen nicht gleich zum →Feuer greifen, um Dunkles zu vertreiben, es reicht schon ein bisschen →Licht, das unsere Seelenwelt erhellt, erleuchtet und von beklemmenden Angstzuständen befreien kann (vgl. Puhle 2005, 3, VII).

Siehe auch: →Abwehr, →Schutzengel, →Schutzgeister.

Literatur: Puhle 2005.

Schutzengel

Viele Menschen brauchen Schutz, und neu geborene Kinder ganz besonders. Für Martin Luther ist es gewiss, »daß ein kleines Kindlein, sobald es geboren wird, einen eigenen Engel hat« (Luther, »Hauspostille«, Predigt am St.-Martinstag). Auch alte Menschen, kranke, traurige, gebrochene, verletzte und hoffnungslose benötigen Schutz, ja, ein Schutzengel ist in jeder Lebenslage angebracht: Die himmlischen Boten sind bei uns in Grenzsituationen, in entscheidenden Momenten des Lebens. Die Kinderpsychologie (Ellen Stubbe, Donald W. Winnicott) sieht in ihnen »Übergangsphänomene«, die dem Kind helfen, die innere Welt mit der äußeren zu verbinden, ähnlich wie Puppen und Stofftiere Geborgenheit vermitteln, wenn die Eltern nicht bei ihnen sind. Auch Erwachsene haben Erlebnisse, in denen →Engel die letzte Rettung sind.

Der →Todesengel wiederum hat die Pflicht, die →Sterbenden in das nächste Leben hinüberzuleiten, wenn es kein Zurück mehr gibt. Auch er ist ein hilfreicher Engel.

Tiere und Pflanzen blühen und gedeihen ebenfalls nur mit höherem Schutz, und sogar Steinen stehen himmlische Wesen treu zur Seite, berichtet Dr. Wolf-Dieter Storl aus der Pflanzen-Deva-Welt (Storl 2001, 99).

Die Psychologin und Analytikerin aus der Schule C.G. Jungs, Ania Teillard (1889–1978), die schon im Kindesalter ein Buch über Engel schrieb – um es dann beschämt zu verbrennen –, lässt uns in ihrem Buch »Die unbekannte Dimension« (1959) an einem ihrer wunderbaren Engelerlebnisse teilhaben:

»In der Zeit schwerster Not erschien mir ein Engel, den ich zuerst nicht als solchen erkannte. Damals wußte ich nichts von außerirdischen Wesenheiten; ich meinte, daß alle seelischen Erlebnisse, auch wenn sie sich im Wachen oder Halbwachen abspielten, ausschließlich innerpsychische Phänomene seien, die man ebenso verstehen müsse wie einen Traum.

Jedoch das Wesen, das da am Fußende meines Bettes kauerte, ein schweigender Wächter, war so wirklich, so lebensnah, daß es nichts mit einem Traum oder Wachtraum gemein hatte. Es war in all seiner Stille und Reglosigkeit gewaltiger als alles, was mir je begegnet war.

Es war ein Knabe oder Jüngling von unsäglicher Anmut und Hoheit, gekleidet in Gold und Rot, blondlockig, von Licht umflossen, als sei er die Morgenröte selbst – und ich starrte ihn an, sprachlos und beseligt, bis er verschwand.

Er war ein Wunder – nur etwas beunruhigte mich: es schien mir, daß er bucklig war.

Dann fand ich auch dafür eine Lösung, im Sinne meiner damaligen Einstellung: das Wesen war eine Projektion meiner eigenen Psyche, oder vielmehr eines Teils von mir, des Bildes des Puer aeternus (ewiger Junge), das lichtvoll, aber mißgestaltet war.

Viel später begriff ich, daß die Dinge in Wirklichkeit ganz anders lagen. Der Bote einer unbekannten Welt war zu mir herabgestiegen und das, was ich für einen Buckel gehalten hatte, war der Glorienschein des Engels.

Später sah ich öfters Engel in ganzer Gestalt, oder nur einen Kopf mit vollen Wangen und hellroten Lippen, oder andere, ausgesprochen männliche Gestalten mit zackigem, charaktervollem Profil.« (Teillard 1994, 203 f.)

Auch wenn so ein »englisches« Wesen – ein altes Adjektiv für »engelhaft« – flüchtig ist wie jeder Geist, so versichert uns Ania Teillard: »… dennoch ist man gewiß, daß es unzerstörbar, daß es unvergänglich ist« (Teillard 1994, 205).

Siehe auch: →Engel, →gute Geister, →Schutzgeister, →Todesengel.

LITERATUR: Grün 2003; HdA 1987; Storl 2001; Stubbe 1995; Teillard 1994.

Schutzgeister

Schützend auf den Menschen einwirken können ganz viele verschiedene →Geisterarten. Von den →Schutzengeln zu unterscheiden sind die Schutzgeister, die Menschen und allen anderen Lebewesen wie auch den Mineralien nach altem Glauben zugehören (Storl 2001, 99). Diese Geister gelten nach heutigen Vorstellungen meist als menschliche Geister, als gute →Geister von Verstorbenen, die einem noch lebenden Angehörigen beschützend durchs Leben folgen. Sie folgen ihm im wahrsten Sinn des Wortes, wenn wir die Berichte von Sehern und Seherinnen ernst nehmen. So konnte etwa die berühmte »Seherin von Prevorst«, Friederike Hauffe (geborene Wanner, 1801–1829), die drei Jahre lang unter ärztlicher Aufsicht lebte und deren Geisterbegegnungen nicht nur dokumentiert, sondern teilweise auch verifiziert werden konnten (Puhle 2005, 3), hinter einem Menschen bisweilen dessen Schutzgeist erkennen:

»Hinter einem Mädchen aus meinem Hause sah sie sehr oft eine lichte Knabengestalt von ungefähr zwölf Jahren. Ich fragte das Mädchen, ob sie ein Verwandtes von diesem Alter gehabt, das sie verneinte. Bald nachher aber sagte mir das Mädchen: sie habe meiner Frage nachdenken müssen, und da sey ihr beigefallen, daß ihr Brüderchen, das im dritten Jahre gestorben, jetzt gerade zwölf Jahre alt sein würde.« (Kerner 1892, 98ff.)

Schutzgeister müssen nicht immer gut sein, auch wenn es ihre Aufgabe ist, den Menschen zu behüten. So berichtet der Arzt Justinus Kerner ein weiteres Beispiel von seiner berühmten Seherin:

»Ein andermal ging eine ihr ganz unbekannte Person am Fenster, durch das sie sah, vorüber. Diese grüßte sie, sie aber sprang ganz schnell vom Fenster zurück. Ich fragte sie um die Ursache, und sie sagte mir, sie habe hinter einer Person, die so eben vorübergegangen, einen männlichen, widrig aussehenden Geist im grauen Wolkenkleide gesehen. Ich blickte nach der Person und erkannte in derselben ein auswärtiges, äußerst zänkisches und böses Weib, das aber der Kranken durchaus unbekannt war.« (Kerner 1892, 98ff.)

Hier klingt an, dass Menschen ihren Schutzgeistern ähnlich sind. Sind es verstorbene Verwandte, die den Schützling durchs Leben führen, so diejenigen, die schon zu Lebzeiten eine Affinität zu ihm hatten. Es fällt dabei auf, dass die noch ältere Vorstellung von einem →Doppelgänger als Schutzgeist nur einen kleinen Schritt von der Idee eines sympathischen Verwandten, der die Schützerrolle übernimmt, entfernt ist. Dies erinnert weiter an die altnordischen →Folgegeister, die →Fylgjar, die möglicherweise als Teil der eigenen Seele angesehen wurden oder aber, wenn sie dem Lebenden in Tiergestalt folgten, dann in der Tierart erschienen, die in ihrem Verhalten auch den betreffenden Menschen charakterisieren könnte. Wer Mut im Leben zeigt, bekommt einen Wolf oder Bär, wer listig ist, einen Fuchs oder eine Katze. Und wer weiß, wie man sein muss, um einen Ochsen, einen Ziegenbock, eine Schlange, eine Kröte, einen Pferdekopf oder gar einen Drachen im Gefolge zu haben (Mannhardt 1858, 306f.; Hoops 1911–1919, 4, 145).

Es können auch schwerwiegende Hintergründe sein, die den Schützling mit seinem geistigen Wegführer verbinden. Die junge Schwedin Therese Svensson, die in ihrer →Nahtoderfahrung ihren nie zuvor gesehenen Großvater zum ersten Mal erblickte, sieht ihn später noch in anderen Notsituationen. Heute ist sie davon überzeugt, dass er auch die Geistgestalt war, die ihr nach dem brutalen Verbrechen, das mehrere Männer einige Monate vor dem Nahtoderlebnis an ihr begangen hatten, auf dem Weg nach Hause gefolgt war und beruhigend auf sie eingeredet und sie getröstet hatte. Auf diesem Großvater lag immer ein – noch ungeklärtes – Tabu in der Familie, und Therese fand ein Foto von ihm nur per »Zufall«.

Der Fall der jungen Mozhgan aus Teheran, die heute in Schweden lebt (ausführlich beschrieben in Puhle 2005, 3, VIII.13), gehört ebenfalls in die Kategorie »Schutzgeister«, auch wenn die drei kleinen, netten Männer, die hier die Begleiter- und Schutzfunktion übernommen haben, auf den ersten Blick keine äußerliche Ähnlichkeit mit ihrer Bezugsperson erkennen lassen – höchstens in ihrer mehr persischen als europäischen farbenprächtigen und dekorativen Kleidung. Hier mag eine Entsprechung im Temperament vorliegen, in der fröhlichen Art beider Parteien. Sie bewahrten sie vor einem Unfall.

Siehe auch: →Engel, →gute Geister, →Ka, →Schutzengel.

LITERATUR: Hoops 1911–1919; Kerner1892; Mannhardt 1858; Puhle 2005; Storl 2001.

Schwan

Der Schwan, immer schon ein Bild der Eleganz, des Vornehmen und Edlen, ist so weiß, wie er weise ist. Der im Althochdeutschen *albiz,* der »Weiße«, genannte Wasservogel, weiß mehr, er weiß von der Zukunft – so die alte Kunde von dem prächtigen Tier, das seine Gestalt →Göttern, →Dämonen, →Nornen, Walküren und manchen Geistern wie Seejungfrauen ausleihen kann. Der Schwan ahnt seinen Tod und kündet ihn mit seinem Gesang an. Doch er singt wohl nur vor seinem eigenen Tod – den Tod eines befreundeten Menschen zeigte der Schwan des Bischofs Hugo von Lincoln (gestorben 1200) anders an:

»Am Tage, wo er nach erhaltener Weihe in seinem bischöflichen Sitze angekommen [im Jahr 1186], kam auch ein Schwan, den man zuvor nie dort gesehen, angeflogen, tötete alle Schwäne, die er um ein nahes Schloß her vorgefunden, binnen wenigen Tagen und ließ nur einen weiblichen übrig, den er sich beigesellt. Er zeigte sich nur allein dem Bischof vertraut und zahm, nahm Brosamen aus seinen Händen, versteckte seinen Kopf mit dem langen Halse in seine weiten Aermel wie sonst im Wasser, und blieb Tag und Nacht bei ihm wie ein treuer Schutzwächter. Ging der Bischof auf Reisen, dann flog er zum Teich zurück; die Rückkehr des heiligen Mannes aber verkündete er dann meist drei oder vier Tage zuvor durch Hin- und Herfliegen, Schreien und andere ungewöhnliche Bewegungen, so daß die Diener zueinander zu sagen pflegten: Laßt uns alles in Ordnung bringen, der Bischof wird bald zur Stelle sein. Bei seiner letzten Rückkehr vor seinem Tode ging er ihm aber nicht entgegen, konnte auch von den Dienern nur mit Mühe herbeigeführt werden und ließ, als er ihn sah, kein Zeichen von Freude und Vertraulichkeit blicken, sondern mit hängendem Kopfe sich krank stellend ging er trauernd davon. Er blieb aber nach dem Tode Hugos noch viele Jahre im Schlosse.« (Görres 1927, 143)

Der Schwan ist ein Göttertier, Begleiter des nordischen Gottes Njörðr, dem Gebieter über Wind, Wasser und Feuer, und des griechischen Lichtgottes →Apollon, und manchmal verbirgt sich hinter seiner Gestalt auch selbst ein Gott. Auch die Seelen von Menschen verwandeln sich nach ältestem Glauben in Schwäne und fliegen dann erlöst davon (Meiche 1903, 550). Der Schwan ist ein Vogel der Seele.

Das Wissen des Schwanes ist wie das Vorauswissen von Menschen meist an etwas Unheilvolles gebunden und kündet von →Tod und Weltuntergang. Aber er weist auch den Weg, so hilft er nach Erfahrung der Voigtländer bei der Schatzsuche (Eisel 1871, 147), zeigt in einer Oldenburger Sage den Ort, an dem ein Kloster gegründet werden soll (Strackerjan 1909, 2, 254) oder führt nach einer anderen Sage im Vorausflug das Schiff des Helden zum Schloss seiner Herrin (Grimm 1903, Nr. 539). Laut einem isländischen Rezept hilft eine am Hals getragene Schwanenlunge gegen böse Geister (ZfVk 13, 272).

Vor einem schwarzen Schwan nimmt man sich jedoch in Acht: Ein Bauer im Märkischen findet in der Erde eine schöne Kette – da erscheint ein schwarzer Schwan, und er lässt den Schatz sofort wieder fallen (Kuhn 1843, 165). Möge Ihnen nichts Übles schwanen …

Siehe auch: →Präkognition, →Schwanengesang, →Schwanenjungfrau.

LITERATUR: Eisel 1871; Görres 1927; Grimm 1835, 1992; Grimm 1903; Kuhn 1843; Meiche 1903; Strackerjan 1909; ZfVk.

Schwanengesang-Phänomen

Schwäne sind Sänger – davon kündet schon ihr Name, der auf eine idg. Wurzel *swon-, zu der auch lat. sonare, »tönen«, gehört, zurückgeht. Doch singen sie nicht ständig. Schon in der Antike bemerkte man, dass der Cygnus cygnus oder musicus, wie der biologische Name den Musiker unter den Wasservögeln benennt, im Angesicht des Todes zu singen beginnt (Neckam 1863). Seine lieblichen, hellen oder klagenden Laute erklingen bis zum Schluss. Auch Menschen kündet der Schwanengesang den Tod. Träumt jemand von einem singenden Schwan, so bedeutet das seinen Tod:

»... dann die Schwanen pflegen nicht zu singen / sie wöllen dann sterben.« (Artemidor 1624, 245)

Nicht nur die Mythologie berichtet von dem geheimnisvollen Todesgesang der Schwäne. Aus der neuesten Nahtodforschung (Moody) hören wir, dass Menschen manchmal ganz überraschend, wenn sie ihrem Tod nahe kommen, spontan Verse rezitieren oder anfangen zu dichten – *swan song phenomenon*. Der Begriff »dichten« ist relativ, je nachdem, in welcher Welt man lebt. Ein Mensch, etwa ein Bauer, der eine einfache Sprache spricht und keine Zeit für Poesie hat, weil ihn von früh bis spät die Arbeit ruft, hat plötzlich unmittelbar vor seinem Tod ein Gespür für poetische Sprache:

Samstag, 14. Januar 1984, Dietring, Niederbayern. Die Bäuerin Susanne Haderer erhält einen Anruf aus dem Krankenhaus – sie solle kommen, ihr 76-jähriger, Vater, Johann Einwanger, der schon eine Zeit lang mit Herz- und Lungenbeschwerden im Krankenhaus lag und sehr große Schmerzen hatte, läge im Sterben. Frau Haderer trifft ihren Vater kurz darauf nur noch mit geschlossenen Augen an. Die Gesichtszüge ihres leidenden Vaters haben sich aufgehellt, er ist aber nicht mehr ansprechbar und röchelt nur noch. Da sagt er ganz plötzlich die Worte: »Das ist unbeschreiblich« und hat ein ganz friedliches Gesicht dabei. Seine Tochter ist sehr überrascht – ihr Vater war Bauer, ein einfacher Mann, der niemals ein poetisches Wort wie »unbeschreiblich« in den Mund genommen hätte. Es waren seine letzten Worte – etwa eine Viertelstunde später schlief er sanft ein. (Nach einem Gespräch mit Susanne Haderer aufgeschrieben von A. Puhle, 9. Juni 2004)

Musik kann bei dem Übergang in die nächste Welt helfen, so viel ist gewiss. Die weise Schriftstellerin aus dem Baltikum, Zenta →Maurina (→Unsterblichkeit), verheiratet mit Konstantin →Raudive, berichtet von einem Pfarrer aus dem hohen Norden Schwedens, aus Lappland, dem durch sein Theologie-Studium und die damit verbundene »Einschnürung in Begriffssysteme« der Glaube abhanden gekommen war:

»Auf der Welt liebte er nichts so innig wie seinen einzigen Bruder, der an Krebs erkrankte und langsam und qualvoll dahinsiechte. Die Morphiumdosen des Arztes wehrte er ab, weil er bewußt ins Jenseits hinübergehen wollte. ›Bleib bei mir‹, bat er den Pfarrer, ›wenn du bei mir bist, sind meine Beschwerden erträglich.‹ Der Pfarrer brach mit allen irdischen Verpflichtungen und wachte wochenlang bei dem Schwerkranken. Auch während der heftigsten Anfälle blieb der Kranke heiter, wenn der Bruder ihn in seine Arme nahm. Einmal, als es besonders schlimm war, sang der Pfarrer ihm das schöne Lied, das die Mutter den Buben am Abend gesungen hatte. Der Kranke beruhigte sich und bat: ›Sing es noch einmal.‹ Der Pfarrer sang das alte Lied mehrere Male nacheinander und hielt den schwerleidenden Bruder mit beiden Armen umschlungen. Plötzlich stellte er zu seinem Schrecken fest, daß er eine Zeit lang eingeschlafen war. er hatte mit dem Bruder in seiner schwersten Stunde nicht gewacht! Ein Schauer der Selbstverachtung durchfuhr ihn. Ob es Sekunden, Minuten oder eine Stunde geschlafen hatte, wußte er nicht zu sagen.

Als sein Blick auf den Bruder fiel, den er noch immer in seinen Armen hielt, sah er, daß der Kranke ruhig schlief, nein, es war kein irdischer Schlaf. Sanft, mit einem glücklichen Lächeln war er dieser Erde entrückt.« (Maurina 1987, 161 f.)

Siehe auch: ›Nahtoderfahrung.

LITERATUR: Artemidor 1624; Maurina 1987; Neckam 1863.

Schwanenjungfrau

Wenn ein Jüngling drei Schwäne an einem Strand landen sieht, so kann es passieren, dass sie ihr weißes Federkleid ablegen und sich in schöne Jungfrauen verwandeln. Nur heiraten sollte man keine von ihnen – denn das Glück hängt davon ab, wie geschickt man im Verstecken ihres weißen Gewandes ist: Findet sie es, so schlüpft sie hinein und fliegt davon, und der arme Mann muss kurz darauf sterben (Afzelius, nach Grimm, 1, 355). Manchmal geht es aber auch andersherum zu: Eine Salzburger Sage weiß von einem Schwan, der in eine Jungfrau verwandelt wird (Freisauff, 231).

Das Motiv der lieblichen Schwanenjungfrau ist international. Sie kommen meist zu zweit oder zu dritt, tragen ein »wunderlich« Hemd und noch dazu ihren Schwanenring. Wer ihr Hemd oder ihren Ring besitzt, hat Macht über sie, hat sozusagen das Hemd an. Mal sind die Schwanenjungfrauen drei weissagende Meerweiber, mal zwei, Hadburc und Sigelint, von denen das »Nibelungenlied« (1487, 3) uns singt.

LITERATUR: Freisauff 1880; Grimm 1835, 1992.

Second Sight

Second sight ist die englische Bezeichnung für das →zweite Gesicht.

Seejungfrau (Seejungfer) →Meerjungfrau

Seelen der Verstorbenen
→Geister von Verstorbenen

Seelen verstorbener Tiere
→Geister von Tieren

Seelen, ruhelose →ruhelose Seelen

Seelenexkursion →Astralreise

Seelenflug →Astralreise

Seelengeleiter →Totengeleiter

Seelenkörper →Astralkörper

Seelenreise

Wenn unsere Seele auf Reisen geht, kann das in ganz verschiedene Richtungen gehen. Es kann eine Reise in unsere Seele sein oder auch eine Reise mit unserer Seele. Die Reise in unsere innere Welt führt uns in die Gründe wie Abgründe unserer →Psyche und wieder hinaus zu einem neuen und vollkommeneren Leben. Dies kann ein langwieriger Entwicklungsprozess sein, den wir mit dem Blick in unsere Innenwelt beginnen und mehr oder weniger in diesem einen Leben abschließen können. Diese Art von Seelenreise, die uns in die Gefilde von Gefühlen, Empfindungen und »Beweggründen« führt, in sie einsehen und uns selbst darin wieder erkennen lässt, bringt uns Einsichten und Erkenntnisse zunächst über uns selbst. Doch wir entdecken schnell, dass diese Reise gleichzeitig eine Reise durch die große Menschenseele ist, die allen gemeinsam ist. Sie ist eine mythische Reise, die Menschen schon immer unternommen haben und die uns darum auch etwas über die anderen erzählen kann, mit denen wir leben. So wird die Seelenreise zu einer großen Reise, einer Reise in die Außenwelt, die uns umgibt. Und wenn wir den alten Mythen unserer weisen Vorfahren Glauben schenken, dann hört die Seelenreise nicht auf, sie kennt keine Grenzen, nicht einmal den Tod. Im Gegenteil, sie führt auch zu den Toten. Siehe auch: →Astralreise, →Schamanenreise, →Soul Travel.

LITERATUR: Greene 2004.

Seelenwanderung →Reinkarnation

Seher, Seherin

Seher und Seherinnen sind Menschen, die nicht bloß sehen können. Sie haben vielmehr einen Blick für das, was man normalerweise nicht sehen kann. Dass sie dies mit offenen oder geschlossenen Augen tun können, macht die Sache nicht unbedingt klarer, erhellt aber, welches Verwirrspiel unsere Sinneswahrnehmung – oder was sonst? – mit uns treibt. Da fast jeder Mensch sehen kann, geht es also bei einem, der Seher genannt wird, um etwas Besonderes. Dies kann zweierlei meinen: den Blick in die Zukunft oder auch ein Auge für Geister. Oft ist auch beides verbunden, der echte Seher sieht über die Zeitgrenzen des Hier und Jetzt hinaus – manchmal auch in die Vergangenheit zurück – und hat gleichzeitig Erscheinungen und Visionen. Der tiefste Sinn des Wortes »Sehen« liegt wohl in der Erfahrung des Mystikers oder Eingeweihten, der ebenso Gelehrter und Wissenschaftler wie Philosoph oder Poet sein kann – dieser Seher sieht den inneren Zusammenhang der Welt, die Bedeutung des Lebens und Seins oder auch des Nichtseins – er sieht im Sinne von Verstehen und Wissen. Der Seher ist der Weise. Paradoxerweise hat die Sehergabe auch eine Liason mit der Blindheit. Der Widerspruch zerfällt, wenn wir erkennen, dass Sehen, echtes und wahrhaftiges Sehen, die Augen nicht mehr benötigt (s. a. Sehergabe und Blindheit in: Bauer und Zerling 2004). Nicht nur Blinde sehen mehr, auch in Sterbenden kann die Gabe der Weissagung erwachen – das weiß das Alte Testament, und das berichten die alten Ägypter, Griechen, Inder und Germanen (HdA 1987, VII, 340; IX, N. 440) – und wir können dieser Tradition heute hinzufügen, dass auch die Forschung auf dem Gebiet der →Nahtoderfahrungen diesem Phänomen auf der Spur ist (Greyson).

Der Seher oder die Seherin muss nicht entweder mit offenen oder geschlossenen Augen sehen, einige Menschen sind in der Lage, mit dem inneren und äußeren Auge gleichzeitig zu sehen – wir wissen das von Ania Teillard und Eileen Garrett. C.G. Jung folgte einmal ganz bewusst der Geistergestalt eines verstorbenen Freundes, die ihn in einer Vision dazu einlud, ihm in sein Haus zu folgen (s. Puhle 2005, 2, III, 11). Auch von Menschen mit dem →zweiten Gesicht ist bekannt, dass sie die ihnen vorgespielte bildliche Vorschau mit offenen Augen wahrnehmen können. Und im Traum können wir uns ebenso bewusst darüber sein, dass wir träumen. Vor allem sehen Sterbende die Wirklichkeit mit geschlossenen Augen, manchmal Geister und →Engel, manchmal die Zukunft, und das mitunter, wenn das EKG und EEG nur noch flach verlaufen.

In der Forschung gibt es inzwischen genügend Studien und Experimente, die zeigen, dass der Vorgang des Sehens auch auf andere Weise ablaufen kann als mit den Augen (Parker und Brusewitz 2004). Bei den so genannten Ganzfeld-Experimenten befindet sich der eine Versuchsteilnehmer in einem Raum, in dem er ein Videoclip zu Gesicht bekommt, während in einem anderen, entfernten Raum eine zweite Person in einem bequemen Sessel, mit Pingpong-Bällen auf den Augen, Kopfhörern, aus denen ein beruhigendes Meeresrauschen kommt, halb sitzt, halb liegt und nichts weiter tun muss, als beschreiben, was nun für Bilder vor ihrem inneren Auge ablaufen. Die Filme werden nach dem Zufallsverfahren ausgesucht, so dass jegliche Information auf normalem Weg ausgeschaltet ist. Das Ergebnis zeigt dank neuester Computertechnik denselben Filmausschnitt, der jetzt aber die Worte des Empfängers enthält, die in der Tat häufiger als zu erwarten Sinn machen und die Bilder oder sogar Handlungen des Films akkurat beschreiben (Parker 2003). Die Treffer sind größer, als die statistische Prognose es erlaubt (→Telepathie).

Mit dem Geistersehen ist es schwieriger – die Bilder von Geistern, die ja

auch vor dem inneren Auge abgespult werden, sind bisher noch nicht auf Kameras oder Filmen eingefangen, jedenfalls nicht unbestritten und vor allem nicht experimentell. Die Fotos sind spontane Aufnahmen, Glücksfälle (→Geisterfotografie). Seher existieren und praktizieren, seit es Menschen gibt. Babylonien, der alte Orient, Ägypten, Griechenland und Rom, alle hatten weise Seher wie etwa →Amphiaraos, →Amphilochos, →Kalchas, →Teiresias, →Marcius, →Melampus, →Mopsos, →Publicius. Gehen wir aber in der Geschichte voran, so wird die Liste länger und länger, und wir begnügen uns hier mit Hinweisen auf Jeane →Dixon, Anna Katharina →Emmerich, Friederike →Hauffe, Hildegard von Bingen und →Kälber-Gerhard, Ania Teillard.
Siehe auch: →Mantis, →Weissagung.

Literatur: HdA 1987; Parker 2003; Parker und Brusewitz 2004; Puhle 2005.

Selbstmörder

Die Seele des Selbstmörders kann nach weltweit verbreiteter Überzeugung keine Ruhe finden – das wissen wir aus vergangenen Zeiten und aus vielen Winkeln der Erde.
Siehe auch: →ruhelose Seelen, →Totendämonen.

Selkies

Eine Besonderheit Irland sind ihre Seehundfeen, die Selkies. Sie leben im Meer und tragen ein Seehundfell, das sie nur ablegen, wenn sie an Land gehen. Ein Mann kann sie nur halten, wenn er ihr Fell versteckt – dann mag er eine große Familie mit ihr gründen –, bis es ihr endlich gelingt, ihr Fell wieder zu finden, um traurig in den Wellen des rauen Meeres auf immer zu verschwinden ...
Siehe auch: →Elfen, →Feen, →Sidhe.

Shared Near-Death Experience (Shared NDE)

Eine Geistererscheinung, die bei einer →Nahtoderfahrung nicht nur vom →Sterbenden, sondern auch von einer anderen Person wahrgenommen wird, heißt im Angloamerikanischen *shared near-death experience,* kurz *shared NDE.* Ein Beispiel dieses bemerkenswerten Phänomens habe ich bei anderer Gelegenheit gegeben (Puhle 2005, 4, IX.7).

Shared Out-of-Body Experience (Shared OBE)

Wird eine Geistererscheinung im Rahmen einer →Außerkörperlichen Erfahrung (AKE) nicht nur von der Person selbst, die ihren Körper verlässt, erlebt, sondern kann gleichzeitig von einer anderen gesehen werden, spricht man im Angloamerikanischen von einer *shared OBE,* von einer miteinander geteilten außerkörperlichen Erfahrung.

Ein kürzlich eingetroffener Fallbericht aus England, adressiert an Prof. Arthur →Ellison, schildert eine AKE einer Mrs. H., die diese mit ihrer Tochter teilen durfte, und bei der ein junger Verwandter und Spielkamerad, nennen wir ihn James, der im Alter von 20 Jahren ganz plötzlich und völlig unerwartet verstorben war, eine Rolle spielt:

Eines Nachts stand Mrs. H. in ihrer AKE neben ihrem Bett und hörte im Nebenzimmer ihre Tochter sprechen, was ihr merkwürdig vorkam, da niemand bei ihrer Tochter war. Auf ihre Frage, mit wem sie denn da gesprochen hätte, antwortete die Tochter: »Mit James.« Die Mutter konnte aber niemanden sehen. Da rief ihre Tochter: »James, zeig dich doch mal, es ist nur meine Mutti, du brauchst dich vor ihr nicht zu verstecken!« Mrs. H., fest davon überzeugt, dass ihre Tochter phantasierte, wollte sie nun beruhigen, als ihre Aufmerksamkeit auf die Zimmerdecke über dem Fußende des Bettes gelenkt wurde: Sie sah fünf oder sechs in verschiedenen Farben hell leuchtende Licht-kugeln, die sich drehten. Sie sahen un-beschreiblich schön aus, ganz so, als wenn sie lebten. Mrs.H. verstand ihr Erlebnis zunächst als lebendigen Traum, doch ih-re Tochter berichtete ihrerseits von ihrem realistischen Traum und beschrieb das Ge-spräch mit ihrer Mutter und auch die Leucht-kugeln, wie sich James zu ihr ans Bett ge-setzt hatte und so lange ihren Namen gesagt hatte, bis sie davon aufgewacht war. James hätte ihr immer wieder gesagt, dass er gar nicht tot sei, sie hätte es verneint, er aber darauf bestanden. James sei auch der Erste gewesen, der bemerkt hatte, dass ihre Mut-ter ins Zimmer gekommen sei. Als James dann sofort verschwinden wollte, hätte sie ihn vergeblich zu halten versucht – mit den Worten, die Mrs. H. vernommen hatte. Auch die beruhigenden Worte ihrer Mutter, es sei doch nur ein Traum gewesen, hatte die Toch-ter noch gut in Erinnerung. Sie erinnerte sich auch, dass sie ihrer Mutter gesagt hatte, ihr Cousin sei wirklich bei ihr, und wie ein paar Sekunden nach ihrem Zureden, er brauchte sich doch nicht zu verstecken, an der Decke über dem Fußende ihres Bettes die sich dre-henden Lichtkugeln aufgetaucht waren. (Poynton 2003, 19–21; zusammengefasst und übersetzt von A. Puhle).

Beispiele solcher seltenen Erfahrungen sind kostbar, bleiben sie doch nicht im Subjektiven befangen (weitere Beispiele in Puhle 2005, 4, IX,7)
Siehe auch: →Astralreise, →Außerkör-perliche Erfahrung, →Lichterscheinun-gen.
Literatur: Poynton 2003; Puhle 2005.

Sidhe

Der irische Begriff *sidhe* bedeutet ursprünglich »Wind«, »Friede«, d.h. ein zum Friedensgebiet erklärtes Wohngebiet ei-nes freien Mannes. Das Wort meint heute aber auch die Feenhügel, in die sich einst das alte von Dana abstammende Göt-tergeschlecht Irlands, die →Tuatha De Danann, bei dem Einfall der Milesier zurückgezogen haben. Ferner werden auch die irischen →Feen »Sidhe« genannt.
Literatur: Lück 1997.

Sigurd

Sigurd war ein germanischer Seher, der wie die Griechen →Mopsos und →Me-lampus die Sprache der Vögel verstand.

Silberschnur →Außerkörperliche Erfahrung

Simo

Simo hieß ein treuer →Delfin, von dem →Plinius der Ältere berichtet.

Sirenen (Syrenen)

Die Töchter des Stromes Acheloos – oder nach einer anderen griechischen Sage des Phorkys – sind dämonische Wesen, eine Mischung aus Mensch und Vogel, Sirenen, griech. *seirenes,* ge-nannt. Schon ihre Namen klingen wie Musik in unseren Ohren: Aglaope mit dem schönen Gesicht, Aglaopheme mit der süßen Rede, Ligeia mit der Stimme aus dem Jenseits, Leukosia, das weiße

John William Waterhouse, »Ulysses and the Sirens« (Odysseus und die Sirenen). Öl auf Leinwand, 1891, National Gallery of Victoria, Melbourne.

Geschöpf, Molpe, die Musikantin, Peisinoë, die Überredende, Raidne, Teles und Parthenope mit den jungfräulichen Gesichtern, Telxiope, die Schmeichelnde, und Thelxiëpeia mit der besänftigenden Rede.

Diese stimmbegabten Frauen verfügen über außersinnliche Wahrnehmungen und magische Fähigkeiten und können so fantastisch singen, dass die Männer, die mit ihren Schiffen bei ihnen vorbeikommen, gegen die Klippen fahren. Nur die →Musen – von manchen als Eltern der Sirenen gedacht – können noch schöner singen und die Sirenen besiegen, um sich von Stund an mit deren Federn zu schmücken.

Wo die Insel der Sirenen einst gelegen hat, wissen nur noch die Götter. Siehe auch: →Lorelei, →Luftgeister, →Wassergeister.

LITERATUR: Bulteau 1987; Irmscher 1978.

Snapping

Der englische Begriff *snapping* meint eine erst heute bekannte, epidemisch in religiösen Selbsterfahrungskulten auftretende plötzliche Persönlichkeitsveränderung.

LITERATUR: Shepard 1991.

Society for Psychical Research
→S. P. R.

Soul Travel

Der englische Begriff *soul travel* meint wörtlich →Seelenreise, überschneidet sich mit dem Begriff →Astralreise, und beinhaltet weiter →Außerkörperliche Erfahrungen.

Soul Travel Magazine ist auch der Name einer Internet-Zeitschrift, die der Journalist Torbjörn Sassersson, Stockholm, zu den Stichwörtern *Soul Evolu-*

tion, Out of Body Travel, Psychosoma, Remote Viewing und *Lucid Dreaming* (→Klarträume) herausgibt und die über neueste Forschungen auf diesem Gebiet informiert.

LITERATUR: Sassersson, www.soultravel.nu; Shepard 1991.

Spectrum (Pl. Spectra)

Eine lateinische Bezeichnung für →Geist ist Spectrum.

Spiegel

Wer in den Siegel schaut, sieht Gespiegeltes – →Geister und →Gespenster werden bisweilen in einem Spiegel sichtbar – das ist eine heute immer noch lebendige Erfahrung vieler Menschen. Spiegel spiegeln nicht nur die Realität, nicht nur die eine Seite der Medaille, die wir mit bloßen Augen sehen können und die wir für gesichert und echt halten, sie spiegeln auch die Kehrseite der Welt, die ihre eigene Berechtigung hat. →Kinder können in Spiegeln, ohne sich darüber Gedanken zu machen, allerlei seltsame Wesen entdecken – zum großen Entsetzen ihrer Eltern. Ihre Imaginationsfähigkeit ist viel stärker, gleichzeitig aber ihre Auffassungsgabe noch nicht so gefiltert. Sensibel gebliebene Erwachsene, Sensitive, benutzen spiegelglatte Oberflächen wie Wasser, Kristallkugeln oder glänzende Metalle zum Erkennen der Wahrheit und der Zukunft – eine alte Technik, die schon Jakob →Böhme benutzte.

Das Psychomanteum, eine kleine Dunkelkammer mit einem Spiegel, basiert auf der alten Idee, die →Geister von Verstorbenen im Spiegel erblicken zu können – eine alte Einrichtung, die erst kürzlich wieder neu ins Leben gerufen wurde. In einem Spiegel in dem schwedischen Spukschloss Engsö, um

Margaret Winifred Tarrant
(1888–1959), »Fee«.
Aus »Looking-glass Fairies«.

das sich mehrere Spuklegenden und -geschichten aus verschiedenen Epochen ranken und in dem wir eine – ruhige – Nacht verbrachten, hängt ein berüchtigter Spiegel, der Geister spiegeln soll – auch hier kommt es natürlich darauf an, wer hineinschaut. Ein alter Glaube warnt daher davor, nachts in den Spiegel zu sehen und im Schlafzimmer einen Spiegel aufzuhängen. Und nicht immer bleiben die Geistergestalten in dem Spiegel stecken, in dem sie erscheinen, manche treten aus ihm heraus:

»Mein Vater, dessen Lieblingskind ich von allen meinen Geschwistern war, kränkelte schon einige Monate. Niemand aber dachte an seinen plötzlichen Tod.

Ich war damals mit meinem Gatten in Heiden in den Ferien. In den Morgenstunden des 15. April erwachte ich plötzlich. Mir war es, wie wenn ein kalter Luftzug durch unser Schlafgemach zöge, es fing an mich zu frösteln. In weiter Ferne schlug eine Turmuhr drei Schläge in die nächtliche Stille hinaus. Mein Mann neben mir schlief ganz fest, ich aber war ganz wach.

Wie ich so dalag, fiel mir plötzlich am Wandspiegel vor unseren Betten ein kleiner runder Punkt auf. Und wie eigenartig, dieser Punkt wurde immer größer und größer und verwandelte sich in eine menschliche Gestalt

und kam aus dem Spiegel heraus. Es war mein Vater. Ich sah ihn ganz klar, seine Bogennase, seinen Schnurrbart, alles erkannte ich ganz deutlich. Ich war wie gelähmt vor Schrecken und konnte mich nicht rühren. Er kam langsam auf mich zu. Aber er war ja gar nicht allein, *ein großer fremder Mann* mit schwarzem Hut führte ihn. Mein Vater beugte sich über mein Bett und sagte mit leiser, trauriger Stimme: ›Lebe wohl, Bertheli, ich muß nun fort. Dem Ruedi möchte ich auch noch Adieu sagen, aber er schläft ja.‹ Ich war starr und sprachlos. Da nahm ihn *der Andere* bei der Hand und sagte zu ihm: ›Komm jetzt, wir müssen gehn.‹ Dann begaben sich die beiden Gestalten wieder gegen den Spiegel, wurden immer kleiner und kleiner und verschwanden schließlich in demselben ... Gegen 9 Uhr wurde ich ans Telefon gerufen, meine Mutter telephonierte mir, daß heute morgen früh um 3 Uhr mein Vater an einem Blutsturz gestorben sei.« (Jaffé 1995, 140)

Siehe auch: →Seher, Seherin, →Kinder.
Literatur: Jaffé 1995.

Spinnen

Wer kann heute noch spinnen? Spinnen ist nicht mehr gefragt und wird Kindern verboten. Wolle und Gedanken lassen sich spinnen – aus der Wolle wird ein schöner Pullover, doch was wird aus den Gedanken? Die Schicksalsfeen wissen, wie aus Gedanken und →Worten auch etwas werden kann – sie wirken und bewirken, sie bilden das Leben, spinnen den Faden durch das Leben, den Lebensfaden. Im Märchen ist Spinnen schicksalhaft. Es scheint gut, das Spinnen selbst zu lernen. Wenn wir die Menge Wolle versponnen haben, kann etwas Schönes und Gutes geschehen. Die →Feen, diese zauberkundigen Märchendamen, erscheinen, wenn das Spinnen zu schwer, die Arbeit zu viel ist.

Natürlich haben wir auch die Fantasie, mit der wir reichlich Geschichten spinnen können. Das scheint ein harmloses, nettes Unterfangen zu sein, doch wer weiß, was aus den subtilen Fäden eines Tages wird, was sie wirklich kreieren – es könnten ja auch wilde Fantasien, Hirngespinste darunter sein.

Auch böse Geister lieben Gesponnenes, und so berichten alte Geschichten von einem Brauch in den Venediger Alpen, demzufolge das erste Gespinst beim Flachsspinnen der Waldfrau gespendet, d.h. verbrannt werden soll (Quitzmann 1860, 161). Auch die Wilden Weiber sind ganz wild auf Hemden und Röcke aus Flachs und spinnen sie sich selbst, wenn sie in hellen Mondnächten an den Ufern von Flüssen und Teichen zusammenkommen (Vernaleken 1859, 249). Zwergenweibchen sind ganz meisterhafte Spinnerinnen (Schönwerth 1857–1859, 2, 307), und die Erdweibchen, die in Thüringen in den Winternächten abends gern ins Haus kommen, helfen gegen Bezahlung, den Flachs fertig zu spinnen (Witzschel 1866 und 1878, 1, 295), sie »spinnen in den Zwölfnächten ab«, heißt es in Westfalen (Witzschel, 1, § 74). Im Aargau in der Schweiz kommen die Härdlüt, freundliche →Zwerge, an den Herd und bringen den Menschen wertvolle Geschenke wie einen schönen Spinnrocken mit. Dafür spinnen sie dann gern etwas Hübsches für sich mit (Rochholz 1856, 1, 270 und 274).

Siehe auch: →Feen, →Gedankenkraft, →Nornen, →Parzen.

LITERATUR: Quitzmann 1860; Rochholz 1856; Schönwerth 1857–1859; Vernaleken 1859; Witzschel 1866 und 1878.

Spontane Wiederkehrende Psychokinese →Recurrant Spontaneous Psychokinesis

S. P. R. (Society for Psychical Research)

Sir William Fletcher →Barrett, Edmund Gurney, Frederic Myers und George John Romanes gründeten im Jahr 1882 in London die Society for Psychical Research zur wissenschaftlichen Erforschung der paranormalen Phänomene. Die hochqualifizierten Forscher befassten sich vor allem mit →Geistererscheinungen und mit der Frage, ob es ein →Leben nach dem Tod gibt. Die Reihe der Präsidenten, angefangen von Henry Sidgwick, birgt berühmte Namen wie William James, Sir William Crookes, Camille Flammarion, Hans Driesch, Charles Richet, Eleanor Sidgwick, Henri Bergson, Sir Oliver Lodge, G.N.M. Tyrrell, Gardner Murphy, E.R. Dodds, Donald West, John Beloff und Bernard Carr, der heutige Präsident. Die Gesellschaft gibt ein Journal heraus, kurz JSPR, sowie *Proceedings* und ein Magazin mit vielen aktuellen Fallbeispielen, *Paranormal Review.*

Sprechende Geister

Geister sollen unerlöste Seelen sein – das hören wir immer wieder von Leuten, die eigene Erfahrungen mit →Geistern von Verstorbenen gemacht haben. Der keltisch-britische Fotograf Simon Marsden, der den Spuren der Geister in die dunkelste Vergangenheit nachgegangen ist, hörte bei seinem Besuch auf Kilchurn Castle in Schottland von einem Einheimischen, dass sich kürzlich ein junges Paar aus England fast zu Tode erschrocken hätte, als sie nachts – sie zelteten innerhalb der Mauern um die Burgruine – eine Geisterstimme hörten, die sie anflehte: »Laß mich gehen, hilf mir in Frieden zu ruhen, laß mich gehen« (Marsden 1994, 44). Doch leider sagen Geister uns nicht immer, was sie wollen. Nur in Ausnahmefällen erzählen sie, was sie denken. Die britische Forscherin Celia Green findet in ihrer beachtlichen Sammlung von rund 2000 Geisterberichten (1968–1974) immerhin 14 Prozent Geisterbegegnungen, in denen ein Geist etwas sagt, *speaking apparitions* (Green und McCreery 1975, 95–101). Die Äußerungen der sprechenden Geister sind jedoch weit entfernt von einer Kommunikation, wie man sie unter höflichen Menschen erwarten würde und wie sie in Geisterberichten aus früheren Jahrhunderten gang und gäbe ist (Puhle 2004f). Geister, die ungerufen erscheinen, wollen oder können nicht unbedingt Rede und Antwort stehen. In einem 1892 veröffentlichten Fall gibt ein Geist den auch sonst beliebten Seufzer von sich. Aus dem berühmten →Morton Case, in dem sich die Erscheinung einer großen schwarzen Dame über Jahre hinweg immer wieder sehen ließ, woraufhin sie Miss R. C. Morton hartnäckig um Antwort oder irgendein Zeichen bat, erfahren wir:

»Das erste Mal sprach ich zu ihr am 29. Januar 1884. Ich öffnete vorsichtig die Tür zum Maler-Zimmer, ging hinein und stand vor ihr. Sie kam an mir vorbei, zum Sofa und blieb dort stehen. Also ging ich zu ihr hin und fragte sie, ob ich ihr helfen könnte. Sie machte eine Bewegung, und ich dachte schon, sie würde nun sprechen, aber sie ließ nur ein leises Keuchen verlauten und bewegte sich in Richtung Tür. Als sie gerade an der Tür angekommen war, sprach ich sie noch einmal an, aber es hatte den Anschein, als wäre sie nicht in der Lage zu reden. Sie wanderte in die Vorhalle, um dann wie schon zuvor durch den Seiteneingang zu verschwinden.« (Proceedings of the S. P. R., VIII, 1892, 314; übersetzt von A. Puhle)

Die zahlreich erscheinenden Geister von Friedrich →Nicolai konnten sprechen, sie unterhielten sich miteinander oder bezogen Nicolai mit ein in ihre Gespräche. Wir erfahren leider nicht viel aus seinem Mund, was der Gegenstand dieser Geistergespräche war, nur so viel, dass sie ihn, der gerade seinen ältesten Sohn verloren hatte und dazu noch mit anderem Kummer privater Art geplagt war, trösten wollten. Doch der Aufklärer blieb verschlossen für die Sprache der Geister und hielt alles nur für ein Syndrom von Einbildung, Verdauungsbeschwerden und unterlassener Blutreinigung (Puhle 2005, 1, II, 1).

Geister mögen zwar sprechen, aber sie machen nicht unbedingt den Mund dabei auf. Oft ist die Sprache der Geister vielmehr ein inneres Wissen, das der Geisterseher oder die Seherin spontan in ihrer Gegenwart hat – der Geist spricht quasi durch die Gedanken seines Gegenübers. Es gibt viele Menschen, die die Worte eines Geistes nicht direkt aus dessen Mund hören, wie es etwa Therese Svensson von ihrer Begegnung mit ihrem nie zuvor gesehenen Großvater berichtet (→Nahtoderfahrung). Die Informationen kommen auf Wegen zu uns, die wir noch nicht kennen, wie wir auch für →Telepathie noch keine endgültige Erklärung oder Theorie haben. Wir wissen nur so viel, dass informative Inhalte von Mensch zu Mensch übertragen werden können und dass auch von »Geist« zu Mensch ein Informationsfluss stattfinden kann, wie wir einer stattlichen Zahl historischer wie neuer Geisterberichte entnehmen können (Puhle 2004f). Oft findet, wie bei Telepathie, eine bildliche Übertragung statt, der Geist zeigt an seinem eigenen »Körper«, was geschehen ist, gerade geschieht oder in der Zukunft noch eintreffen wird.
Siehe auch: →Erdgeister, →Leben nach dem Tod.

LITERATUR: Green und McCreery 1975; Marsden 1994; Nicolai 1991; Puhle 2004f; Puhle 2005.

Spuk

Jeder weiß, was Spuk ist, und doch weiß keiner, was er wirklich ist. Immerhin ist die Forschung dem Spuk auf der Spur und unterscheidet ortsgebundenen von personengebundenem →Spuk. Ein dritter Typus ist der ephemere →Spuk, ein von Fanny Moser vorgeschlagener Begriff, der sich jedoch nicht etabliert hat. Wenn Dinge passieren, die eigentlich gar nicht passieren dürfen, fühlt sich unser gesunder Menschenverstand beleidigt, weil er es nicht versteht: Gegenstände bewegen sich von allein, fliegen in der Luft herum, Dinge verschwinden und tauchen an einem unerwarteten, oft unpassenden Ort wieder auf, Türen öffnen und schließen sich von selbst, merkwürdige Geräusche von Menschen oder Tieren lassen sich hören, als ob jemand etwas Bestimmtes täte, wenn doch gar keiner da ist, Seidenkleider rauschen im leeren Schloss, Musikinstrumente fangen von allein an zu spielen usw., kurz und gut, es sind viele ernsthafte und gute Bücher über diese Ver-rückt-heiten geschrieben worden, nicht nur früher, sondern heute noch (Bender 1972, Gauld und Cornell 1979, Price 1945, Roll 1974, Houran und Lange 2001).

Die große Frage, ob in Spukfällen Lebende oder Verstorbene eine ursächliche Rolle spielen, wird von wissenschaftlicher Seite sehr unterschiedlich beantwortet. Während der ortsgebundene →Spuk gern mit der Annahme einer objektiven Existenz der →Geister von Verstorbenen beantwortet wird, werden in der Regel zur Erklärung des personengebundenen Spuks keine unabhängig vom menschlichen Körper existierenden Geister herangezogen (→Geister-Theorien). Der Terminus *Recurrent Spontaneous Psychokinesis* (RSPK), »Sich wiederholende Psychokinese« impliziert durch den aus dem Griechischen abgeleiteten Begriff »Psychokinese«, wörtlich »Bewegung durch die Seele«, dass im lebenden Menschen eine Kraft liegt, die für die →Poltergeistphänomene, das Werfen von Gegenständen usw., verantwortlich gemacht wird. Andererseits wird auch von analogen Vorgängen, also nicht von dem Prinzip »Ursache und Wirkung« ausgegangen, wie etwa in dem Erklärungsmodell des Psychologen und Physikers Dr. Dr. Walter von Lucadou (1989). Im allgemeinen Sprachgebrauch wird »Spuk«

allerdings viel weiter gefasst und kann sich generell auf alles, was geisterhaft erscheint, beziehen. Das erklärt sich aus der Geschichte des Begriffes, der in frühneuhochdeutscher Zeit aus dem Niederdeutschen ins Hochdeutsche eingegangen ist. Damals bedeutete *spook* zweierlei: eine gespensterhafte Erscheinung und das verantwortliche Gespenst selbst.

Siehe auch: →Kobold, →Kopflose, →Weiße Frau.

Literatur: Bender 1972/1989; Gauld und Cornell 1979; Houran und Lange 2001; Huesmann und Schriever 1989; Lucadou 1989; Price 1945; Roll 1974.

Spuk von Clarendon →Clarendon, Spuk von

Spuk von Derrygonnelly →Derrygonnelly, Spuk von

Spuk von Dibbesdorf →Kloppeding von Dibbesdorf

Spuk von Gröben →Prüfung von Geistern

Spuk von O. →O., Spuk von

Spuk von Resau →Resau, Spuk von

Spuk von Rosenheim →Rosenheim, Spuk von

Spuk, ephemerer

Der ephemere Spuk – eine Bezeichnung Fanny Mosers – ist ganz kurz. Er taucht, wie sein griechischer Name besagt, nur

»vorübergehend« auf, dauert manchmal nur einen einzigen Tag und steht in Zusammenhang mit einem Todesfall. Es ist sozusagen ein Sterbebett-Spuk oder Sterbe-Spuk (Moser 1950, 38).
Siehe auch: →Sterbende.
LITERATUR: Moser 1950.

Spuk, ortsgebundener

Der klassische Spuk ist an einen Ort gebunden. Ein Haus ist verrufen, weil es dort nicht mit rechten Dingen zugeht und sich ein Geist in den abendlichen Stunden gern sehen lässt. Immer sind es dieselben unheimlichen Dinge, die geschehen und uns eine Gänsehaut bekommen lassen.

Als Charakteristika des ortsgebundenen Spuks *(hauntings)* werden allgemein angesehen:

- Ort: alte Häuser, Schlösser, Burgen, alte Gemäuer und Ruinen, öde Räume, verlassene Orte
- Tageszeit: nachts, Dunkelheit, Zwielicht
- Dauer: lange anhaltend, Jahre, Jahrzehnte und länger
- Phänomene: Erscheinungen von Geistern
- Ablauf der Phänomene: eine typische Szene wiederholt sich in Abständen immer wieder

Ein klassisches Spukschloss: Craig Hall in Perthshire. Foto: Simon Marsden.

- ruhig, monoton
- beziehungslos, ungesellig, keine Kommunikation möglich
- Legende um den Spuk
- Geister von Verstorbenen? Gedächtnis des Ortes? Cosmic Psychic Reservoir? (→Geister-Theorien)
- Mögliche Ursachen: unangemessene, unterbliebene Bestattung, gewaltsamer, vorzeitiger Tod (→Gründe)
- Erlösung der Seelen = Auflösung des Spuks

Der Prototyp des Spuks, der ortsgebundene Spuk, ist vollständig harmlos – seine Geister sind unsozial.
Siehe auch: →Spuk, ephemerer.
LITERATUR: Sexauer 1958/59.

Spuk, personengebundener

Was heute in der Wissenschaft unter →Poltergeistern verstanden wird, ist der →Spuk, der um eine Person kreist, der an sie gebunden ist. Diese steht im Brennpunkt des Geschehens, sie ist die →Fokusperson. Als Ursachen des Spuks gelten nicht die →Geister von Verstorbenen, sondern die Lebenden. Es sind Menschen, die in Schwierigkeiten stecken, Jugendliche in der Pubertät, Epileptiker, oder es geht um Familienkonflikte. Lassen sich die Probleme lösen – oft verschwinden die Phänomene beim bloßen Eintreffen des Forschers –, nimmt auch der Spuk ein Ende.

Als Charakteristika des personengebundenen Spuks (Poltergeister) gelten:

- Art: personengebunden, d.h., zieht gegebenenfalls mit der Person mit
- Ort: beliebig, in bewohnten, belebten Räumen
- Tageszeit: häufig tagsüber, Helligkeit
- Dauer: kurzfristig, meist einige Wochen bis mehrere Monate
- Phänomene: →Poltergeistphänomene

- Ablauf der Phänomene: aufgebaut wie ein Theaterstück in mehreren Szenen mit Vorspuk und Nachspuk
- lebendig, dynamisch, intensiv
- kommunikativ, humoristisch, koboldartig
- ohne Geschichte
- Geister von Lebenden? Absicht und Zielgerichtetheit
- Mögliche Ursachen: Probleme, Pubertät, Familienkonflikte, Epilepsie (→ Geister-Theorien)
- Konfliktlösung = Auflösung des Spuks

Wie beim ortsgebundenen →Spuk muss auch hier nichts befürchtet werden. Die »Geister« erscheinen zwar mit Absicht nach einer Person mit Gegenständen zu werfen, aber sie werfen immer haarscharf daneben.
Siehe auch: →Spuk, ephemerer.
Literatur: Sexauer 1958/59.

Ecclescrieg House, St. Cyrus, Aberdeenshire, Schottland. Foto: Simon Marsden.

Spukbett →Price, Harry

Spukhaus

Ein Spukhaus kann von verschiedenen Geistern beunruhigt werden, von Geistern, die sich an eine Person binden oder denen, die ein bestimmtes Haus bevorzugen (→Spuk, personengebundener, →Spuk, ortsgebundener). Da →Poltergeister kurzfristige Besucher sind, ortsgebundene Geister *(hauntings)* jedoch nur schwer wieder ihren Weg aus einem Haus herausfinden, ist ein echtes Spukhaus ein Haus, in dem sich letzterer Spuktypus zeigt -- Spuklegenden ranken sich manchmal Jahrhunderte lang um ein Haus.

Poltergeister dagegen halten es nie länger als ein paar Monate an ein und demselben Ort aus, selbst wenn sie ihrer aus Verzweiflung ausgezogenen Bezugsperson (→Fokusperson) hinterherziehen, ziehen diese Geister nur noch für eine befristete Zeit mit ihnen mit. Poltergeister machen viel Terror, gehen aber schnell wieder, *hauntings* bleiben ewig, doch tun sie absolut gar nichts.

Spukschloss

Schlossspuk gehört zu den typischen *hauntings,* also dem ortsgebundenen →Spuk. Er kann sich über Jahrhunderte hinziehen, sofern wir den alten Legenden, die sich um unzählige Schlösser in ganz Europa ranken, Glauben schenken. Einst soll es in Bayern kein Schloss gegeben haben, das nicht von einem spukenden Geist unsicher gemacht worden ist, wie uns ein Text aus dem 18. Jahrhundert verrät.
Siehe auch: →Zeitverschiebung.

Spuren-Theorien (Trace Theories)
→Geister-Theorien

Sterbebettvisionen

Die Visionen, die am Bett eines →Sterbenden erlebt werden, engl. *deathbed apparitions,* sind keine Modeerscheinung. Es gab sie schon lange, bevor die Arbeit von Elisabeth Kübler-Ross und Raymond Moody ins Gespräch kam. Sir William →Barrett, ein irischer Physiker, der mit 28 Jahren in Dublin einen Lehrstuhl für Physik antrat, veröffentlichte 1928 bereits ein Buch, das er Geistererscheinungen widmete, die Sterbenden widerfahren: »Death-Bed Visions. The Psychical Experiences of the Dying«. Er unterscheidet darin fünf Gruppen von Visionen (Kap. II–VI):

1. Visionen Sterbender, in denen sie Menschen sehen, von denen sie nicht wissen, dass sie schon tot sind;
2. Visionen Sterbender, in denen sie Menschen sehen, von denen sie wissen, dass sie tot sind, und Visionen am Sterbebett, die auch von anderen wahrgenommen werden;
3. Visionen Sterbender von lebenden Menschen, die sich in einiger Entfernung aufhalten – und in manchen Fällen gegenseitig wahrgenommen werden (reziproke Visionen);
4. Musik, die von Sterbenden oder von Menschen, die bei einem Sterbenden sind, gehört wird;
5. Visionen von Menschen bei Sterbenden, die sehen, wie der Geist des Sterbenden den Körper verlässt.

Barretts Einteilung zeigt das weite Spektrum von →Geistererscheinungen, die um den →Tod herum auftreten können. Hinzufügen können wir nun noch eine weitere, große Gruppe von Erlebnissen:

6. Visionen Sterbender, deren Ich-Bewusstsein sich außerhalb ihres Körpers befindet und die aus dieser neuen Perspektive ihren alten Körper – im Bett oder wo auch immer – liegen

sehen können. Manchmal können sie in diesem außerkörperlichen Zustand von Anwesenden im Zimmer gesehen werden.

Vor allem die Punkte eins bis drei geben zu denken und legen Gedanken eines →Lebens nach dem Tod nahe.

LITERATUR: Barrett 1926/1986; Osis 1961; Osis 1977.

Sterbende

Im Mittelpunkt der meisten Geisterbegegnungen stehen Sterbende. Um sie kreisen die Geister in vielerlei Hinsicht und – wie es uns scheint – mit vielerlei Absicht:

1. Sterbende sehen Verstorbene;
2. Sterbende sehen Verstorbene, von denen sie nicht wissen, dass sie tot sind;
3. Sterbende sehen Engel;
4. Sterbende sehen Totengeleiter;
5. Sterbende sehen sich selbst, ihren physischen Körper, aus der Vogelperspektive;
6. Sterbende sehen sich selbst in ihrem neuen, leichteren Körper;
7. Sterbende erscheinen anderen, die in der Ferne sind;
8. Sterbende erscheinen anderen, die in der Ferne sind und die sie selbst auch wahrnehmen;
9. Sterbende erscheinen anderen, die bei ihnen sind, als Licht oder in ihrer neuen Gestalt;
10. Sterbende haben Erscheinungen, die weitere Anwesende auch wahrnehmen können.

Es lässt sich nicht übersehen: Sterbende befinden sich unmittelbar im Geistergeschehen. Die meisten der zehn Phänomene sind im Laufe der Zeit unter Begriffen wie →Sterbebettvisionen (1, 2, 7, 8, 9, 10) oder →Nahtoderfahrungen

(1, 2, 3, 4, 5) erfasst worden, wenn auch einige nur selten beschrieben werden (8, 9, 10). Alles kreist um den Tod, um den großen Übergang in ein neues, unbekanntes Sein, von dessen Existenz und Beschaffenheit wir aus den Visionen der Menschen erfahren, die dem Tod mal ganz nahe waren.

Über Punkt 6 erfahren wir weniger in der Literatur als über die anderen Fälle. Carlos Alvarado hat in einer Studie über →Außerkörperliche Erfahrungen festgestellt, dass nach den Aussagen der Befragten der neue Körper (→Astralkörper) entweder Ähnlichkeit mit dem alten Körper hat oder in Wolkenform (→Wolken), als Lichtkugel oder als Punkt wahrgenommen werden kann. Manchmal wird das neue Ich auch einfach als ein →Bewusstsein erfahren. Eine Silberschnur verbindet in Einzelfällen den neuen mit dem stofflichen Körper (Alvarado 2000, 186). Aber dieses Band wird im Angesicht des Todes reißen.

Siehe auch: →Astralreise, →Außerkörperliche Erfahrung, →Engel, →Geister von Verstorbenen, →Himmel, →Leben nach dem Tod, →Nahtoderfahrung, →Seelenreise, →Sterbebettvisionen, →Tod, →Totengeleiter, →Unterwelt.

LITERATUR: Alvarado 2000; Barrett 1926/1986.

Stimme der Erde →Erdgeister

Succubus

Die weibliche Entsprechung zum nächtlichen »Auflieger«, dem →Incubus, ist der Succubus, der Darunterliegende, zu lat. *succumbere,* »drunterliegen«. Der →Dämon, mit dem der von ihm Befallene intimen Kontakt zu haben meint,

wurde in Zeiten der Hexenverfolgung als Teufel gedeutet.

Suggestion →Geister-Theorien

Super-ASW, Super-ESP →Super-Psi

Super-Psi

Neben der menschlichen Fähigkeit →Psi, die kurz für →Außersinnliche Wahrnehmung (ASW) und Psychokinese steht, wird auch von Super-Psi – ein Begriff von Hornell Hart – gesprochen, einer hypothetischen Fähigkeit, die noch weiter als Psi greift. Während im Bereich der ASW von zwei beteiligten Personen ausgegangen wird, so bezieht Super-Psi einen größeren Kreis involvierter Psychen ein. In schwer erklärbaren, doch gut belegten Fällen von Informationsaustausch auf nicht üblichem Weg setzt man Super-Psi als vorläufige Arbeitshypothese ein. Wir haben viele Berichte von Erscheinungen von Geistern, die nicht mehr mit der Super-Psi-Theorie erklärt werden können (→Leben nach dem Tod).

LITERATUR: Braude 2002, 10–23.

Survival after Death →Leben nach dem Tod

Syrenen →Sirenen

Syrinx

Die von →Pan verfolgte →Nymphe Syrinx gab der Panflöte ihren Namen.

Täuschung

Unter den →Geister-Theorien nimmt der Bereich der Täuschung einen großen Raum ein. Die moderne Psychologie hat viele Möglichkeiten aufgezeigt, die eine Geistererscheinung als Irrtum aufklären. Jedoch sind bei weitem nicht alle Geister Produkte von Fehlern unserer Wahrnehmung oder Erinnerung, von Krankheit oder Drogenmissbrauch, Morgenträumen oder elektrischer Hirnstimulation.

Abgesehen von der banalsten Lösung eines Geisterfalls als Betrug stehen viele andere Möglichkeiten der Erklärung einer Geistererscheinung zur Verfügung (→Geister-Theorien; vgl. Jaffé 1995, 281–288).

Siehe auch: →Echtheit von Geistern, →Prüfung von Geistern.

LITERATUR: Jaffé 1995.

Taish, taisk

Der irische Name für das →zweite Gesicht lautet *taish*.

Tartaros (Tartarus)

Der Tartoros, lat. *Tartarus,* ist in der griechischen Antike ein Name wie →Hades oder →Erebos für eine →Unterwelt, bisweilen synonym gebraucht für Hades.

Siehe auch: →Insel der Seligen, →Insulae fortunatae.

LITERATUR: DNP 1996 ff.

Tattermann (Tattermanndl)

Ein Tattermann ist nicht einfach ein tattriger alter Mann, sondern eine Geistergestalt. Der Zittermann zitterte entweder selbst oder versetzte andere mit seiner Erscheinung in Zittern, ähnlich wie der Beutelmann oder Schüttelmann einem Menschen Angst und Schrecken einjagt und auch noch das Schüttelfieber bringt. Sein Name (Reduplikation) weist wie auch die Namen Bullemann oder Butzemann auf sein dämonisches Wesen hin (→Dämon).

Der Geist taucht in vielfacher Erscheinung und Bedeutung auf, so als Glücksverkünder auf einem goldenen Rösschen, als Geiger in fröhlicher Runde, als →Wassergeist oder als →Hausgeist. Und er kann auch ganz grässlich sein: Ein Kinderlied kennt ihn als das Gegenteil des →Schutzengels (Vernaleken 1859, 75), er kann Krankheiten verursachen und den Tod bringen. In Südtirol läuft er als Feuersalamander herum und wehe, man reizt ihn, dann haucht er einen an und von seinem giftigen Atem vergeht einem Hören, nicht Sehen, und im schlimmsten Fall bezahlt man es auch mit dem Tod (Petzoldt).

Der Tattermann ist nicht immer »echt« – es wurden gern Tatterpuppen gebastelt, die zu ganz verschiedenen Zwecken gut waren, als Vogelscheuche, Kinderschreck (HdA, VIII, 679, 681) oder Spottfigur, die einer Frau, die als Single lebte, aufs Hausdach gesetzt wurde.

Siehe auch: →Kobold.

LITERATUR: Petzoldt 1995; Vernaleken 1859.

Tedworth Drummer. Aus Glanvills
»Saducismus Triumphatus«, 1681.

Tedworth Drummer (Tidworth Drummer)

Zu den bekanntesten britischen Spukfällen gehört der Trommler aus Tedworth, *Tedworth drummer*. Der Fall ereignete sich zwischen 1662 und 1663
im Haus des Richters Mompesson, in
North Tedworth (Tidworth), Wiltshire,
und wurde besprochen von Joseph
Glanvil (1681), Richard Baxter (1691),
Joseph Görres (1836–1842), Sacheve-
rell Sitwell (1940), Harry Price (1945)
und zuletzt in aller Ausführlichkeit und
unter Einbeziehung von Briefen und eines Tagebuches in dem 500 Fälle fas-
senden Werk »Poltergeists« von Alan
Gauld und Tony Cornell (1979, 43–62.)

Auch →Zwerge sollen gelegentlich
selbst trommeln, auch wenn sie meistens davor weglaufen.

Siehe auch: →Poltergeister, →Recurrent
Spontaneous Psychokinesis, →Spuk.

Literatur: Baxter 1691; Gauld und Cornell
1979; Glanvil 1681; Görres 1836–42; Houran und Lange 2001; Price 1945; Sitwell
1940.

Telefon-Telepathie →Telepathie

Telefonanrufe von Verstorbenen

Bei der Kommunikation mit Verstorbenen wird auch von Telefonanrufen berichtet, die entweder von dem Toten aus
an einen lebenden, meist nahen Angehörigen gerichtet sind oder auch umgekehrt von einem Lebenden aus an einen engen Freund oder Verwandten,
von dessen Tod der Anrufer zum Zeitpunkt seines Anrufs noch keine Kenntnis hat. Scott Rogo und Raymond Bayless haben rund 50 Beispiele für dieses
Phänomen zusammengetragen und damit nach bislang nur anekdotenhaftem
Material die erste gründliche Dokumentation erstellt (Rogo und Bayless 1980).
Nach Rogo werden diese Anrufe von
ganz unterschiedlichen Menschen erlebt, wobei Bildung oder Begabung keine Rolle spielen. Auch wenn es bisher
nur wenig Literatur zu diesem Phänomen gibt, kristallisiert sich doch ein
gleich bleibendes Muster des Berichteten heraus. In vereinzelten Fällen gibt es
mehrere Zeugen, zwei Beispiele davon
bringt Harlow in seinem Buch »A Life after Death« (1961). Die durchschnittliche
Dauer der Anrufe beträgt ähnlich wie
eine typische →Geistererscheinung nur
einige Sekunden, manchmal auch nur
eine Sekunde. Wird dem Angerufenen
bewusst, mit wem er spricht, erleidet er
in der Regel einen Schock, und das Gespräch ist schon mit der Begrüßung, etwa »Hello, mother«, beendet. In anderen Fällen charakterisieren typische
Redewendungen den Verstorbenen, oft
werden Angaben aus dem früheren Leben gemacht, und es geht um Trost und
Hilfe. Auch der Tag des Anrufs, zum Beispiel ein Geburtstag, hat in der Regel
eine besondere Bedeutung (Locher und
Harsch 1989, 27 f.).

Längere Telefongespräche wie auch
Geistererscheinungen bestätigen die Regel, wie der von Bayless untersuchte Fall
zeigt:

»Die während des Zweiten Weltkriegs in Los Angeles lebende Schauspielerin Ida Lupina hatte mit ihrem Londoner Elternhaus, das durch eine Bombe zerstört wurde, gleichzeitig Erbschaftsdokumente verloren, die sie dringend benötigte. Da klingelte bei Frau Lupina in Anwesenheit einer Freundin, Mrs. Pendelton, das Telefon, und ihr vor einem halben Jahr verstorbener Vater teilte ihr ganz in Eile mit, daß man im Keller des zerbombten Hauses nach den Dokumenten suchen sollte. Die Londoner Behörden wurden eingeschaltet und die Dokumente gefunden.« (Nach Locher und Harsch 1989, 29)

Dr. Berthold Schwarz untersuchte einen Fall, in dem eine Lebende eine Tote anruft:

»Im Jahr 1975 hat Mrs. A. einen Traum, in dem sie eine alte Schulfreundin tot in einer Blutlache liegen sieht. Die Träumerin ruft ihre Freundin gleich am nächsten Morgen an, und erfährt von ihr, daß sie tatsächlich krank sei und ins Krankenhaus gehen müsse. Sie wolle aber weder dort noch in ihrem Altersheim besucht werden. Wie sich herausstellte, war die Freundin jedoch sechs Monate vor dem Gespräch verstorben.« (Locher und Harsch 1989, 31)

Siehe auch: →Juergenson, Friedrich, →Raudive, Konstantin, →Transkommunikation.

LITERATUR: Cornell 2002; Guiley 1992; Harlow 1961; Locher und Harsch 1989; Rogo und Bayless 1980.

Telepathie, telepathisch

Telepathie ist eine so genannte →Außersinnliche Wahrnehmung von Gedanken, Inhalten oder Sachverhalten, die von einer Psyche ohne die bekannten Kommunikationsmittel auf eine andere Psyche übertragen wird. Die Bedeutung des Inhaltes scheint dabei eine wichtige Rolle zu spielen, denn schicksalhafte Ereignisse, →Tod oder →Krisen, werden bevorzugt auf diese Weise vermittelt, auch wenn »leere« Inhalte ebenfalls visuell erfasst werden können – sie bleiben dann unvollendete Bilder (Sinclair 1930). Telepathie, eine Art von →Psi,

Ganzfeld-Sitzung SG30: Bildausschnitt aus einem Telepathie-Experiment von Adrian Parker an der Universität Göteborg: Während der Sender in einem entfernten Raum dieses Bild sieht, sagt der Empfänger (zeitgleich) die Worte: »Ivy covered rock with something in it« (Efeu bedeckte Felsen mit etwas darin). Der Filmclip zeigt im Hintergrund – auf dem Felsen, der, wie sich herausstellt, mit Moos oder Algen bedeckt ist – eine geisterhafte Gestalt oder Elfe, die sich plötzlich zu bewegen beginnt. Die vagen Formen der Figur mögen die Versuchsteilnehmerin daran gehindert haben, mehr zu sehen.

wird zur Erklärung mancher Geistererscheinungen herangezogen, bisweilen auch in Verbindung mit der Annahme einer objektiven Geist-Existenz (→Geister-Theorien).

In einem groß angelegten Experiment zeigt Rupert Sheldrake das, was jeder schon einmal erlebt hat oder vielleicht andauernd erlebt: Man denkt intensiv an einen Menschen, das Telefon klingelt und der Betreffende ist dran. Der Versuch ist so aufgebaut, dass der Angerufene zu einer verabredeten Zeit einen Anruf erhält und, bevor er den Hörer abhebt, sagen soll, wer von den vier möglichen Anrufern am Apparat ist. Der jeweilige Anrufer wird nach dem Zufallsprinzip ermittelt, so dass der Empfänger keine Kenntnis haben kann, wer es sein könnte. Das Experiment funktioniert erstaunlich gut: Während die Chancen für

Ganzfeld-Sitzung 123: Bildausschnitt aus einem Telepathie-Experiment von Adrian Parker, Universität Göteborg: Während der Sender in einem entfernten Raum dieses Bild sieht, sagt der Empfänger (zeitgleich) die Worte: »Someone riding an elephant« *(Jemand reitet auf einem Elefanten). Die Empfängerin beschreibt diesen Filmausschnitt einmal mit* »jemand«, *dann mit einem* »Indian boy«, *der auf einem Elefanten reitet.*

den Erfolg bei nur 25 Prozent liegen, also jede vierte Antwort rein zufällig richtig sein müsste, trifft jedoch fast jede zweite Antwort zu (45 Prozent) (Sheldrake und Smart 2003a, 2003b) – wen erstaunt das?

Seit rund 30 Jahren wird Telepathie in so genannten Ganzfeld-Experimenten mit zunehmendem Erfolg nachzuweisen versucht. Die Versuche wurden zuerst gleichzeitig von Adrian Parker (Edinburgh, später Göteborg), Charles Honorton (New York) und William Braud (Texas) durchgeführt. Abgesehen von Methodologie, technischer Durchführung und statistischer Analyse ist das Experiment ganz einfach aufgebaut: Die beiden Versuchsteilnehmer halten sich in zwei voneinander entfernten Räumen auf. Während der »Sender« einen Filmclip mehrmals hintereinander ansieht, soll der »Empfänger« im Ganzfeld-Zustand, einem besonderen Ent-

spannungszustand, beschreiben, welche Bilder vor seinen geschlossenen Augen abrollen. Die Worte des Empfängers werden auf Tonband aufgenommen und anschließend auf den Filmclip übertragen, so dass am Ende zu jeder Sitzung ein exakt synchronisierter Filmclip vorliegt (Parker 2000a, 2003).

Siehe auch: →Hellsehen, →Präkognition, →Remote Viewing, →Super-Psi.

Literatur: Parker 2000a; Parker 2003; Parker, Persson und Haller 2000; Sheldrake und Smart 2003a; Sheldrake und Smart 2003b; Sinclair 1930, 1962.

Telepathie bei Tieren

Ein geistiges Band verbindet nicht nur Menschen untereinander, auch Mensch und Tier können sich nah sein, wie jeder weiß, der mit einem Hund oder einer Katze zusammengelebt hat. Wer mit einer Schlange unter einem Dach gelebt hat, kann auch eine Geschichte davon erzählen. Die folgende Episode habe ich oft aus dem Mund des Betroffenen gehört und nach seinem Tod vor wenigen Jahren mit Hilfe seiner Frau und anderer so gut wie möglich notiert:

In jungen Jahren lebte der Biologe, Philosoph, Maler und Schulleiter A.E. in Senftenberg, etwa eine Bahnstunde vom elterlichen Haus in Lauta, südlich von Berlin. Er teilte mit seinen Eltern die Liebe zur Natur, zu allen Lebewesen, und so ergab es sich von Zeit zu Zeit, dass sie ein verlorenes oder verwundetes Tier bei sich aufnahmen. Es war um 1950, als seine Eltern eine Ringelnatter – sie hieß Gretchen – bei sich aufgenommen hatten, mit der auch er, damals Anfang 20, sehr verbunden war. Gretchen fühlte sich ganz zu Hause in ihrer Familie und pflegte sich nachts im Bett um den Hals der Dame des Hauses zu rollen. Sie hatte ihren eigenen Schlaf-Wach-Rhythmus und verbrachte ganz bestimmte Stunden während des Tages auch in ihrem eigenen »Bett«, der Sofaritze im Wohnzimmer, in der sie ungestört ruhen konnte. A.E. besuchte in dieser Zeit seine Eltern in unregelmäßigen Abständen an den Wochenenden, so dass seine Eltern – Telefon hatten sie nicht – nie wussten, ob er kommen würde oder nicht. Gretchen wusste es. Exakt zu der Zeit, an dem Tag und zu der Stunde, wenn A.E. in Senftenberg in den Zug stieg, kroch in Lauta die Ringelnatter auf den Wohnzimmertisch und zu der Tischkante, die dem Eingangstor auf dem Hof am nächsten war, und richtete ihren Oberkörper erwartungsvoll auf. War es mitten in ihrer Schlafenszeit, kam sie aus ihrer komfortablen Sofaritze heraus und tat dasselbe. In dieser Haltung verharrte sie dann die eine Stunde, bis A.E. im Hause eintraf, um ihn gebührend zu »begrüßen«. (Nach wiederholtem mündlichen Bericht von A.E.; notiert von A. Puhle am 31.7.2003)

A.E.s Heimat ist der Spreewald, bekannt nicht nur für seine bildschönen Wasserlandschaften, sondern auch für seine alten Häuser, deren Dachgiebel oft von zwei sich kreuzenden Schlangenhäuptern gekrönt sind. Schlangen, bei allen Völkern als zauberische Tiere wohl bekannt, sollen hier Unglück und böse →Geister vom Haus fern halten. Generell bringen diese seit jeher für ihre Heilkraft bekannten Tiere Glück.

Einige Hunde und Katzen können – das hat der britische Biologe Rupert Sheldrake inzwischen belegt – die Ankunft ihrer Herrchen oder Frauchen voraussehen. Sie signalisieren das mit ihrem Verhalten, wenn sie zehn Minuten, bevor die Bezugsperson eintrifft und während sie noch kilometerweit entfernt ist, an der Tür oder am Fenster auf sie warten. Das war auch der Fall in einem Experiment, in dem die Besitzer zu ganz unerwarteten Zeiten nach Hause kamen, auch in unbekannten Autos wie etwa mit dem Taxi und von Orten, die mehr als fünf Meilen entfernt waren. Die Tiere reagierten offensichtlich auf die Absichten ihrer Bezugspersonen (Sheldrake 1999; Sheldrake und Smart, 1998, 2000a, 2000b).
Siehe auch: →Delfin, →Papagei mit Geist, →Rotkehlchen, →Katze, →Schwan.

LITERATUR: Sheldrake 1999; Sheldrake und Smart 1998; Sheldrake und Smart 2000a; Sheldrake und Smart 2000b.

Theoklymenos

Zu den berühmtesten Sehern (→Mantis) der griechischen Antike gehört der Melampodide Theoklymenos. Seine Spezialität war die Zukunftsdeutung aus dem Vogelflug, wie wir von →Homer erfahren (»Odyssee« XV, 225, 51 f.).
Siehe auch: →Amphiaraos, →Kalchos, →Mopsos
LITERATUR: RE 1894 ff.

Theorie, animistische →Geister-Theorien

Theorie, holistische →Geister-Theorien

Theorie, objektivistische →Geister-Theorien

Theorie, spiritistische →Geister-Theorien

Theorie, subjektivistische →Geister-Theorien

Thetis

Zu den wichtigsten der 50 →Nereiden gehört Thetis. Sie ist sehr schön, Zeus und Poseidon werben um ihre Gunst.

Thule

Der antike Geograph Pytheas von Massilia sowie auch Vergil und Tacitus erwähnen das Reich Thule, eine Insel am Nordrand der Welt. →Goethe greift es in seinem →»König in Thule« auf (HdA VIII, 53).
LITERATUR: Wilpert 1998.

Tibetisches Totenbuch

Das »Bardo Thödol«, berühmtes Totenbuch aus Tibet, lehrt, wie der Mensch die nach dem →Tod zu erwartenden Stadien (→Bardo) am sichersten durchläuft, um schließlich dem Rad der Wiedergeburten zu entgehen und in das Nirwana einzutauchen.

Siehe auch: →Abendländisches Totenbuch, →Ägyptisches Totenbuch, →Bardo-Körper, →Reinkarnation.

Tierseele →Geister von Tieren

Titanen

Kinder von Himmel und Erde, Uranos und Gaia, sind die riesigen Titanen. Vor ihrem Vater, dem sie verhasst sind, müssen die Götterkinder im Erdinnern verborgen bleiben: Okeanos (Ozean), Iapetos (Vater von Atlas und Prometheus), Hyperin (Vater von Sonne, →Mond und Morgenröte), Rhea (Große Mutter, Mutter der olympischen Götter), Mnemosyne (Erinnerung), Phoibe (Phobie), Themis (Recht), Kronos (Zeit) und die vielen anderen. Kronos ermannt sich und entmannt seinen Vater, und da nichts ohne Folgen bleibt, entbrennt ein gewaltiger Krieg zwischen den trotzigen Titanen und den von →Zeus angeführten olympischen Göttern. Die unbändigen Titanen verloren den Kampf und mussten den Rest ihrer Zeit im →Tartaros verbringen.

Titania →Oberon

Tizanés Liste

Der französische Gendarmerie-Offizier Emile Tizané hat anhand von 100 Spukfällen, die in Frankreich zwischen 1925 und 1950 von der Polizei untersucht wurden, eine Liste typischer →Poltergeistphänomene zusammengestellt.

LITERATUR: Tizané 1951.

Tod

Im Leben dreht sich alles um den Tod. Er bricht immer mitten in das Leben herein und ist nur selten erwartet und erwünscht. Die Geisterwelt erblüht förmlich um den Ort und Zeitpunkt des Todes. Wenn das Geistige sich vom Körper löst, wenn das Körperliche sich auflöst, wenn die große Stunde der Transformation gekommen ist, dann sind auch die verschiedensten Geister zur Stelle. Der Tod ist die Stunde des Geistes und der Geister. Ja, er ist ein Treffpunkt für Geister, wie wir von den Erscheinungen, die sich am Bett von →Sterbenden und in deren weiterem Umkreis zutragen, wissen. Die Vorstellung, dass dem physischen Tod ein geistiges Nichts folgt, ist schwerer als die Vorstellung einer Wandlung.

Ein Bild zum Fürchten ist der grauenvollste aller Männer: ein Sensenmann, der Schnitter Tod, Gevatter Tod, ein Gerippe, dann wieder ein Reiter auf einem Schimmel, ein Jäger oder ein Spielmann. Oft erscheint er fast unerkannt, in ganz schlichter Gestalt, als einfacher Mensch, meist weiß gekleidet, als Reisebegleiter, als kleiner schwarzer Mann, als weißes Männchen. Oder er ist eine rote, geblümte Maus, eine Taube, eine weiße Katze. Man kann ihn auch mit den Ohren vernehmen: Er klopft an – wie es →Kobolde so häufig tun – und sein Pferd trappelt. Die slawischen und romanischen Völker kennen auch eine Grauen erregende Frau, die Tödin. Sie ist eine weiße Frau mit grünen Augen, doch manchmal auch eine große, hässliche Person (Kärnten). Auch als Paar lassen sich Tod und Tödin immer mal sehen.

Siehe auch: →Ankünden, →Klopfen, →Leben nach dem Tod, →Sterbebettvisionen, →Unsterblichkeit.
LITERATUR: HdA 1987.

Tod sehen →zweites Gesicht

Todesengel

Wann ist ein Engel nötiger als im Moment des Sterbens? Dies mag wie Wunschdenken erscheinen, ist aber eine sehr alte Erfahrung. Er erscheint als junge Frau mit Flammenhaar und rosaroten Backen – dies ist die persische Al, die bei Scharlach erscheint – oder als ganz in Leinen gehüllte, große Frau – sie kündet in Russland auf den Schultern eines Mannes sitzend den Pesttod (Tylor 1873, I, 292f.). Auch sie sind Boten, echte *angeloi* (griech.), die von den Göttern auf die Erde gesandt werden.

Verständlicherweise sind diese Todesboten gefürchtete Phänomene, kann man ihnen doch nicht mehr entrinnen. Heute wissen wir aus der Sterbeforschung vor allem, wie wohltätig sie sind. Wer an der Grenze des Lebens – dem so genannten *point of no return,* dem Punkt, an dem es kein Zurück mehr gibt – noch einmal abgewiesen wird, hat oft ein Licht- oder Engelerlebnis, das einen tiefen, bleibenden und sehr guten Eindruck hinterlässt. Der Todesengel bringt nicht nur →Tod, er bedeutet →Transformation. Der Engel des Todes ist zweifellos ein Engel, doch kann auch ein anderes Geistwesen zum Zeitpunkt des Todes – meist an das Bett des Sterbenden – kommen, um ihn beim Übergang in die nächste Sphäre zu begleiten. Während →Geister von Verstorbenen und →Geister von Unbekannten als →Totengeleiter Hilfe leisten, künden die →Weiße Frau und die →Banshee den bevorstehenden Tod nur an (→Ankünden).

In der christlichen Tradition hat Lazarus die Aufgabe, die Sterbenden in den Himmel zu tragen.
Siehe auch: →Nahtoderfahrung.
LITERATUR: Tylor 1873.

Todesfee →Banshee

Tödin →Tod

Tomte

Tomte sind eine schwedische Spezialität, nicht zum Essen, aber doch zum … In den vierziger, fünfziger und sechziger Jahren reiste ein schwedischer Radio-Journalist, Herr Matz, durch Schweden und machte Interviews mit älteren Leuten, die auf dem Lande lebten. In diesem Rahmen wurden ihm auch sehr viele Geschichten über Begegnungen mit *Tomtar* angetragen, wie die →Zwerge im Plural genannt werden. Es ist ganz klar: Zwerge sind damals in Schweden auf dem Lande noch keine Seltenheit gewesen. Herr Matz hielt es dementsprechend für angemessen, dem Thema

Einar Norelius, »Stalltomte« (Stallzwerg).

»Tomte« ein eigenes Programm zu widmen, und seine Sendungen erfreuten sich alle sehr großer Beliebtheit.

Besonders beliebt ist der *jultomte,* der Weihnachtszwerg, der in seiner Erscheinung mit seiner roten, hohen Zwergenmütze und dem langen grauen bis weißen Bart dem deutschen Weihnachtsmann nicht unbedingt ähnlich sieht. Man muss ihm zu Weihnachten Branntwein in die Zimmerecke gießen (HdA 1987, VIII, 1118), auch Käse und Brot und natürlich einen ordentlichen Bissen vom Festmahl (9, N. 523).

»Bovallstrand, 150 Kilometer nördlich von Göteborg, direkt an der schwedischen Westküste – ich habe damals als Fotograf an einem Buch über schwedische Bauernhäuser (Gårdar i Göteborgs och Bohus län) gearbeitet – das war im Jahr 1998. Mein Weg führte mich während dieser Zeit auch nach Finntorp, auf ein einzeln stehendes Gehöft – zwei Kilometer außerhalb von Bovallstrand gelegen – einen riesigen, schon sehr alten Bauernhof, der heute das stattliche Sommerhaus der Familie Bruto darstellt. Das Haus hatte etwas von einem Spukhaus, und mehr aus Spaß fragte ich Frau Bruto bei meinem Besuch, ob es denn dort auch spuke. Bei meinen früheren Recherchen – ich arbeite außerdem als Journalist – war ich nämlich oft auf Spukhäuser gestoßen. Frau Bruto, eine vornehme Dame, wurde recht verlegen: Geister gebe es in diesem Haus nicht, aber da hätten früher Tomtar in der Scheune gewohnt, und zwar nicht nur einer, sondern ein Zwillingspärchen. Aber als der eine Teil der riesigen Scheune, die in L-Form gebaut war, vor vielen Jahren abgerissen wurde, da zogen die Tomtar aus und ließen sich nie wieder blicken. Wohin sind sie gegangen?« (Conny Åquist, 16. Mai, mündlicher Bericht an A. Puhle)

Siehe auch: →Kobold, →Riese, →Tomtegubbe.
Literatur: HdA 1987.

Tomtegubbe

Ein alter, guter →Zwerg wird in Schweden *tomtegubbe* genannt. Er ist ein hilfreicher Geist und wird manchmal im selben Atemzug mit dem *jultomte,* dem Weihnachtszwerg, genannt. Siehe auch: →Tomte.

Tonbandstimmen →Transkommunikation, →Telefonanrufe von Verstorbenen

Tote →Geister von Verstorbenen, →Sterbende

Totenbuch →Abendländisches Totenbuch, →Ägyptisches Totenbuch, →Tibetanisches Totenbuch

Totendämonen

Die →Geister der Verstorbenen können unter bestimmten Bedingungen umgehen – so lehrt uns die Erfahrung der Menschheit. Die griechische Antike kannte verschiedene Totendämonen, etwa die Seelen der zu früh Gestorbenen, die *ahoroi* (→Ahoros), dann die Seelen der durch eine Gewalttat Umgekommenen, die →Biaiothanatoi, und vor allem die Seelen derjenigen, die nicht in angemessener Weise bestattet wurden, die →Ataphoi. Wie sehr Letzteres auf den Seelen auch der Lebenden lasten konnte, zeigt Sophokles' Antigone, die ihren Bruder, dem die angemessene Bestattung untersagt war, so sehr liebt, dass sie ihn mit eigenen Händen begräbt und so ihr Leben aufs Spiel setzt.

Wir haben aus vielen Jahrhunderten und Ländern Zeugnisse dafür, dass es auch noch viele andere →Gründe für das Erscheinen von Verstorbenen gibt (Puhle 2004f). Oft ist es ein unerledigtes Geschäft, *unfinished business,* das den Toten keine Ruhe lässt. Während meiner Studie über Geisterberichte aus Großbritannien habe ich eine Liste der zehn wichtigsten Beweggründe zusam-

Moritz von Schwind (1804–1871):
»Ritter Kuno von Falkensteins Ritt«, 1843/44.
Öl auf Leinwand, Museum der bildenden Künste, Leipzig.
Der verliebte Ritter hätte ohne die Hilfe der Gnomen nicht
die Bedingung des Grafen und Vaters seiner zukünftigen
Frau auf der Bergburg erfüllen können, nämlich einen zu
Pferd benutzbaren Weg zur standesgemäßen Begrüßung der
Braut in einer einzigen Nacht durch den Fels zu schlagen.

Barocke Zwergin
nach dem Vorbild Callots,
Zwergl-Garten im Schloss
Mirabell, Salzburg.
Foto und ©: Annekatrin Puhle

Barocker Zwerg
nach dem Vorbild Callots,
Zwergl-Garten im Schloss
Mirabell, Salzburg.
Foto und ©: Annekatrin Puhle

Tafel IV: Erdgeister

Fredrik Wohlfart (1837–1909),
Göteborg, Schweden, »Tomten«
(Der Zwerg). Öl auf Leinwand,
Göteborgs Konstmuseum.
Das Bild ist das älteste schwedische
Gemälde von einem Zwerg in der
schwedischen Kunstgeschichte.

Tafel IV: Erdgeister

John Bauer (1882–1918), Schweden:
Der Troll fragt den kleinen Nisse:
Was willst du hier in meinem Wald?
Illustration zu »Pojken som aldrig var
rädd« (Der Junge, der niemals
Angst hatte) von Alfred Smedberg
(1850–1925).

Moritz von Schwind (1804–1871):
»Gnomen am Zeh der Bavaria«, 1850.
Öl auf Leinwand, 50,5+55 cm.
Städtische Galerie im Lenbachhaus,
München.

Tafel IV: Erdgeister

Moritz von Schwind (1804–1871),
»Rübezahl«.

mengestellt, die Geister erscheinen lassen (Puhle 2004f). Versprechen, Warnungen, ja generell eine Sorge für die Hinterbliebenen, die bis hin zum Eingreifen in Gerichtsfälle führen kann, gehören zu den Motiven. Die besser belegten Fälle dieser Kategorien weisen auf ein →Leben nach dem Tod.

Siehe auch: →Nekydaímones.

LITERATUR: DNP 1996ff.; Puhle 2004f; Puhle 2005.

Totengeleiter

Nicht immer ist es ein Geistwesen aus höchsten, göttlichen Sphären wie etwa Hermes, das die Menschen zu ihrer Todesstunde aufsucht, um sie in die nächste Sphäre zu geleiten. Es können ganz einfach Menschen sein, die schon vorausgegangen sind, oft Verwandte oder sehr lieb gewonnene Personen, die den Sterbenden abholen. Mitunter sind es auch Unbekannte, die am Totenbett erscheinen. Meist ist es ein Mann, eine anonyme Gestalt, die aus einer Legende oder Sage stammen könnte. Doch manchmal kommt auch nur ein kleines Männchen, um diese schwere Aufgabe zu verrichten.

»Es liegt etwas mehr als 30 Jahre zurück, da ich ein Erlebnis mit Übersinnlichem hatte. Wir wohnten an einer Anhöhe, und der Weg führte etwa 20 Meter weit vom Hause vorbei. Am Wegrand war ein Garten mit einem Zaun. Es war so etwa um 4 Uhr nachmittags. Ich war mit den kleineren Kindern in der Küche und schaute so von ungefähr über die untere Hälfte der geteilten Küchentüre auf den Weg hinaus. Da sahen wir zuerst durch den Zaun hindurch *ein kleines, ganz graues Männchen* den Weg heraufkommen. Es war nicht größer als etwa 150 Zentimeter und grau, grau von oben bis unten, auch das Gesicht wie Sandstein. Es kam neben dem Zaun vorbei, und wir sahen es nun noch deutlicher. Ich hatte Angst, es komme vielleicht gegen unser Haus zu. Aber es ging vorbei, dann schloß ich gleichwohl noch die Küchentüre. Seither habe ich manchmal gedacht, wäre ich nur noch gegangen und hätte diesem Männchen nachgeschaut. Aber es hält einen ein so undefinierbares Gefühl davon ab.

Einige Jahre später habe ich ganz zufällig von einer Frau vernommen, welche das gleiche Männlein gesehen hat, und dann sei es plötzlich verschwunden. Es mag sicher gerade um die gleiche Zeit gewesen sein. Der Weg von uns fort führte auch gegen jenes Haus, in welchem besagte Frau wohnte. Nachher seien dort zwei Kinder gestorben in dem Hause, wo das Männchen verschwunden sei. Es war dies ein Mensch, ganz etwas Ungewöhnliches, wo ich ähnliches nie gesehen habe.« (Jaffé 1995, 141f.)

Siehe auch: →Aufhocker, →Spiegel.

LITERATUR: Jaffé 1995.

Totenkerzen

Totenkerzen sind die in Wales bekannten *corps candles* (s. Puhle 2004f). Die geheimnisvollen Lichter scheinen dort in der Nähe eines Hauses, in dem bald jemand sterben wird. Im Kymrischen ist es ein *canhywallan cyrth,* ein →Licht, das einer Kerzenflamme ähnelt und daher Totenkerze genannt wird.

LITERATUR: Guiley 1992; Puhle 2004f.

Totenkult →Ahnen

Totenlicht →Totenkerzen

Totenmesse

Die katholische Kirche kennt die Totenmesse – eine Verbindung mit den Verstorbenen über den Tod hinaus.

»Wer sich von den Geliebten im Jenseits abwendet, entfremdet sich dem eigenen Ich, daher ist ein Grundstein aller Kulturen die Totenverehrung, ein nicht zu übergehendes Fest Allerseelen ... Die Totenmesse in der katholischen Kirche ist weit mehr als ein kirchliches Ritual.« (Maurina 1987, 164)

LITERATUR: Maurina 1987.

Trace Theories (Spuren-Theorien)

→Geister-Theorien

Transformation

Veränderungen und Wandel sind Zeiten der Geister, in verschiedener Hinsicht. Wir selbst wandeln uns, unsere Einstellung, unsere Geisteshaltung, und begegnen in solchen Zeiten des Wandels auch in der Außenwelt Geistern. Sie erscheinen in →Krisensituationen, bei Krankheiten, in Todesgefahr und in Todesnähe (→Nahtoderfahrung). Sie stehen in Momenten des eigenen Wandels bei uns, an unserem Bett (→Sterbende), vielleicht als →Engel, und sie informieren uns auch über den Wandel anderer, die selbst in einer Krise stecken oder eine schwere Zeit durchlaufen und uns als Geister erscheinen. Geister erscheinen oft als Zeichen des →Todes, der kommt oder bald kommen will. Wir haben eine vage Ahnung, dass dieser Wandel nur schwer, nicht aber schlecht sein muss. Novalis beschreibt es so:

»Der Tod ist eine Selbstbesiegung – die, wie alle Selbstüberwindung, eine neue, leichtere Existenz verschafft.« (Novalis, »Blütenstaub«, Urfassung, 11)

Transformation ist Selbstverwandlung. Geister, die uns in bedeutsamen Momenten wie in der Nähe des Todes erscheinen, schenken uns Kraft, helfen uns bei diesem großem Wandel.

Literatur: Novalis 1960/1977.

Transparenz von Geistern

Ein durchsichtiger Geist ist nicht ein halber, sondern ein richtiger Geist. Weniger bedeutet hier mehr, denn die Transparenz ist Geistern wie auf den Leib geschrieben. Ein fester und undurchsichtiger Geist widerspricht dem Sinn des Wortes »Geist«, bei dem das Nicht-Sichtbare mitschwingt. Geister sind nicht materiell, nicht ganz dicht oder zumindest doch nicht so kompakt wie ein Mensch. Sie erscheinen zwar oft ganz real, lösen sich dann aber in nichts auf. Durch viele Geister können Menschen hindurchsehen, was ihre Anwesenheit nicht gerade durchschaubarer macht. Der Dichte- und Schärfegrad, in dem Geister dem menschlichen Auge erscheinen, variiert: Vom täuschend echten →Doppelgänger über den immer noch eindeutig zu identifizierenden, doch zarteren Geist, über neblige und wolkenartige Figuren, deren Identität selbst im besten Fall nur vermutet werden kann, bis hin zum nicht mehr sichtbaren Geist reicht die Palette der Geister, die sich zeigen oder eben auch nicht.

Meist bleibt nicht viel übrig, wenn jemand einen Geist zu fassen kriegen will: Schüsse haben noch keinen echten Geist gestellt, nur einen falschen entlarvt. Und ebenso suggerieren es Fotos, auf denen feinstoffliche Wesen eingefangen sein sollen – oder am Ende doch sind (→Geisterfotos)? Klassische Geister sind durchscheinend.

In einem Journal der Society for Psychical Research vom Ende des 19. Jahrhunderts lesen wir den Bericht eines 15-Jährigen, der von sich sagt, er habe sich zu der Zeit, als er die Erscheinung hatte, bei bester Gesundheit befunden:

»Dublin, … Eines schönen Abends – es muss etwa im Jahr 1878 gewesen sein – lief ich in der Dämmerung mit einem Paar Schuhe in der Hand die Treppe hinauf. Ich hatte gerade den Treppenabsatz erreicht, auf dem auf einem Sockel eine Büste von William Shakespeare stand, als ganz plötzlich eine große, in Grau gekleidete Dame vor meinen Augen auftauchte, und zwar vor dem Sockel mit der Büste, so dass dieser von ihr verdeckt wurde – was bewies, dass das, was ich sah, keine ›nebelartige Vision‹ war. Ich war so überrascht und erschrocken über das so überaus plötzliche Erscheinen der Figur, dass ich unwillkürlich meine Schuhe nach ihr warf, woraufhin sie verschwand und meine Schuhe auf dem Sockel prallten, anscheinend geradewegs *durch* die Erscheinung hindurch. Ich war ganz schön entnervt.« (Journal of the S.P.R, VII, 1895–96, 335f.; übersetzt von A. Puhle)

Siehe auch: →Berührung mit Geistern, →Durchlässigkeit von Geistern, →Farben von Geistern, →Kompaktheit von Geistern.

LITERATUR: Cornell 2002; Green und McCreery 1975.

Transkommunikation

Transkommunikation heißt der Kontakt mit den →Geistern von Verstorbenen, der heute – das Phänomen ist an und für sich schon so alt wie die Menschheit – mit Hilfe von technischen Kommunikationsmitteln durchgeführt wird. Die fünf Typen der Jenseitsgespräche sind:

1. Stimmen von Verstorbenen auf Tonbändern
2. Stimmen von Verstorbenen am Telefon
3. Stimmen von Verstorbenen in Radio und Fernsehen
4. Texte von Verstorbenen am Computer
5. Bilder von Verstorbenen im Fernsehen

Die aufgenommenen Stimmphänomene werden mit dem englischen Begriff *electronic voice phenomenon (EVP)* bezeichnet.

Siehe auch: →Juergenson, Friedrich, →Telefonanrufe von Verstorbenen.

LITERATUR: Locher und Harsch 1989; Raudive 1968.

Transplantationsfälle

Ein Gebiet, das erst langsam ins Gespräch kommt, sind die Erfahrungen und Persönlichkeitsveränderungen, die nach einer Organtransplantation bei den Patienten auftreten können. 1997 gelangte der Fall der Tänzerin und Cho-reographin Claire Sylvia unter dem Titel »A Change of Heart« an die Öffentlichkeit (Sylvia 1997). Sie hatte nach einer Herz- und Lungentransplantation im Jahr 1988 Erstaunliches erlebt, zu einer Zeit, in der sie noch keinerlei Kenntnis von Tim, dem Organspender, hatte. Zuerst nahm ihr Appetit gleich nach der Operation eine deutliche Wende: Sie liebte jetzt Dinge, die ihr bislang nicht geschmeckt hatten, etwa Bier – worauf sie gleich nach der OP Durst hatte – und *Kentucky Fried Chicken nuggets,* die ganz und gar gegen ihren Diätplan als Tänzerin sprachen. KFC nuggets steckten in Tims Jackentasche, als er getötet wurde. Auch Claires Geschmack in puncto Farben hatte sich gewandelt. Dazu kamen Träume: Einmal traf sie darin einen Mann namens Tim L., der, wie sich nachträglich herausstellte, dem Organspender ähnelte. Der Traum endete mit einem Kuss, und Claire »atmete« Jim in sich ein. Ein anderer Traum verwandelte sie in einen Mann. Claires Fall ist keine Ausnahme. Das amerikanische Forscherteam Pearsell, Schwartz und Russek (1999) veröffentlichte zehn Fälle, die sich nach Herz- oder Herz-Lungen-Transplantation zutrugen und die zu denken geben. Stephen Braude, Professor für Philosophie an der University of Maryland, Baltimore County, übernahm vier Fälle in sein Buch »Immortal Remains« (2002), das *The Evidence for Life after Death* (→Leben nach dem Tod) aufzeigt, wie der Untertitel ankündigt. Braude ordnet diese *transplant cases* unter *lingering spirits* ein, nennt sie Geister, die »herumhängen«.

Ein Beispiel betrifft einen 47-jährigen Mann, einen Weißen, der ein Herz von einem 17-jährigen Schwarzen erhalten hat, der Opfer von Schüssen aus einem vorbeifahrenden Auto wurde, von einem *drive-by shooting.* Aus drei Berichten, von der Mutter des Spenders, dem Organempfänger und dessen Frau, geht hervor, dass der Spender ein ungewöhnlich musikalischer Mensch war. Sein Interesse für klassische Musik war so groß, dass sich die anderen Schüler darüber lustig machten, seine Begabung im Violinespielen aber so herausragend, dass seine Mutter sich ihn in der Carnegie Hall vorstellen konnte. Der Jugendliche starb auf dem Weg zum Geigenunterricht, seinen Geigenkasten umarmend.

Der Mann, der nun mit dem Herz des jungen Musikers lebte, hasste klassische Musik – doch nach der Transplantation liebte er sie. Nun beruhigte sie sein Herz, wie er sich ausdrückte. Er spielte sie andauernd, und es war weit mehr als nur eine einfache Vorliebe – er spielte sie wirklich andauernd. So oft, dass es seine Frau vollkommen verrückt gemacht hat, wie sie berichtete. Er kannte keinen einzigen Namen eines Stückes, geschweige denn, dass er solche Musik jemals hörte, doch nun saß er stundenlang da und lauschte der klassischen Musik, wie sie erzählte. Er pfiff sogar Melodien, die er nie zuvor gehört hatte, sagte sie weiter und wunderte sich: »Woher kennt er sie denn? Man würde denken, dass er jetzt Rap oder so etwas Ähnliches lieben müsste, weil er ja ein schwarzes Herz hat.« (Zusammenfassung von A. Puhle, nach Braude 2002, 238f. bzw. Pearsell u. a. 1999, 68)

Ein weiteres Beispiel betrifft einen 56-jährigen Professor, der das Herz eines 34-jährigen Polizeibeamten bekam, der bei dem Versuch, einen Drogendealer zu verhaften, einen Schuss ins Gesicht bekam und an den Folgen starb. Abgesehen davon, dass die Frau des Spenders fast kollabiert wäre, als sie Ben, den Mann mit dem Herzen ihres Ehemanns, zum ersten Mal sah, bemerkte sie noch andere Eigentümlichkeiten:

Die Frau der Spenders sah in den Augen des Operierten nicht nur Carl, ihren Mann, sondern das Merkwürdigste war ihrer Meinung nach, dass Ben jetzt über Lichtblitze in seinem Gesicht klagte. Sie hatte den Mann, von dem der Schuss kam, niemals gesehen, nur eine Phantomzeichnung, auf der er wie Jesus aussah. Von dem Operierten selbst erfahren wir, dass er von seinem Spender nur wusste, wie alt er war und dass er sehr gesund gewesen sein soll. Wenige Wochen nach der OP hätte er Träume bekommen, in denen ein Lichtblitz mitten in sein Gesicht fuhr, sein Gesicht ganz, ganz heiß wurde und richtig zu brennen begann. Und einen Augenblick davor hätte er immer ein kurzes Bild von Jesus gesehen. Diese Träume seien

seitdem geblieben und kämen nun auch am Tag: Immer erst Jesus und dann der Blitz. Das sei zum ersten Mal in seinem Leben ein wirklich unangenehmes Gefühl. Seine Frau, Caseu, betont, wie sehr ihren Mann diese Blitze plagen. Er würde immer sagen, er sähe Jesus und dann einen blendenden Lichtstrahl. Den Ärzten hätte er nur von dem Lichtstrahl erzählt – sie meinten, das sei sicherlich ein Nebeneffekt der Medikamente. Von Jesus wagte der Mann nicht zu sprechen. (Zusammenfassung von A. Puhle, nach Braude 2002, 240f. bzw. Pearsell u. a. 1999, 70f.)

Ein letztes Beispiel möge demonstrieren, dass Suggestion nicht immer eine befriedigende Antwort ist. Eine Mutter, deren 16 Monate alter Sohn Jerry in der Badewanne ertrunken war und dessen Herz an den sieben Monate alten Carter gespendet wurde, berichtet:

»Ich bin Ärztin. Ich bin trainiert darauf, Dinge genau zu beobachten, und war immer von Natur aus eine Skeptikerin. Aber das hier ist wirklich passiert. Ich weiß, die Leute werden sagen, dass ich den Glauben brauche, der Geist meines Sohnes sei noch am Leben, und vielleicht tue ich das. Aber ich fühlte es. Und ich schwöre Ihnen – Sie können meine Mutter fragen – Carter sprach in derselben Babysprache Worte, die Jerry gesagt hatte. Carter ist (jetzt) sechs, aber er benutzte Jerrys Babysprache und spielte mit meiner Nase genauso, wie Jerry es tat.

Wir blieben diese Nacht bei der Familie (des Organempfängers). Mitten in der Nacht kam Carter herein und fragte, ob er bei mir und meinem Mann schlafen dürfte. Er machte es sich zwischen uns gemütlich, genau wie Jerry das immer getan hatte, und wir mussten weinen. Carter sagte uns, wir sollten nicht weinen, da Jerry gesagt hätte, alles wäre ok. Mein Mann, ich, unsere Eltern und alle, die Jerry richtig gut kannten, haben keinen Zweifel. Das Herz unseres Sohnes enthält viel von unserem Sohn und schlägt in Carters Brust. In gewisser Weise ist unser Sohn noch am Leben.«

Und die Mutter von Carter berichtet:

»Ich sah, wie Carter zu ihr (Jerrys Mutter) ging. Er macht so etwas sonst nie. Er ist sehr, sehr scheu. Aber er lief zu ihr, genau wie er immer zu mir rannte, als er noch ein Baby war. Als er flüsterte ›Es ist okay, Mama‹, brach ich zusammen. Er nannte sie Mutter, oder vielleicht war es Jerrys Herz, das sprach. Und noch etwas: Im Gespräch mit Jerrys Mutter erfuhren wir, dass Jerry zu leichten spastischen Lähmungserscheinungen neigte, meistens auf der linken Seite. Carter zeigt Steifheit und etwas Schütteln auf dieser Seite. Er hatte das niemals, als er noch ein Baby war, das zeigte sich erst nach der Transplantation. Die Ärzte sagen, es hätte wahrscheinlich mit der medikamentösen Einstellung zu tun, aber ich glaube wirklich, dass da mehr dahinter steckt.

Noch eine andere Sache würde ich gern wissen. Als wir einmal zusammen in die Kirche gingen, hatte Carter Jerrys Vater noch niemals zuvor gesehen. Wir waren spät dran, und Jerrys Vater saß in einer Gruppe von Leuten in der Mitte der Versammlung. Carter machte sich von meiner Hand los und rannte geradewegs auf den Mann zu. Er kletterte auf seinen Schoß, umarmte ihn und sagte ›Daddy‹. Wir waren platt. Wie konnte er ihn kennen? Warum nannte er ihn ›Dad‹? Er machte nie solche Sachen. Er würde nie meine Hand in der Kirche loslassen und niemals zu einem Fremden rennen. Als ich ihn fragte, warum er das gemacht hätte, sagte er, er hätte das nicht gemacht. Er sagte, Jerry hätte das gemacht und er wäre nur mit ihm mitgelaufen. (Beide Berichte aus: Braude 2002, 240 und Pearsell u. a. 1999, 67; übersetzt von A. Puhle)

Zur Erklärung dieser Fälle ist noch nicht viel gesagt worden. →Telepathie zwischen den Angehörigen des Organspenders und dem Empfänger mag einiges erklären, etwa das dem Spender ähnelnde Verhalten des Empfängers, wie etwa Carters Jerry-artiges Benehmen. Anderes, wie Carters Äußerungen, dass Jerry es gesagt hätte und dass Jerry es gemacht hätte, sind so nicht leicht erklärbar. Auch die Theorie, dass es ein Gedächtnis der Zellen gebe, wird angeführt (Pearsell, Schwartz und Russek 1999) und wieder verworfen (Braude 2003; Bursen 1978), während ferner die Schwebe-Theorie *(Hover-Theory)* – die →Geister von Verstorbenen schweben um ihre ehemaligen Körper – und Besessenheit als mögliche Erklärungen nahe gelegt werden (Braude 2003, 242 ff.). Da Besessenheit im westlichen Weltbild keinen festen Platz mehr einnimmt, wäre es zu erwarten, dass be-

sonders Transplantationsfälle von Kindern, die noch viel freier von Kulturzwängen sind, typische Zeichen der Besessenheit ausdrücken können – das ist der Fall.

Literatur: Braude 2003; Bursen 1978; Pearsell, Schwartz und Russek 1999.

Traum, luzider →Klarträume

Traumkörper

Wo sind wir, wenn wir träumen? Im Bett, in unserem Körper, außerhalb unseres Körpers oder in einem neuen Körper? Letzteres scheint der Fall zu sein – wie sonst könnten wir im Traum schweben, fliegen und in rasender Geschwindigkeit von Ort zu Ort gelangen und durch nichts daran gehindert werden? Zeit und Raum setzen dem Traumkörper keine Grenzen.

Wir ziehen uns den eleganten Körper der Träume ganz automatisch an, ohne Wunsch und jeden Vorsatz. Ganz unbemerkt treten wir in die Traumwelt ein, genauso, wie es auch in Geistererscheinungen erlebt wird, bei denen der Mensch, dessen Geist einem anderen erscheint, oft nicht weiß, dass er dies gerade tut (→Geister von Lebenden, →Geistererscheinungen in Krisensituationen). Es gibt aber auch Fälle, in denen sich der Betreffende – der als Geist erscheint – sehr wohl bewusst ist, dass er sich gerade an dem Ort, an dem er erscheint, auch tatsächlich aufhält und die neue Umgebung wie auch den Perzipienten, dem er erscheint, sehr wohl registriert. Dies geschieht in →reziproken Geistererscheinungen, die manchmal während des Schlafens und Träumens geschehen. In →Klarträumen wissen wir, dass wir auf einer Traumreise sind.

Was für ein Körper ist das, der uns nachts zu den abenteuerlichen Gefilden

unserer Traumwelten transportiert? Aus der Sicht des Erlebenden gesehen ist es mehr als ein anderer Bewusstseinszustand, ist es ein neuer, viel feinerer Körper, ein Traumkörper, engl. *dream body,* der sich wie der →Astralkörper in und außerhalb des Raums wie auch in und außerhalb der Zeit in neuen Dimensionen frei bewegt.
Siehe auch: →Astralreise, →Außerkörperliche Erfahrung,
LITERATUR: Fodor 1934; Shepard 1991.

Travelling Clairvoyance →Hellsehen, wanderndes

Trilobiten

Die aus dem Zeitraum von Kambrium bis Perm stammenden Trilobiten, die auch Dreilappkrebse, Dudley-Insekten oder »versteinerte Kellerasseln« heißen, werden als zauberkräftige Steine benutzt.

Die zu den ältesten Organismenklassen gehörigen und schon zu Ende des Erdaltertums ausgestorbenen Trilobiten waren in der Mythologie Europas fast unbekannt, während sie in Marokko und Nordamerika als →Amulette gute Dienste leisteten. In den oft eingerollten, versteinerten Tierchen, die einst nur wenige Zentimeter lang waren und wie merkwürdige Gesichter aussahen, glaubte man, →Geister und →Dämonen zu erkennen (Rätsch 1989, 162f.).
LITERATUR: Rätsch 1989.

Triton

Der griechische Meeresgott Poseidon hatte mit Amphitrite den Sohn Triton, dessen Körper wie ein Fisch aussah. Er wurde ein niederer Meeresgott.
Siehe auch: →Nereiden.

Trochiten

Die aus dem Trias stammenden Trochiten oder *St. Cuthbert's Beads* sind ursprünglich die Stielglieder der Seelilie *(Encrinus lilliformis),* die früher als Zaubersteine in den Apotheken angeboten wurden. Sie sollten nicht nur bei Epilepsie, Schreckhaftigkeit, Angst, Zittern, Schwindel und Melancholie helfen, sondern auch das Leben verlängern. Sie bieten weiterhin Schutz vor →Dämonen und →Gespenstern der Nacht (Rätsch 1989, 165).
LITERATUR: Abel 1939; Hebeisen 1978; Rätsch 1989.

Trolle

Trolle in Deutschland? Fragt man in Schweden in einer Runde, ob jemand schon einmal einen →Tomte oder Troll gesehen hat, so fällt die Antwort in der Regel positiv aus. Wer keine Geschichte von sich selbst zu berichten weiß, hat doch wenigstens einen Großvater oder Onkel, der sich an einen merkwürdigen Vorfall dieser Art erinnern kann (Puhle 2005, 3, VIII.11 und 13). Es gibt

John Bauer, »Bianca Maria och Trollen« (Die Jungfrau und die Trolle). Aquarell, Nationalmuseum Stockholm.

Ein Trollwald in Großbritannien.
Foto: Simon Marsden.

sie noch, die urigen, alten Waldwesen, die im Geheimen in den endlosen Wäldern Skandinaviens hausen, deren unermessliche Weite unheimlich wirken kann. Trolle haben aber nicht nur schwedische Nationalität – sie sind auch Deutsche, wie das mittelhochdeutsche Wort *trol(le)* verrät. Sie sind mit den →Wichten die ältesten Geister überhaupt. Einem Pfarrer verrieten sie einst, sie seien gefallene →Engel und müssten bis zum Jüngsten Tag in dämonischer Gestalt umgehen (ZfVk 10, 196). Trolle, die wie →Zwerge zu der Gruppe der →Kobolde gehören, sind damit Geschwister der →Poltergeister und teilen mit ihnen das Schicksal der gefallenen Engel.

Das Trommeln ist unter Poltergeistern *(Tedworth drummer)* und manchen Zwergen beliebt. So trommelt das Bergvolk (→Berggeister) im Kleinen Walsertal, wo am Morgen des Fastnachtstages die Bergmännlein mit Trommeln

und Pfeifen nach Hause ziehen (Tiroler Heimatblatt 1926, 4, 277). Den skandinavischen und deutschen Trollen jagt Getrommel aber auch mächtig Angst ein. Es heißt, sie würden niemals zu einer Hochzeit oder Taufe gehen, wenn dort getrommelt würde (Müllenhoff 1845, Nr. 395 und 396). In Småland in Schweden müssen sie sogar vor dem Donner davonrennen (Mannhardt 1904–1905, 1, 128, 137).

Ganz ungefährlich sind sie nicht: Die skandinavischen Trolle tauschen liebend gern Kinder aus (Keigthley, 126), eine unschöne Angewohnheit, die sie mit vielen kleinen Geistern teilen.

Auch in Norwegen, wo *trold* Wichtel und Kobold bedeutet, erzählt man noch heute von ihnen. Dort stehen die Trollhügel, wie auch in Schweden (Eva Wigström) auf Goldsäulen, unter denen man die Trolle tanzen sehen kann (»Bidrag til Agders historie«, 1935, 48). Trolle leben noch im hohen Norden, der schwedische Künstler John Bauer hat sein ganzes Leben den Trollen gewidmet (s. Farbteil).

In Deutschland steht es heute schlecht um die Trolle, sie haben hier keinen Platz mehr, sind doch die düsteren, riesigen Waldgebiete Germaniens verschwunden und Schwarzwald, Bayerischer Wald und Frankenwald viel zu hell. Alte Texte aus dem 16. Jahrhundert (z.B. Wierus) erwähnen sie noch, die gutartigen, deutschen *Trulle,* denn damals waren auch Hauskobolde noch »Perlen«, richtige →Gütchen.
Siehe auch: →Gnome, →Kobolde,
→Zwerge.
LITERATUR: Mannhardt 1904–1905; Müllenhoff 1845; Puhle 2005; ZfVk.

Trott-Tschepe, Jürgen

Der Dichter, Heilpraktiker und Aromatherapeut Jürgen Trott-Tschepe, der mit seiner siebenköpfigen Familie (einen

Hundekopf mitgezählt) in Berlin lebt, ist der Begründer des Instituts »Lebendige Aromakunde«. Klinische Aromapflege, Aromamassage und Aromakunst sind die Themen und vorrangigen Aufgabenbereiche der Einrichtung. Die Lehre geht von der Entsprechung pflanzlicher und menschlicher Seelenzustände aus sowie von der Möglichkeit, mit ätherischen Ölen auf das geistig-seelisch-körperliche Gleichgewicht und Wohlbefinden des Menschen einwirken zu können. Siehe auch: →Äther, →Quintessenz.
LITERATUR: Trott-Tschepe 1993; Trott-Tschepe 2004a; Trott-Tschepe 2004b.

Trottengeist

In der Schweiz weiß man von einem Trottengeist, der nicht ganz geheuer ist und vor dem man sich besser schützen sollte. Ein weißer →Widder im Stall, ein Schafbock, kann Abhilfe schaffen (Rochholz 1856, 2, 64f.).
Siehe auch: →Abwehr.
LITERATUR: Rochholz 1856.

Trulle →Trolle

Tuatha De Danann

Ganz wörtlich genommen sind die *Tuatha De Danann* das Volk der Göttin Danu, von dem letztlich die →Feen abstammen. Sie wurden bei der letzten großen Einwanderungswelle Irlands in die Feenhügel zurückgedrängt.
Siehe auch: →Elfen, →Sidhe.
LITERATUR: Lück 1997.

Türen öffnen

Zu den typischen →Poltergeistphänomenen gehört das unerklärte Türenöffnen.

Tulip Staircase Ghost

Der *Tulip Staircase Ghost* heißt ein berühmtes Geisterfoto, das bisher keine befriedigende Erklärung gefunden hat. Das Foto wurde 1966 von Reverend Ralph Hardy, Pfarrer im Ruhestand von White Rock, British Columbia, aufgenommen. Seine Absicht war eigentlich, eine Aufnahme von dem elegant geschwungenen Treppenaufgang zu machen, bekannt als *Tulip Staircase,* der sich in der Abteilung *Queen's House* des National Maritime Museum in Greenwich in England befindet. Wie dem auch sei, auf dem Abzug ist eine eingehüllte Figur zu erkennen, die offenbar die Treppen hinaufgeht und sich mit beiden Händen am Geländer festhält. Fachleute, einige von Kodak, haben die Negative untersucht und festgestellt, dass es nicht manipuliert sei. Es heißt, dass gelegentlich unerklärliche Gestalten in der Nähe des Treppenaufgangs gesehen wurden und auch Schritte gehört wurden.
Siehe auch: →Geisterfotografie.

Tulip Staircase Ghost (Treppenaufgangsgeist von Tulip). Foto: Reverend Ralph Hardy, 1966.

Überleben des Todes →Leben nach dem Tod

Übersinnliches →Außersinnliche Wahrnehmung

Unbegrabene

Verstorbene, denen nicht die Ehre der Bestattung zuteil wurde, werden zu klassischen Spukgeistern. Im alten Griechenland hießen sie →Ataphoi.

Undinen (Undenen, Undenae)

→Paracelsus, der große Arzt des 16. Jahrhunderts, der mehr als ein Jahrhundertarzt war, berichtet als einer der Ersten von weiblichen →Wassergeistern, die er Undinen, lat. *undenae* bzw. *vndenae,* nennt. →Goethe lässt die Undinen im →»Faust« auftauchen: Zunächst werden sie jedoch erfolglos gerufen in der Beschwörung des Pudels (V. 1274 ff.), dann aber gelingt es Mephisto, die →Wasserfräulein zu beschwören und das gegnerische Heer mit vorgetäuschten Überschwemmungen zu blenden (V. 10712 ff.). Bekannt wurde auch Fouqués Märchen »Undine« (1822).
Siehe auch: →Meerjungfrau, →Wasserfräulein, →Wassergeister.
LITERATUR: Wilpert 1998.

Universalbewusstsein →kosmisches Reservoir

Unsterblichkeit

Mit dem Glauben an die Unsterblichkeit der Seele sind wir überhaupt nicht allein. Die ganze Welt spricht davon: zum Beispiel die alten Inder, die Perser, die Ägypter, die Kelten, die Griechen (Rohde 1884) – sie alle gehen davon aus, dass in uns etwas Unsterbliches schlummert. Wissen wir es aber auch ganz genau? »Den Beweis der Unsterblichkeit trägt jeder in sich in dem Maße, in dem er liebt« – diese Einsicht kommt aus dem Munde der baltischen Autorin Zenta →Maurina (→Schwanengesang-Phänomen), der Ehefrau von Konstantin →Raudive. Es ist nicht unser Gehirn, ein kaltes Kalkül, das uns von der Unsterblichkeit überzeugen kann, es ist unser →Herz. Versagen wir uns das Sehen mit dem Herzen, werden wir blind. Öffnen wir unser Herz, lernen wir sehen, über alle Raum- und Zeitgrenzen hinweg.

Die Liebe kennt keinen →Tod – so erfahren es →Sterbende, so erfahren es von einem geliebten Menschen durch den Tod Getrennte. Die Liebe kennt nur das Original, sie duldet keinen Ersatz – es ist der einzige und einmalige Mensch, der für sie zählt, und dieser bleibt für immer erhalten, er wandelt sich nicht. Ein echter Herzenswunsch ist so machtvoll wie ein tiefer Gedanke – er verbindet die Lebenden mit den Toten. Der Physiker und Begründer der Psychophysik Theodor Fechner sagt:

»Was immer das Andenken an die Todten weckt, ist ein Mittel, sie herbeizurufen.
An jedem Feste, was wir den Todten geben, steigen sie herauf; um jede Statue

schweben sie, die wir ihnen setzen; bei jedem Liede, das ihre Thaten singt, hören sie mit zu.« (Fechner 1866, 31)

Und so führt uns das alte Paar Liebe und Tod an das Unbegreifliche, Unsterbliche sanft heran: Doch die Liebe ist das Einzige, was am Ende noch zählt. Sie hilft dem Sterbenden, sie bleibt dem Lebenden, und sie verbindet die Liebenden über die Grenzen der irdischen Welt hinaus. Die Liebe hebt den Tod auf.

»Jeder wird im Augenblicke des Todes erkennen, dass das, was sein Geist von früher Verstorbenen aufnahm oder mit ihnen gemeinschaftlich hatte, ja auch diesen Geistern immer noch mit angehört, und so wird er nicht wie ein fremder Gast in die dritte Welt eintreten, sondern wie ein längst Erwarteter, dem Alle, mit denen er hier durch eine Gemeinschaft des Glaubens, des Wissens, der Liebe verknüpft war, die Hände entgegenstrecken werden, ihn an sich zu ziehen als ein ihnen zugehöriges Wesen.« (Fechner 1866, 34)

Als ich meine Kopie von Fechners »Büchlein vom Leben nach dem Tode« in Wien zum Binden gab, passierte ein weiser kleiner Irrtum: Auf dem grünen Rücken des vorbildlich gebundenen Buches stand in goldenen Buchstaben »Liebe nach dem Tod« – und so steht es zum Glück bis heute noch darauf.
Siehe auch: →ewiges Leben, →Leben nach dem Tod.
Literatur: Fechner 1866; Maurina 1987; Rohde 1884.

Unterirdische (Unnererdschen, Unneriersken) →Zwerge

Unterwelt

Die Literatur der Antike kennt mehrere Namen für die Unterwelt, den Aufenthaltsort der Seelen der Abgeschiedenen, den →Hades und daneben als eigenständige Unterweltregionen den →Erebos und den →Tartaros. Während das Haus des Königs Hades als ein Schattenreich gilt, ist mit dem Erebos mehr die Dunkelheit der Erdentiefe und mit dem Tartaros die Bestrafung der Seelen verbunden.
Siehe auch: →Acheron, →Charon, →Himmel, →Insulae fortunatae.

Unterweltfluss

Der Tod ist wie ein gewaltiger Strom, der kommen muss, um uns mitzureißen, aus unserem Leben herauszureißen und mit sich zu führen, ganz weit weg in unbekannte, dunkle Gefilde, an die wir uns nicht erinnern können – um, wenn wir Glück haben, an neuen Ufern wieder an Land gehen zu dürfen. Die griechische Mythologie nennt den →Acheron und den Styx als Unterweltflüsse.
Siehe auch: →Unterwelt.

Vättr (Pl. Vättir)

Die Vättir – isländisch *vätt* bedeutet Wicht – sind Schutzwesenheiten aus der nordischen Mythologie, die den →Elfen ähnlich sind. Wie auch die Fylgjur (→Fulgja) waren diese →Schutzgeister einem einzelnen Menschen oder einem geographischen Bereich zugeordnet. Der Vättr konnte sich im Traum auch anderen Menschen offenbaren und ein bevorstehendes Ereignis ankündigen.

LITERATUR: Lehmann 1925.

Valgalder

Valgalder ist in der nordischen Sagenwelt der Gesang eines Zauberers, der Tote wiederbeleben kann.

LITERATUR: Kvastad 2001.

Vardøgr

Vardøgr ist eine in Norwegen bekannte Art von Vorgehör, das akustische Pendant zum →zweiten Gesicht (Vorgesicht). Im Unterschied zu diesem lässt es den Hörer keine schicksalsträchtigen Ereignisse wie den →Tod voraushören, sondern der fast immer auditiv erlebte, nur selten als Gestalt wahrgenommene *Vardøgr* kündigt einen bald eintreffenden Menschen mit den für ihn und seine Ankunft typischen akustischen Phänomenen an. Als es noch kein Telefon gab, waren diese geisterhaften Geräusche in abgelegenen, einsamen Gegenden ein sicheres Zeichen dafür, dass die gehörte Person in Kürze eintreffen wird. Der Zeitraum zwischen dem Vorhören und dem wirklichen Eintreffen der erwarteten Person variiert zwischen 15 Minuten und einer Stunde. Der norwegische Physiker Thorsten Wereide nahm eine Zeitgleichheit zwischen dem Aufbrechen der noch abwesenden Person und dem Voraushören ihres Eintreffens an. Man konnte sich offenbar auf den Vardøgr verlassen, und die Hausfrau wusste, wann sie den Kaffee oder Tee kochen konnte. Es hat sich erwiesen, dass der Vardøgr in dem Moment gehört wird, wenn der noch Abwesende sich auf den Weg zu dem betreffenden Haus macht (Jaffé 1995, 212). Entgegen der verbreiteten Meinung, der *Vardøgr* sei ein typisch norwegisches Phänomen, ist er ein allgemein bekanntes Phänomen in ganz Skandinavien. In Schweden war das Vorgehör bis vor wenigen Jahrzehnten bei der Landbevölkerung ganz geläufig und ist auch heute noch dort unter jungen Menschen bekannt. Die entsprechenden Termini *varsel* und *förebud* bezeichnen eine Art Vorahnung oder Vorboten, wobei →*varsel* etwa die gleiche Erfahrung wie der norwegische *vardøgr* meint, während →*förebud* oft negativ geladen ist und ein größeres, bevorstehendes Ereignis ankündigt. Ein weiterer schwedischer Ausdruck für ein Vorgehör ist *komma första gången,* wörtlich »zum ersten Mal kommen« (Jacobson 2003, 536). *Vardøgr* kann auch synonym für →Fylgja benutzt werden.

LITERATUR: Jacobson 2003; Jaffé 1995, 211–214; Kvastad 2001; Leiter 2002; Smith 1974; Wereide 1946.

Varsel

Der schwedische Begriff *varsel* bezeichnet eine heute immer noch, auch bei Studenten und nicht nur auf dem Lande verbreitete akustische Erfahrung, die ein kommendes Ereignis, in der Regel die Heimkehr einer Person, vorwegnimmt. Die Rückkehr der betreffenden Person wird dabei zwar meist erwartet, der genaue Zeitpunkt ist jedoch nicht bekannt. Die noch abwesende Person wird mit allen charakteristischen Details wie Öffnen der Tür, Schritten, Aufhängen des Mantels usw. naturgetreu gehört, während sie tatsächlich erst 15 bis 60 Minuten später eintrifft. Im Gegensatz zum eher negativ geladenen Begriff →*förebud* kündet der *varsel* nichts Unangenehmes an.

»Kungshamn, eine kleiner Ort direkt an der wildromantischen Westküste Schwedens. Es war im Jahr 1964 oder 1965, in der kühleren Jahreshälfte. Ich war damals zehn oder elf Jahre alt und wartete mit meiner Mutter auf meinen Vater. Er war Fischer, und wir wussten, dass er an diesem Tag, einem Donnerstag, zurückkommen sollte – er war schon seit Montag auf See. Wir hatten allerdings keine Ahnung, wann er genau kommen würde, nur dass es wahrscheinlich am Nachmittag sein werde. Das Haus, in dem wir lebten, war ein typisches Einfamilienhaus aus Holz, grau gestrichen und erst wenige Jahre alt, doch die Haustür hatte eine Besonderheit: Man musste sie etwas anheben, um sie richtig schließen zu können, und das machte immer ein ganz bestimmtes Geräusch, ein charakteristisches Klicken. Dadurch wussten wir immer, wer kam, ob es jemand aus der Familie war oder nicht. Ein Fremder konnte die Tür überhaupt nicht richtig schließen. An diesem Donnerstag nun saß ich mit meiner Mutter oben in der Küche, als wir plötzlich beide im selben Moment hörten, wie mein Vater zur Haustür hereinkam – wir hatten beide das typische Klicken der Haustür gehört. Ich bin sofort die Treppe zu ihm hinuntergelaufen, aber da war kein Vater, da war niemand. Meine Mutter meinte dann, das sei ein *varsel* gewesen. Erst etwa 10 oder 15 Minuten später kam mein Vater wirklich, und die Tür machte dasselbe Geräusch beim Schließen wie üblich.

Ich war damals sehr erstaunt und tief beeindruckt von dem Erlebnis, sonst hätte ich es heute wohl auch nicht mehr so lebendig in Erinnerung. Angst hat es mir allerdings überhaupt nicht gemacht.« (Conny Åquist, 16. Mai 2004, mündlicher Bericht an A. Puhle)

Ein anderes Beispiel für ein solches Vorabwissen gibt der schwedische Psychiater Nils Olof Jacobson, Mitglied der Schwedischen Gesellschaft für Parapsychologie (SSPF) in Stockholm:

»Mein Vater pflegte mit einer Kutsche zu den Gemeindeversammlungen zu fahren, und wir saßen dann zu Hause und warteten auf seine Rückkehr. Als es das erste Mal passierte, war ich überrascht: Ich hörte sie kommen, in das Kutschenhaus fahren und hörte, wie mein Vater dem Kutscher half, die Pferde auszuspannen, aber niemand kam herein! Mit der Zeit habe ich mich daran gewöhnt, und es war vollkommen normal zu sagen: ›Nun sind sie zum ersten Mal gekommen, wir können das Teewasser aufsetzen, denn sie werden in 15 Minuten hier sein.‹ Ich habe mich dabei niemals gefürchtet, es war ganz und gar natürlich. (Jacobson 2003, 536; übersetzt von A. Puhle)

In Norwegen kündet der →Vardøgr von dem kurz darauf folgenden Kommen einer Person. Beide, *varsel* und *vardøgr* sind eine Art akustischer →Doppelgänger, nur nicht zeitgleich wie dieser, sondern der Zeit voraus.

LITERATUR: Jacobson 2003.

Verfolgegeister →Folgegeister

Versailles →Zeitverschiebung

Verstellen von Gegenständen

Das Verstellen von Gegenständen gehört zu den typischen und häufigeren →Poltergeistphänomenen, die während eines Spukfalls auftreten können.

Vertreiben von Geistern →Abwehr

Vis-Knut

Vis-Knut (1792–1876) heißt »weiser Knut« und ist der Name eines norwegischen Bauern, der seherisch begabt war und offenbar vermisste Personen und Schiffbrüchige aufspüren konnte. Seine Lebensgeschichte wurde 1898 von dem Dichter Bjørnstjerne Bjørnson (1832–1910) veröffentlicht.
Siehe auch: →Croiset, Gerard.

Vision

Eine Vision – von lat. *visio,* »Schau«, »Gesichtssinn« – gewährt dem Seher bzw. der Seherin Einblick in eine weitere, umfassendere Realität und ist eine – oft religiöse, immer aber sehr tiefe – Erfahrung, die nachhaltigen Eindruck hinterlässt. Die Begegnung mit Geistern von Menschen oder höheren Geistwesen ist nicht selten Teil einer Vision. Auditive Wahrnehmungen (→Audition) begleiten häufig die innere Schau. Ein bedeutendes biblisches Beispiel einer Vision ist etwa die Offenbarung des Johannes.
LITERATUR: Dinzelbacher 1981.

Vision de soi

Vision de soi ist der französische Ausdruck für das Sich-selbst-Sehen (→Autoskopie). Dies geschieht meist in Krisensituationen, Stress, Todesnähe, aber nicht nur. Menschen etwa, die geistig an sich arbeiten, Yoga betreiben, meditieren, sich für einen geistigen Weg entschieden haben und diesen gehen, können sozusagen als Nebeneffekt →Außerkörperliche Erfahrungen haben.
Siehe auch: →Doppelgänger.

Vörbrand

Wird in einem →zweiten Gesicht ein Brand vorausgesehen, so spricht man in Schleswig-Holstein von einem Vörbrand. Das Besondere an dieser Art des →Vorgesichts ist, dass das Ereignis der Überlieferung nach verhindert, d. h. gebannt werden kann. Das Bannen bindet das Feuer etwa in einen Baum, den »Brandbaum«, oder einen See und bindet den Brand so lange, bis der betreffende Baum stirbt oder der See kein Wasser mehr enthält.
LITERATUR: Schmeing 1937.

Vollmond

Die verschiedenen Stadien des →Mondes wie Vollmond, Neumond, Halbmond, abnehmender und zunehmender Mond nehmen in der Magie wie im

Vollmond.
Foto: Simon Marsden.

Volksglauben eine prominente Stellung ein.

Der Vollmond wirft das hellste Mondlicht in die →Nacht und bringt dementsprechend auch die Geheimnisse des nächtlichen Lebens am besten zum Vorschein. So kamen die am Lichtenstein bei Mödling (Niederösterreich) lebenden →Berggeister ausschließlich bei Vollmond aus ihrem Berg heraus, um dann ihre Späßchen und Neckereien auf den umliegenden Wiesen zu treiben. Häufig trugen sie dabei einen goldenen Schuh über die Wiesen (Mailly 1926, Nr. 70; Schönwerth 1869, Wolf 1929, 45 f.).

LITERATUR: Mailly 1926; Schönwerth 1869; Wolf 1929.

Vollmar →weissagende Geister
Siehe auch: →Hellsehen, →Weissagen.

Vorgesicht

Der westfälischer Terminus für das in einem →zweiten Gesicht Vorausgesehene ist »Vorgesicht«.

Vorschauer

Menschen, die eine Vorschau zukünftiger, meist schicksalhafter Ereignisse vor ihren Augen abrollen sehen, werden in Westfalen Vorschauer genannt. Sie haben das →zweite Gesicht.

Wahrnehmung von Geistern

Es gibt mindestens so viele Zugänge zu Geistern, wie unsere Sinne es erlauben: Geister, als deren erstes Kennzeichen zwar die Unsichtbarkeit erscheint, werden nicht nur gesehen, sondern auch gehört, gerochen, auf der Haut verspürt und im Innern gefühlt oder leise geahnt.

Dabei stellt sich immer die brennende Frage, ob es denn wirklich die bekannten Sinnesorgane sind, die uns Geister erleben lassen, oder ob sich nicht vielmehr ein zweiter Sinn, ein →zweites Gesicht, ein zweites Gehör, ein zweiter Geruch und ein zweites Gefühl, hinter dem gewöhnlichen verbirgt, das uns Geister vor Augen führt, ihre Worte vernehmen lässt, sie uns unter die Nase reibt, hautnah spüren lässt und uns alles »doch nur« vorgaukelt. Ja und nein. Geister werden sowohl mit den ganz normalen Sinnen erfahren als auch mit einer Art entsprechender Sinneswahrnehmung. Je nach Situation, ist der erste oder der zweite Sinn aktiviert. Die innere Stimme und den inneren Sinn kennen wir alle.

Seher, die das →zweite Gesicht haben, halten ihre Augen dabei geöffnet und sehen doch etwas, was sie gar nicht sehen dürften – oder doch *noch* gar nicht sehen dürften. Sie sehen es in einer →Zeitverschiebung.

Die Tatsache, einen Geist zu sehen, kann recht schnell realisiert werden kann. So haben nach einer Untersuchung von Green und McCreery 46 Prozent der befragten Personen, die eine Er-scheinung hatten, sofort registriert, dass sie einen Geist sahen, während 31 Prozent erst nachträglich gewahr wurden, was ihnen passiert war, fünf Prozent wurden sich der Geistererscheinung erst bei ihrem Ende bewusst und 18 Prozent merkten ziemlich schnell, was gerade los war (Green und McCreery 1975, 49 f.).

Die Frage, wie die verschiedenen Sinne nun Geister wahrnehmen können, hängt ganz davon ab, was wir unter »Sinn« verstehen. Selbst ein →zweites Gesicht erscheint uns durch das Medium unserer Augen, auch wenn diese durchaus nicht die augen-blickliche Realität wahrnehmen. Was alles kann der »Sinn«?

»Aller Sinn ist *repräsentativ – symbolisch* – ein Medium. Alle Sinnenwahrnehmung ist aus der zweiten Hand. Je eigentümlicher, je abstrakter könnte man sagen, die Vorstellung, Bezeichnung, Nachbildung ist, je unähnlicher dem Gegenstande, dem Reize, desto unabhängiger, selbständiger ist der Sinn – bedürfte er nicht einmal einer äußern Veranlassung, so hörte er auf, Sinn zu sein, und wäre ein korrespondierendes Wesen. Als solches können seine Gestaltungen wieder mehr oder weniger ähnlich und entsprechend Gestaltungen andrer Wesen sein. Wären seine Gestaltungen und ihre Folge der Gestaltenfolge eines andern Wesens vollkommen gleich und ähnlich – so wäre der reinste Einklang zwischen beiden vorhanden. (Novalis, »Fragmente und Studien«, 42)

Siehe auch: →Außersinnliche Wahrnehmung, →Fühlen einer Gegenwart, →sprechende Geister, →zweites Gesicht.

Literatur: Green und McCreery 1975; Novalis 1960/1977.

Wahrnehmung, außersinnliche
→Außersinnliche Wahrnehmung

Wahrsagen

Die Kunst, Wahres zu sagen, ist die Schwester der Weisheit. Denn sie befähigt den Menschen, über seine eigene Begrenztheit hinauszuschauen, die Zeit- und Raumgrenzen einen Moment lang zu überwinden. Beide Künste galten schon in ganz alter Zeit als königliche Gabe. »Und niemand ist befugt, König bei den Persern zu sein, der sich nicht zuvor die Lehre und Wissenschaft der Magier angeeignet hat«, informiert uns Cicero in seinem immer noch lesenswerten Buch »Über die Wahrsagung« (»De divinatione« I, 91) und zählt eine ganze Liste von Völkern auf, die sich in bestimmten Techniken der Wahrsagerei profilieren. So sind die Etrusker spezialisiert auf die Deutung der Einschläge von Blitzen, die Familien der Iamiden und Klutiden auf dem Peloponnes sind Meister der Eingeweideschau, in Assyrien sind die Chaldäer berühmt für ihre astrologischen Kenntnisse, ebenso sind es die Ägypter und Babylonier, während die Umbrier sich bestens mit den Zeichen der Vögel auskennen.

Machen wir einen Sprung in die Gegenwart, dann wird Wahrsagen hier unter dem Begriff →Außersinnliche Wahrnehmung gefasst und meint vor allem →Präkognition, den Blick in die Zukunft.

In der Alltagspraxis sagt ein Wahrsager allerdings häufig mal »falsch« anstatt »wahr«, und ein Hellseher sieht mitunter nicht »hell«, sondern »dunkel«. In den meisten Fällen beginnt heutzutage der Besuch bei einem Wahrsager vielmehr mit rein psychologisch versiertem oder rein intuitivem Erfassen der Situation des Ratsuchenden, was meist schon einen so tiefen Eindruck hinterlässt, dass der Rest, das Voraussagen der Zukunft, gar nicht mehr so ins Gewicht fällt – und selten gelingt. Praktische Ratschläge zum Besuch von Hellsehern geben Walter von Lucadou und Manfred Poser in ihrem Buch »Geister sind auch nur Menschen« (Lucadou und Poser 1997):

1. Achtung bei Wahrsagern, die Unsummen verlangen – nur hingehen bei Fragen, die überprüfbar sind.
2. Nicht verblüffen lassen – Hellseher reagieren auf den Klienten, können nicht in unserer Seele lesen.
3. Keine Hellsehersucht entwickeln.
4. Bei Liebesproblemen kann kein Wahrsager helfen, sie sind subjektiv und lassen sich nicht überprüfen.
5. Hellseher meiden, die mit »dunklen Mächten« arbeiten – das führt in die Abhängigkeit.
6. Negative Aussagen über Dritte mit ihnen selbst besprechen.
7. Bei positiven Aussagen keine Erwartungshaltung aufkommen lassen, sonst trifft es nicht ein.
8. Am besten selber Hellseher spielen – man weiß mehr über sich selbst, als man denkt!
(Frei nach Lucadou und Poser 1997, 153 f.)

LITERATUR: Cicero 1991; Lucadou und Poser 1997.

Wahrsager, Wahrsagerin →Seher, Seherin

Wahrsagesalbei

Der in Mexiko, tropischen Regenwäldern und sonst nur in botanischen Gärten zu findende Wahrsagesalbei *(Salvia divinorum)*, der ähnlich wie sein Verwandter, der heilkräftige Gartensalbei *(Salvia officinalis,* →Salbei) bläulich bis

purpurfarbene, glockige Blütenkelche hat, wird zu divinatorischen Zwecken gebraucht, wie seit knapp 50 Jahren bekannt ist: Die Rituale, bei denen die zuerst den höheren Mächten geweihten Blätter der Pflanze gekaut und gelutscht werden, finden nachts bei Dunkelheit und in aller Stille statt – zum Zwecke des Heilens (Rätsch 1998, 463).
Literatur: Rätsch 1998.

Wallenrodt, Johanna Isabella Eleonore von

Die Thüringer Schriftstellerin Johanna Isabella Eleonora von Wallenrodt (1740–1819) berichtet in ihren »Geistererscheinungen und Weissagungen besonders für unsere Zeiten merkwürdig« (1796) historische Begebnisse mit Ahnungen und Geistern, darunter den Fall eines ominösen schwedischen Grafen, in dem ein vergeblich warnender Geist die Hauptrolle spielt (s. Puhle 2005, 1, II.6), und Fallbeispiele zu Themen wie →Weißen Geistern (2, III.6) und →Geistern von Verstorbenen (2, III.11). Auch in »Der kleiner Ritter« (1799) schneidet die Autorin die Geisterthematik an. Ihre Tochter Auguste Freifrau von Goldstein wurde ebenfalls Schriftstellerin. Andere Geister-Autorinnen ihrer Zeit waren Sophie →Albrecht und Elisabeth Hollmann.
Literatur: Puhle 2005.

Wanderndes Hellsehen →Hellsehen, wanderndes

Wasser

Wo Wasser ist, fließt es, ist kein Bestand, da tun sich Tiefen auf neben dem Strand, Gründe und Abgründe. So wie die →Luft uns in geistige Höhen bringt, zieht uns das Wasser hinab in die Tiefen.

Höhenflüge sind nicht Sache des Wassers, sondern hier geht es zurück zu den feuchten Gründen, aus denen Leben entsteht, so lehrt es der indische »Rig-Veda« sowie der Mathematiker und Astronom Thales aus Milet (ca. 624–546 v.Chr.), der älteste der griechischen Philosophen und einer der Sieben Weisen. Während Luft und →Feuer die →Elemente des Geistigen sind und Geist (Luft) und Begeisterung (Feuer) ausdrücken, so ist das Wasser mit dem Seelischen verbunden, mit den Emotionen, die ihre Wellen schlagen und schwerer sein können. Der Umgang mit dem Wasser und seinen Geistern ist kein leicht beschwingter Flug in höhere Sphären, sondern ein zähflüssiges Hineingezogenwerden in tiefere Ebenen, aus denen ein Auftauchen nicht selbstverständlich ist.

Märchen und Mythen erzählen viele Geschichten von den →Wassergeistern, die Menschen mit ihren Reizen zum Ein- wie Untertauchen verführen. Es geht um die menschliche Seele, die in Not geraten ist, die heil werden soll oder die selbst heilsam wirken soll – Wasserfrauen wie Melusine und viele andere →Meerjungfrauen spiegeln die Seelennot des Menschen, der nicht dem Fluss des Lebens folgen kann. Wer nicht schwimmen kann, muss untergehen. Zu den wunderbarsten Kräften des Wassers aber gehört seine Reinigungskraft: Es belebt und erfrischt, verjüngt und verschönert, es klärt und reinigt – und macht frei und öffnet die Herzen der Gereinigten:

»Stets hat das Wasser einen günstigen Einfluß auf die Liebe und die Fähigkeit zu Visionen gehabt. Daher geben sich die Töchter des Wassers verliebt und sind Seherinnen. Die Quellen werden aus ihren Tränen geboren. Sie sind nicht alle irrende Seelen, denen man Nadeln nachwerfen muß, damit sie ihr Totenhemd feststecken können, sondern auch die traditionellen Hüterinnen des Wassers, die um seine Macht des Gottesurteils wissen.« (Bulteau 1987, 36)

337 *Wasser*

Siehe auch: →Dämonen, →Elementar-
geister, →Elemente, →Erde, →Erdgeis-
ter, →Feuer, →Feuergeister, →Luft,
→Luftgeister, →Sirenen.
LITERATUR: Bulteau 1987.

Wasserfräulein

Manchmal werden die Töchter des
→Wassermanns einfach nur Wasserfräulein genannt. Wie Nixen lassen sie
sich immer mal wieder an der Wasseroberfläche blicken. In Schlesien sagt
man, sie stecken ihre Köpfe aus den
großen Wasserlilien hervor (Drechsler
1903–1906, 2, 167). In der Regel sind
sie bezaubernd schön. Ihr Körper ist
meergrün oder blau wie die See, ihre
grünen, gelben oder schwarzen Haare
reichen ihnen bis zu den Füßen und
hüllen ihren Körper von oben bis unten ein. In der Oberpfalz sieht man sie
von einem wasserfarbenen Florschleier
umgeben. Doch das ist nur die eine Seite dieser reizvollen →Wassergeister: Ihre Zähne sind grün, und ihre Augen
können ganz groß und grässlich wie
auch klein und wässrig sein; mal haben
sie Schlitzaugen, ein andermal Frosch-
augen und noch ein andermal erscheint
die junge Wasserfrau mit einem Hundekopf (HdA 1987, IX, 131).

Meist sind sie zu dritt, die Töchter
des Wassermanns, und zusammen gehen sie gern mal aus, zum Tanzen ins
nächste Dorf etwa (→Nixentanz). Doch
der Kontakt mit ihnen ist immer ambivalent. Wenn sie sich ihre Jünglinge
aussuchen, umschlingen und mit sich
in die Tiefe ziehen, gibt es kein Entrinnen mehr: Sieben Tage darauf findet
man die Ärmsten in Netze gewickelt
am Ufer, tot, mit einer Wasserlilie in
der Hand (Gradl, »Egerländer Sagen«,
33, Nr. 69).
Siehe auch: →Nix, Nixe, →weissagende
Geister.
LITERATUR: Drechsler 1903–1906.

Wassergeister

Wasser ist Leben spendend, erfrischend,
reinigend, tiefgründig, ständig sich ver-
ändernd und zerstörerisch. Ihm wohnen »ungeheuer« starke Kräfte inne, re-
generierende, klärende, umwandelnde,
von Grund auf verändernde. Seine mitreißende Gewalt ist überwältigend, und
wer ihm zu nahe kommt, gerät in den
mächtigen Strom des Lebens. Nicht immer geht das Bad gut aus. Es verwundert nicht, dass schon immer gefährliche Geister aus dem Wasser gesichtet
wurden, mehr oder weniger herausstei-
gend, mehr oder weniger wie Fisch oder
Mensch aussehend und mehr oder weniger göttlich. Wassermann und Was-
sermännlein, Wasserfrauen und Wasserfräulein, Wasserjungfrauen, Wasserleute, Wasserdämonen, Wasserriesen,
Wasserzwerge, Wasserbär, Wasserpferd
und Wasserstier – sie alle verunsicher-
ten einst die Gewässer. Die Geister des
feuchten Elements sind wie alle drei anderen Arten von →Elementargeistern
auf der ganzen Welt zu Hause. Es wäre
alles nur halb so schlimm, wenn sie in
ihren Gründen blieben, doch kommen
sie immer mal an Land und bis hinein
in die Häuser. Sie gehen zur Kirche
(→Meerjungfrau von Zennor) oder tanzen auf Hochzeiten herum (→Nixen-
tanz). Die unendlich vielen Berichte aus
der volkstümlichen Überlieferung werden oft literarisch ausgeschmückt, was
es nicht leicht macht, den Geschichten
auf den Grund zu gehen.

Wassergeister nehmen mal Menschengestalt an oder sind halb Mensch,
halb Fisch oder auch Schlange, und es
gibt einige, die zumindest vorübergehend als ganze Tiere erscheinen, so als
Pferde, als Bären, Hirsche, Stiere, Käl-
ber, Schweine, Hunde, Kater, Gänse,
Enten, Kröten, Molche, Krebse und natürlich als Fische. Der Wassermann
kann auch zum Otter werden und Kinder für immer in den See mit hinabneh-

men (HdA 1987, IX, 134; Grimm, KHM 105).

Zu unserer Verwunderung weiß die Volkstradition mehr über Wassergeister männlicher Art zu erzählen als über weibliche – wir sind heute durch Andersens »Kleine →Seejungfrau« und die französischen Melusinen oder →Undinen mehr auf Frauen eingestellt.

Auch heute noch gibt es Menschen, die Begegnungen mit Wassergeistern erleben, die sich zu einer →Brunnenfee unwiderstehlich hingezogen fühlen oder nachts einen nassen, grünen Mann in ihrer Wohnung sehen, der ganz so aussieht, als sei er gerade dem mit Tang bedeckten See gleich neben dem Haus entstiegen – Letztere erzählten mir Bekannte in Schweden aus der Umgebung von Göteborg. Das überrascht nicht, denn →Zwerge, →Trolle, →Feen, Werwölfe und diverse andere Geistergestalten haben ebenfalls noch nicht aufgehört, vor den Augen ganz normaler Menschen bildlich zu erscheinen.

Wasser beruhigt. Der Klang des gleichmäßigen Fließens und das regelmäßige Rauschen der Wellen schmeichelt unseren Ohren und be-rauscht uns ein wenig – genug, um den »Empfänger« z.B. beim Ganzfeld-Experiment auf den Telepathieversuch einzu-»stimmen« (an der Universität Göteborg). Wasser versetzt in eine andere Stimmung, es lässt Gefühle wach werden und schaltet den »Kopf« sachte aus. Wasser ist das Element des Lebens und der Liebe. Kein Wunder eigentlich, dass sich Menschen in Wassergeister verlieben, und auch nicht überraschend, dass die Wassergeister begnadete Musiker sind.

Zum Schluss noch das Wichtigste: Wassergeister wissen mehr als viele andere Geister, denn sie kennen die Zukunft. Warum gerade sie? Das Wasser ist wohl das älteste Medium zum Wahrsagen, und an seiner glasklaren Oberfläche, im Wasserspiegel, zeigen sich alle Dinge, auch das eigene Gesicht – es war das erste Mittel zur Selbstreflexion, der Selbstanschauung. Bevor es Spiegel gab, war die Wasseroberfläche der beste Spiegel, den man haben konnte. Dann erst kommen die Metalle mit ihren glän-

Loch Fyne, Argyllshire, Schottland. Foto: Simon Marsden.

Wassergeister

zenden und spiegelnden Oberflächen, wie Gold und Silber, Kupfer, Blei usw., und natürlich ist der Bergkristall, zur Kugel geschliffen, das Wahrsagemittel der Wahl. Alles, was glänzt und spiegelt, was die Sinne stillt, lässt uns in andere Bewusstseinszustände hinübergleiten – es nivelliert die Schattierungen der Dinge, und wir haben nichts mehr, an dem wir uns mit den Augen »stoßen« können, alle Unebenheiten und Unterschiede sind aufgehoben. Doch das Wasser ist das Ältere, es war von Anfang an da, musste nicht erst gewonnen oder geschliffen werden – es ist ein fertiges und vollkommenes Geschenk der Natur. So ist das Wasserspiegelbild das erste wahre Bild, das Menschen von sich oder anderen und von der Welt sehen konnten. Der Blick ins klare Wasser ist der erste Schritt zur Selbsterkenntnis und zur Vollendung.

Wasser sagt die Wahrheit, und die Geister, die diesem Element entspringen, sind Kinder der Wahrheit.
Siehe auch: →Irrlicht, →Nix, Nixe, →Wasserfräulein.
LITERATUR: HdA 1987; KHM.

Wassermann

Von den nicht mehr zählbaren Arten von →Wassergeistern ist der Wassermann eindeutig der modernste. Er kann in ganz verschiedener Gestalt aus den Fluten auftauchen, als schöner Jüngling, als weißes Männchen, mit Fischschwanz oder Pferdefüßen.

Der wahrhaft begnadete Musiker unter den Geistern ist nicht ungefährlich, springt er doch seinen Auserwählten auf den Rücken oder lockt sie mit farbigen Bändern ins Wasser – und hier heißt es dann nicht »Ende gut, alles gut«, denn die armen Seelen seiner Opfer hält der Wassermann unter Töpfen gefangen.
LITERATUR: Petzoldt 1995.

Wassermannzeitalter

Das seit Mitte des 20. Jahrhunderts angebrochene Wassermannzeitalter hat nichts mit →Wassergeistern oder Wassergottheiten zu tun. Es ist vielmehr die Epoche des astrologischen Zeichens, in das sich nach rund 2000 Jahren der Frühlingspunkt verschoben hat. Um Christi Geburt war gerade das Zeitalter der Fische angebrochen, und das griechische Wort für Fisch, *Ichthys,* wurde bekanntlich das Symbol der Christen, ist es doch die Abkürzung für die griechischen Worte für »Jesus Christus, Gottes Sohn, der Retter«. Das Zeichen des Wassermanns dagegen untersteht nun dem Planeten Uranos, dem alten griechischen Himmelsgott *Ouranos.* Dieser öffnet uns den Zugang zu höheren, geistigen Sphären, wenn wir es annehmen. Der Wassermann, ein Luftzeichen, gilt in der Astrologie als das Zeichen des gewaltigen Fortschritts, der höchsten Menschlichkeit und der innigsten Meditation.

Wassernixe →Nixe

Wasserphänomene

Zu den klassischen →Poltergeistphänomenen gehören Wassererscheinungen: Wasserlachen bilden sich von selbst oder →Wasser wird auf unerklärliche Weise verspritzt.
Siehe auch: →O., Spuk von.

Wasserprobe

Die reinigende Kraft des →Wassers als Mittel der Schuldfindung zu gebrauchen kommt bei vielen Völkern vor und ist schon im alten Griechenland bekannt. In Sizilien schrieb man einen Unschuldseid auf eine Tafel und warf diese

Schwur und Wasserprobe der Hexen. Aus der Heidelberger »Sachsenspiegel«- Handschrift.

dann in einen heiligen See: Schwamm sie oben, so war dies ein Zeichen der Unschuld (HdA III, 1026 f.). Die germanische Wasserprobe, die ihre Wurzeln im tiefsten Mittelalter hat, nimmt statt der Tafel den ganzen Menschen, und die Deutung ist andersherum: Der Angeklagte wird an ein Seil gebunden und ins Wasser hinuntergelassen: Kommt sein Körper nach oben, ist er schuldig, geht er unter, ist er unschuldig, wobei die Interpretation in manchen Weistümern Deutschlands jedoch auch umgekehrt vorkam. Es bedurfte eines großzügigen und klaren Geistes wie Ludwig des Frommen, der das »Ordale des kalten Wassers« *(iudicium aquae frigidae)* verbot. Seine Nachfolger verteidigten es dann wieder, bis Innozenz III. erneut mit einem Verbot 1215 dieser eiskalten Methode ein – zumindest vorläufiges – Ende setzte. Seit dem 16. Jahrhundert wurde das grausame Verfahren wieder modern, und die neue Zielgruppe waren nun Personen, die als Hexen angeklagt waren. Das erste »Hexenbad« fand schon 1436 in Hannover statt. Dahinter stand die Idee, dass diese mehr als üblich wissenden Personen ihr Gewicht auf rätselhafte Weise verringern konnten bzw. über eine spezifische Leichtheit verfügten: Man band den Angeklagten Hände und Füße überkreuz zusammen und ließ sie dann dreimal mit einem Seil in einen Fluss oder Teich hinab. Schwammen ihre Körper an der Wasseroberfläche, so war das ein sicheres Indiz dafür, dass ihre charakteristische Leichtheit die Ursache sein müsste, andernfalls müsste der Teufel seine Hände mit im Spiel haben. Das Hexenbad galt als vorläufiger Schuldnachweis, nicht als endgültige Überführung der Hexen, und es wurde über einen langen Zeitraum hinweg durchgeführt (Soldan und Heppe 1999, 1, 381 f.).

Im 19. und 20. Jahrhundert behaupteten manche Medien, sie verlören nach einer anstrengenden Séance oder Trance an Gewicht. Und auch das Phänomen der →Levitation, das von einem Medium wie D. D. →Home im 19. Jahrhundert vorgeführt wurde, deutet auf eine bisher nicht erforschte, plötzliche Gewichtsabnahme hin. Nicht allzu weit ist der Schritt zum Fliegen, der bevorzugten Fortbewegungsart von Hexen, das in den →Astralreisen oder →Seelenreisen unserer Tage eine neue, von Strafe befreite Variante gefunden hat.

Literatur: HdA 1987; Soldan und Heppe 1999.

Watzmann

→Berge können Versteinerungen von geisterhaften Wesen sein – so war der Watzmann bei Berchtesgaden einstmals ein Riese.

Siehe auch: →Berggeister, →Frau Hitt.

Weben

Weben ist eine Beschäftigung der →Nornen und Walküren und auch der →Zwerge.

Weberknecht

Der Weberknecht *(Phalangium opilio),* ein Spinnentier, ist eine »seltsame Fee« – so wie sein altprovenzalischer Name *fada estranha* besagt. Der von Kindern geliebte, meist jedoch grausam gequälte, langbeinige, grazile Weberknecht, dessen zum →Weissagen ausgerissene Beine sich noch lange danach wie ein Webschiffchen hin- und herbewegen, gilt als allwissender Feldgeist. Ihm wurde so häufig aus Neugier, von ihm die Zukunft zu erfahren, eines seiner acht Beinchen ausgerissen, dass er in Tirol den Namen »Siebenfuß« bekam. Die lichtscheue »Zauberin« (franz. *vaudoie)* und »Spinnenfee« (altprov. *aranha fada)* gilt in der Steiermark als Glück bringender Geist, als →Schutzgeist, und heißt dort »Habermann«, Hafermann (Grazer Volksblatt 1895, Nr. 211).
Literatur: HdA 1987.

Wechselbalg →Zwerg

Wegwarte

Die leuchtend hellblaue Wegwarte *(Cichorium intybus)* oder Cichorie (Zichorie) aus der Familie der Korbblütler, auch Sonnenwirbel oder Wegeleuchte genannt, gehört zu den wichtigsten Zauberpflanzen überhaupt, die auch Zauber abwehrende Kräfte (Apotropäum) besitzt. Sie spielt unter anderem im Liebeszauber eine bedeutende Rolle. Besondere magische Kraft wird der selten anzutreffenden weiß blühenden Wegwarte zugeschrieben. Nach altem Volksglauben sind die Wegwarten verzauberte Menschen, während →Paracelsus behauptet, dass sich die Wurzel der Wegwarte nach sieben Jahren in einen Vogel verwandle.
Literatur: HdA 1987.

Weinklopferle →Klopfgeist

Weiss, Edith

Die Malerin Edith Weiss, geboren 1941 in Wien, schöpft aus dem Innern, aus der Intuition:

Auf dem Weg zur Mitte
lasse ich alle Gedanken los
gleiche Geistpol und Körperpol aus

Stille und leerer Raum
sind der Ort an dem sich
Wahrnehmung in Farbe und Form darstellt

ich werde stimmig
nehme teil – male

Ihre Bilder aus den verschiedensten Farbmaterialien auf Papier, Leinen und Karton sind Geschichten, die ihren Ursprung in der intuitiven Wahl der Farbe nehmen und sich im Laufe der Arbeit gestalten. Manchmal entstehen auch zwei, drei Geschichten aus einem einzigen Bild.

Ihre Malereien wurden in zwei Ausstellungen in Tirol vorgestellt: »Intuitive Malerei« in Hall (1994) und »Zen-trieren« in der Innsbrucker Turmbund-Galerie (1996). »Weiss' Bilder sind keine Schauobjekte allein – es sind Bilder zum ›Sichfinden‹«, so der Kommentar der Kunsthistorikerin Dr. Helga Reichart *(Tirolerin,* 1996), während Prof. Gert Müller die Essenz nicht weniger feinsinnig herauszieht: »Ihre Bilder sind magische Kürzel, aus der Empfindlichkeit des Augenblicks geschaffen« *(Impulse,* Januar 1996).

Die Malerin ist zweifache Mutter und lebt im Herzen Wiens.

Weissagen, Weissager, Weissagerin

Das Weissagen ist wie der gebräuchlichere Begriff →Wahrsagen vor allem auf das Voraussagen der Zukunft bezogen, umfasst aber auch →Hellsehen und →Telepathie. Letzteres macht es schwierig, die Aussage eines Wahrsagers zu beurteilen: Bezieht sie sich wirklich auf die Zukunft, oder handelt es sich »nur« um ein telepathisches Erfassen der Befürchtungen und Hoffnungen der Fragenden?

Zur →Außersinnlichen Wahrnehmung gehören alle drei Varianten: das Vorauserkennen der Zukunft (→Präkognition), das Sehen von Dingen oder Ereignissen, die sich an einem entfernten Ort abspielen (Hellsehen) sowie das Erfassen von Gedanken oder Bildern, die ein anderer Mensch hat oder sieht, auf noch nicht bekannte Weise (Telepathie), und ebendas macht es schwierig zu unterscheiden, welche der Möglichkeiten oder ob überhaupt eine der Möglichkeiten im Spiel ist.

Im Gegensatz zu dem heute fast schon profan gewordenen Akt des Wahrsagens, der oft nur aus pragmatischen oder selbstbezogenen Absichten heraus gewünscht wird, schwingt in dem Begriff »Weissagen« etwas Edleres, Heiliges mit, so wie es auch von der Wahrheit noch einen großen Schritt weiter zur Weisheit bedeutet. Der Weisheit geht es um die letzten, höchsten Einsichten in das Sein.

In alten germanischen Zeiten raunten die Alrunen (→Alraune) ihre Weisheiten, während die Sibyllen, inspiriert von der Gottheit, sie in rhythmischen Versen vortrugen. Es war die Verbindung mit dem Numinosen, die weissagende Menschen einst hatten, während der moderne Wahrsager unter Umständen »nur« ein ausgezeichneter Psychologe ist, der die unterschwellige Körpersprache lesen kann.

Siehe auch: →Seher, Seherin, →Wassergeister, →weissagende Geister, →weissagende Zwerge, →Weissagung, elbische.

Weissagende Geister

Höhere Geistwesen wie →Engel können die Zukunft verkünden – das erfahren wir aus der Heiligen Schrift und auch aus dem einfachen Leben. Diese Geistwesen erscheinen in Visionen oder Gesichten, am Sterbebett, in Träumen oder veränderten Bewusstseinszuständen wie in Ekstase oder tiefer Meditation. Es müssen aber nicht immer höhere Geister sein – sie können auch aus näheren und niederen Sphären kommen – die Informationen, ungeahnte Neuigkeiten überbringen. Es können auch Geister von Menschen sein, die uns auf Bevorstehendes vorbereiten, mit in der Ferne geschehenden Dingen bekannt machen oder von längst vergangenen Tagen zeugen. Sensitive etwa haben ihren →Kontrollgeist, der ihnen Auskunft gibt. Das berühmte Medium D.D. →Home erfuhr im Voraus von Geistern, dass seine medialen Fähigkeiten für ein Jahr aussetzen würden.

Auch bestimmte Natur- und Hausgeister haben den Ruf, *fortune-teller,* Künder des Schicksals, zu sein. Doch nicht immer sagen sie etwas Gutes, so wie auch die römische Schicksalsgöttin Fortuna mit der Waagschale assoziiert wurde, die nach beiden Seiten ausschlagen kann. Wir kennen das auch von den drei Schicksalsfrauen (→Moiren, →Parzen), wie ambivalent die Prognosen sind. Unter den Naturgeistern sind vor allem die →Wassergeister mit der Gabe ausgestattet, die Zukunft voraussagen zu können. Im Hausbereich ist es der →Kobold, oft der Klopfer, der schon vorher weiß, was passieren wird. Das Weinklopferle klopft, wenn ein gutes Weinjahr bevorsteht, und ein anderer

Kobold klopft – was bis heute noch gilt – an die Wand oder die Scheiben, wenn jemand sterben wird. Auch der →Poltergeist, aus der Familie der Kobolde, klopft typischerweise an Wände, Türen oder Fenster an, bevor er hereinkommt und seinen großen Auftritt hat. Zu den bekanntesten Poltergeistfällen gehört das →Kloppeding von Dibbesdorf, ein →Klopfgeist, mit dem man ins Gespräch kommen konnte – er würde mit Klopfzeichen antworten. Der Fall wurde – wie so viele andere auch – niemals zufriedenstellend aufgeklärt, wenn auch seine Echtheit nicht infrage gestellt wurde. Dem großen Aufklärer Lessing jedenfalls gab er zu denken, ließ er sich doch angesichts der merkwürdigen Vorfälle in dem Dörfchen Dibbesdorf, das damals noch außerhalb Braunschweigs lag, zu der sprichwörtlich gewordenen Äußerung hinreißen, hier wäre er mit seinem Latein am Ende (Puhle 2005, 2, III.24). Ein Kobold war es auch, der das Schicksal der Familie der Hardenbergs zu künden wusste:

»Jener zwergkönig *Goldemar* soll vertraulich bei Neveling von Hardenberg auf dem Hardenstein an der Ruhr gelebt und oft mit ihm in einem bett geschlafen haben. er spielte lieblich auf der harfe und verthat viel geld bei den würfeln; den Neveling pflegte er schwager zu nennen und ihn oft zu warnen, er redete mit allen leuten und machte die geistlichen schamroth durch entdeckung ihrer heimlichen sünden. seine hände waren mager, wie eines frosches, kalt und weich anzugreifen, er liess sich fühlen, aber *keiner konnte ihn sehn.* nach einem aufenthalt von drei jahren zog er, weil jemand zu beleidigen, weg. Andere nennen ihn aber *könig Vollmar* und die von ihm bewohnte kammer soll noch heute *Vollmars kammer* heißen, er musste einen platz am tische und einen für sein pferd im stall haben, speisen, haber [Hafer] und heu wurden verzehrt, aber vom menschen und pferde *sah man nichts als den schatten.* Als ihm ein neugieriger asche und erbsen gestreut hatte, um ihn fallen zu machen und seine fussstapfen zu erschauen, kam er ihm beim feueranzünden an den hals und hieb ihn zu stücken, die er an einen spiess steckte und briet, haupt und beine

aber begann er zu kochen. Sobald die gerichte fertig waren, wurden sie auf Vollmars kammer getragen und man hörte sie unter freudengeschrei verzehren. Nach dieser Zeit wurde könig Vollmar nicht länger gespürt. über seiner kammerthür fand man geschrieben, künftig solle das haus so unglücklich werden, als es bisher glücklich gewesen sei, die versplitterten güter würden erst dann wieder zusammenkommen, wann drei Hardenberge von Hardenstein auf einmal lebten. bratspiess und rost wurden lange aufbewahrt, 1651 im lothringischen krieg kamen sie abhanden, doch der topf findet sich noch in der küche eingemauert.« (Grimm 1992, I, 421 f.)

Jacob Grimm kommentiert, die Weissagung des abziehenden Hausgeists sei besonders altertümlich und seine Grausamkeit heidnisch (Grimm 1992, I, 422). Wassergeister sind spezialisiert auf das Voraussagen des Wetters. Der Wasserstand von Flüssen und Seen oder in Brunnen kündet von guter oder schlechter Zukunft, und er wird angezeigt von geisterhaften, dämonischen Gestalten. So erscheint etwa neben dem Geisterbrunnen in Freiburg, auf dem Schlossberg in der Neujahrsnacht ein Männlein: Trägt es drei Ähren in der einen und drei Trauben in der anderen Hand und nickt freundlich, dann kann man sich auf ein gutes Jahr einstellen; macht es ein saures Gesicht und kommt mit leeren Händen, bereitet man sich besser auf ein unerfreuliches Jahr vor (Schnetzler, »Badisches Sagenbuch« 1, 369, nach HdA 1987, IX, 176 f.).

Siehe auch: →Ankünden, →Geister von Verstorbenen, →Klopfen, →Nahtoderfahrung, →Sterbebettvisionen, →Sterbende.

Literatur: Grimm 1992; HdA 1987; Puhle 2005.

Weissagende Zwerge

Zwerge sind gescheite Ratgeber, wenn sie auch leicht gereizt und beleidigt sind. Doch ihre Kenntnis geht über den »ge-

Sir Edward Burne-Jones (1833–1898), »The Mirror of Venus« (Der Spiegel der Venus), Öl auf Leinwand, The Gulbenkian Foundation, Lissabon.

sunden Zwergenverstand« weit hinaus, denn wie viele →Natur- und →Hausgeister wissen auch die klugen →Elfen und →Zwerge über die Zukunft Bescheid – das lehrt uns die nordische Mythologie, und die deutschen Epen lassen uns das ebenfalls wissen (Grimm 1992, 1, 389f.). Die »Edda« nennt die Zwerge Alvîs, Advari und Gripîr als →Weissager, auch Eugel, der Sigfrid wahrsagt. Als gute Ratgeber, allerdings mit etwas schwierigem Charakter, erscheinen in Sagen und Märchen →Oberon und Elberich. In einem Schweizer Märchen lenkt ein kleines, kurzes, eisgraues Männlein *(e chlis isisgs mandle* und *a chlis mutzigs mandle),* das ein eisiges Kleidchen trägt, das Geschehen (Grimm 1992, 1, 390). In Frankreich ist *nains Frocin* ein göttlicher Wahrsager, ein Divinator, der spezialisiert darauf ist, Kindern das Geburtshoroskop zu erstellen (»Tristram«, altfranz.).

Siehe auch: →Sterbende, →Weissagen, →weissagende Geister, →Weissagung, elbische.

LITERATUR: Grimm 1992.

Weissagung, elbische

Die Zukunft spricht nicht immer durch einen Menschen, einen →Seher oder eine Seherin, durch Eingebung oder Träume zu uns – wir hören sie bisweilen aus Geistermund. Und wie der Geistervielfalt keine Grenzen gesetzt sind, so stammen nach alter Volksweisheit die Weissagungen auch von allerlei Geistwesen wie Elben, →Zwergen, →Kobolden, Erdmännlein, →Bergmännchen, Feldweiblein, den Leuten vom Untersberg, einem →Erdgeist oder dem Grünhüttel. Dies sind die Weissagungen, die uns dämonische, elbische Wesen verkünden. Da taucht dann einfach ein Geist auf:

»ein gar alter, eisgrauer Mann, lang, ansehnlich, an Kleidung einem Bauern ähnlich, doch eines rötlichen, jungen Angesichtes, ein weißer, roter [oder] schwarzer Mann, ein weißes [oder] graues Männchen, ein Männlein mit grauem Bart, ein Mönch [und manchmal ist es auch] ein Kind von nicht-menschlicher Art, ein ›schweres Kind‹, das nicht von der Erde aufzuheben ist, obwohl es noch ein Wickelkind ist.« (HdA, IX, 391)

Oft verkünden Elben den Tod, und wir werden unwillkürlich an das kleine graue Männchen erinnert, das Aniela Jaffé als →Totengeleiter anführt. Elben und Zwerge, Männchen wie Weibchen, sind dementsprechend auch gute Spinner und Weber (→Spinnen, →Weben), wissen um den Lebensfaden der Menschen und basteln kräftig an dessen Geschick mit. Das Schwedische nennt die

Spinnwebe ein »Zwergennetz«, *dvergs-nät*. In diesem Sinn gehören die kleinen, klugen Wesen zum Gefolge von Frau Holda und Frikka.

Siehe auch: →Alben, →Banshee, →Weissagen, →weissagende Geister, →weissagende Zwerge.

LITERATUR: HdA 1987.

Weiße Frau

Die Weiße Frau oder Dame ist eine in Weiß gekleidete Geistergestalt, die schon den Alchemisten als *femina alba* bekannt war, eine Wiederbelebung der glänzenden Liebesgöttin Venus (Jaffé 1995, 119). Diese Spukgestalt der Weißen Frau, von der sich im Laufe der Jahrhunderte allein in Deutschland viele Legenden und Berichte angesammelt haben, hat archetypischen Charakter – sie hat wie alle Archetypen die Zeiten überdauert. Die Psychoanalytikerin und Geisterexpertin Aniela Jaffé unterscheidet →weiße Geister, die Spukgestalt der Weißen Frau und die Weiße Frau (Jaffé 1995, 103–131). Der Begriff »Weiße Frau« meint im Gegensatz zu den unbestimmten weißen Geistern und der Spukgestalt der Weißen Frau ganz bestimmte, identifizierte weibliche Persönlichkeiten, die ebenfalls in Weiß gekleidet erscheinen.

In Großbritannien gibt es den vieldeutigen Begriff der *White Lady*, während die irische →Banshee wie die Weiße Frau die undankbare Aufgabe hat, einer ganz bestimmten altehrwürdigen Familie den Tod eines ihrer Mitglieder anzukündigen.

Die Hohenzollern hatten ihre Weiße Frau, die vor dem Tod eines Mitglieds der Adelsfamilie erschien, während die Wittelsbacher eine Schwarze Frau kannten, die das unselige Amt ausübte.

Siehe auch: →Brown Lady, →Farben von Geistern.

LITERATUR: Avenarius 1987; Jaffé 1995.

Weiße Geister

In einem Protokollauszug des Oberamtsgerichtes Weinsberg vom 12.9. 1836 heißt es:

»Es meldet der Gerichtsmediziner, daß die inhaftierte Elisabetha Eslinger von Bauirenlautern alle Nacht von einem weißen Geiste besucht zu werden vorgebe, der nach 11 Uhr komme, und wenn sie nicht gleich sich erhebe, sie auf der rechten Seite und am Halse drücke, wie ein kaltes, schweres Stück Holz. Der Geist lasse ihr keine Ruhe: denn die sey (sage er) bestimmt, ihn zu erlösen, deßwegen lasse er ihr keine Ruhe, und winke ihr immer fort. Die Mitgefangenen wollen den Geist auch gesehen haben.« (Kerner 1836b, 1 f.)

Unterzeichnet ist das Protokoll vom Oberamtsgerichtsdiener Mayer. Doch dies ist nur ein Dokument zu dem dramatischen Fall der 39-jährigen Witwe, der mit 50 Zeugen aufwarten kann. Justinus Kerner, der Arzt, der auch die Seherin von Prevorst bei ihren zahlreichen →Geistererscheinungen begleitete, hat ihren Fall sorgfältig beschrieben. Frau Eslinger war mehr als vier Monate im Gefängnis wegen einer Schatzgräber-Geschichte. Als sie wieder herauskam, wurde sie von Sensationslustigen überfallen, weshalb sie ihnen Dichtungen statt Wahrheiten erzählte – was ihr deren Rache einbrachte, die in wiederum erfundenen Geschichten bestand (Kerner 1836b, XVIII). Wer war nun dieser weiße Geist?

»Er komme ihr vor wie einer, der todtkrank sei und eine Freude am Vorbeten anderer habe. Er gebe vor, er habe im Jahre 1414 als katholischer Priester in Wimmenthal (das noch katholisch ist, die Frau ist lutherisch) gelebt und habe den Namen Anton geführt.« (Kerner 1836b, 12)

Die arme Frau wurde von diesem Geist, der nachts auf ihr Bett zu springen pflegte, so sehr geplagt, dass sie nach Aussage des Gerichtsdieners und der anderen Gefangenen zehn Wochen lang kein Auge mehr zugetan hat. Sie aß auch nur noch sehr wenig und war sehr schwach geworden (14f.). Helfen konnte sie ihm vielleicht nicht, doch er folgte ihr nicht nach, als sie aus dem Gefängnis entlassen wurde.

Weiße Geister rücken zwar in die Nähe von hellen Geistern, sind aber noch keine Lichtwesen, die niemals spuken, sondern auf erhabene Weise und würdevoll im Leben eines Menschen erscheinen (vgl. Puhle 2005, 2, II.5 und 6).

Siehe auch: →Licht, →Weiße Frau.

LITERATUR: Jaffé 1995, 103–112; Kerner 1836b; Puhle 2005.

Weizenhören

In Schlesien gibt es eine Art Weissagung der Erde, die Weizenhören genannt wird (→Erdgeister).

Siehe auch: →Erde, →Geist des Ortes.

Weltgedächtnis →kosmisches Reservoir

Weyer, Johannes →Wierus

WGFP (Wissenschaftliche Gesellschaft zur Förderung der Parapsychologie)

Die auf Initiative von Prof. Johannes Mischo 1981 von Dipl.-Psych. Eberhard Bauer und Dr. Dr. Walter von Lucadou gegründete Wissenschaftliche Gesellschaft zur Förderung der Parapsychologie (WGFP) veranstaltet jedes Jahr im Oktober in Offenburg Jahres-Workshops. Die zugehörige parapsychologische Beratungs- und Informationsstelle in Freiburg i. Br. leitet Walter von Lucadou. Erster Vorsitzender der Gesellschaft ist der Ethnologe Prof. Dr. Klaus E. Müller.

Wichte (Wichtel, Wichtelmann, Wichtelmännchen, Wichtle)

Wichte sind ein fester Bestandteil der heutigen Allgemeinbildung, auch wenn sie viele nur noch dem Namen nach kennen. Sie sind mit den →Trollen die ältesten Geister auf deutschem Boden. Im Mittelhochdeutschen ist *daz wiht* einfach ein Geschöpf, ein Wesen oder ein Ding, während althochdeutsch *niwiht* zu »nicht« (= kein Ding, kein Wesen) wurde. Die Wichtelmännchen oder Wichtle, engl. *wights,* sind Verwandte der →Zwerge und →Kobolde.

LITERATUR: HdA 1987; Petzoldt 1995.

Widder

Der Widder ist feurig – davon kann die Astrologie eine ellenlange Geschichte erzählen. Eine sächsische Sage berichtet von einem weißen Widder, der mit seinen feurigen Hörnen ganz gespenstisch ausgesehen haben soll (Meiche 1903, 51, Nr. 47). Einst galt er als ein Tier des Donnergottes – Thor hatte seinen ihm heiligen Widder. Der Widder ist generell ein Sinnbild für die →Wolken, für die, die schlechtes Wetter bringen. Er ist wie diese ein Zeichen von Fruchtbarkeit und Wachstum und wurde so ein Wachstumsdämon, ein Korndämon (Mannhardt 1884, 378). Dem geplagten Opfertier wurden ganze Körperteile abgeschnitten, um die Fruchtbarkeit der Herden zu steigern (Mannhardt 1884, 191).

Siehe auch: →Feuer, →Feuergeister, →Trottengeist.

LITERATUR: Mannhardt 1884; Meiche 1903.

Wiedergänger

Der Begriff »Wiedergänger«, engl. und franz. *revenant,* bezieht sich auf Verstorbene, die noch einmal zurückkehren in die Welt der Lebenden – es sind »lebende Leichname« (Naumann 1922). Die Erfahrung, dass Tote wiederkommen können, ist uralt und weltweit verbreitet. Sie ist verbunden mit verschiedenen Bedingungen, die den Wiedergänger zu seiner Rückkehr nötigen. Eine Schuld, die sich der Verstorbene im Laufe des Lebens aufgeladen hat, gilt oft als Ursache für sein Umgehen, aber auch die Art der Bestattung (Ariès 1997) oder das Nichtauffinden der Leiche können Gründe dafür sein, dass der Tote keine Ruhe finden kann und wiederkommen muss (Schmied-Knittel 2003, 114–117). Unzählige Sitten und Gebräuche in allen Ländern der Erde versuchen, die Toten am Zurückkommen zu hindern. Die Griechen hatten drei verschiedene Namen für die →Geister von Verstorbenen, die zurückkommen konnten (→Totendämonen). In Irland streuen die Menschen manchmal Salz auf den Weg, den der Tote entlangkommen würde, um ihm den Zugang zu verleiden. Anders jedoch als die Geistererscheinungen von verstorbenen Menschen steigen Wiedergänger, wie auch Vampire, in ihren alten Körpern aus den Gräbern heraus. Die nordische Mythologie ist reich an Berichten von Wiedergängern – die Laxdoela Saga etwa erzählt ein Erlebnis Gudruns, deren Ehemann Thorkel soeben mit seinen Gefolgsleuten ertrunken war, wovon sie aber noch nichts wissen konnte. Gudrun ging wie gewöhnlich abends in die Kirche:

»Da schien ihr, dass sie Thorkel und die anderen Männer vor der Kirche stehen sah; sie konnte sehen, wie das Wasser von den Gewändern herabfloss. Sie sprach nicht mit ihnen, sondern ging in die Kirche und blieb dort, solange es ihr behagte; dann kehrte sie ins Wohnhaus zurück; denn sie dachte, Thorkel wäre mit seinen Mannen dorthin gegangen; als sie aber hineinkam, befand niemand sich dort. Da wurde sie sehr ängstlich bei diesem ganzen Ereignis.« (Laxdoela Saga, zitiert nach Lehmann 1925, 92)

Am nächsten Tag erfährt Gudrun dann, dass ihr Mann und seine Leute bereits gestorben waren. Auch die Thorfin Karlsämnes Saga berichtet von einer Geistererscheinung, die zum Zeitpunkt des Todes auftritt.
Siehe auch: →Geistererscheinungen in Krisensituationen.
LITERATUR: Ariès 1997; Lecouteaux 1987; Naumann 1922; Lehmann 1925; Petzoldt 1995; Schmied-Knittel 2003.

Wierus, Johannes (Weier, Weyer)

Ein berühmter Schüler Agrippas ist der Arzt Johannes Wierus (1515–1588). Der Flame beschrieb in seinem fünfbändigen Dämonen-Klassiker »De praestigiis daemonum et incantationibus ac veneficiis« (1563) die Hierarchien der bösen Geister und trug an anderer Stelle 68 Geisternamen zusammen (Wierus 1577). Er war ein großer Gegner der Hexenverfolgung, auch wenn er an die Existenz von →Dämonen glaubte. Für die Zauberer verlangte er die Todesstrafe, mit den selbst zum Opfer des Teufels gewordenen Hexen sollte man dagegen Nachsicht üben.

Die Streitschriften von Johannes Wierus und seinem Lehrer Agrippa von Nettesheim bildeten den Auftakt der Hexenverfolgungsschriften, denen der Franzose Jean →Bodin mutig entgegentrat.
Siehe auch: →Gütchen.
LITERATUR: Wierus 1563; Wierus 1577; Wilpert 1994, 78 f.; Wilpert 1994.

Wights

Im Englischen heißen die →Wichtelmännchen *wights*.

Willeweis →Bilwis

Winkler, Engelbert J. →Abend-
ländisches Totenbuch

Wintersonnenwende →Geisterzeit

**Wissenschaftliche Gesellschaft zur
Förderung der Parapsychologie**
→WGFP

Wittelsbacher, Geschlecht der
→Ankünden

Wolken

Geister sind unklar wie Wolken, und
wahrscheinlich gibt es ebenso viele
Geister wie Wolken. Wolken brauen sich
zusammen, sie kündigen etwas an, ein
Unwetter. Geister künden auch oft etwas
an, meistens den →Tod (→Ankünden,
→weissagende Geister). Wolken stehen
am →Himmel, sie verhüllen die Götterwelt, sie sind der Nebelschleier, der uns
von den Göttern trennt. Wenn eine Wolke die Sonne verdunkelt, uns den Zugang zum →Licht blockiert, nennt man
sie in manchen Gegenden →Schatten,
so etwa im Bayerischen Wald, in Franken und im Taubergrund (Laistner 1879,
135, 290).

Athene, die eulenäugige Griechin, ist
eine Wolkengöttin – auf einem →Widder
als Wolke, dem Symbol der Fruchtbarkeit, reitet sie durch die Lüfte. Der ehr-
würdige Göttervater Zeus ist ein *Zeus
meilichios,* und die befruchtende Wolke
ist sein Attribut (HdA 1987, IX, 556).

Wolken sind sichtbare →Luft und
werden gern gedeutet, auch als Pferde.
Die pferdegestaltigen Kentauren kommen aus dem thessalischen Dorf Nephe-
le, das →Nebel und »Wolke« bedeutet.
Auch in der nordischen Mythologie gilt
das Pferd als ein Wolkentier. In Masuren
meinte man, dass bei starkem Wind ein

Pferd durch die Wolken sausen müsste
(ZfEthn. 1868ff., 1, 177). Ein andermal
sieht man in Wolken ein Rind (Laistner
1879, 181), oder die →Wolkenformatio-
nen erzählen eine ganze Geschichte.
Wir haben unzählige Berichte von wol-
kenartigen Geistern, die wie →Nebel
oder Nebelsäulen aussehen. Bei Justinus →Kerner lesen wir von einer Erscheinung der Seherin von Prevorst, die
in ihrem kurzen Leben mehr Geister als
Menschen gesehen haben dürfte – es ist
ein wolkenartiger Geist:

»So erblickte sie einmal hinter einer Frau eine Gestalt (ein Wolkenbild), die sich in allen
Teilen immerwährend zuckend bewegte und
so gelenksame Glieder hatte, als wären sie
nur mit Fädelchen untereinander verbunden. Diese Frau, die sie vorher nie gesehen
und nie gekannt hatte, war auch von einem
sonderbaren unruhigen Geiste.« (Kerner
1892, 98ff.)

Siehe auch: →Elemente, →Luftgeister,
→Widder.
LITERATUR: HdA 1987; Kerner 1892; Laist-
ner 1879; ZfEthn. 1868ff.

Wolkenformationen

Wolken haben die Menschen schon immer zum Deuten ihrer oft aufregenden
Formen angeregt. Als Vorschau der Zukunft können die schönen oder gefährlichen Himmelszeichen dienen. Wie bei
allen Blicken in die Zukunft scheint das
Entscheidende auch hier zu sein, dass
die →Wolken selbst nur Mittel zum
Zweck sind und für den Wolkenseher
oder die Seherin das Medium für ihre
Eingebung. Wolkenformationen verlei-
ten auch zum Entdecken einiger Wesenheiten, die in den Lüften zu Hause
sind, etwa Drachen, deren Charakter in
älterer Literatur mit dem Verhalten von
→Poltergeistern vermischt sein kann
(Puhle 2005, 2, II.22).

In Schweden erschien am Himmel
einst eine Jungfrau von »überirdischer
Größe und Schönheit« über dem Königs-

palast in Stockholm. In der einen Hand hielt sie eine brennende Fackel, in der anderen ein weißes Tuch. Das Bild sahen damals viele, aber seinen Sinn verstanden sie erst, als der schwedische König 1632 in der Schlacht in Lützen gefallen war: Die Fackel symbolisierte den Krieg, und das Tuch war ein Taschentuch, das die Tränen der Schweden abwischen sollte (Horst 1830, 1, 153; Puhle 2005, 3, VIII.13).

Literatur: Bauer und Zerling 2004; Horst 1830; Puhle 2005.

Worte

Die Kraft der Worte ist ähnlich machtvoll wie die der Gedanken (→Gedankenkraft). Das Wissen darum steht in einer langen religiösen wie philosophischen Tradition.

Wotan →Odin

Wuoten →Odin

Xenokrates aus Kalchedon

Der griechische Philosoph und Leiter der platonischen Akademie, Xenokrates (ca. 396–314 v. Chr.), knüpfte an die Zahlenlehre des Pythagoras und an Platons Lehre von der →Unsterblichkeit der Seele an. Xenokrates ging wie Pythagoras von der Existenz und Einwirkung guter und böser →Dämonen aus.

Yggdrasil

Yggdrasil ist der Weltenbaum, eine Esche, aus der altnordischen Mythologie. Die Götter haben sich unter ihr versammelt.

York, Geister von →römische

Soldaten in York

Ysop

Der hocharomatische, tiefblau blühende Ysop *(Hyssopus officinalis)* gehört zu den Pflanzen, denen große Reinigungskraft innewohnt. Sie ist eine Pflanze, deren Wirksamkeit schon 2000 Jahre bekannt war und von großen Ärzten wie Galen und Hippokrates wegen ihres positiven Einflusses auf die Atmung empfohlen wurde. Der Duft ihres ätherischen Öles schafft geistige Klarheit, inspiriert und vermittelt Weisheit (Fischer-Rizzi, 172). Natürlich weist der Rauch dieses Heilkrautes Geister ab.
Literatur: Fischer-Rizzi 1989.

Z

Zauberbibliothek

Das letzte große europäische Zauberbuch wurde im 19. Jahrhundert von Conrad Georg →Horst geschrieben. Da er Theologe war, hat er es sicher nicht für Zauberkünstler gedacht. Das sechsbändige Werk (Horst 1821–1826) handelt die gesamte Geschichte der Magie und Zauberei, der Geister und der Seherkunst ab. Es ist wie sein Meisterwerk →»Deuteroskopie« (1830) und wie Justinus Kerners »Magikon« (1840–1853) eine Goldgrube für die seriöse Geisterforschung.

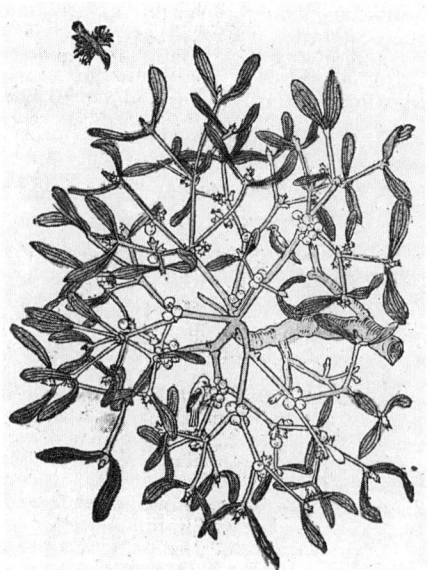

Zauberbuch →Zauberbibliothek

Zauberkraut

Für Kinder ist jedes Kraut, das sie lieben, ein »Zauberkraut«. Das entspricht der Realität – denn jedem Kraut wohnt eine Kraft inne, die verwandeln kann, je nachdem, wer und wie es jemand anwendet. Es ist eine alte Binsenweisheit, dass es keine Pflanze gibt, die nicht für irgendetwas gut ist. Kräuter und Heilpflanzen sind nur Namen für diejenigen Pflanzen, die in einer Tradition hoch im Kurs stehen, sich durch ihre Anwendung über lange Jahre hindurch bewährt haben. Es gibt daneben jedoch

Hieronymus Bock: Mistel. Aus: »Kreuterbuch«, 1556. Eines der berühmtesten Zauberkräuter ist die Mistel. Auf ihre Zauberkraft, von der die Kelten wussten, weist noch der englische Brauch, sie zu Weihnachten über der Eingangstür aufzuhängen. Der deutsche Botaniker Bock berichtet in seinem Kräuter-Klassiker: »So haben die alten heiden auch vil wunders mit disem alle zeit grünen gewechs getriben / hielten nit allein die Mistel / sondern auch den baum darauff sie wachsen / für heilig / vermeinten gentzlich es hette Gott ein solchen baum sonderlich ausserkoren / darauff die Mistel wach-
sen / fürnemlich die Eychbeum.« Doch vor allem bemerkt er: »Dann vil meinen noch / es haben die Eichen Misteln etwas krafft und gewalt für böse gespenst / henckens auch zum theil den jungen kindern an die helß / der meinung / es sol den selben kindern kein zauberei oder gespenst schaden.« (Bock 1556, Kap. III)

all die anderen Kräuter und Gewächse, deren Wirkung bis Wunderwirkung bei anderen Völkern oder zu anderen Zeiten erfahren und beschrieben wurde. Auf allen hilfreichen Pflanzen liegt ein Zauber.

Von Zauberei spricht der Volksmund, wenn er nicht weiß, wie etwas funktioniert, warum etwas eine Wirkung zeigt – das ist die Zauberkraft, die Magie der Pflanzen. Auf der anderen Seite gibt es unendlich viele magische Anweisungen, wie ein Kraut zu pflücken, zuzubereiten und zu benutzen ist, um eine optimale Wirkung zu erzielen. Genau diese Kenntnis im Umgang mit Pflanzen ist die Zauberei, die bewusste, optimale und effektivste Anwendung eines Krautes.

Die Mächtigsten der Zauberpflanzen sind psychoaktive Pflanzen, ihre Anwendung verändert unser Bewusstsein, erweitert unser Wissen (Rätsch 1998). In der europäischen Tradition gilt die Alraune als die souveräne Königin der Zauberpflanzen. Sie ist ein Nachtschattengewächs, das am Tag fast ungesehen bleibt, nachts jedoch, besonders im Juni, wenn ihre goldgelben Beeren ihren geheimnisvollen Schein verbreiten, gibt sie sich in ihrer vollen Pracht den Kundigen zu erkennen (Puhle 2005, 2, III.28).

LITERATUR: Puhle 2005; Rätsch 1998; Storl 2001.

Zauberpflanze →Zauberkraut

Zeit →Geisterzeit

Zeitgeist

Der Zeitgeist – ein in Deutschland geprägter und ins Angloamerikanische eingegangener Begriff – fällt aus dem Rahmen des herkömmlichen Geisterbildes. Aber er ist auch ein Geist. Nur lässt er sich nicht visuell als Gestalt erkennen, es sei denn, wir denken an Erzengel wie Michael, die jedoch einer größeren Epoche zugeordnet sind und noch umfassender wirken als der Zeitgeist, der in kürzeren Zeitspannen regiert. Zeitgeist ist die vorherrschende Geisteshaltung einer bestimmten Zeitspanne, etwa der Goethezeit. →Goethe selbst verstand unter Zeitgeist die von Meinungsmachern geprägte Denkweise einer Zeit – eine negative Einstellung, die dem heutigen allgemeinen Wortgebrauch oft entspricht. Da sich der Zeitgeist ständig, eben von Zeit zu Zeit, wandelt und immer mit der Zeit geht, ist er jedes Mal neu und erscheint in einmaliger, individueller Gestalt. Das macht ihn so interessant. Wie der Erzengel, die *anima mundi* (Weltseele) des →Paracelsus oder der Weltgeist Hegels ist er ein höherer, übermenschlicher Geist – wenn er auch kein kosmischer Geist und sozusagen nur ein »Teilzeitgeist« ist.

LITERATUR: Wilpert 1998.

Zeitverschiebung

Wenn wir in die Vergangenheit oder in die Zukunft oder an einen Ort außerhalb unserer Sichtweite sehen, verschiebt sich unser Bild von der Zeit. Es ist, als würden wir für einen Augenblick in eine andere Zeit eintauchen (→Außersinnliche Wahrnehmung). Der Seher mit dem →zweiten Gesicht sieht vorweg, was noch nicht da ist, oft eine Bestattungszeremonie. Der Hellseher ist in derselben Zeit an zwei verschiedenen Orten, wie Emanuel Swedenborg, der das große Feuer in Stockholm aus 465 Kilometer Entfernung Kants Bericht zufolge sehen konnte (s. Puhle 2005, 3, VIII.13). Der →Doppelgänger, das Pendant zum Hellseher, wird an zwei Orten gleichzeitig gesehen. Während der Hellsehende jedoch bewusst das Entfernte sieht, merkt der Doppelgänger meistens nichts von seinem doppelten Leben.

Im Gegensatz zu anderen Geistererscheinungen, die einen Informationsgehalt haben – etwa das Bild eines nahe stehenden Sterbenden zeigen –, gibt das Erlebnis einer Zeitverschiebung Einblicke in eine ganze Szene, die bildlich vor unseren Augen abrollt, zeigt etwa einen vorbeiziehenden Trauerzug (s. Puhle 2005, 3, VIII.13). Ein andermal werden wir ganz spontan in die Vergangenheit zurückversetzt – eine Vergangenheit, die wir nie selbst erlebt haben. Da tauchen Gebäude vor unseren Augen auf, die es schon längst nicht mehr gibt, oder wir sehen eine alte Ruine, an deren Stelle inzwischen ein neues Gebäude steht (→ Geistererscheinungen, wiederkehrende). Erinnerungen an erschütternde Ereignisse, an Kriegszeiten, bilden oft den Hintergrund solcher *time-shifts,* solcher abenteuerlichen Zeitverschiebungen. »Adventures in time« nennt der neuseeländische Autor und Forscher Andrew MacKenzie (1911–ca. 2001), dessen Werke zur Standardliteratur über Geistererscheinungen gehören, sein letztes großes Buch (1997), in dem er das berühmt gewordene »Abenteuer in Versailles« beschreibt. Der Originalbericht erschien 1911 unter dem einfachen Titel »An Adventure« und wurde sofort ein Erfolg:

An einem Sonnabendnachmittag – es war der 10. August 1901 – machten Annie Moberly, Tochter des Bischofs von Salisbury und Leiterin von St. Hugh's Hall, des späteren Colleges in Oxford, und Eleanor Jourdain, die später das Amt von Frau Moberly übernahm, einen schönen Spaziergang im Park von Versailles und hatten dabei ein denkwürdiges Erlebnis. Als sie an eine Weggabelung kamen, fragten sie zwei Männer, die sie für Gärtner hielten, nach dem Weg. Die Männer trugen grau-grüne, lange Mäntel, weshalb sie Frau Moberly eher für würdige Amtspersonen hielt. Wie auch immer, die Herren wiesen ihnen den Weg, sie sollten immer geradeaus gehen. Frau Jourdain, die die Frage nach dem Weg gestellt hatte, fragte noch einmal, da ihr die Antwort etwas

sehr mechanisch schien. Doch sie fiel das zweite Mal genauso aus. Rechts neben den Männern stand ein einfaches Haus mit einer Treppe vor dem Eingang, und dort standen eine Frau und ein Mädchen in der Tür. Ihre Kleidung war auffallend altmodisch: Das Kleid der 13- oder 14-Jährigen reichte bis auf die Knöchel. Frau Moberly und Frau Jourdain gingen weiter, unterhielten sich wie bisher, doch überfiel sie plötzlich eine starke Depression und ein Gefühl von Einsamkeit. Dann kamen sie zu einem Wald, in dem unter schattigen Bäumen ein helles, rundes Gartenhäuschen stand, bei dem ein Mann saß. Der Gesamteindruck änderte sich nun: Auf dem Boden lag jede Menge Laub, da war nichts Grünes mehr, die Bäume schienen leblos, und der ganze Platz war so in sich abgeschlossen, dass man nicht durch ihn durchgucken konnte. Alles sah plötzlich unnatürlich und unangenehm aus. Der Wald sah aus, als wäre er auf eine Tapete geprägt worden. Licht und Schatten gab es auch nicht mehr. Als sie weitergingen, tauchte bald ein Gebäude mit Säulen vor ihnen auf. Ein Mann mit einem schweren, schwarzen Umhang über den Schultern und einem Schlapphut saß davor auf den Stufen. Die zu Beginn ihres Rundgangs so beschwingte Stimmung hatte sich mit einem Mal abrupt in ein höchst unangenehmes und unheimliches Gefühl verwandelt. Der Mann wandte langsam sein von Windpocken übersätes Gesicht: Der Ausdruck, der darauf lag, war voller Bosheit und sehr dunkel. Die Frage war, wie sie ihm am besten aus dem Wege gehen könnten, und so entschieden sie sich für den rechten Weg. Genau in diesem Moment hörten sie Leute angerannt kommen, die ganz außer Atem waren. »Wahrscheinlich die Gärtner«, dachten die beiden Damen. Aber als sie sich umdrehten, war da niemand. Dafür tauchte plötzlich, wie aus dem Nichts, ein anderer Mann auf, der wie ein Gentleman aussah. Er trug einen Sombrero auf seinem dunklen, lockigen Haar. Ganz aufgeregt sprach er die Damen an und bestand darauf, sie sollten den rechten, nicht etwa den linken Weg nehmen … Die beiden setzten ihren Spaziergang fort, wanderten über eine kleine Brücke, durchquerten eine schattige, feuchte Gegend und kamen endlich zu einem kleinen Landhaus, dessen Fensterläden geschlossen waren. Neben der Terrasse saß eine Frau im Gras, die Zeitung las. Auch sie trug ausgesprochen altmodische Kleidung, doch sie hielten sie für eine Touristin, die bewusst diese in dieser Saison wieder modern gewordene Kleidung trug. Plötzlich kam ein junger Mann aus dem Haus auf die Terrasse und rief ihnen zu, wo der Eingang wäre. Und dort sollte eine französische Hochzeitsfeier stattfinden. Als das Fest beendet war – die beiden Frauen fühlten sich mittlerweile wieder frisch und lebendig –, fuhren sie mit einem Wagen, der für sie bereitstand, zurück in das Hotel des Réservoirs in Versailles, tranken Tee und liefen dann zum Bahnhof. – Eine ganze Woche lang sprachen sie nicht über ihren halbstündigen Spaziergang. Erst am 2. Januar des folgenden Jahres bemerkt Frau Jourdain bei einem erneuten Besuch in Versailles, obwohl sie nicht dieselbe Route ging, dass sich einiges dort verändert hatte. Am 9. Juli 1904 besuchten beide noch einmal Versailles und fanden es völlig anders vor: Da war keine Spur mehr von der Stille und Menschenleere bei ihrem ersten Besuch vor drei Jahren. (Frei nach MacKenzie 1997, 41–58)

Was könnte die Ursache gewesen sein? Waren die beiden Frauen Zeuginnen von Dreharbeiten an einem historischen Film geworden? Aber es waren nirgendwo Leute vom Film zu sehen, und auch keine Touristen, die sonst an einem sonnigen Sonnabendnachmittag in Massen herbeiströmen.

War ihr Bewusstsein vorübergehend ausgeschaltet? Sie unterhielten sich die ganze Zeit angeregt auf ihrem Spaziergang und waren dabei besonders wach, lachten noch über die Frage, ob der unangenehme Mann neben dem runden Häuschen echt wäre oder nicht. Kollektive Visionen können wohl »nebenher« auftreten – ob sie sich später bewahrheiten, wie im Fall C. G. Jungs, der mit einer Kollegin im Fenster einer italienischen Kirche deren Geschichte lesen konnte (Jung 1985), ist eine andere Frage.

Nach der Veröffentlichung des Abenteuers kam eine ganze Versailles-Erlebnis-Welle ins Rollen. Menschen meldeten sich zu Wort, die ganz ähnliche Erfahrungen an diesem Ort gesammelt haben wollten. Der Fall Versailles wurde viel beschrieben und viel diskutiert (West 1962, 188f.), da die Berichte alle auf spontanen Erfahrungen beruhen, die im Einzelfall nicht nachweisbar sind. Doch so viel steht fest: Die Kernerfahrung, einen Schritt zurück in der Geschichte zu machen, bleibt universal.

Die aus der Wand herausmarschierenden römischen Soldaten in einem Keller in York (→römische Soldaten in York) sind nur ein weiteres Zeugnis davon.

Ein Gedächtnis des Ortes, des Geistes, des Kosmos – dies sind Ansätze einer Erklärung des Phänomens.

Versailles.
Foto: Simon
Marsden.

Siehe auch: →Archive des Geistes, →kosmisches Bewusstsein, →kosmisches Reservoir, →Wahrnehmung von Geistern.

LITERATUR: Jung 1985; MacKenzie 1997; Marsden 1994; Puhle 2005; West 1962.

Zentaur →Chiron

Zephyr (Zephyros, Zephir)

Die sanften, Feuchtigkeit spendenden Westwinde beherrscht Zephyr, der griechische Gott und Sohn des Astraios und der Eos, der herrlichen Morgenröte. Er ist der Vater der schnellen Pferde des Achilleus – kein Wunder, hatte sich der Windgott doch als Frau die Sturmdämonin Podarge (→Harpyien) auserwählt.

Zerberus →Kerberos

Zeus

Zeus ist der griechische Göttervater, ihm entspricht der römische Jupiter. Zeus ist ein Kind der Zeit, des Kronos, ein Kronide, und seine Mutter war Rhea. Er teilte sich mit seinen Brüdern Poseidon und →Hades die Welt und erhielt den schönsten Teil, den Himmel. Sein Wohnsitz war der höchste Berg Griechenlands, der Olymp.

Kinder zeugen gehörte zu seinen Stärken, so waren beispielsweise Athena, Aphrodite, Helena, Apollon und Artemis, Hermes, Herakles, Minos, Ares, Hebe, Hephaistos und Eileithiya, Persephone, Dionysos, Perseus, die Horen, die Chariten, die Musen und die Dioskuren seine Kinder.

Zichorie →Wegwarte

Zigersüffi

Zigersüffi ist nicht der Name eines Geistes, sondern ein Schweizer Ausdruck für den wässrigen Rückstand, der sich bei der Käseherstellung bildet, wenn sich die Milch durch Zugabe von Lab absetzt. Die Zigersüffi kann allerdings →Geister erlösen – so die Erzählerin eines Vorfalls auf einer Alpenhütte. Ein Unbekannter, der in die Hütte geschaut hatte und etwas von der frischen Zigersüffi kosten wollte, aber vom Alpsenn nichts angeboten bekommen hatte, zog wieder davon und fing bald furchtbar zu schreien an – nach Jaffé ein Ausdruck der Seele, die eine Erlösungsmöglichkeit verpasst hat (Jaffé 1995, 131).

LITERATUR: Jaffé 1995.

Züsler →Feuermann

Zweites Gesicht

Bestechend ist das Bild, das dem Seher, der das zweite Gesicht hat, vor Augen steht, und stechend ist sein Blick. Er wird stark angezogen von der Erscheinung, die er mit weit geöffneten Augen wahrnimmt. Doch das Erstaunliche wie Erschreckende daran ist, dass sich das Gesehene eines Tages, oft recht bald, verwirklichen wird. Ein zweites Gesicht ist es nur, weil es nicht so häufig im Einsatz ist wie das gewöhnliche, nicht aber, weil es nicht so gut und realitätsgetreu wie das erste sieht.

Das →Vorgesicht trat epidemisch auf, vor allem auf den Hebriden im Westen Schottlands, wo es *second sight* genannt wird, in Dänemark oder in Westfalen, und auf den westschottischen Inseln befiel es sogar Tiere. Normalerweise wurde es vererbt, konnte aber im Moment des Auftretens ansteckend sein. Es unterscheidet sich also erheblich von allen anderen Arten des geistigen Sehens, wird jedoch häufig synonym mit »Geistersehen« oder »Sehen der Zukunft« gebraucht. Annette von Droste-Hülshoff erzählt, was das für eine geheime Gabe ist:

»Der Vorschauer (Vorkieker) im höheren Grade ist auch äußerlich kenntlich an seinem hellblonden Haare, dem geisterhaften Blitze der wasserblauen Augen und einer blassen oder überzarten Gesichtsfarbe; übrigens ist er meistens gesund und im gewöhnlichen Leben häufig beschränkt und ohne eine Spur von Überspannung. Seine Gabe überkommt ihn zu jeder Tageszeit, am häufigsten jedoch in Mondnächten, wo er plötzlich erwacht und von fieberischer Unruhe ins Freie oder ans Fenster getrieben wird; dieser Drang ist so stark, daß ihm kaum jemand widersteht, obwohl jeder weiß, daß das Übel durch Nachgeben bis zum Unerträglichen, zum völligen Entbehren der Nachtruhe gesteigert wird; wogegen fortgesetzter Widerstand es allmählich abnehmen und endlich gänzlich verschwinden läßt. Der Vorschauer sieht Leichenzüge, lange Heereskolonnen und Kämpfe, er sieht deutlich den Pulverrauch und die Bewegungen der Fechtenden, beschreibt genau die fremden Uniformen und Waffen, hört sogar Worte in fremder Sprache, die er verstümmelt wiedergibt und die vielleicht erst lange nach seinem Tode auf demselben Flecke wirklich gesprochen werden. Auch unbedeutende Begebenheiten muß der Vorschauer unter gleicher Beängstigung sehen, zum Beispiel einen Erntewagen, der nach vielleicht zwanzig Jahren auf diesem Hofe umfallen wird; er beschreibt genau die Gestalt und die Kleidung der jetzt noch ungebornen Dienstboten, die ihn aufzurichten suchen; die Abzeichen des Fohlens oder Kalbes, das erschreckt zur Seite springt und in eine jetzt noch nicht vorhandene Lehmgrube fällt, usw. Napoleon grollte noch in der Kriegsschule zu Brienne mit seinem beengten Geschicke, als das Volk schon von ›silbernen Reitern‹ sprach, mit ›silbernen Kugeln auf den Köpfen, von denen ein langer schwarzer Pferdeschweif‹ flatterte, sowie von wunderlich aufgeputztem Gesindel, das auf ›Pferden wie Katzen‹ (ein üblicher Ausdruck für kleine knollige Rosse) über Hecken und Zäune fliege, in der Hand eine lange Stange mit eisernem Stachel daran.« (Droste-Hülshoff 1982, 356–59)

Und die Dichterin fügt noch hinzu, dass ein Gutsbesitzer viele dieser Gesichte verzeichnet hat und es höchst anzie-

hend sei, sie mit späteren tatsächlichen Ereignissen zu vergleichen. Das zweite Gesicht ist eine recht fragwürdige »Gabe«, kein wirkliches Geschenk, vielmehr eine schwere Last. Die Dichterin sah das auch so – sie war selbst damit belastet.

Wie weit das zweite Gesicht heute noch existiert, kann ich nicht sagen, doch scheint es in Westfalen noch Anzeichen dafür zu geben. In Schweden sprach ich mit einer Akademikerin in höherer Position, Frau ›Svensson‹, die es seit ihrer Kindheit hat (Puhle 2005, 3, VIII.13).

Nach alter Überlieferung können Pfarrer, die ein tiefes, inneres Verhältnis zu Gott haben, Menschen davon befreien (Boette nach HdA, VI, 1567). Es gibt noch andere Wege, die den Umgang damit erleichtern können, und der kürzeste ist sicher der, sich mit den Phänomenen erst einmal vertraut zu machen. Der Schrecken verliert immer an Schärfe, wenn man ihn kennt. Und dann stößt man auf den harten Kern des Ganzen, auf die Bedeutung von Leben und Tod, von Zeit und Ewigkeit. Das ist die alte Geisterfrage: Was bedeuten sie, worauf weisen sie hin? Ist der Tod am Ende nur Veränderung?
Siehe auch: →Spuk.
Literatur: Droste-Hülshoff 1982; HdA 1987; Puhle 2005.

Zwerg (Zwargl, Querg, Quarxl)

Zwerge gehören zu den Menschen wie Menschen zu den Zwergen. Sie kamen letztlich immer gut miteinander aus. Zwerge sind die kleinsten unter den Geistern und zählen wie die →Gnome, →Kobolde, →Wichte und →Trolle zur größten und ältesten Gruppe der Geister. Die bekanntesten Namen ihrer hundertfachen Varianten sind Heinzelmännchen, Wichtelmännchen, Butzelmännele, Erdleute, Unterirdische, Daumesdick, Däumling, die weniger bekannten Hollemännerchen, Plattfüßchen, Zinselchen, Fichtling, Pfarrmännel, Purzelmannlen, Kräutermännlein und Weingeigerle. Auch weibliche Zwergengeister sind bekannt wie die umgehenden Weible, Erdweibli und Fênesweibel, ebenso die nur als Zwerginnen erscheinenden Wiesengeister wie das Finzweibel oder ganz kleine weiß gekleidete Fräulein, das Burrenweible, die Mittagsfrau und die Holz- und Moosweibchen. Zu seinen Verwandten gehören gute wie bösartige Geister, etwa der →Alp, das Eulen verjagende und Menschen würgende böse Erdmandl, das schwarze Pestmännlein und alle →Aufhocker. Eng mit den Zwergen verwandt sind auch Geistergruppen wie Elben, Windgeister, →Berggeister, Waldgeister und →Wassergeister, und auch hier gibt es Männlein wie Weiblein, »gute Leutlein« wie Spukgeister, so z. B. einen Elbbütz oder den als Licht erscheinenden Feuerputz, die Hollinnen, die guten Hollen, das Wydewibli und das Pulsterewibli, die Bergfräulein und viele mehr.

Das Aussehen der Zwerge ist heute noch bekannt: Sie sind niedlich klein, menschenähnlich, haben ein uraltes Gesicht, sind totenbleich, haben lang herabwallende weiße Bärte, und aus tief liegenden Augenhöhlen blinzeln pfiffige, leuchtende Äuglein. Ihre Nase ist schrecklich groß geraten und mit ihren winzigen Füßen stimmt etwas nicht, weshalb sie einen wackelnden Gang haben. Zwerge laufen immer im Gänsemarsch (Haupt 1862, 1, 45), sind aber auch schneller als das schnellste Pferd, besonders die Einbeinigen (ZfdMyth 2, 144). Manchmal sind Zwerge so licht und durchsichtig, dass man ihre Rippen zählen kann, wie es vom Hardtmändle heißt (Meier 1852, 88). Ihr spitzer roter Hut ist jedem bekannt (s. Farbteil). Hüte sind überhaupt ihre Spezialität, besonders die, die sie unsichtbar machen. Ihre Tarnkappe oder Nebelkappe verleiht ihnen sehr viel Macht.

Das »kleine Volk« ist ein Nachtvölklein. Es verrichtet seine Arbeiten ungesehen in der Nacht. Das von Grimm so genannte »stille Volk« (Grimm 1992, 1, 374, 377) lebt unterirdisch, in Bergen und Gebirgen, liebt Bergwerke und kommt zu den Menschen zu Besuch in die Häuser, wo es sich wie die Hauskobolde nützlich macht (→Hausgeister). Hier kochen, backen, buttern, käsen und brauen sie Bier und schenken den Menschen reichlich Kostproben davon. Typisch sind ihre unerschöpflichen Geschenke wie Garn, das nie zu Ende geht, oder ein Kloben Flachs, der niemals ausgeht.

Bisweilen leihen sie sich Dinge von den Menschen aus und leihen ihnen im Gegenzug Gebrauchsgegenstände wie Kessel, Messer oder Geschirr für Feste. Doch wehe, man hält sich nicht an die Spielregeln und gibt das Geborgte nicht sauber zurück, dann vertauschen sie beispielsweise ein ungetauftes Kind mit einem Wechselbalg (Pröhle 1886, 248). Haben sie selbst einmal die Fassung verloren und sind richtig wütend geworden, machen sie den Schaden schnell wieder gut.

Die kleinen Leutchen sind geschickte Handwerker, besonders Schmiede. Sie wissen auch, wo Schätze versteckt sind, und hüten sie. Und sie vergnügen sich gern, ganz wie die Menschen, gehen baden, tanzen und lieben Musik. Getrommel jedoch können sie nicht gut vertragen, denn sie haben ein sehr feines Gehör. Es lässt sich leicht ausmalen, wie angenehm diese fröhlichen, begabten Hausgenossen einst waren. Ihre Gutartigkeit und Güte verschaffte manchen Hauskobolden den Namen →Gütchen.

Richtig boshaft sind nur die Kobolde, die ihren Sinn für Humor nicht in den Griff bekommen. Aus ihnen wurden die →Poltergeister, die permanent über die Strenge schlagen. Aus zeitgenössischen Poltergeistfällen sind Phänomene bekannt (→Poltergeistphänomene), die

Ein freundlicher Zwerg.
Foto: Annekatrin Puhle.

noch an alte Zwergenzeiten erinnern: So hatten Zwerge eine Vorliebe für das Ausleihen von Dingen, was den Menschen durch plötzliches Verschwinden und Wiederauftauchen von Gegenständen auffiel. Die hochsensiblen Zwerge sind außerdem bekannt für ihre Überreaktionen, sie verlangen immer nach ganz besonderer Behandlung. Poltergeister sind dynamisch und kommunikativ, es lässt sich mit ihnen reden.

Sind die Zwerge heute verschwunden? Es heißt, die Menschen seien zu neugierig geworden. In der Spukforschung hat sich erwiesen, dass mit dem Eintreffen des Forschers im Spukhaus der Spuk bereits sein Ende hat (Evasivität). Doch Poltergeister gibt es trotzdem noch – wo sind aber die Zwerge geblieben?

Wären sie ausgestorben, hätten wir es vielleicht schon gehört. Denn wenn Zwerge sterben, verkünden sie es laut und deutlich. So wird der Tod eines bedeutenden Zwerges durch eine Stimme angesagt, die laut ruft: »Der Zwergenkönig ist tot.« Das erinnert an eine Geschichte aus dem antiken Griechenland, die von einer geisterhaften Stimme erzählt, die den Tod →Pans verkündete. In beiden Fällen hatte die Verkündung Folgen: In Deutschland verließ nach der Ansage eines Zwergentodes eine im Haus lebende Angestellte, die offenbar eine unerkannte Zwergin war, weinend für immer das Haus, und auch die Nachricht von Pans Ende blieb nicht folgenlos (Plutarch, s. Puhle 2005, 3, VII.1).

Siehe auch: →Zwergenkönige.

LITERATUR: Haupt 1862; HdA 1987; Grimm 1992; Meier 1852; Pröhle 1886; Puhle 2005.

Zwergenkönige

Ein Zwerg kommt selten allein, oft erscheinen die kleinen Leute zu mehreren. Sie leben in Gruppen, bilden ein ganzes Völkchen und haben ihr eigenes Reich, ein Königreich, und so sollen zwei Zwergenreiche einst im südlichen Harz gelegen haben. →Zwerge haben auch Zwergenkönige oder einen »Alten der Zwerge«. Einige sind namentlich überliefert: Alberich (Elberich, Oberon), Laurin, Goldemar bzw. Vollmar, Piper, Pippe Kong, Finn, Hibich (Gübich), Ewaldus, Heiling, Böler, Schaddaï, Oronomasan, Coryllis, Tonnegold und Prenz Walberstrückske. Manche Zwerge, auch die Könige, haben wie Piper nur ein Bein (Müllenhoff 1845, 287). Auch eine Zwergenkönigin wird in der Literatur erwähnt (Kühnau 1910–1913, 2, 81), während die Erdweibchen eine Meisterin kennen (Rochholz 1856, 1, 273, 348).

So wie die Unsichtbarkeit eine der großen Stärken von Zwergen generell ist, blieb auch König Goldemar/Vollmar immer unsichtbar und ließ sich nur an den Händen anfassen. Auch im Weissagen waren die kleinen Könige gut. Goldemar alias Vollmar gab den Hardenbergs eine Kostprobe davon (→weissagende Geister, →weissagende Zwerge). Wären Zwergenkönige nicht dauernd unsichtbar, könnte man ihre schöne goldene Krone bewundern (Grimm 1992, 1, 375).

LITERATUR: Grimm 1992; Kühnau 1910–1913; Müllenhoff 1845; Rochholz 1856.

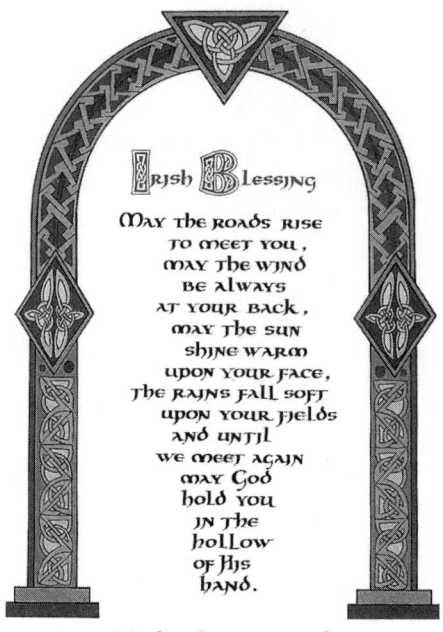

Irish Blessing

May the roads rise
to meet you,
may the wind
be always
at your back,
may the sun
shine warm
upon your face,
the rains fall soft
upon your fields
and until
we meet again
may God
hold you
in the
hollow
of His
hand.

*May the Roads
rise to meet
you.*

*Mögen sich die
Wege vor dir
auftun.*

Irischer Segenswunsch

NACHWORT

Wir können aus der Welt der Geister nur dann Früchte davontragen, wenn wir uns ihr geöffnet haben. Nicht die Wissenschaft allein ist der ideale Schlüssel, um Einsichten in das Leben und das, was jenseits unseres menschlichen Daseins existieren mag, zu gewinnen. Es gibt und gab immer schon viele Wege zur Wahrheit und Weisheit, wobei als goldene Regel gelten kann: Je einsamer wir mit unserem Wissen dastehen, desto unwahrscheinlicher ist sein Wahrheitsgehalt. Andererseits ist aber das, was jedermann zu wissen vermeint, auch nicht immer das Richtige. Ein Wissen, das nur dem augenblicklichen Zeitgeist entspringt, hat weniger Wert als ein Wissen, das sich seit Jahrtausenden auf der ganzen Welt bewährt hat. Erfahrungen, die Menschen in verschiedenen Epochen und Ländern gesammelt haben, dürfen nicht in einem übersteigerten Selbstwertgefühl unserer Gegenwart verloren gehen. Denn was ist schon die Gegenwart? Ist sie wirklich das Einzige, was zählt?

Wenn wir genau hinschauen, existiert ja auch sie überhaupt nicht, sie ist kein Punkt, kein Zeitpunkt, der festgehalten werden könnte – sie strömt dahin und ergießt sich in den großen Ozean der Zeit, die zur Ewigkeit zerrinnt. In Geistererscheinungen wird uns die Flüchtigkeit des Zeitpfeils deutlich demonstriert. Wir sehen etwas, das es nicht mehr geben dürfte, wir sehen etwas, das es noch nicht gibt, und wir sehen auch etwas, das eigentlich gar nicht bei uns sein dürfte. Geister heben die Grenzen auf, führen uns über Raum und Zeit hinaus in neue Sphären.

Unsere Intuition und innere Gewissheit über das, was richtig ist oder Sinn macht, was etwas bedeutet, kann uns sehr hilfreich sein auf unserem Weg durch diese Welt. Die Sprache des Herzens und unserer Seele hat immer Recht, sie ist immer da, steht uns immer zur Verfügung, nur verstehen wir sie nicht so gut im Lärm des Alltagstrubels. Sie ist unser Fundament, auf dem unsere Weisheit beruht und ruht. Die Wissenschaften erscheinen nun wie die Eckpfeiler, auf die sich unser Erkenntnisgebäude stützen darf. Wenn alter Glaube als Aberglaube verdrängt und alte Schulweisheit als überholt abgestempelt wird, geht Wissenswertes und Wesentliches erst einmal für lange Zeit verloren, braucht es doch ein ganze Weile, bis das einst Gewusste in neuem, modischerem Gewand wie neu erscheint und vorzeigbar wird.

Lassen wir uns daher nicht verwirren, und versuchen wir, die vielfarbigen Facetten der Welt zu sehen und unsere Augen der Seele immer so weit zu öffnen, dass wir uns den Blick für das Schöne und Gute,

das unser Leben lebenswert macht, bewahren und die edlen Früchte unserer Bemühungen ernten dürfen. Der Blick in die Welt der Geister kann durch viele Augen gehen, das Auge der Seele aber ist das erste.

Einsicht
ist Sehen und Sinnen
im Innern,
und so kannst du jetzt beginnen,
damit einverstanden zu sein,
was dir aufgegeben von außen,
denn was drinnen frei ist,   Jürgen Trott-Tschepe,
ist es draußen.   »Genesis. Humanus«, 14

(Oben) Als Symbol der Ein-
weihung in die Geheimnisse
der geistigen Welt erscheint
das strahlende Engelchen mit
der eleusinischen Fackel als
Symbol des Lichts. Es zeigt
das Wesen der geistigen
Wahrnehmung. Raffaelo Santi
(um 1483–1520), »Sibyllen-
engel«, St. Maria della Pace,
Capella Chigi, Rom.

DANK

Möge der Wille Gottes
dir hundertmal willkommen sein
Eintausendmal sei dir gedankt, o Gott …
Irischer Segenswunsch, Multhaupt 2003, 28. November

Das »Lexikon der Geister« wäre ohne die siebenjährige Arbeit an dem Projekt »Kulturhistorische Aspekte von Geistererscheinungen«, aus dem das Werk »Mit Goethe durch die Welt der Geister« hervorging, nicht möglich gewesen. Ich danke daher den vielen Personen, die meine Arbeit von Anfang an unterstützt und damit auch das vorliegende Lexikon inspiriert haben. Namentlich möchte ich hier nur einige erwähnen:

Dipl.-Psych. Eberhard Bauer,
Prof. Dr. Gerhild Scholz-Williams,
Prof. Dr. Dr. Andreas Resch,
Prof. Dr. Klaus E. Müller,
Prof. Dr. Dr. Heinz Schott,
Prof. Dr. Erlendur Haraldsson,
Prof. Dr. Ian Stevenson,
Dr. Alan Gauld,
Dr. Wilhelm Avenarius,
Prof. Dr. David Fontana,
Dr. Rupert Sheldrake,
Ulrich Röhrich,
Jürgen Trott-Tschepe,
Karin und Heinz Rinklak,
Conny Åquist,
Beate Hakel,
Susanne Haderer,
Angelika Lentner,
Edith Weiss,
Sir Simon Marsden,
Maurice Grosse,
Andreas Fischer,
Irmgard Trinkerl,
Elke Mercier,
Monika Lauinger-Wendering,
meinen Schwestern Marianne Samarellis und
Cornelia Puhle-Schnepel und
Adrian, der meine Gedanken in endlosen Gesprächen beflügelt und das Lexikon mit Literaturhinweisen bereichert hat.
Mein besonderer Dank gilt
Dr. Michael Günther (Atmosphären Verlag) und
Urs Hunziker (AT Verlag).

LITERATUR

Abel, Othenio (1939): »Vorzeitliche Tierreste im Deutschen Mythos, Brauchtum und Volksglauben«. In: *Forschungen und Fortschritte*, 13, S. 23–24.

Agrippa von Nettesheim, Heinrich (1531/1533/1967/1988/1992): *De occulta philosophia*. Bd. 1, Antwerpen: Johannes Graphaeus, 1531, Bd. 1–3, Köln: Johannes Soter, 1533; Neudruck hrsg. von Karl Anton Nowotny, Graz, 1967; *De Occulta Philosophia*. Auswahl, Einführung und Kommentar von Willy Schrödter. Remagen: Der Leuchter. Otto Reichl Verlag, 1967 und 1988; *De occulta philosophia libri tres*. Leiden/NewYork/Köln 1992.

Aïvanhov, Omraam Mikhaël (1997): *Die Kraft der Gedanken*. Reihe Izvor, Bd. 224, Fréjus, Cedex (France): Prosveta.

Aïvanhov, Omraam Mikhaël (1990): *Das Buch der göttlichen Magie*. Reihe Izvor, Bd. 226, Fréjus, Cedex (France): Prosveta.

Aïvanhov, Omraam Mikhaël (1992): *Struktureller Aufbau und Schichten der Psyche*. Reihe Izvor, Bd. 222, Fréjus, Cedex (France): Prosveta.

Albertus Magnus (1720): *Der aus seiner Asche sich wieder schön verjüngende Phönix, oder gantz newer Albertus Magnus, mit seinen curieusen Schriften, sowohl rare und unbekannte Geheimnisse der Natur, als auch von Erzeugung derer Menschen ... vorstellend*. Hamburg: Johann Georg Hermessen.

Alpenburg, J.N. Ritter von (1857): *Mythen und Sagen Tirols*. Zürich.

Alvarado, Carlos (1984): »Phenomenological aspects of out-of-body experiences. A report of their studies«. In: *Journal of the American Society for Psychical Research*, 78, S. 219–240.

Alvarado, Carlos S. (2000): »Out-of-Body Experiences«. In: Etzel Cardêna, Stephen Jay Lynn und Stanley Krippner (Hrsg.): *Varieties of Anomalous Experience: Examining the Scientific Evidence*. Washington, DC: American Psychological Association, S. 183–218.

Amersbach, Kare (1901): *Licht- und Nebelgeister. Ein Beitrag zur Sagen- und Märchenkunde*. Baden-Baden.

Amersbach, Kurt (1891 und 1893): *Aberglaube, Sage und Märchen bei Grimmelshausen*. 2 Bde., Baden-Baden.

Andree, Richard (1904): *Votive und Weihegaben des katholischen Volkes in Süddeutschland. Ein Beitrag zur Volkskunde*. Braunschweig.

Ariès, Philippe (1997): *Geschichte des Todes*. München: dtv.

Artemidor (1624): *Traumbuch*. Straßburg.

Avenarius, Wilhelm (1978): »Übernatürliche Erscheinungen in Burgen und Schlössern«. In: *Burgen und Schlösser*, I, Braubach.

Avenarius, Wilhelm (1980): »Geister und geheimnisvolle Kräfte. Übersinnliche Erscheinungen in rheinischen Burgen und Schlössern«. In: *Rheinische Heimatpflege*, 2.

Avenarius, Wilhelm (1987): *Rund um die Weiße Frau. Ein Geister-Handbuch. Übersinnliche Erscheinungen im Volksleben, auf Burgen und Schlössern*. Gesammelt und erläutert von Wilhelm Avenarius. 1. Aufl., 1984; 2., unveränderte Aufl., Sigmaringendorf: regio Verlag, Glock und Lutz, 1987; 3. Aufl. Marksburg, 2001; 4. Aufl. 2002 unter dem Titel: *Rund um die Weiße Frau. Geister, geheimnisvolle Kräfte, übersinnliche Erscheinungen im Volksleben, auf Burgen und Schlössern. Ein Geister-Handbuch*. Braubach: erhältlich über den Buchladen auf der Marksburg, D-56338 Braubach.

Baader, Bernhard (1851): *Volkssagen aus dem Lande Baden*. Karlsruhe.

Babbs, Edward und Claudine Mathias (2003): *Borley Rectory. The Final Analysis*. Mit einer Einführung von Alan Wesencraft. Sudbury, UK: Six Martlets Publishing.

Bach, Edward (1931): *Heal Thyself*. Saffron, Walden: C.D. Daniel.

Bächtold-Stäubli, Hanns (Hrsg.) (1927–1942, 1987): *Handwörterbuch des deutschen Aberglaubens*. 10 Bde., Berlin und Leipzig: De Gruyter, Guttentag, Reimer, Trübner, Veit, 1927–1942. Unveränd. photomechan. Nachdruck: Berlin, New York: Walter de Gruyter, 1987.

[Backster-Report] (1968): »Backster-Report«. In: *The International Journal of Parapsychology*, Bd. 10.

Bailey, Lee W. (2001): »A ›Little Death‹. The Near-Death Experience and Tibetan Delogs«. In: *Journal of Near-Death Studies*, 19, 3, S. 139–159.

Baker, Ian (2002): »Do ghosts exist? A summary of parapsychological research into apparitional experiences«. In: Newton, John (Hrsg.): *Early Modern Ghosts. Proceedings of the ›Early Modern Ghosts‹ conference held at St. John's College, Durham on 24th March 2001*. University of Durham: Centre for Seventeenth-Century Studies, S. 109–123.

Bannatyne, Leslie Pratt (1990): *Halloween. An American Holiday, an American History*. New York: Facts On File.

Barrett, Sir William F. (1911): »The Poltergeists Old and New«. In: *Proceedings of the Society for Psychical Research*, 25, Nr. 64.

Barrett, Sir William F. (1986): *Deathbed Visions*. London: Methuen, 1926; Nachdruck, Wellingborough, Northamptonshire: Aquarian Press, 1986.

Barrington, Mary Rose (2003): Archive Nr. 48: »A Striking, Well Authenticated Case of Apparition at the Time of Death, Reported by Pascal Forthuny. Extracted from the Chronique«, S. 197–199 of the Revue Métapsychique, 1925, 3. In: *Paranormal Review*, 2003, 28, S. 17–18.

Bauer, Eberhard und Walter von Lucadou (Hrsg.) (1983): *Spektrum der Parapsychologie. Hans Bender zum 75. Geburtstag*. Freiburg i. Br.: Aurum.

Bauer, Eberhard (1995): »Parapsychologie«. In: Gerald L. Eberlein (1995): *Kleines Lexikon der Parawissenschaften*. München: Beck. S. 123–133.

Bauer, Eberhard und Michael Schetsche (Hrsg.) (2003): *Alltägliche Wunder. Erfahrungen mit dem Übersinnlichen – wissenschaftliche Befunde*. Würzburg: ERGON Verlag.

Bauer, Wolfgang und Clemens Zerling (2004): *Das Lexikon der Orakel. Der Blick in die Zukunft*. München: Atmosphären.

Baxter, Richard (1691, 1731): *The certainty of the World of Spirits fully evinced*. 1691. Die *Gewißheit der Geister: gründlich dargethan durch unläugbare Historien von Erscheinungen, Würckungen, Zaubereyen, Stimmen etc.; zum Beweiß der Unsterblichkeit der Seele, der Boßheit und des Elend der Teufel und Verdammten, und der Seeligkeit der Gerechten: Zur Überzeugung der Sadducäer und Unglaubigen*. Ehemals in Englischer Sprache geschrieben von dem fürtrefflichen Richard Baxter, Nunmehro aber ins Teutsche übersetzt. Nürnberg: Peter Conrad Monath, 1731.

Bayless, Raymond (1970): *Animal Ghosts*. Mit einem Vorwort von Robert Crookall. New York: University Books, Inc.

Bekh, Johannes (1985): *Bayerische Hellseher*. Pfaffenhofen: Ludwig Verlag, 1976; unter dem Titel: *Das dritte Weltgeschehen*. Pfaffenhofen: Ludwig Verlag, 1980; vollständig überarbeitete Ausgabe: *Bayerische Hellseher*. München: Knaur, 1985.

Beloff, John (2001): »The Serios Effect and the Geller Effect: Two Exceptional Paranormal Phenomena of the Twentieth Century«. In: *Paranormal Review*, Bd. 20, S. 18–21.

Bender, Hans (1957, 1976): »Praekognition im qualitativen Experiment. Zur Methodik der ›Platzexperimente‹ mit dem Sensitiven Gerard Croiset«. In: *Zeitschrift für Parapsychologie und Grenzgebiete der Psychologie*, Bd. 1, Nr. 1, 1957, S. 5.35. Auch in: Hans Bender (Hrsg.) (1976).: *Parapsychologie. Entwicklung, Ergebnisse, Probleme*. Wege der Forschung, Bd. IV, Darmstadt: Wissenschaftliche Buchgesellschaft, 5. Aufl., S. 250–285.

Bender, Hans (1972/1989): *Telepathie, Hellsehen und Psychokinese. Aufsätze zur Parapsychologie I*. München: R. Piper & Co. Verlag, 1972; 6. Aufl. 1989.

Bender, Hans (1973/1985): *Verborgene Wirklichkeit*. Originalausgabe: Olten: Walter Verlag AG, 1973. 2. Aufl., München: R. Piper & Co. Verlag, 1985.

Bender, Hans (1974): »Modern Poltergeist Research. A Plea for an Unprejudiced Approach«. In: John Beloff (Hrsg.): *New Directions in Parapsychology*. Mit einem Nachwort von Arthur Koestler. London: Elek Science, S. 122–143.

Bender, Hans (Hrsg.) (1976): *Parapsychologie. Entwicklung, Ergebnisse, Probleme*. Darmstadt: Wissenschaftliche Buchgesellschaft.

Bender, Hans (1979): »Die transkulturelle Gleichförmigkeit von ›Spuk‹-Mustern als Hinweis für eine ›archetypische‹ Anordnung«. In: *Zeitschrift für Parapsychologie und Grenzgebiete der Psychologie*, 21, S. 133–139.

Bender, Hans (1983/1986): *Zukunftsvisionen, Kriegsprophezeiungen, Sterbeerlebnisse. Aufsätze zur Parapsychologie II*. München: R. Piper & Co. Verlag, 1983, 2. Aufl. 1986.

Bender, Hans (1984): »Der Spuk im Elsaß«. In: *Zeitschrift für Parapsychologie und Grenzgebiete der Psychologie*, 26, Nr. 1/2/3/4, S. 65–80.

Benz, Ernst (1969): *Die Vision. Erfahrungsformen und Bilderwelt.* Stuttgart: Klett.

Berger, Arthur S. und Joyce Berger (1991): *The Encyclopedia of Parapsychology and Psychical Research.* New York: Paragon House.

Bieberger, Christof, Alexandra Gruber und Gabriele Hasmann (2004): *Spuk in Wien. Von vergessenen Geistern und Spuren ins Jenseits.* Wien: Ueberreuter.

Bird, Christopher und Oliver Tompkins (1973): *The Secret Life of Plants.* New York: Avon Books.

Bjerre, Paul (1907): »Der Fall Karin«. In: *Neue Rundschau.*

Bjerre, Paul (1947): *Spökerier.* Stockholm.

Blanke, Olaf (2002): Beitrag in: *Nature,* 419, 19.9.2002, S. 269–270.

Blum, Ida (1912): *Die Schutzgeister in der altnordischen Literatur.* Diss. Straßburg.

Bodin, Jean (1580/1581): *Traité de la démonomanie des sorcières.* Paris, 1580. Lateinisch von Franziskus Junins: *De magorum demonomania et opinionum Jo. Wieri confutatio.* Basel, 1581.

Böhme, Jakob (1840–1847/1922): *Jakob Böhmes sämtliche Werke in 7 Bdn.* Leipzig, 1840–1847. Unveränderter Abdruck der 1. Aufl., hrsg. von K.W. Schiebler. Leipzig, 1922.

Bonin, Werner F. (1981): *Lexikon der Parapsychologie und ihrer Grenzgebiete. Mit 3000 Stichwort-Artikeln und zahlreichen Fallbeispielen.* Darmstadt: Wissenschaftliche Buchgesellschaft, 1974. *Lexikon der Parapsychologie und ihrer Grenzgebiete.* Bern und München: Scherz Verlag, 1976; Frankfurt a.M.: Fischer, 1981; München: Orbis, 1988.

Bonin, Werner F. (1983): »Über Doppelgänger, Spiegelbilder und Masken«. In: Eberhard Bauer und Walter von Lucadou (Hrsg.): *Spektrum der Parapsychologie. Hans Bender zum 75. Geburtstag.* Freiburg i.Br.: Aurum, S. 71–85.

Bouissou, Michael (1956): *Ein seltsamer Beruf.* Luzern.

Bozzano, Ernesto (1920, 1930): *Les phénomènes de hantise.* Paris, 1920; Deutsch: *Die Spukphänomene.* Übersetzt von Willy K. Jaschke. Bamberg: Hans Müller, 1930.

Braude, Stephen E. (2002): *Immortal Remains. The Evidence for Life After Death.* Lanham, Boulder, New York, Oxford: Rowman & Littlefield Publishers, Inc.

Briggs, Katharine Mary (1976): *A Dictionary of Fairies, Hobgoblins, Brownies, Bogies and Other Supernatural Creatures.* London: Allen Lane, Penguin Books Ltd.

Brugger, Peter, Marianne Regard und Theodor Landis (1996): »Unilaterally Felt ›Presences‹. The Neuropsychiatrie of One's Invisible Doppelgänger«. In: *Neuropsychiatry, Neuropsychology, and Behavioral Neurology,* 9, 2, S. 114–122.

Brugger, Peter, Marianne Regard und Theodor Landis (1997): »Illusory Reduplication of One's Own Body: Phenomenology and Classification of Autoscopic Phenomena«. In: *Cognitive Neuropsychiatry,* 2 (1), S. 19–38.

Bruker, Max Otto (1986ff.): *Werke.* Reihe »Aus der Sprechstunde«. 22 Bde., Lahnstein: E.M.U. Verlag (Verlag für Ernährung, Medizin, Umwelt).

Buchner, Eberhard (1926): *Medien, Hexen und Geisterseher. Kulturhistorisch interessante Dokumente aus alten deutschen Zeitungen und Zeitschriften (16. bis 18. Jahrhundert).* München: Albert Langen.

Bucke, Richard Maurice (1901, 1966): *Cosmic Consciousness. A Study in the Evolution of the Human Mind.* 1. Aufl. Innes & Sons, 1901; 3. Aufl. New Hyde Park, New York: University Books, Inc., 1966.

Bühler, Walther (2001): *Das Pentagramm und der Goldene Schnitt als Schöpfungsprinzip.* 2. Aufl. Stuttgart: Verlag Freies Geistesleben.

Bulteau, Michel (1987): *Mythologie des Filles des Eaux.* Editions du Rocher, 1982. Aus dem Französischen von Sylvia Luetjohann unter Mitarbeit von Yvelise Langner: *Die Töchter des Wassers. Mythologische Gestaltungen des Unbewußten.* Bad Münstereifel und Trilla: Edition Tramontane, 1987.

Burkhard, Ursula (1996): *Karlik. Begegnungen mit einem Elementarwesen.* Weißenseifen-Michaelshag: Werkgemeinschaft Kunst und Heilpädagogik Weißenseifen, 6. Aufl.

Burnet, Gilbert (1724/1734): *History of his own time.* 2 Bde.

Bursen, H.A. (1978): *Dismantling the Memory Machine.* Dordrecht: D. Reidel.

[Canterbury's Dream] (1641): *Canterbury's Dream. In Which The Apparition of Cardinal Wolsey did Present Himself unto Him on the Fourteenth of May Last Past.*

Carrington, Hereward (1957): *The Case for Psychic Survival.*

Carrington, Hereward (1958): *Essays in the Occult.* 2 Bde., hrsg. von Raymond Buckland.

[Case] (1928): »The Case of the Will of Mr. James L. Chaffin«. In: *Proceeding of the Society for Psychical Research,* 36, S. 517–524.

Christaller, Helene (o.J.): *Geheimnisse des Lebens. Erzählungen und Legenden*. Basel: E. Reinhardt, S. 19ff.

Cicero, Marcus Tullius (1991): *Über die Weissagung. De divinatione*. Lateinisch-deutsch, hrsg., übersetzt und erläutert von Christoph Schäublin, München und Zürich: Artemis & Winkler; Sammlung Tusculum, hrsg. von Karl Bayer, Manfred Fuhrmann, Gerhard Jäger.

Cook, C.M. und Michael A. Persinger (1997): »Experimental induction of the ›sensed presence‹ in normal subjects and an exceptional subject«. In: *Perceptual and Motor Skills*, 85, S. 683–693.

Cornell, Anthony D. (2002): *Investigating the Paranormal*. New York: Helix Press.

Cox, W.E. (1961): »Introductory Comparative Analysis of Some Poltergeist Cases«. In: *Journal of the American Society for Psychical Research*, 55, S. 47–72.

Croker, Crofton (1862): *Fairy Legends and Traditions of the South of Ireland*. London.

Crookall, Robert J. (1961): *The Study and Practice of Astral Projection*. London: Aquarian Press und Hackensack, N.J.: Wehmann.

Crookall, Robert J. (1964): *More Astral Projections*. London: Aquarian Press und Hackensack, N.J.: Wehmann.

Crosland, Newton (1873): *Apparitions. A New Theory. And Hartsore Hall, A Ghostly Adventure*. 2. Aufl. London, 1856; London: Trubner & Co, 1873.

Crowe, Catherine (1848/1849): *The Night Side of Nature; or Ghost and Ghost Seers*. 2 Bde., London, 1848, Reprint: Folcroft, Pa.; Deutsch: *Die Nachtseite der Natur, oder Geister und Geisterseher … In zwei Theilen*. Stuttgart: Verlag von J. Scheible, 1849.

Cummins, Geraldine Dorothy (1928): *The Scripts of Cleophas*.

Cummins, Geraldine Dorothy (1965): *Swan on a Black Sea*.

Daumer, Georg Friedrich (1867, 1983): *Das Geisterreich in Glauben, Vorstellung, Sage und Wirklichkeit*. 2 Bde., 1867. Der Mystagog. Eine Sammlung von Abhandlungen, Mittheilungen und factischen Belegen verschiedener Art zum Behufe der Einführung in die Geheimnisse der Natur, der Geschichte, des menschlichen Wesens und der jenseitigen Existenzen und Zustände. 1. Abtheilung, 1. und 2. Bd., Dresden: Woldemar Türk, 1867. Nachdruck 1983.

Davis, Andrew Jackson (1947): *The Principles of Nature*. New York.

Deflorin, Raffaela (2003): »Wenn Dinge sich verblüffend fügen«. In: Eberhard Bauer und Michael Schetsche (Hrsg.): *Alltägliche Wunder. Erfahrungen mit dem Übersinnlichen – wissenschaftliche Befunde*. Würzburg: ERGON Verlag, S. 121–147.

Del Rio, Martinus Antonius (1599, 1720): *Disquisitionum Magicarum*. Löwen, 1599. Col. Agripp. 1720.

Dessoir, Max (1896): *Das Doppel-Ich*. Leipzig: Ernst Guenthers Verlag.

Diels, Hermann (1951): *Die Fragmente der Vorsokratiker*. Griechisch und deutsch von Hermann Diels. Hrsg. von Walther Kranz. 3 Bde., 6., verbesserte Aufl. Berlin: Weidmannsche Verlagsbuchhandlung.

[Dimension] (2003): *Dimension PSI. Fakten zur Parapsychologie*. Mit einem Vorwort von Walter von Lucadou. München: List.

Dingwall, E.J., K.M. Goldney und T.H. Hall (1956): *The Haunting of Borley Rectory*. London: Duckworth.

Dinzelbacher, Peter (1981): *Vision und Visionsliteratur im MA*. Stuttgart: Hiersemann.

Dinzelbacher, Peter (1989): *Wörterbuch der Mystik*. Stuttgart: Kröner.

DNP = Cancik, Hubert und Helmuth Schneider (Hrsg.) (1996ff.): *Der Neue Pauly. Enzyklopädie der Antike*. Bd. 1ff., Stuttgart, Weimar: J.B. Metzler.

Dodds, E.R. (1976): »Telepathie und Hellsehen in der klassischen Antike«. In: Hans Bender (Hrsg.): *Parapsychologie*. Wege der Forschung, Bd. IV, Darmstadt: Wissenschaftliche Buchgesellschaft.

Drechsler, Paul (1903–1906): *Sitte, Brauch und Volksglaube in Schlesien*. 2 Bde., Leipzig.

Droste-Hülshoff, Annette Freiin von (1982): *Droste-Hülshoffs Werke in einem Band*. Ausgewählt und eingeleitet von Rudolf Walbiner. Hrsg. von den Nationalen Forschungs- und Gedenkstätten der klassischen deutschen Literatur in Weimar. Berlin und Weimar: Aufbau-Verlag.

Drury, Nevill (1988): *Lexikon des esoterischen Wissens*. München: Droemer, Knaur.

Drury, Nevill (2003): *Magie: vom Schamanismus und Hexenkult bis zu den Technoheiden*. Aarau, München: AT Verlag.

Dyer, Thomas Firminger Thisleton (1893): *The Ghost World*. London: Ward & Downey.

Eberlein, Gerald L. (1995): *Kleines Lexikon der Parawissenschaften*. München: Beck.

Eisel, Robert (1871): *Sagenbuch des Voigtlandes*. Gera.

Ellison, Arthur (1988): *The Reality of the Paranormal*. London: Harrap.

Elworthy, Frederick (1986): *The Evil Eye. An account of this Ancient and Widespread Superstition*. New York: Crown Publishing.

Evans, Hilary (1984/1986): *Visions, apparitions, alien visitors. A comparative study of the entity enigma*. Wellingborough, Northamptonshire: The Aquarian Press. 1. Aufl. 1984, 1. Taschenbuchausg. 1986.

Evans, W.H. (1925): *Twelve Lectures of the Harmonic Philosophy of Andrew Jackson Davis*. Manchester.

Evans Wentz, W.Y. (Hrsg.) (1982): *Das tibetanische Totenbuch oder Nahtoderfahrungen auf der Bardo-Stufe ... Mit einem Geleitwort und einem psychologischen Kommentar von C.G. Jung und einer Abhandlung von Sir John Woodroffe*. Olten und Freiburg i.Br.: Walter-Verlag.

Fechner, Gustav Theodor (1866): *Das Büchlein vom Leben nach dem Tode*. Erstausgabe 1836; 2. Aufl. Leipzig: Leopold Voss, 1866; Leipzig: Insel Verlag, 1946; St. Goar: Reichl Verlag; Der Leuchter, 1995; Schutterwald/Baden: Wiss. Verlag, 2001.

Fenwick, Peter (1996): *The Truth in the Light. An Investigation of over 300 Near-Death Experiences*. London: Headline Publishing.

Ferriar, John (1813): *An Essay towards a Theory of Apparitions*. London.

Finsterwalder, K. (1972): »Die Sage von Frau Hitt. Die germanische Hildefabel und der Ortsname Hötting«. In: *Veröffentlichungen des Innsbrucker Stadtarchivs*. N.F.3. Innsbruck, S. 65-72.

Finucane, Ronald C. (1984): *Appearances of the Dead. A Cultural History of Ghosts*. New York: Prometheus Books.

Fischer, Wilhelm (1932, 1991): *Sagen und Erzählungen. Nach mündlichen Überlieferungen aufgezeichnet und bearbeitet von der Freien Arbeitsgemeinschaft für Heimatkunde im Bezirkslehrerverein Asch. Aus unserer Ascher Heimat*, Folge II. Asch: Verlag des Bezirkslehrervereins, 1932, Reprint 1991.

Fischer-Rizzi, Susanne (1989): *Himmlische Düfte. Aromatherapie. Anwendung wohlriechender Pflanzen und ihre Wirkung auf Körper und Seele*. München: Hugendubel.

Fleischer, M. Johann Michael (1750): *Zuverläßige Nachricht von einem Gespenste, Welches sich 1749 zu Schwartzbach in der Pfarr-Wohnung, Auch ausser derselben, durch Werffen, Singen, Schlagen und Erscheinung geäussert hat*. Leipzig: Friedrich Lanckischens Erben.

Fleischhauer, Steffen Guido (2003): *Enzyklopädie der essbaren Wildpflanzen. 1500 Pflanzen Mitteleuropas mit 400 Farbfotos*. Aarau und München: AT Verlag.

Fodor, Nandor (1934): *Encyclopaedia of Psychic Science*. London: 1966, Secausus, N.J.: University Books, 1966.

Fontana, David (1991): »A Responsive South Wales Poltergeist: A Case from South Wales«. In: *Journal of the Society for Psychical Research*, 57, 823, S. 385-402.

Fontana, David (1992): »The Responsive South Wales Poltergeist: A Follow-Up Report«. In: *Journal of the Society for Psychical Research*, 58, 827, S. 225-231.

Franciscus, Erasmus (= Franciscus Finx) (1690, 1695, 1708, 1753): *Der höllische Proteus, oder Tausendkünstige Versteller, vermittelst Erzehlung der vielfältigen Bild-Verwechslungen Erscheinender Gespenster, werffender und polternder Geister, gespenstischer Vorzeichen der Todes-Fälle, wie auch Andrer abentheurlicher Händel, arglistiger Possen und seltsamer Aufzüge dieses verdammten Schauspielers, und, Von theils Gelehrten / für den menschlichen Lebens-Geist irrig angesehenen Betriegers, nebenst vorberichtlichem Grund-Beweis der Gewißheit, daß es würklich Gespenster gebe, abgebildet durch Erasmum Francisci, Hochgräfl. Hohenloh-Langenburgischen Rath*. Nürnberg: Wolffgang Moritz Endters, 1690. Spätere Ausgaben 1695, 1708 und 1753.

Franz, Adolph (1909): *Die kirchlichen Benediktionen im Mittelalter*. 2 Bde., Freiburg i.Br.

Frazer, James (1936): *Fear of the Dead*.

Freisauff, R. von (1880): *Salzburger Volkssagen*. Wien.

Friedreich (1859): *Symbolik und Mythologie der Natur*. Würzburg.

Garrett, Eileen (1938): *My Life as a Search for the Meaning of Mediumship*. London.

Gauger, Jörg-Dieter (Hrsg.) (1998): *Sibyllinische Weissagungen auf der Grundlage der Ausgabe von Alfons Kurfeß*. Griechisch und deutsch, hrsg. und übersetzt von Jörg-Dieter Gauger. Düsseldorf und Zürich: Artemis und Winkler.

Gauld, Alan (1955): »A Cambridge apparition«. In: *Journal of the Society for Psychical Research*, 38, S. 89-91.

Gauld, Alan (1977): »Discarnate Survival«. In: Benjamin B. Wolman (Hrsg.): *Handbook of Parapsychology*. New York: Van Nostrand Reinhold Company, S. 577–630.

Gauld, Alan und Anthony D. Cornell (1979): *Poltergeists*. London: Routledge & Kegan Paul.

Gauld, Alan (1983): *Mediumship and Survival. A Century of Investigations*. London: Paladin Books.

Gerstmann, Florian Bertram (1714): *Florian Bertram Gerstmanns genaue und wahrhafftige Vorstellung / Des Gespenstes Und Polter-Geistes / Welches In der Kayserlichen / und des Heil. Römischen Reichs Freyen Stadt Dortmundt, und zwar in dessen Vatters D. Barthold Florian Gerstmanns Hause 4. Wochen weniger 3. Tage / viele wunderseltzsame Auffzüge und Schaden verübet hat …* Leipzig und Oßnabrück / Verlegt von Michael Andreas Fuhrmann.

Gerunde, Harald (2004): »Für immer und doch nicht verloren (1). Begegnungen mit den Toten«. *Grenzgebiete der Wissenschaft*, 53, 1. S. 3–45.

Geßner, Conrad (1563): *Thierbuch*. Durch C. Forer ins Teutsche gebracht und in eine kurze komliche Ordnung gezogen. Zürich.

Glanvil, Joseph (1681): *Saducismus Triumphatus or Full and Plain Evidence Concerning Witches und Apparitions*. London: John Collins.

Goerges, Wilhelm und Ferdinand Spehr (Hrsg.) (1892): *Der Klopfgeist zu Dibbesdorf. Geschichten und Sagen von Stadt und Land Braunschweig*. Braunschweig.

Goerres (Görres), Joseph (1836–1842): *Die christliche Mystik*. 4 Bde., Regensburg und Landshut: G. Joseph Manz (Krüll´sche Universitätsbuchhandlung).

Görres, Joseph von (1927): *Mystik, Magie und Dämonie. »Die Christliche Mystik« in Auswahl*. Hrsg. von Joseph Bernhart, München und Berlin: R. Oldenbourg.

Goethe, Johann Wolfgang von (1887–1919): *Goethes Werke*. Hrsg. im Auftrage der Großherzogin Sophie von Sachsen. Weimar 1887–1919. (Sophien-Ausgabe bzw. Weimarer Ausgabe, kurz WA). Abt. I: Poetische Werke und Schriften, Abt. II: Naturwissenschaftliche Schriften, Abt. III: Tagebücher, Abt. IV: Briefe.

Goethe, Johann Wolfgang von (1997): *Sämtliche Werke*. Hrsg. von Karl Richter und G. Göpfert, München: Carl Hanser.

Goldschmid 1698, S. 177f.

Goulding, Anneli und Adrian Parker (2001): »Finding Psi in the Paranormal. Psychometric Measures Used in Research on Paranormal Beliefs/Experiences and in Research on Psi-Ability«. In: *European Journal of Parapsychology*, 16, S. 73–101.

Graben zum Stein, Otto von (1731): *Unterredungen Von dem Reiche der Geister, worin gehandelt wird: I. Von den Geistern überhaupt. II. Von den geheimen Hauß-Geistern. III. Von den Erscheinungen der Verstorbenen. IV. Von den Erd- und Wasser-Geistern. V. Von den Luft- und Feuer-Geistern. VI. Von den Geistern gewisser Landschaften, Städte und Schlösser. Zwischen Andrenio und Pneumatophilo. Nebst einem Register der vornehmsten Materien*. 2. Aufl. Leipzig: Samuel Benjamin Walther.

Graber, Georg (1912): *Sagen aus Kärnten*. 3. Aufl. Leipzig.

Graesse, Johann Georg Theodor (1843/1896): *Bibliotheca magica et pneumatica oder Wissenschaftlich geordnete Bibliographie der wichtigsten in das Gebiet des Zauber-, Wunder-, Geister- und sonstigen Aberglaubens vorzüglich älterer Zeit einschlagenden Werke. …* Leipzig: Wilhelm Engelmann, 1843; Hildesheim, Zürich, New York: Georg Olms, 1986.

Green, Cecilia und Charles McCreery (1975): *Apparitions*. London: Hamish Hamilton.

Greene, Liz und Juliet Sharman-Burke (1999, 2004): *The Mythic Journey. The Meaning of Myth as a Guide for Life*. East Roseville, Australien: Simon & Schuster, 1999. Deutsch: *Die mythische Reise. Die Bedeutung der Mythen als ein Führer durchs Leben*. Aus dem Englischen von Zoe Weller. München: Atmosphären, 2004.

Greyson, Bruce (1983): »The Near-Death Experience Scale. Construction, reliability and validity«. In: *Journal of Nerveous and Mental Disease*, 171, S. 369–375.

Grimm, Brüder (Hrsg.) (1903): *Deutsche Sagen*. 4. Aufl. besorgt von Reinhold Steig. Berlin.

Grimm, Jakob (1992): *Deutsche Mythologie*. 1. Aufl. 1835; 2. Aufl. Göttingen, 1844; 4. Aufl.: 3 Bde., Berlin: Elard H. Meyer, 1875–1878. Um eine Einleitung vermehrter Nachdruck d. 4. Aufl.: Wiesbaden: Drei Lilien Verlag, 1992.

[Grimoire] (1522): *Grimoire, le grand, ou l'art de commander les esprits célestes, aëriens, terrestres, infernaux, avec le vrai secret de faire parles les morts, de gagner toutes les fois qu'on mit aux lateries, de découvrir les tresors cachés*. Imprimé sur un manuscript de 1522.

Grohmann, Jos. Virgil (1864): *Aberglauben und Gebräuche aus Böhmen und Mähren*. Leipzig.

Gruber, Elmar (1999): *Psychic Wars. Parapsychology in Espionage and Beyond.* London: Blandford.

Grün, Anselm (2003): *Jeder Mensch hat einen Engel.* Freiburg, Basel, Wien: Herder.

Grundahl, Jens (2002): *Dette »Mere«. En undersøgelse af eksistensen af andre virkelighedsdimensioner belyst ved nærdødsoplevelser og de aktuelle Mariaåbenbaringer i Medjugorje* (Das »Mehr«. Eine Untersuchung der Existenz anderer Wirklichkeitsdimensionen im Licht von Nahtoderfahrungen und den aktuellen Marienerscheinungen in Medjugorje). Kandidatafhandling. Årskortnr. 1987/1955. Århus, Dänemark: Århus Universitetet Psykologisk Institut, August 2002.

Gubalke, Lotte (o.J.): *Das steinerne Haus. Eine Erzählung.* Hesses Volksbücherei. Leipzig: Hesse & Becker, Nr. 541.

Guggenheim, W. und J. Guggenheim (1995): *Hello from Heaven.* Longwood Fl.: The ADC Project. Deutsch. *Trost aus dem Jenseits.* Augsburg: Weltbild, 2003.

Guiley, Rosemary Ellen (1992): *The Encyclopedia of Ghosts and Spirits.* New York: Facts On File.

Gurney, Edmund, Frederic Myers und Frank Podmore (1886/o.J.): *Phantasms of the living.* London: Trübner, 1886. Deutsch: *Gespenster lebender Personen und andere telepathische Erscheinungen.* Verkürzte Übersetzung [...] von Fritz Feilgenhauer. Mit einem Vorwort von Richet. Leipzig, o.J.

Haining, Peter (1991): *A Dictionary of Ghosts.* London: Robert Hale, 1982. *Das große Gespenster-Lexikon. Geister, Medien und Autoren.* Ins Deutsche übersetzt von Christiane Oehlmann und Marianne Schulz-Rubach. Herrsching: Manfred Pawlak Verlagsgesellschaft 1991.

Haraldsson, Erlendur, und Karlis Osis (1978): *Der Tod – ein neuer Anfang?* Freiburg i.Br.: Bauer.

Haraldsson, Erlendur (1997): »A psychological comparison between ordinary children and those who claim previous-life memories«. In: *Journal of Scientific Exploration,* 11, S. 323–335.

Haraldsson, Erlendur, P. Fowler und V. Mahendran (2000): »Psychological characteristics of children who speak of a previous life. A further field study in Sri Lanka«. In: *Transcultural Psychiatry,* 37, S. 525–544.

Harlow, Ralph S. (1961): *A Life after Death.*

Hart, Hornell Norris (1956): »Six Theories about Apparitions«. In: *Proceedings of the Society for Psychical Research,* 50, S. 153–239.

Hart, Hornell Norris (1959): *The Enigma of Survival. The Case For and Against an After Life.* Springfield, IL: Charles C. Thomas, 1959; London: Rider & Company, 1959.

Hart, Hornell Norris (1967): »Scientific survival research«. In: *International Journal of Parapsychology,* 9, S. 43–52.

Hastie, Jack (2002): »The Haunting of Borley Village«. In: *Paranormal Review,* 21, S. 18–24.

Hasting, R.J. (1969): »An Examination of the Borley Report«. In: *Proceedings of the Society for Psychical Research,* 55, Nr. 201, S. 65–175.

Hauber, D. Eberhard David (1739–1745): *Bibliotheca, acta et scripta magica. Gründliche Nachrichten und Urtheile Von solchen Büchern und Handlungen, Welche Die Macht des Teufels in leiblichen Dingen betreffen.* Zur Ehre Gottes, und dem Dienst der Menschen heraus gegeben von D. Eberhard David Hauber, Hochgräfl. Schauenburg- und Lippischen Superintendenten, der Kayserlichen Leopold-Carolinischen Academie und der Königl. Preussis. Gesellschaft der Wissenschaften Mit-Genossen. 36 Stücke, 2. und verbesserter Druck Lemgo: Joh. Heinrich Meyer.

Haupt, Karl (1862): *Sagenbuch der Lausitz.* Leipzig.

HdA, s. Bächtold-Stäubli

Hearne, Keith und D.F. Melbourne (1999): *Förstå dina drömmar.* (Verstehe deine Träume.) Malmö: Egmont Richter AB.

Hebeisen, Kurt B. (1978): *Zaubersteine – Schlangensteine.* Bern, Stuttgart: Paul Haupt.

Heinisch, Jeremias (1723): *Das Zeugniß Der reinen Wahrheit von den Sonder- und wunderbaren Würckungen eines insgemein sogenannten Kobolds, Oder Unsichtbaren Wesens in der Pfarr-Wohnung zu Gröben, nebst einem zur Prüfung übergebenen Versuch wie weit in der Erkäntniß der Sache zu gelangen? auf inständiges Begehren abgestattet Von des Orts Predigern Jeremias Heinisch,* Bernav. March. Jena: Joh. Meyers sel. Wittbe.

Henderson, Lizanne und Edward J. Cowan (2001): *Scottish Fairy Belief. A History.* East Lothian EH40 3DG, Scotland: Tuckwell Press.

Hennig, J. (1954): »Zu Goethes Gebrauch des Wortes Gespenst«. In: *Deutsche Vierteljahresschrift für Literaturwissenschaft und Geistesgeschichte,* 28.

Hermanns, Matthias (1970): *Schamanen – Pseudoschamanen, Erlöser und Heilbringer.* 3 Bde., Wiesbaden: Franz Steiner Verlag.

Hertz, Wilhelm (1905): *Gesammelte Abhandlungen.* Hrsg. von F.v.d. Leyen, Stuttgart und Berlin.

Herzog, H. (1913): *Schweizer Sagen. Für jung und alt dargestellt.* 2 Bde., 3. Aufl., Aarau.

Hildegard von Bingen (1979): *Das Buch von den Steinen.* Salzburg.

Hildegard von Bingen (1989): *Physica sive Subtilitatum diversarum Naturarum Creaturarum libri IX.* Deutsch: *Naturkunde. Das Buch von dem innern Wesen der verschiedenen Naturen in der Schöpfung.* Nach den Quellen übersetzt und erläutert von Peter Riethe. Salzburg: Otto Müller Verlag.

Hörmann, Ludwig von (1909): *Tiroler Volksleben. Ein Beitrag zur deutschen Volks- und Sittenkunde.* Stuttgart.

Hoffmann, E.F. (1985): *Die Geschichte von der Sängerin Antonelli.* Goethe-Jahrbuch, 102.

Honorton, Ch., R. Davidson und P. Bindler (1971): »Feedback-Augmented Alpha Shifts in Subjective State, and ESP Card Guessing Performance«. In: *Journal of the American Society for Psychical Research,* 65.

Hoops, Johannes (1911–1919, 1973ff.): *Reallexikon der germanischen Altertumskunde.* Straßburg, 1911–1919. Berlin, New York: Walter de Gruyter, 1973ff.

Horst, Georg Conrad (1830): *Deuteroskopie, oder merkwürdige psychische und physiologische Erscheinungen und Probleme aus dem Gebiete der Pneumatologie. Für Religionsphilosophen, Psychologen und denkende Aerzte. Eine nöthige Beilage zur Dämonomagie wie zur Zauber-Bibliothek.* 2 Bde., Frankfurt a.M.: Heinrich Wilmans.

Horst, Georg Conrad (1979): *Zauber-Bibliothek oder von Zauberei, Theurgie und Mantik, Zauberern, Hexen, und Hexenprocessen, Dämonen, Gespenstern, und Geistererscheinungen. Zur Beförderung einer rein-geschichtlichen, von Aberglauben und Unglauben freien Beurtheilung dieser Gegenstände.* Von Conrad Georg Horst, Großherzoglich-Hessischem Kirchenrathe. 6 Teile, Mainz: Florian Kupferberg, 1821–1826. Vollständiger, originalgetreuer Nachdruck der sechsbändigen Ausgabe Mainz, 1821–1826, mit einer Einführung von Herbert Kempf und mit einem zusätzlichen Registerband. Freiburg im Breisgau: Edition Ambra, Aurum Verlag, 1979.

Houran, James und Peter Brugger (2000): »The Need for Independent Control Sites. A Methodological Suggestion with Special References to Haunting and Poltergeist Field Research«. In: *European Journal of Psychology,* 15, S. 30–45.

Houran, James und Rense Lange (Hrsg.) (2001): *Hauntings and Poltergeists. Multidisciplinary Perspectives.* Vorwort von John Beloff, Nachwort von Gertrude R. Schmeidler. Jefferson, North Carolina, und London: McFarland & Company.

Houran, James, Richard Wiseman und Michael Thalbourne (2002): »Perceptual-Personality Characteristics Associated with Naturalistic Haunt Experiences«. In: *European Journal of Parapsychology,* 17, S. 17–44.

Houran, James (2004): *From Shaman to Scientist. Humanity's Search for Spirits.* Lanham, Maryland/Toronto/Oxford: The Scarecrow Press, Inc.

Huesmann, Monika und Friederike Schriever (1989): »Steckbrief des Spuks. Darstellung und Diskussion einer Sammlung von 54 RSPK-Berichten des Freiburger Instituts für Grenzgebiete der Psychologie und Psychohygiene aus den Jahren 1947–1986«. In: *Zeitschrift für Parapsychologie und Grenzgebiete der Psychologie,* 51, Nr. 1/2, S. 52–107.

Irmscher, Johannes und Renate Johnc (Hrsg.) (1978): *Lexikon der Antike.* Leipzig: VEB Bibliographisches Institut Leipzig.

Jacobson, Nils Olof (2003): »Der ›Vardøgr‹ – Common in Scandinavia!«. In: *Journal of Scientific Exploration,* Bd. 17, Nr. 3, S. 536.

Jaffé, Aniela (1979): *Apparitions. An Archetypal Approach to Death, Dreams and Ghosts.* Irving, Texas: Spring Publications.

Jaffé, Aniela (1995): *Geistererscheinungen und Vorzeichen.* Zürich, 1958. 3., überarbeitete Aufl., mit einem Vorwort von C.G. Jung, Einsiedeln: Daimon Verlag, 1995. Englisch: *Apparitions and Precognition.* New York: University Books, 1963.

Jahn, Ulrich (1890): *Volkssagen aus Pommern und Rügen.* 2. Aufl. Berlin.

Jakoby, Bernard (2000, 2003): *Auch Du lebst ewig. Die Ergebnisse der modernen Sterbeforschung.* 1. Aufl. 2000, 9. Aufl. München: Langen Müller, 2003.

James, William (1910): »Report on Mrs. Piper's Hodgson Control«. In: *Proceedings of the SPR,* 23, S. 2–121.

James, William (1960): *William James on Psychical Research.* Zusammengestellt und hrsg. von Gardner Murphy und Robert O. Ballou. New York: The Viking Press.

Jennings, H. (1912): *Die Rosenkreuzer, ihre Gebräuche und Mysterien.* 2 Bde., Berlin.

John, Alois (1905): *Sitte, Brauch und Volksglaube im deutschen Westböhmen.* Prag.

Joller, Melchior (1863): *Darstellung selbsterlebter mystischer Erscheinungen von M. Joller, Advokat, gewesenes Mitglied des schweizerischen Nationalrates, von Stans (Kanton Unterwalden).* Zürich (auch in: Moser 1950).

Jung, Carl Gustav (1958ff., 1995): *Gesammelte Werke.* Zürich 1958ff.; hrsg. von Lilly Jung-Merker und Dr. phil. Elisabeth Rüf. Sonderausgabe, Bd. 1–20, Solothurn und Düsseldorf: Walter-Verlag, 1995.

Jung, Carl Gustav (1985): *Erinnerungen, Träume, Gedanken von C.G. Jung.* Aufgezeichnet und hrsg. von Aniela Jaffé. 3. Aufl. der Sonderausgabe, Olten und Freiburg i.Br.: Walter-Verlag.

Jung-Stilling, Johann Heinrich (1808/1987): *Theorie der Geister-Kunde, in einer Natur- Vernunft- und Bibelmäsigen Beantwortung der Frage: Was von den Ahnungen, Gesichten und Geistererscheinungen geglaubt und nicht geglaubt werden müße.* Von Dr. Johann Heinrich Jung genannt Stilling Großherzoglich Badenscher Geheimer Hofrath. Mit einem Titelkupfer. Nürnberg: Verlag der Raw'schen Buchhandlung, 1808; Wiesbaden, 1979; Nördlingen: Franz Greno, 1987.

Jung-Stilling, Johann Heinrich (1831/1999): *Szenen aus dem Geisterreiche.* 4. Aufl. Stuttgart, 1831. 7. Aufl., Bietigheim: Karl Rohm, 1999.

Jung-Stilling, Johann Heinrich (1841–1842): *Johann Heinrich Jung's, genannt Stilling, sämmtliche Werke.* Neue vollständige Ausgabe. 12 Bde., Stuttgart: J. Scheible's Buchhandlung.

Kardec, Allan (1989): *Das Buch der Geister: die Grundsätze der spiritistischen Lehre von der Unsterblichkeit der Seele, der Natur der Geister, ihren Beziehungen zu den Menschen; die Sittengesetze, das irdische und das künftige Leben und die Zukunft der Menschheit; nach Kundgebung höherer Geister durch verschiedene Medien.* Freiburg i.Br.: Bauer.

Karger und Zicha (1968): »Physikalische Untersuchung des Spukfalles in Rosenheim 1967«. In: *Zeitschrift für Parapsychologie und Grenzgebiete der Psychologie,* 11, S. 113–131.

Kast, Verena (2002): *Mit Märchen leben. Die Nixe im Teich – Wie eine Frau ihren Mann zurückgewinnt.* Stuttgart, Zürich: Kreuz Verlag.

Kellehear, Alan (1996): *Experiences Near Death. Beyond Medicine and Religion.* New York: Oxford University Press.

Kerner, Justinus (1829/1892/1989): *Die Seherin von Prevorst. Eröffnungen über das innere Leben des Menschen und über das Hereinragen einer Geisterwelt in die unsere.* Mitgeteilt von Justinus Kerner. Stuttgart: J.G. Cotta'sche Buchhandlung, 1. Aufl. 1829, 6. Aufl. 1892. Neubearbeitete und gekürzte Fassung, mit einem Vorwort von Joachim Bodamer, Stuttgart: J.F. Steinkopf, 1989.

Kerner, Justinus (Hrsg.) (1831–1839/1926): *Blätter aus Prevorst. Originalien und Lesefrüchte für Freunde des innern Lebens mitgetheilt von dem Herausgeber der Seherin von Prevorst* (d.i. Justinus Kerner). 12 Sammlungen, Karlsruhe: Gottlieb Braun, 1831–1839. *Blätter aus Prevorst. Eine Auswahl von Berichten über Magnetismus, Hellsehen, Geistererscheinungen aus dem Kreise Justinus Kerners und seiner Freunde.* Hrsg. von Hermann Hesse. Berlin: S. Fischer, 1926. Spätere Ausgabe der Berliner Ausgabe bei Insel.

Kerner, Justinus (1836a): *Nachricht von dem Vorkommen des Besessenseyns eines dämonisch-magnetischen Leidens und seiner schon im Alterthum bekannten Heilung durch magisch-magnetisches Einwirken, in einem Sendschreiben an den Obermedicinalrath Dr. Schelling in Stuttgart.* Stuttgart und Augsburg: Verlag der J.G. Cotta'schen Buchhandlung.

Kerner, Justinus (1836b): *Eine Erscheinung aus dem Nachtgebiete der Natur, durch eine Reihe von Zeugen gerichtlich bestätigt und den Naturforschern zum Bedenken mitgetheilt von Dr. Justinus Kerner, Oberamtsarzt in Weinsberg.* Stuttgart und Tübingen: Verlag der Cotta'schen Buchhandlung.

Kerner, Justinus (Hrsg.) (1840–1853): *Magikon. Archiv für Beobachtungen aus dem Gebiete der Geisterkunde und des magnetischen und magischen Lebens, nebst anderen Zugaben für Freunde des Innern als Fortsetzung der Blätter aus Prevorst.* Hrsg. von Dr. Justinus Kerner. 5 Bde., Stuttgart: Ebner und Seubert.

KHM = Kinder- und Hausmärchen der Gebrüder Grimm.

Kiesewetter, Carl (1893): *Faust in der Geschichte und Tradition.* Leipzig.

Knoblauch, Hubert (1999): *Berichte aus dem Jenseits. Mythos und Realität der Nahtod-Erfahrung.* Freiburg, Basel, Wien: Herder/Spektrum.

Knoblauch, Hubert, Ina Schmied und Bernt Schnettler (2001): »Different Kinds of Near-Death Experience. A Report on a Survey of Near-Death Experiences in Germany«. In: *Journal of Near-Death Studies,* 20, 1, S. 15–29.

Köhler, Johann August Ernst (1867): *Volksbrauch, Aberglauben, Sagen und andere alte Überlieferungen im Voigtlande, mit Berücksichtigung des Orlagaus und des Pleißnerlandes.* Leipzig.

Kronfeld, E. (1915): *Der Krieg im Aberglauben und im Volksglauben.* München.

Kübler-Ross, Elisabeth (1969): *On death and dying.* New York, NY: Macmillan.

Kübler-Ross, Elisabeth (1989a): *Über den Tod und das Leben danach.* 10. Aufl., Melsbach: Verlag »Die Silberschnur«.

Kübler-Ross, Elisabeth (1989b): *Die unsichtbaren Freunde.* Mit Bildern von Madlaina Rothmayr, 3. Aufl., Zürich.

Kuhn, Adalbert (1843): *Märkische Sagen und Märchen nebst einem Anhang von Gebräuchen und Aberglauben.* Berlin.

Kühnau, Richard (1910–1913): *Schlesische Sagen.* 3 Bde., Leipzig.

Kuhn, Adalbert (1859): *Sagen, Gebräuche und Märchen aus Westfalen und einigen anderen, besonders den angrenzenden Gegenden Norddeutschlands.* 2 Bde., Leipzig.

Kunz, Dora (1991): *The personal aura. The emotional field.* Quest books.

Kvastad, Nils Bjørn (2001): *The Paranormal In The Bible And In Old Norse Literature – Superstition?* Varanasi, India: Rishi Publications.

Kyber, Manfred (1973): *Die drei Lichter der kleinen Veronika.* Engelberg und München: Drei Eichen Verlag.

LaBerge, Stephen (1985): *Lucid Dreaming.* Los Angeles: Jeremy P. Tarcher, Inc.

LaBerge, Stephen (2000): »Lucid Dreaming: Evidence and methodology«. In: F.E. Pace-Schott, M. Solms, M. Blagrove, & S. Harnad (Hrsg.): *Sleep and Dreaming: Scientific Advances and Reconsiderations.* Cambridge: Cambridge University Press, S. 1–50.

Laistner, Ludwig (1879): *Nebelsagen.* Stuttgart.

Lang, Andrew (1894): *Cock Lane and Common Sense.*

Lecouteaux, Claude (1987): *Geschichte der Gespenster und Wiedergänger im Mittelalter.* Köln, Wien: Böhlau Verlag.

Lecouteaux, Claude (1988): »Der Bliwiz. Überlegungen zu seiner Entstehungs- und Entwicklungsgeschichte«. In: *Euphorion,* 82, S. 238–250.

Lehmann, Alfred (1925): *Aberglaube und Zauberei. Von den ältesten Zeiten an bis in die Gegenwart.* Aus dem Dänischen von Dr.med. D. Petersen I, Stuttgart: Ferdinand Enke; 3., dt. Aufl. nach der 2., umgearbeiteten dänischen Aufl. übersetzt und ergänzt von Dr.med. D. Petersen I; Stuttgart: Ferdinand Enke.

Leiter, L.D. (2002): »The vardøgr, perhaps another indicator of the non-locality of consciousness«. In: *Journal of Scientific Exploration,* 16, S. 621–634.

Linhart, Dagmar (1995): *Hausgeister in Franken. Zur Phänomenologie, Überlieferungsgeschichte und gelehrten Deutung bestimmter hilfreicher oder schädlicher Sagengestalten.* Dettelbach: J.H. Röll.

Locher, Theo und Maggy Harsch (1989): *Jenseitskontakte mit technischen Mitteln gibt es! Die Resultate der instrumentellen Transkommunikation in Luxemburg, Italien und der BRD.* Hrsg.v.d. Schweizerischen Vereinigung für Parapsychologie, Bern, Biel (SVPP), und d. Cercle d'Etudes sur la Transcommunication, Luxembourg (C.E.T.L.). Biel: Flüeli AG/SA.

Lockowandt, O. (1962/63): »Spuk und Hypnose«. In: *Neue Wissenschaft.* Bern.

Lommel, Pim van, Ruud van Wees, Vincent Meyers und Ingrid Elfferich (2001): *Near-death experience in survivors of cardiac arrest. A prospective study in Netherlands.* The Lancet, 358, Nr. 9298, 15.12.2001.

Lommel, Pim van (2004): *Consciousness and the brain. A new concept about the continuity of our consciousness based on recent scientific research on near-death experience.* Program and Abstracts of the 5th Symposium of the BIAL-Foundation ›Behind and Beyond teh Brain‹, Porto, 31.3.–3.4.2004, Vortrag vom 3.4.2004.

Lonicerus, Adam (1564): *Kreuterbuch.* Frankfurt a.M.

Lucadou, Walter von (1989): *Psyche und Chaos. Neue Ergebnisse der Psychokinese-Forschung.* Freiburg i.Br.: Aurum.

Lucadou, Walter von und Manfred Poser (1997): *Geister sind auch nur Menschen. Was steckt hinter okkulten Erlebnissen? Ein Aufklärungsbuch.* Freiburg, Basel, Wien: Herder (Spektrum).

Lück, Marita (1997): *Im Zauberkreis der Feen. Die keltischen Kinder der Natur.* Zürich, Düsseldorf: Walter.

Lütjens, August (1911): *Der Zwerg in der deutschen Heldendichtung des Mittelalters.* Breslau.

Lütolf, Alois (1862): *Sagen, Bräuche, Legenden aus den fünf Orten Lucern, Uri, Schwiz, Unterwalden und Zug.* Lucern.

Luther, Martin (1840): *Vermischte Predigten.* 3. Bd. In: *Dr. Martin Luther's sämmtliche Werke,* Bd. 18, 1. Abt., 18. Bd. Erlangen: Heyder & Zimmer.

Luther, Martin (1854): *Vermischte deutsche Schriften, II, Tischreden,* Bd. 3. In: *Dr. Martin Luther's sämmtliche Werke.* Bd. 59, 4. Abt, 7. Bd. Frankfurt am Main und Erlangen: Heyder & Zimmer.

Lynker, Karl (1860): *Deutsche Sagen und Sitten in hessischen Gauen.* 2. Aufl. Kassel und Göttingen.

Lyon Playfair, Guy (1981): *This House is Haunted.* London: Souvenir Press, 1980; *This House is Haunted. The Most Haunted House in Britain.* London: Sphere Books, 1981.

Lyon Playfair, Guy und Montegue Keen (2004): »Possibly unique case of psychic detection«. In: *Journal of the Society for Psychical Research,* Bd. 68.1, Nr. 874, S. 1–17.

MacKenzie, Andrew (1997): *Adventures in Time.* London: The Athlone Press LTD.

Mailly, A. (1926): *Niederösterreichische Sagen.* Eichblatts deutscher Sagenschatz, Bd. 12, o.O.

Mannhardt, Wilhelm (1858): *Germanische Mythen. Forschungen.* Berlin.

Mannhardt, Wilhelm (1860): *Die Götter der deutschen und nordischen Völker.* Berlin.

Mannhardt, Wilhelm (1884): *Mythologische Forschungen.* Hrsg. von Hermann Patzig, Straßburg.

Mannhardt, Wilhelm (1904–1905): *Wald- und Feldkulte.* 2. Aufl. besorgt von W. Heuschkel, Berlin.

Marsden, Simon (1992): *Im Reich der Geister. Eine Reise zu mysteriösen Orten auf den Britischen Inseln.* Aus dem Englischen von Wendelinus Wurth. Freiburg i.Br.: Eulen Verlag Harald Gläser.

Marsden, Simon (1994): *Geistersuche.* Aus dem Englischen von Christine Mauch. Freiburg i.Br.: Eulen Verlag Harald Gläser.

Marsden, Simon (2003): *The Twilight Hour. Celtic Visions from the Past.* London: Littel, Brown.

Maurina, Zenta (1987): *Über Liebe und Tod. Essays.* 4. Aufl. Memmingen: Maximilian Dietrich Verlag.

May, Edwin C. (2001): »Towards The Physics of Psi. Correlation with Physical Variables«. In: *European Journal of Parapsychology,* 16, S. 43–51.

McCue, Peter A. (2002): »Theories of Haunting. A Critical Overview«. In: *Journal of the Society for Psychical Research,* Bd. 66.1, Nr. 866, S. 1–21.

McMoneagle, Joseph (2000): *Remote Viewing Secrets. A Handbook.* Charlottesville: Hampton Roads.

Meiche, Alfred (1903): *Sagenbuch des Königreichs Sachsen.* Leipzig.

Meier, Dr. (1818): *Höchst merkwürdige Geschichte der Magnetisch Hellsehenden Auguste Müller.* Stuttgart.

Meier, Ernst (1852): *Deutsche Sagen, Sitten und Gebräuche aus Schwaben.* 2 Theile, Stuttgart.

Miers, Horst E. (1993): *Lexikon des Geheimwissens.* München: Goldmann.

Mitchell, J.L. (1981): *Out-of-body experiences. A handbook.* Jefferson, NC: McFarland.

Mitzschke, Ellen und Paul (1904): *Sagenschatz der Stadt Weimar und ihrer Umgebung.* Weimar: Hermann Böhlaus Nachfolger.

Monroe, Robert A. (1972): *Der Mann mit den zwei Leben. Reisen außerhalb des Körpers.* Düsseldorf, Wien, 1972; Nachdruck: Interlaken: Ansata, 1981.

Moody, Raymond A. (1975/1977): *Leben nach dem Tod.* Reinbek bei Hamburg: Rowohlt, 1977. Englische Erstausgabe: *Life after Life.* New York: Bantam Books, 1975.

Mørch-Nielsen, Kirsten (2003): *Lys bag Døden. Engle og Syner, Hjertestop, Hjerneskade* (Licht hinter dem Tod. Engel und Visionen, Herzstillstand, Gehirnschaden). Valby, Dänemark: Unitas Forlag.

Moritz, Carl Philipp (Hrsg.) (1783–1793): *Gnothi sauton oder Magazin für Erfahrungsseelenkunde als ein Lesebuch für Gelehrte und Ungelehrte.* Hrsg. von Carl Philipp Moritz. Neu hrsg. von Anke Bennholdt-Thomsen und Alfredo Guzzoni. 10 Bde., Lindau am Bodensee, 1978/79 (Reprographischer Neudruck der Ausgabe Berlin: A. Mylius, 1783–1793).

Morris, Linda L. und Kathleen Knafl (2003): »The Nature and Meaning of Near-Death Experience for Patients and Critical Care Nurses«. In: *Journal of Near-Death Studies,* 21, 3, S. 139–167.

Morris, Robert C. (2001): »Research Methods in Experimental Parapsychology. Problems and Prospects«. In. *European Journal of Parapsychology,* 16, S. 8–18.

Moser, Fanny (1935/1974): *Okkultismus – Täuschung und Tatsachen.* 2 Bde., München 1935; *Das Große Buch des Okkultismus.* Olten, Freiburg: Walter, 1974.

Moser, Fanny (1950): *Spuk. Irrglaube oder Wahrglaube? Eine Frage der Menschheit.* Mit einer Vorrede von Prof. C.G. Jung. Baden bei Zürich: Gyr.

Moser, Fanny (1975): *Das große Buch des Okkultismus.* München: Ernst Reinhardt Verlag. Neuauflage Freiburg/Olten: Walter.

Müllenhoff, Karl (1845): *Sagen, Märchen und Lieder der Herzogthümer Schleswig-Holstein und Lauenburg.* Kiel.

Müller, Gottlieb (1759): *Gründliche Nachricht von einer begeisterten Weibesperson Annen Elisabeth Lohmannin von Horsdorf in Anhalt-Dessau aus eigener Erfahrung und Untersuchung mitgetheilet von Gottlieb Müllern.* Wittenberg: Ahlfeld. [s. Müller 1760]

Müller, Gottlieb (1760): *Anhang zur gründlichen Nachricht von einer begeisterten Weibesperson Annen Elisabeth Lohmannin in drey Beylagen. I. Auszüge verschiedener begeisterter Reden und Gesänge der Patientin. II. Kritische Gedanken über den Zustand der Patientin. III: Formular des über die Patientin gesprochenen Gebetes.* Franckfurth und Leipzig. [s. Müller 1759]

Müller, Klaus E. (2004): *Der sechste Sinn.* Bielefeld: Transcript Verlag.

Müller-Ebeling, Claudia u.a. (1999): *Hexenmedizin.* 2. Aufl., Aarau: AT.

Muldoon, Sylvan und Hereward Carrington (1970): *The Projection of the Astral body.* London: Rider & Co, N.Y. 1970. Deutsch: *Die Aussendung des Astralkörpers.* Freiburg 1964; 2. Aufl. 1966.

Muldoon, Sylvan und Hereward Carrington (1951): *The Phenomena of Astral Projection.* London: Rider & Co.

Naumann, Hans (1922): *Primitive Gemeinschaftskultur. Beiträge zur Volkskunde und Mythologie.* Jena.

Neckam, Alexander (1863): *De naturis rerum.* Hrsg. von Thomas Wright. London.

Negelein (1903): *Das Pferd im arischen Altertum.* Königsberg.

Neppe, V.M. (1983): »Temporal lobe symptomatology in subjective paranormal experiments«. In: *Journal of the American Society for Psychical Research,* 77, S. 1–29.

Newton, John (Hrsg.) (2002a): *Early Modern Ghosts. Proceedings of the ›Early Modern Ghosts‹ conference held at St. John's College, Durham on 24th March 2001.* University of Durham: Centre for Seventeenth-Century Studies.

Newton, John (2002b): »Reading ghosts: early modern interpretations of apparitions«. In: Newton, John (Hrsg.) (2002): *Early Modern Ghosts. Proceedings of the ›Early Modern Ghosts‹ conference held at St. John's College, Durham on 24th March 2001.* University of Durham: Centre for Seventeenth-Century Studies, S. 57–69.

Nicolai, Friedrich (1991): »Beispiel einer Erscheinung mehrerer Phantasmen«. Gedruckter Vortrag in: *Gesammelte Werke.* Bd. 11, *Philosophische Abhandlungen.* (1808). Hrsg. von B. Fabian und M.-L. Spieckermann. Hildesheim, Zürich, New York: Georg Olms Verlag, 1991. S. 53–96.

Novalis (1960/1977): *Schriften. Die Werke Friedrich von Hardenbergs.* 4 Bde. und ein Begleitband, Hrsg. von Paul Kluckhohn und Richard Samuel. Stuttgart: W. Kohlhammer.

Novalis (1978/1987): *Werke, Tagebücher und Briefe Friedrich von Hardenbergs.* Hrsg. von Hans-Joachim Mähl und Richard Samuel. 3 Bde., München: Carl Hanser, Bd. 1 und 2 1978, Bd. 3 1987.

Novalis (2001): *Novalis Werke.* Hrsg. und kommentiert von Gerhard Schulz. München: C.H. Beck, 1969, 4. Aufl. 2001.

O'Donnell, Elliot (1907): *The Banshee.* London and Edinburgh: Sands & Co.

O'Donnell, Elliot (1913): *Animal Ghosts.*

O'Donnell, Elliot (1933): *Family Ghosts and Ghostly Phenomena.* London: Philip Allan.

Opie, Iona und Moira Tatem (1989): *A Dictionary of Superstitions.* Oxford: Oxford University Press.

Osis, Karlis (1961): *Deathbed observations by physicians and nurses. Parapsychological Monographs,* Nr. 3, New York: Parapsychology Foundation.

Osis, Karlis (1977): »Deathbed observations by physicians and nurses«. In: *Journal of the American Society for Psychical Research,* 71, S. 237–259.

Osis, Karlis (1979): »Insider's view of the OBE. A questionnaire study«. In: William George Roll (Hrsg.): *Research in Parapsychology.* Metuchen, NJ: Scarecrow Press, 1978, S. 50–52.

Owen, A.R.G. (1964): *Can we explain the poltergeist?* New York: Helix Press.

Pandarakalam, J.P. (2003): »Are the Apparitions of Medjugorje Real?«. In: *Journal of Scientific Exploration,* 15, 2, S. 229–239.

Paracelsus, Philippus Bombastus Theophrastus von Hohenheim (1567): *Philosophiae magnae Theophrasti Paracelsi, Tractatus ex libris de vera inflventia rervm. Von warhafftiger Influentz der dingen.* Cöln: Oswald Byrkmans Erben.

Paracelsus, Theophrast von Hohenheim (1976): *Philosophische Schriften. Werke.* Besorgt von Will-Erich Peuckert, Bd. 3. Darmstadt: Wissenschaftliche Buchgesellschaft.

Parker, Adrian (1975): *States of Mind. ESP and Altered States of Consciousness.* London: Malaby Press.

Parker, Adrian (2000a): »A Review of the Ganzfeld work at Gothenburg University«. In: *Journal of the Society for Psychical Research,* 641, 858, S. 1–15.

Parker, Adrian (2000b): Bookreview: »Mindsight: Near-Death and Out-of-body Experiences in the Blind by Kenneth Ring und Sharon Cooper«, 1999. In: *European Journal of Parapsychology,* 2000, 15, S. 92–93.

Parker, Adrian, Anneli Persson und Anhild Haller (2000): »Using Qualitative Ganzfeld Research for Theory Development. Top-Down Processes in Psi-Mediation«. In: *Journal of the Society for Psychical Research,* 64.2, Nr. 859, S. 65–81.

Parker, Adrian (2001): »What can Cognitive Psychology and Parapsychology Tell Us about Near-Death Experiences?«. In: *Journal of the Society for Psychical Research,* 65, 4, 2001, S. 225–240.

Parker, Adrian (2003): »We Ask, Does Psi Exist? But Is This the Right Question and Do We Really Want an Answer anyway?«. In: *Journal of Consciousness Studies,* 10, Nr. 6–7, S. 111–134.

Parker, Adrian und Göran Brusewitz (2004): »A Compendium of the Evidence for Psi«. In: *European Journal of Parapsychology,* 18, S. 29–48.

Passian, Rudolf (1991): *Licht und Schatten der Esoterik.* München: Droemersche Verlagsanstalt Th. Knaur Nachf., 1991; St. Goar: Reichl Verlag, 2003.

Paulsson, Timo (2004): *The effects of a two week reflection-intention technique training program on lucid dream recall.* Bachelor of Science Dissertation, Gothenburg University, Department of Psychology.

Pearsell, P., G.E.R. Schwartz und L.G.S. Russek (1999): »Changes in Heart Transplant Recipients that Parallel the Personalities of Their Donors«. In: *Integrative Medicine,* 2 (2/3), S. 65–72.

Perrault, F. (1653, 1853): *L'antidémon de Mascon.* Bourg-en-Gresse, 1. Ausg. 1653, Neuausgabe 1853.

Perry, Michael (1977): *The spiritual implications of survival.* Louth, Lincolnshire: CFPSS.

Persinger, Michael A. (1983): »Religious and mystical experiences as artifacts of temporal lobe function. A general hypothesis«. In: *Perceptual and Motor Skills,* 57, S. 1255–1262.

Persinger, Michael (2001): Persinger's work:
http://laurentian.ca/NEUROSCI/publications.html.

Perty, Maximilian (1861): *Die mystischen Erscheinungen der menschlichen Natur.* Dargestellt und gedeutet von Maximilian Perty, Doktor der Philosophie und Medizin, ö.o. Professor an der Universität Bern, Mitglied gelehrter Gesellschaften. [Motto:] Multa memorabilia reperies et non verosimilia, nihilominus tamen vera. St. Hieronymus. Leipzig und Heidelberg: C.F. Winter'sche Verlagsbuchhandlung.

Perty, Maximilian (1865): *Ueber das Seelenleben der Thiere. Thatsachen und Betrachtungen.* Leipzig und Heidelberg: C.F. Winter'sche Verlagsbuchhandlung.

Perty, Maximilian (1869): *Blicke in das verborgene Leben des Menschengeistes.* [Motto:] Intellege, ut credas. Leipzig und Heidelberg: C.F. Winter'sche Verlagsbuchhandlung.

Perty, Maximilian (1881): *Die sichtbare und die unsichtbare Welt; Diesseits und Jenseits.* [Motto:] La vérité est simple et une. Pascal. Von Professor Dr. Maximilian Perty. Leipzig und Heidelberg: C.F. Winter'sche Verlagsbuchhandlung.

Petzoldt, Leander (1995): *Kleines Lexikon der Dämonen und Elementargeister*. 2. Aufl., München: C.H. Beck.

Peuckert, Will (1924): *Das Leben Jakob Böhmes*.

Plinius der Ältere (1973–1994): *Historia naturalis. Naturkunde*. Lateinisch – deutsch, hrsg. und übersetzt von Roderich König in Zusammenarbeit mit Gerhard Winkler. 42 Bücher, München: Heimeran und München und Zürich: Artemis und Winkler.

Plinius der Jüngere (1930): *Briefe*. Übersetzt von O. Güthling. Leipzig: Reclam.

Plutarch (1835): *Plutarchs Moralische Schriften*. Aus dem Griechischen übersetzt von Joh. Christian Felix Bähr. Stuttgart: Metzler.

Pogačnik, Marko (1995): *Elementarwesen. Die Gefühlsebene der Erde*. Originalausgabe, München: Knaur.

Potts, John (2004): »Ghost-Hunting in the Twenty-First Century«. In: James Houran: *From Shaman to Scientist. Humanity's Search for Spirits*. Metuchen, N.J. & London: The Scarecrow Press, Inc., S. 211–232.

Poynton, John (2003): »A Case of an Apparently Shared Out-of-Body Experience. Questions and Possible Answers«. In: *Paranormal Review*, 28, S. 19–21.

Praetorius (Prätorius), M. Johannes (1662): *DaeMonologia Rubinzalii silesii. Das ist / Ein ausführlicher Bericht / Von den wunderbarlichen / sehr Alten / und / weit-beschrienen Gespenste Dem Rübezahl; Welches sich / auf den Gebirgen / den Wandersleuten zum öfftern / in possirlicher und mannigfaltiger Gestalt / und mit seltzamen Verrichtungen / erzeiget* … Leipzig: Johan. Barthol. Ohler.

Praschl-Bichler, Gabriele (2003): *Die Habsburger und das Übersinnliche. Die weiße Frau in der Hofburg und andere Phänomene. Mit einem Beitrag des Parapsychologen Peter Mulacz und 69 Abbildungen*. Wien: Amalthea Signum Verlag.

Pratt, J. Gaither und W. George Roll (1958): »The Seaford disturbances«. In: *Journal of Parapsychology*, 22, S. 79–124.

Price, Harry (1940): *The Most Haunted House in England*. London: Longmans.

Price, Harry (1945): *Poltergeist over England. Three Centuries of Mischievous Ghosts*. London: Country Life.

Price, Harry (1946): *The End of Borley Rectory*. London: Harrap.

Pröhle, Heinrich (1886): *Harzsagen, zum Theil in der Mundart der Gebirgsbewohner*. Leipzig.

Puhle, Annekatrin (1987): Persona. Zur Ethik des Panaitos. Bern/New York: Peter Lang.

Puhle, Annekatrin (1999): Unveröffentlichter Abschlussbericht über das Projekt: »Kulturhistorische Aspekte von Geistererscheinungen und Poltergeistfällen in Deutschland in der Zeit Goethes«. Institut für Grenzgebiete der Psychologie und Psychohygiene e.V. Freiburg i.Br., 28.10.1999.

Puhle, Annekatrin (2001a): »Learning from Historical Cases: Six Selected Poltergeist Cases from the 1700s in Germany«. In: *European Journal of Parapsychology*, 16, S. 61–72.

Puhle, Annekatrin (2001b): »Changing Attitudes to the Paranormal. Historical and Current Case Histories«. Vortrag auf der Perrott-Warrick Conference, Trinity College, Cambridge, 3.–5. April 2000. In: *Proceedings of the Swedish Society for Psychical Research. Aktuell Parapsykologi. En skriftserie från Sällskapet för Parapsykologisk Forskning* (SPF), 20, Stockholm.

Puhle, Annekatrin und Adrian Parker (2004): »Science in search of spirit«. In: Jim Houran: *From Shaman to Scientist. Humanity's Search for Spirits*. Lanham, Maryland/Toronto/Oxford: The Scarecrow Press, Inc., S. 1–19.

Puhle, Annekatrin (2004a): »Geister der Goethezeit«. In: Moritz Baßler, Bettina Gruber und Martina Wagner-Egelhaaf (Hrsg.): *Gespenster. Erscheinungen – Medien – Theorien*. Würzburg: Königshausen & Neumann.

Puhle, Annekatrin (2004b): »The Message of the Ghost. Getting Beyond the Trappings of Cultural History«. In: *The Christian Parapsychologist*.

Puhle, Annekatrin (2004c): »Alraune«, In: *Grenzgebiete der Wissenschaft*, 2004, 3, S. 275–280.

Puhle, Annekatrin (2004d): *Mit Goethe durch die Welt der Geister*. Kurzfassung, St. Goar: Reichl Verlag Der Leuchter.

Puhle, Annekatrin (2004e): Book Review Tony Cornell (2004): »Investigating the Paranormal«. New York: Helix Press. In: *European Journal of Parapsychology*, 18, S. 99–105.

Puhle, Annekatrin (2004f): A Phenomenological Analysis of Apparitional Experiences Suggestive of Survival Occuring in Great Britain from the Early 1600s to the Late 1800s. Unveröffentlichter Bericht an den Tate-Fund, SPR, London.

Puhle, Annekatrin (2005): *Mit Goethe durch die Welt der Geister. Geisterbegegnungen aus vier Jahrtausenden.* 4 Bde., St. Goar: Reichl Verlag Der Leuchter.

Quitzmann, Anton (1860): *Die heidnische Religion der Baiwaren. Erster faktischer Beweis für die Abstammung dieses Volkes.* Leipzig und Heidelberg.

Rätsch, Christian und Andreas Guhr (1989): *Das Lexikon der Zaubersteine aus ethnologischer Sicht.* Graz: Akademische Druck- u. Verlagsanstalt.

Rätsch, Christian (1998): *Enzyklopädie der psychoaktiven Pflanzen.* Aarau: AT Verlag.

Radin, Dean (1997): *The Conscious Universe: The Scientific Truth about Psychic Phenomena.* San Francisco: Collins.

Raudive, Konstantin (1968): *Unsichtbares wird hörbar.* Remagen: Reichl Verlag.

RE = *Real-Encyclopädie der classischen Altertumswissenschaften,* 1894ff.

Reiser, Karl (1897–1902): *Sagen, Gebräuche und Sprichwörter des Allgäus.* 2. Bde., Kempten.

Remigius (Remy), Nicolaus (1693): *Remigii Daemonolatriae Lib. III.* Colon., 1596. Deutsch: *Daemonolatria, oder: Beschreibung von Zauberern und Zauberinnen. Mit wunderlichen Erzaehlungen / vielen natürlichen Fragen und teuflis. Geheimnissen vermischet.* Zwei Teile mit Anhang, Frankfurth, 1598, Hamburg: Thomas von Wiering, 1693.

Resch, Andreas (1968/1969): »Der Fall Rosenheim. I-V«. In: *Grenzgebiete der Wissenschaft.* Abendsberg: Verlag Josef Kral & Co, 1968/1969. (I in: GW 17, 2, 1968, S. 241–249; II in: GW 17, 3, 1968, S. 289–310.)

Resch, Andreas (2003): »Reinkarnation«. In: *Grenzgebiete der Wissenschaft,* 52, 4, S. 339–375.

Rhine, Louisa E. (1962): »Psychological Processes in ESP experiences«. Part II: Dreams. In: *Journal of Parapsychology,* 27, S. 172–199.

Richet, Charles (1923): *Grundriß der Parapsychologie und Parapsychophysik.* Stuttgart, Berlin, Leipzig.

Ring, Kenneth und Sharon Cooper (1999): *Mindsight. Near-Death and Out-of-Body Experiences in the Blind.* Palo Alto, California: William James Center for Consciousness Studies.

Rochas, Eugène Auguste Albert d'Aiglun (1896, 1906): *L'exteriorisation de la motoricité.* 1896, 4. Aufl. Paris, 1906.

Rochas, Eugène Auguste Albert d'Aiglun (1909): *Die Ausscheidung des Empfindungsvermögens.* Leipzig.

Rochas, Eugène Auguste Albert d'Aiglun (1911): »Le radiations lumineuses du corps humain«. In: *Annales des Sciences Psychiques.* Paris.

Rochholz, E.L. (1856): *Schweizer Sagen aus dem Aargau.* 2 Bde., Aarau.

Rogo, Scott und Raymond Bayless (1980): *Phone Calls from the Dead.* London: New English Library.

Rohde, Erwin (1884/1921/1929): *Psyche. Seelenkult und Unsterblichkeitsglaube der Griechen.* Freiburg i.Br. und Leipzig: Akademische Verlagsbuchhandlung von J.C.B. Mohr 1884; 7. u. 8. Aufl. Tübingen: Mohr, 1921; Leipzig: Alfred Kröner, 1929.

Roll, William George (1974/1976): *The Poltergeist.* New York: New American Library, 1974. Deutsch: *Der Poltergeist.* Freiburg i.Br.: Aurum, 1976.

Roll, William George und Michael A. Persinger (1998): »Is ESP a form of perception? Contributions from a study of Scan Harribance«. In: *The Parapsychological Association 41st Annual Convention. Proceedings of presented papers,* S. 199–209. The Parapsychological Association.

Roney-Dougal, Serena (1991): *Where Science & Magic Meet.* Longmead, Dorset / Great Britain: Element Books Limited.

Roy, Archie E. (1996): *The Archives of the Mind.* Redwoods, Essex: SNU Publications.

Roy, Archie E. (2003): »Revisiting William James's Cosmic Psychic Reservoir«. Vortrag auf der Tagung der Society for Psychical Reserach, Manchester, England. 5.–7. September 2003.

Sabom, Michael (2004): *Light and Death. One Doctor's fascinating Account of Near-Death Experience.* Zondervan: Publishing House Grand Rapids Michigan.

Sartori, Paul (1910–1914): *Sitte und Brauch.* Leipzig.

Sassersson, Torbjörn (2004) (Hrsg.): *Research. Soul Travel Magazine,* 26, 3, www.soultravel.nu.

Sassersson, Torbjörn (Hrsg.): Soul Travel Magazine. www.soultravel.nu

Scheffer, Mechthild (2000): *Die Original Bach-Blütentherapie. Praxis.* München: Hugendubel.

Schell, Otto (1897): *Bergische Sagen.* Elberfeld.

Schelling, F. W. J. (1862/1987/2002): *Clara: oder Zusammenhang der Natur mit der Geister-welt.* Hrsg. von K. F. A. Schelling. Stuttgart, 1862: Cotta. Letzte Einzelausg. hrsg. von Konrad Dietzfelbinger, Andechs: Dingfelder, 1987. Engl. Ausg.: *Clara or, On Nature's Connection to the Spirit World.* Übersetzt und eingeleitet von Fiona Steinkamp. Albany, NY: State University of New York Press, 2002.

Schmeing, Karl (1937): *Das Zweite Gesicht in Niederdeutschland.* Leipzig.

Schmied-Knittel, Ina (2003): »Todeswissen und Todesbegegnungen. Ahnungen, Erscheinungen und Spukerlebnisse«. In: Bauer und Schetsche (Hrsg.) (2003), S. 93–120.

Schmied-Knittel, Ina und Michael Schetsche (2003): »Psi-Report Deutschland. Eine repräsentative Bevölkerungsumfrage zu außergewöhnlichen Erfahrungen«. In: Bauer und Schetsche (Hrsg.) (2003), S. 13–38.

Schönwerth, Friedrich (1857–1859): *Aus der Oberpfalz. Sitten und Sagen.* 3 Tle. Augsburg.

Schöpf, Hans (1986): *Zauberkräuter.* Graz: Akademische Druck- und Verlagsanstalt.

Scholz, Wilhelm von (1924): *Der Zufall.* 2. Aufl. Stuttgart.

Scholz, Wilhelm von (1937): *Der Zufall und das Schicksal.* München.

Schottus, P. Gaspar (1662/1667): *Physica curiosa [...].* Würzburg 1662. P. Gasparis Schotti e Societate Jesu Physica Curiosa Aucta et Correcta, Sive Mirabilia Naturae et Artis. Herbipolis: Johannes Andreas Endter und Wolfgang Jun. Haeredum. 1667.

Schrödinger, Erwin (1955): *What is Life and Mind and Matter?* Cambridge University Press.

Schrödter, Willy (1997): *Pflanzen-Geheimnisse.* St. Goar: Reichl Verlag Der Leuchter.

SchweizId. = *Schweizerisch. Idiotikon* (1881 ff.). Frauenfeld.

Sébillot, Paul (1904–1907): *Folk-Lore de France.* 4 Bde., Paris.

Seligmann, S. (1910): *Der böse Blick und Verwandtes. Ein Beitrag zur Geschichte des Aberglaubens aller Zeiten und Völker.* 2 Bde., Berlin.

Seligmann, S. (1922): *Die Zauberkraft des Auges und das Berufen.* Hamburg.

Semler, D. Johann Salomo (1760a): *Abfertigung der neuen Geister und alten Irrtümer in der Lohmannischen Begeisterung zu Kemberg nebst theologischem Unterricht von dem Ungrunde der gemeinen Meinung von leiblichen Besitzungen des Teufels und Bezauberungen der Christen.* Halle: Johann Emanuel Gebauer.

Semler, D. Johann Salomo (1760b): *D. Joh. Salomo Semlers Anhang zur Abfertigung der Lohmannischen Begeisterung worin fernere historische Umstände gesamlet worden.* Halle: Johann Emanuel Gebauer.

Semler, D. Johann Salomo (1762): *D. Johann Salomo Semlers ordentlichen öffentlichen Lehrers der Gottesgelartheit auf der königl. preußl. Friedrichsuniversität, umständliche Untersuchung der dämonischen Leute oder so genanten Besessenen, nebst Beantwortung einiger Angriffe.* Halle: Johann Immanuel Gebauer.

Sexauer, Hans (1958/59): »Zur Phänomenologie und Psychologie des Spuks«. In: *Zeitschrift für Parapsychologie und Grenzgebiete der Psychologie,* II, S. 104–126.

Sheldrake, Rupert (1985): *A New Science of Life. The Hypothesis of formative causation.* London: Blond and Briggs, 1981, 2. Aufl. 1985.

Sheldrake, Rupert (1999): *Dogs That Know When Their Owners are Coming Home, and Other Unexplained Powers of Animals.* New York: Crown.

Sheldrake, Rupert (2003): »Testing a Language-Using Parrot for Telepathy«. In: *Journal of Scientific Exploration,* 17.4, S. 601–616.

Sheldrake, Rupert (2004): *Investigation in Animals and Humans.* Program and Abstracts of the 5th Symposium of the BIAL-Foundation ›Behind and Beyond teh Brain‹, Porto, 31.3.–3.4.2004.

Sheldrake, Rupert und Pamela Smart (1998): »A dog that seems to know when his owner is returning. Premliminary investigation«. In: *Journal of the Society for Psychical Research,* 62, S. 220–232.

Sheldrake, Rupert und Pamela Smart (2000a): »A dog that seems to know when his owner is coming home. Videotyped experiments and observations«. In: *Journal of Scientific Exploration,* 14, S. 233–255.

Sheldrake, Rupert und Pamela Smart (2000b): »Testing a return-anticipating dog, Kane«. In: *Anthrozoos,* 13. S. 203–212.

Sheldrake, Rupert und Pamela Smart (2003a): »Experimental Tests for Telephone Telepathy«. In: *Journal of the Society for Psychical Research,* 67.3, S. 184–199.

Sheldrake, Rupert und Pamela Smart (2003b): »Videotaped Experiments on Telephone Telepathy«. In: *The Journal of Parapsychology,* 67, S. 147–166.

Shepard, Leslie A. (Hrsg.) (1991): *Encyclopedia of Occultism & Parapsychology. A Compendium of Information on the Occult Sciences, Magic, Demonology, Superstitions, Spiritism, Mysticism, Metaphysics, Psychical Science, and Parapsychology, with Biographical and Bibliographical Notes and Comprehensive Indexes.* 2 Bde., 3. Aufl. Detroit: Gale Research Inc. 1991; 4. Aufl. hrsg. von Gordon Melton, Detroit: Gale, 1996.
Sidgwick, Henry, Alice Johnson, Frederik W. H. Myers, Frank Podmore und Eleanor Sidgewick (1894): »Census of Halluzinations«. In: *Proceedings of the Society for Psychical Research,* 10, S. 25–422.
Sidgwick, Eleanor, Alice Johnson u. a. (1894): »Report on the Census of Halluzinations«. In: *Proceedings of the Society for Psychical Research,* Bd. 10. London.
Silver, Carole G. (1999): *Strange and Secret Peoples. Fairies and Victorian Consciousness.* Oxford: Oxford University Press.
Sinclair, Upton (1930, 1962): *Mental Radio.* Springfield, IL: Thomas.
Singer, S. (1903 und 1906): *Schweizer Märchen. Anfang eines Kommentars zu der veröffentlichten Schweizer Märchenliteratur.* Bern 1903. 1. Fortsetzung Bern 1906.
Sitwell, Sachaverell (1940): *Poltergeists.* London.
Skarback, Sören (2004): *Mäster Johan – den vakne mardrömaren i Lunden.* Örgryte/Härlanda Tidning, Nr. 5, Mai 2004.
Smith, Susy (1974): *Die astrale Doppelexistenz.* Bern, München, Wien.
Soldan, W. G. und Heinrich Heppe (1843, 1911, 1999): *Geschichte der Hexenprozesse.* 2 Bde., 1. Aufl. 1834; neu bearbeitet und hrsg. von Max Bauer, 3. Aufl. 1911; Nachdruck der dritten (letzten) Aufl. von Max Bauer, Köln: Parkland Verlag, 1999.
Spence, Lewis (1928): *Encyclopedia of Occultism.* London.
[Spuk] (1988): *Der Spuk von Resau,* Berlin. (Anonym.)
Steiner, Rudolf (1939): *Aus der Akasha-Chronik.* Dornach.
Stevenson, Ian (1966/1974): »Twenty Cases Suggestive of Reincarnation«. In: *Proceedings of the American Society for Psychical Research,* 26, 1966; Charlottesville, VA: University Press of Virginia, 1974.
Stevenson, Ian (1972): »Are Poltergeists living or are they dead?« In: *The Journal of the American Society for Psychical Research,* 66, 3, Article 4, S. 233–252.
Stevenson, Ian (1975, 1977, 1980, 1983): *Cases of the Reincarnation Type.* 4 Bde., Charlottesville: University Press of Virginia.
Stevenson, Ian (1982): »The Contribution of Apparitions to the Evidence for Survival«. In: *Journal of the American SPR,* 76, S. 340–358.
Stevenson, Ian (1997): *Reincarnation and biology. A contribution to the etiology of birthmarks and birth defects.* Westport, CT: Praeger.
Stevenson, Ian (2001): *Children who remember previous lives. A question of Reincarnation* (rev. ed.). Jefferson, NC: McFarland & Company.
Stöber (1852): *Die Sagen des Elsasses.* Neue Ausgabe Straßburg.
Storl, Wolf-Dieter (2001): *Pflanzendevas. Die geistig-seelischen Dimensionen der Pflanzen. Mit praktischen Anleitungen zu Pflanzenmeditationen.* 1. Aufl. 1997, 2. Aufl. Aarau: AT Verlag, 2001.
Strackerjan, Ludwig (1909): *Aberglaube und Sagen aus dem Herzogtum Oldenburg.* 2 Bde., 2. Aufl. hrsg. von Karl Willoh. Oldenburg.
Stubbe, Ellen (1995): *Die Wirklichkeit der Engel in Literatur, Kunst und Religion.* Mit einem Vorwort von Prof. Wulf-Volker Lindner. Münster: LIT.
Tabori, Paul (1973): *Pioneers of the Unseen.* New York: Taplinger.
Tandy, Vic (2000): »Something in the Cellar«. In: *Journal of the Society for Psychical Research,* 64, 3, Nr. 860, S. 129–140.
Tart, Charles (1967): »A Second Psychophysiological Study of Out-of-the-Body Experiences in a Gifted Subject«. In: *International Journal of Parapsychology,* 9, S. 251–258.
Tart, Charles (1968): »A Psychophysiological Stydy of Out-of-the-Body Experiences in a Selected Subject«. In: *Journal of the American Society for Psychical Research,* 62, S. 3–27.
Tart, Charles (1969): »A Further Psychophysiological Study of Out-of-the-Body Experiences in a Gifted Subject«. In: *Proceedings of the Parapsychological Association,* 6, S. 43–44.
Tart, Charles (1986): *Das Übersinnliche Forschungen über einen Grenzbereich psychischen Erlebens.* Aus dem Amerikanischen von Ulrike Stopfel. Stuttgart: Klett-Cotta.
Taylor, Humphrey (2003): *The Religions and Other Beliefs of Americans 2003.* The Harris Poll, 11; February 26, 2003.

Teillard, Ania (1959, 1994): *Die unbekannte Dimension*. St. Goar: Reichl Verlag, 1994.
Tenhaeff, Wilhelm H.C. (1952): »Ein hervorragender Hellseher«. In: *Neue Wissenschaft*, Jg. 2, H. 4/5.
Tenhaeff, Wilhem H.C. (1974): »Anthropologische Parapsychologie«. In: *Parapsychika*, H. 1.
Tholey, Paul (1989): »Overview of the development of lucid dream research in Germany«. In: *Lucidity Letter*, 8 (2), S. 1–30.
Thurston, H. (1953/1955): *Ghosts and Poltergeists*. London: Burns Oates, 1953; Deutsch: *Poltergeister*. Mit einem Vorwort von Gebhard Frei. Luzern: Verlag Räber und CIE., 1955.
Tizané, Emile (1951): *Sur la piste de l'homme inconnu*. Paris: Amiot-Dumont.
Tompkins, Peter und Christopher Bird (1973, 1978): *The Secret Life of Plants*. Harper and Row, 1973. Deutsch: *Das geheime Leben der Pflanzen*. Frankfurt a.M.: Fischer, 1978.
Trott-Tschepe, Jürgen (1993): *Mensch und Duft im Elementen-Kreis. Feuer, Wasser, Luft und Erde in der Psycho-Aromatherapie*. Leer: Verlag Grundlagen und Praxis.
Trott-Tschepe, Jürgen (2004a): *Aromakunde – Kunst der Wahrnehmung*. Ratingen: Wolfland Verlag.
Trott-Tschepe, Jürgen (2004b): *»Genesis«. Innere Pilgerwege. Ein Poesieband*. Ratingen: Wolfland Verlag.
Tucker, Jim B. (2004): *Investigation and Psychological Testing of U.S. Children Who Claim To Remember Previous Lives*. Bial Fellowship Programme 01/00. 5th Symposium of the BIAL-Foundation ›Behind and Beyond the Brain‹, Porto, 31.3.–3.4.2004.
Tylor, Edward B. (1873): *Die Anfänge der Cultur*. Ins Deutsche übertragen von J.W. Sprengel und Fr. Poske. 2 Bde., Leipzig.
Tyrrell, George Nugent Merle (1943/1953/1973): *Apparitions*. 1. Aufl. 1943, 1. rev. Ausg. (published under the auspice of the SPR), London: Duckworth & Co Ltd, 1953; Reprint London: Society for Psychical Research, 1973.
[Unterricht] (1723): *Unterricht Wie man Gespenster und Gespenster-Geschichte prüfen soll: gewiesen, Durch nöthige Interrogatoria Zu dem Zeugnüsse der reinen Wahrheit Herrn Jeremias Heinischen, Predigers zu Gröben, Von den Würckungen eines sogenannten Kobolds in der Pfarr-Wohnung daselbst*. Raptim.
Uppmann, Agneta (1987): *Ut ur Kroppen. Mina Upplevelser I En Annan Dimension*. Stockholm: Natur och Kultur.
Vallick, J. (1576): *Von Zauberern, Hexen und Unholden*. Köln.
Vernaleken, Theodor (1858): *Alpensagen. Volksüberlieferungen aus der Schweiz usw*. Wien.
Vernaleken, Theodor (1859): *Mythen und Bräuche des Volkes in Österreich*. Wien.
Vorgrimler, Herbert (1991): *Wiederkehr der Engel? Ein altes Thema neu durchdacht*. Kevelaer.
Voßler, K. (1907): »Goethes Faust und Dantes Göttliche Komödie«. In: K. Voßler: *Die Göttliche Komödie*.
Wereide, Torsten (1946): »Doppelgängererscheinungen in Norwegen«. In: *Neue Wissenschaft. Zeitschrift für Parapsychologie*, Jahrgang 6, Heft 10.
West, Donald J. (1962): *Psychical Research Today*. Harmondsworth, Middlesex: Penguin Books.
Westermann (Hrsg.) (1843): *Mythographi Graeci*.
Whitman, John (1974): *The Psychic Power of Plants*. London: New American Library.
Wierus, Johannes (1563): *De praestigiis daemonum et incantationibus ac veneficiis*. Basel.
Wierus, Johannes (1577): *Pseudomonarchia daemonum*. Basel.
Wiesner, B.P. und Robert Henry Thouless (1942): »The present position of experimental research into telepathy and other related phenomena«. In: *Proceedings of the Society for Psychical Research*, 47, S. 1–19.
Wijk, H. (1905): »Etude Experimental«. In: *Annales des Sciences Psychiques*. Paris.
Wilde, Oscar (1967): *Canterville Ghost*. Reihe »Our English Texts«. Hrsg. von Dr. Kurt Bohm, Braunschweig: Georg Westermann Verlag.
Willin, Melvyn (1998): *The Ghosts of York*. Abstract for the 22nd International Conference of the Society for Psychical Research. University College of Ripon & York St. John, 4.–6. September 1998.
Wilpert, Gero von (1991): *Die politische Sängerin*. Seminar 27.
Wilpert, Gero von (1994): *Die deutsche Gespenstergeschichte*. Stuttgart: Alfred Kröner.
Wilpert, Gero von (1998): *Goethe-Lexikon*. Stuttgart: Alfred Kröner.
Wilson, Ian (1995): *In Search of Ghosts*. London: Headline book Publishing.

Winkler, Engelbert J. (1996): *Das Abendländische Totenbuch. Der Tag, an dem Elias starb. Texte zur Überwindung der menschlichen Sterblichkeit für Erwachsene, Kinder und Jugendliche.* Hamburg: Corona Verlag.

Witzschel, August (1866 und 1878): *Kleine Beiträge zur deutschen Mythologie ... aus Thüringen.* 2 Bde., Wien.

Wolf, Werner (1929): *Der Mond im deutschen Volksglauben.* Bühl (Baden): Konkordia A.-G.

Wrubel (1883): *Sammlung bergmännischer Sagen.*

Wuttke, Adolf (1900): *Der deutsche Volksaberglaube der Gegenwart.* Dargestellt von Dr. Adolf Wuttke, a. o. Prof. d. Theol. zu Berlin (Zum Besten der Evangelischen Johannisstiftung in Berlin). Hamburg: Agentur des Rauhen Hauses, 1860; zweite, völlig neue Bearbeitung von Dr. A. Wuttke, Prof. der Theol. in Halle. Berlin: Wiegand & Grieben, 1869; dritte Bearbeitung von Elard Hugo Meyer. Berlin: Wiegand & Grieben, 1900.

WzfVk = Wiener Zeitschrift für Volkskunde.

Yogananda, Paramahansa (1996): *Autobiography of a Yogi.* New York: Philosophical Library, 1946. London, Sydney, Auckland, Johannesburg: Rider, 1996. Deutsch: *Autobiographie eines Yogi.* München: Barth, 1952.

Zahlner, Ferdinand (1972): *Kleines Lexikon der Paranormologie.* Hrsg. von Andreas Resch. Abendsberg: Josef Kral.

Zaleski, Carol (1993): *Nah-Todeserlebnisse und Jenseitsvisionen vom Mittelalter bis zur Gegenwart.* Aus dem Amerikanischen von Ilse Davis Schauer. Frankfurt a. M. und Leipzig: Insel Verlag.

Zander, Helmut (1999): *Geschichte der Seelenwanderung in Europa. Alternative religiöse Traditionen von der Antike bis heute.* Darmstadt: Primus.

Zaunert, Paul (1921): *Deutsche Natursagen. Band 1: Von Holden und Unholden.* Jena.

ZfVk = Zeitschrift des Vereins für Volkskunde.

Zingerle, Ignaz (1859): *Sagen aus Tirol.* Innsbruck.

Zürrer, Ronald (1994): *Reinkarnatio. Die umfassende Wissenschaft der Seelenwanderung.* Zürich: Govinda Verlag.

WEBSITES

ALLGEMEIN

www.ebol.de/
Deutsche Website – elektronische Bibliothek okkulter Literatur
www.xs4all.nl/~wichm/index.html
»Man the Unknown«, Englisch und Deutsch – esoterisch
www.psychicscience.com/
Online-Diskussion und Psi-Tests
www.uibk.ac.at/c/cb/cb26
Institut für Grenzgebiete der Wissenschaft (IGW), Innsbruck
www.cfpss.freeserve.co.uk
Churches' Fellowship for Psychical and Spiritual Studies, England
www.parapsychologische-beratungsstelle.de/
Walter von Lucadou, Freiburg i. Br., Postadresse: Wissenschaftliche Gesellschaft zur Förderung der Parapsychologie und Parapsychologische Beratungsstelle, Hildastraße 64, D-79102 Freiburg i. Br., Tel.: +49-761-77202
www.igpp.de/german/welcome.htm
Institut für Grenzgebiete der Psychologie und Psychohygiene e. V. (IGPP), Freiburg i. Br.
www.parapsychologie.ac.at/
Österreichische Website
www.moebius.psy.ed.ac.uk/
Koestler chair, Edinburgh

www.moebius.psy.ed.ac.uk/~spr/
  Society for Psychical Research (SPR), London
www.sspr.co.uk/
  Scottish Society for Psychical Research (SSPR), Glasgow
www.parapsychology.se/
  Schwedische Society for Psychical Research (SSPF)
www.aspr.com/
  American Society for Psychical Research (ASPR)
www.imi-paris.org
  Institute Métapsychique International, Paris
homepages.ed.ac.uk/ejua35/parapsy.htm
  Parapsychologische Forschung und Quellen im Internet
perso.wanadoo.fr/basuyaux/parapsy_eng/links/
  Forschungsressourcen und Links, Französisch und Englisch
www.skepticalinvestigations.org/
  Positiv-skeptische Website (organisiert von Rupert Sheldrake)
www.emergentmind.org/Arch8.htm
  Archive wissenschaftlicher Artikel über Psi und Bewusstsein
www.lebendige-aromakunde.info
  Institut Lebendige Aromakunde, Berlin
www.AnnekatrinPuhle.de

Geistererscheinungen

www.photographymuseum.com/believe1.html
  Geschichte der Geisterfotos
www.forteanpix.demon.co.uk/main.html
  Anomale Fotos
www.paranormal.about.com
  Klassische Geisterfoto-Bibliothek

Ausserkörperliche Erfahrungen (AKEs) und Nahtoderfahrungen (NTEs)

www.healthsystem.virginia.edu/internet/personalitystudies/
  Ian Stevensons Homepage
www.soultravel.nu/index-ENG.asp
  »Soul travel« – Allgemeines über Außerkörperliche Erfahrungen (AKEs)
www.near-death.com/index.html
  Nahtoderfahrungen (NTEs)
www.iands.org/home.html
  International organisation for near-death studies, Deutsch und Englisch
www.nderf.org
  Near-Death Experience Research Foundation

Leben nach dem Tod

www.survivalafterdeath.org/home.htm
  Artikel und Fotos zum Thema »Leben nach dem Tod«
www.spirithistory.com
  Bücher über die Geschichte des Spiritualismus

BILDNACHWEIS

ZUR AUTORIN

Annekatrin Puhle studierte Anthropologie, Ethnologie und indoeuropäische Sprachwissenschaft, ist Doktor der Philosophie (FU Berlin) und Gesundheitsberaterin (GGB Lahnstein) und befasst sich mit Grenzgebieten der menschlichen Erfahrung. Sie arbeitet an Forschungsprojekten auf dem Gebiet der Grenzwissenschaften (IGGP, Freiburg; Stiftung Weimarer Klassik; SPR, London) und ist beteiligt am »Wörterbuch der Paranormologie« (IGW, Innsbruck). Von ihr stammen zahlreiche Fachartikel zur Kulturgeschichte der Geistererscheinungen und vor allem auch das vierbändige Werk »Mit Goethe durch die Welt der Geister«, das auch in Kurzfassung vorliegt (beide St. Goar: Reichl Verlag Der Leuchter, 2004). Sie lebt heute in Göteborg, Schweden, und Berlin, führt eine Beratungspraxis für Gesundheitsvorsorge, Lebensfragen und Grenzerfahrungen und hält Seminare und Vorträge in vielen Ländern.